# JEAN-JACQUES ROUSSEAU

JEAN STAROBINSKI

# JEAN-JACQUES ROUSSEAU

*A transparência e o obstáculo*

Seguido de *Sete ensaios sobre Rousseau*

*Tradução*
Maria Lúcia Machado

COMPANHIA DE BOLSO

*Grafia atualizada segundo o Acordo Ortográfico da Língua Portuguesa de 1990, que entrou em vigor no Brasil em 2009.*

*Título original*
Jean-Jacques Rousseau: la transparence et l'obstacle suivi de Sept essais sur Rousseau

*Capa*
Jeff Fisher

*Preparação*
Ana Maria Onofre

*Revisão*
Renato Potenza Rodrigues
Adriana Moretto de Oliveira

*Índice de nomes e obras de Rousseau*
Gabriela Morandini

Dados Internacionais de Catalogação na Publicação (CIP)
(Câmara Brasileira do Livro, SP, Brasil)

Starobinski, Jean
Jean-Jacques Rousseau : a transparência e o obstáculo; seguido de Sete ensaios sobre Rousseau / Jean Starobinski ; tradução de Maria Lúcia Machado. — São Paulo : Companhia das Letras, 2011.

Título original: Jean-Jacques Rousseau: la transparence et l'obstacle suivi de Sept essais sur Rousseau.
ISBN 978-85-359-1851-9

1. Rousseau, Jean-Jacques, 1712-1778 I. Título.

11-03174 CDD -194

Índices para catálogo sistemático:
1. Filosofia francesa 194
2. Filósofos franceses 194

2011


EDITORA SCHWARCZ LTDA.
Rua Bandeira Paulista, 702, cj. 32
04532-002 — São Paulo — SP
Telefone: (11) 3707-3500
Fax: (11) 3707-3501
www.companhiadasletras.com.br
www.blogdacia.com.br

# SUMÁRIO

Advertência *7*
Prólogo *9*

JEAN-JACQUES ROUSSEAU
A TRANSPARÊNCIA E O OBSTÁCULO

I. Discurso sobre as ciências e as artes *12* • "As aparências me condenavam" *16* • O tempo dividido e o mito da transparência *22* • Saber histórico e visão poética *25* • O deus Glauco *27* • Uma teodiceia que inocenta o homem e Deus *34*

II. Crítica da sociedade *37* • A inocência original *40* • Trabalho, reflexão, orgulho *42* • A síntese pela revolução *46* • A síntese pela educação *48*

III. A solidão *51* • "Fixemos de uma vez por todas as minhas opiniões" *67* • Mas a unidade é natural? *70* • O conflito interno *77* • A magia *83*

IV. A estátua velada *92* • Cristo *96* • Galateia *99* • Teoria do desvelamento *102*

V. "A nova Heloísa" *113* • A música e a transparência *123* • O sentimento elegíaco *126* • A festa *129* • A igualdade *136* • Economia *145* • Divinização *154* • A morte de Julie *157*

VI. Os mal-entendidos *168* • O retorno *173* • "Sem poder proferir uma única palavra" *187* • O poder dos sinais *191* • A comunicação amorosa *228* • O exibicionismo *232* • O preceptor *242*

VII. Os problemas da autobiografia *246* • Como se pode pintar a si mesmo? *254* • Dizer tudo *257*

VIII. A doença *274* • A reflexão condenável *280* • Os obstáculos *297* • O silêncio *304* • Inação *312* • As amizades vegetais *319*

IX. A reclusão perpétua *325* • As intenções realizadas *326* • Os dois tribunais *341*

X. A transparência do cristal *345* • Julgamentos *354* • "Eis-me então só sobre a terra..." *361*

SETE ENSAIOS SOBRE ROUSSEAU
*Rousseau e a busca das origens* 366
*O discurso sobre a origem e os fundamentos da desigualdade* 378
*Rousseau e a origem das línguas* 409
A voz da natureza *411* • O homem silencioso *413* • A vã palavra *417* • A linguagem elementar e a linguagem aperfeiçoada *419* • A felicidade a meio caminho *424* • A eloquência e os sinais *430* • A palavra de Jean-Jacques *433*
*Rousseau e Buffon* 435
*O afastamento romanesco* 450
O escritor romando. Um deslocamento fecundo *450* • Jean-Jacques Rousseau, o anunciador *455* • O apelo do romance *457* • A exploração da diferença *468* • O percurso do romance *474*
*Devaneio e transmutação* 477
*Sobre a doença de Rousseau* 495

Notas *513*
Bibliografia *543*
Índice de nomes e de obras de Rousseau *551*
Sobre o autor *555*

# ADVERTÊNCIA

Em relação à edição anterior, o texto que publicamos aqui apresenta inúmeras alterações pequenas. No entanto, as modificações não afetam a obra em sua estrutura de conjunto.

As citações agora remetem ao texto da edição crítica das *Œuvres complètes* (publicadas sob a direção de Bernard Gagnebin e Marcel Raymond na Bibliothèque de la Pléiade; quatro volumes publicados em cinco). Se modernizamos a ortografia de Rousseau, geralmente respeitamos sua pontuação. Muitas vezes incorreta em relação à norma atual, ela indica um fraseado de segmentos amplos. Reconhecemos aí a "respiração" própria a Rousseau.

Os sete estudos reunidos no final deste volume apareceram em lugares diversos, entre 1962 e 1970. "Jean-Jacques Rousseau e o perigo da reflexão" não figura aqui: esse ensaio faz parte de *L'œil vivant* (Gallimard, 1961; segunda edição, 1968); "O intérprete e seu círculo" pertence a *La relation critique* (Gallimard, 1970).

Genebra, setembro de 1970

# PRÓLOGO

Este livro não é uma biografia, embora respeite, em linhas gerais, a cronologia das atitudes e das ideias de Rousseau. Não se trata também de uma exposição sistemática da filosofia do cidadão de Genebra, ainda que os problemas essenciais dessa filosofia constituam aqui o objeto de um exame bastante consequente.

Com ou sem razão, Rousseau não consentiu em separar seu pensamento e sua individualidade, suas teorias e seu destino pessoal. É preciso considerá-lo tal como se apresenta, nessa fusão e nessa confusão da existência e das ideias. Assim, somos levados a analisar a criação literária de Jean-Jacques como se ela representasse uma ação imaginária, e seu comportamento, como se ele constituísse uma ficção vivida.

Aventureiro, sonhador, filósofo, antifilósofo, teórico político, músico, perseguido: Jean-Jacques foi tudo isso. Por mais diversa que seja essa obra, cremos que pode ser percorrida e reconhecida por um olhar que não recusasse nenhum de seus aspectos: é bastante rica para nos sugerir, ela própria, os temas e os motivos que nos permitirão apreendê-la ao mesmo tempo na dispersão de suas tendências e na unidade de suas intenções. Dispensando-lhe ingenuamente nossa atenção, e sem nos apressar demais em condenar ou em absolver, encontraremos imagens, desejos obsessivos, nostalgias que dominam a conduta de Jean-Jacques e orientam suas atividades de uma maneira mais ou menos permanente.

Na medida em que era possível, limitamos nossa tarefa à observação e à descrição das estruturas que pertencem propriamente ao mundo de Jean-Jacques Rousseau. A uma crítica coercitiva, que impõe de fora seus valores, sua ordem, suas classificações preestabelecidas, preferimos uma leitura que se empenha simplesmente em descobrir a ordem ou a desordem interna dos textos que interroga, os símbolos e as ideias segundo os quais o pensamento do escritor se organiza.

Este estudo, entretanto, é mais que uma "análise interna". Pois é evidente que não se pode interpretar a obra de Rousseau sem levar em conta o mundo ao qual ela se opõe. É pelo conflito com uma sociedade inaceitável que a experiência íntima adquire sua função privilegiada. Veremos até que o domínio próprio da vida interior é delimitado pelo fracasso de toda relação satisfatória com a realidade externa. Rousseau deseja a comunicação e a transparência dos corações; mas é frustrado em sua expectativa e, escolhendo a via contrária, aceita — e suscita — o obstáculo, que lhe permite recolher-se em sua resignação passiva e na certeza de sua inocência.

# JEAN-JACQUES ROUSSEAU
## A transparência e o obstáculo

# CAPÍTULO I

## DISCURSO SOBRE AS CIÊNCIAS E AS ARTES

O *Discurso sobre as ciências e as artes* [*Discours sur les sciences et les arts*] começa pomposamente por um elogio da cultura. Nobres frases se desdobram, descrevendo em resumo a história inteira do progresso das luzes. Mas uma súbita reviravolta nos põe em presença da discordância do ser e do parecer: "As ciências, as letras e as artes [...] estendem guirlandas de flores sobre as cadeias de ferro com que eles [os homens] são esmagados".[1] Belo efeito de retórica: um toque de varinha mágica inverte os valores, e a imagem brilhante que Rousseau pusera sob os nossos olhos não é mais que um cenário mentiroso — belo demais para ser verdadeiro:

> Como seria doce viver entre nós, se a atitude exterior fosse sempre a imagem das disposições do coração.[2]

Cava-se o vazio atrás das superfícies mentirosas. Aqui vão começar todas as nossas infelicidades. Pois essa fenda, que impede a "atitude exterior" de corresponder às "disposições do coração", faz o mal penetrar no mundo. Os benefícios das luzes se encontram compensados, e quase anulados, pelos inumeráveis vícios que decorrem da mentira da aparência. Um ímpeto de eloquência descrevera a ascensão triunfal das artes e das ciências; um segundo lance de eloquência nos arrasta agora em sentido inverso, e nos mostra toda a extensão da "corrupção dos costumes". O espírito humano triunfa, mas o homem se perdeu. O contraste é violento, pois o que está em jogo não é apenas a noção abstrata do ser e do parecer, mas o destino dos homens, que se divide entre a inocência renegada e a perdição doravante certa: o parecer e o mal são uma e mesma coisa.

O tema da mentira da aparência não tem nada de original em 1748. No teatro, na igreja, nos romances, nos jornais, cada um à sua maneira denuncia falsas aparências, convenções, hipocrisias, máscaras. No vocabulário da polêmica e da sátira, nenhum termo que retorne mais frequentemente que *desvelar* e *desmascarar*. *Tartufo* foi lido e relido. O pérfido, o "vil bajulador", o celerado dissimulado pertencem a todas as comédias e a todas as tragédias. No desfecho de uma intriga bem conduzida, é preciso traidores desmascarados. Rousseau (Jean-Baptiste) permanecerá na memória dos homens por ter escrito:

> *A máscara cai, permanece o homem*
> *E o herói se esvaece.*[3]

Esse tema está bastante difundido, bastante vulgarizado, bastante automatizado para que qualquer um possa retomá-lo e aí acrescentar algumas variações, sem grande esforço de pensamento. A antítese ser-parecer pertence ao léxico comum: a ideia tornou-se locução.

No entanto, quando Rousseau encontra o deslumbramento da verdade na estrada de Vincennes, e durante as noites de insônia em que "vira e revira"[4] os períodos de seu discurso, o lugar-comum recobra vida: incendeia-se, torna-se incandescente. A oposição do ser e do parecer se anima pateticamente e confere ao discurso sua tensão dramática. É sempre a mesma antítese, extraída do arsenal da retórica, mas exprime uma dor, um dilaceramento. A despeito de toda a ênfase do discurso, um sentimento verdadeiro da *divisão* se impõe e se propaga. A ruptura entre o ser e o parecer engendra outros conflitos, como uma série de ecos amplificados: ruptura entre o bem e o mal (entre os bons e os maus), ruptura entre a natureza e a sociedade, entre o homem e seus deuses, entre o homem e ele próprio. Enfim, a história inteira se divide em um *antes* e um *depois*: outrora havia pátrias e cidadãos; agora não há mais. Roma, mais uma vez, fornece o exemplo: a virtuosa república, fascinada pelo brilho da aparência, perdeu-se por seu luxo e suas conquistas. "Insensatos, o que fizestes?"[5]

Dirigida contra o prestígio da opinião, deplorando a decadência de Roma, então entregue aos retóricos, a declamação obedece a todas as regras do gênero oratório. Para um concurso de Academia, nada lhe falta: apóstrofes, prosopopeias, gradações. Até mesmo a epígrafe revela a presença da tradição literária. *Decipimur specie recti.*[6] De imediato, o tema essencial nos é oferecido sob a garantia de uma sentença romana. Mas a citação é oportuna. O que ela anuncia é que, subjugados pela ilusão do bem, cativos da aparência, deixamo-nos seduzir por uma falsa imagem da justiça. Nosso erro não conta na ordem do saber, mas na ordem moral. Enganar-se é tornar-se culpado enquanto se acredita fazer o bem. Apesar de nós, à nossa revelia, somos arrastados para o mal. A ilusão não é apenas o que turva nosso conhecimento, o que vela a verdade: falseia todos os nossos atos e perverte nossas vidas.

Essa retórica serve de veículo a um pensamento amargo, obsedado pela ideia da impossibilidade da comunicação humana. No primeiro *Discurso*, Rousseau já faz ouvir o lamento que repetirá incansavelmente nos anos da perseguição: as almas não são visíveis, a amizade não é possível, a confiança jamais pode durar, nenhum sinal certo permite reconhecer a disposição dos corações:

> Já não se ousa parecer o que se é; e nessa sujeição perpétua, os homens que formam esse rebanho que se chama sociedade, colocados nas mesmas circunstâncias, farão todos as mesmas coisas, se motivos mais poderosos delas não os desviam. Portanto, jamais se saberá bem com quem se trata: será preciso então, para conhecer o amigo, esperar as grandes ocasiões, isto é, esperar que não seja mais tempo, pois que é para essas mesmas ocasiões que teria sido essencial conhecê-lo.
>
> Que cortejo de vícios não acompanhará essa incerteza?

Não mais amizades sinceras; não mais estima real; não mais confiança fundada. As suspeitas, as desconfianças, os temores, a frieza, a reserva, o ódio, a traição serão ocultados incessantemente sob esse véu uniforme e pérfido de polidez, sob essa urbanidade tão louvada que devemos às luzes de nosso século.[7]

Que ser e parecer sejam diversos, que um "véu" dissimule os verdadeiros sentimentos, esse é o escândalo inicial com que Rousseau se choca, esse é o dado inaceitável de que buscará a explicação e a causa, essa é a infelicidade de que deseja ser libertado.

Esse tema é fecundo. Abre a possibilidade de um desenvolvimento inesgotável. No próprio testemunho de Rousseau, o escândalo da mentira deu impulso a toda a sua reflexão teórica. Muitos anos depois do primeiro *Discurso*, voltando à sua obra para interpretá-la e fazer "a história de suas ideias", ele declarará:

> Assim que fui capaz de observar os homens, olhava-os agir e escutava-os falar; depois, vendo que suas ações não se pareciam de modo algum com seus discursos, procurei a razão dessa dessemelhança, e descobri que, sendo ser e parecer, para eles, duas coisas tão diferentes quanto agir e pensar, essa segunda diferença era a causa da outra [...][8]

Tomemos nota dessa declaração. Mas coloquemos também algumas questões.

*Assim que fui capaz de observar os homens*: Rousseau se atribui aqui o papel do observador, posta-se na atitude do naturalista filósofo, que traduz suas observações em conceitos, e que remonta indutivamente às razões e às causas primeiras. Ao atribuir-se esse gosto pela análise desinteressada, Rousseau não "racionaliza" emoções muito mais turvas, sentimentos muito mais interessados? Não adota ele o tom do saber abstrato na intenção mais ou menos consciente de compensar e de dissimular certas decepções e certos fracassos muito pessoais? O próprio Rousseau nos autoriza a fazer essas perguntas. Bem antes que a psicologia moderna houvesse dirigido nossa atenção para as fontes afetivas e as subestruturas inconscientes do pensamento, o Rousseau das *Confissões* [*Les confessions*] nos convida a buscar a origem de suas próprias teorias na experiência emotiva, e o Rousseau dos *Devaneios* [*Les rêveries du promeneur solitaire*] chegará a dizer, na experiência sonhada: "Minha vida inteira quase não passou de um longo devaneio".[9]

A discordância do ser e do parecer revelou-se então a Rousseau ao fim de um ato de atenção crítica? Foi uma calma comparação que alertou seu pensamento? O leitor poderia ficar tentado a duvidar disso. Sabendo quanto o tema do parecer se tornara moeda corrente no vocabulário intelectual da época, hesitará em admitir que a reflexão de Rousseau tenha encontrado aí seu ponto de partida autêntico e seu impulso original. Se algum dia fosse possível apreender esse pensamento em sua fonte e em sua origem, não seria preciso remontar a um nível psíquico mais profundo, em busca de uma emoção primeira, de uma motivação mais íntima? Ora, aí encontraremos o malefício da aparência, não mais a título de lugar-comum retórico ou na qualidade de objeto submetido à observação metódica, mas sob a forma da dramaturgia íntima.

## "AS APARÊNCIAS ME CONDENAVAM"

Releiamos o primeiro livro das *Confissões*. "Eu me mostrei tal como fui"[10] (tal como ele acredita ter sido, tal como quer ter sido). Não se preocupa em retraçar o histórico de suas ideias; deixa-se invadir pela lembrança afetiva: sua existência não lhe parece constituída como uma cadeia de pensamentos, mas como uma cadeia de sentimentos, um "encadeamento de afeições secretas".[11] Se o tema do parecer mentiroso não fosse mais que uma superestrutura intelectual, quase não teria lugar nas *Confissões*. Ora, o contrário é que é verdadeiro.

Sem dúvida, não é sem importância que a consciência de si date, para Jean-Jacques, de seu encontro com a "literatura": "Ignoro o que fiz até cinco ou seis anos: não sei como aprendi a ler; lembro-me apenas de minhas primeiras leituras e de seu efeito sobre mim: *é o tempo de que data, sem interrupção, a consciência de mim mesmo*. Minha mãe deixara romances [...]".[12] O encontro de si coincide com o encontro do imaginário: eles constituem uma mesma descoberta. Desde a origem, a consciência de si está intimamente ligada à possibilidade de tornar-se um outro. ("Eu me tornava a personagem da qual lia a vida."[13]) Porém, por mais perigoso que Rousseau considere esse método de educação — que desperta o sentimento antes da razão, o conhecimento do imaginário antes do das coisas reais —, o parecer aí não se impõe como uma influência maléfica. A ilusão sentimental, despertada pela leitura, comporta certamente um risco, mas o risco, nesse caso particular, está acompanhado de um privilégio precioso: Jean-Jacques se forma como um ser *diferente*. "Essas emoções confusas que eu experimentava uma após a outra não alteravam absolutamente a razão que ainda não tinha; mas elas me formaram uma *de uma outra têmpera* [...]"[14] A singularidade de Jean-Jacques tem sua fonte nos fantasmas fascinantes suscitados pela ilusão romanesca. Está aqui o primeiro dado biográfico que vem confirmar a declaração do preâmbulo: "Não sou feito como nenhum daqueles que vi".[15] Jean-Jacques deseja e deplora sua diferença: é simultaneamente uma infelicidade e um motivo de orgulho. Se as comoções fictícias, se a exaltação imaginária tornaram-no diferente, ele lançará contra elas uma condenação ambígua: esses romances são um vestígio da mãe perdida.

Vamos encontrar uma recordação de infância que descreve o encontro do parecer como uma perturbação brutal. Não, ele não começou por observar a discordância do ser e do parecer: começou por sofrê-la. A memória remonta a uma experiência original do malefício da aparência; Jean-Jacques retraça-lhe a revelação "traumatizante", à qual atribui uma importância decisiva: "Desde esse momento deixei de gozar de uma felicidade pura".[16] Nesse instante se produz a catástrofe (a "queda") que destrói a pureza da felicidade infantil. A partir desse dia, a injustiça existe, a infelicidade é presente ou possível. Essa lembrança tem o valor de um arquétipo: é o encontro da acusação injustificada. Jean-Jacques parece culpado sem o ser realmente. Parece mentir, enquanto é sincero. Aqueles que o castigam agem injustamente, mas falam a linguagem da justiça. E, aqui, a punição física não terá as consequências eróticas da sova nas nádegas aplicada pela srta. Lambercier: Jean-Jacques aí não descobre seu corpo e seu prazer; descobre a solidão e a separação:

> Um dia eu estudava sozinho minha lição no quarto contíguo à cozinha. A criada pusera para secar na chapa os pentes da senhorita Lambercier. Quando voltou para apanhá-los, havia um com todo um lado de dentes quebrado. A quem atribuir a culpa desse estrago? Ninguém além de mim entrara no quarto. Interrogam-me; nego ter tocado no pente. O senhor e a senhorita Lambercier se reúnem; exortam-me, pressionam-me, ameaçam-me; persisto com obstinação; mas a convicção era forte demais, prevaleceu sobre todos os meus protestos, embora fosse a primeira vez que me tivessem encontrado tanto audácia em mentir. A coisa foi levada a sério; merecia sê-lo. A maldade, a mentira, a obstinação pareceram igualmente dignas de punição [...]
>
> Faz agora quase cinquenta anos dessa aventura, e não tenho medo de ser hoje punido uma segunda vez pelo mesmo fato. Pois bem! Declaro diante do Céu que eu era inocente [...]
>
> Não tinha ainda bastante razão para sentir quanto *as aparências me condenavam*, e para me colocar no lugar dos outros. Mantinha-me no meu lugar, e tudo o que sentia era o rigor de um castigo terrível por um crime que não cometera.[17]

Rousseau está aqui em situação de acusado. (No primeiro *Discurso* ele desempenha o papel do acusador, mas a partir do momento em que encontrar a contradição ele se achará novamente em situação de acusado.) A experiência cuja descrição acabamos de ler não confronta abstratamente a noção de realidade e a noção de aparência: é a oposição perturbadora do *ser-inocente* e do *parecer-culpado*. "Que desarranjo de ideias! Que desordem de sentimentos! Que perturbação [...]"[18] Ao mesmo tempo que se revela confusamente a ruptura ontológica do ser e do parecer, eis que o mistério da injustiça se faz sentir de modo intolerável a essa criança. Ela acaba de aprender que a íntima certeza da inocência é impotente contra as provas aparentes da culpa; acaba de aprender que as consciências são separadas e que é impossível comunicar a evidência imediata que se experimenta em si mesmo. Desde então, o paraíso está perdido: pois o paraíso era a transparência recíproca das consciências, a comunicação total e confiante. O próprio mundo muda de aspecto e se obscurece. E os termos de que Rousseau se serve para descrever as consequências do incidente do pente quebrado assemelham-se estranhamente às palavras pelas quais o primeiro *Discurso* pinta o "cortejo de vícios" que irrompe desde que "não se ousa mais parecer o que se é". Nos dois textos, Rousseau fala de um desaparecimento da *confiança*, depois evoca um véu que se interpõe:

> Permanecemos ainda em Bossey alguns meses. Ali estivemos como nos representam o primeiro homem ainda no paraíso terrestre, mas tendo deixado de gozá-lo. Era *em aparência* a mesma situação, e, de fato, toda uma outra maneira de ser. O apego, o respeito, a intimidade, a *confiança* não uniam mais os alunos a seus guias; já não os olhávamos como deuses que liam em nossos corações: ficávamos menos envergonhados de agir mal, e mais temerosos de ser acusados; começávamos a nos esconder, a nos rebelar, a mentir. Todos os vícios de nossa idade corrompiam nossa inocência e enfeiavam nossas brincadeiras. Até o campo perdeu aos nossos olhos esse atrativo de doçura e de simplicidade que chega ao coração. Parecia-nos deserto e sombrio; como que se cobrira de um *véu* que nos ocultava-lhe as belezas.[19]

As almas não se encontram mais e têm prazer em ocultar-se. Tudo está perturbado, e a criança punida descobre essa incerteza do conhecimento de outrem, de que se lamentará no primeiro *Discurso*: "Portanto, jamais se saberá bem com quem se trata". A catástrofe é tanto maior para Jean-Jacques, quanto o separa "precisamente das pessoas que estima e que mais respeita".[20] A ruptura constitui um pecado original, mas um pecado tanto mais cruelmente imputado quanto Jean-Jacques não é por ele responsável.

De fato, é preciso observar que, em todo o relato do incidente do pente, ninguém carrega a responsabilidade da intrusão inicial do mal e da separação. É um concurso infeliz de circunstâncias. Um simples mal-entendido. Em parte alguma Rousseau diz que os Lambercier são maus e injustos. Descreve-os, ao contrário, como seres "doces", "bastante razoáveis" e de uma "justa severidade". Apenas estão errados; *foram enganados pela aparência da justiça* (segundo a sentença liminar do primeiro *Discurso*), e a injustiça se produz como pelo efeito de uma fatalidade impessoal. As "aparências" estão contra Rousseau. A "convicção era forte demais". Portanto, não há culpado em parte alguma; há apenas uma imputação de crime, um parecer-culpado que surgiu como por acaso e precipitou automaticamente a punição. As pessoas são todas inocentes, mas suas relações estão corrompidas pelo parecer e pela injustiça.

O malefício da aparência, a ruptura entre as consciências põem fim à unidade feliz do mundo infantil. Doravante a unidade deverá ser reconquistada, redescoberta; as pessoas separadas deverão reconciliar-se: a consciência expulsa de seu paraíso deverá empreender uma longa viagem antes de retornar à felicidade; ser-lhe-á preciso buscar uma outra ventura, totalmente diferente, mas na qual seu primeiro estado não deixará de ser-lhe totalmente restituído.

A revelação da mentira da aparência é sofrida à maneira de um ferimento. Rousseau descobre o parecer como vítima do parecer. No instante em que percebe os limites de sua subjetividade, ela lhe é imposta como *subjetividade caluniada*. Os outros o desconhecem: o eu sofre sua aparência como uma denegação de justiça que lhe seria infligida por aqueles pelos quais queria ser amado.

A estrutura "fenomenal" do mundo é, portanto, posta em

questão apenas indiretamente. A descoberta do parecer, aqui, não é de modo algum o resultado de uma reflexão sobre a natureza ilusória da realidade percebida. Jean-Jacques não é um "sujeito" filosófico que analisa o espetáculo do mundo exterior, e que o põe em dúvida como uma aparência formada pela mediação enganadora dos sentidos. Jean-Jacques descobre que os outros não vão ao encontro de sua verdade, de sua inocência, de sua boa-fé, e é apenas em seguida que o campo se obscurece e se vela. Antes que ele se experimente distante do mundo, o *eu* sofreu a experiência de sua distância em relação aos outros. O malefício da aparência o atinge em sua própria existência, antes de alterar a figura do mundo. "É no coração do homem que está a vida do espetáculo da natureza."[21] Quando o coração do homem perdeu sua transparência, o espetáculo da natureza se empana e se turva. A imagem do mundo depende da relação entre as consciências: sofre-lhe as vicissitudes. O episódio de Bossey termina pela destruição da transparência do coração e, simultaneamente, por um adeus ao brilho da natureza. A possibilidade quase divina de "ler nos corações" não existe mais, o campo se vela e a luz do mundo se obscurece.

O "véu" desceu entre Rousseau e ele próprio. Ocultou-lhe sua natureza primeira, sua inocência. E por certo, então, Jean-Jacques se pôs a fazer o mal ("ficávamos menos envergonhados de agir mal [...] começávamos a nos esconder [...]"[22]), mas não é responsável pela entrada do mal no mundo e, se começa a se esconder, é porque em primeiro lugar a verdade se escondeu. Sua história começara de maneira diferente. A infância fora de início confiança e transparência totais. A memória ainda pode mergulhá-lo novamente nela, e devolvê-lo à limpidez de um mundo mais claro: mas ele não pode fazer com que ela não tenha sido perdida e que tudo não esteja obscurecido:

> Não vemos a alma de outrem, porque ela se esconde, nem a nossa, porque de modo algum temos espelho intelectual.[23]

> É preciso viver na opacidade.[24]

Esse momento de crise — em que desce o "véu" da separação, em que o mundo se empana, em que as consciências se tornam opacas umas para as outras, em que a desconfiança torna para sempre a amizade impossível —, esse momento tem sua data em uma história: marca o começo de uma perturbação na felicidade infantil de Jean-Jacques. Então começa uma nova época, uma outra era da consciência. E essa nova era se define por uma descoberta essencial: pela primeira vez a consciência tem um passado. Mas, ao enriquecer-se com essa descoberta, ela descobre também uma pobreza, uma falta essencial. Com efeito, a dimensão temporal que se cava atrás do instante presente tornou-se perceptível pelo próprio fato de que se esquiva e se recusa. A consciência se volta para um mundo anterior, do qual percebe simultaneamente que ele lhe pertenceu e que está para sempre perdido. No momento em que a felicidade infantil lhe escapa, ela reconhece o valor infinito dessa felicidade proibida. Então não resta mais do que construir poeticamente o mito da época finda: outrora, antes que o véu se houvesse interposto entre nós e o mundo, havia "deuses que liam em nossos corações", e nada alterava a transparência e a evidência das almas. Permanecíamos com a verdade. Na biografia pessoal assim como na história da humanidade, esse tempo está situado mais próximo do nascimento, na vizinhança da origem. Rousseau foi um dos primeiros escritores (seria preciso dizer poetas) a retomar o mito platônico do exílio e do retorno para orientá-lo em direção ao estado de infância, e não mais a uma pátria celeste.

Quando se trata de evocar o tempo da transparência, o primeiro *Discurso* desenvolve imagens singularmente análogas às que se encontram no relato das *Confissões*. Como no episódio de Bossey, ele fala da presença próxima dos "deuses"; é um tempo em que testemunhas divinas permanecem entre os homens e leem em seus corações; é um mundo em que as consciências humanas se reconhecem por um único olhar:

> É uma bela costa, adornada apenas pelas mãos da natureza, para a qual se voltam incessantemente os olhos, e da qual se sente afastar-se a contragosto. Quando os homens inocentes e virtuosos amavam *ter os deuses como testemunhas de suas ações*, moravam juntos sob as mesmas cabanas; mas logo tornando-se maus, cansaram-se desses incômodos espectadores [...][25]
>
> Antes que a arte houvesse moldado nossas maneiras e ensinado nossas paixões a falar uma linguagem afetada, nossos costumes eram rústicos, mas naturais; e *a diferença dos procedimentos anunciava, ao primeiro olhar, a do caráter.* A natureza humana, no fundo, não era melhor; mas os homens encontravam sua segurança na facilidade de *se penetrar reciprocamente.*[26]

Previamente a toda teoria e a toda hipótese sobre o estado de natureza, há a intuição (ou a imaginação) de uma época comparável ao que foi a infância antes da experiência da acusação injustificada. A humanidade só está então ocupada em viver tranquilamente sua felicidade. Um infalível equilíbrio ajusta o ser e o parecer. Os homens se mostram e são vistos tais como são. As aparências externas não são obstáculos, mas espelhos fiéis em que as consciências se encontram e se harmonizam.

A nostalgia se volta para uma "vida anterior". Mas se ela nos afasta do mundo "contemporâneo", não nos faz abandonar o mundo humano nem a paisagem terrestre; no horizonte da felicidade anterior, há essa mesma natureza e essa mesma vegetação que nos cercam hoje; há essa floresta que mutilamos, mas da qual restam ainda extensões intactas por onde posso enveredar... Sem que seja necessário invocar a intervenção sobrenatural de um demônio tentador e de uma Eva tentada, a origem de nossa decadência é explicável por razões bem humanas. Porque o homem é perfectível, não cessou de acrescentar suas invenções aos dons da natureza. E desde então a história universal, embaraçada pelo peso continuamente crescente de nossos artifícios e de nosso orgulho, adquire o andamento de uma *queda* acelerada na corrupção: abrimos os olhos com horror para um mundo de máscaras e de ilusões mortais, e nada assegura ao observador (ou ao acusador) de que ele próprio seja poupado pela doença universal.

O drama da queda não antecede, portanto, a existência terrestre; Rousseau transporta o mito religioso para a própria história; divide-a em duas eras: uma, tempo estável da inocência, reino tranquilo da pura natureza; a outra, história em devir, atividade culpada, negação da natureza pelo homem.

Ora, se a queda é nossa obra, se é um acidente da história humana, é preciso admitir que o homem não está naturalmente condenado a viver na desconfiança, na opacidade e nos vícios que as escoltam. Estes são a obra do homem, ou da sociedade. Então não há nada aí que nos impeça de refazer ou de desfazer a história, tendo em vista redescobrir a transparência perdida. Nenhuma proibição sobrenatural a isso se opõe. A essência do homem não está comprometida, mas apenas sua *situação* histórica. "Talvez quisesses tu poder retroceder?"[27] A pergunta permanece suspensa, mas em todo caso não há espada flamejante que nos impeça o acesso do paraíso perdido. Para alguns (em distantes costas) que dele não saíram, talvez ainda seja tempo de "deter-se".[28] E mesmo que, por uma fatalidade puramente humana, o mal seja irreversível, mesmo que nos seja preciso admitir que um "povo vicioso não retorna jamais à virtude", a história nos propõe uma tarefa de resistência e de recusa. O mínimo que poderíamos fazer, se não podemos "tornar bons aqueles que não o são mais", é "conservar assim aqueles que têm a felicidade de sê-lo".[29] Porque o advento do mal foi um fato histórico, a luta contra o mal cabe também ao homem na história.

Rousseau não duvida de que uma ação seja possível, de que uma livre decisão possa consagrar-nos ao serviço da verdade velada. Mas quanto à natureza dessa decisão e dessa ação, ele ouve vários apelos e os exprime sucessivamente (ou simultaneamente) em sua obra: reforma moral pessoal (*vitam impendere vero*), educação do indivíduo (*Emílio* [*Émile*]), formação política da coletividade (*Economia política* [*Discours sur l'économie politique*], *Contrato social* [*Le contrat social*]). A que se acrescenta, em Jean-Jacques, uma hesitação que orienta seu desejo ora no sentido de uma regressão temporal, ora no sentido do presente mais próximo, refúgio de uma consciência que se basta a si mesma; mais raramente, no sentido de uma superação em direção ao futuro. Alternadamente, ele se entregará ao devaneio "arcádico" de um retorno à floresta primitiva; ou então fará a defesa de uma estabilização conservadora, em que a alma e a sociedade salvaguardariam o que lhes resta ainda de puro e de original; ou ainda traçará "a ideia da felicidade futura do gênero humano";[30] ou, enfim, construirá fora do tempo uma Cidade virtuosa, *Instituições políticas* ideais. De tantos desígnios dessemelhantes, que é tão difícil harmonizar de maneira inteiramente satisfatória, é preciso reter esta única coisa que têm em comum: sua *unidade de intenção*, que visa à salvaguarda ou à restauração da transparência comprometida. No apelo apaixonado que Rousseau dirige a seus contemporâneos, pode não haver nada mais que um convite a cultivar a moral da boa vontade e da boa consciência, e aí pode-se ler também um convite a transformar a sociedade pela ação política efetiva. Essa ambiguidade é embaraçosa. Mas de uma maneira não ambígua, Rousseau em primeiro lugar nos convoca a querer o *retorno da transparência*, para nós e em nossas vidas. Não há como equivocar-se sobre esse desejo, tão poderoso quanto simples. O mal-entendido começará no momento em que esse desejo se vir confrontado com tarefas concretas, com situações problemáticas. Pois do desejo de transparência à transparência possuída, a passagem não é instantânea, o acesso não é imediato. Se se empreende libertar-se da mentira, cedo ou tarde não se pode impedir colocar a questão dos *meios* (que são diversos e contraditórios) e da *ação*, que tanto pode fracassar como ter êxito, e que corre o risco de nos fazer recair no mundo da mentira e da opacidade.

## SABER HISTÓRICO E VISÃO POÉTICA

Mas a que distância estamos da transparência perdida? Que espessuras dela nos separam? Qual é o espaço a transpor para redescobri-la?

No *Discurso sobre a origem da desigualdade* [*Discours sur l'origine de l'inégalité*], Rousseau interpõe "multidões de séculos". O afastamento é imenso, e a luz da primeira felicidade parece quase apagar-se na distância das eras. O que se pode saber de um período tão longínquo? A razão não pode evitar a formulação de algumas dúvidas: o tempo da transparência realmente ocorreu, ou aí não está mais que uma ficção que inventamos, para poder reconstruir especulativamente a história a partir de uma origem? Em uma passagem do segundo *Discurso* em que Rousseau vigia manifestamente seu pensamento, não chega ele a supor que o estado de natureza "talvez não tenha absolutamente existido"? O estado de natureza é, pois, tão somente o postulado especulativo que uma "história hipotética" se confere, princípio sobre o qual a dedução poderá apoiar-se, em busca de uma série de causas e de efeitos bem encadeados, para construir a explicação genética do mundo tal como ele se oferece aos nossos olhos. Assim procedem quase todos os homens de ciências e os filósofos da época, que creem nada ter demonstrado se não remontaram às fontes simples e necessárias de todos os fenômenos: fazem-se então os historiadores das origens da terra, da vida, das faculdades da alma, das sociedades. Dando à especulação o nome de observação, esperam estar isentos de qualquer outra prova.

De fato, à medida que Rousseau desenvolve sua ficção "histórica", esta perde seu caráter de hipótese: uma espécie de confiança e de embriaguez vem abolir toda prudência intelectual: a descrição desse estado primeiro, muito próximo ainda da animalidade, torna-se a evocação encantada de um "lugar onde viver". Uma nostalgia elegíaca se comove à ideia dessa vida errante e "sã", com seu equilíbrio sensitivo, com sua justa suficiência. Imagem por demais imperiosa, por demais profundamente satisfatória para não corresponder, no espírito de Rousseau, à estrita verdade histórica. Uma certeza ganha corpo, que é de essência poética, mas que se engana sobre sua natureza: quer falar a linguagem da história, e tomar por testemunha a erudição mais séria. A convicção se impõe irrefutavelmente:

tais foram, sem contestação, os primórdios da humanidade, tal foi a primeira fisionomia do homem. Rousseau conta a si mesmo a história objetiva de uma Idade da transparência para legitimar sua nostalgia. A certeza de Rousseau é a de alguém que se lembra; ela é alcançada no contato, e seus discípulos já não verão nele o autor de uma "história hipotética", mas o vidente (*Seher*, dirá Hölderlin) que detém a memória de um passado muito antigo, de um tempo mais belo. Na ode inacabada intitulada "Rousseau", Hölderlin escreve:

*auch dir, auch dir*
*Erfreuet die ferne Sonne dein Haupt,*
*Und Strahlen aus der schönern Zeit. Es*
*Haben die Boten dein Herz gefunden.*[31]

[para ti também, para ti também
O distante sol ilumina tua fronte com sua alegria,
E os raios vindos de uma época mais bela. Eles,
os mensageiros, encontraram teu coração.]

Hölderlin aqui faz de Rousseau um desses "intérpretes" a quem é concedido ser tocado pela luz de uma era vindoura ou de um passado desaparecido.

## O DEUS GLAUCO

Pode-se dizer ainda que a transparência original desapareceu? Redescoberta na memória, não é ela então retomada na transparência própria da memória e, por isso mesmo, salva? Desertou-nos inteiramente ou estamos ainda em sua vizinhança? Rousseau hesita entre duas respostas contraditórias. Em dado momento, o mito bifurca em duas versões. A primeira afirma que a alma humana *degenerou*, que se desfigurou, que sofreu uma alteração quase total, para jamais reencontrar sua beleza primeira. A segunda versão, em lugar de uma deformação, evoca uma espécie de encobrimento: a natureza primitiva persiste, mas *oculta*, cercada de véus superpostos, sepultada sob os artifícios e, no entanto, sempre intacta. Versão pessimista e versão otimista do mito da origem. Rousseau sustenta ambas, alternadamente, e por vezes mesmo simultaneamente. Diz-nos que o homem destruiu de modo irremediável sua identidade natural, mas proclama também que a alma original, sendo indestrutível, permanece para sempre idêntica a si mesma sob as manifestações externas que a mascaram.

Rousseau retoma por sua conta o mito platônico da estátua de Glauco:

> Semelhante à estátua de Glauco que o tempo, o mar e as tempestades haviam *desfigurado* tanto que se parecia menos com um deus do que com um animal feroz, a alma humana alterada no seio da sociedade por mil causas continuamente renascentes, pela aquisição de uma multidão de conhecimentos e de erros, pelas mudanças ocorridas na constituição dos corpos, e pelo choque contínuo das paixões, por assim dizer *mudou de aparência* a ponto de ser *quase irreconhecível*.[32]

Mas há aqui um *por assim dizer* e um *quase* que devolvem todas as esperanças. A imagem da estátua de Glauco, no contexto de Rousseau, conserva algo de enigmático. Seu rosto foi corroído e mutilado pelo tempo, perdeu para sempre a forma que tinha ao sair das mãos do escultor? Ou então foi ele recoberto por uma crosta de sal e de algas, sob a qual a face divina conserva, sem nenhuma perda de substância, seu modelo original? Ou, ainda, a fisionomia original não é mais que uma ficção destinada a servir de norma ideal para quem quer interpretar o estado atual da humanidade?

> Não é uma empresa leve deslindar o que há de originário e de artificial na natureza *atual* do homem, e conhecer bem um estado que não existe mais, que provavelmente não

> existirá jamais, e sobre o qual, entretanto, é necessário ter noções justas para bem avaliar nosso *estado presente*.[33]

Permanecer o que se era; deixar-se alterar pela mudança: tocamos aqui em categorias que para Rousseau são o equivalente das categorias teológicas da perdição e da salvação. Rousseau não crê no inferno mas, em compensação, acredita que a perda da semelhança é uma infelicidade essencial, enquanto que permanecer semelhante a si mesmo é uma maneira de salvar sua vida, ou ao menos uma promessa de salvação. O tempo histórico, que para Rousseau não exclui a ideia do desenvolvimento orgânico, permanece carregado de culpabilidade; o movimento da história é um obscurecimento, é mais responsável por uma deformação do que por um progresso qualitativo. Rousseau apreende a mudança como uma corrupção;[34] no curso do tempo, o homem se desfigura, se deprava. Não é apenas sua aparência, mas sua própria essência que se torna *irreconhecível*. Essa versão severa (e por assim dizer calvinista) do mito da origem, Rousseau a propõe em diversos momentos de sua obra. Descobre-se, na origem dessa ideia, uma angústia muito real, avivada pelo sentimento do irreparável. Rousseau muitas vezes afirmou que o mal era sem retorno, que uma vez transposto um certo limiar fatal, a alma estava perdida e não tinha outro recurso senão aceitar sua perda. Um "natural sufocado", nos diz ele, não volta jamais, e "perde-se então ao mesmo tempo o que se destruiu e o que se fez".[35]

> Desafortunados! o que nos tornamos nós? Como deixamos de ser o que fomos?[36]

Deformação em que, parece, mais nada subsiste da forma original. Ele próprio sentiu-se atingido e ameaçado:

> Os gostos mais vis, a mais baixa molecagem sucederam-se às minhas amáveis diversões, sem delas me deixar mesmo a menor ideia. É preciso que, a despeito da educação mais honesta, eu tivesse *uma grande inclinação a degenerar*; pois isso se deu

muito rapidamente, sem a menor dificuldade, e jamais César tão precoce tornou-se tão prontamente Laridon.[37]

A essa passagem, que segue de perto, o episódio de Bossey, pode-se acrescentar um texto do final da vida de Rousseau, testemunho tanto mais significativo quanto data de uma época em que este não cessa de afirmar sua permanente fidelidade a si mesmo:

> Talvez sem me dar conta *eu mesmo tenha mudado mais do que seria preciso*. Que natural resistiria sem *se alterar* a uma situação semelhante à minha?[38]

Pergunta que ele se apressa em responder pela negativa. Pois precisamente, no momento em que tudo muda para ele, no momento em que acredita viver em um sonho, Rousseau se opõe com todas as suas forças à angústia da alteração interior, e luta pela salvaguarda de sua identidade. Alguma coisa mudou, mas sua alma permaneceu a mesma. Ele repele para o exterior a responsabilidade da alteração. Foram os outros que sofreram a metamorfose mais surpreendente, e que, eles próprios irreconhecíveis, desfiguram sua imagem e suas obras. Quanto a ele mesmo, permaneceu o que era. Seus sentimentos mudaram porque as realidades externas não são mais as mesmas:

> Mas as coisas mudaram muito de figura... desde que minhas infelicidades começaram. Vivi desde então em uma geração nova que não se parecia de modo nenhum com a primeira, e meus próprios sentimentos pelos outros sofreram mudanças que encontrei nos deles. A mesmas pessoas que vi sucessivamente nessas duas gerações tão diferentes assimilaram-se, por assim dizer, a uma e à outra.[39]
>
> [...] Eu, o mesmo homem que era, o mesmo que sou ainda.

Sob a máscara que os outros impõem de fora à sua fisionomia, Jean-Jacques não deixou de ser Jean-Jacques. No momento em que está mais sombriamente obsedado pela perseguição, replica contando a si mesmo a versão otimista do mito da origem: nada foi perdido, o tempo não alterou o essencial, só corroeu na superfície, o mal vem de fora mas permanece fora. O rosto de Glauco permaneceu intacto sob a espuma que o desfigura. Jean-Jacques aplica então a si mesmo (e só a ele) uma ideia que formulara anteriormente a respeito do homem em geral, e que opunha à noção da *natureza perdida* e da *natureza oculta*, de uma natureza que se pode mascarar, mas que jamais será destruída. Demasiadamente poderosa e talvez demasiadamente divina para que possamos transformá-la ou suprimi-la, ela elude nossos empreendimentos profanadores e se refugia nas profundezas, onde está apenas dissimulada sob invólucros exteriores. Está esquecida, mas não realmente perdida, e se a memória nos faz entrevê-la no fundo do passado é porque estamos já próximos de libertá-la de seus véus e de redescobri-la presente e viva em nós mesmos.

> Os males da alma [...], *alterações externas* e passageiras de um ser imortal e simples, apagam-se insensivelmente e deixam-no em *sua forma original* que nada poderia mudar.[41]

Então Rousseau invoca com confiança uma "natureza que nada destrói", torna-se o poeta da permanência desvelada. Descobre em si mesmo a proximidade da transparência original; e esse "homem da natureza" que ele buscara na profundeza das eras, agora reencontra-lhe os "traços originais" na profundeza do eu. Aquele que sabe recolher-se em si mesmo pode ver resplandecer novamente a fisionomia do deus submerso, liberta da "ferrugem" que a mascarava:

> De onde o pintor e o apologista da natureza hoje tão *desfigurada* e tão caluniada pode haver tirado seu modelo, se não de seu próprio coração? Descreveu-a como ele próprio se sentia. Os preconceitos aos quais não estava subjugado, as paixões factícias de que não era presa não ofuscavam de modo ne-

> nhum aos seus olhos, como aos dos outros, esses primeiros traços tão geralmente esquecidos ou ignorados. Esses traços tão novos para nós e tão verdadeiros, uma vez traçados, encontravam ainda no fundo dos corações a atestação de sua justeza, mas jamais se teriam mostrado novamente por si mesmos se o historiador da natureza não houvesse começado por retirar a ferrugem que os ocultava. Só uma vida retirada e solitária, um gosto vivo pelo devaneio e pela contemplação, o hábito de recolher-se em si e de aí buscar na calma das paixões esses primeiros traços desaparecidos na multidão podiam-no fazer redescobri-los. Em uma palavra, era preciso que um homem se houvesse pintado a si mesmo para nos mostrar, assim, o homem primitivo [...][42]

O conhecimento de si equivale a uma reminiscência, mas não é de maneira nenhuma por um esforço de memória que Rousseau reencontra esses "primeiros traços", que pertencem, contudo, a um mundo anterior. Para descobrir o homem da natureza e para tornar-se seu historiador, Rousseau não teve de remontar ao começo dos tempos: bastou-lhe pintar a si mesmo e reportar-se à sua própria intimidade, à sua própria natureza, em um movimento a uma só vez passivo e ativo, buscando-se a si mesmo, abandonando-se ao devaneio. O recurso à interioridade atinge a mesma realidade, decifra as mesmas normas absolutas que a exploração do passado mais remoto. Assim, o que era primeiro na ordem dos tempos históricos se redescobre como o que é mais profundo na experiência atual de Jean-Jacques. A distância histórica não é mais que distância interior, e essa distância é logo transposta, para aquele que sabe abandonar-se plenamente ao sentimento que se desperta nele. Doravante a natureza (como a presença de Deus para santo Agostinho),[43] deixando de ser o que há de mais longínquo atrás de nós, oferece-se como o que é mais central em nós. Como se vê, a norma já não é transcendente, e imanente ao eu. Basta ser sincero, ser eu mesmo, e então o homem da natureza não é mais o distante arquétipo ao qual me refiro, ele coincide com a minha própria presença, com a minha própria existência. A transparência antiga resultava da presença ingênua dos homens sob o olhar dos deuses; a nova transparência é uma relação interior ao eu, uma relação consigo mesmo; realiza-se na limpidez do olhar sobre si mesmo, que permite a Jean-Jacques pintar-se tal como é. Uma *imagem* pode então surgir, que equivale (Rousseau nos garante isso) à história autêntica da espécie inteira e que ressuscita o passado perdido para revelá-lo como o presente eterno da natureza. Os homens aí redescobrem a certeza de uma semelhança comum. ("Cada homem carrega a forma inteira da humana condição", dizia Montaigne.) Porque Jean-Jacques soube abandonar-se a si mesmo, os homens se reconhecerão por sua vez. Atrás de suas falsas verdades, reencontram uma presença esquecida, uma forma que permanecia intacta sob os véus; ei-los libertos do esquecimento...

Pode-se então recobrar a natureza primeira do homem sem ter de remontar às origens reais, e sem se aventurar nas reconstruções históricas. Rousseau se explica sobre isso de uma maneira bastante clara no segundo *Discurso*, onde o vemos renunciar bem facilmente a toda asserção sobre as "verdadeiras origens", para se reservar o direito de esclarecer, por via de hipótese, a *natureza das coisas*:

> Não se devem tomar as investigações nas quais se pode entrar sobre esse assunto por verdades históricas, mas apenas por raciocínios hipotéticos e condicionais, mais aptos a esclarecer a *natureza* das coisas do que a mostrar a *verdadeira origem* [...][44]

Mas a natureza do homem pode ser apreendida independentemente da história humana? Rousseau hesita. De fato, se não pode dispensar a noção de uma natureza humana essencial, também não pode renunciar à ideia de um devir histórico, que lhe permita dar uma explicação plausível da alteração que a humanidade sofreu ao afastar-se de suas bem-aventuradas origens. Rousseau desejaria reservar-se conjuntamente a possibilidade de acusar a perversão pela qual a sociedade é responsável e conservar o direito de proclamar a permanência da bondade original. Há aí uma dupla afirmação, que pode passar por contraditória, e que não se deixou de criticar em Jean-Jacques. Pois, na medida em que a sociedade é obra humana, deve-se admitir que o homem é culpado e carrega a culpa de todo o mal que fez a si mesmo; mas, por outro lado, na medida em que o homem não deixa de ser um filho da natureza, ele conserva uma inocência indestrutível. Como conciliar a afirmação: "O homem é naturalmente bom" e esta outra: "Tudo degenera entre as mãos do homem"?

## UMA TEODICEIA QUE INOCENTA O HOMEM E DEUS

Cassirer mostrou-o bem:[45] os postulados de Rousseau permitem resolver o problema da teodiceia, sem imputar a origem do mal nem a Deus, nem ao homem pecador.

> [Não é] necessário supor o homem mau por sua natureza, quando se [pode] assinalar a origem e o progresso de sua maldade. Estas reflexões me conduziram a novas investigações sobre o espírito humano considerado no estado civil, e julguei então que o desenvolvimento das luzes e dos vícios se fazia sempre na mesma proporção, não nos indivíduos, mas nos povos; distinção que sempre fiz cuidadosamente, e que nenhum daqueles que me atacaram jamais pôde conceber.[46]

O mal se produz pela história e pela sociedade, sem alterar a essência do indivíduo. A culpa da sociedade não é a culpa do homem essencial, mas a do homem em relação. Ora, com a condição de dissociar o homem essencial e o homem em relação, com a condição de separar sociabilidade e natureza humana, pode-se atribuir ao mal e à alteração histórica uma situação *periférica* em relação à permanência central da natureza original. O mal, a partir daí, poderá confundir-se com a paixão do homem por aquilo que lhe é exterior, pelo de fora, o prestígio, o parecer, a posse dos bens materiais. O mal é exterior e é a paixão pelo exterior: se o homem se entrega inteiro à sedução dos bens externos, será inteiramente submetido ao império do mal. Mas recolher-se em si será para ele, em qualquer tempo, o recurso da salvação. Rousseau não se contenta, portanto, em reprovar a exterioridade, como quase todos os moralistas haviam feito antes dele: incrimina-a na própria definição do mal. Essa condenação não passa da contrapartida de uma justificação que pretende salvar — de uma vez por todas — a essência interna do homem. Repelido para a periferia do ser, rechaçado para o mundo da relação, o mal não terá o mesmo estatuto ontológico que a "bondade natural" do homem. O mal é véu e velamento, é máscara, tem acordo com o factício, e não existiria se o homem não tivesse a perigosa liberdade de negar, pelo artifício, o dado natural. É entre as *mãos* do homem, e não em seu *coração*, que tudo degenera. Suas mãos trabalham, mudam a natureza, fazem a história, ordenam o mundo exterior e produzem, com o tempo, a diferença entre as épocas, a luta entre os povos, a desigualdade entre os "particulares".

Em uma mesma página (prefácio de *Narciso*), Rousseau protestará contra "falsa filosofia" que sustenta que "os homens são por toda parte os mesmos", mas que os vícios do mundo contemporâneo "não pertencem tanto ao homem quanto ao homem malgovernado".[47] Contradição significativa. Rousseau, desse modo, afirma ao mesmo tempo a permanência de uma inocência essencial e o movimento da história, que é alteração, corrupção moral, degenerescência política, e que promove o estado de conflito e a injustiça entre os homens.[48]

Nas teorias do progresso que serão propostas mais tarde, intervirá uma hipótese bastante análoga, que visará conciliar o postulado da permanência da natureza humana com a ideia de uma mudança coletiva. "O homem permanece o mesmo, a humanidade progride sempre", dirá Goethe. A validade do pessimismo histórico do segundo *Discurso* foi contestada, e admitiu-se mais comumente a tese otimista de Goethe. Entretanto, do ponto de vista filosófico, o problema é idêntico. Tanto em um como no outro, é preciso conciliar a estabilidade da natureza humana e a mobilidade do desenvolvimento real da história; é preciso explicar por que o homem (enquanto indivíduo) possui o privilégio de permanecer "o mesmo", ao passo que a humanidade (enquanto coletividade) está sujeita à mudança.

Rousseau, contudo, não tem necessidade da história a não ser para lhe pedir a explicação do mal. É a ideia do mal que dá ao sistema sua dimensão histórica. O devir é o movimento pelo qual a humanidade se torna culpada. O homem *não é* naturalmente vicioso; *tornou-se* vicioso. O retorno ao bem coincide, então, com a revolta contra a história, e, em particular, contra a situação histórica atual. Se é verdade que o pensamento de Rousseau é revolucionário, é preciso acrescentar de imediato que ele o é em nome de uma natureza humana eterna, e não em nome de um progresso histórico. (Será preciso *interpretar* a obra de Rousseau para ver nela um fator decisivo no progresso político do século XVIII.) Como veremos, seu pensamento social, consciente da necessidade de afrontar o mundo e "os homens tais como são", visa sobretudo instaurar, ou restaurar, a soberania do imediato, isto é, o reino de um valor sobre o qual a duração não tem poder.

# CAPÍTULO II

## CRÍTICA DA SOCIEDADE

Rousseau situa-se, em seu século, entre os escritores que contestam os valores e as estruturas da sociedade monárquica. Por mais distintos que tenham sido, a contestação cria entre esses autores uma semelhança e lhes dá um ar de fraternidade: cada um deles poderá ser considerado, a algum título, como um agente ou um anunciador da próxima Revolução. Assim se explica a reconciliação póstuma de Rousseau e de Voltaire, sua comum apoteose, sua promoção à classe de divindade *bifronte* ou de díade tutelar. A gravura popular os imortalizara lado a lado, metamorfoseados em gênios lampadóforos, com um candelabro na mão, propagando diante deles as luzes, e radiantes de brilho luciferiano.

Rousseau quer apreender o princípio do mal. Põe em causa a sociedade, a ordem social em seu conjunto. O esforço crítico, nele, não se dispersa e não se atribui como tarefa afrontar uma a uma as múltiplas manifestações do mal. Ele remonta a uma causa geral, que o dispensa de atacar isoladamente tal abuso particular, tal usurpação, tal impostura. (De resto, ele é por demais egocêntrico para assumir o papel de defensor dos oprimidos. Voltaire tem seu caso Calas, e dez outros semelhantes. Rousseau está sobrecarregado pelo caso Rousseau.)

Rousseau faz a história de seus pensamentos: observou uma discordância entre os atos e as palavras dos homens; essa diferença se explica por uma outra diferença, a do ser e do parecer; mas é preciso ainda buscar-lhe a causa. Rousseau assim a formula:

Encontrei-a em nossa ordem social que, em todos os sentidos contrária à natureza que nada destrói, tiraniza-a continuamente, e sem cessar a faz exigir seus direitos. Acompanhei essa contradição em suas consequências, e vi que tão somente ela explicava todos os vícios dos homens e todos os males da sociedade.[1]

Nessa passagem, que resume muito firmemente a substância dos dois *Discursos*, Rousseau define da maneira mais clara o objeto e o alcance de sua crítica social: a contestação diz respeito à sociedade enquanto esta é contrária à natureza. Essa sociedade *negadora* da natureza (da ordem natural) não suprimiu a natureza. Mantém com ela um conflito permanente, de onde nascem os males e os vícios de que sofrem os homens. A crítica de Rousseau esboça, portanto, uma "negação da negação": *acusa* a civilização, cuja característica fundamental é sua *negatividade* em relação à natureza. A cultura estabelecida nega a natureza — é essa a afirmação patética dos dois *Discursos* e do *Emílio*. As "falsas luzes" da civilização, longe de iluminar o mundo humano, velam a transparência natural, separam os homens uns dos outros, particularizam os interesses, destroem toda possibilidade de confiança recíproca e substituem a comunicação essencial das almas por um comércio factício e desprovido de sinceridade; assim se constitui uma sociedade em que cada um se isola em seu amor-próprio e se protege atrás de uma aparência mentirosa. Paradoxo singular que, de um mundo em que a relação econômica entre os homens parece mais estreita, faz efetivamente um mundo de opacidade, de mentira, de hipocrisia:

> Queixo-me de que a filosofia afrouxe os laços da sociedade que são formados pela *estima e pela benevolência mútuas*, e queixo-me de que as ciências, as artes e todos os outros objetos de comércio estreitem os laços da sociedade pelo *interesse pessoal*. É que, com efeito, não se pode estreitar um desses laços sem que o outro não se afrouxe na mesma proporção. Portanto, nada há nisso de contradição.[2]

Rousseau confronta aqui, de maneira significativa, dois tipos de relação, que se opõem como a transparência à opacidade. A estima e a benevolência constituem um laço pelo qual os homens se reúnem *imediatamente*: nada se interpõe entre as consciências, elas se oferecem espontaneamente numa evidência total. Em compensação, os laços ordenados pelo interesse pessoal perderam esse caráter imediato. A relação já não se estabelece diretamente de consciência a consciência: ela agora passa por coisas. A perversão que daí resulta provém não apenas do fato de que as coisas se interpõem entre as consciências, mas também do fato de que os homens, deixando de identificar seu interesse com sua existência pessoal, identificam-no doravante com os *objetos* interpostos que acreditam indispensáveis à sua felicidade. O eu do homem social não se reconhece mais em si mesmo, mas se busca no exterior, entre as coisas; seus meios se tornam seu fim. O homem inteiro se torna coisa, ou escravo das coisas... A crítica de Rousseau denuncia essa alienação e propõe como tarefa um retorno ao imediato.

A sociedade civilizada, desenvolvendo sempre mais sua oposição à natureza, obscurece a relação imediata das consciências: a perda da transparência original vai de par com a alienação do homem nas coisas materiais. A análise de Rousseau, sobre esse ponto, prefigura as de Hegel e de Marx: tanto mais se lhes assemelha quanto se apoia em uma descrição do devir histórico da humanidade. Com efeito, o *Discurso sobre a origem da desigualdade* é uma história da civilização como progresso da negação do dado natural, progresso ao qual corresponde uma degradação da inocência original. A história das técnicas é exposta em estreita ligação com a história moral da humanidade. Mas, à diferença do esforço filosófico do século XIX, e em contraste com as pretensões positivistas de alguns de seus contemporâneos, Rousseau procura fundar um julgamento moral referente à história, de preferência a estabelecer um saber antropológico. É como moralista que ele escreve a história da moral. Daí o aspecto ambíguo de sua demonstração. As fases pelas quais o homem passou, o estado a que chegou devem em primeiro lugar ser estabelecidos como fatos; uma vez estabelecidos, devem ser aceitos: a humanidade sofreu transformações inelutáveis, com isso chegou fatalmente a seu estado presente, eis o que está fora de contestação. Mas a validade do fato não nos permite prejulgar do direito. Os fatos históricos não justificam nada, a história não tem legitimidade moral, e Rousseau não hesita em condenar, em nome dos valores eternos, o mecanismo histórico do qual mostrou a necessidade, e que estendeu às próprias funções morais.

Tendo retraçado a progressão da cultura e tendo-a definido como negação da natureza, Rousseau opõe à cultura uma recusa, uma nova negação, que é a consequência de um juízo moral e que se vale de um absoluto ético. A indignação de Rousseau (ele próprio homem "natural") contra a sociedade (criação histórica) é a expressão patética desse conflito. Ele toma a palavra para dizer não à antinatureza. A situação presente, com seu luxo e sua miséria, é ao mesmo tempo historicamente motivada e moralmente inaceitável. Rousseau compreende a sociedade de seu tempo, mas lhe opõe uma reprovação escandalizada. O pensamento de Rousseau não poderá, portanto, deter-se aí. Pois compreender um mundo opaco não é ainda redescobrir ou restabelecer a transparência. Longe de equivaler para Rousseau a uma adesão intelectual, a compreensão só estabelece "o fato" para opor-lhe imediatamente "o direito". Ele protesta contra o método de Grotius: sua "maneira de raciocinar é de estabelecer sempre o direito pelo fato".[3] Rousseau julga e condena, em nome do direito, os fatos dos quais prova a necessidade histórica. E como precisa, para realizar o ideal da transparência, de um mundo em que o fato coincide com o direito, buscará esse mundo ora aquém da história — nos "antigos tempos" em que o progresso corruptor não existe ainda —, ora além, em um futuro abstrato em que a desordem atual seria superada por uma ordem mais perfeita.

## A INOCÊNCIA ORIGINAL

Antes que as artes e as luzes se tenham propagado, o *fato* humano não está suficientemente desenvolvido para opor-se a um direito ainda não expresso: o homem primitivo é "bom" porque não é bastante ativo para fazer o mal. É um julgamento retrospectivo do moralista que decide dessa bondade. Quanto ao homem da natureza, vive "ingenuamente" em um mundo amoral, ou pré-moral. A diferença do bem e do mal não existe para a sua consciência limitada. Então, verdadeiramente não há acordo entre o fato e o direito: seu conflito ainda não surgiu. No horizonte limitado do estado de natureza, o homem vive em um equilíbrio que não o opõe ainda ao mundo, nem a ele próprio. Ele não conhece nem o trabalho (que o oporá a natureza), nem a reflexão (que o oporá a si mesmo e aos seus semelhantes):

> Seus desejos não ultrapassam de modo nenhum suas necessidades físicas [...] Sua imaginação não lhe pinta nada; seu coração não lhe pede nada. Suas módicas necessidades se acham tão facilmente sob sua mão, e ele está tão longe do grau de conhecimento preciso para desejar adquirir outras maiores, que não pode ter previdência, nem curiosidade [...] Sua alma, que nada agita, entrega-se apenas ao sentimento de sua existência atual.[4]

Nessa suficiência perfeita, o homem não tem necessidade de transformar o mundo para satisfazer suas necessidades. Está aí uma variante "animal" e "sensitiva" do ideal estoico de autarquia. O homem não sai de si mesmo, não sai do instante presente; em uma palavra, vive no *imediato*. E se cada sensação é nova para ele, essa descontinuidade aparente é somente uma maneira de viver a *continuidade* do imediato. Nada se interpõe entre seus "desejos limitados" e seu objeto, a intercessão da linguagem é pouco necessária; a sensação se abre diretamente para o mundo, a ponto de o homem mal saber distinguir-se daquilo que o cerca. O homem experimenta então um contato límpido com as coisas, que ainda não é turvado pelo erro: os sentidos, limitados a si mesmos, não contaminados pelo juízo e pela reflexão, não sofrem nenhuma distorção. Do mesmo modo que Rousseau confere retrospectivamente a qualificação moral da bondade à situação pré-moral, atribui retrospectivamente um valor de verdade à experiência pré-reflexiva, que ele supõe perfeitamente passiva. A esse estado em que se supõe que o homem viva aquém da distinção do verdadeiro e do falso, Rousseau concede o privilégio da posse imediata da verdade. Como declara o próprio Rousseau, esse é bem um estado de infância, e que uma criança de hoje poderia ainda viver se não fosse "corrompida" precocemente. Emílio está "inteiro em seu ser atual, mas gozando de uma plenitude de vida que parece querer estender-se fora dele [...] Seus sentidos ainda puros estão isentos de ilusões".[5]

A maneira pela qual Rousseau fala da "verdade dos sentidos" não é diferente do que propõe a filosofia de Condillac, para quem o erro só começa a partir do momento em que julgamos os dados sensíveis:

> Não há erro, nem obscuridade, nem confusão naquilo que se passa em nós, assim como na relação que disso fazemos com o exterior [...] Se o erro sobrevém, é apenas na medida em que julgamos.[6]

> A sensação sempre tem razão, mas não sabe que tem razão.[7]

## TRABALHO, REFLEXÃO, ORGULHO

Mas, do mesmo modo que a criança, ao crescer, abandona o mundo da sensação para entrar no "mundo moral", depois no mundo social, o homem primitivo perde o paraíso da pura sensibilidade, de uma maneira progressiva e irreversível. Nesse processo, Rousseau atribui um papel capital à luta contra os obstáculos naturais. As modificações psicológicas só ocorrerão após a utilização das ferramentas. Cronologicamente, são o trabalho e o *fazer* instrumental que precedem o desenvolvimento do juízo e da reflexão.

> Tal foi a condição do homem nascente; tal foi a vida de um animal limitado, de início, às puras sensações, e pouco se

> beneficiando dos dons que lhe oferecia a natureza, longe de pensar em arrancar-lhe alguma coisa; mas logo se apresentaram dificuldades; foi preciso aprender a vencê-las [...] As armas naturais que são os galhos de árvores, e as pedras logo se encontraram sob sua mão. Ele aprendeu a superar os obstáculos da natureza, a combater, se necessário, os outros animais, a disputar sua subsistência com os próprios homens, ou a compensar-se daquilo que era preciso ceder ao mais forte.[8]

Novos obstáculos obrigarão os homens a arranjar novas ferramentas, menos "naturais" que os galhos e as pedras: assim, aumenta a distância entre a natureza e o homem, distância criada pelo *artifício* a que este recorre para melhor dominar seu meio:

> Anos estéreis, invernos longos e rudes, verões ardentes que consomem tudo exigiram deles uma nova indústria. Ao longo do mar e dos rios eles inventaram a linha e o anzol, e tornam-se pescadores e ictiófagos. Nas florestas fabricaram arcos e flechas [...][9]

Dessa luta que opõe ativamente o homem ao mundo resultará sua evolução psicológica. A faculdade de comparar o tornará capaz de uma reflexão rudimentar: ele saberá perceber diferenças entre as coisas, se saberá diferente dos animais, se verá em sua superioridade, e já surge um vício: o orgulho.

> Essa utilização reiterada dos diferentes seres para si mesmo, e de uns pelos outros, deve naturalmente ter engendrado no espírito do homem as percepções de certas *relações*. Essas relações [...] nele produziram enfim *alguma espécie de reflexão*.
>
> As novas luzes que resultaram desse desenvolvimento aumentaram sua superioridade sobre os outros animais, fazendo-o conhecê-la [...] Foi assim que o primeiro olhar que ele dirigiu a si mesmo *nele produziu o primeiro movimento de orgulho*.[10]

Rousseau encadeia desse modo toda uma série de "momentos" que se condicionam uns aos outros, e que o homem percorre em razão de sua perfectibilidade. Ao obstáculo natural se opõe o trabalho; este provoca o nascimento da reflexão, que produz "o primeiro movimento de orgulho".

Com a reflexão, termina o homem da natureza e começa "o homem do homem". A queda nada mais é que a intrusão do orgulho; o equilíbrio do ser sensitivo está rompido; o homem perde o benefício da coincidência inocente e espontânea consigo mesmo. Se a natureza "nos destinou a ser sãos, quase ouso assegurar que o estado de reflexão é um estado contra a natureza, e que o homem que medita é um animal depravado".[11] Então vai começar a divisão ativa entre o *eu* e o *outro*; o amor-próprio vem perverter o inocente amor de si, os vícios nascem, a sociedade se constitui. E, enquanto a razão se aperfeiçoa, a propriedade e a desigualdade se introduzem entre os homens, o meu e o teu se separam sempre mais. A ruptura entre ser e parecer passa a marcar o triunfo do "factício", a distância cada vez maior que nos afasta não apenas da natureza exterior, mas de nossa natureza interior.

> Cada um começou a olhar os outros e a querer ele próprio ser olhado.[12]
>
> Foi preciso, para sua vantagem, mostrar-se diverso do que se era com efeito. Ser e parecer tornaram-se duas coisas inteiramente diferentes, e dessa distinção saíram o fausto imponente, a astúcia enganadora, e todos os vícios que são o seu cortejo.[13]

O homem se aliena em sua aparência, Rousseau apresenta o parecer ao mesmo tempo como a *consequência* e como a *causa* das transformações econômicas. De fato, Rousseau liga profundamente o problema moral e o problema econômico. O homem social, cuja existência já não é autônoma mas relativa, inventa sem cessar novos desejos que não pode satisfazer por si mesmo. Precisa de riquezas e do prestígio: quer possuir objetos e dominar consciências. Só acredita ser ele mesmo quando os outros o "consideram" e o respeitam por sua fortuna e sua aparência. Categoria abstrata, de onde todas as espécies de males concretos poderão decorrer, o *parecer* explica a uma só vez a divisão interna do homem civilizado, sua servidão, e o caráter ilimitado de suas necessidades. É o estado mais afastado da felicidade que o homem primitivo experimentava ao abandonar-se ao imediato. Já para o homem do parecer, há apenas meios, e ele próprio encontra-se reduzido a ser somente um meio. Nenhum de seus desejos pode ser saciado imediatamente; deve passar pelo imaginário e pelo factício; a opinião dos outros, o trabalho dos outros lhe são indispensáveis. Como os homens não procuram mais satisfazer suas "verdadeiras necessidades", mas aquelas que sua vaidade criou, estarão constantemente fora de si mesmos, serão estranhos a si mesmos, escravos uns dos outros. A linguagem de Rousseau, quando denuncia as alienações do estado social, prefigura nitidamente Kant e Hegel, mesmo permanecendo sob muitos aspectos uma linguagem de moralista estoico.[14] Naquilo que soa aqui como uma antecipação das filosofias modernas da história, reencontram-se todos os temas da sabedoria antiga:

> De livre e independente que antes era o homem, ei-lo por uma multidão de novas necessidades submetido, por assim dizer, a toda a natureza, e sobretudo aos seus semelhantes, dos quais se torna escravo, em um sentido, mesmo ao tornar-se seu senhor; rico, tem necessidade de seus serviços; pobre, tem necessidade de seus auxílios, e a mediocridade não o coloca de modo algum em condição de dispensá-los. É preciso então que procure incessantemente interessá-los em sua sorte, e em fazê-los encontrar proveito, de fato ou na aparência, em trabalhar pelo seu: o que o torna dissimulado e artificioso com uns, imperioso e duro com outros [...][15]

O despotismo vai se impor como a forma extrema da servidão doravante universal, em que o homem é escravo tanto de seu semelhante quanto de suas próprias necessidades. Oprimidos pela tirania, os homens redescobrem uma nova espécie de igualdade, mas no esmagamento e na nulidade: "É aqui que todos os particulares voltam a ser iguais porque não são nada [...]".[16] O círculo se fecha novamente: saídos da igualdade na independência pré-social, desembocamos na igualdade perfeitamente servil da sociedade despótica. Desenvolveu-se um processo, em que o homem produziu-se a si mesmo, mas sofrendo uma degradação moral paralela a seu progresso intelectual e técnico. Ele fez de si mesmo um ser factício, sem cessar de agravar o conflito que o opõe à natureza.

## A SÍNTESE PELA REVOLUÇÃO

Essa situação não tem saída? Deixa-nos sem possibilidade de superação? Quando Engels[17] interpretar o *Discurso sobre a origem da desigualdade*, enfatizará o momento final do texto de Rousseau: os homens escravizados, submetidos à violência do déspota, recorrem por sua vez à violência para se libertar e para derrubar o tirano:

> O déspota é o senhor apenas pelo tempo em que é o mais forte [...] Assim que se pode expulsá-lo, ele não tem nada a reclamar contra a violência. A rebelião que acaba por estrangular ou destronar um sultão é um ato tão jurídico quanto aqueles pelos quais ele dispunha, na véspera, das vidas e dos bens de seus súditos. Só a força o mantinha, só a força o derruba; todas as coisas se passam, assim, segundo a ordem natural.[18]

Há portanto uma "ordem natural" nessa história em que o homem se afasta de seu "estado natural". Assim, acrescenta Engels, a desigualdade se transforma finalmente em igualdade, mas aquilo que a revolução final realiza não é mais a antiga igualdade natural do homem primitivo desprovido de linguagem, mas a igualdade mais alta do contrato social. Os opressores são oprimidos. Os termos anteriores são ao mesmo tempo conservados e superados. Os homens realizam então a negação da negação. Essa interpretação hegeliana e marxista supõe que se possa ler o *Contrato social* como a sequência, ou mesmo como o desfecho do *Discurso sobre a origem da desigualdade*.

Tal perspectiva da obra de Rousseau é seguramente sedutora. Ela é admissível com a condição de que se coloquem lado a lado as duas obras, segundo o fio de uma sequência contínua.

Sem dúvida, objetar-se-á que, ao examinar isoladamente o segundo *Discurso*, a situação revolucionária que sobrevém ao termo da história não provoca nenhuma mudança decisiva. Ela é infrutífera: inaugura tão somente uma *imobilidade* no mal, diametralmente contrária à imobilidade na inocência que caracterizava o estado de natureza. A revolução contra o déspota não instaura uma nova justiça; tendo perdido a igualdade na independência natural, o homem conhece agora a igualdade na servidão: Rousseau não faz apelo à esperança e não nos diz como os homens poderiam superar seu destino e conquistar a igualdade na liberdade civil (de que tratará o *Contrato social*). Ele conta apenas com "curtas e frequentes revoluções", isto é, com um estado de anarquia permanente. A humanidade, no último grau de sua decadência moral, é incapaz de escapar à desordem da violência. Assiste-se a um fim da história, mas a um fim caótico: a partir de então, o mal é irremediável.[19]

Por outro lado, ao considerar separadamente o *Contrato social*, nada vem evocar as circunstâncias históricas presentes ou futuras. A hipótese do contrato se situa no começo da vida social, à saída do estado de natureza. Não se trata aí de destruir uma sociedade imperfeita para estabelecer a liberdade igualitária. Rousseau evita, assim, o problema prático da passagem de uma sociedade antecedente à sociedade perfeitamente justa. (Ele encarará mais seriamente esse problema quando se tratar de dar conselhos aos poloneses.) De um só golpe, sem passar por etapas intermediárias, ele nos faz ter acesso à decisão que funda o reino da vontade geral e da lei racional. Essa decisão tem um caráter inaugural, mas não revolucionário. Embora coloque nitidamente o problema do legislador, Rousseau não situa sua hipótese jurídica em uma fase determinada da história concreta da humanidade: não determina o gênero de ação que poderá tornar possível sua realização. O pacto social não se cumpre na linha de evolução descrita pelo segundo *Discurso*, mas em uma outra dimensão, puramente normativa e situada fora do tempo histórico. Parte-se do começo legítimo, *ex nihilo*, sem se colocar a questão das condições da realização do ideal político. A história assim recomeçada tem início racionalmente pela alienação da vontade de todos nas mãos de todos, em vez de pela afirmação possessiva: "isto é meu". Essa sociedade escaparia assim, de imediato, à adversidade histórica que, por um encadeamento necessário e fatal, condenou a humanidade real a decair e a corromper-se irreversivelmente. Ela constitui o modelo ideal em nome do qual se torna possível emitir julgamento contra a sociedade corrompida.[20]

## A SÍNTESE PELA EDUCAÇÃO

A interpretação de Engels une o *Contrato* ao segundo *Discurso*, passando pela ideia da revolução (a "negação da negação"). Kant e mais recentemente Cassirer também consideram o pensamento teórico de Rousseau como um todo coerente. Nele encontram a mesma dialética, o mesmo ritmo ternário do pensamento. No entanto, para chegar à reconciliação dos termos opostos, eles não passam pela ideia de revolução, mas atribuem uma importância decisiva à *educação*. O momento final é o mesmo: a reconciliação da natureza e da cultura em uma sociedade que redescobre a natureza e supera as injustiças da civilização. As duas interpretações diferem essencialmente sobre o que constitui a transição entre o segundo *Discurso* e o *Contrato*. Não tendo Rousseau explicitado essa transição, o exegeta deve construí-la, com a ajuda dos indícios que pode encontrar, e dos quais nenhum é decisivo. Uma certa arbitrariedade é inevitável, já que é preciso pensar o pensamento de Rousseau para além daquilo que ele afirmou. Engels escolhe passar pelas duas ou três últimas páginas do segundo *Discurso*, em que Rousseau evoca o retorno da igualdade e a revolta dos escravos. Kant e Cassirer escolhem intercalar o *Emílio* e as teorias pedagógicas de Rousseau, para estabelecer o elo necessário entre as análises do segundo *Discurso* e a construção positiva do *Contrato*. Revolução ou educação: esse é o ponto capital sobre o qual se opõem essa leitura "marxista" e essa leitura "idealista" de Rousseau, uma vez estabelecido o seu acordo sobre a necessidade de uma interpretação global de seu pensamento teórico.

Kant é um dos primeiros a afirmar que o pensamento de Rousseau segue um plano racional: aqueles que o acusam de contradizer-se não o compreendem. Rousseau, segundo Kant,[21] não apenas denunciou o conflito da cultura e da natureza, mas procurou-lhe a solução. Rousseau esforçou-se em pensar as condições de um progresso da cultura "que permitisse à humanidade desenvolver suas disposições [*Anlagen*] enquanto espécie moral [*sittliche Gattung*] sem desobedecer à sua determinação [*zu ihrer Bestimmung gehörig*], de modo a superar o conflito que a opõe a si mesma enquanto espécie natural [*natürliche Gattung*]", Reencontramos a natureza no momento em que a arte e a cultura atingem seu mais alto grau de perfeição: "A arte consumada torna-se novamente natureza". O que Kant chama de arte é a *instituição* jurídica, a ordem livre e racional a que o homem decide conformar sua existência. A função suprema da educação e do direito, ambos fundados na liberdade humana, é permitir que a natureza desabroche na cultura. A partir desse momento (acrescentará Cassirer),[22] os homens redescobrem o imediato de que gozavam anteriormente em sua existência natural.[23] O que descobrem agora, porém, já não é apenas o imediato primitivo da sensação ou do sentimento, mas o imediato da vontade autônoma e da consciência racional.

Aliás, desde o final do primeiro *Discurso*, Rousseau deixava entrever a possibilidade de uma reconciliação: se os homens, e sobretudo os príncipes, o quisessem, a separação poderia ser superada, uma verdadeira comunidade poderia restabelecer-se... O mal não reside essencialmente no saber e na arte (ou na técnica), mas na desintegração da unidade social. Constata-se, nas circunstâncias atuais, que as artes e as ciências favorecem essa desintegração e aceleram-na. Entretanto, nada impede que sirvam a fins melhores. Desse modo, o propósito de Rousseau não é banir irremediavelmente as artes e as ciências, mas restaurar a totalidade social, recorrendo ao imperativo da *virtude*, a única capaz de criar a coesão necessária:

> [...] É apenas então que se verá o que podem *a virtude*, *a ciência e a autoridade* animadas de uma nobre emulação e *trabalhando de acordo* com a felicidade do gênero humano. Mas enquanto o poder estiver sozinho de um lado, as luzes e a sabedoria sozinhas de um outro, os sábios raramente pensarão grandes coisas, os príncipes mais raramente as farão belas, e os povos continuarão a ser vis, corrompidos e infelizes.[24]

O que Rousseau deplora é que o poder político e a cultura visem a fins discordantes. Pois ele está pronto a absolver a cultura, com a condição de que se torne parte integrante de uma totalidade harmoniosa, e não incite mais os homens a buscar vantagens e prazeres separados. Portanto, ele não sonha de modo nenhum com a extinção da ciência; ao contrário, aconselha conservá-la, mas suprimindo o conflito que opõe atualmente "o poder" e "as luzes"... Rousseau apela aos príncipes e às academias (sem dúvida por polidez em relação à Academia de Dijon). Mas, por trás da adulação de certas fórmulas, percebe-se nitidamente o voto de um retorno à unidade, de um despertar da confiança, de uma comunicação reconquistada. Então, nada do que os homens pensaram e inventaram seria rejeitado, tudo seria retomado na felicidade de uma vida reconciliada.

# CAPÍTULO III

## A SOLIDÃO

Se os intérpretes se contradizem é porque Rousseau apenas esboçou a possibilidade de uma síntese que restabeleceria a unidade perdida. Essa possibilidade se faz pressentir em um horizonte muito indistinto, como o ponto virtual em que as linhas desunidas deveriam vir a encontrar-se. Rousseau pensou historicamente o problema das origens da desigualdade, mas não se preocupou em resolver o problema "escatológico" do fim da desigualdade[1] na história humana. O *Contrato social* é um postulado sem ponto de referência histórico: coloca a necessidade de uma liberdade civil que resultaria da alienação, consentida por todos os homens, da independência natural. Conduzida rigorosamente, a reflexão filosófica teria obrigado Rousseau a interrogar-se sobre as condições de uma síntese que interessaria o conjunto da sociedade. Para isso, seria preciso não apenas sonhar o momento perfeito em que a sociedade desabrocha na liberdade, mas formular os meios de ação concreta que permitiriam ter acesso a isso. Mas, para pensar pacientemente as condições históricas de um retorno à unidade, seria preciso que Rousseau fosse capaz de esquecer-se de si mesmo. E um Rousseau capaz de se desprender de si mesmo não é mais Jean-Jacques Rousseau. Está demasiadamente apressado em alcançar essa felicidade que a história não lhe pode assegurar desde já. Essa reconciliação que ele só pode entrever num passado ou num futuro distante não poderia produzir-se só para ele, aqui mesmo, durante sua vida? Tudo se passa como se a impaciência de Jean-Jacques transportasse o problema para o nível de sua própria vida, a fim de aí buscar uma solução *imediata*. Depois do esforço que Rousseau realizou para formular um pensamento referente ao mundo e à história universal, ei-lo que se recolhe no plano da subjetividade, como impelido para a interioridade pela própria urgência das questões que colocou em termos históricos e sociais. A época não está pronta para resolver esses problemas, e Jean-Jacques não está desejoso de abandonar a si mesmo e de sair para o mundo da ação. Se há alguma coisa a fazer, a tarefa não diz respeito ao mundo exterior, mas ao eu.

Após haver colocado os problemas na dimensão histórica, Rousseau acaba por vivê-los na dimensão da existência individual. Essa obra que começa como uma filosofia da história termina em "experiência" existencial. Ela anuncia ao mesmo tempo Hegel e seu opositor Kierkegaard. Duas vertentes do pensamento moderno: a marcha da razão na história, o trágico de uma busca da salvação individual.

O autor do segundo *Discurso* interroga-se: o que vou fazer de minha vida? Parece-lhe que não se espera dele uma nova obra literária em que resolveria as antíteses que tão violentamente confrontou. O que se exige, pensa ele, é que sua existência se torne um exemplo, que seus princípios se tornem visíveis em sua própria vida. A ele cabe em primeiro lugar mostrar o que é a natureza e essa unidade primitiva que a civilização compromete. A decisão diz respeito e engaja, a partir daí, a ele tão somente, e não a coletividade humana de que tão brilhantemente analisou a evolução.

Nesse ponto, pode-se perguntar se toda a teoria histórica de Rousseau não é uma construção destinada a justificar uma escolha pessoal. Trata-se, para ele, de viver segundo seus princípios? Bem ao contrário, não forjou ele princípios e explicações históricas com o fim único de desculpar e de legitimar sua estranha vida, sua timidez, sua inépcia, seu humor desigual, essa Thérèse tão rude com quem viveu? O conflito que Jean-Jacques denuncia na história tem também todos os aspectos de um conflito pessoal. É preciso constatar a ambiguidade, e não procurar livrar-se dela pela comodidade da interpretação.

Rousseau está só. As personagens que encontra estão todas mascaradas. "Todos colocam seu ser no parecer."[2] Medita solitariamente sobre o destino coletivo dos homens. Contudo, sua meditação não é desinteressada, pois que lhe permitirá pôr na conta da história e da sociedade as faltas de sua vida pessoal. Ele demonstrará que tem razão de ser só e singular. Sua preocupação consistirá menos em provar a verdade de seu sistema que a legitimidade de sua atitude. Pouco a pouco, a apologia pessoal substituirá o pensamento especulativo...

No momento em que culpa os vícios da sociedade, ele não tem ninguém a seu lado e não quer ter nenhum aliado. Torna-se mais solitário à medida que levanta um protesto mais geral. (Outros dirão: ele se quer solitário, o que o obriga a levantar o mais geral dos protestos.) Sua crítica, que atribui a culpa a um mal radical, não quer ter nada em comum com a crítica que os "filósofos" dirigem, por seu lado, contra as instituições abusivas. Pois a crítica dos filósofos ainda é, aos olhos de Rousseau, uma expressão do mal social. Longe de ser sua inimiga, é o seu produto mais elaborado e mais envenenado; trabalha ativamente pelo pior. Não só os "filósofos" não constituem exceção à vaidade e à corrupção universais, como tiram proveito desse mundo mau que tende à sua própria destruição. Sua influência não faz mais que agravar a separação das consciências e a fragmentação da unidade cívica. (Mais tarde, Rousseau retomará a mesma ideia sob uma forma paranoica. Imaginará uma liga perseguidora em que entrariam ao mesmo tempo os filósofos e os poderes públicos: os enciclopedistas e Choiseul são, portanto, cúmplices no mal. Ao invés de combater-se, ajudam-se mutuamente.)

Os filósofos fazem ainda parte do mundo que criticam. Rousseau poderá acusá-los simultaneamente de estarem interessados na *conservação* das instituições viciosas e de serem os *destruidores* dos laços sociais verdadeiros. Parasitas de uma sociedade que se desagrega, lançam o ridículo sobre as noções que deveriam unir os homens no interior de uma ordem mais justa. "Eles sorriem desdenhosamente a essas velhas palavras de pátria e de religião."[3] Mas isso, neles, não passa de um "furor de distinguir-se", um meio de sucesso social em uma sociedade que deixou, ela mesma, de ser uma pátria, e que zomba de sua própria religião. Nos salões, onde triunfam a aparência e a opinião, pode-se dizer tudo, mas não se crê em nada do que se diz: os protestos dos filósofos fazem parte da tagarelice social, discursos inautênticos sobre um mundo inautêntico.

Para não ser o pior desses discursadores, Rousseau se separa e procura ser exceção. Se sua recusa havia visado à arbitrariedade das instituições, à injustiça do poder absoluto, ao absurdo de certos usos e abusos, nada ainda o afastava decisivamente dos enciclopedistas, nada fazia de sua solidão o complemento necessário de seu pensamento: ele teria sido solitário apenas por humor, por doença, por narcisismo, e sua solidão, simples detalhe biográfico, só nos teria interessado moderadamente. Entre a solidão de Rousseau e seu pensamento, nenhum laço profundo teria intervindo.

Mas a revolta de Rousseau, dirigida contra a própria essência da sociedade contemporânea, é de tal envergadura que, para sustentar sua validade, deve vir de um homem que excluiu a si mesmo da sociedade. Ele não pode garantir a seriedade de seu desafio a não ser colocando-se — só e contra todos — em um lugar exterior à sociedade mentirosa. Sendo o mal coextensivo ao universo social, a mentira e a hipocrisia prevalecem por onde quer que se estenda a sociedade. Então, é preciso a qualquer custo sair dela, é preciso tornar-se uma *bela alma*.

A veemência e o absoluto de sua crítica arrastam Rousseau à solidão. (Outros dirão: querendo estar só, ele alega como desculpa o mal radical que perverte a vida em comum.) Se deseja ser levado a sério, vai precisar ser muito mais que um escritor de oposição: ele se vê obrigado a tornar-se a oposição viva. Sua crítica só contará realmente no momento em que sua vida inteira for a *contradição* exemplar.

Aquele que se torna escritor para denunciar a mentira da sociedade se coloca em uma situação paradoxal. Ao fazer-se autor, e sobretudo quando inaugura sua carreira com um prêmio de academia, entra no circuito social da opinião, do sucesso, da moda. É então, logo de saída, suspeito de duplicidade e contaminado pelo pecado que ataca. À medida que sua solidão se tornar mais absoluta, Rousseau se confirmará cada vez mais na ideia de que sua estreia literária foi o começo de uma maldição: "A partir desse instante eu me perdi".[4] O único resgate possível consiste em fazer ato público de separação: um desarraigamento se toma necessário, e um perpétuo afastamento fará as vezes de justificativa. Eu vos falo, mas não sou um dos vossos. Pertenço a um outro mundo, a uma outra pátria. Já não sabeis o que é uma pátria, e eu, eu sou cidadão de Genebra. Não, não sou nem mesmo cidadão de Genebra, pois os genebrinos não são mais o que eram. Vosso Voltaire veio corrompê-los. Sou simplesmente: o cidadão...[5] Tornando-se homem de letras, o acusador jamais será suficientemente desculpado de seu compromisso com o mal, que nele se perpetua à medida que segue no ato de escrever. A própria escusa, enquanto permanece pública, é ainda um laço com o mundo da opinião, e não apaga a culpa. No limite, seria preciso fazer silêncio, tornar-se nulo para os outros. Mas Rousseau não se poderá calar, não poderá fazer de outra maneira que não *escrever* sua vontade de tornar-se nulo...

O problema que se coloca a Rousseau consiste, então, em suprimir uma distância perpetuamente renascente entre sua vida e seus princípios. É preciso que toda a sua conduta se oponha ao artifício do mundo corrompido que ele denuncia, e do qual, entretanto, participa ainda em demasia. Deve fazer de maneira que seu protesto não seja considerado como a linguagem ordinária da literatura. Ele anuncia perigosamente, em palavras belas demais, uma verdade que condena a vã eloquência e proclama a virtude de uma sabedoria silenciosa.

A proposição — a sociedade é contrária à natureza — tem como consequência imediata: *eu* me oponho à sociedade. É o *eu* que se encarrega da tarefa de recusar uma sociedade que é negação da natureza. A *negação da negação* torna-se assim, fundamentalmente, uma atitude vivida (em vez de intervir como um processo histórico, ou ao menos como o projeto de uma ação histórica). A sociedade é coletivamente negação da natureza; Jean-Jacques será solitária e individualmente negação da sociedade. Eis-nos remetidos das teorias históricas de Rousseau ao indivíduo Jean-Jacques; da análise especulativa da evolução humana aos problemas internos de uma existência. Passagem ilógica de uma categoria a outra, de uma tentativa de saber objetivo à experiência subjetiva; e, no entanto, nada poderia ser mais logicamente encadeado, segundo essa lógica da moral que pretende o acordo dos atos e das palavras. Jean-Jacques inscreverá sua salvação pessoal sobre o fundo da perdição coletiva que denuncia.

Insistiu-se no tom "moderno" ou "romântico" do individualismo de Rossseau. Mostrar-se-iam facilmente suas fontes antigas e, sobretudo, estoicas. Viver de acordo consigo mesmo e com a natureza é um preceito que Rousseau pôde encontrar em Sêneca ou em Montaigne. Ele não faz mais do que retomar, mas num singular ímpeto de paixão, um antiquíssimo lugar-comum de moral:

> Apliquei todas as forças de minha alma em romper os grilhões da opinião, e em *fazer* com coragem tudo aquilo que me parecia bem, sem me embaraçar de maneira nenhuma com o julgamento dos homens.[6]

Rousseau não quer ser considerado como um declamador e um sofista: conformará seus atos às suas palavras, viverá sua verdade sem se deixar influenciar pelo julgamento dos outros. Penetrará, assim numa solidão justificada: será o único a ter razão contra todos os outros. Poderá explicar racionalmente sua solidão, fundamentá-la em valores universais. Mas essa decisão não proporciona a Rousseau o contentamento interior — a ataraxia — prometido pela sabedoria antiga. Ela o destina ao conflito e ao dilaceramento. De fato, é quase impossível que Rousseau possa viver o que pensa sem uma extrema tensão e um perpétuo mal-entendido no trato com os outros. Sua resolução de viver virtuosamente equivale à busca deliberada da infelicidade. *Como viver, contra todos os homens uma verdade universal?* Não há uma contradição radical entre o recolhimento na solidão e o apelo ao universal? Sou ainda justificado pelo universal, quando tomo o partido de não "me embaraçar de maneira nenhuma com o julgamento dos homens"?

Rousseau não pode perdoar esse mundo mentiroso, nem abandoná-lo inteiramente. Afasta-se dele, mas volta-se para acusá-lo. Renega o mundo sem morrer para o mundo. Está cativo de um papel que o obriga a *mostrar-se* virtuoso aos olhos do público. Conserva esse último laço que lhe permite vir dizer que rompeu todos os laços com a opinião. O movimento de retomada de si, os atos singulares pelos quais Rousseau retoma posse de sua liberdade são destinados a fazer ver Jean-Jacques (ao mesmo tempo que fazem ver a verdade que ele escolheu). Assim, a opção pela solidão não se consuma inteiramente: por seu exibicionismo, Rousseau permanece preso à armadilha da sociedade. Ele próprio o sabe, sofre por isso e não cessa de punir-se por isso. Mas para fornecer a seu pensamento teórico a prova da existência vivida, ele não pode dispensar testemunhas: sua maneira de viver deverá ser publicada como o foram de início suas ideias. Sua reforma pessoal, pela qual pretende libertar-se da servidão da opinião, só alcançará completamente seu objetivo com a condição de comover a opinião: "Minha resolução provocou rumor [...]".[7] E seus inimigos dirão que construiu seu sistema apenas para valorizar a singularidade de sua pessoa.

Admitamos essa dupla perspectiva: Rousseau conforma sua vida às exigências de seu pensamento teórico; mas, inversamente, adapta seu sistema às exigências de sua "sensibilidade", isto é, à sua necessidade de satisfações afetivas. Na "atitude singular" que adota há um movimento de orgulho e um comportamento destinado a atrair os olhares; quanto a isso a crítica não deixou de atormentá-lo. Mas Rousseau é o primeiro a reconhecê-lo; a mais severa crítica, e a mais irônica, vem do próprio Rousseau. É por ele mesmo que aprendemos a desconfiar dele. O que aparece como um heroico sacrifício à exigência da virtude apenas é, algumas vezes, um sofisma do coração: a acusação se encontra no próprio texto das *Confissões*.[8] Rousseau é o primeiro a levantar a acusação da má-fé. É verdade que ele incrimina apenas sua razão, com a qual deixa de ser solidário. Ao empregar os argumentos da "fria razão", aconteceu-lhe defender causas cujo objetivo último não era servir uma verdade racional, mas satisfazer um interesse vital bastante obscuro ou uma "libido" patológica.

No discurso apaixonado de Rousseau, em seus anátemas racionais contra a reflexão, percebe-se uma embriaguez que altera o reto exercício da razão, mas deve-se aí reconhecer também o desejo de fazer penetrar as zonas obscuras da experiência vivida na luz de uma razão realmente soberana. A confusão, em Rousseau, do *pathos* e do *logos* pode receber uma dupla interpretação: ali onde parece que o pathos vem perverter o logos, é preciso ver também o esforço (jamais completamente coroado de êxito) de uma consciência que quer desprender-se de seu pathos para ter acesso à serenidade do logos — "na calma das paixões".[9] O próprio movimento pelo qual Rousseau se desprende da paixão é ainda um sobressalto da paixão: ele é por demais constantemente atormentado pelo sentimento da perturbação interior para não ter o desejo de alcançar a clareza racional. Mas a razão que ele reivindica não é a razão dos argumentadores, fonte de certeza intelectual: deseja esclarecer suas ideias somente para melhor encontrar a justificação de sua existência. Uma vida cuja singularidade permanecesse injustificável está condenada à desrazão absoluta: à insignificância. O que importa é *escapar* a esse contrassenso; em compensação, Jean-Jacques desdenha de *estabelecer-se* na razão comum, tal como os outros a preconizam. Pois não quer sacrificar sua solidão, mas salvá-la, e é à verdade racional — ao mesmo tempo íntima, universal e desconhecida dos outros homens — que atribui o poder santificador.[10]

Não se sublinhou suficientemente, no relato da "reforma pessoal", a curiosa mistura de orgulho e de ironia. Ele afirma altivamente a grandeza de seu empreendimento, e dele já debocha como de um logro. É um ato inaudito de coragem, e é um acesso de febre e de "tolo orgulho". Rousseau autoriza assim uma dupla interpretação de sua "reforma". Num sentido, o desafio solitário que ele lança à sociedade pode ser interpretado como a *ideologia* de um tímido e de um doente que espera tirar o melhor partido possível de sua inadaptação, a ponto de fazer dela seu mais alto título de glória. Não pode viver entre os outros? Pois bem, que seu afastamento e seu ar embaraçado tenham ao menos a significação de uma conversão apaixonada à virtude! Já que ele se sente pouco à vontade nos salões, que atraia então a atenção batendo a porta! "Vivestes muito na opinião dos outros",[11] lhe escreverá Mirabeau. Mas em um outro sentido, tratou-se de transformar uma carreira de escritor num destino heroico: destacar a vida fora da aventura literária, ajustar severamente a conduta real ao ideal de virtude que de início se impusera por seu atrativo livresco, e, enfim, fortalecido por essa verdade conquistada peja existência, manifestar um pensamento *escrito* cujo tema paradoxal será a recusa da literatura. "A obra que eu empreendia só podia executar-se em um recolhimento absoluto."[12] Pela primeira vez, o problema da superação "existencial" da literatura se coloca fora das direções oferecidas pela espiritualidade religiosa tradicional: a renúncia às vaidades do mundo, a conversão a "um outro mundo moral"[13] não encaminham Rousseau para a Igreja, mas para a Floresta e para a vida errante.

Mas, enquanto aqueles que se refugiam na Igreja podem manter o silêncio (pois a Igreja fala então em seu nome, para justificar seu silêncio, pela boca dos santos e dos doutores), Rousseau, que só tem justificação nele mesmo, jamais poderá penetrar no silêncio. Jamais terá terminado de retomar a palavra, pois jamais terá terminado de explicar o verdadeiro sentido de sua solidão. Ele sabe, com efeito, que ela pode também ser interpretada como a solidão do mau e do orgulhoso, "Só o mau está só",[14] declara Diderot. Rousseau, que se sentiu atingido, lhe responderá pelo resto de sua vida, pois o equívoco não lhe é tolerável.

A luta não teria sido tão trágica para Rousseau se para ele se tratasse apenas de singularizar-se e de manifestar sua diferença. Ele não deve somente (vestido de armênio) desempenhar o papel do outro, mas, diante de uma sociedade má, manifestar o que é radicalmente *diferente do mal*, isto é, fazer aparecer aos olhos dos homens o *bem* que eles ignoram. A tensão trágica, em Rousseau, não resulta apenas da própria separação e ruptura, mas da necessidade de fazer coincidir a todo momento sua solidão com o bem e a verdade essenciais, tais como os reconhece em seu foro íntimo, mas tais também que possam ser reconhecíveis por todos. Não estamos então simplesmente em presença da reivindicação irracional de uma consciência que se pretendesse afirmar opondo-se; a subjetividade de Rousseau exige privilégios, não apenas para ser plenamente *reconhecida* pelos outros (o que já é muito quando se é um filho de artesão genebrino perdido entre os marechais da França e os arrematantes de impostos), não para impor ao mundo o espetáculo de uma singularidade irredutível, mas para se fazer aceitar como a intérprete legítima de uma verdade que os outros deixaram cair no esquecimento. Rousseau quer dar à sua palavra solitária o sentido de um desafio negador e de uma *profecia*. Ao opor-se aos outros, Rousseau não busca unicamente impor seu *eu* singular, mas faz o esforço heroico de coincidir com os valores universais: liberdade, virtude, verdade, natureza,

Rousseau se estabelece na solidão a fim de poder falar legitimamente em nome do universal. Abandona a grande cidade, rompe com seus "pretensos amigos", Busca ele refúgio no "mistério" ou na "profundidade espiritual" da existência subjetiva? De maneira nenhuma: não se deve atribuir a Rousseau um romantismo que ele não faz mais que prefigurar muito remotamente, A intuição subjetiva, se não tem de modo nenhum o caráter intelectual que tinha em Descartes e em Malebranche, a ele se assemelha, entretanto, pelo fato de que pretende desembocar no universal, e de que esse universal, além disso, não é essencialmente irracional ou suprarracional. *Recolher-se em si mesmo* é com certeza aproximar-se de uma maior clareza racional e de uma evidência *imediatamente* sensível, por oposição ao contrassenso que reina na sociedade. As incertezas de Rousseau sobre o valor da razão se esclarecem se se percebe que a razão não lhe parece perigosa salvo na medida em que ela pretende apreender a verdade de uma maneira não imediata, isto é, por meio de argumentos sucessivos, por uma sequência ou uma "cadeia" de raciocínios. Quando Rousseau condena a razão, incrimina sobretudo a razão discursiva. Volta a ser racionalista logo que pode remeter-se a uma razão intuitiva, capaz de iluminação imediata. A escolha essencial não se dá entre a razão e o sentimento, mas entre o caminho mediato e o acesso imediato. Rousseau opta pelo imediato e não pelo irracional. A certeza imediata pode pertencer alternadamente ao sentimento, à sensação ou à razão. Com a condição de que o imediato seja salvaguardado, Rousseau não estabelece primazia entre os "imediatos sensíveis" e os "imediatos racionais".[15] Ao contrário, razão e sentimento revelam-se desde então perfeitamente conciliáveis. Rousseau acusa apenas a razão raciocinante (o que Kant chamará de entendimento), que inspira "os insensatos juízos dos homens".[16] Essa razão instrumental aprisiona os homens na subjetividade turva da opinião e da ilusão. Rousseau denunciara seu absurdo; em comparação a uma razão mais profunda, as falsas clarezas do raciocínio comum são um contrassenso.

Por um paradoxo que nele não se deixou de reprovar, Rousseau se faz um estrangeiro para protestar contra o reino da alienação que torna os homens estranhos uns aos outros. A decisão pela qual abraça a causa da verdade ausente o leva a reivindicar o destino do exilado; e o movimento pelo qual ele se torna o defensor da transparência perdida (ou ignorada) e também o movimento pelo qual se torna um errante. Exilado, errante, mas em relação ao mundo da alienação, e para envergonhá-lo. Na realidade, ele pretende ter "fixado" suas ideias, ter "estabilizado seu interior pelo resto de sua vida". Estabeleceu sua morada na verdade, e é por isso que se vai tornar um sem-morada, um homem que foge de *asilo em asilo*, de *retiro em retiro*, na periferia de uma sociedade que velou a natureza original do homem e falseou toda comunicação entre as consciências. Porque sonha com transparência total e com comunicação imediata, precisa cortar todos os laços que o poderiam prender a um mundo turvo, onde passam sombras inquietantes, faces mascaradas, olhares opacos.

O véu que descera sobre a natureza, a opacidade que invadira a paisagem de Bossey desaparecerão quando Rousseau houver conquistado a solidão. A felicidade perdida lhe será devolvida. Parcialmente, é verdade, pois, se redescobre o *brilho* da paisagem e da natureza, é às custas de uma ruptura mais decisiva com seus semelhantes. Com a condição de se manter à margem da sociedade, a solidão de Rousseau é um retorno à transparência:

> Os vapores do amor-próprio e o tumulto do mundo *embaciavam* aos seus olhos o frescor dos bosques e *perturbavam* a paz do retiro. Por mais que fugisse para o fundo das florestas, uma multidão importuna me seguia por toda parte e *velava* para mim toda a natureza. Foi tão somente depois de me ter desprendido das paixões sociais e de seu triste cortejo que a redescobri com todos os seus *encantos*.[17]

Uma vez esquecida a sociedade, uma vez banida toda lembrança e toda preocupação com a opinião dos outros, a paisagem reconquista aos olhos de Jean-Jacques o caráter de um sítio original e primeiro. É aí que está o *encanto* redescoberto, o encantamento verdadeiro. Rousseau pode então redescobrir a natureza de maneira imediata, sem que nenhum objeto estranho se interponha — nenhum traço intempestivo do trabalho humano, nenhum estigma de história ou de civilização:

> Eu ia então num passo mais tranquilo procurar algum lugar selvagem na floresta, algum lugar deserto onde nada que mostrasse a mão do homem anunciasse a servidão e a dominação, algum refúgio onde eu pudesse acreditar ter penetrado em primeiro lugar e onde nenhum terceiro importuno viesse interpor-se entre a natureza e mim.[18]

E nessa natureza que voltou a ser imediatamente sensível, salva da maldição da opacidade, Rousseau vai revestir o papel profético; ele anuncia a verdade oculta:

> Mergulhado na floresta, ali buscava, ali encontrava a imagem dos primeiros tempos dos quais traçava orgulhosamente a história; pilhava as pequenas mentiras dos homens, ousava *desnudar* sua natureza, seguir o progresso do tempo e das coisas que a desfiguraram [...][19]

Mas para alguém que quer reencontrar puramente a natureza, Rousseau tem demasiado prazer em proclamar que se afastou dos vãos prazeres do mundo. Como já sublinhamos, o esquecimento não é completo e o desapego não é total. Se não lamenta o mundo, dele se lembra para o condenar. No momento em que penetra na floresta e em que se refugia nas verdades fundamentais, não perde de vista o universo factício que recusa, as "pequenas mentiras" que despreza. Não goza do imediato senão proferindo o anátema sobre o mundo dos instrumentos e das relações mediatas. Então não se afastou a ponto de esquecer o erro dos outros, e se as "paixões sociais" já não o possuem, ele não deixou de ser o antagonista da sociedade corrompida. Por mais paradoxal que isso pareça, no mais profundo de seu isolamento ele permanece ligado à sociedade pela revolta e pela paixão antissocial: a agressividade é um vínculo.

A única maneira, para Jean-Jacques, de conjurar a opacidade ameaçadora é ele próprio tornar-se a transparência, é vivê-la, permanecendo visível e oferecido aos olhos dos outros, esses prisioneiros da opacidade. Apenas então o ato pelo qual se anuncia uma verdade universal e o ato pelo qual o eu se mostra tornam-se um só e mesmo desvelamento. A verdade, para se manifestar, precisa ser vivida por uma "testemunha". (Kierkegaard escreverá: "Relacionar-se existencialmente com o ideal jamais se vê, pois essa espécie de existência é a da testemunha da verdade".)[20] Ora, a testemunha vive uma dupla relação: sua relação com a verdade e aquela que a une à sociedade diante da qual testemunha. Jamais terá terminado de prestar suas contas. De onde tira ela o direito de erigir-se em testemunha? E se a sociedade é a mentira, por que conservar esses duvidosos vínculos?

Ele deverá provar, então, que *é* realmente aquele que possui o direito de lançar semelhante desafio.[21] Precisa conquistar a certeza de uma relação essencial com a verdade, isto é, confundir a existência pessoal com a própria *essência* da verdade, produzir uma palavra em que o eu se afirmaria apenas para desaparecer numa transparência impessoal, através da qual valores eternos se manifestariam: liberdade, virtude... Ao que a experiência subjetiva tem de precário e de conjectural, Rousseau não se pode acomodar. Empenha-se em erigi-la em absoluto, pois é apenas sob a guarda do absoluto que pode superar sua inquietação e seu medo de ser culpado. Para chegar a isso, as palavras virtuosas, as rupturas purificadoras, as recusas dolorosas não são ainda suficientes; não basta ter vendido seu relógio, ter abandonado a espada e a roupa branca fina, ter fugido das grandes cidades. Ainda é preciso dar outras provas, aceitar outros sacrifícios, resistir à provação das desgraças, das perseguições, das "tempestades" mais terríveis. A "testemunha da verdade" jamais terá conquistado a certeza definitiva daquilo que ela é e da verdade que pretende proporcionar aos homens, jamais estará livre das provas que se esperam dela. Haverá, em Rousseau, um apelo angustiado para a infelicidade, porque a infelicidade é uma consagração. A testemunha da verdade espera o martírio como a prova suprema de sua missão:

> Espero que um dia se julgue o que fui pelo que terei sabido sofrer [...] Não, não encontro nada de tão grande, nada de tão belo quanto sofrer pela verdade. Invejo a glória dos mártires.[22]

Kierkegaard, que foi igualmente tentado pela ideia do martírio, exprime-se em termos singularmente análogos: "Afinal, só há uma coisa a fazer para servir a verdade: sofrer por ela".[23]

A crítica da sociedade se transmuta, assim, em uma epifania da consciência pessoal. Não que se trate, por princípio, de dar à existência individual um valor superior ao da existência coletiva. A sociedade não é má porque nela os homens vivem em comum, mas porque os móbeis que os associam os tornam irremediavelmente estranhos à transparência original. É a opacidade da mentira e da opinião que Rousseau acusa, e não a sociedade como tal. Igualmente, não busca ele a solidão por ela mesma (pelo menos é o que diz): a solidão é necessária porque permite ter acesso à razão, à liberdade, à natureza... Supondo-se que uma sociedade possa edificar-se na transparência, supondo-se que todos os espíritos consintam em abrir-se uns para os outros e que abdiquem de toda vontade secreta e "particular" — essa é a hipótese do *Contrato social* —, então nada permite privilegiar o indivíduo à sociedade. Bem ao contrário: em uma organização social que favorecesse a comunicação das consciências, em uma harmonia fundada na "vontade geral", nada seria mais pernicioso que o recolhimento do indivíduo em si mesmo e em sua vontade particular. Ao preferir seu interesse próprio, ele introduziria uma falha na harmonia do corpo social. A culpa caberia então à resistência do indivíduo e não à lei coletiva. A crítica tradicional quis ver uma misteriosa ruptura entre o *Contrato social* e o resto da obra: nele Rousseau não faz jus à reivindicação da felicidade pessoal, que em outros escritos lhe parece tão preciosa. De fato, Rousseau permanece profundamente fiel ao princípio da transparência. Se a transparência se realiza na vontade geral, é preciso preferir o universo social; se ela só se pode consumar na vida solitária, é preciso preferir a vida solitária. As hesitações de Rousseau, suas "oscilações", dizem respeito unicamente ao lugar, ao momento e às condições em que a transparência poderá lhe ser restituída. Ele desespera da sociedade parisiense e se refugia no Ermitage: optou definitivamente pela existência individual? Não, pois que imediatamente se põe a sonhar com as *Instituições políticas*. Uma transparência solitária permanece uma transparência fragmentária, e Rousseau quer que ela seja total.

Acrescentemos aqui uma observação que não diz respeito às intenções de Jean-Jacques, mas às consequências, para ele imprevisíveis, de seu pensamento e de sua vida. Vimos que sua preocupação essencial desviou-se da história e da filosofia social para se reportar quase inteiramente às exigências de sua sensibilidade pessoal. Mas devemos reconhecer que esse recolhimento na singularidade, longe de enfraquecer a influência histórica de Rousseau, ao contrário, reforçou-a. Se Rousseau mudou a história (e não apenas a literatura), essa ação não se operou apenas sob o efeito de suas teorias políticas e de suas concepções sobre a história: resulta, numa porção talvez mais considerável, do mito que se elaborou em torno de sua existência excepcional. Ele era sem dúvida sincero ao afastar-se do mundo, ao desejar tornar-se nulo para os outros: mas sua maneira de se distanciar do mundo transformou o mundo. Sabe-se que, por volta do fim de sua vida, não se preocupou mais com o futuro das nações, a não ser para inquietar-se com o que nelas seria feito de sua memória. Seria enfim reabilitado? As gerações futuras saberiam reconhecer sua inocência? A única coisa que parece importar ao autor dos *Diálogos* e dos *Devaneios* não é que a humanidade futura reforme suas leis, mas que mude de atitude em relação a Jean-Jacques. Logo se extinguirá nele até a esperança de que a posteridade lhe faça justiça. Para isso apela apenas à sua consciência e a Deus. Mas esse homem que se desinteressa da história age ainda mais profundamente sobre ela.

## "FIXEMOS DE UMA VEZ POR TODAS AS MINHAS OPINIÕES"[24]

Ao se tornar o arauto da verdade, Jean-Jacques espera comprometer-se com sua missão e obrigar-se, assim, a estabelecer sua própria personagem. O relato das *Confissões*, para explicar o ímpeto que lança Jean-Jacques na carreira das letras, buscar o motivo menos na convicção intelectual do que em uma *necessidade* do coração. Essa necessidade é múltipla: o que ele procura é a verdade, mas é também a embriaguez da tensão heroica, e a glória que coroa esse heroísmo. A necessidade essencial, entretanto, parece ser a de instalar-se numa identidade a toda prova. Assumindo o papel de defensor da virtude, Rousseau obriga-se a realizar sua unidade, que ele receberá da própria unidade da virtude. A necessidade de unidade habita ao mesmo tempo o ímpeto para a verdade e a reivindicação orgulhosa. Porque Rousseau quer *fixar* sua vida, ele lhe dará como fundamento o que há de mais imutável — a Verdade, a Natureza — e, para assegurar-se de ser fiel a si mesmo, proclamará altivamente sua resolução, tomará o mundo inteiro por testemunha. Sim, esse homem busca sinceramente a verdade; sim, sua alma está toda inchada de orgulho: ele não pode conquistar de outra maneira sua identidade, tornar-se enfim Jean-Jacques Rousseau, o cidadão, o homem da natureza.

A paixão da verdade não é, portanto, "desinteressada"; não se consumará em um saber concernente ao mundo; inaugurará para Jean-Jacques o tempo da vontade firme e da convicção inabalável. É uma maneira de pôr fim à instabilidade que o dominou durante tanto tempo. Ele viveu errante durante trinta e oito anos. Chegou o tempo de acabar com essa vida inconstante, com as meias mentiras e as meias covardias. Ele desempenhou, com sucesso variável, um número bastante grande de personagens: o preceptor, o músico, o intendente, o diplomata. Deixou-se seduzir por mestres duvidosos; sofreu demasiadas influências. Vai voltar a ser, enfim, o que é: um "cidadão", um estranho, mas que confunde sua causa com a da Virtude. Ele vai "assumir-se"; será simplesmente um homem do povo que vive de seu trabalho, e obrigará o mundo (a alta sociedade, os nobres, a alta burguesia) a espantar-se com esse espetáculo extraordinário: um homem que ganha o seu pão trabalhando, e que adota escandalosamente a condição artesanal no momento preciso em que seus sucessos lhe permitiriam pensar na fortuna e nas pensões. Provocará vergonha nesses ociosos, ao recusar suas doações e ao obstinar-se em ganhar sua vida "a tanto por página".

Protestando contra a mentira da sociedade, Rousseau procura tornar real a sua própria permanência. Mas imediatamente se percebe que, para consumar essa tarefa, Rousseau não tem confiança em suas próprias forças. Busca apoios fora de si mesmo. Quantas vezes já não "derivou",[25] traindo suas melhores resoluções? Quantas vezes não foi desviado de seu caminho? Desta vez, recorre ao universal: apela aos valores mais elevados, toma por testemunha a humanidade inteira. Coloca-se, assim, sob boa guarda. Se quisesse abandonar seu empreendimento, não lho permitiriam. Em vez de recorrer tão somente à sua vontade, confia-se a uma coerção transcendente, que não lhe perdoará nenhuma fraqueza. Será preciso andar na linha, pois assim quer a Virtude, e os homens teriam acessos de riso ao primeiro passo falso.

Ter rompido todas as pontes é de enorme ajuda para ele. O próprio excesso de seu protesto, o exagero de sua virtude não lhe deixam outros laços que não com os valores absolutos e tornam todo compromisso impossível dali em diante. Separou-se tão bem da sociedade que seu único abrigo é a Verdade incorruptível. A fatalidade e os infortúnios que se abatem sobre ele (ou que ele provoca) acabam por virar a seu favor, no sentido em que lhe asseguram uma identidade contínua, e fixam sua personagem no papel do *justo perseguido*. Jean-Jacques se obriga, assim — num movimento antes de abandono que de vontade —, a viver por uma só causa: dessa causa única ele fará o fundamento de sua própria unidade. Para compensar sua fraqueza, procura a cumplicidade de uma força externa, que o obriga a resignar-se, com uma alegria muitas vezes bem evidente, à opressão de um destino inexorável. Ele repete a si mesmo a injunção agostiniana: recolher-se em si mesmo. Mas para consumar essa conversão interna, para experimentar plenamente a inerência a si, é preciso que sua decisão lhe seja imposta por uma hostilidade externa: a doença desempenha algumas vezes esse papel, antes que Rousseau acuse o destino ou a malevolência "desses senhores". Ele já não precisa escolher seu lugar e não corre o risco de hesitar diante da escolha: escolheu-*se* por ele, e só lhe resta mostrar-se idêntico a seu destino. Ele os fará ver que é capaz de bastar-se a si mesmo. Que o excluam de tudo, que o expulsem de toda parte, só lhe sobra entreter-se consigo mesmo. Ele só pode ganhar com isso. A perseguição é um caminho de salvação: se Rousseau o repete a si mesmo tão constantemente, não é apenas porque aí encontra um consolo, talvez seja também o reconhecimento de uma intenção secreta de tirar vantagem da hostilidade externa:

> A perseguição elevou-me a alma. Sinto que o amor pela verdade se me tornou caro por aquilo que me custa. Talvez de início fosse para mim apenas um sistema, agora é minha paixão dominante.[26]

Graças à perseguição, o ideal abstrato da verdade torna-se valor vivido; o "superego sádico" de Jean-Jacques dita-lhe uma coragem sem falhas. Ser alvo de uma adversidade *constantemente* nefasta lhe vale, em troca, a *constância* de seu desafio. A perseguição parece, portanto, ter sido esperada como um socorro que permitiria à consciência fortalecer-se em si mesma. Esse homem que se entrega loucamente às tentações mais contraditórias e aos impulsos mais díspares invoca o contrapeso do destino, implora voluntariamente a reclusão por toda a vida, a fim de dar a si mesmo, na resignação à infelicidade irremediável, o centro de gravidade que lhe falta.

MAS A UNIDADE É NATURAL?

Entretanto, Rousseau criticará mais tarde "o ardente entusiasmo" com que se consagrou à unidade. Não violentou ele sua natureza espontânea? Em seu impulso para a verdade abstrata e geral não se tornou infiel à sua verdade própria, que consistia nessa fraqueza, nessa mobilidade, nessa instabilidade que teria desejado superar? A vocação pública da Natureza não colocou Jean-Jacques em contradição com sua própria natureza? No momento em que procura fundar a unidade de sua existência, ei-lo, então, que se torna prisioneiro da tensão e do paradoxo interiores.

Epíteto (que Rousseau praticava) nos aconselha a representar nossa vida como um papel de teatro.[27] Mas esse papel, nós não o escolhemos; devemos ater-nos àquele que nos foi atribuído. Segundo a moral estoica, o homem deve querer-se a si mesmo, mas querer-se tal como o Destino ou Deus o querem. O esforço de ficção pelo qual o sábio representa sua personagem vai ao encontro do ato de humildade pelo qual aceita um papel que lhe é imposto por antecipação. Ele não se inventa, apenas se esforça em mostrar-se *igual* à sua parte, em ser bom ator em uma *commedia dell'arte* na qual não poderá mudar as peripécias, nem o desfecho. Seu desempenho é apenas questão de estilo. Cabe-lhe representar com naturalidade, com grandeza, e mesmo com liberdade, um papel que ele já não é livre para escolher, nem para modificar. A virtude estoica torna-se, assim, uma espécie de virtuosismo, pois é preciso uma maravilhosa habilidade para encontrar o justo equilíbrio entre a inteira submissão à necessidade e o talento de "fazer boa figura" na situação imposta. O ponto em que esse equilíbrio se realiza é apreensível? Um pouco mais de desempenho, e a constância do sábio se torna mentira, vazia ostentação. Um pouco menos desse orgulho teatral, e a aceitação do destino se torna covardia. Nenhuma dúvida de que, no momento de sua reforma, Jean-

-Jacques tenha acreditado realizar esse equilíbrio. Soube que representava, e não o escondeu de si mesmo. Mas tinha a convicção de representar enfim seu verdadeiro papel, de entrar em sua verdadeira personagem. A reforma de Jean-Jacques não começa pelo mais externo, pelo mais gritante? "*Comecei minha reforma por minha aparência*; abandonei os enfeites dourados e as meias brancas, adotei uma peruca simples, depus a espada, vendi meu relógio [...]"[28] O primeiro gesto é o mais ostentatório: ele recusa teatralmente o que dá à vida civilizada o aspecto de um teatro. Mas esse gesto de ator corresponde à vontade de ser fiel a si mesmo: "*Para ser sempre eu mesmo* não devo corar em lugar algum por estar vestido segundo o estado que escolhi".[29]

No entanto, no momento em que escreve suas *Confissões*, Rousseau coloca sua reforma na conta de uma espécie de embriaguez. Não, não era o equilíbrio de uma sabedoria segura, nem a virtuosidade de uma perfeita correspondência entre o ser e o parecer. O impulso inicial veio de fora. Por ocasião da conversação de Vincennes, Diderot desempenha o papel da Serpente tentadora que convida a provar do fruto proibido. O relato das *Confissões* manifesta uma estranha ambivalência em relação às circunstâncias que marcam o começo da carreira de escritor. De um lado, tudo parece explicar-se por uma iluminação e por uma metamorfose internas. ("No instante dessa leitura, vi um outro universo e me tornei um outro homem.")[30] Mas, de outro lado, Rousseau incrimina influências estranhas, sugestões nefastas, às quais teve a fraqueza de ceder. ("Diderot exortou-me a dar desenvolvimento às minhas ideias e a concorrer ao prêmio. Eu o fiz, e desde esse instante estive perdido. Todo o resto de minha vida e de minhas infelicidades foi o resultado inevitável desse instante de desorientação.")[31] O acontecimento tem então uma dupla face. De um lado, Rousseau se sentiu visitado por um "fogo realmente celeste";[32] e o relato das *Confissões* inflama-se a essa lembrança: tudo se ilumina com a própria luz da verdade. Porém, os mesmos fatos, revividos e repensados em Wootton ou em Monquin, revelam bruscamente sua face de obscuridade e de perdição: no momento em que se abandonava ao "entusiasmo da verdade, da liberdade, da virtude", penetrava sem perceber na zona de sombra de sua vida, um destino nefasto dele se apoderava. As *Confissões* fazem coexistir essa dupla interpretação do passado. Com algumas linhas de intervalo, os mesmos acontecimentos nos são apresentados como atos de inspiração soberana ou como os grilhões de um destino implacável.

Quer tenha sido visitado pelo céu, quer tenha sido influenciado por amigos malévolos, uma e outra explicação invocam uma espécie de alienação: uma força estranha (perseguidora ou inspiradora) coagiu Rousseau a ser infiel a si mesmo. Vítima dos maldosos ou iluminado pelo entusiasmo do Bem: em um caso como no outro, não era mais ele mesmo. Assim ao menos lhe aparecem, vistos a distância, esses anos de efervescência e de atividade febril.

A ambiguidade das perspectivas é surpreendente. As *Confissões* narram o esforço heroico empreendido por Jean-Jacques para desprender-se da alienação da opinião e do julgamento de outrem, mas o relato apologético da "reforma pessoal" lhe confere também o sentido de uma alienação sofrida. Embriaguez, loucura, fogo celeste, má sorte: ele foi impelido para fora de si mesmo no próprio ímpeto em que pretendia redescobrir-se e fundar sua unidade. Uma espécie de exagero incontrolado arrastou-o involuntariamente para a carreira das letras. Essa busca da unidade foi para Jean-Jacques um desvio para fora de sua verdadeira "natureza". Esta queria o repouso, a ociosidade, a despreocupação, o livre abandono aos desejos contraditórios. Ele não era feito para outra coisa. A paixão da verdade precipitou-o num mundo temivelmente estranho. Para que lugar deserto avançou ele então? Quem ele se tornou, a uma só vez afastado de si mesmo e separado dos outros? O Rousseau das *Confissões*, ao voltar aos anos de febre, parece não mais poder compreender e não sabe por qual julgamento decidir-se: admira sua coragem, apieda-se ironicamente de suas ilusões, assusta-se por ter-se tornado um outro; era a época da intimidade com o sagrado, e era também a época da pior infidelidade e do erro.

* * *

Em *O zombador* [*Le persifleur*] (que é anterior à "reforma"), Rousseau pintara a si mesmo móvel, variável, inconstante, incapaz de fixar-se em uma forma estável:

> Quando Boileau disse do homem em geral que ele mudava do branco ao preto, esboçou meu retrato em duas palavras; na qualidade de indivíduo, ele o teria tornado mais preciso se lhe houvesse acrescentado todas as outras cores com as nuances intermediárias. Nada é tão dessemelhante de mim quanto eu mesmo, por isso seria inútil tentar definir-me de outra maneira que não por essa variedade singular; ela é tal em meu espírito que influi de vez em quando até em meus sentimentos. Algumas vezes sou um duro e feroz misantropo, em outros momentos, entro em êxtase em meio aos encantos da sociedade e às delícias do amor. Ora sou austero e devoto, e pelo bem de minha alma faço todos os meus esforços para tornar duradouras essas santas disposições: mas logo me torno um franco libertino, e, como então me ocupo muito mais de meus sentidos que de minha razão, abstenho-me constantemente de escrever nesses momentos [...] Em uma palavra, um proteu, um camaleão, uma mulher são seres menos inconstantes que eu. O que deve de imediato tirar dos curiosos toda esperança de me reconhecer algum dia por meu caráter: pois me encontrarão sempre sob alguma forma particular que não será a minha a não ser durante aqueles momentos; e não podem nem sequer esperar reconhecer-me por essas mudanças, pois como elas não têm período fixo de modo algum, ocorrerão algumas vezes de um instante para o outro, e outras vezes permanecerei meses inteiros no mesmo estado. É essa irregularidade mesma que forma o fundo de minha constituição.[33]

Um ser imprevisível, e que se gaba de ser um enigma para os outros. Agrada-lhe ser incognoscível (ao passo que mais tarde se lamentará de ser desconhecido). Ele é o homem de todas as mudanças e da mais completa irregularidade... Mas imediatamente Rousseau fornece um desmentido àquilo que acaba de afirmar: no parágrafo seguinte, admite a existência de um ritmo interno, de uma alternância mais regular e mais constante. Suas mudanças já não são então inteiramente desprovidas de "período fixo"; ele reconhece a constância de uma lei cíclica, e, para além desses próprios ciclos, evoca, em tom jocoso, a presença *permanente* de uma "loucura" mais ou menos mascarada:

> Com tudo isso, à força de me examinar, não deixei de discernir em mim certas disposições dominantes e certos retornos quase periódicos que seriam difíceis de observar para qualquer outro que não o observador mais atento, em uma palavra, que não para mim mesmo: é mais ou menos assim que todas as vicissitudes e as irregularidades do ar não impedem que os marítimos e os habitantes do campo tenham aí observado algumas circunstâncias anuais e alguns fenômenos que reduziram a regra para prever mais ou menos o tempo que fará em certas estações. Eu estou sujeito, por exemplo, a duas disposições principais, que mudam constantemente de oito em oito dias, e que chamo de minhas almas hebdomadárias: por uma, encontro-me sensatamente louco; pela outra, loucamente sensato, mas de tal maneira, no entanto, que, *prevalecendo a loucura sobre a sensatez em um e no outro caso*, ela leva a melhor, manifestamente, sobretudo na semana em que me chamo sensato, pois então o fundo de todas as matérias de que trato, por mais razoável que possa ser em si, encontra-se quase inteiramente absorvido pelas futilidades e pelas extravagâncias com que sempre tenho o cuidado de vesti-lo. Quanto à minha alma louca, é bem mais sensata que isso, pois, embora tire sempre de seu próprio fundo o texto sobre o qual argumenta, põe tanta arte, tanta ordem, e tanta força em seus raciocínios e em suas provas que uma loucura assim disfarçada não difere quase em nada da sensatez.[34]

Por trás de todas as variações do *Zombador*, há então uma constante secreta, que ele chama de sua *loucura*: ele isola, para lhe conferir derrisoriamente a continuidade, o próprio princípio da descontinuidade e da mudança. Evidentemente, Rousseau pavoneia-se aqui diante do leitor; exibe, sob a influência muito próxima de Diderot e a mais distante de Montaigne, uma desenvoltura de que não saberá sustentar o tom por muito tempo. Mas reencontramos, nos *Diálogos* (isto é, mais de vinte anos depois), um autorretrato que não deixa de ter analogia com o do *Zombador*. Rousseau insiste novamente em sua variabilidade, na leviandade dos motivos e dos móbeis que o fazem mudar de humor:

> Ele não tem sequência suficiente em suas ideias para conceber verdadeiros projetos; mas, inflamado pela longa contemplação de um objeto, toma por vezes em seu quarto fortes e rápidas resoluções, que esquece ou que abandona antes de ter chegado à rua. Todo o vigor de sua vontade esgota-se em resolver; já não o tem para executar. Tudo nele decorre de uma primeira inconsequência. A mesma oposição que oferecem os elementos de sua constituição se reencontra em suas inclinações, em seus costumes e em sua conduta. É ativo, ardente, laborioso, infatigável; é indolente, preguiçoso, sem vigor; é altivo, audacioso, temerário; é temeroso, tímido, indeciso; é frio, desdenhoso, desagradável até a dureza; é suave, carinhoso, fácil até a fraqueza, e não sabe defender-se de fazer ou suportar o que menos lhe agrada. Em uma palavra, passa de um extremo ao outro com uma inacreditável rapidez sem sequer notar essa passagem, nem se lembrar do que era no instante anterior [...][35]

Aqui, ainda, a variabilidade se explica a partir de uma causa constante, de uma qualidade permanente que Rousseau chama de sensibilidade, ou paixão. De modo que a extrema mobilidade é reabsorvida em "uma vida invariável, simples e rotineira".[36] Todas essas irregularidades de conduta são as agitações de um "natural ardente", que imprime sua marca às mais diversas ações. Jean-Jacques não cessa de afirmar que há nele uma unidade subjacente, que se exprime na *espontaneidade* da variação e da mudança de humor; é preciso saber ler, à força de simpatia, essa unidade de caráter, como é necessário ver em sua obra a execução de um projeto único. Para fazer sentir essa permanência na mobilidade, Rousseau retoma, no início do segundo *Diálogo*, uma metáfora que utilizara em *O zombador* — a periodicidade das mudanças atmosféricas:[37]

> Acompanhei-o em sua mais constante maneira de ser, e nessas pequenas desigualdades, não menos inevitáveis, talvez não menos úteis na calma da vida privada do que *ligeiras variações do ar e do vento na dos mais belos dias.*[38]

Assim ele se descreve em *O zombador* e nos *Diálogos*, isto é, da primeira vez, antes de abandonar-se vertiginosamente à exaltação de escrever, e, da segunda vez, no momento em que se esforça em escapar ao "triste destino" e à sujeição a que se entregou ao tornar-se um escritor... Antes, vagava livremente, era errante, esperava alguma grande ocasião de fixar sua personagem, de mostrar-se ao público e de estabelecer sua morada na glória. Mas depois dos "seis anos" em que o "fogo celeste" o visitou, em que a glória o obrigou a habitar moradas estranhas (castelos de parentes próximos do soberano ou de marechais da França, casas de campo de arrematantes de impostos), Jean-Jacques é novamente um errante e um nômade. Dessa vez, não é mais a vagueação da espera e da busca aventurosa do sucesso, é a vagueação da fuga. Ele foge para escapar à maldição da glória que conquistou; procura sair dela. Talvez, de início, sua fuga para longe da glória não fosse absolutamente sincera; talvez se divertisse ao ouvir o rumor crescer atrás dele, enquanto se afastava para outros refúgios. Mas o rumor o alcança e se converte naquela saraivada de pedras que se abate sobre sua casa. Não, a glória não pode ser uma morada. Ele agora procura, mas em vão, uma ilha onde possa ser esquecido, onde possa, abandonando-se docemente aos impulsos contraditórios de seu desejo, satisfazer sua verdadeira natureza. Se apenas lhe fosse permitido redescobrir a vagueação inocente, a instabilidade sem consequências de seus anos de juventude. Se apenas pudesse romper o malefício e conseguir que o deixem viver a seu modo, segundo sua fraqueza e sua preguiça... No refúgio da rua Plâtriére, ele tenta recompor essa despreocupação (embora a inquietude da perseguição e da difamação o obsede); descreve-se, então, como se descrevera em *O zombador*: mutável, sensível, em paz consigo mesmo, obedecendo docilmente a um ritmo secreto análogo àquele que produz as variações do ar em um belo dia. Sem dúvida, trata-se aqui de uma tentativa de conjurar a sorte: a felicidade, a paz interior, Rousseau as proclama para lhes dar mais realidade e para fazer frente à ameaça que sente pesar sobre ele. E quando recompõe a lembrança de sua juventude, faz dela o tempo do devaneio voluptuoso e do deslumbramento inocente porque tem necessidade de ter um passado que seja um refúgio, enquanto tantos documentos nos informam que sua juventude foi observada pela preocupação e pela angústia, muito mais frequentemente do que as *Confissões* querem reconhecer. Rousseau força a realidade para compor o mito de sua existência: o livre devaneio de sua juventude foi interrompido por um malefício *estranho*; ele se deixou afastar de sua felicidade, e agora retorna a si mesmo. A água que se turvara volta a ser límpida no final, mas menos reflexos atravessam-na; sua transparência é mais vazia, mais fria...

## O CONFLITO INTERNO

A extrema variabilidade não implica que a consciência se encontre em estado de conflito. O Rousseau proteu de *O zombador*; o Jean-Jacques infinitamente variável dos *Diálogos* vivem uma sucessão de instantes dessemelhantes, mas em cada um desses instantes eles aderem a si mesmos, ainda que seja apenas pelo tempo de sentir sobrevir um novo aspecto do eu. Sofrem essa mudança como uma lei que lhes seria imposta. Não são senhores de suas metamorfoses. Mudam como o céu muda (e por vezes: porque o céu muda). Contentam-se em assistir à sua metamorfose, sem se insurgir contra ela. Desse modo, podem dizer-se em paz consigo mesmos:

> A uniformidade dessa vida e a doçura que ele aí encontra mostram que sua alma está em paz.[39]

A variabilidade se reduz à uniformidade e à paz: aí não há mais que uma aparência de paradoxo. Os movimentos mais contraditórios, se são vividos sucessivamente, se o eu neles consente plenamente, não implicam nenhuma luta interna. São contraditórios unicamente para um olhar que os julgasse de fora, isto é, para um espectador severo que exigisse a perfeita coerência. Uma consciência permissiva, que sofre a mudança sem a ela resistir, permanece em perfeito acordo consigo mesmo: por mais que os instantes sejam dessemelhantes, ela não sai de sua coincidência consigo mesma. Para sentir sua contradição, seria preciso que fizesse sua a perspectiva do juiz intransigente que, de fora, reclama a unidade coerente. Ora, nada a impede de contestar a autoridade da testemunha exterior da qual não quer sofrer a lei. Se a sua conduta fosse sustentável, ela evitaria indefinidamente o estado de conflito. Não estaria em luta consigo mesma nem contra o olhar estranho que ela recusa. Continuaria a viver *na* contradição, sem sofrer com sua contradição; saber-se-ia dessemelhante de si mesma sem se opor internamente à sua própria variabilidade.

A reforma pessoal é o momento em que Rousseau toma consciência do caráter incoerente de toda a sua vida, e esforça-se em dominar essa incoerência. Sua livre variabilidade surge-lhe bruscamente como uma contradição que ele tem por tarefa suprimir. De súbito torna-se-lhe intolerável que sua conduta, seus discursos, seus sentimentos não sejam regidos por princípios constantes. Lança a si mesmo o olhar do juiz exigente; chama para si a atenção de todos os homens, diante dos quais se compromete a realizar sua unidade, a fixar suas ideias. Assim, atribui a si mesmo como objetivo uma fidelidade à qual não estava acostumado; retesa-se numa atitude virtuosa. A partir daí o conflito surge e vai exasperar-se. Pois Jean-Jacques não destruiu por isso sua "natureza" mutável e inconstante: impôs-se o dever de domá-la, mas ela está sempre presente. Doravante vai ser preciso lutar, criar de alto a baixo a *força* sem a qual não há alma virtuosa, mostrar-se radicalmente diferente de um passado frívolo ou fraco. A mobilidade impulsiva não é mais compatível com a paz interior: toda mudança será uma falha, toda variação ganhará o sentido de uma vacilação, e se tornará a origem de um remorso. O ditame do instante já não tem sua justificação em si mesmo; só será legítimo se relacionar-se com uma sequência coerente, pois, a menos que se inscreva na continuidade de uma conduta virtuosa, representa uma fraqueza condenável. Assim, a consciência reconhece em si mesma o risco de um desacordo, nela vê abrir-se uma profundeza que nasce do conflito e do perigo que enfrenta. (Mas isso é definir a própria exigência do espírito, que desperta apenas a partir do momento em que a consciência, em nome do objetivo superior a que visa, já não aceita coincidir ingenuamente com cada um de seus instantes sucessivos.)

Então, no momento em que Rousseau propõe-se a resistir à mentira do mundo, ele se coloca na necessidade de resistir a si mesmo. A exigência terrorista da virtude, em nome da qual ele se opõe a uma sociedade perversa e mascarada, nele cria a consciência de uma divisão interna, de uma falta de unidade. Ser-lhe-á forçoso constatar a diferença que existe entre a facilidade do impulso imediato e a tensão do esforço virtuoso. (Rousseau não tardará a confessá-lo: é incapaz de realizar esse esforço, Jean-Jacques não é virtuoso; é escravo de seus sentidos, vive na inocência da espontaneidade imediata, não tem a força de opor-se a si mesmo.) A reforma pessoal, pela qual espera selar sua unidade interior, será para ele a ocasião de descobrir quão problemática é a unificação de si. Acreditara pôr fim à vida errante e à incerteza, acreditara poder afinal *fixar* suas ideias e sua conduta: mas a decisão que devia expulsar o erro é, na realidade, o começo de uma aventura difícil que põe a verdade em discussão. O ato que deveria tudo concluir não conclui nada; por sua própria violência, ele dá origem a novas tensões e a novas vertigens. O decreto da vontade, dirigido para a unidade, torna mais evidente e mais ativa uma fraqueza interna que a coloca em perigo. Rousseau, que esperara obter uma estabilidade tanto mais sólida quanto lhe seria garantida por valores mais elevados, perceberá pouco a pouco que se tornou vulnerável e que chamou o perigo. Pois é o perigo do fracasso, e não a segurança, que nasce para ele desse recurso às justificações absolutas.

O perigo é duplo: de um lado, como vimos, Rousseau só pode manifestar sua oposição à mentira do mundo tomando-lhe emprestadas suas armas corrompidas, sua linguagem — a literatura; e, de outro lado, os valores severos sobre os quais deseja fundar doravante sua existência são ameaçados internamente pela instabilidade, pela fraqueza, pela tentação dos gozos imediatos. Toda a dispersão que era o modo natural de sua vida torna-se uma potência inimiga, que é preciso vencer, mas que jamais se deixará superar.

Ao escrever o nono livro das *Confissões*, Rousseau renega os anos de exaltação em que desejara tornar-se a "testemunha da verdade":

> Se se buscar o estado do mundo o mais contrário ao meu natural encontrar-se-á esse aí. Recorde-se um desses breves momentos de minha vida em que me tornava um outro, e deixava de ser eu; um desses momentos encontra-se ainda no tempo de que falo; mas em vez de durar seis dias, seis semanas, durou quase seis anos, e talvez ainda durasse, sem as circunstâncias particulares que o fizeram cessar, e que me restituíram à natureza, acima da qual quisera elevar-me.[40]

A reforma, Jean-Jacques se dá conta disso, não era mais que uma de suas costumeiras mudanças bruscas; mas estava destinada a pôr fim a todas as mudanças; assim, introduziu nele a mais violenta contradição. Rousseau entra em guerra contra a mentira universal, e o novo eixo que pretendia dar à sua vida e à sua palavra não coincidia mais com a linha sinuosa e variável de sua verdadeira "natureza". À descontinuidade dessa natureza primeira, ele acrescenta a inconsequência mais grave de querer elevar-se acima dela. Em vez de viver em uma disseminação de instantes dispersos, descobre a tensão e a insatisfação. Sem deixar de sofrer a variabilidade interna, as intermitências imprevisíveis do humor, faz delas o motivo de um dilaceramento essencial. Pois não consegue repudiar os dados instáveis da experiência imediata, nem integrá-los na unidade da exigência moral. (Veremos Rousseau tentar essa conciliação em seu projeto de *Moral sensitiva*; mas veremos também o que torna seu êxito impossível.)

Tendo tomado a defesa da noção abstrata de natureza e de virtude, tendo em seguida procurado a realização "existencial" de seu ideal, Rousseau acha-se em conflito com sua própria natureza empírica. Cada uma de suas fraquezas naturais, cada um de seus saltos de humor torna-se um testemunho de acusação contra a sinceridade de sua defesa virtuosa e contra a legitimidade do exemplo que pretende oferecer ao mundo. Ele não pode escapar à diversidade contraditória de sua vida espontânea: ela persiste nele como uma ameaça hostil, à qual ele opõe uma exigência de unidade coerente que jamais poderá ser satisfeita. A partir daí, tudo está ameaçado, tudo está em risco: os termos opostos entre os quais a tensão se exerce são postos em discussão um pelo outro. A busca da unidade coerente é uma ameaça para a espontaneidade da experiência imediata, e esta, embora comprometida em seu surgimento autêntico, permanece bastante poderosa para fazer fracassar a procura da unidade "contra a natureza" e para torná-la derrisória. O repouso não é mais possível. Essa tensão gera um movimento que já não se pode deter. Se Rousseau quer finalmente voltar à sua natureza variável, se quer entregar-se ao império do sensível e do sentimento imediato, já não poderá dele gozar inocentemente: deverá justificar-se, explicar-se; deverá, portanto, escrever, isto é, passar pela mediação da linguagem e da literatura. Ainda que seja para denunciar seu erro, não poderá fazer de outra maneira que não mergulhar ainda mais profundamente no erro. O próprio retorno à natureza só poderá consumar-se com o excesso que caracterizara o esforço contrário. Por ter desejado a unidade que o libertaria das oscilações imprevisíveis de seu humor, Jean-Jacques desencadeou um mecanismo de oscilações extremas, cuja amplitude o arrastará para além dos limites toleráveis. A "revolução" que arrebata Jean-Jacques em sentido contrário não lhe restituirá a estabilidade que não pôde conquistar de uma outra maneira. Destinado doravante às oscilações maiores do espírito, não poderá reencontrar a calma relativa e as oscilações de menor amplitude que foram seu quinhão antes que a vocação literária o houvesse arrastado:

> Se a revolução não houvesse feito mais que me devolver a mim mesmo e parar aí, tudo estava bem; mas infelizmente ela foi mais longe e arrebatou-me rapidamente ao outro extremo. Desde então minha alma vacilante não fez mais que passar pela linha de repouso, e suas oscilações sempre renovadas jamais lhe permitiram ali permanecer.[41]

Pergunta-se, então, se a própria noção de natureza conserva um sentido. Esse movimento oscilatório não permite o repouso, o retorno estável ao estado natural. Existe mesmo um estado natural? Será, no máximo, um lugar virtual, a meia distância dos extremos: mas nesse lugar o movimento não se detém; *eu mesmo* — não é nada mais que uma imagem entrevista que a velocidade da passagem torna confusa e evanescente. Doravante só posso pensar em *mim mesmo* como naquilo que me falta, naquilo que não cessa de esquivar-se. Estou sempre fora de mim, fora do repouso na identidade estável... Ou então operemos uma mudança semântica radical, que permitirá chamar de natureza (ou verdade, ou essência) o movimento mesmo pelo qual escapo ao repouso: a oscilação recupera desse modo uma validade de que parecia desprovida; *eu mesmo* não é esse repouso que não posso jamais alcançar, *eu sou*, ao contrário, a inquietude que me impede o repouso. Minha verdade se manifesta ao arrancar-me ao que eu considerava como um dado primitivo (apenas dado, logo retirado), em que acreditava encontrar meu "verdadeiro eu". A partir daí todos os meus gestos, todos os meus erros, todas as minhas ficções, todas as minhas mentiras anunciam a *minha* natureza: sou autenticamente essa infidelidade a um equilíbrio que me solicita sempre e que sempre se recusa. ("Todo movimento nos descobre", dizia Montaigne.) Não há loucura ou delírio que não se reabsorva na totalidade do eu, totalidade de que todos os aspectos são igualmente contestáveis, igualmente ilegítimos, e cujo conjunto funda o valor e a legitimidade irredutível do sujeito. É por isso que tudo deverá ser contado, confessado, desvelado, a fim de que um *ser* único se manifeste a partir da mais completa dispersão.

## A MAGIA

Na mesma página das *Confissões* em que Rousseau descreve seu entusiasmo de virtude como um "tolo orgulho" e como "o estado mais contrário ao (seu) natural", ele afirma também: "Essa embriaguez começara em minha cabeça, mas passara para o meu coração. O mais nobre orgulho aí germinou sobre os restos da vaidade desenraizada. Não representei nada: tornei-me com efeito tal como pareci".[42]

Tolo orgulho ou nobre orgulho? Estado contrário à natureza ou transformação sincera? Rousseau, ao julgar seu passado, deixa subsistir a ambiguidade. Foi infiel à sua "verdadeira natureza" mas não mentiu, não usou máscara. Tornou-se realmente o que parecia, sem reserva e sem duplicidade. Rousseau sugere aqui, antes que um desdobramento interno, uma espécie de eclipse da personalidade "normal": chegou a identificar-se — por um tempo mais ou menos longo — com uma personalidade "inventada". Rousseau põe todos os seus recursos, todas as suas energias a serviço dessa personalidade fictícia: não poderá ser acusado de representar, pois se entrega inteiro ao seu papel e ao destino que este o obriga a sofrer. O que assinala aqui a ficção não é que Rousseau não se dê suficientemente ao seu papel, mas antes que a ele se entregue em demasia, com um excesso por vezes inimaginável. Um homem mascarado não se solidarizaria tão completamente com seu papel, salvaguardaria em si mesmo uma parcela de ironia e de desinteresse; manteria um perpétuo poder de afastamento e se daria o direito de mudar de máscaras se necessário. Mas Rousseau, ao contrário, está demasiado desejoso de confundir-se inteiramente com sua personagem; pretende-se virtuoso a ponto de já não poder escapar à fatalidade da virtude. Longe de nele preservar a parte de uma liberdade desinteressada e lúdica, passa ao excesso contrário, e se recusa toda liberdade de movimento, todo recuo possível, toda opção diferente. Será virtuoso e será apenas isso...

Para explicar sua embriaguez de virtude, Rousseau compara-a a "esses momentos" de sua juventude em que se tornava "um outro". A decisão pela qual pretende fixar-se e agarrar-se a uma identidade virtuosa assemelha-se àqueles acessos de mitomania em que se projetara no devaneio quimérico e na existência pseudônima. Agora que se consagra à verdade, agora que quer ser Jean-Jacques Rousseau, cidadão de Genebra, ele repete o acesso de "loucura" em que se tornava Vaussore de Villeneuve ou o inglês Dudding. Não é menos sincero, não é menos "delirante".

É estranho ver Rousseau confessar uma tão completa equivalência entre a aventura tentada sob um falso nome e a tensão pela qual pretende habitar veridicamente seu verdadeiro nome. Mas se nos remetemos às páginas em que Rousseau narra suas aventuras pseudônimas, percebemos que elas não são explicáveis pela psicologia da dissimulação. Com raríssimas exceções, jamais se tratou, para ele, de esconder sua verdadeira identidade, mas, ao contrário, de conquistar uma nova identidade com a qual pudesse confundir-se sem retorno. Não se mascarava para enganar os outros, mas para mudar sua própria vida. Quando Rousseau mente, acredita em sua mentira, como ao ler a *Jerusalém libertada* sente-se convertido em Tasso, como se tornara romano ao ler Plutarco. Rousseau se absorve em sua ficção a ponto de não mais deixar intervalo entre a antiga "realidade" que abandona e a ficção que o fascina. Despersonaliza-se para entrar em sua nova personagem, e a metamorfose se realiza sem deixar nenhum resíduo. Está convencido de ter "um pólipo no coração", como o histérico está persuadido de que sua perna está paralisada. Ele não sabe, ou não quer saber que simula. "É a ele próprio que se trata de mistificar",[43] escreve Marcel Raymond ao comentar o episódio do concerto em que Rousseau se faz passar pelo compositor Vaussore de Villeneuve.[44] Ele não se contenta em representar a personagem de Vaussore, quer sê-lo, quer possuir-lhe os talentos e a habilidade musical: converte-se nele tão completamente que tem pressa em disso fornecer a demonstração imediata organizando o concerto que acabará em catástrofe. Um impostor temeria ter de fornecer suas provas; mas Rousseau, bem ao contrário, presta-se alegremente à experiência, porque vai enfim *viver* sua nova identidade, deixar agir seu novo eu. Jean-Jacques não apenas se transportou inteiro para seu papel, como espera que esse papel o arrebate, comande-lhe os gestos e as palavras eficazes, faça-o saber música, reger uma orquestra... Rousseau confia-se e abandona-se à sua personagem. Nessa maneira de tornar-se um outro, pode-se ver, por certo, um golpe de força da vontade; mas esse golpe de força acompanha-se de uma passividade vertiginosa. O que começou por um ato da vontade prolonga-se em uma espécie de hipnose, em que já se trata apenas do abandono àquilo que o papel Vaussore ordena fazer. Pode-se falar aqui de comportamento mágico, porque a magia consiste precisamente em provocar forças que em seguida se deixa agir sobre si; essas forças operam por si mesmas, escapam ao nosso controle; uma vez despertadas, livram-nos da necessidade de querer e de dirigir nossos atos. Basta, então, consentir naquilo que nos acontece. O ato mágico, começado por nós, consuma-se sem nós.

Tal é a metamorfose mágica de Jean-Jacques: o golpe de força inicial o entrega a uma identidade fictícia que só lhe resta sofrer. Ele passa, assim, do domínio dos atos voluntários ao do *destino*, em que (sua louca cabeça convence-o disso) o talento, a glória, a felicidade vão chegar-lhe como maravilhosas recompensas. Observemos, sobretudo, que o recurso à magia constitui para Rousseau uma maneira de alcançar os *fins* sem pôr em ação os *meios* normais: ele atinge seu objetivo em virtude de um salto instantâneo que elude o contato com o obstáculo e suprime todas as etapas intermediárias. A magia é o reino dos atos imediatos; ela torna inútil a laboriosa mediação do trabalho e do estudo. Marcel Raymond sublinhou-o: o desejo de Rousseau busca realizar-se sem aceitar os embaraços que a condição humana lhe impõe.[45] Ele quer ser instantaneamente compositor e músico, sem ter de aprendê-lo, como consequência de uma graça imanente que resultaria da própria intensidade do desejo.

O concerto de Lausanne é um fracasso; mas *Le devin* triunfará, os *Discursos* e a *Heloísa* seduzirão as almas sensíveis... Ao chamado da magia, uma palavra e um poder reais despertam em Rousseau: ele vai realmente ser possuído por seu papel. Essa é sua sorte: não é mais traído por sua personagem, como o fora em Lausanne; pode a ela entregar-se plenamente. Foi abandonado pela ficção Vaussore; mas não será abandonado pela ficção Jean-Jacques Rousseau: e esse papel que o arrasta para a glória o arrastará também para a infelicidade...

A própria embriaguez que, por ocasião da reforma, acompanha sua efervescência de virtude anuncia a sua natureza mágica. O que começou como uma escolha deliberada transforma-se em gozo passivo. No ápice do ímpeto voluntário, Rousseau não domina mais sua exaltação e vê-se arrebatado por uma vaga vertiginosa. Ele, que sabe tão bem que não há virtude sem força, entrega-se ao paradoxo de uma embriaguez virtuosa, em que sua vontade desarmada se deixa submergir: tem apenas de deixar-se ditar sua virtude. Mas essa virtude *inspirada* não é mais que um devaneio fascinante; a energia da alma está inteiramente absorvida pelo deleite da fascinação. O reino da virtude, em vez de estar fundado na vontade lúcida, dissipa-se, assim, na inconsistência de uma exaltação que se esgota em si mesma.

Não é menos verdade que a exaltação exige a solidão, atira-se para o sacrifício e talvez para o martírio. Jean-Jacques já não vê aí a face de seu próprio desejo: reconhece o comando inelutável do destino. O mesmo homem que se comprazia nas metamorfoses de um proteu, o aventureiro que corria as estradas sob o nome de Vaussore ou de Dudding, o mesmo Rousseau, agora que tem um decreto de prisão e foge de Montmorency, ei-lo que não sabe mais como fazer para esconder seu verdadeiro nome, no momento em que está em jogo a sua liberdade. Treme-lhe a mão, no instante em que se prepara para fazer uma falsa assinatura. Não tem o direito de desobedecer à virtude, não mentirá, expor-se-á ao perigo e suportará seu destino:

> Devo dizer-vos contudo que, passando por Dijon, foi preciso dar meu nome, e que, tendo tomado a pena com a intenção de substituir o de minha mãe, foi-me impossível consegui-lo; a mão tremia-me tão forte que fui obrigado por duas vezes a pousar a pena; enfim, o nome Rousseau foi o único que pude escrever, e toda a minha falsificação consistiu em suprimir o J de um dos meus dois prenomes.[46]

Ato de coragem e de desafio, mas no qual Rousseau se comporta como vítima de um encantamento. Há, nessa sinceridade forçada, o mesmo excesso "compulsivo", a mesma paralisia da vontade, o mesmo feitiço mágico dos momentos de desorientação em que Rousseau se tornava "um outro" e se deixava arrastar por seu papel.

Vimos, de um lado, que a reforma pessoal introduz na alma de Jean-Jacques a contradição e o conflito; mas, de outro, acabamos de nele constatar o singular poder de identificar-se quase completamente com a personagem que deseja parecer: consegue viver autenticamente tal papel que no princípio era apenas uma quimera de seu espírito. Ao longo de todo o relato de sua reforma pessoal, Rousseau faz alternar uma e outra explicação, com o risco de desconcertar o leitor: afastou-se de si mesmo em um "esforço contrário ao seu natural"; em compensação, o que inicialmente era apenas um princípio arbitrariamente escolhido *tornou-se* uma paixão sincera, a afetação de virtude transformou-se em verdadeira embriaguez. A ideia se antecipa ao sentimento, mas este não se deixa preceder por muito tempo: apressa-se em cobrir seu atraso, e toda a energia do eu se coloca a serviço desse "ideal do eu" que no começo não era mais que uma ficção. Releiamos aqueles fragmentos que já conhecemos; neles encontraremos, muito claramente expresso, o processo pelo qual uma autenticidade se cria a partir de um desdobramento inautêntico. O eu penetra então em uma verdade de que é o autor, em uma identidade que não preexistia nele:

> Meus sentimentos elevaram-se com a mais inconcebível rapidez ao tom de minhas ideias.[47]

Todo o temperamento de Rousseau está na *rapidez* de que fala aqui, e que descreve a impetuosidade de uma alma que transporta sua vida para o nível a que apenas a sua reflexão tinha acesso... Escutemos esta outra confissão:

> Sinto que o amor pela verdade se me tornou caro pelo que me custa. Talvez de início ele fosse para mim apenas um sistema: é agora minha paixão dominante.[48]

Um sistema intelectual se torna uma paixão; a ideologia ganha forma de experiência vivida, não apenas porque a moral exige que cada um viva segundo seus princípios, mas porque o sentimento deseja identificar-se com as ideias que prometem uma justificação superior.

As *Confissões* nos falam ao mesmo tempo do fracasso e da verdade dessa transformação do eu. O que inicialmente não era mais que afetação de virtude adquire pouco a pouco o caráter da nobreza e da virtude verdadeiras; mas, ao termo desse esforço, não é menos verdade que Jean-Jacques já não se sente coincidir consigo mesmo:

> Lançado involuntariamente no mundo sem lhe possuir o tom, sem ser capaz de conquistá-lo e de a ele me poder sujeitar, *imaginei conquistar um mundo meu que disso me dispensasse.* Não conseguindo vencer minha tola e enfadonha timidez, que tinha como princípio o temor de faltar às conveniências, tomei, para me encorajar, o partido de calcá-las aos pés. Fiz-me cínico e cáustico por acanhamento; fingi desprezar a polidez que não sabia praticar. É verdade que essa aspereza, em conformidade com meus novos princípios, enobrecia-se em minha alma, ali ganhava a intrepidez da virtude, e foi, ouso dizê-lo, *sobre essa augusta base* que ela se sustentou melhor e por mais tempo do que se deveria esperar de um esforço tão contrário *ao meu natural.* Entretanto, a despeito da reputação de misantropia que *meu exterior* e algumas palavras felizes me deram no mundo, é certo que no particular *sustentei sempre mal minha personagem.*[49]

As palavras são reveladoras: o movimento pelo qual a alma conquista sua *base* é ao mesmo tempo aquele que a obriga a sentir sua divisão. Essa página nos mostra como o ser se inventa, para se juntar inteiro em sua ficção. A desenvoltura arbitrária (*imaginei conquistar um mundo...*) abre o caminho para sentimentos mais nobres. Mas, tão logo consegue estabelecer-se sobre sua base, o ser desfalece na contradição (desenhada pelo próprio movimento da frase e da página). O homem que tão amargamente criticava a discordância do ser e do parecer na humanidade civilizada percebe agora em si mesmo o contraste que opõe seu *exterior* e seu *natural.* Sente-se ser a fraqueza que nega. O escândalo que imputava ao mundo deslocou-se para a sua vida; o mal que denunciava febrilmente no exterior interiorizou-se. Tomar partido pela virtude não pôs fim, portanto, à discordância do ser e do parecer: é aqui apenas que o problema se torna *meu* problema. A base que me impus foge sob meus pés, e tudo é recolocado em discussão.

Em teoria, as coisas se conciliavam muito melhor. Em uma de suas cartas a Sophie, Jean-Jacques escrevia:

Quem quer que tenha a coragem de parecer o que é, cedo ou tarde se tornará o que deve ser.[50]

Semelhante fórmula combina maravilhosamente a ideia de uma permanência natural do eu e a ideia de uma transformação de si comandada pelo dever moral. A sinceridade, isto é, a simples afirmação transparente do ser natural, tem como consequência transformar este ser e fazê-lo tornar-se o que deve ser. Reconhecendo-se tal como é, ele se torna um outro, adquire uma nova fisionomia. A tautologia do reconhecimento é o princípio de uma gênese e de uma metamorfose. Não se poderia dizer melhor que a sinceridade salva a alma e a transfigura. Rousseau formula sem dúvida aqui uma moral toda profana, mas ela só se compreende em referência a um modelo religioso. O ato voluntário pelo qual pareço o que sou representa o papel teológico do Cristo mediador que regenera a alma do crente. Apenas, segundo Rousseau, parecer o que sou é um ato imediato, que me transforma sem que eu tenha de agir explicitamente sobre mim para me modificar, e sem que eu tenha de recorrer a um poder ou a uma graça que me seriam externos. A graça que me transfigura é imanente à minha consciência. Não saio de mim para me tornar o que devo ser.

Deveremos retomar mais tarde o problema da sinceridade. Que baste, aqui, determinar-lhe seu lugar no conjunto da situação vivida por Jean-Jacques.

A sinceridade é reconciliação consigo mesmo: é uma saída para fora da divisão interna. Mas essa divisão interna não é original; é apenas o eco interiorizado da revolta pela qual Jean-Jacques se opõe a uma sociedade inaceitável. Mesmo para uma análise que se pretendesse puramente "existencial" (e não sociológica ou marxista.), o problema da revolta possui, de alguma maneira, um direito de primazia e de anterioridade em relação ao problema da sinceridade. A preocupação de sinceridade, em Jean-Jacques, constitui uma resposta *parcial* — no plano do eu, e só nesse plano — a uma situação que desde a origem ultrapassa o eu e diz respeito às suas relações com a sociedade de 1750. Mas, no exato momento em que ela obriga a consciência a afastar-se da vida social para se preocupar com seus conflitos particulares, a sinceridade espera que os outros lhe prestem atenção. Voltada para os problemas de dentro, visa indiretamente o fora: vale a pena descrever-se sinceramente, porque na sociedade com a qual se rompeu poderiam existir *já* homens capazes de nos compreender. A sinceridade esboça a restauração de uma relação social, não no plano da ação política, mas no da compreensão humana. No que a efusão sincera se manifesta como um estado de alma pré-revolucionário — e que corre o risco de suplantar qualquer ação verdadeira, para as "belas almas" que se satisfazem com seu próprio entusiasmo.

# CAPÍTULO IV

## A ESTÁTUA VELADA

O *Fragmento alegórico*[1] termina com um sonho filosófico cujo simbolismo bastante tradicional (os protótipos são Cipião e Polifilo) não aparece, por certo, como o produto de uma autêntica "imaginação onírica". Os românticos saberão sair-se melhor. Mas esse texto não deixa de possuir um valor de primeiro plano. Por mais ingênuas e pouco originais que sejam as imagens do *Fragmento alegórico*, elas representam muito claramente — talvez claramente demais — os momentos sucessivos de um advento da verdade. O fragmento não foi acabado, e Rousseau sem dúvida não o destinava à publicação. Mas veremos que ele aí formula um mito a que se apega mais do que se acreditaria à primeira vista.

Um filósofo adormeceu depois de ter contemplado o universo e meditado sobre a existência de Deus. Seu senhor conduziu-o a "um edifício imenso formado por um domo deslumbrante sustentado por sete estátuas colossais":

> Todas essas estátuas, olhadas de perto, eram horríveis e disformes, mas, pelo artifício de uma perspectiva hábil, vistas do centro do edifício cada uma delas mudava de aparência e apresentava ao olhar uma figura encantadora.

De imediato, reencontramos o tema da ilusão e da aparência enganadora, como no primeiro *Discurso*. Esse lugar onde reina a sedução nefasta do parecer é um templo, e é a morada da humanidade. A cena se passa em um cenário solene em que o homem está em relação com o sagrado. E descobrem-se os ritos de uma estranha religião: no centro encontra-se um altar, sobre o qual está erguida "uma oitava estátua, a quem todo o edifício é consagrado". Mas essa estátua permanece "sempre envolta por um véu impenetrável". Nenhuma semelhança, contudo, com a jovem divindade que domina o frontispício da *Enciclopédia* e cujo corpo encantador transparece sob o véu tênue que ela mal retém. A mulher velada da *Enciclopédia* avança com a luz de um sol nascente e dispersa diante de si as trevas, que formam grossas volutas inofensivas no alto da prancha desenhada por Cochin. Em compensação, no começo do sonho de Rousseau, estamos ainda no reino do erro e da opinião insensata. O momento da iluminação virá mais tarde. Aos pés da grande estátua velada sobem as densas fumaças de um culto absurdo:

> Ela era perpetuamente servida pelo povo e por ele jamais avistada; a imaginação de seus adoradores a pintava segundo suas características e suas paixões, e cada um, tanto mais apegado ao objeto de seu culto quanto ele era mais imaginário, não colocava sob esse véu misterioso senão o ídolo de seu coração.

Nenhum raio em torno dessa estranha estátua; ela é uma potência maligna, que se ergue numa atmosfera noturna. O sonhador entrevê vagamente cenas monstruosas, assiste aos crimes de uma Sodoma imensa:

> O altar que se elevava no meio do templo apenas se distinguia através dos vapores de um incenso espesso que subia à cabeça e perturbava a razão; mas, enquanto o vulgo ali não via mais que os fantasmas de sua imaginação agitada, o filósofo mais tranquilo dele percebeu o suficiente para julgar daquilo que não discernia; o aparato de uma contínua carnificina cercava esse altar terrível; ele viu com horror a monstruosa mescla do assassínio e da prostituição.

Para evocar "poeticamente" a atmosfera do mal, Rousseau multiplica como a seu bel-prazer todos os símbolos clássicos da opacidade, da mentira, da dissimulação criminosa. O horror desse espetáculo, tal como nos é descrito, consiste menos nos próprios crimes que na densidade do mistério que os cerca. (Teremos a oportunidade de voltar a isso: o *oculto*, o *misterioso* estão quase sempre carregados de valor negativo para Rousseau; sob a sua pena, e sobretudo quando ele escrever os *Diálogos*, "*mistério*" e "*mal*" são termos quase sinônimos.) O culto à estátua, que submete os homens à sua subjetividade insensata, toma a forma do crime universal: desenrola-se na *penumbra*, aos pés da estátua *velada* do ídolo; as vítimas estão fascinadas por sua *ilusão*, e os sacerdotes-carrascos, *ocultando* sua crueldade "sob um ar modesto e recolhido", conseguem *cegar* os homens vendando-lhes os olhos; além disso, têm igualmente o poder de punir suas vítimas recalcitrantes *desfigurando-as* aos olhos dos outros:

> Eles começavam por vendar os olhos de todos aqueles que se apresentavam à entrada do templo, depois, tendo-os conduzido a um canto do santuário devolviam-lhes o uso da visão somente quando todos os objetos concorriam para fasciná-la. E se, durante o trajeto, alguém tentava retirar sua venda, no mesmo instante pronunciavam sobre ele algumas palavras mágicas que lhe davam a figura de um monstro sob a qual, abominado por todos e ignorado pelos seus, não tardava a ser dilacerado pela assembleia.

Rousseau dá livre curso aqui a uma fobia que obsedará seus últimos anos (mas que existe nele desde a adolescência): a ideia da metamorfose pela difamação. Ele exprime seu próprio terror de receber a máscara do monstro e de não poder libertar-se dela: a vindita universal vai abater-se sobre um inocente que *foi* disfarçado de culpado.

Os esforços de libertação serão atos de desvelamento, destinados a destruir os malefícios da estátua velada. Três personagens vão aparecer sucessivamente. Cada uma delas agirá sozinha, mas no interesse da humanidade inteira. Rousseau descreve alegoricamente a iniciativa do *herói libertador*; pois o símbolo é aqui aquele mesmo da *Aufklärung*: o herói devolve a visão aos homens cegados, torna visível o que estava velado, traz a luz.

A primeira personagem, que é talvez um duplo do filósofo (está "vestido exatamente como ele"), devolve a visão a alguns homens, mas sem ousar lutar, no entanto, contra a estátua. A sorte que o espera será precisamente a difamação mortal:

> Esse homem cujo porte era grave e ponderado não ia ele próprio de modo nenhum ao altar, mas tocando sutilmente a venda daqueles que para ali eram conduzidos, sem causar transtorno aparente, devolvia-lhes o uso da visão.

Os ministros do templo vão apoderar-se dele e "imolá-lo" imediatamente "sob as aclamações unânimes do bando cegado".

A esse mártir da verdade sucede-se um segundo: um velho que se pretende cego e que na realidade não o é. Reconhecemos Sócrates. Seu gesto será mais audaz: ousará desvendar a estátua, mas sem conseguir fazer triunfar a verdade:

> Saltando ligeiro sobre o altar, com mão ousada descobriu a estátua e a expôs sem véu a todos os olhares. Viam-se pintados em seu rosto o êxtase e o furor; sob seus pés ela sufocava a humanidade personificada, mas seus olhos estavam ternamente voltados para o céu [...] Esse aspecto fez estremecer o filósofo, mas, longe de revoltar os espectadores, eles ali viram apenas, ao invés de um ar de crueldade, um entusiasmo celeste, e sentiram aumentar pela estátua assim descoberta o zelo que por ela haviam tido sem a conhecer.

A alegoria se deixa facilmente decifrar: o ídolo não passa do fanatismo, que sacrifica os homens fingindo adorar o céu. É o adversário que a filosofia das Luzes decidiu destruir; e

Rousseau aqui faz causa comum com os Filósofos, que criticam duramente os padres impostores e a credulidade supersticiosa. Entretanto, Rousseau nos diz que não basta desvelar o mal: seu poder de ilusão e de fascínio permanece inteiro. O velho, condenado a beber "a água verde", morrerá prestando uma homenagem inesperada à estátua hedionda. A face real do mal foi posta a nu: mas ainda não é o bastante. Resta manifestar a verdade do bem. O ato essencial ainda não foi consumado.

## CRISTO

É então que aparece o terceiro herói, anunciado como o "filho do homem": é evidentemente Cristo. Basta que se mostre para que a verdade se torne manifesta. Ele é a verdade. Proporciona-lhe a evidência, que conquista instantaneamente todos os corações. E ele vence a estátua sem luta e sem risco:

> "Ó meus filhos", disse ele num tom de ternura que penetrava a alma, "venho expiar e corrigir vossos erros, amai Aquele que vos ama e conhecei Aquele que é." No mesmo instante, agarrando a estátua, derrubou-a sem esforço e, subindo no pedestal igualmente com pouca agitação, parecia antes tomar o seu lugar que usurpar o de outrem [...] Não era preciso escutá-lo mais que uma vez para estar certo de admirá-lo sempre, *sentia-se que a linguagem da verdade não lhe custava nada porque lhe tinha a fonte em si mesmo.*

Esse é, portanto, o momento decisivo: uma reviravolta abrupta estabelece o reino do Bem sobre as ruínas do Mal. Rousseau serve-se com frequência dessas oposições sem meio-termo e sem nuances. O Bem absoluto ou o Mal absoluto: é a única alternativa oferecida. Mas o que deve aqui reter nossa atenção é que, à dominação obscura de uma *coisa velada*, sucede-se a presença libertadora de um homem divino. Não se podia ficar no desvelamento da face hedionda do Mal; mesmo desvelada, a Estátua permanecia ainda onipotente. O que conta é a epifania do homem e da linguagem verídica, é a manifestação de uma verdade que tem sua fonte em uma consciência.

O instante capital não é, então, o do desvelamento do Mal, mas aquele em que a verdade encarnada vem dar testemunho de sua presença eficaz. Uma consciência agora se abre para nós e, por sua própria transparência, essa consciência se anuncia como a fonte de uma verdade universal. O Bem aparece no mundo através de um *eu* que o deixa transparecer. O deus-homem (como aliás o próprio Rousseau) se oferece a todos os olhares não para ser ele próprio visto, mas para que uma *fonte* sagrada seja reconhecida no próprio ato pelo qual ele fala e se comunica sem restrição.

Essa verdade é singularmente *fácil*. Não "custa nada" àquele que a enuncia, e é instantaneamente compreendida por aqueles que a escutam. Estamos em presença de uma dupla imediação. O homem-deus possui imediatamente a verdade, e a transmite imediatamente. A conversão da humanidade é instantânea. Nada aqui que se assemelhe ao *escândalo* de que fala o Evangelho. A verdade se impõe por uma espécie de magia que extingue os obstáculos e torna todo esforço inútil. Reconhecer-se-á que existe aí algo de infantil, que de hábito é utilizado apenas nos contos de fadas...

E se porá em dúvida a autenticidade dessa figura do Cristo. Ele anuncia que vem "expiar" os erros dos homens. Mas o texto de Rousseau (é ele realmente inacabado?) se interrompe precisamente antes do relato da crucificação. Interrupção das mais significativas. É que Rousseau não tem o que fazer da cruz, que é um símbolo de mediação. O essencial do cristianismo, para Rousseau, está na pregação de uma verdade *imediata*. Desse modo, propõe-nos uma imagem do Cristo educador da humanidade, dirigindo aos homens discursos enternecedores, palavras "que vão direto ao coração".

O Cristo de Rousseau não é um mediador; é apenas um

grande *exemplo*. Se é maior que Sócrates, não é por sua divindade, mas por sua mais corajosa humanidade. Em parte nenhuma a morte de Cristo aparece em sua dimensão teológica, como o ato reparador que estaria no centro da história humana. A morte de Cristo é apenas o arquétipo admirável da morte do justo caluniado por todo o seu povo. Sócrates não morreu solitariamente; ao passo que a grandeza de Cristo lhe vem de sua solidão. Ele oferece o mais edificante exemplo do destino de exceção que o próprio Jean-Jacques sofre e deseja:

> Antes que ele [Sócrates] houvesse definido a virtude, a Grécia estava repleta de homens virtuosos. Mas onde Jesus buscara entre os seus essa moral elevada e pura da qual só ele deu *as lições e o exemplo*? Do seio do mais furioso fanatismo a mais alta sabedoria se fez ouvir, e a simplicidade das mais heroicas virtudes honrou o mais vil de todos os povos. A morte de Sócrates filosofando tranquilamente com seus amigos é a mais suave que se possa desejar; a de Jesus expirando nos tormentos, injuriado, escarnecido, maldito por todo um povo, é a mais horrível que se possa temer.[2]

Rousseau acumula as antíteses, desprezando qualquer nuance: o povo mais vil — a mais alta sabedoria; a morte mais suave — a morte mais horrível. Superlativos contra superlativos. A última antítese oporá o homem e Deus:

> Sim, se a vida e a morte de Sócrates são de um sábio, a vida e a morte de Jesus são de um Deus.[3]

Mas a morte de Jesus é tão só o feito de uma alma heroica. Essa morte divina não acarreta consequências sobrenaturais. Pierre Burgelin escreve a esse respeito: "O cristianismo de Rousseau se pretende *evangelium Christi*, aceitando o divino profeta galileu que fala a todo coração bem nascido para ensinar as leis do amor. Recusa um *evangelium de Christo*, que colocaria o valor absoluto do Cristo morto para salvar os homens".[4]

De fato, o *Fragmento alegórico* nos mostra Cristo como uma consciência que encontra em si mesma (mas talvez vinda de além dela mesma) a fonte da verdade. Cada um de nós pode fazer como ele. Recolher-se em si mesmo, aí encontrar a fonte, reconhecer a "voz da consciência". Cada um poderia tornar-se então — a exemplo de Cristo — o educador do gênero humano, que exalta os corações e neles desperta uma bondade paralisada. A imitação de Jesus Cristo, em Rousseau, é a imitação do ato "divino" pelo qual uma consciência humana solitária se torna fonte de verdade ou transparência a uma verdade do além. Longe, portanto, de ser o mediador indispensável à salvação do homem, Cristo ensina a recusa da mediação, seu exemplo convida a escutar "o princípio imediato da consciência".[5] Rousseau, que não procurará sua salvação por meio de Cristo, quer enunciar a verdade como Cristo. Este é apenas a testemunha da iluminação da consciência por uma luz original de que cada um pode tornar-se, por sua vez, a testemunha.

"Quantos homens entre mim e Deus!", exclama o Vigário saboiano. O desejo de Rousseau é de ver Deus imediatamente. Quanto menos houver intermediários, melhor apreenderemos a presença divina. Nada de padres, nada de dogmas interpostos. Se Jean-Jacques aceita o Evangelho é porque aí a verdade é sensível de maneira imediata: "Aí reconheço o espírito divino: *isso é imediato tanto quanto pode sê-lo*; não há absolutamente homens entre mim e essa prova".[6]

## GALATEIA

"O teatro representa um ateliê de escultor. Nos lados veem-se blocos de mármore, grupos, estátuas esboçadas. No fundo está uma outra estátua oculta sob uma capa de um tecido leve e brilhante, ornada de franjas e de guirlandas."[7] A imagem da estátua velada se ergue, assim, mais uma vez na obra de Rousseau: é o corpo perfeito de Galateia que Pigmalião esculpiu à imagem de seu desejo. Desta vez a estátua não representa mais o ídolo que rege o mal: é a beleza ideal, que tomou corpo em uma pedra inanimada. "Eu me adoro naquilo que fiz", exclama Pigmalião. Enamorado de seu rosto como o estava Narciso, quer abraçar o reflexo de si mesmo que adora em sua obra. Desdobrou-se, uma parte de sua alma passou para essa *coisa* sem vida; mas Pigmalião não consente em separar-se daquilo que criou. Não aceita que a obra de arte seja *outra* que não ele mesmo, que se lhe torne estranha. Na falta de receber em troca o amor que dedica à sua criatura, Pigmalião sente-se condenado a uma solidão intolerável: já não está realmente vivo, está empobrecido de toda a alma que tentou dar à estátua encantatória. "O frio da morte permanece neste mármore; pereço pelo excesso de vida que lhe falta [...] Sim, dois seres ofendem à plenitude das coisas." Pigmalião não deseja apenas que a estátua ganhe vida. Quer ser amado e reconhecido por ela. Quer, portanto, recuperar a força que dispensou em sua obra. Pois é um artista avaro, que não pode esquecer-se naquilo que faz, e que não tem a disposição de consentir nessa *perda* que é uma obra acabada. O que ele espera não é mais do que a perfeita reflexão de seu desejo, mas devolvido por um espelho *vivo*. Em consequência, a obra não deve permanecer uma fria coisa de mármore que se imobiliza em sua existência autônoma. Pigmalião implora o milagre que abolirá a exterioridade da obra e a substituirá pela interioridade expansiva da paixão narcísica. (Assim como Rousseau, quando seu devaneio inventa "criaturas segundo o seu coração".) Pode-se ver aí, notemo-lo de passagem, a expressão mítica de uma estética "sentimental", que atribui como missão à obra de arte imitar o ideal do desejo, mas que visa imediatamente metamorfosear a obra em *felicidade vivida*. A obra não terá objetividade independente. A criatura do artista será uma subjetividade imaginária destinada a *corresponder* à subjetividade do criador. O artista dá forma a uma alma, da qual recusa separar-se; o poeta quer ser desposado por sua poesia. Mas o êxito dessa arte desemboca no silêncio da arte. Se tudo deve terminar na alegria vivida, a vida faz desaparecer a arte. Galateia viva não será mais uma *obra*, mas uma consciência. Pigmalião, feliz, abandona seus instrumentos; o amor de Galateia lhe bastará; não esculpirá mais estátuas...

Quão significativa a crítica que Goethe formulará contra o *Pigmalião* de Rousseau:

> Haveria muito a dizer sobre esse assunto: pois essa maravilhosa produção oscila igualmente entre a Natureza e a Arte, com a falsa ambição de fazer de maneira que a Arte se reabsorva na Natureza. Vemos um artista que realizou o que há de mais perfeito e que, tendo projetado fora de si mesmo sua ideia, tendo-a representado segundo as leis da arte e tendo-lhe emprestado uma vida superior, aí não encontra, contudo, a satisfação. Não, é preciso que a faça descer novamente para ele na vida terrestre: o que o espírito e a ação produziram de mais alto, ele quer destruí-lo pelo mais vulgar ato de sensualidade.[8]

É preferível, pensa Goethe, que a obra permaneça nessa *vida superior* em que já não tem nada em comum com nossa "vida terrestre". Em nome da própria exigência do espírito, o artista deve consentir em alienar-se em sua obra.

Pigmalião de início velou a estátua:

> Temi que a admiração de minha própria obra desviasse a atenção que eu punha em meus trabalhos. Ocultei-a sob esse véu.

Mas o momento do desvelamento será para Pigmalião apenas a ocasião de um sofrimento mais agudo: ele verá a perfeição de sua obra, mas verá também que a obra-prima permanece sem vida. É ao desvelar a estátua que Pigmalião descobre a falta essencial:

> Mas falta-te uma alma: tua figura não a pode dispensar.

Por um milagre dos deuses, Galateia vai despertar para a vida: a estátua torna-se sensível, como aquela outra estátua imaginada por Condillac. Mas a existência de Galateia não começa pela percepção do mundo exterior; ela não se torna "odor de rosa". Seu primeiro ato sensível é aquele pelo qual se toca e se torna instantaneamente "consciência de si". Ela diz: *Eu*. O mundo exterior só aparecerá em segundo lugar para essa consciência nascente. "Galateia dá alguns passos e toca um mármore: Não é mais eu." Encontra enfim Pigmalião, pousa a mão sobre ele e suspira: "Ah! ainda eu". As duas partes de um mesmo eu estão enfim reunidas. Está abolida a separação que dividia o artista daquilo que produzira. O trabalho criador não ocorreu senão para ser retomado na unidade de um Eu amante.

Por mais dessemelhante que seja a intenção desses dois textos, o *Fragmento alegórico* e *Pigmalião* apresentam uma analogia notável. No começo, as duas estátuas estão veladas. O instante do desvelamento vai colocar-nos em presença do objeto oculto: as estátuas, tornadas visíveis, provocam um fascínio "sagrado" — horror ou amor. No entanto, por mais importante que seja, o desvelamento é apenas uma etapa, não nos oferece mais que uma verdade incompleta. A espera patética só encontra sua resolução final no momento em que uma pessoa *viva* aparece sobre o pedestal. Nas duas alegorias, uma intervenção misteriosa, um ato mágico ou divino presidem essa passagem do inanimado ao vivo. O milagre está na substituição de um objeto por uma consciência.

## TEORIA DO DESVELAMENTO

Não é impossível, a partir desses dois textos, formular uma teoria do desvelamento.

Há dois momentos do desvelamento, cujo alcance e cujo valor são muito diferentes. Cada um deles realiza a manifestação de uma verdade (ou de uma realidade), mas essas verdades não são de igual importância. O primeiro desvelamento é um ato crítico: é o desvelamento denunciador, que destrói os prestígios sedutores da aparência. Faz cessar o encantamento nefasto do parecer mentiroso. Esse desvelamento é obra de desilusão e de desencanto. O essencial de sua eficácia não está na realidade que descobre sob a máscara, mas no erro que destrói. Os homens constatam que *estavam* enganados. Não sabem ainda mais nada, mas uma libertação já se realizou. O desvelamento crítico luta contra o erro interposto: antes mesmo de atingir o que está atrás do véu, denuncia a presença do véu. No *Fragmento alegórico*, esse momento é representado pela intervenção do filósofo que devolve a visão às vítimas da Estátua, e pelo gesto de Sócrates, que arranca o véu.

Rousseau atribui essa função de desvelamento crítico à sua obra e sobretudo aos seus primeiros *Discursos*:

> Em seus primeiros escritos ele se empenha mais em destruir esse prestígio de ilusão que nos dá uma admiração estúpida pelos instrumentos de nossas misérias e em corrigir essa apreciação enganosa que nos faz honrar talentos perniciosos e desprezar virtudes úteis.[9]
>
> Papistas, huguenotes, grandes, pequenos, homens, mulheres, togados, soldados, monges, padres, devotos, médicos, filósofos, *Tros Rutulusve fuat*, tudo é descrito, tudo é desmascarado sem jamais uma palavra de aspereza nem de ofensa contra quem quer que seja, mas sem complacência por nenhum partido.[10]

Compreende-se, ao ler essas declarações, o que permitirá a Schiller definir Rousseau como o poeta "sentimental"[11] da *sátira patética*, que denuncia a não concordância da realidade e da exigência "ideal"...

Se ficasse nisso, Rousseau não seria muito diferente de seus inimigos, os Filósofos. Como eles, invectiva contra as mentiras solenes dos padres e das Igrejas; tem prazer em levar a "desmistificação" até o escândalo:

> A religião só serve de máscara ao interesse, e o culto sagrado, de salvaguarda para a hipocrisia.[12]

Aí está o próprio tom da crítica filosófica. Mas Rousseau não desejará limitar-se à crítica do acidental; esforçar-se-á em anunciar uma verdade essencial, verdade de que os outros — os Filósofos — não quererão ouvir falar. O que Rousseau critica nos Filósofos é a adoração das mentiras que eles desvelam, à maneira de Sócrates no *Fragmento alegórico*, que morre prestando homenagem à estátua do fanatismo. Quando os "holbachianos" arrancam as máscaras dos déspotas e dos padres, descobrem o rosto hipócrita do interesse. Tanto melhor! Mas quando interpretam a natureza, ali veem um encadeamento necessário de causas e de efeitos, em que a moral humana não constitui exceção: daí resulta que cada um não tem nada de melhor a fazer a não ser perseguir sua vantagem. Se o mal é interesse, como a moral pode ser "interesse bem entendido"? Depois de ter acusado o interesse, Holbach e seus amigos restituem-lhe todos os seus direitos e aceitam sem muito pesar os males da sociedade, com os quais não sofrem. São aristocratas ou riquíssimos burgueses que tiram vantagem do mundo tal como ele funciona. Só contestam os valores ilusórios para melhor instalar-se na ausência de todo valor e gozar mais à vontade de seus privilégios e de seus finos jantares. Arrancaram as máscaras apenas para dispensar todos os escrúpulos. Pois os falsos valores que denunciavam — a religião, as convenções do bem e do mal — constituíam um embaraço para seus prazeres. Em um sistema mecanicista e materialista que estabelece a necessidade física de todas as coisas, nenhum prazer, nenhum privilégio é injustificável, todas as inclinações devem ser seguidas. "Cômoda filosofia dos felizes e dos ricos que criam seu paraíso neste mundo [...]"[13] Aos olhos de Rousseau, seus adversários materialistas, incapazes de conceber qualquer coisa para além das forças impessoais, identificar-se-ão finalmente com seu sistema: eles lhe aparecerão como "seres mecânicos" movidos por uma "cega necessidade". Jean-Jacques tentará, então, desmascarar esses pretensos desmascaradores, sabendo que o risco é grande e que poderá custar-lhe caro: "Os Filósofos, que desmascarei, querem perder-me a qualquer preço e conseguirão [...]".[14]

O segundo desvelamento sobrevém como o complemento e a

continuação do primeiro. Se a primeira etapa é a denúncia do "véu da ilusão", a segunda será a descoberta e a descrição daquilo que nos ficara oculto. Uma vez dissipado o erro, eis-nos diante da realidade sólida. A metáfora do véu erguido é a expressão figurada de uma teoria *realista* do conhecimento: é a imagem de que se serve o otimismo "ingênuo" que pretende *ver* a verdadeira face atrás das máscaras, apreender enfim a "coisa em si", encontrar o *ser* e a *substância* dissimulados sob o parecer e o acidente. Mas Rousseau admite as implicações realistas da metáfora do desvelamento?

Não encontramos esse realismo otimista em Rousseau salvo quando ele espera encontrar, sob as máscaras, um fato humano, uma realidade moral; Rousseau trabalha no desvelamento de uma *natureza humana*, mas evita encorajar uma busca que tivesse a ambição de descobrir a realidade substancial que constitui o universo físico e a natureza material das coisas. Da lição de Malebranche e do empirismo lockeano, tirou a conclusão de que seria quimérico querer procurar uma verdade oculta "nas coisas": a única verdade que nos é acessível está em nossas ideias, ou em nossas sensações, ou ainda em nossos sentimentos — está na consciência.

Sob a forma do mito ou da alegoria, esse desvelamento subjetivo pode ser descrito como um *desvelamento objetivo*, em que o objeto desvelado possui a uma só vez o caráter de um *fato* tornado visível e a qualidade de um *valor* moral: é a feiura da Estátua cruel, a perfeição ideal de Galateia. É preciso notar aqui uma antítese significativa: há um desvelamento-desengano que põe a nu a realidade do mal, destruindo os prestígios sedutores que no-lo tornavam atraente; há, de outro lado, uma descoberta exaltante da beleza ou da bondade ocultas. Se o mal se dissimula sob aparências fascinantes, não podemos buscar mais fundo e adivinhar, sob a face desvelada do mal que agora desempenha o papel de uma segunda máscara, a persistência secreta de algo de puro e de inocente? Ao mito da estátua hedionda se opõe o mito da estátua de Glauco, cuja forma primitiva talvez permaneça intacta sob as algas e as conchas:

Há rostos mais belos do que a máscara que os cobre.[15]

O derradeiro desvelamento pode ser, então, um deslumbramento depois do momento da desilusão. À denúncia do mal, Rousseau opõe vigorosamente a possibilidade de uma revelação do bem.

Ora, este valor positivo que descubro com exaltação não tem nada de uma coisa. Só a necessidade da alegoria lhe confere a aparência de um objeto. A estátua de Glauco é o homem da natureza; e o homem da natureza é imediatamente o *eu* de Jean-Jacques. Para revelar o homem da natureza, Jean-Jacques deve *mostrar-se*. Sua demonstração já não é um gesto que designa um objeto exterior, é "mostração" de si mesmo: uma consciência se abre para nós, para fazer-se reconhecer em sua singularidade, e ao mesmo tempo para se proclamar como uma verdade universal.

Que estranho objeto a estátua de Galateia! O escândalo é precisamente que ela seja um objeto material, e o escândalo vai ser finalmente abolido. De fato, antes mesmo de receber uma alma, Galateia não era uma coisa como as outras. É a perfeição imaginada, representa a *ilusão* do desejo. E o milagre filial não abole a ilusão; ao contrário, é o seu triunfo. Cúmulo da ilusão, talvez, essa súbita "animação" de Galateia: eis aí a lição sugerida por Rousseau, que não ama os milagres e que prefere propor uma chave psicológica:

> Arrebatadora ilusão [...] ah! não abandones jamais os meus sentidos.[16]

Assistimos ao mesmo tempo a uma reabilitação da ilusão. O mal consistia na ilusão da opinião; mas eis que a beleza se define, por sua vez, como uma ilusão. O mal era um parecer subjetivo; o bem, a beleza são igualmente subjetivos.

Se a realidade do mundo exterior nos permanece oculta, isso pouco importa, já que a verdade doravante se anuncia a nós como uma interioridade. Desse modo, parece (ao se ler certos textos) que Jean-Jacques deseja expressamente que a realidade exterior e material permaneça protegida pelo véu. Já que o mundo da "coisa em si" é inacessível, toda busca que não reconduza à evidência interior é vã ou nefasta. *Vana curiositas*. Renunciemos de uma vez por todas a desvelar a natureza:

> O véu espesso com o qual ela cobriu todas as suas operações parecia antes nos advertir de que não nos destinou de modo nenhum a vãs pesquisas.[17]

Mesma afirmação na carta ao sr. de Franquières, referindo-se desta vez ao conhecimento das essências espirituais. O alcance do homem não chega até a apreensão clara de sua alma e de Deus. Aceitemos que as realidades supremas nos permaneçam veladas:

> O homem ao mesmo tempo razoável e modesto, cujo entendimento apurado, mas limitado, sente seus limites e aí se concentra, encontra nesses limites a noção de sua alma e a do autor de seu ser, sem poder passar além para tornar essas noções claras e contemplar uma e outra tão de perto quanto se ele próprio fosse um puro espírito. Então, tomado de respeito, *ele se detém e não toca no véu de maneira nenhuma*, contente de saber que o ser imenso está sob ele.[18]

Revelação vedada aos vivos, mas que Rosseau, no momento em que escreve os *Devaneios*, espera alcançar depois da morte.

> [...] Minha alma... liberta deste corpo que a ofusca e cega, e *vendo a verdade sem véu*... perceberá a miséria de todos esses conhecimentos de que nossos falsos sábios são tão vaidosos.[19]

Reconhece-se aqui o platonismo tradicional, que reserva a visão do verdadeiro ao espírito liberto da opacidade do corpo. Mas no que se refere à existência terrestre, Rousseau acomoda-se muito bem a um véu que ocultaria os objetos que desejamos conhecer (aí compreendida a noção de alma e a de Deus) com a condição de que o homem esteja plenamente presente para si mesmo como consciência. Para fazer o bem, não é necessário reportar-nos ao "ser imenso" dissimulado sob o véu; é em nós mesmos que encontramos a injunção. Devemos apoiar-nos nas certezas interiores, que não são conhecimentos objetivos, mas que não deixam de ser certezas absolutas. A lei da consciência, que é a uma só vez razão universal e sentimento íntimo, oferece-nos um apoio inabalável. Kant, ao afirmar o primado da razão prática, não fará senão dar ao pensamento de Rousseau sua formulação filosófica completa.

> Objetais, senhor, que se Deus houvesse desejado obrigar os homens a conhecê-lo, teria posto sua existência em evidência para todos os olhos. Cabe àqueles que fazem da fé em Deus um dogma necessário à salvação responder a essa objeção, e eles a ela respondem pela revelação. Quanto a mim, creio em Deus sem acreditar necessária essa fé, não vejo por que Deus se teria obrigado a dá-la a nós. Penso que cada um será julgado não por aquilo em que acreditou, mas por aquilo que fez, e não creio de maneira nenhuma que um sistema de doutrina seja necessário às obras, porque a consciência lhe faz as vezes.[20]

Há, portanto, uma *revelação*. Não aquela que nos propõem os teólogos; a única revelação que conta é aquela que nenhum dogma anuncia, mas que ela própria se anuncia imediatamente em nossa consciência. Não é objeto de uma fé, já que se impõe a nós tão direta e irrefutavelmente quanto o sentimento de nossa própria existência. Podemos não seguir as injunções do *dictamen* interior, mas não podemos jamais deixar de escutá-lo.

Desde então uma luz e uma presença nos habitam, que *equivalem* a um desvelamento da realidade exterior. Rousseau exprimirá essa equivalência recorrendo a imagens bastante diversas. Ora a iluminação interior tem como consequência simbólica um aclaramento mágico da paisagem exterior: ao contrário do que se produzira em Bossey, onde o campo se cobrira de um véu depois da descoberta da injustiça, o ar se torna translúcido a partir do momento em que a consciência tem acesso à certeza moral. Ora, o homem pode, entretanto, permanecer interior a si mesmo e gozar da presença absoluta, *como se* ela fosse simultaneamente um desvelamento do mundo exterior; ele pode renunciar ao desvelamento objetivo da natureza, porque a presença para si está acompanhada de um sentimento de expansão em que, sem nada pedir às coisas e sem ir realmente ao encontro do mundo, o êxtase da transparência interior se transforma em êxtase da totalidade. O exemplo disso se encontra em uma passagem célebre da terceira carta a Malesherbes: a experiência "mística" do Ser torna inútil o desvelamento material da natureza. Desvelar é ainda uma ação, e é portanto ainda uma atividade *intermediária*. Ora, Rousseau tem acesso a um gozo do Ser que supera todo conhecimento ativo: o que ele experimenta deliciosamente é a presença *imediata* do próprio Ser se desvelando. Já não precisa procurar descobrir e conhecer, mas apenas acolher o Ser que a ele se oferece e nele se descobre. O desvelamento já não vem do eu, vem do Ser:

> Creio que se *houvesse desvelado todos os mistérios da natureza*, eu teria me sentido em uma situação menos deliciosa que esse atordoante êxtase a que meu espírito se entregava sem reserva, e que na agitação de meus arrebatamentos me fazia exclamar algumas vezes: Ó grande Ser! Ó grande Ser! sem poder dizer nem pensar nada mais [21]

A expansão imaginária não se dirige ao encontro do mundo exterior. Sem sair de si mesma, e no atordoamento de uma embriaguez dionisíaca, a consciência se possui (e se perde) como imediação absoluta para si e para todas as coisas. Os "mistérios da natureza" permanecem mistérios: o êxtase do Ser suplanta inteiramente o conhecimento impossível do universo, pois o sentimento subjetivo da totalidade toma o lugar do desvelamento objetivo da natureza e de suas leis. A Natureza não é mais um espetáculo exterior a ser desvelado, ela se faz totalmente presente ao "senso interior". Assim, a expansão imaginária reabsorve o "sistema universal das coisas" em um eu único, cumulado por seu êxtase.

O desvelamento da verdade é essencialmente desvelamento de uma consciência: eis aí, então, o que é anunciado sob uma forma figurada pelo *Fragmento alegórico sobre a Revelação* e pelo mito de Galateia. O momento em que um homem desvela a estátua e o momento em que uma consciência viva se manifesta no lugar da estatua estão, a cada vez, nitidamente separados. Uma vez mostrada a estátua atrás do véu, ela deve desaparecer para que apareça a verdade superior: é preciso que a pedra ganhe vida, ou, então, que seja destruída. Ao tirar o véu, aboliu-se a subjetividade do erro; mas o momento final nos põe em presença de uma nova subjetividade que possui em si mesma a certeza de sua verdade. Passou-se de uma subjetividade nociva a uma subjetividade venturosa. Então, não havíamos abandonado a consciência mesmo quando acreditáramos encontrar objetos; as próprias estátuas são obras do espírito, símbolos do desejo: um mundo de pseudo-objetos, ilusões que o erro erige em absolutos, dos quais é preciso libertar-se para ter acesso à subjetividade pura, à simples certeza de si. As estátuas, que se impunham como coisas a espectadores, são suplantadas por consciências que se manifestam em sua verdade e são instantaneamente *reconhecidas* pelas consciências espectadoras; de resto, não há mais espetáculo e nem espectadores. O que era espetáculo se torna comunicação exaltante e, em sua expressão mais alta, fusão amorosa. O "filho do homem" conquista todos os corações; Galateia e Pigmalião não constituem mais que um só eu. Tudo se resolve tão somente na *presença*.

Galateia diz apenas: "Eu". O "filho do homem" dirige-se à humanidade na "linguagem da verdade, de que tem a fonte em si mesmo". Que diferença entre essas duas "revelações"! E que semelhanças!

Em Galateia, assistimos ao primeiro movimento da vida sensitiva, a consciência de existir eclode e se desprende do nada de um sono de pedra. O sentimento da existência é apreendido naquilo que há de mais original, no *eu* de um despertar. Esse despertar é absolutamente primeiro: a consciência nascente ainda não tem passado, nada sabe do tempo, ela não se reencontra, não se reconhece; ela se encontra e se percebe pela primeira vez. Pois no instante anterior havia apenas a noite da matéria.

Notemos aqui o valor privilegiado que Rousseau atribui ao instante do despertar, e em particular a essas raras circunstâncias em que a consciência desperta sem se reconhecer, sem poder ainda ligar-se à sua história ou ao seu passado, de modo que nada perturba para ela a perfeita limpidez do presente. No campo lionês, ou no teatro em Veneza, ou sobretudo depois da queda de Ménilmontant, Jean-Jacques conhece despertares que são "nascimentos para a vida": ele sai do nada, e ainda não entrou no tempo. Sua alma pertence então inteira à felicidade intemporal de sentir e de se sentir pela primeira vez. E o que impressiona Rousseau, na curiosa carta que recebeu de Henriette, são "esses despertares tristes e cruéis" dos quais lhe descreve "o horror com tanta energia".[22] Ele gostaria de ensinar-lhe a felicidade dos "despertares deliciosos"... Obsedado desde a adolescência pela iminência da morte, obsedado, talvez, também pela ideia de seu nascimento que foi "o primeiro de seus infortúnios" e que custou a vida de sua mãe, Rousseau se compraz na imaginação de um puro começo, de um surgimento *ex nihilo* da consciência sensível, ou de uma *regeneração* da consciência moral, "como se, sentindo já a vida que escapa, eu procurasse reapreendê-la por seus primórdios".[23]

Ora, se Galateia nos propõe a imagem de um *nascimento* da experiência sensível, o "filho do homem" anuncia a verdade a partir de uma *fonte* que ele detém em si mesmo. Reencontramos, mas na ordem do sentimento moral, a ideia da origem e do surgimento espontâneo. Nos dois casos, a consciência recebe algo que se dá de maneira incondicional e primeira: ali, o *eu* da existência singular; aqui, a *verdade* universal que tem origem no sentimento interior. Nas duas alegorias, a consciência se manifesta como um começo absoluto, como um ato *inaugural* completamente distinto do desvelamento que o precedia e que, por sua vez, não inaugurava nada, era apenas o *fim* da ilusão.

O que o próprio Rousseau pretende proclamar é, a uma só vez, o Eu da Galateia e a verdade universal enunciada pelo "filho do homem". Um ao mesmo tempo que o outro. Essa dupla revelação, retomada e amalgamada em uma única verdade vivida, justificará a solidão de Jean-Jacques e seu conflito com a sociedade pervertida. Ele repete, como Galateia: "Sim, eu, apenas eu".[24] E, como o filho do homem: "Virtude, verdade! clamarei sem cessar, verdade, virtude".[25] Já o havíamos sublinhado: no momento de sua reforma, Rousseau atribui-se o dever de atestar, numa transparência de fonte, a verdade primeira, a inocência esquecida. Quer ser ao mesmo tempo essa pessoa única, Jean-Jacques Rousseau, e esse modelo universal, o homem da natureza. Não deixará de desejar conjuntamente a plenitude sensitiva do *eu* e a posse da verdade; a unicidade da experiência singular e a unidade da razão universal. Quando Rousseau sonha com uma felicidade depois da morte, escreve no *Emílio*: "Serei *eu* sem contradição";[26] e nos *Devaneios*: "Verei a verdade sem véu". Ser ele mesmo e ver a verdade: ele quer obter um e outro, um pelo outro.

Mas resta saber se Rousseau consegue realizar essa conciliação do singular e do universal, da autenticidade vivida e da verdade racional. A questão, aqui deixada em aberto, não deve ser esquecida.

# CAPÍTULO V

## "A NOVA HELOÍSA"

*A nova Heloísa* [*La nouvelle Héloïse*], entre muitos motivos entrelaçados, propõe-nos um devaneio prolongado sobre o tema da transparência e do véu.

Desde o começo do romance, a descrição da montanha valaisiana nos coloca em presença de uma paisagem liberta do véu e devolvida ao *brilho* que se ensombrecera por ocasião do episódio de Bossey:

> Imaginai a variedade, a grandeza, a beleza de mil surpreendentes espetáculos; o prazer de ver ao redor de si apenas objetos inteiramente novos, pássaros estranhos, plantas curiosas e desconhecidas, de observar de alguma maneira uma outra natureza, e de se encontrar em um novo mundo. Tudo isso constitui para os olhos uma mescla inexprimível cujo encanto aumenta ainda pela sutileza do ar que torna as cores mais vivas, os traços mais marcados, aproxima todos os pontos de vista; as distâncias parecem menores que nas planícies, onde a espessura do ar cobre a terra de um *véu*, o horizonte apresenta aos olhos mais objetos do que ele parece poder conter: enfim, o espetáculo tem não sei o que de mágico, de sobrenatural que arrebata o espírito e os sentidos; esquece-se de tudo, esquece-se de si mesmo, não se sabe mais onde se está.[1]

Rousseau descreve aqui a paisagem de um *outro mundo*, onde a transparência faz reinar um ar de magia: um mundo mais vasto, mas onde tudo parece mais próximo, onde a infelicidade da *distância* das coisas se atenua.

Notemo-lo de imediato: no início do primeiro *Diálogo*, para descrever o "mundo encantado", Rousseau utilizará expressões curiosamente análogas. Nesse reino ideal impera a mesma vivacidade das cores, a mesma limpidez. E, enquanto a carta sobre a montanha fala do *desaparecimento de um véu*, o primeiro *Diálogo* evoca *gozos imediatos*. Termos equivalentes: na linguagem alegórica de Rousseau, o desaparecimento do véu é exatamente sinônimo de gozo imediato:

> Figurai [...] um mundo ideal semelhante ao nosso, e no entanto inteiramente diferente. A natureza aí é a mesma que na nossa terra, mas sua economia é mais sensível, sua ordem é mais acentuada, o espetáculo mais admirável; *as formas são mais elegantes*, *as cores mais vivas*, os odores mais suaves, todos os objetos mais interessantes. Toda a natureza aí é tão bela que sua contemplação, inflamando as almas de amor por tão comovente quadro, inspira-lhes, com o desejo de concorrer para esse belo sistema, o temor de perturbar-lhe a harmonia, e daí nasce uma deliciosa sensibilidade que dá aos que são dela dotados *gozos imediatos* desconhecidos dos corações que as mesmas contemplações não avivaram.[2]

Esse gozos, se acreditamos na carta sobre o Valais, são aqueles em que o espírito do espectador exalta-se a ponto de esquecer-se totalmente em seu êxtase. "Esquece-se de tudo, esquece-se de si mesmo [...]" O momento da mais perfeita nitidez da paisagem é também o momento em que o ser sente apagarem-se os limites de sua existência pessoal. O véu é suprimido, e o espectador, tornando-se também menos opaco, desaparece na luz para a qual é agora transparente. A acentuação das cores e das formas parece provocar, em troca, uma espécie de atenuação das vontades e dos pensamentos particulares que delimitavam a individualidade do eu. A existência se estende por um espaço mais vasto, o ser sensitivo experimenta uma plenitude intensa, mas, simultaneamente, o ser pessoal esquece sua diferença, distende-se numa "volúpia tranquila". "Todos os desejos demasiadamente vivos se enfraquecem; perdem essa ponta aguda que os torna dolorosos, deixam no fundo do coração apenas uma emoção leve e suave."[3] Essa anestesia das zonas dolorosas do eu resulta, de uma maneira aparentemente paradoxal, da hiperestesia e do avivamento provocados pela presença das formas mais marcadas e das cores mais vivas. Rousseau exprime aqui a singular combinação de indolência e de acuidade que se encontra em todos os seus instantes de felicidade. O gozo puramente sensitivo coincide com um esquecimento de si, que, entretanto, não é incompatível com um sentimento de expansão. Em um universo que já não opõe obstáculos, que não obriga o ímpeto da alma a se defletir, nem a se refletir sobre si mesmo, o ser coincide (crê coincidir) inteiro com a sensação presente. Esquece-se, pois que esquece e renega sua própria história, alivia-se de seu passado, perde (ou tem a ilusão de perder) o que nele era consciência separada, consciência de separação. Mas, por outro lado, afirma-se a si mesmo, pois que a sensação atual amplia o espaço na medida de seu desejo, já que o mundo exterior se unifica e encontra seu centro no puro gozo do eu. Assim, o eu aliviado pelo esquecimento de seu destino torna-se capaz de uma expansão que pode exaltar-se até os últimos limites. A *tenuidade* da existência pessoal se converte bem misteriosamente em *intensidade* de prazer e em limpidez espacial. Tudo me atravessa, mas a tudo alcanço. Não sou mais nada, mas nego o espaço pois me tornei o espaço.

Um espaço límpido em que a transparência da alma se abre para a transparência do ar: está aí tudo o que Rousseau deseja, está aí o que conheceu em certos momentos privilegiados em que os homens não o impediram de se possuir e de se despossuir. E é o que desejaria poder redescobrir quando a infelicidade o obseda. De Wootton, ele escreve a Mirabeau:

> Poucas coisas satisfariam meus votos; menos males corporais, um clima mais ameno, *um céu mais puro, um ar mais sereno, sobretudo corações mais abertos*, em que, quando o meu se expande, sentisse que é em um outro.[4]

Ele não pede quase *nada*; não quer *ter* nada. Que desapareçam apenas a opacidade do ar e os obstáculos entre os corações.

A própria maneira pela qual Rousseau formula sua nostalgia da transparência reproduz os termos que pusera sob a pena de Saint-Preux, na carta sobre o Valais:

> Depois de ter passeado nas nuvens, eu chegava a uma morada *mais serena* de onde se vê, na estação, o trovão e a tempestade formar-se abaixo de si [...] Foi ali que discerni sensivelmente na *pureza do ar* em que me encontrava a verdadeira causa da mudança de meu humor, e do retorno dessa paz interior que perdera há tanto tempo.[5]

Mas essas cores e essas formas tornadas mais intensas, essa tonalidade mais límpida do ar não são privilégio da montanha nem de nenhuma paisagem: é uma qualidade do olhar, uma figura mítica da felicidade, uma metamorfose que a exaltação da alma é capaz de projetar no mundo que a cerca. Se a qualidade do ar das montanhas transforma o humor daquele que passeia, o estado de alma de um amante feliz pode, por sua vez, transformar a qualidade do ar. O céu do vale torna-se, pois, tão límpido quanto na mais elevada altitude; uma magia análoga cativa o olhar. A transparência dos corações restitui à natureza o brilho e a intensidade que ela perdera:

> Acho o campo mais risonho, a vegetação mais fresca e mais viva, *o ar mais puro, o céu mais sereno*; o canto dos pássaros parece ter mais ternura a volúpia; o murmúrio das águas inspira um langor mais amoroso; a vinha em flor exala ao longe os mais doces perfumes; um encanto secreto embeleza todos os objetos ou fascina meus sentidos.[6]

Saint-Preux escreve essas linhas depois da confissão que Julie lhe faz de seu amor.

*A nova Heloísa*, em seu conjunto, aparece-nos como um sonho acordado, em que Rousseau cede ao apelo imaginário da limpidez que já não encontra no mundo real e na sociedade dos homens: um céu mais puro, corações mais abertos, um universo ao mesmo tempo mais intenso e mais diáfano.

*Se bem imagino os corações de Julie e de Claire, eles eram transparentes um para o outro.*[7] O tema das "duas encantadoras amigas" (dado primeiro do qual a imaginação romanesca de Rousseau tirou seu impulso) constitui, por assim dizer, a zona de transparência central em torno da qual virá pouco a pouco cristalizar-se uma "sociedade muito íntima". Os indícios disso nos são dados desde as primeiras páginas do livro: esses nomes simbólicos de Claire e de Clarens, esse lago tomado como cenário ("eu precisava, entretanto, de um lago")[8]...

Cada uma das novas personagens, não sem perturbações e sem desacertos a vencer, virá completar essa primeira transparência, ampliar esse pequeno universo de almas abertas. Saint-Preux não sabe dissimular nada. "Ler-se-iam todos os nossos segredos em tua alma",[9] escreve-lhe Julie. Mas à transparência passiva de Saint-Preux corresponderá, no sr. de Wolmar, a paixão de observar, a curiosidade inquisitiva. "Ele tem algum dom sobrenatural para ler no fundo dos corações."[10] Ele desejaria ser onisciente como Deus. "Se eu pudesse mudar a natureza de meu ser e *tornar-me um olhar vivo*, faria de bom grado essa troca."[11] Quanto aos filhos de Julie, educados à maneira de Emílio, jamais esconderão segredo algum:

> É assim que, entregues às inclinações de seu coração, sem que nada as disfarce ou altere, nossos filhos não recebem de maneira nenhuma uma forma exterior e artificial, mas conservam exatamente a de seu caráter original: é assim que, sem reserva, esse caráter se desenvolve diariamente sob os nossos olhos, e que podemos estudar os movimentos da natureza até em seus princípios mais secretos. Certos de não ser nunca repreendidos nem punidos, eles não sabem mentir, nem se ocultar, e em tudo o que dizem, seja entre eles, seja a nós, deixam ver sem constrangimento tudo o que têm no fundo da alma.[12]

Tranquilizadora evidência! À medida que se avança na obra, os segredos são divulgados, a confiança aumenta, as personagens se conhecem de uma maneira cada vez mais perfeita.

Os amores de Saint-Preux e de Julie, desde o princípio, são confessados a Claire. Mas esse amor é de início clandestino, tem necessidade do véu. Julie escreve a seu amante:

> Enfim a noite, nesta estação, é já escura à mesma hora, seu *véu* pode dissimular facilmente na rua os passantes aos espectadores [...][13]

Na carta imediatamente seguinte, escrita por Saint-Preux no quarto de sua amante, o tema do véu reaparece como uma resposta musical: "Lugar encantador, lugar afortunado [...] sê a testemunha de minha felicidade, e *vela para sempre* os prazeres do mais fiel e do mais feliz dos homens".[14] Depois da descoberta das cartas de Saint-Preux, que revelam à mãe de Julie a condenável paixão de sua filha, a prima Claire escreve: "Trata-se de ocultar sob um véu eterno esse odioso mistério [...] O segredo está concentrado entre seis pessoas seguras".[15] Seis pessoas! No início havia apenas três. O número dos "iniciados" aumentou, enquanto os amantes sofrem a prova da separação. Pois precisamente à medida que o amor de Saint-Preux se sublima, à medida que se afasta das satisfações carnais, torna-se transparente ao olhar dos outros: de oculto que era, poderá manifestar-se sem pudor. A superação progressiva pela qual esse amor se purifica coincide com o movimento que o desvela e o revela a um número maior de testemunhas. A conquista da virtude ganha a significação de uma conquista da confiança: graças a esse perfeito abandono, o pequeno grupo das "belas almas" conhecerá prazeres deliciosos:

> Reconheci [...] que todo o encanto da sociedade que reinava entre nós está nessa abertura de coração que põe em comum todos os sentimentos, todos os pensamentos, e que faz com que cada um, sentindo-se tal como deve ser, *mos-*

> *tre-se* a todos tal como é. Imaginai por um momento alguma intriga secreta, alguma ligação que seja preciso ocultar, alguma razão de reserva e de mistério; no mesmo instante todo o prazer de nos vermos se esvaece, ficamos constrangidos um diante do outro, procuramos nos esquivar, quando nos reunimos desejaríamos fugir.[16]

Constitui-se um mundo unânime em que, como na sociedade do *Contrato*, nenhuma vontade particular pode isolar-se da vontade geral. Em *A nova Heloísa*, a pequena comunidade circunscrita tem seu centro em Julie, cuja alma se comunica com todos aqueles que a cercam. Essa estreita companhia iluminada por uma figura feminina, e cuja economia se organizará de uma maneira bastante "maternalista", está longe, sem dúvida, de assemelhar-se em todos os aspectos à república igualitária e viril do *Contrato*. Mas, nessas duas obras, os privilégios da pureza e da inocência encontram-se reconquistados em consequência da confiança absoluta que abre as almas umas às outras. A alienação total pela qual os seres se oferecem e se tornam mutuamente visíveis lhes restitui finalmente o *direito* de existir como pessoas autônomas e livres; a partir daí, não sofrem solidão nem servidão; sua existência pessoal é justificada e sustentada pelo reconhecimento de outrem, fundada em uma benevolência unânime. Vivem sob os olhares uns dos outros; constituem um *corpo* social. Assim, em *A nova Heloísa*, Julie percebe o círculo de seus amigos como uma parte de seu ser:

> Estou cercada de tudo o que me interessa, todo o universo está aqui para mim; gozo ao mesmo tempo da afeição que tenho por meus amigos, daquela que eles me dedicam, daquela que eles têm um pelo outro; sua benevolência mútua ou vem de mim ou a mim se relaciona; nada vejo que não amplie meu ser, e nada que o divida; ele está em tudo que me cerca, dele não resta nenhuma porção longe de mim; minha imaginação não tem mais nada a fazer, não tenho nada a desejar; sentir e gozar são para mim a mesma coisa;

> vivo ao mesmo tempo em tudo o que amo, sacio-me de felicidade e de vida.[17]

Sendo Julie a alma onipresente da sociedade íntima que a cerca, Rousseau poderá justificar a uniformidade de estilo manifestada por todas as cartas da coletânea, escritas por personagens cuja linguagem e cujas expressões deveriam ser sensivelmente diferentes. Para isso ele não apela a princípios literários, mas a razões psicológicas: a uniformidade do estilo não é o resultado de uma exigência de arte, mas a assinatura da transparência das consciências, da *influência* mágica exercida por Julie. É isso que Rousseau afirma muito claramente no segundo prefácio de *A nova Heloísa*:

> Observo que, em uma sociedade muito íntima, os estilos se aproximam assim como o caráter, e que os amigos, *confundindo suas almas*, confundem também suas maneiras de pensar, de sentir e de dizer. Essa Julie, tal como é, deve ser uma criatura encantadora; tudo o que dela se aproxima deve assemelhar-se-lhe; tudo deve tornar-se Julie ao seu redor.[18]

Em vez de uma justificação estética, Rousseau invoca aqui o princípio moral da comunicação das almas. Nas *Confissões*, Rousseau comentará seu romance de maneira a justificar a uniformidade do estilo pela presença imanente de sua própria fantasia e de seu próprio desejo em cada uma de suas personagens: assim, relacionará a unidade do livro ao eu do autor, e não mais à irradiação da figura central da obra. Fica-se reduzido, finalmente, apenas ao problema da expressão do eu.[19]

A transparência de Julie propagou-se ao seu redor. À custa do sacrifício da satisfação carnal, sua presença ilumina uma comunidade a uma só vez temporal e espiritual. O amor sensual superou-se na afeição virtuosa; mas no ápice de seu progresso espiritual, a Julie virtuosa descobre novamente o prazer elementar de sentir: "Sentir e gozar são para mim a mesma coisa".[20] Na unidade superior do sentimento moral, ela se reconcilia com a felicidade imediata da sensação. A alegria da existência sensitiva foi de início plenamente experimentada, antes de ser rompida, depois superada: ei-la agora restituída, em um retorno no qual se consuma o circuito da unidade. No final da quinta parte do romance, as almas elevaram-se ao mesmo tempo acima do absurdo das instituições que haviam constituído obstáculo à satisfação do desejo, e acima da embriaguez desordenada da paixão. Uma dupla negação ocorreu, um duplo esforço libertador realizou-se: em nome da natureza, o amor-paixão infringiu as regras e as convenções da sociedade tradicional, que o sr. d'Étanges (o pai ciumento) defendia com o mais estrito rigor; por sua vez, a renúncia virtuosa, por mais difícil que tenha sido, superou a perturbação da paixão. Um duplo *não* foi pronunciado, mas que permitiu dizer alternadamente *sim* ao desejo e *sim* à virtude.

O que se redescobre num plano superior é uma nova sociedade e um novo amor, que doravante não são mais antagonistas. A exigência erótica e a exigência de ordem são finalmente reconciliadas. Mas a antiga ordem social e a antiga embriaguez amorosa foram ambas feridas de morte, para poder ressuscitar por um movimento de regeneração em que os conflitos superados resolvem-se em perfeita unidade. Em uma sociedade regenerada reina uma simpatia benevolente, que é a forma transfigurada do amor.

O romance nos oferece, assim, o espetáculo de uma dialética que desemboca em uma síntese. (Essa síntese é formulada no quinto livro, que pode ser considerado como uma primeira conclusão de *A nova Heloísa*, a partir da qual ganhará novo desenvolvimento o episódio final que leva à morte de Julie.) Importa aqui sublinhar a oposição essencial que anima essa dialética. Rousseau não é um dialético por gosto pela dialética. Ao contrário, a dialética só se impõe a ele porque, de início, postula satisfações demasiado incompatíveis para que possam ser combinadas simultaneamente, mas das quais deseja precisamente a simultaneidade. Se Rousseau se lança no caminho difícil da síntese dialética (ele que nada ama tanto quanto o imediato) é porque deseja originalmente poder aceitar a uma só vez o gozo físico e a exaltação da virtude, e porque essa simultaneidade não está dada imediatamente. Julie declara: "A inocência e o amor eram-me igualmente necessários", mas ela sabia que não podia "conservá-los conjuntamente".[21] Ora, no plano superior a que chega, pode finalmente reuni-los, experimentá-los juntos. Para conciliar os inconciliáveis, foi preciso, então, inventar um progresso dialético, passar por estados intermediários, recorrer a um esforço de superação, pôr em movimento um *devir*. Daí o papel capital que Rousseau faz o tempo desempenhar em *A nova Heloísa*: seu romance deve, com toda a necessidade, estender-se por uma duração considerável, e essa importância concedida à "grande duração" é significativa em um autor que passa, com justa razão, por ter sido o poeta do instante extático. (Mas veremos daqui a pouco que a segunda e última conclusão do livro separa abruptamente o temporal e o intemporal, e que Rousseau parece então optar contra o tempo do devir humano.)

A síntese feliz que coroa a dialética do livro é admiravelmente expressa pelos símbolos da festa das vindimas (parte V, carta VII). É o momento em que todos os véus parecem ter desaparecido, em que as personagens conhecem a intimidade mais confiante. Rousseau não pode evitar exprimi-lo alegoricamente, por um nascer do sol outonal. Entre tudo aquilo que dá "um ar de festa" a esse dia, Rousseau não esquece o "*véu de névoa* que o sol ergue de manhã como uma cortina de teatro para descobrir ao olhar tão encantador espetáculo". O espetáculo nos mostrará a reconciliação do prazer e do dever, da embriaguez dionisíaca e da instituição bem-ordenada. Esse dia de festa não é ao mesmo tempo um dia de trabalho? Nada que se assemelhe menos ao louco dispêndio da festa arcaica, em que se consomem os bens acumulados. Na descrição de Rousseau, a festa das vindimas é um dia de acumulação das riquezas, acompanhado de um consumo sensato. E os atos do labor mal se distinguem dos jogos do regozijo: "Essa festa torna-se assim mais bela à reflexão, quando se pensa que é a única em que os homens souberam reunir o agradável ao útil". Assim vai nascer um "comum estado de festa", uma "alegria geral que parece [...] estendida sobre a face da terra".

## A MÚSICA E A TRANSPARÊNCIA

Desde o começo do dia escuta-se "o canto das vindimadoras". E a festa termina comedidamente em música (sem que se tenha abandonado o trabalho):

> Depois do jantar ainda se faz serão por uma hora ou duas, tasquinhando o cânhamo; cada um diz sua canção por sua vez. Algumas vezes as vindimadoras cantam em coro todas juntas, ou então alternadamente a uma só voz e em refrão. A maior parte dessas canções é de velhas romanças cujas árias não são picantes; mas têm não sei o que de antigo e de suave que afinal comove. As palavras são simples, ingênuas, muitas vezes tristes; no entanto, agradam.

Manhã e noite de festa: nada de mais significativo do que ver aí aparecer a música e a poesia *ingênuas*. Lembremos e esqueçamos imediatamente o clichê da "velha romança", que já era corrente, e que atulhará ainda por muito tempo a literatura. Mas assinalemos também que logo (e especialmente em um Herder, grande leitor de Rousseau) despontará um interesse muito sério pela poesia e pela canção populares.

Vozes femininas cantam em coro, em uníssono. "De todas as harmonias", acrescenta Saint-Preux em sua carta sobre a festa das vindimas, "não há nenhuma tão agradável quanto o canto em uníssono." Consultemos o *Dicionário de música*: o uníssono representa "a harmonia mais natural";[22] E o que é uma romança? Rousseau a define como "uma melodia suave, natural, campestre, e que produz seu efeito por si mesma, independentemente da maneira de cantá-la".[23] Uma romança em uníssono é a melodia natural em sua harmonia natural. É o triunfo da natureza, que canta através do cantor sem que este tenha necessidade de afirmar uma "personalidade de artista". O intérprete não tem de interpor-se: eloquência sem intermediário, a romança comove imediatamente. Não apenas dispensa o intermédio de um virtuose, como dispensa também o intermédio da sensação, para atingir *diretamente* a alma do ouvinte. Pois a melodia tem o poder de comover o coração com toda a certeza: proposição capital na teoria musical de Rousseau, e que justifica sua predileção pela melodia, sua desconfiança pela harmonia. Ele detesta uma música destinada a fazer brilhar o executante, e recusa uma música que se dirige apenas ao prazer dos sentidos. Por quê? Rousseau professa aqui um idealismo sentimental; para ele, a personalidade do intérprete e o gozo puramente sensitivo são *obstáculos* interpostos entre uma "essência" musical e a alma do ouvinte. Por certo, é preciso que haja uma voz que cante, e é preciso que um ouvido escute, mas é preciso que o cantor e o ouvido transmitam sem interceptar. A teoria de Rousseau supõe que sua presença possa esvaecer-se, apagar-se instantaneamente, e constituir apenas um meio condutor. A magia da melodia consiste em poder superar a sensação para fazer-se puro sentimento:

> O prazer da harmonia é apenas um prazer de pura sensação, e o gozo dos sentidos é sempre breve, a saciedade e o tédio acompanham-no de perto; mas o prazer da melodia e do canto é um prazer de interesse e de sentimento que fala ao coração.[24]
>
> É apenas da melodia que sai esse poder invencível das inflexões apaixonadas; é dela que deriva todo o poder da música sobre a alma.[25]

Por certo, há um imediato para a sensação assim como há um imediato para o sentimento. A música harmônica, com efeito, dirige-se diretamente aos sentidos. Por mais complicada e erudita que seja, ela não ultrapassa o domínio elementar da sensação física. Pois essa música que nos atinge pelo "império imediato dos sentidos" age "apenas *indiretamente* e levemente sobre a alma".[26] A felicidade do imediato é então para os sentidos, mas não para a alma, que dela é frustrada: o prazer puramente sensitivo, em música, carece de profundidade, é sem eco, e, de uma maneira aparentemente paradoxal, pode ser mantido somente por artifícios. Em compensação, a melodia tem "*efeitos morais que ultrapassam o império imediato dos sentidos*".[27] Nessa fórmula, Rousseau reivindica para a melodia o privilégio de atingir *diretamente* um domínio mais interior: apenas a alma experimenta então a alegria do imediato.[28]

A melodia das "velhas romanças" está então perfeitamente em seu lugar em uma festa que celebra a transparência dos corações, a comunicação sem obstáculo. Mas a melodia *ingênua* fala do reino da natureza às "belas almas" que vivem no reino da lei moral. Desse modo, a música acrescenta à festa uma perspectiva profunda: aí faz sobrevir a dimensão do passado, não apenas porque "essas árias têm não sei o que de antigo", mas porque o reino da pura natureza é precisamente o que as belas almas precisaram superar em sua história para construir sua felicidade atual. Essa música fala então a Julie e a Saint-Preux de seu próprio passado, da época em que suas paixões obedeciam à lei da natureza; lembra-lhes o sofrimento de que tiveram de afastar-se. Ao exprimir a felicidade da transparência, essas árias (cujas palavras são *tristes*) dizem também o que ameaça a transparência atual, o que a torna precária: despertam a nostalgia daquilo que não pode ser revivido. No *Dicionário de música*, Rousseau afirma que a música é "sinal memorativo".[29] Assim, enquanto cantam as vozes femininas, Julie e Saint-Preux sentem despertar, com uma acuidade estranha, os *tempos distantes*:

> Não nos podemos impedir, Claire de sorrir, Julie de enrubescer, eu de suspirar, quando reencontramos nessas canções

torneios e expressões de que nos servimos outrora. Então, lançando os olhos para elas e me lembrando dos tempos distantes, um estremecimento me toma, um peso insuportável me cai de súbito sobre o coração, e me deixa uma impressão funesta que só se apaga com dificuldade. No entanto, encontro nesses serões uma espécie de encanto que não vos posso explicar.[30]

Saint-Preux recorda; compara as épocas de sua vida. Uma perturbação se ergue, assim, na transparência da festa: é a perturbação da reflexão...

## O SENTIMENTO ELEGÍACO

O olhar sobre o passado, o estremecimento, o encanto: tudo isso define maravilhosamente o estado de alma *elegíaco*. De fato, não se poderia encontrar mais notável ilustração da oposição entre o *ingênuo* e o *sentimental*, tal como a entendia Schiller.[31] Diante da ingenuidade da canção popular, a "bela alma" entrega-se ao sentimentalismo elegíaco; sofre o encantamento da nostalgia (de uma "nostalgia sorridente"). A lembrança lhe revela que está irrevogavelmente separada de seu passado; e seu passado não é outro que não a *natureza* ainda inocente que se exprime na transparência da melodia popular. Esta não é elegíaca; é apenas ingenuamente triste; mas porque é a uma só vez natureza e desvelamento do passado, sinal memorativo, torna-se, para as belas almas, a expressão de uma *natureza perdida*; oferece-se como a presença fantasmática de um mundo que já não existe. O sentimento elegíaco, que não existe na canção ingênua, é despertado ao seu contato.

Esse brusco surgimento de um passado lamentado revela a tensão interior sobre a qual a felicidade da festa está construída. Revela não apenas que o tempo transcorreu, mas que recusas e superações intervieram e estabeleceram uma irreversível *distância* entre o presente e o passado. Na nostalgia elegíaca, o ser descobre que uma parte essencial dele mesmo pertence a um mundo desaparecido. Ele se sente fascinado pelo que foi; mas nem o presente, nem o passado podem oferecer um apoio real. O passado não é por isso menos findo, e o presente se torna um lugar de exílio... Comovido, Saint-Preux se defende contra a nostalgia do passado; Julie dela se afasta também. A lembrança de seus prazeres os perturba: violentam-se para dela se libertar. Mas esse esforço não pode consumar-se de uma vez por todas; deve ser perpetuamente recomeçado. Daí uma luta que corre o risco de tornar-se insuportável. A felicidade na síntese, com efeito, exige uma vigilância tensa (o passado é ainda atraente e deve ser constantemente reprimido) e implica a ação refletida. Ora, em Rousseau, o ideal da ação e do esforço cede quase sempre diante da tentação da tranquilidade, da passividade consenciente. A morte de Julie não será apenas uma catástrofe enternecedora, que fará chorar as leitoras. Morrer representa a única distensão possível: Julie morrerá feliz, liberta da necessidade de agir, descobrindo na alegria que, doravante, já não tem de realizar o esforço que a lei do dever lhe impunha.

A tensão, a presença de um passado reprimido, conscientemente "repelido", sentimo-las nos próprios momentos em que Rousseau fala da confiança absoluta das belas almas, da comunicação sem obstáculo entre as consciências, da ausência de qualquer segredo. A festa das vindimas transcorre sob o olhar onisciente do senhor patriarcal; Saint-Preux, exaltando essa perfeita transparência, confessa a necessidade de uma luta contra a "terna lembrança":

> Deixo escapar meus arrebatamentos sem constrangimento; eles não têm mais nada que eu deva calar, nada que a presença do sensato Wolmar embarace. Não temo que seu olhar esclarecido leia no fundo de meu coração: e *quando uma terna lembrança aí quer renascer*, um olhar de Claire toma o seu lugar, um olhar de Julie me faz corar.[32]

Estaríamos no puro clima do idílio (era assim que Schiller considerava *A nova Heloísa*) se não fossemos incessantemente postos em presença daquilo que ameaça a felicidade idílica. A arte de Rousseau consiste em indicar constantemente o que custa ser virtuoso: a vertigem da culpa e do pecado acompanha continuamente suas personagens. A transparência não reina de maneira espontânea: edifica seu reino sobre a recusa de uma opacidade cujo risco se renova a todo momento. Apenas uma "doce ilusão" pode reconduzir o espírito de Saint-Preux à imagem do idílio bíblico: "Ó tempo do amor e da inocência, em que as mulheres eram ternas e modestas, em que os homens eram simples e viviam contentes! Ó Raquel! jovem encantadora e tão constantemente amada [...]".[33] Sente-se aflorar a pureza de um tempo original, mas ela aflora como uma ficção. Sente-se o retorno à "bela costa, adornada apenas pelas mãos da natureza" que o primeiro *Discurso* evocara. Nessa paisagem admiravelmente límpida, quase se acredita que se redescobriu a inocência primeira. Mas dela se permanece separado para sempre. A virtude, que é conhecimento do bem e do mal, e vitória voluntária sobre o mal, não pode retroceder e tornar-se inocência, isto é, ignorância do bem e do mal, plenitude indivisa. As almas virtuosas atravessaram a experiência do desacerto, que doravante não podem mais renegar. A confiança das "belas almas" restaura o reino da limpidez; mas elas sabem que se trata de uma transparência que haviam perdido, e que restabeleceram. Na felicidade que reencontram, não podem esquecer o tempo da desventura e da divisão. Conservam, assim, a lembrança de sua tribulação entre a transparência inicial e a transparência restaurada: conhecem sua historicidade. Sabem também que sua felicidade atual é o resultado de sua força e de sua livre decisão, e que, em consequência, é precária. Elas poderiam, cansadas de viver pela força de sua vontade, recair nos caminhos da opacidade. Bastaria um esmorecimento para que os corações voltassem a fechar-se sobre seu segredo e comprometessem a serenidade tão dificilmente conquistada. Estão prevenidos disso e não podem deixar de lamentar o tempo distante em que a inociência reinava espontaneamente, sem nenhum esforço, sem que o instante seguinte ameace o instante anterior.

## A FESTA

A festa campestre, precisamente, oferece às belas almas um espetáculo que simula o *retorno* à inocência primeira. Elas sabem que nisso não há mais que uma ilusão: apenas, o resultado dessa ilusão é *aproximar* maravilhosamente a imagem da inocência idílica, a ponto de fazer crer que o fim encontra o começo e que ao termo da evolução moral a consciência pode mergulhar novamente na espontaneidade irrefletida da qual sua história afastou-a. Isso é uma ficção, um jogo simbólico, e não um verdadeiro retorno à origem.

De resto, a festa das vindimas, em Rousseau, não tem nada de "ritual", não se liga a nenhuma tradição. Nada aí transcorre segundo o uso. Ao contrário, ela aparece como inteiramente *improvisada*. Ao mesmo tempo que simboliza um retorno à idade de ouro e à antiguidade bíblica, ela nos é descrita como a obra bem-sucedida da "sociedade muito íntima" de Clarens. Pura invenção, criação livre, desembaraçada de qualquer forma preestabelecida. O espetáculo que encanta Rousseau é o de uma satisfação alegre que nasce nos corações na medida em que realizam os atos conformes ao dever. A emulação laboriosa exalta-se até tornar-se uma festa, em que a boa consciência celebra a si mesma. (Tal é, segundo Hegel, o *culto* celebrado pelas "belas almas".) A festa, que faz surgir a imagem da inocência dos primeiros tempos, não tem, contudo, em sua *intenção*, nada de "memorativo" nem de comemorativo. Nasce de improviso, por geração espontânea, no concurso de um grupo humano em que ninguém tem mais nada a esconder daquilo que pensa e daquilo que sente. Os homens não estão alegres porque foram convidados para uma festa: esta é apenas a manifestação visível da alegria que os homens sentem em encontrar-se reunidos — de uma alegria cujo excesso e cujo transbordamento inesperados explodem nos gestos exteriores do júbilo, em jogos, cerimônias, cantos...

As vindimas são apenas um pretexto, uma "causa ocasional". A substância da festa, seu verdadeiro objeto, está na abertura dos corações. Um espetáculo é oferecido: Rousseau não compara a névoa que se dissipa ao erguer de cortina de um teatro? Mas é um espetáculo de um tipo particular, no qual todos se mostram a todos; a embriaguez alegre resultará da perfeita evidência de cada um: nada de atores mascarados, nada de espectadores mergulhados na sombra. Cada um é ao mesmo tempo ator e espectador, cada um tem direito à mesma porção de luz, à mesma quantidade de atenção.

Sem risco de exagero, pode-se ver nessa festa ideal uma das imagens-chave da obra de Rousseau. (E, se se pensa nas festas que a Revolução tentará instaurar,[34] é também uma das imagens mais inspiradoras.) Jean-Jacques escreve a *Carta a d'Alembert* derramando "deliciosas lágrimas". Essas lágrimas, esse "terno delírio" revelam perfeitamente o caráter elegíaco da obra. Pois se a *Carta* é, de um lado, uma crítica moralizadora dos malefícios do teatro, está claro, de outro, que Rousseau se refere por toda parte à imagem de um espetáculo ideal, que descreverá apenas nas últimas páginas de seu pequeno livro: Rousseau tem os olhos fixados na *lembrança* de uma festa improvisada, da qual foi testemunha em sua infância. É com essa lembrança, com essa alegria coletiva revivida nostalgicamente que Rousseau confronta todos os "falsos" prestígios da comédia e da tragédia.

> Lembro-me de ter ficado impressionado em minha infância com um espetáculo bastante simples, e do qual, no entanto, a impressão ficou-me para sempre, apesar do tempo e da diversidade dos objetos. O regimento de Saint-Gervais fizera o exercício e, segundo o costume, jantara-se por companhias: a maior parte daqueles que as compunham reuniu-se depois do jantar na praça de Saint-Gervais, e puseram-se a dançar todos juntos, oficiais e soldados, ao

redor da fonte, sobre cuja bacia haviam subido os tamborileiros, os tocadores de pífaros e aqueles que carregavam as rochas. Uma dança de pessoas animadas por uma longa refeição pareceria não oferecer nada de muito interessante para ver; entretanto, o acordo de quinhentos ou seiscentos homens de uniforme, segurando-se todos pela mão, e formando uma longa fila que serpenteava em cadência e sem confusão, com mil giros e regiros; mil espécies de evoluções figuradas, a escolha das árias que os animava; o ruído dos tambores, o brilho das tochas, um certo aparato militar no seio do prazer, tudo isso formava uma sensação muito viva que não se podia suportar a sangue frio. Era tarde, as mulheres estavam deitadas; todas se levantaram. Logo as janelas estavam cheias de espectadoras que davam um novo zelo aos atores: elas não puderam conservar-se por muito tempo às suas janelas, desceram; as senhoras vinham ver seus maridos, as criadas traziam vinho; até as crianças, despertadas pelo barulho, acorreram semivestidas entre os pais e as mães. A dança foi suspensa: foram só abraços, risos, brindes, carícias. Resultou de tudo isso um enternecimento geral que eu não saberia descrever, mas que, no júbilo universal, experimenta-se muito naturalmente em meio a tudo que nos é caro. Meu pai, abraçando-me, foi tomado de um estremecimento que creio sentir e partilhar ainda. "Jean-Jacques, me dizia ele, ama o teu país. Vês estes bons genebrinos? são todos amigos, são todos irmãos, a alegria e a concórdia reinam no meio deles [...]"[35]

Pouco importa saber se o acontecimento ocorreu como Rousseau o descreve. O que importa é que essas imagens constituem a *norma* interior segundo a qual Rousseau julga e condena os outros espetáculos. Nada é indiferente no quadro dessa noite: nem a *refeição* que a antecede, nem o *vinho* que ali se bebe, nem a presença da *música* (como na festa das vindimas), nem o caráter patriótico do regozijo com *uniformes*, nem, igualmente, a presença do *pai*, nem a temporária *igualdade* dos senhores e dos servidores nessa comedida saturnal. Nada que não seja rico de significação.

O sentido da festa nos aparecerá mais claramente ainda se lemos um segundo fragmento da *Carta a d'Alembert*. Prestemos atenção aos termos e às imagens que Rousseau emprega, na passagem em que confronta o espetáculo fechado do teatro e o espetáculo a céu aberto do regozijo coletivo:

> Não adotemos de modo nenhum esses espetáculos *exclusivos* que *encerram* tristemente um pequeno número de pessoas num *antro escuro*; que as mantêm temerosas e imóveis no silêncio e na inação; que oferecem aos olhos apenas *barreiras, pontas de ferro*, soldados, aflitivas imagens *da servidão e da desigualdade*. Não, povos felizes, não são essas as vossas festas. É ao *ar livre*, é *sob o céu* que é preciso reunir-vos e entregar-vos ao doce sentimento de vossa felicidade [...] *Que o sol ilumine* vossos inocentes espetáculos; vós mesmos constituireis um, o mais digno que ele possa iluminar.
>
> Mas quais serão, enfim, os objetos desses espetáculos? *O que aí se mostrará? Nada, se se quiser.* Com a liberdade, por toda parte onde reina a afluência, o bem-estar reina também. Plantai no meio de uma praça uma estaca coroada de flores, juntai ali o povo, e tereis uma festa. Fazei melhor ainda: apresentai os espectadores como espetáculo; tornai-os eles próprios atores; fazei que cada um se veja e se ame nos outros, a fim de que com isso todos estejam mais bem unidos.[36]

O teatro e a festa se opõem como um mundo de opacidade e um mundo de transparência. Com sua obscuridade, suas pontas de ferro, suas barreiras, o teatro inspira o mesmo temor que o Templo cruel onde reina a Estátua alegórica. A mesma fascinação maléfica aí se exerce. Pois Rousseau, adversário do teatro, não desconhece absolutamente seus poderes de sedução. Apenas, parece-lhe que essa sedução (como a da Estátua) arrasta os homens para o domínio da opacidade, da ilusão nefasta, da separação infeliz. Na sala escura, o espectador se aprisiona em sua solidão. "Acreditamos nos reunir no espetáculo, e é ali que cada um se isola; é ali que se vai esquecer seus amigos, seus vizinhos, seus próximos [...]"[37] Vai-se ao teatro para "esquecer de si mesmo", é o lugar do mais completo esquecimento de si mesmo e de outrem. O espetáculo nos rouba nosso ser: alienaçao total em que nada nos é dado em troca. Somos atraídos para fabulosos longes. Pois se o teatro age sobre nossas paixões, enfeitiça pela magia da distância e do afastamento: "Tudo o que se representa no teatro não é aproximado de nós, *é afastado*".[38]

Mas, depois de ter ensombrecido a imagem do teatro a ponto de fazer dele o equivalente do Templo lúgubre do *Fragmento alegórico*, o louvor da festa coletiva recorre a imagens que se assemelham singularmente àquelas que Rousseau fizera sobrevir no final do mito das estátuas veladas. Uma espécie de milagre põe fim à divisão que separava espetáculo e espectadores, e que se agravava ao separar os espectadores uns dos outros. O espetáculo-objeto nos roubava nossa liberdade e nos imobilizávamos como coisas na sala escura: éramos petrificados por um olhar de Medusa. Agora, do mesmo modo que ao espetáculo fechado sucede a festa a céu aberto, vê-se suceder ao objeto *opaco* do espetáculo uma comunidade de consciências *abertas* que se põem em movimento umas em direção às outras. A separação é suplantada pela reciprocidade das consciências. Vimos o "divino objeto" Galateia tornar-se uma consciência e ir ao encontro de Pigmalião na igualdade de um mesmo *Eu*. Vimos o "filho do homem" derrubar a estátua e proferir, a partir de uma "fonte" interior, uma verdade instantaneamente reconhecida pelos homens. O mesmo acontece quando o espetáculo "exclusivo" e "fechado" se torna uma festa aberta. Um povo inteiro oferece a si mesmo a representação de sua felicidade. O espetáculo aberto a todos, que é o espetáculo da abertura de todos os corações, é "inocente", é "sem perigo", mas é também mais "inebriante". A animação da festa coletiva realiza uma das epifanias da transparência com que Rousseau sonhou.

"Não há pura alegria que não a alegria pública."[39] Essa alegria é sem objeto e é universal. Daí a sua pureza. A comunidade aí se exprime no próprio ato da comunicação, e se toma por tema de sua exaltação. As consciências se abrem para fora porque são puras e não têm nada a ocultar; mas pode-se dizer também que elas se purificam porque souberam abrir-se umas para as outras. A pureza é talvez menos uma causa da alegria geral do que uma consequência desta.

"*O que aí se mostrará? Nada, se se quiser.*" Se a festa não fosse essa autoafirmação da transparência das consciências, se o espetáculo tivesse um objeto particular, permaneceríamos no domínio dos meios e da mediação. O teatro é, como pretende Rousseau, o lugar onde me encontro impelido para uma solidão absoluta? De maneira nenhuma: sei que outros olhares estão fixos na cena, e que os reencontro na ação que todos olhamos. É o exemplo verdadeiro de uma comunhão mediata: somos reunidos indiretamente pelo intermédio da ação cênica com a qual minha atenção me liga de modo direto. Mas, precisamente, a relação mediatizada que constitui um público de teatro parece não ter nenhum valor para Jean-Jacques. Uma comunhão que não se realiza na imediação absoluta não é, a seus olhos, uma comunhão verdadeira: vale dizer que esse é o reino da solidão e da dispersão infeliz. Ali onde nos é fácil reconhecer uma comunhão mediatizada, Jean-Jacques vê uma comunicação interrompida. O que nos aparece como um termo intermediário parece-lhe um obstáculo. Nenhum remédio, senão o de *nada* mostrar.

*Nada* mostrar será realizar um espaço inteiramente livre e vazio, será o meio óptico da transparência: as consciências poderão estar puramente presentes umas para as outras, sem que nada se interponha entre elas. Se nada é mostrado, então se torna possível que todos se mostrem e que todos olhem. O *nada* (em matéria de objeto) é estranhamente necessário ao aparecimento da *totalidade* subjetiva.

A exaltação da festa coletiva tem a mesma estrutura da vontade geral do *Contrato social*. A descrição da *alegria pública* nos oferece o aspecto lírico da vontade geral: é o aspecto que ela adquire em trajes domingueiros.

> Há um gozo mais doce do que ver um *povo inteiro* entregar-se à alegria num dia de festa e *todos os corações* abrirem-se aos raios supremos do prazer que passa rápida mas vivamente através das nuvens da vida.[40]

A festa exprime no plano "existencial" da afetividade tudo aquilo que o *Contrato* formula no plano da teoria do direito. Na embriaguez da alegria pública, cada um é ao mesmo tempo *ator* e *espectador*; reconhece-se facilmente a dupla condição do cidadão depois da conclusão do contrato: ele é a uma só vez "membro do soberano" e "membro do Estado", é aquele que quer a lei e aquele que obedece à lei. *Fazei com que cada um se veja e se ame nos outros, afim de que com isso todos estejam mais bem unidos.* Olhar todos os seus irmãos, e ser olhado por todos: não é difícil redescobrir aqui o postulado de uma alienação simultânea de todas as vontades, em que cada um acaba por receber em troca tudo que cedeu à coletividade.

O imediato de que se goza então é um imediato *segundo*, que supõe em primeiro lugar a separação, depois o êxito absoluto do ato mediador que supera a separação.

> Cada um, dando-se a todos, não se dá a ninguém, e, como não há um associado sobre o qual não se adquira o mesmo direito que se lhe cede sobre si, ganha-se o equivalente de tudo o que se perde, e mais força para conservar o que se tem.[41]

O que o *Contrato* estipula no plano da vontade e do *ter*, a festa realiza no plano do olhar e do *ser*: cada um é "alienado" no olhar dos outros, e cada um é restituído a si mesmo por um "reconhecimento" universal. O movimento do dom absoluto se inverte para tornar-se contemplação narcísica de si mesmo: mas o *eu* assim contemplado é pura liberdade, pura transparência, em continuidade com outras liberdades, outras transparências — é um "*eu comum*". O espaço, doravante, abre-se para a dança, para a *animação* dos corpos libertos da preocupação de sua solidão. *Vamos dançar sob os olmos. Animais-vos, jovens meninas*:[42] a última cena do *Devin* já dizia tudo isso no tom do idílio "ingênuo".

## A IGUALDADE

Nas vindimas de Clarens, "tudo vive na maior familiaridade; *todo mundo é igual* e ninguém se esquece".[43] Na alegria geral, parece que reconquistamos a igualdade das origens. O segundo *Discurso* descrevera essa igualdade do começo dos tempos, e retraçara a história da humanidade como uma queda na desigualdade. Tudo seria reparado? Os habitantes de Clarens teriam redescoberto a felicidade das primeiras eras? Ou então, como em relação ao retorno da inocência, não seria mais que uma "doce ilusão", um efeito de luz momentâneo na beleza de uma manhã de outono?

De fato, essa igualdade redescoberta é completamente ilusória. Ela aparece na embriaguez do dia de festa, e desaparecerá com ela: não passa de um epifenômeno do júbilo coletivo. Pois comumente Clarens não conhece a igualdade natural dos primeiros tempos, nem a igualdade civil descrita pelo *Contrato*. Senhores e servidores são tão desiguais quanto é possível sê-lo. Por certo, os servidores estão ligados aos senhores pela confiança (parte IV, carta X); mas o metódico Wolmar busca a confiança de seus subordinados unicamente para fazer deles *bons servidores*: é um método de adestramento, que antes visa obter melhores serviços que estabelecer uma solidariedade igualitária. Reconhecemos, a cada linha da carta sobre a organização doméstica do domínio, as características da atitude "paternalista": faz-se um esforço para captar o livre assentimento do servidor, ou até a sua afeição, para fazer dele um instrumento mais dócil. Os senhores conservam o privilégio de *se sentir iguais* se bem lhes parece; mas esse privilégio pertence apenas a eles, e não aos servidores. O sentimento da igualdade permanece, assim, um luxo de senhor, que lhe permite usufruir de sua propriedade sem má consciência:

> Admirei como, com tanta afabilidade, podia reinar tamanha subordinação, e como ela e seu marido podiam descer e igualar-se tão frequentemente a seus domésticos, sem que estes fossem tentados a tomá-los literalmente e a igualar-se a eles por sua vez. Não creio que haja soberanos na Ásia servidos em seus palácios com mais respeito do que esses bons senhores o são em sua casa. Não conheço nada de menos imperioso que suas ordens e nada de tão prontamente executado: eles pedem, e voa-se; eles perdoam, e sente-se o erro.[44]

Há, nessa confiança benevolente, uma hipocrisia com a qual os servidores não são talvez os únicos enganados. Não existe aí também um feliz logro para as "belas almas" que desempenham o papel dos bons senhores? Enganam-se a si mesmas no sentido que desejam. Dão-se a ilusão de não abandonar o domínio da comunicação imediata. Agindo pela confiança, pode-se ficar convencido de que não se tratou o servidor como um meio: não se desceu ao desolador universo dos instrumentos e da ação instrumental. Não apenas as belas almas conservam toda a sua pureza, como o ato essencial se reduz, para elas, a mostrar-se em sua pureza. Para que a casa seja próspera, para que o domínio frutifique, o que se deve fazer? Nada: mostrar-se tal como se é. Os outros tomarão para si o encargo do trabalho efetivo:

> A grande arte dos senhores para tornar seus domésticos tal como os querem é mostrar-se a eles tal como são.[45]

Os senhores se farão servir sem ter de se reprovar um só instante por terem traído os grandes princípios: "O homem é um ser nobre demais para que simplesmente sirva de instrumento a outros".

A crítica não deixou de apontar o contraste entre o ideal democrático do *Contrato social* e a estrutura ainda feudal da comunidade de Clarens. As diferenças são importantes e permitem colocar a questão do apego de Rousseau ao ideal de igualdade democrática. Mas é importante também observar que Rousseau sentiu a necessidade de compensar pela festa a desigualdade que aceita na ordem cotidiana: ele não descansa até que tenha dissolvido a desigualdade real na embriaguez da festa das vindimas. Com a ajuda do vinho (do qual se bebeu sensatamente), uma igualdade sentimental instaura novas relações humanas. Vemos realizar-se, de maneira efêmera, em uma alegria sem amanhã, o equivalente afetivo dos postulados jurídicos do *Contrato*; uma sociedade livre e sem "corpos intermediários". Mas esse breve triunfo de uma fraternidade total não ameaça de modo algum a ordem e a economia habitual do domínio, baseadas no princípio da dominação do senhor e da obediência dos servidores. A exaltação da igualdade não pode persistir; ela não traz consigo nenhuma promessa de continuidade. A felicidade da festa dura o que duram os espetáculos. A igualdade aí nos é oferecida como um momento muito intenso: mas essa intensidade passageira não tem o poder de perpetuar-se sob a forma de uma verdadeira instituição. É preciso desfrutá-la no próprio instante, sabendo por antecipação que dela permanecerão apenas a lembrança e a nostalgia. A "bela alma" não pensa em reformar o mundo de maneira a que a igualdade nele se propague; limita-se a formular o desejo (que sabe perfeitamente vão) de ver o tempo deter-se e a felicidade do instante repetir-se:

> Não se ficaria aborrecido de recomeçar amanhã, depois de amanhã, e por toda a vida.[46]

Convém perguntar se Jean-Jacques não está decidido a procurar uma felicidade substitutiva nessa embriaguez efêmera, na qual encontra a quintessência sentimental da igualdade sem ter de lutar para estabelecer-lhe as condições concretas. Sublinhamos as equivalências entre a alienação universal do

*Contrato* e a da festa; aproximamos a vontade geral do *Contrato* e a transparência geral da festa: o que Jean-Jacques escolherá? Não está ele inclinado a preferir as festas às revoluções? Que se releia a última obra política de Rousseau, as *Considerações sobre o governo da Polônia*. À questão inicial — como "colocar a lei acima do homem? Como chegar aos corações?" —, Jean-Jacques responde por uma teoria da festa e dos "jogos públicos". E eis o que propõe aos poloneses:

> Muitos espetáculos ao ar livre, *em que as posições sejam distinguidas* com cuidado, mas em que todo o povo tome parte *igualmente*, como entre os antigos.[47]

Rousseau admite, até mesmo no ambiente da festa, a desigualdade das condições sociais; exige apenas uma igualdade que se manifestará no impulso subjetivo de uma participação do povo inteiro no espetáculo. Pouco importa que as instituições não sejam igualitárias: a Rousseau basta que a igualdade se realize como *estado de alma coletivo*.

Isso aparece já de uma maneira perfeitamente clara na carta de Saint-Preux sobre as vindimas. A igualdade não pertence à estrutura concreta da sociedade de Clarens: está ligada apenas ao "estado de festa". Saint-Preux escreve:

> A *doce igualdade* que aqui reina restabelece a ordem da natureza, constitui um aprendizado para uns, um *consolo* para outros e um laço de amizade para todos.[48]

Embora a ordem da natureza seja "restabelecida", os deserdados com isso ganharam apenas um *consolo*; nada então mudou realmente na ordem da sociedade, o que significa dizer que a ordem da natureza foi restabelecida apenas à maneira de um *jogo*. Uma nota que Rousseau acrescenta em rodapé de página precisará novamente essa ideia: sem abolir verdadeiramente as diferenças sociais, o estado de festa permite considerá-las como *indiferentes*: a igualdade realizada na festa demonstra a inutilidade de uma transformação real da sociedade. Reconhece-se um tipo de argumento a que o pensamento conservador recorrerá durante todo o século XIX, e mais à frente:

> Se daí nasce um comum estado de festa, não menos agradável àqueles que descem do que àqueles que sobem, não se segue que todos os estados são quase *indiferentes* por si mesmos, desde que se possa e que se queira *deles sair algumas vezes*?[49]

Notar-se-á quanto Jean-Jacques é ágil em admitir os equivalentes ilusórios quando pode justificá-los pela doutrina do sentimento. Rousseau está pronto a aceitar um mundo onde existe apenas uma pseudoigualdade social, com a condição de que seja possível, *algumas vezes*, fazer de modo a que todos se *sintam* iguais. Tudo se passa como se a essência da igualdade consistisse no sentimento[50] de ser igual. Esse "platonismo do coração" (a expressão é de Burgelin) torna legítimo o recurso à ilusão. Será mesmo muito desculpável enganar os outros, se é para o seu bem, isto é, se é para inspirar-lhes felizes ilusões. Quando Wolmar arroga-se o direito de provocar a confiança de seus servidores, age como "déspota esclarecido" e não se preocupa com a exigência moral da reciprocidade. Que importa! Ele consegue criar o sentimento da igualdade; é-se convidado a esquecer e a perdoar os meios duvidosos que lhe permitiram ter êxito. Há aí, como observou Burgelin, todo um aspecto "maquiavélico" da teoria social de Rousseau. Esse inimigo da opinião, das máscaras e dos véus aceita, entretanto, que o senhor dissimule a coerção que exerce com o objetivo de instaurar em sua casa a ordem e a concórdia: "Como conter domésticos, mercenários, de outro modo que não pela coerção e pelo constrangimento? Toda a arte do senhor está em ocultar esse constrangimento *sob o véu* do prazer e do interesse, de maneira que eles pensem querer tudo que são obrigados a fazer".[51] O servidor é tratado aqui como o será Emílio por seu preceptor: o homem da razão impõe artificiosamente sua vontade, e disfarça a violência que exerce, deixando assim ao aluno ou ao servidor o sentimento de agir livremente, voluntariamente. É desprezo pela criança e pelo povo? Poder-se-ia acreditá-lo. Mas o próprio Rousseau não hesitou em identificar-se com a criança e com o povo. "Homem da natureza", não sabe esconder nada do que sente — assim é a criança, e assim é também o povo: "O povo se mostra tal como é [...] as pessoas de sociedade se disfarçam".[52] A superioridade social de Wolmar faz dele um homem dissimulado, e o pedagogo do *Emílio* é igualmente um homem dissimulado. A diferença essencial, entretanto, consiste no fato de que o preceptor guiará Emílio para fora do estado infantil, ao passo que Wolmar pouco se preocupa em transformar o servidor em homem racional.

Clarens não restabeleceu o reino da inocência e não instaurou o da igualdade. Apenas, no dia da festa, a *imagem* da inocência e o *sentimento* da igualdade vêm encantar as almas sensíveis. Clarens, acrescentemo-lo, é um pequeno mundo limitado, e que se quer fechado; mas as almas ali se entregam ao sentimento do universal. Vide os arrebatamentos de Saint-Preux, no começo do dia das vindimas: ele se comove diante "do amável e tocante quadro de uma *alegria geral que parece nesse momento estendida sobre a face da terra*".[53] É a imaginação, aqui, que universaliza a alegria.

O ideal da "sociedade íntima" (como, nos *Diálogos*, o ideal de um "mundo encantado" acessível apenas aos iniciados, como também o ideal da pátria) parece corresponder a um gosto muito forte pela existência circunscrita. Como muito bem observou Amiel,[54] há em Rousseau um desejo de *insularidade*, uma necessidade de encerrar sua vida em uma ilha. Clarens é precisamente uma ilha, um refúgio, um jardim fechado, uma pequena comunidade estreitamente concentrada na felicidade que soube inventar. É o abrigo terrestre das belas almas, no interior do qual elas se *excluíram*[55] do resto do mundo. Mas era preciso que ali surgisse "a alegria geral que *parece* estendida sobre a face da terra". Assim, ao mesmo tempo que satisfaz sua necessidade de existência circunscrita, Rousseau não cessa de dar livre curso aos ímpetos de sua "alma expansiva". Com o risco de precisar contentar-se com ilusões (e ele proclamará que a ilusão lhe basta), Jean-Jacques quer experimentar a embriaguez da totalidade e da universalidade. A exaltação *geral* da comunidade fechada torna-se símbolo de universalidade, mantendo-se nos limites da interioridade subjetiva. A transparência interna desse mundo fechado, na exaltação da festa, desabrocha numa felicidade que as belas almas interpretam imediatamente como uma presença no universal. Interpretam a plenitude de sua alegria como uma participação em um Todo sem barreira, em um mundo infinitamente aberto. Assim, na terceira carta a Malesherbes, Rousseau se descreve fugindo dos homens, mas para se entregar a uma contemplação em que acabará por elevar-se em pensamento e em sentimento até o "sistema *universal* das coisas" e até "o Ser incompreensível que a tudo abarca".[56] Ele dá o exemplo de um isolamento voluntário, de uma "insularidade", contrabalançada pela experiência *interior* da universalidade e da totalidade. As alegrias coletivas de Clarens não são senão a imagem multiplicada dos êxtases solitários de Jean-Jacques. Clarens é um mundo fechado, mas onde as pessoas abandonam-se ao êxtase do "grande Ser".

Não é inútil acrescentar que a imagem da festa, em Rousseau, oscila entre dois "tipos ideais" bastante diferentes. Há, com efeito, duas maneiras opostas de a festa surgir e organizar-se.

A primeira faz animar-se o grupo inteiro por um comum estado de alma. A iniciativa surge de todas as partes. A festa coletiva, então, não tem centro privilegiado. Todos aí têm a mesma importância; todos são ao mesmo título atores e espectadores. O espírito unânime da comunidade se exprime e se exalta em cada um de seus membros de uma maneira idêntica. O mesmo impulso terá tido origem espontaneamente em cada consciência. Não terá havido nenhum legislador da festa, do mesmo modo que a hipótese do "pacto social" de início não supõe a intervenção de nenhum provedor de leis, mas uma decisão simultânea de todas as vontades.

A segunda imagem dispõe uma pessoa no centro da festa,

um ser radioso que comunica o movimento e para o qual tudo converge. Uma figura dominadora impõe sua presença e propaga a alegria. A festa então se organiza a partir de um demiurgo, cuja influência se estende irresistivelmente sobre todos aqueles que o cercam. A benevolência de uma alma expansiva desperta ao seu redor uma alegria universal.

Na verdade, essas duas imagens ideais exercem sobre Rousseau uma igual sedução. A *Carta a d'Alembert*; em que a festa aparece sobretudo como a exaltação de um *eu* coletivo, é ao mesmo tempo uma obra em que Rousseau se inebria à ideia de desempenhar o papel daquele que inventa e dispensa a festa. Que se releia a longa página em que cada frase começa por: *Eu desejaria que...*[57] Rousseau, literalmente, dá festas a si mesmo em imaginação, e delas se faz o centro, o legislador.

Estar no centro e na origem da festa; encontrar, na alegria que se suscita, o espelho de sua própria bondade — tais são alguns dos "prazeres raros e breves" dos quais Rousseau evoca a lembrança no nono *Devaneio*. Na Muette, ele ofereceu canudinhos doces a um grupo de meninas: "A partilha tornou-se quase igual e a alegria mais geral [...] A festa, de resto, não foi dispendiosa, mas para trinta soldos que me custou, no máximo, houve para mais de cem escudos de contentamento".[58] Esse relato de uma festa improvisada lembra imediatamente uma outra, em que Jean-Jacques se encontra no centro de uma alegria geral. Bem melhor, a festa dada por Rousseau aparece em contraste com os falsos prazeres de uma riquíssima sociedade:

> Eu estava na Chevrette no tempo da festa do dono da casa; toda a sua família se reunira para celebrá-la, e todo o brilho dos prazeres ruidosos foi empregado para esse fim. Jogos, espetáculos, festins, fogos de artifício, nada foi poupado. Não se tinha tempo de tomar fôlego e as pessoas se atordoavam em vez de divertir-se.[59]

A cinco ou seis pequenos saboianos, Jean-Jacques oferece as "míseras maçãs" que eles cobiçavam. Essa festa na festa não custa grande coisa a Jean-Jacques: a verdadeira alegria, conquistada com pouca despesa, fará contraste com os festejos dispendiosos dos grandes.

> Tive então um dos mais doces espetáculos que possam afagar um coração humano, o de ver a alegria aliada à inocência da idade propagar-se *à minha volta*. Pois os próprios espectadores, vendo-a, partilharam-na, e eu, que partilhava *a tão baixo custo* essa alegria, tinha além disso a de sentir que era *minha obra*.[60]

Olhemos isso mais de perto: a felicidade experimentada por Jean-Jacques, em semelhantes circunstâncias, é despertada pelo caráter mágico de sua ação. Rousseau maravilha-se, de fato, com a desproporção entre um ato que custa tão pouco e a intensidade da alegria que dele resulta ao redor. Se ele espalhou o contentamento à sua volta, foi pela magia da benevolência, e não pelo poder do dinheiro. Pois a verdadeira festa é aquela que não custa nada; com efeito, para que o júbilo seja realmente imediato, é preciso não apenas suprimir o objeto do espetáculo, mas ainda que tudo se realize sem despesas, isto é, sem passar pelo impuro meio do dinheiro. Quer surja de um impulso coletivo, quer brilhe em torno de uma personalidade benéfica, a festa será sempre frugal em Rousseau. Eis o que sem dúvida coincide com uma preocupação de economia bastante puritana: Rousseau não gosta de gastar. Mas se trata menos, para ele, de conservar seu dinheiro do que de não o empregar na festa, da qual turvaria a pureza. Para que a festa permaneça pura, é preciso que as almas ali se exprimam espontaneamente: devem tudo criar por si mesmas; o júbilo coletivo será o ato de autonomia das consciências que inventam gratuitamente a felicidade de comunicar-se umas com as outras. Quando se paga as despesas da festa (como faz Rousseau com os pequenos saboianos e com as meninas da porta da Muette), pode-se no entanto justificar-se, dizendo a si mesmo que não se despendeu *quase nada*, e que a alegria da festa é incomparavelmente maior que o dinheiro investido.

Em Clarens, a igualdade na festa parece instaurar-se por um ímpeto simultâneo, por uma alegria que nasce no mesmo instante em todos os corações harmonizados — mas não sem que a figura de Julie se imponha como o centro irradiante desse dia. Sua "alma expansiva" suscitou em torno dela a alegria universal. Basta-lhe *ser* Julie para inspirar a feliz animação das vindimas. E já que é suficiente que Julie esteja presente para que todo um pequeno mundo se anime comedidamente à sua volta, não será necessário recorrer ao dinheiro para alegrar o espetáculo. O ideal de frugalidade encontra-se mais uma vez perfeitamente satisfeito:

> O jantar é servido em duas mesas largas. O luxo e o aparato não estão ali, mas estão ali a abundância e a alegria.[61]

Na realidade, essa festa é um dia de trabalho, e a produção aí ultrapassa de longe a despesa. Ao reler o começo da carta de Saint-Preux sobre as vindimas, percebe-se que o lirismo da acumulação aplica-se à própria alegria e que resume o essencial dessa prosperidade campestre.

> Mas que encanto ver bons e sensatos administradores fazer da cultura de suas terras o instrumento de seus benefícios, de seus divertimentos, de seus prazeres, derramar com mãos largas os dons da Providência; cevar tudo que os rodeia, homens e animais, dos bens de que transbordam suas granjas, suas adegas, seus celeiros; *acumular a abundância e a alegria em torno deles, e fazer do trabalho que os enriquece uma festa contínua.*[62]

É preciso acrescentar ainda que a acumulação permanece em harmonia com as necessidades de uma comunidade cujo único objetivo econômico é bastar-se a si mesma. Trabalha-se para enriquecer apenas visando à *independência*. Se a festa exprime a perfeita autonomia das consciências, revela-se que ela tem como cenário uma prosperidade agrícola que torna possível a perfeita autonomia material da comunidade. O sucesso de Clarens consiste, com efeito, na conquista simultânea de uma e outra forma de autonomia. Rousseau ligou constantemente os problemas da consciência aos problemas econômicos: segundo ele, só pode haver independência da consciência apoiada e assegurada por uma independência econômica. É uma exigência moral, certamente de origem estoica, que pretende que o eu busque suas satisfações unicamente em si mesmo e nos bens que são *os seus*, sem jamais apelar a um recurso exterior. Em Clarens, o ideal moral da autarcia, transposto para o plano econômico, toma a forma de uma sociedade fechada, que provê por si mesma à sua existência material. Todas as necessidades razoáveis serão frugalmente satisfeitas. O enriquecimento não irá além. Não se trata, para o sr. de Wolmar, de realizar um ganho que não se convertesse imediatamente em consumo. A prosperidade agrícola dos Wolmar não se traduz em acumulação de capital. A família não tem nenhuma dívida, mas em compensação não faz reserva de nenhum excedente de produção; limita-se a viver bem sem aumentar sua fortuna monetizável. As belas almas resistem a qualquer sobrecarga material: não *fazem* dinheiro. Sua economia não é deficitária nem entesouradora. O pequeno grupo consome pouco a pouco aquilo que produz (aquilo que faz os servidores e os arrendatários produzir) e produz o pequeno excedente que permite ao consumo cotidiano tomar o aspecto de uma festa modesta. Perfeita imagem da suficiência que não se aliena nem na necessidade insaciada, nem em uma abundância supérflua. Entre tantos detalhes econômicos, o dinheiro é mencionado apenas de vez em quando. O dinheiro, com efeito, não diz respeito à vida interior da pequena comunidade; concerne apenas aos contatos com o mundo exterior, que as pessoas esforçam-se em evitar tanto quanto possível:

> Nosso grande segredo para sermos ricos [...] é ter pouco dinheiro, e evitar tanto quanto possível no uso de nossos

bens as *trocas intermediárias* entre o produto e o uso [...] A circulação de nossos rendimentos é evitada ao serem eles empregados no local, evita-se ainda a sua troca ao serem eles consumidos ao natural, e, na indispensável conversão daquilo que temos em excesso naquilo que nos falta, em vez das vendas e das compras pecuniárias que duplicam o prejuízo, procuramos trocas reais em que a comodidade de cada contratante faz as vezes de lucro para ambos.[63]

O dinheiro, intermediário abstrato, não é necessário nessa sociedade que consome *imediatamente* o que produz e que se nutre da substância de seu trabalho. Por certo, esse trabalho não pôde produzir-se sem que se descesse ao mundo infeliz dos instrumentos e dos meios (seu encargo cabe aos servidores); mas o imediato consumo dos produtos apaga, de alguma maneira, o pecado dessa negação da natureza que é o trabalho: a riqueza não correrá o risco de tornar-se um obstáculo entre as consciências, e os homens podem pertencer-se plenamente a si mesmos no instante presente. No produto do trabalho, reconhecem simplesmente a possibilidade de dar à carência atual uma satisfação imediata. Assim, nem o dinheiro nem os problemas do *ter* obliteram as avenidas do tempo: as belas almas podem lançar-se com toda a pureza para o futuro.

A repugnância que Wolmar professa em relação às *trocas intermediárias* deve prender nossa atenção. Aí reconhecemos o mal-estar que Rousseau sempre experimentou em presença do dinheiro; mas Wolmar sistematiza nobremente e transforma em doutrina econômica o que nas *Confissões* se exprime em termos de gosto e de desgosto:

> Nenhum de meus gostos dominantes consiste em coisas que se compram. É preciso somente prazeres puros, e o dinheiro os envenena a todos [...] Ele não serve para nada por si mesmo; é preciso *transformá-lo para dele usufruir*.[64]

O dinheiro é, com efeito, aquilo de que não se pode usufruir imediatamente: e todos os gozos que ele proporciona são necessariamente mediatos. Um prazer adquirido por meio do dinheiro não tem mais a pureza do imediato; está envenenado.

Há um ponto suplementar sobre o qual o confronto de *A nova Heloísa* e das *Confissões* permite lançar alguma luz: o princípio de imediação, que fundamenta em Clarens uma economia virtuosamente autárquica, serve, em compensação, nas *Confissões*, para justificar certos atos imorais de Jean-Jacques. Por que cometeu ele tantos pequenos furtos? Porque tem horror de passar pelo intermediário do dinheiro. Porque o desejo quer lançar-se diretamente sobre o objeto cobiçado:

> Sou menos tentado pelo dinheiro que pelas coisas, porque entre o dinheiro e a posse desejada *há sempre um intermediário*, ao passo que entre a própria coisa e seu gozo ele não existe absolutamente. Vejo a coisa, ela me tenta; se não vejo senão o *meio* de adquiri-la, ele não me tenta. Então fui escroque, e algumas vezes o sou ainda por bagatelas que me tentam e que prefiro tomar a pedir.[65]

Assim, as razões que fazem de Jean-Jacques um ladrão são as mesmas que incitam Wolmar a consumir no local os produtos de seu domínio. Pouco falta para que se trate de dois aspectos da mesma moral. Quando Rousseau explica seus roubos, o princípio de imediação é invocado para esclarecer um mecanismo psicológico, a título puramente descritivo; quase instantaneamente, o princípio de imediação adquire o valor de uma justificação superior, de um imperativo moral mais coercitivo que as regras ordinárias do justo e do injusto.

Tomar o que se oferece na medida em que se deseja era o privilégio do estado de natureza, ilustrado, em sua primeira parte, pelo *Discurso sobre a origem da desigualdade*. Mas a sociedade distinguiu o *teu* e o *meu*, e não se pode retroceder: os ladrões são colocados na prisão. À suficiência ociosa do estado de natureza sucede um estado de carência perpetuamente insatisfeito: o homem esquece de si mesmo em seu trabalho, no qual se torna escravo das coisas e dos outros homens. No entanto o trabalho torna o homem humano, eleva-o acima da condição dos animais: o homem se define doravante como o ser laborioso e livre que emprega meios e instrumentos pelos quais se opõe à natureza para transformá-la. O que constitui a infelicidade do estado social é que o homem, sempre em busca de novas satisfações, perde-se no mundo dos meios, e não sabe mais se dominar. É constantemente afastado de si mesmo pelo sentimento da insuficiência de seus prazeres, e agrava essa insuficiência ao buscar proporcionar a si mesmo outros prazeres... Mas em Clarens, no mundo da síntese em que as belas almas reconciliam em si mesmas natureza e cultura, ver-se-á harmonizarem-se a *suficiência* do estado de natureza e o *trabalho* doravante indispensável. A independência primitiva volta a ser compatível com o emprego dos meios da civilização. Para bastar-se a si mesmo passa-se doravante pelo circuito do trabalho, em vez de colher simplesmente os frutos selvagens oferecidos pela Natureza. Entretanto, redescobre-se o perfeito equilíbrio da suficiência que constituía a felicidade do homem da natureza. É a razão, agora, que define o necessário, suprime o supérfluo, ajusta o trabalho às necessidades legítimas; ela determina, assim, os limites no interior dos quais todos viverão num contentamento frugal, abole o reino da opinião, apagando o mal do estado de civilização sem suprimir suas vantagens:

> Uma ordem de coisas em que nada é oferecido à opinião, em que tudo tem sua utilidade real e que se limita às verdadeiras necessidades da natureza não apresenta apenas um espetáculo aprovado pela razão, mas que contenta os olhos e o coração, pelo fato de que aí o homem vê-se apenas sob aspectos agradáveis, como bastando-se a si mesmo [...] Um pequeno número de pessoas gentis e calmas, unidas por necessidades mútuas e por uma recíproca benevolência, aí contribui por meio de diversos cuidados a um fim comum: encontrando cada um em seu estado tudo o que é preciso para estar contente com ele e não desejar absolutamente dele sair, a isso se apegam como se

> aí devessem permanecer por toda a vida, e a única ambição que se conserva é a de bem cumprir-lhe os deveres. Há tanta moderação nos que comandam e tanto zelo nos que obedecem que iguais teriam podido distribuir entre si as mesmas ocupações, sem que ninguém se queixasse de seu quinhão. Assim, ninguém inveja o de um outro; ninguém acredita poder aumentar sua fortuna senão pelo aumento do bem comum; os próprios senhores avaliam sua felicidade unicamente por aquela das pessoas que os cercam. Não se saberia o que acrescentar nem o que suprimir aqui, já que cá se encontram apenas as coisas úteis e que cá estão todas elas; de maneira que não se deseja nada do que aí não se vê e não há nada do que aí se vê de que se possa dizer: Por que não há mais disso?[66]

Nenhum conflito interior ameaça a coesão do grupo; e como nada de exterior lhe parece desejável, do mesmo modo nenhuma tentação o ameaçará de fora. A comunidade não tem outro fim que não o de afirmar a si mesma afirmando um "bem comum" no qual cada um se reconhece. Todos os meios de ação empregados se apagam para deixar transparecer a única coisa que conta, e que é a felicidade das consciências autônomas. Aquilo que o trabalho produziu é convertido tão rapidamente quanto possível em satisfação racional. Nada que se pareça menos ao trabalho da manufatura, em que se acumulam objetos destinados a ser vendidos *longe*. Rousseau cria, ao imaginar a felicidade de Clarens, as condições ideais que permitem transformar imediatamente o trabalho em gozo. O sucesso econômico consiste em prover a todas as necessidades locais sem que um excedente de *coisas* produzidas pelo trabalho venha colocar o problema da venda e da troca: o horizonte da transparência viria com isso a se ensombrecer. Pois todo ganho material que não correspondesse a uma necessidade real, ou que não se reabsorvesse rapidamente em uma satisfação comum, seria um fardo insuportável para consciências cujo ideal é o de pertencer apenas a si mesmas. Uma riqueza que excedesse aquilo que a comunidade é capaz de consumir pouco a pouco equivaleria à servidão. O produto do trabalho jamais terá direito, portanto, a uma existência autônoma, sob a forma de objeto a ser vendido ou de riqueza acumulada: cada objeto, tão logo saído das mãos do homem, é instantaneamente consagrado ao *uso* racional que será a sua justificação, e que restabelece a preexcelência do homem sobre as coisas. Em Clarens, o homem produz objetos para deles se apropriar o mais depressa possível, para deles libertar-se e afirmar-se assim em sua pura liberdade. "Trabalha-se apenas para usufruir."[67]

O mesmo ocorre na existência pessoal de Rousseau. Para viver, é preciso ter meios de existência. Para viver livre, é preciso que esses meios não obriguem a nada, que a consciência não corra o risco de neles absorver-se irreversivelmente: o melhor trabalho será o mais indiferente, aquele ao qual jamais se terá a tentação de *entregar-se*, aquele, ao contrário, do qual se poderá sempre se recompor para se redescobrir intacto:

> Na independência em que eu queria viver era preciso, entretanto, subsistir. Imaginei para isso um meio muito simples: foi o de copiar música a tanto por página. Se alguma ocupação mais sólida houvesse preenchido o mesmo objetivo, eu a teria escolhido; mas estando essa capacidade ao meu gosto e a única que, sem sujeição pessoal, poderia dar-me o pão de cada dia, a ela me ative.[68]

De fato, Rousseau delineia a suficiência econômica de Clarens segundo o modelo da suficiência do sábio estoico. Mas se o sábio possui em si todos os seus recursos morais, está claro que o domínio de Clarens não pode viver apenas de seus recursos materiais. A hipótese de uma economia quase fechada e contudo próspera é manifestamente inadmissível. É uma quimera sentimental, em que se discerne um forte toque de robinsonismo.

Rousseau, todavia, não crê afastar-se das condições reais que seriam encontradas por uma comunidade fechada, instalada às margens do Léman. Em um ímpeto de imaginação expansiva, ele transpõe o ideal da suficiência do eu para um mito da suficiência comunitária. Rodeado de "criaturas segundo o seu coração", ele multiplica a suficiência solitária da sabedoria para fazer dela a *suficiência de vários* do devaneio consolador. Inventa uma sociedade, e no entanto conserva aquilo que constitui o privilégio essencial da solidão: a liberdade, o sentimento de não depender de nada de exterior a si. Melhor ainda, dá assim a seu desejo de independência uma forma mais acabada: enquanto que, para subsistir, o indivíduo solitário é obrigado a buscar uma contribuição exterior, o mesmo já não ocorre com a comunidade ideal. Concebida como um organismo único no qual todas as partes se completam, imaginada como um eu coletivo, a comunidade trabalha sem sair de si mesma. Robinson precisa lutar para se apropriar de sua ilha; para Wolmar e Julie, a propriedade já está constituída, e se trata apenas de perpetuar ali o equilíbrio da necessidade, da produção e do usufruto. Enquanto todo trabalho compromete o indivíduo com um mundo estranho do qual ele dependerá parcialmente, o trabalho da comunidade permanece puramente *interior*: os meios que ela emprega não a sujeitam a nada de estranho. Sua atividade é instantaneamente refletida em interioridade. O grupo no trabalho não experimenta nenhuma necessidade que o ligue ao resto do mundo, e, em consequência, não empreende nenhum comércio. Ele não vai além da troca. Tendo assegurado sua completa autonomia, a comunidade fechada se coloca diante do resto do mundo como uma pessoa ociosa e perfeitamente livre.

Tudo é coeso em Clarens. A autarcia econômica supõe a unanimidade do grupo social; esta, por sua vez, supõe os corações abertos, a confiança sem sombras. Rousseau concilia todas essas condições ideais, e assegura-lhes a perfeita fusão.

Nada de mais instrutivo, em particular, que certas invenções simbólicas, em que o tema da suficiência se conjuga com o tema da reconciliação entre natureza e cultura.

*O málaga de Julie.* O princípio da suficiência impede qualquer importação de um produto estrangeiro. "Tudo o que vem de longe está sujeito a ser disfarçado ou falsificado";[69] diz o sr. de Wolmar. Para quem decidiu viver na suficiência, o exterior é o domínio da mentira e da ilusão. Só é autêntico aquilo que é fabricado no local, *home made*. Se há verdadeiros prazeres que o mundo exterior pode oferecer, é inútil procurá-los fora. Clarens saberá proporcioná-los igualmente. Julie possui um segredo de fabricação que permite fazer, com a uva local, um vinho que dá a ilusão de ser málaga. É preciso, para isso, forçar um pouco a natureza, violentá-la com a ajuda de uma "parcimoniosa habilidade". É uma mentira? Muito pouco: esse falso málaga é menos mentiroso que aquele que teria sido preciso comprar no estrangeiro. Assim, a arte supre os limites inevitáveis da natureza. Clarens "reúne vinte climas em um só"[70] e se torna um mundo capaz de dispensar o resto do mundo.

*O Eliseu de Julie*. No centro das terras tornadas prósperas pelo trabalho, Julie reservou para si um espaço fechado, um *hortus clausus*, um *locus amoenus*. "A espessa folhagem que o cerca não permite que o olhar ali penetre, e ele está sempre cuidadosamente fechado a chave."[71] O que é esse jardim? Uma obra de arte que dá a *ilusão* da natureza selvagem. Um "deserto artificial". Saint-Preux surpreende-se ingenuamente: "Ali não vejo nenhum trabalho humano". O contrário é que é verdadeiro; o trabalho humano foi tão perfeito que se tornou invisível. Não há nada nesse santuário da natureza que não tenha sido desejado e disposto por Julie: "É verdade; diz ela, que a natureza fez tudo, mas sob a minha direção, e ali não há nada que eu não tenha ordenado". E se não se percebem de modo algum passos humanos, "é que se teve grande cuidado em apagá-los". De resto, todo esse arranjo foi feito "por meio de uma engenhosidade bastante simples", e Julie garante que ele não lhe custou nada. A moral econômica está salva: a arte permaneceu frugal, o lugar é luxuriante mas foi a natureza que se encarregou do luxo. Assim, o *sanctus sanctorum* da família civilizada é um lugar que oferece a imagem da natureza tal como era antes que a civilização a houvesse transformado. "Acreditei ver o lugar mais selvagem, o mais solitário da natureza, e me parecia ser o primeiro mortal que jamais houvesse penetrado nesse deserto." No coração da ilha civilizada de Clarens encontra-se a ilha deserta da distante

Polinésia. A síntese (a sociedade justa) conservou, portanto, aquilo que superou. Por uma feliz ilusão o Eliseu nos faz possuir o que está no começo dos tempos e o que se encontra no fim do mundo. "Ó Tinian! ó Juan Fernandez! Julie, os confins do mundo estão à vossa porta!" Quem doravante desejará viajar? A suficiência de Clarens chega a ponto de reproduzir a perfeita imagem da origem.

Essa natureza assim redescoberta não é, por certo, aquela na qual vive o primitivo, e pela qual ele está em contato imediato pela simples sensação. O Eliseu é uma natureza reconstruída por seres racionais que passaram da existência sensível à existência moral. Para retomar os termos de Schiller, diríamos que essa natureza redescoberta não é mais a natureza "ingênua", mas um simulacro de natureza suscitado pela nostalgia "sentimental" da natureza perdida. Lembremos a passagem de Kant que já citamos: "A arte consumada se torna novamente natureza". Nada de mais *mediato* que essa natureza obtida como um produto da arte humana. Apenas na arte *consumada* o trabalho se apaga e o objeto obtido é uma nova natureza. A obra é mediata, mas a mediação se esvaece e o gozo é novamente imediato (ou provoca a ilusão de ser imediato). Reencontramos aqui mais uma vez a estética de Pigmalião: é preciso que a mais bela das formas produzidas pelo artista não permaneça uma "obra de arte" mas retorne à existência natural, como se o trabalho do escultor jamais houvesse acontecido.

## DIVINIZAÇÃO

Esse êxito é puramente humano, puramente terrestre. É a obra do ateu Wolmar. (Mas é verdade que Julie, convertida à fé cristã, é a alma do pequeno grupo de amigos.) A transparência é reconquistada porque consciências humanas realizaram o esforço da virtude e da confiança. À custa desse esforço, elas não têm nada a esconder. Todos os desejos turvos, todos os impulsos impuros podem ser confessados, pois o próprio ato da confissão é já uma repressão que transmuta a paixão carnal em transparência moral.

Assim se estabelece na terra uma antecipação do Reino de Deus, limitado a um pequeno grupo de eleitos, que experimentam a felicidade da unidade. Pois a presença imediata, a suficiência absoluta, o gozo interno, o poder ordenador são privilégios de Deus: o homem deles se apropria, no momento em que seu conflito essencial se apazigua na síntese. O "pai de família" torna-se, então, semelhante a Deus; está presente em tudo que possui e basta-se a si mesmo. A plenitude do *ter*, para ele, coincide exatamente com a plenitude do *ser*. Ele é tudo aquilo que tem; possui a si mesmo inteiramente em seu domínio. O pequeno mundo que o cerca é seu *sensorium*, como o espaço é o *sensorium* do Deus de Newton. Nada lhe falta e, em consequência, nada de exterior existe para ele. Já não há lugar nele para essa falta de ser que seria o desejo. Se recorre a meios, estes são sempre os mais diretos, e, tão logo empregados, dissipam-se para ceder lugar a laços imediatos. O pai de família não governa os seus subordinados pelo intermédio do dinheiro ou da violência autoritária; obtém sua colaboração pelo laço direto da confiança e da estima, por uma relação imediata entre as consciências (ou, pelo menos, por aquilo que *equivale* à livre persuasão):

> Um pai de família que se compraz em sua casa tem como prêmio dos cuidados contínuos a que aí se dedica o contínuo gozo dos mais doces sentimentos da natureza. Só entre todos os mortais, é senhor de sua própria felicidade, porque é feliz como Deus mesmo, sem nada desejar além daquilo de que goza; como esse Ser imenso, ele não pensa em ampliar suas posses, mas em torná-las verdadeiramente suas pelas relações mais perfeitas e pela direção mais bem entendida; se não se enriquece com novas aquisições, enriquece-se possuindo melhor o que tem. Não gozava senão do rendimento de suas terras, goza ainda de suas próprias terras ao presidir sua cultura e ao percorrê-las incessantemente. Seu domés-

tico lhe era estranho; faz dele seu bem, seu filho, dele se apropria. Se tinha direito unicamente sobre as ações, outorga-o a si mesmo ainda sobre as vontades. Se era senhor apenas à custa de dinheiro, torna-se senhor pelo império sagrado da estima e dos benefícios.[72]

Wolmar não crê em Deus, mas se vê transformado no análogo de Deus, na satisfação meditativa em que se possui e possui tudo aquilo que o cerca. A posse material consumou-se em posse espiritual; o domínio de Clarens é o campo de uma consciência que se reconhece por toda parte idêntica a si mesma. (Wolmar reivindicara já um privilégio divino, quando formulara o voto de tornar-se "um olhar vivo"")

Devemos surpreender-nos de que um ateu se pretenda tão semelhante a Deus? Não há nada aí que seja incompatível com as tendências (confessas ou implícitas) da "filosofia das luzes". Observou-se muitas vezes: as grandes ideias dos Filósofos são, na maior parte, conceitos religiosos laicizados. "Tudo se passa", escreve Yvon Belaval, como se a filosofia do século XVIII "trasladasse para o Mundo os atributos de infinidade de Deus e permitisse trasladar para o homem seus atributos morais."[73]

O ateu Wolmar acredita em um Deus pessoal unicamente para fazer-se seu sucessor na terra. Sente-se na posse de uma prerrogativa divina, porque a perfeita suficiência torna divino aquele que dela usufrui. O que faz o homem semelhante a Deus, para Rousseau, não é jamais o fruto da árvore do conhecimento: é a suficiência, o perfeito repouso da suficiência, ainda que estivesse muito próxima da ignorância, ainda que fosse atenuada até reduzir-se tão somente ao "sentimento da existência". O quinto Devaneio descreve um desses momentos felizes, em que o homem se sente divino não porque estaria em contato com Deus ou porque seria iluminado pelo Ser transcendente, mas porque se basta a si mesmo em seu ser imanente, e realiza assim uma completa analogia com Deus:

De que se goza em semelhante situação? De nada de exterior a si, de nada a não ser de si mesmo e de sua própria existência, enquanto dura esse estado basta-se a si mesmo como Deus.[74]

A felicidade provada por Jean-Jacques, ocioso e solitário às margens do lago de Bienne, formula-se quase nos mesmos termos que a felicidade ativa de Wolmar. Que diferença, dir-se-á, dessa passividade para essa atividade! Apenas, como vimos, uma atividade que não sai do horizonte do eu é o equivalente de uma independência ociosa; a suficiência dá à atividade material de Wolmar o valor de um infinito repouso. Jean-Jacques ocioso e Wolmar ativo têm acesso à mesma divindade.

## A MORTE DE JULIE

Mas ao êxito humano de Wolmar, que se faz semelhante a Deus, opõe-se o movimento de Julie, que vai ao encontro de Deus. A essa felicidade terrestre, que poderia ter sido a conclusão "racional" de *A nova Heloísa*, Rousseau opõe uma segunda conclusão que, por sua vez, é de ordem religiosa.

A aventura não se estabiliza na felicidade idílica da sociedade íntima de Clarens. Julie morre. Essa morte é muito mais que um acidente patético acrescentado para enlutar as belas almas unânimes, como uma cadência em menor depois da cadência em maior. A morte de Julie e sua profissão de fé abrem uma perspectiva "ideológica" bastante diferente daquela que parecia ter encontrado sua consumação no equilíbrio humano de Clarens. É toda a ordem humana que a morte de Julie recoloca em questão. E é toda uma outra descoberta da transparência que ela indica e ilustra.

Sem dúvida, a conclusão trágica da obra nos reconduz ao clima do amor-paixão, que dominou as primeiras partes do romance. A paixão é destrutiva. Saint-Preux pensou muitas vezes em suicidar-se. O arquétipo de Tristão — do qual, segundo

Rougemont,[75] *A nova Heloísa* seria uma retomada no tom burguês — impõe aos amantes obstáculos insuperáveis, que eles só vencem ao se reunir na sepultura. Julie, é verdade, não morre de uma morte de amor, mas por ter cumprido seu *dever* de mãe: Rousseau transpôs para o plano da virtude um ato que, segundo o mito do amor-paixão, deveria ter sido motivado pela vontade de destruição inerente à própria paixão. Uma ambivalência subsiste, contudo. Julie morre por virtude, mas sua morte cumpre um remorso apaixonado de Saint-Preux: "Por que não está morta!".[76]

Sabe-se que Rousseau pensara por um momento em dar um fim trágico ao famoso passeio noturno de Julie e de Saint-Preux no lago: uma borrasca teria feito virar o barco, e o amor impossível teria encontrado sua realização na morte simultânea dos dois amantes. Mas tal desfecho teria feito a dialética do progresso das almas perder todo o seu alcance; o romance teria terminado pelo triunfo da paixão sob sua forma mais devastadora. A catástrofe passional teria feito a aventura regredir até seu ponto de partida: a afirmação do caráter absoluto do amor, cuja única saída é a morte, e que nesse êxtase noturno vê sua consumação mais pura.

Para conservar a paixão que ele supera, Rousseau procura sublimá-la. A morte a dois representa já uma negação da paixão carnal. Depois essa negação deve ser sublimada por sua vez, e a paixão amorosa se regenera, para elevar-se a Deus: salva-se ao se negar, mas assim mesmo a morte religiosa de Julie pode ainda ser uma morte de amor. As últimas palavras que Julie escreve a Saint-Preux são significativas: "Não, eu não te abandono, vou esperar-te. A virtude que nos separou na terra nos unirá na morada eterna".[77] Voltando-se para Deus, Julie não se afastou de seu amante. (O ideal da tríade virtuosa se transporta para o eterno; Deus aí substitui Wolmar no papel do Esposo.)

Um certo número de equívocos persiste. Os termos opostos, paixão e virtude, são realmente reconciliados? A paixão é realmente superada? A síntese realmente ocorreu? E qual é, finalmente, a solidez do acordo entre natureza e cultura, que nos surgira na felicidade "social" de Clarens? Todas essas perguntas devem ser feitas, e a dificuldade que se experimenta em respondê-las faz aparecer o perigo que haveria em aceitar sem reservas uma interpretação "dialética" do pensamento de Rousseau, como aquela que esboçamos. A síntese da natureza e da cultura, tal como a vimos realizar-se em Clarens, foi Kant quem nos sugeriu buscá-la. Rousseau teve claramente a intenção de opor os contrários para reconciliá-los em seguida? Ele nos assegura que seu romance foi um sonho e as dialéticas não são sonhadas... Pôde-se dizer que o estilo de pensamento de Rousseau era bipolar. Ele é animado, igualmente, por uma constante aspiração à unidade. Por sua coexistência, a bipolaridade e o desejo de unidade podem esboçar o movimento de uma dialética, e mesmo conduzi-lo muito longe. Mas as contradições internas e a aspiração à unidade não se articulam e não se ajustam intelectualmente em um "sistema" coordenado. Embora ele próprio confesse que sua natureza é contraditória, Rousseau está longe de conhecer todas as contradições de seu caráter e todas as de seu pensamento. A vontade de unidade não é, portanto, servida por uma perfeita clareza conceitual: é um impulso confuso da pessoa inteira, e não um método intelectual. Seguramente, há nele e em sua obra mais sentido implícito do que ele próprio o sabe. Esse fato, que é verdadeiro para todo escritor, o é eminentemente para Rousseau. "Era preciso Kant para *pensar os pensamentos* de Rousseau",[78] escreve Éric Weil (e acrescentaremos: era preciso Freud para pensar os sentimentos de Rousseau).

A aspiração à unidade permanece perpetuamente insatisfeita: indica a direção de um desejo, e não uma posse certa. Não impede Jean-Jacques de recair nas contradições iniciais. Muitas vezes se tem a impressão de que os contrários se obstinam em sua oposição; o acesso à unidade superior é a utopia continuamente renascente que permite suportar o conflito. Em vez de assistir a um movimento dialético, permanecemos no dilaceramento e na divisão: forças adversas se combatem sem descanso. O desejo, entregando-se ao atrativo simultâneo das tentações contraditórias, quereria poder responder ao apelo do dia e ao da noite, à esperança de uma ordem terrestre e ao êxtase que nega a terra. Quando Jean-Jacques se abandona assim ao fascínio dos extremos, aparece-nos como uma alma inquieta atormentada pelas ambivalências, e não como um pensador que enuncia a tese e a antítese.

*A nova Heloísa* é um romance "ideológico". Mas, para benefício da obra, a busca de uma síntese moral não impede um constante resvalamento na ambivalência passional. É altamente significativo que o êxito voluntário de Wolmar, personagem racional do romance, seja ameaçado pelas ambiguidades psicológicas que o próprio Rousseau não deixou de experimentar, e das quais Saint-Preux e Julie se tornaram os representantes romanescos. Assim, o atrativo do fracasso contrabalança a aspiração à felicidade, o desejo da punição coexiste com a vontade da justificação.

O tema do véu reaparece.

A sociedade íntima de Clarens vive na felicidade e na confiança recíproca: a transparência dos corações seria absoluta se não persistisse um último segredo, um último vestígio de opacidade. Nem tudo é claro no coração de Julie; a radiosa Julie é atormentada por "desgostos secretos"[79] (e aqui, por uma vez, Rousseau confere um valor positivo ao segredo, que aparece como algo de perigoso e de precioso):

> *Um véu* de sabedoria e de honestidade forma tantas sinuosidades em torno de seu coração que já não é possível ao olho humano ali penetrar, nem sequer ao seu próprio.[80]

Essas palavras — embora pronunciadas pelo onisciente Wolmar — significam que o conhecimento total está reservado apenas ao olhar de Deus. É preciso admitir então que, nas relações entre consciências humanas, acaba-se por encontrar limites intransponíveis, que protegem uma parte oculta do ser, inacessível a outros que não Deus. Prepara-se já a afirmação de uma nova "comunicação imediata", infinitamente mais límpida e mais direta, que já não se estabelece entre consciências humanas, mas que une a alma a Deus.

Julie é cristã. A causa de seu "desgosto secreto" é que Wolmar se recusa a crer em Deus. Diante de Wolmar, Julie não esconde sua fé, mas esforça-se em dissimular sua tristeza, sem no entanto conseguir ocultá-la:

> Por mais cuidado que tome sua mulher em disfarçar-lhe sua tristeza, ele a sente e a partilha: não se engana um olhar tão clarividente.[81]

Uma dissimulação exige outra. Wolmar consente em ocultar seu ateísmo aos olhos do povo. (A religião não proporciona ao povo miúdo úteis consolações?) Ele fará os gestos exteriores da religião, como exemplo. "Ele vem ao templo [...] conforma-se aos usos estabelecidos [...] evita o escândalo." Assim, as "aparências" estarão "bem salvas".[82] A bela alma tornou-se hipócrita. Mas que infração ao princípio da franqueza absoluta, que deveria prevalecer a todo momento! Uma aura melancólica circunda os esposos:

> O *véu* de tristeza com que essa oposição de sentimentos cobre sua união prova melhor que qualquer outra coisa a *invencível ascendência de Julie* [...][83]

União e separação simultâneas! A ascendência de Julie é "invencível", mas não deixa de suscitar a tristeza da "oposição". O símbolo do véu não intervém como uma imagem daquilo que separa Julie e Wolmar, mas daquilo que, ao contrário, envolve-os em sua própria união, como uma bruma que lhe esfumasse a luz.

A ambivalência de Jean-Jacques se manifesta na maneira pela qual ele imagina um mundo cujos habitantes vivem *ao mesmo tempo* no sentimento da unidade perfeita e no sentimento da separação. União das consciências; separação das consciências. União com Deus; separação de Deus.

Se Wolmar não é crente, é que "lhe falta a prova interior ou de sentimento".[84] Prova essa que Julie possui. Além disso, ela tem necessidade de viver sob o olhar de uma testemunha transcendente; para cumprir seu dever, precisa remeter-se a um perpétuo Julgamento. A presença de Deus lhe é necessária. E, no entanto, essa presença se esquiva. Suprema ambivalência: Deus está presente por toda parte, Deus está oculto.

"*O próprio Deus velou sua face.*"[85] Julie possui a "prova interior" e mesmo assim se sente separada de Deus. Parece aqui que Rousseau faz coexistir duas doutrinas teológicas dificilmente conciliáveis: de um lado, a revelação imanente de Deus no interior da consciência humana, cujas "faculdades imediatas" bastam inteiramente para reconhecer o *dictamen* divino; de outro lado, a teologia do *Deus absconditus*, que afirma uma separação trágica que apenas a revelação da Escritura e a mediação de Cristo preservam de ser uma ruptura irreparável.

Julie desejaria chegar a Deus por um elo direto. Não consegue isso, e confessa seu fracasso:

> Quando quero elevar-me a ele, não sei onde estou; não percebendo *nenhuma relação entre mim e ele*, não sei por onde alcançá-lo, não vejo nem sinto mais nada, encontro-me em uma espécie de aniquilamento.[86]

Uma comunicação imediata é irrealizável. Fica então a possibilidade de uma relação mediata com Deus. Julie deve consentir em passar "*pela mediação* dos sentidos ou da imaginação". Mas é *a contragosto* (segundo suas próprias palavras) que aceita o caminho mediato:

> Rebaixo *a contragosto* a majestade divina, *interponho entre mim e ela objetos sensíveis*; não a podendo contemplar em sua essência, contemplo-a ao menos em suas obras, amo-o em suas mercês.[87]

É preciso então voltar-se para as criaturas, amar e contemplar Deus através de suas obras: mas Rousseau dá a entender que esse é um último recurso. Tudo que nos é imediatamente sensível é, na realidade, um obstáculo (um véu) entre Deus e nós. Para quem quer que queira "elevar-se à sua origem", tudo aquilo que a sensação e o sentimento nos oferecem imediatamente já não tem valor de imediato, mas se torna, ao contrário, um intermediário interposto, e a clareza da evidência sensível adquire de súbito o sentido de uma opacidade.

Observemos que a contemplação mediata de Deus, segundo Julie, passa pelo mundo, isto é, pelos seres e pelos objetos sensíveis, e não por Cristo, nem pelo Evangelho. Esse Deus oculto que se pode amar em suas obras não é aquele do jansenismo, ele se assemelharia bem mais ao Deus incognoscível do Pseudo--Dionísio, o Areopagita, e ao de são Francisco de Assis, que convidam a alma amante à humilde adoração das criaturas. Deus velou sua face, mas o mundo é uma teofania.

Por mais satisfatória que seja para o espírito a teoria da relação mediata, ela só é aceita a contragosto, pois não é apaziguante para Rousseau, cuja exigência pessoal se volta sempre para o imediato. Diante de qualquer forma de comunicação mediata, como vimos muitas vezes, Rousseau experimenta um mal-estar, uma inquietude: não tem descanso até que consiga dispensar os meios e os intermediários. Rousseau, que é muito capaz de conceber a relação dos meios e dos fins, é incapaz de permanecer no mundo dos meios. Assim, tem pressa em fazer cessar o estado em que Julie se vê constrangida a interpor "objetos sensíveis". Ao morrer, Julie chegará bem-aventuradamente à "comunicação imediata". Ao expirar, liberta do obstáculo da vida carnal, ela vê erguer-se o véu que dissimulava Deus. Segundo um dualismo quase maniqueísta, que separa radicalmente espírito e matéria, a morte provoca a abolição de todos os obstáculos interpostos, o desaparecimento de todos os meios:

> Não vejo absolutamente o que há de absurdo em supor que uma alma, livre de um corpo que outrora habitou a terra,

> possa a ela voltar mais uma vez, vagar, permanecer talvez ao redor daquilo que lhe foi caro; não para nos advertir de sua presença; *ela não tem nenhum meio* para isso; não para agir sobre nós e nos comunicar seus pensamentos; ela não tem poder para abalar os órgãos de nosso cérebro; não igualmente para perceber o que fazemos, pois seria preciso que tivesse sentidos; mas para conhecer ela própria o que pensamos e o que sentimos, por *uma comunicação imediata*, semelhante aquela pela qual Deus lê os nossos pensamentos desde esta vida, e pela qual leremos reciprocamente os dele na outra, pois que o veremos face a face.[88]

Não é aqui o lugar de discutir tudo o que essa profissão de fé comporta de metafísica ousadamente espiritualista. O importante é que aí se veja triunfar o imediato sob sua forma mais absoluta. A alma liberta goza da visão de Deus, e nesse face a face ela própria se torna divina, torna-se semelhante a Deus, já que adquire o poder de ler nos corações, privilégio que até então só Deus possuía. Wolmar se comparava a Deus, e Julie, por sua vez, se faz a anunciadora de sua própria divinização. Pois não apenas encontra enfim o Deus-testemunha que sempre invocou e pelo qual espera ser definitivamente justificada, mas se torna doravante, para aqueles que a ela sobrevivem, uma testemunha transcendente. "Vivamos sempre sob seus olhos",[89] exclamará Claire.

Deus velou sua face, mas Julie transpôs o véu que separa matéria e espírito, vida e morte. Há mais: nas últimas páginas do romance, ao mesmo tempo que Rousseau dá ao véu uma significação metafísica, faz dele também uma realidade física. Sobre o rosto desfigurado de Julie morta, coloca-se "o véu de ouro bordado de pérolas" que Saint-Preux trouxe das Índias. Assim, a morte de Julie, que é um acesso à transparência, representa também o triunfo do véu. Na cadência final do livro, os dois temas opostos, o sujeito e o contrassujeito, amplificam-se e afirmam-se solenemente.

O verbo "velar", o "véu" eram até então apenas expressões metafóricas, destinadas a simbolizar a separação, a opacidade.

O véu adquire agora uma existência material e concreta, adensa-se até tornar-se um objeto real, sem no entanto perder seu poder de significação alegórica. Com exceção das estátuas veladas, que encontramos no centro de duas obras de menor envergadura, estamos aqui diante da única passagem dos escritos de Rousseau em que a imagem do véu é utilizada de uma maneira contínua, voluntária, deliberada; em que o escritor renuncia à semiabstração que caracteriza comumente essa imagem. Agora, o véu deixou de ser uma metáfora episódica e fugidia, para tornar-se uma alegoria consequente. O véu *é* a separação e a morte. Constatando a importância que essa imagem adquire aqui, podemos facilmente concluir em troca que, mesmo nas passagens em que parece convencional, sua presença nunca é indiferente, e que é sempre rica de intenções e de valores simbólicos.

A metáfora do véu passa para a realidade. Mas o faz por etapas sucessivas: pois, antes de ser um objeto concreto, o véu é uma visão de sonho. Sabe-se que ele aparece a Saint-Preux no decorrer de um sonho premonitório, no estilo "romanesco" mais tradicional:

> Eu a vi, eu a reconheci, embora seu rosto estivesse coberto por um véu. Grito; lanço-me para afastar o véu; não pude alcançá-lo, estendia os braços, atormentava-me e não tocava nada. Amigo, acalma-te, me disse ela numa voz fraca. O véu temível me cobre, mão nenhuma pode afastá-lo.[90]

Saint-Preux, que estava a caminho da Itália, retorna a Clarens, em um estado de "letargia" sonambúlica; escuta, de fora, as vozes de Claire e de Julie conversando no Eliseu. E parte sem ter revisto Julie. Como o assinalou Robert Osmont,[91] o símbolo do véu desdobra-se em um novo símbolo: a sebe que cerca o jardim secreto é uma "figura" do véu:

> Ao pensar que não tinha mais que uma sebe e algumas moitas a transpor para ver plena de vida e de saúde aquela que

acreditara não rever jamais, abjurei para sempre meus temores, meu susto, minhas quimeras, e me determinei sem dificuldade a partir novamente, mesmo sem vê-la.[92]

Rousseau multiplica as intenções simbólicas: o véu, que cobrirá o rosto da morta, é um testemunho da separação dos amantes, pois Saint-Preux o adquiriu *no tempo do exílio*, nas Índias distantes. Assim, estabelece-se uma profunda similitude entre o afastamento imposto pelo amor impossível e o afastamento da morte. E, do mesmo modo que o exílio fora a condição de uma perfeita união espiritual, a separação pela morte constitui a promessa de uma reunião absoluta. É preciso que o obstáculo triunfe supremamente de seu lado para que, do outro, o espírito liberto conheça enfim a plenitude extática por tanto tempo desejada. Rousseau nada negligencia para conferir ao véu o caráter do sobrenatural. As "imprecações" de Claire, a atitude dos espectadores impressionados, o contraste intencional entre a matéria preciosa do véu (ouro e pérolas) e as carnes do rosto que começam "a se corromper",[93] tudo indica, com uma insistência um pouco pesada, a presença do mistério, o horror e o fascínio do sagrado.

A felicidade terrestre de Clarens nos aparecera como uma vitória sobre o malefício do véu; mas essa felicidade era frágil, a transparência permanecia imperfeita; para conservar a felicidade era preciso uma tensão virtuosa, uma perpétua resistência à vertigem do desejo sempre renascente; era preciso um constante trabalho a fim de poder bastar-se divinamente; a "sociedade íntima", baseada na liberdade das pessoas e na relação atual das consciências, devia afirmar-se sem descanso contra a ameaça do tempo e do destino (pois tal sociedade, que é menos que uma república e mais que uma família, não pode apoiar-se nem em tradições familiares, nem em instituições legais); enfim, a oposição entre a fé de Julie e a descrença de Wolmar deixava subsistir uma dúvida sobre a própria natureza da transparência: basta uma comunicação benévola entre consciências humanas? É preciso, necessariamente, apelar a uma luz transcendente?

A morte de Julie acarreta a destruição de toda a felicidade social que se construíra em torno dela: seus amigos lhe sobreviverão individualmente, mas a sociedade íntima não sobrevive. Julie chega individualmente ao êxtase da presença diante de Deus; conhecerá sozinha a alegria da "comunicação imediata". O desvelamento supremo diz respeito agora a uma consciência que aparece a sós diante de seu Juiz, ao passo que antes o desvelamento era a missão que se impunha a si mesmo um pequeno grupo de seres humanos decididos a viver na mais estreita comunidade.

Assim, o devaneio de Rousseau apresentou de início, em um movimento de expansão, a amizade sem sombras de uma "sociedade muito íntima"; depois, num movimento de retomada solitária, o impulso pessoal na direção de uma testemunha transcendente, cujo olhar permite à alma saber-se enfim justificada; Rousseau imaginou alternadamente a efusão da confiança e a ruptura com o mundo humano; a síntese racional e a catástrofe sublime; o *agir* do esforço virtuoso e o *laisser faire* da morte exemplar; o perdão difícil dos vivos (perdão que é preciso continuamente reconquistar, continuamente merecer), e o comparecimento diante do Juiz que não condena, mas "fixa" a alma em sua felicidade, lhe dá a plenitude do ser, liberta-a da infelicidade da decisão e do esforço, permite-lhe consentir em si sem se tornar culpada, pois, sob seu olhar de Juiz justificante, a transparência não pode mais ser perdida.

Alternadamente, duas imagens do retorno à transparência nos foram propostas. Qual escolher? E é preciso escolher? O próprio Rousseau termina seu romance de uma maneira que equivale a uma escolha. Entre o absoluto da comunidade e o absoluto da salvação pessoal, optou pelo segundo. A morte de Julie significa essa opção. E veremos que, mais tarde, nos escritos autobiográficos, Jean-Jacques a retoma no que lhe diz respeito.

# CAPÍTULO VI

## OS MAL-ENTENDIDOS

Antes de tornar-se um escritor, Rousseau descobriu a força e a impotência da palavra. Em Bossey, entre os Lambercier, seus protestos de inocência não lhe foram de nenhuma ajuda: "As aparências me condenavam". Em Turim, entre os Vercelli, onde roubou uma fita, ele acusa a pobre Marion, mente com "uma impudência infernal", e os juízes íntegros se deixam levar por sua mentira: "Os preconceitos estavam a meu favor".[1] A palavra não pode nada e pode tudo: é incapaz de vencer as "aparências" mentirosas, e é capaz de inspirar "preconceitos" que resistem vitoriosamente à verdade. Nenhuma palavra pode comunicar o sentimento interior da inocência, ao passo que a ficção encontra crédito com uma estranha facilidade.

A linguagem não é evidente, e Jean-Jacques não fica à vontade quando é preciso falar. Não é senhor de sua palavra, como não é senhor de sua paixão. Não coincide quase nunca com aquilo que diz: suas palavras lhe escapam, e ele escapa a seu discurso. Quando se dirige aos outros, é insipidamente inferior a si mesmo, ou então se lança eloquentemente além de seu natural. Sua linguagem, ele a sente ora paralisada por uma fraqueza intimidada, ora deformada por um excesso "involuntário". Encontramos Jean-Jacques uma vez balbuciante, embaraçado; uma outra vez, cheio de segurança diante dos outros, esmagando com suas sentenças "as pequenas frases de espírito deles" — "como esmagaria um inseto entre os dedos".[2] Mas, a cada vez, não é ele, não é o verdadeiro Jean-Jacques. Inepto ou inspirado, está fora de si, está aquém ou além de si mesmo:

> Tão pouco senhor de meu espírito a sós comigo mesmo, que se avalie o que devo ser na conversação, em que, para falar com presença de espírito, é preciso pensar a uma só vez e de imediato em mil coisas. Apenas a ideia de tantas conveniências das quais estou certo de esquecer pelo menos alguma basta para me intimidar. Nem sequer compreendo como se ousa falar num círculo [...] Na conversa em particular há um outro inconveniente que considero pior: a necessidade de falar sempre. Quando vos falam é preciso responder, e, se não se diz palavra, é preciso reanimar a conversação [...] O que há de mais fatal é que, ao invés de saber calar-me quando não tenho nada a dizer, é então que, para pagar mais cedo minha dívida, tenho o furor de querer falar. Apresso-me em balbuciar rapidamente palavras sem ideias, muito feliz quando elas não significam absolutamente nada.[3]

Jean-Jacques é desajeitado no mundo; não tem o tom nem o senso de oportunidade necessários. O que é grave, para ele, não é ser incapaz de comunicar seus pensamentos ou de sustentar suas ideias, mas a dificuldade que tem em se fazer valorizar a si mesmo. Em um "círculo" do século XVIII, cada um defende suas ideias apenas para defender sua qualidade na opinião dos outros. Jean-Jacques balbucia e sente-se envergonhado: sua nulidade de palavra equivale a uma nulidade de ser. Ele não é nada se não fala, e, quando fala, e para não dizer nada, isto é, para se anular, como se não tomasse a palavra a não ser para se punir de falar.

Então, se Jean-Jacques manifesta tal mal-estar na conversação, é que se trata de sua própria imagem, de seu eu oferecido ao olhar dos outros. Ele desejaria, em cada uma de suas palavras, estar presente em pessoa, e ser reconhecido por aquilo que vale. Pois viver em sociedade, para ele é expor-se a um julgamento implícito que não diz respeito ao que ele diz, mas ao que é: toda palavra inábil diminui Jean-Jacques. E, nas conversações mais indiferentes, o que está em causa não é jamais indiferente, pois que ele aí compromete sua figura.

O mal-entendido que Rousseau teme não diz respeito àquilo de que se fala, mas àquele que fala, ele próprio. Sente ou pressente interiormente seu valor, e não sabe evidenciá-lo. Ora, o sentimento interno de seu valor não lhe basta (se lhe bastasse, teria ele se tornado um escritor?); seu valor só existirá para ele se lhe for confirmado pela admiração de outrem.

Por certo, não aceitará jamais a opinião que os outros têm dele. Não aceitará jamais os valores segundo os quais os outros pretendem julgá-lo. Não quer partilhar nada com eles: pretende impor-se a eles, expor-se aos seus olhos como um ser admirável e singular. Mas o Rousseau balbuciante se mostra inepto, e então *é* realmente inepto, para si mesmo e para os outros: "Querendo vencer ou ocultar minha inépcia, raramente deixo de mostrá-la".[4] Desajeitado, embaraçado, ele não expôs mais que um fragmento de seu caráter: seu sentimento lhe assegura que vale mais que isso, mas os outros já o julgaram, subestimaram-no, subtraíram-lhe o direito de tornar-se ele mesmo, de mostrar uma face diferente. Se lhe dessem tempo, saberia revelar um Jean-Jacques bem diverso, oferecer uma aparência muito outra. Assim, Jean-Jacques se afasta dos "falsos julgamentos" dos outros, mas na esperança de inventar uma outra linguagem que saberá conquistá-los, obrigá-las a reconhecer sua natureza e seu valor excepcionais: "Eu preferiria ser esquecido por todo o gênero humano a ser considerado como um homem ordinário".[5]

Se recusa a opinião de suas testemunhas, Rousseau, no entanto, não pode dispensá-las e renunciar a mostrar-se, pois não é nada se não é publicamente *reconhecido*. Revolta-se contra os julgamentos que o aprisionam nos valores aceitos, ou que o imobilizam na figura que desajeitadamente exibiu. Mas mesmo contestando a validade dos julgamentos exteriores, faz questão, entretanto, de permanecer "em evidência". Não me julgueis, mas não deixeis de me olhar...

Com efeito, Rousseau deseja e teme ser incompreendido. Não quer ser compreendido, na medida em que ser compreendido significa ser acolhido: encontrar um lugar pronto no sistema dos valores “inautênticos” a que o mundo se submete. Não, ele não quer que o reduzam a ser apenas um *homem de letras*, segundo a acepção corrente do termo; o sentimento que Jean-Jacques tem de si mesmo é absolutamente *único*. Enquanto espera que os outros o reconheçam, recusa ser reconhecido como um deles. Quer ser distinguido: “Quando me notam, não fico aborrecido que seja de uma maneira um pouco distinta”.[6] Ainda que essa “maneira um pouco distinta” possa provocar o *escândalo*. Pois o escândalo é preferível a não ter importância para os outros. O fracasso não estaria em ser incompreendido, mas em permanecer ignorado, em ter-se afirmado derrisoriamente, no vazio, em meio à indiferença geral. Jean-Jacques conheceu muitas vezes a decepção de exibir-se inutilmente, de cantar com sua mais bela voz sob janelas que não se abrem. Basta recordar, no início do segundo livro das *Confissões*, a viagem a Annecy: “Eu não via um castelo à direita ou à esquerda sem ir procurar a aventura que estava certo de que ali me esperava. Não ousava entrar no castelo, nem bater; pois era muito tímido. Mas cantava sob a janela que tinha mais aparência, bastante surpreso, depois de me ter esbaforido por muito tempo, de não ver surgir nem damas nem donzelas atraídas pela beleza de minha voz ou pelo sal de minhas canções”.[7]

Na presença dos outros, há mal-entendido. Jean-Jacques não consegue parecer o que seu sentimento lhe assegura que é:

> Não sendo um tolo, muitas vezes, entretanto, passei por sê--lo, mesmo entre pessoas em condição de bem avaliar: tanto mais infeliz quanto minha fisionomia e meus olhos prometem mais, e que essa expectativa frustrada torna mais chocante para os outros minha estupidez.[8]

Como superará ele esse mal-entendido que o impede de se exprimir segundo seu verdadeiro valor? Como escapar aos riscos da palavra improvisada? A que outro modo de comunicação recorrer? Por qual outro meio se manifestar? Jean-Jacques escolhe estar *ausente* e *escrever*. Paradoxalmente, ele se esconderá para melhor mostrar-se, e se confiará à palavra escrita:

> Eu amaria a sociedade como um outro, se não estivesse certo de aí me mostrar não apenas em meu detrimento, mas muito diferente do que sou. O partido que tomei *de escrever* e *de me ocultar* é precisamente o que me convinha. Comigo presente jamais se teria sabido o que eu valia.[9]

A confissão é singular e merece ser sublinhada: Jean-Jacques rompe com os outros, mas para se apresentar a eles na palavra escrita. Elaborará e reelaborará suas frases à vontade, protegido pela solidão. Dará à sua ausência o sentido mais forte: a verdade está ausente dessa sociedade, dela estou ausente também, *sou*, portanto, a verdade ausente; ao opor aos outros o valor de meu eu, oponho-lhes a universal autoridade da natureza, que desconhecem. Aos olhos daqueles que vivem na confusão espiritual, a verdade é escandalosa e sedutora: eu serei esse escândalo e essa sedução.

Para que se saiba enfim o que vale, Jean-Jacques se afasta e se põe a compor livros, música... Confia seu ser (sua personalidade) a um parecer de uma outra espécie, que não é mais seu corpo, seu rosto, sua palavra concreta, mas a mensagem patética de um ausente. Compõe, assim, uma imagem de si mesmo, que se imporá aos outros ao mesmo tempo pelo prestígio da ausência e pela vibração da sentença escrita. Pois Jean-Jacques, sonhador apaixonado, sabe por experiência que nada é fascinante como uma presença que se impõe na e pela ausência. "Salvo o Ser existente por si mesmo, não há nada de belo que não aquilo que não é."[10] Tomando "o partido de escrever e de se ocultar", Jean-Jacques procura realizar a transmutação que lhe dará, aos olhos dos outros, a beleza "daquilo que não é".

Escrever e ocultar-se. Fica-se surpreso com a igual importância que Rousseau dá a esses dois atos. Mas um não vai sem o outro. Ocultar-se sem escrever, seria desaparecer. Escrever sem se ocultar seria renunciar a proclamar-se diferente. Jean-Jacques só se exprimirá se escrever *e* se ocultar. A intenção expressiva está em um e no outro gesto, na decisão de escrever e na vontade de solidão. Ao romper com os outros, Rousseau entende significar-lhes que sua alma não é feita para os prazeres comuns. O gesto da separação fala tanto quanto o próprio texto (daí a necessidade em que nos encontramos de levar igualmente em conta o pensamento de Rousseau e sua biografia).

O ato de escrever visa a um resultado que não pode ser escrito, um objetivo que está fora da literatura. Seus leitores se enganam quando pretendem entabular com ele um debate de ideias. Seus críticos se equivocam quando discutem suas qualidades de escritor. Não se trata disso; trata-se de ser reconhecido como uma "bela alma", trata-se de provocar a efusão de uma *acolhida* que não se lhe havia concedido quando se apresentara em pessoa. Ele se teria dispensado de escrever, e mesmo de falar, se essa acolhida tivesse sido possível a um primeiro olhar.

## O RETORNO

Jean-Jacques se esconde, escreve, mas para criar as condições de um *retorno*, que reparará a decepção da acolhida frustrada. A ruptura só terá ocorrido, portanto, na esperança de um retorno mais comovente, e Jean-Jacques só terá passado por um "circuito de palavras" para se reapresentar diante dos outros e pedir-lhes para ser saudado segundo seu verdadeiro valor.

De fato, o problema da acolhida e do retorno não determina apenas a vocação de escritor de Rousseau; esse é um tema que se encontra no próprio interior de sua obra e que comanda o seu comportamento pessoal em um número muito grande de circunstâncias. Estamos em presença de uma conduta-arquétipo, que ele não cessa de viver e de imaginar: na falta da acolhida espontânea, Jean-Jacques agrava o mal-entendido até fazer dele uma situação de ruptura; mas é para superar em seguida essa ruptura, na efusão de um retorno patético, em que as pessoas se abraçam mutuamente, perdoando e pedindo perdão. Poder-se-ia, nessa perspectiva, completar a análise de *A nova Heloísa*: Saint-Preux é um estranho acolhido, antes mesmo que a ação tenha começado. Uma fantasia da acolhida constitui, assim, a pressuposição fundamental do livro: o romance se desenvolverá em uma série de rupturas e de retornos. Reconciliações e "esclarecimentos" depois dos mal-entendidos e das suspeitas injustificadas (ver, em particular, o episódio da querela e da provocação em duelo, entre Édouard e Saint-Preux). Viagens de longo percurso, nas quais se cumpre o sacrifício da paixão, mas que tornarão mais perturbador o momento do reencontro. Cada progresso da transparência dos corações pressupõe um obscurecimento momentâneo, que será atravessado pelo deslumbramento de um retorno. Morrer, para Julie, é retornar à fonte de seu ser. E, como para acentuar ainda mais o símbolo místico, Rousseau faz coincidir a morte de sua heroína com o retorno arrependido do marido da criada Fanchon...[11]

O quinto livro do *Emílio* nos mostra, sucessivamente, a acolhida, as separações, os retornos. A continuação do *Emílio* (*Os solitários* [*Les solitaires*]) vai tornar ainda mais trágica a separação, mais comovente o retorno. O primeiro encontro de Emílio e de Sophie é significativo: perdidos no campo, surpreendidos pela chuva, Emílio e seu preceptor pedem hospitalidade em uma casa desconhecida. São generosamente acolhidos por uma família modelo... O sonho de acolhida exprime-se aqui sob sua forma mais ingênua, mais adolescente: a hospitalidade oferecida, o abrigo caloroso em que se restabelecem de suas fadigas, em que se recebe uma simples e saborosa refeição, e onde se encontra de súbito o olhar da moça pura que espera Telêmaco. A felicidade está nesse retiro rústico, que oferece a promessa de uma longa existência, frugal mas prazerosa, calma mas apaixonada. Uma nova era da vida começa: Emílio nasce para o amor. Ao redor desse retiro irradiam-se passeios a dois (ou a três). Mas logo sobrevêm breves querelas, que oferecem o pretexto para "doces reconciliações". Depois vem uma separação mais grave: o preceptor quer que Emílio conheça o mundo e as instituições políticas de diversas nações. Eles viajarão, mas deixarão Sophie no campo. Assiste-se a uma separação com lágrimas. (O preceptor encontra um secreto prazer nas lágrimas que faz derramar: mas não tivemos de esperar o quinto livro do

*Emílio* para descobrir o sadismo do preceptor.) A separação terá fim e se assistirá ao "delírio" de uma volta. A idade de ouro "parece já renascer ao redor da casa de Sophie".[12] Pois retornar é verdadeiramente repatriar-se a uma origem profunda. Aí estão os jovens casados, mas sua felicidade está estabilizada? Não. Se se deixa a Jean Jacques a liberdade de imaginar a vida conjugal, é um sem-fim de separações e de retornos. Instalados em Paris, Emílio e Sophie sofrem a influência corruptora da grande cidade; tornam-se estranhos um para o outro. "Já não éramos um."[13] Sophie é infiel. Emílio se afasta; ele morre para o seu passado, bebe "a água do esquecimento".[14] Na solidão, vai renascer para si mesmo. É mais uma vez um retorno, mas um retorno a si; o passado, o futuro, os outros não existem mais:

> Procurei colocar-me inteiramente no estado de um homem que começa a viver. Dizia-me que, com efeito, jamais fazíamos senão começar, e que não há absolutamente outra ligação em nossa existência que não uma sucessão de momentos presentes, na qual o primeiro é sempre aquele que está em ato.[15]

Mas o retorno ainda não é nada se não é completado pela reconciliação das almas separadas. Emílio reencontrará Sophie, saberá que sua culpa era involuntária: um encontro inesperado e um reconhecimento ocorrerão no clima paradisíaco de uma ilha deserta. O romance é inacabado, mas desde o seu início anuncia-nos a embriaguez do retorno: "De que têmpera única deve ter sido uma alma que pôde retornar de tão longe a tudo aquilo que foi anteriormente!".[16] Somos tranquilizados de imediato: a longa provação terá, também ela, uma conclusão enternecedora.

Na vida, há um problema da acolhida: como aceitar a acolhida sem alienar sua liberdade, sem depender do anfitrião generoso? Como ser acolhido na igualdade? Pois, para que a acolhida seja pura, não deve comportar nenhum laço material, não deve acarretar nenhum dever de reconhecimento. Deve significar a união imediata das almas, que se sabem superiores e que reconheceram sua semelhança. Jean-Jacques vai deixar-se convidar para a casa do marechal de Luxemburgo? Ele hesita. Poderá viver na presença imediata de seu amigo? Não deverá sofrer um número demasiado grande de *intermediários*?

> Esse projeto é certamente um daqueles que meditei por mais tempo e com a máxima complacência. Entretanto, foi preciso sentir no final, a contragosto, que ele não era bom. Eu pensava apenas na afeição das pessoas sem levar em consideração os intermediários que nos teriam mantido afastados [...][17]

Mas ao menos uma vez o sonho da acolhida se realizou. A sra. de Warens, a acolhedora, a muito acolhedora, encontrou-se em seu caminho. Bastou um rápido olhar, uma carta apresentada: ela sorriu, reconheceu Jean-Jacques e o recolheu:

> Era o dia de Ramos do ano 1728. Corro para segui-la: vejo-a, alcanço-a, falo com ela [...] Devo lembrar-me do local; muitas vezes, depois, molhei-o com minhas lágrimas e o cobri com meus beijos. Se pudesse cercar com um balaústre de ouro esse feliz lugar! Se para ali pudesse atrair as homenagens de toda a terra! Quem quer que ame honrar os monumentos da salvação dos homens, dele só deveria aproximar-se de joelhos.
>
> Era uma passagem atrás de sua casa, entre um riacho à direita, que a separava do jardim, e o muro do pátio à esquerda, que conduzia por uma falsa porta à igreja dos Cordeliers. Prestes a entrar por essa porta, a sra. de Warens voltou-se à minha voz. O que foi feito de mim a essa visão! Eu imaginara uma velha devota bem carrancuda [...] Vejo um rosto feito de graças, belos olhos azuis cheios de doçura, uma tez deslumbrante, o contorno de um colo encantador. Nada escapou à rápida olhadela do jovem prosélito; pois me

tornei o seu imediatamente; certo de que uma religião pregada por tais missionários não podia deixar de levar ao paraíso. Sorrindo, ela pega com mão trêmula a carta que lhe apresento, abre-a, dá uma olhada na do sr. de Pontverre, volta à minha, que lê inteira, e que teria relido mais uma vez, se seu lacaio não a houvesse avisado de que era tempo de entrar. "Ah! meu filho", disse-me ela num tom que me fez estremecer, "eis-vos bem jovem correndo o país; é pena, na verdade." Depois, sem esperar minha resposta, acrescentou: "Ide esperar-me em minha casa; dizei que vos deem almoço: depois da missa irei conversar convosco".[18]

A cena, tal como se recompõe na memória de Jean-Jacques, não comporta quase nenhuma palavra de sua parte: ele se exprimiu em sua carta e, consequentemente, livrou-se da preocupação com a linguagem, o espaço está livre para a troca de olhares. "A simpatia das almas", precedendo qualquer explicação, só teve necessidade, para manifestar-se, da "olhadela" da "primeira entrevista".[19] A sra. de Warens nem sequer espera a resposta de Jean-Jacques; era necessário falar para responder? Sua verdadeira resposta está inteira no *estremecimento* despertado pelo tom e pela voz da sra. de Warens — essa "voz argentina da juventude"...

Ele afastou-se, vagueou; mas essa ruptura é compensada por um miraculoso retorno:

> Como batia-me o coração ao aproximar-me da casa da sra. de Warens! Minhas pernas tremiam, *meus olhos se cobriam de um véu*, eu não via nada, não escutava nada, não teria reconhecido ninguém; fui obrigado a parar várias vezes para respirar e recobrar meus sentidos [...] Mal surgi aos olhos da sra. de Warens e *seu ar me tranquilizou*. Estremeço ao primeiro som de sua voz, precipito-me a seus pés, e, nos arrebatamentos da mais viva alegria, colo minha boca sobre sua mão.[20]

O véu se dissipa, então, imediatamente: Jean-Jacques entra em um período que marca para ele o retorno da transparência. Traz à sra. de Warens um coração "aberto diante dela como diante de Deus".[21] Redescobriu a felicidade que perdera em Bossey: viver sob o olhar de uma pessoa divina (ou divinizada), ser ele mesmo "de modo puro e sem obstáculos",[22] sem preocupação com *meios*:

> Entregava-me tanto mais ao doce sentimento de bem-estar que sentia junto dela quanto esse bem-estar de que gozava não era cortado por nenhuma inquietação sobre os meios de sustentá-lo.[23]

No texto inacabado do décimo Passeio, é significativo ver Jean-Jacques (cinquenta anos depois da primeira entrevista de Annecy) contar a si mesmo a felicidade do primeiro retorno:

> Ela me afastara. Tudo me chamava de volta a ela, foi preciso retornar. *Esse retorno fixou meu destino.*[24]

Mas Jean-Jacques continua atormentado por seu "desejo de ir e vir", e as outras voltas serão mais decepcionantes. Depois da viagem a Lyon, onde acompanhou e abandonou o pobre sr. Le Maître, Jean-Jacques — que partira muito alegremente — é obsedado pela ideia do retorno:

> Nada me agradava, nada me tentava, não tinha desejo por nada a não ser por retornar para junto de mamãe [...] Voltei, então, logo que isso me foi possível. Meu retorno foi tão rápido e meu espírito estava tão distraído que, embora me lembre com tanto prazer de todas as minhas outras viagens, não tenho dessa a menor recordação. Não me lembro de absolutamente nada [...]
>
> Chego e não a encontro mais. Avalie-se minha surpresa e minha dor.[25]

Mas a última volta! Depois da longa consumpção hipocondríaca, depois da sra. de Larnage, depois de Montpellier, Jean-Jacques volta às Charmettes todo pleno de um entusiasmo de virtude. Tomou resoluções. Saberá dominar doravante seus impulsos de partida e de fuga. É outra pessoa. Mais uma vez a ideia do retorno acha-se ligada à ideia de um novo nascimento, e Jean-Jacques regressa para renascer junto de mamãe: "Tão logo tomei minha resolução, tornei-me um outro homem ou melhor, tornei-me aquele que era antes". Retorno a si, retorno a mamãe, "retorno ao bem". Mas desta vez, aí, a *festa* do retorno não acontece:

> Queria provar em todo o seu encanto do prazer de revê-la. Preferia adiar um pouco para a ele acrescentar o de ser esperado. Essa precaução sempre tivera bom resultado. Sempre vira marcar minha chegada por uma espécie de pequena festa: não a esperava menos dessa vez e essas solicitudes que me eram tão sensíveis bem valiam a pena de ser economizadas.[26]

O lugar está ocupado pelo aprendiz de cabeleireiro Vintzenried. Ao invés do deslumbramento da volta, o mundo se obscurece. E, numa passagem exatamente paralela àquela que evocava o campo de Bossey tornado deserto e sombrio, Jean-Jacques agora diz adeus à felicidade de sua juventude, como dissera adeus à felicidade de sua infância:

> Era preciso conhecer meu coração, seus sentimentos mais constantes, mais verdadeiros, aqueles sobretudo que me *reconduziam* nesse momento para junto dela. Que viva e completa perturbação de todo o meu ser! Ponham-se no meu lugar para avaliá-la. Em um momento vi dissipar-se para sempre todo o futuro de felicidade que imaginara. Todas as doces ideias que acariciava tão afetuosamente desapareceram; e eu, que desde a minha infância só sabia ver minha existência com a sua, me vi só pela primeira vez. Esse momento foi

horrível: os que o seguiram foram sempre sombrios. Eu era jovem ainda: mas esse doce sentimento de gozo e de esperança que vivifica a juventude me abandonou para sempre. Desde então o ser sensível esteve semimorto. Diante de mim vi apenas os tristes restos de uma vida insípida, e, se algumas vezes ainda uma imagem de felicidade roçou meus desejos, essa felicidade já não era aquela que me era própria, eu sentia que ao obtê-la não seria realmente feliz.[27]

Um retorno feliz fixara seu destino; agora, um retorno frustrado decide para sempre da privação da felicidade. (Levemos em conta uma tendência que Rousseau manifesta no decorrer de todo o relato das *Confissões*: a necessidade de atribuir a certos acontecimentos um valor fatal, que marca o início de uma infelicidade e de um feitiço catastrófico. *Aqui começa* é uma fórmula que encontramos passo a passo; designa a cada vez uma entrada solene no reino da infelicidade, como se Jean-Jacques houvesse tido, no intervalo, o tempo de esquecer um malefício anterior.) Por certo, o desejo do retorno só adquire tal importância, nas relações entre Jean-Jacques e a sra. de Warens, porque existe ao mesmo tempo uma intensa vontade de afastamento e de separação. A intimidade demasiado grande assusta Rousseau. Ele quer a presença em uma semiausência. Quer a separação para ter a alegria da volta. Quanto mais longa for a separação, mais doce a reconciliação. Jean-Jacques, depois de ter sido suplantado por Vintzenried, tenta voltar ainda uma vez, com o coração pleno de perdão e de amor, pleno sobretudo de censuras em relação a si mesmo:

Cem vezes fui violentamente tentado a partir imediatamente e a pé para *retornar para junto dela*; desde que a revisse mais uma vez ficaria contente de morrer no mesmo instante. Enfim não pude resistir a essas lembranças tão ternas que me chamavam para junto dela a qualquer preço que fosse. Dizia a mim mesmo que não fora bastante paciente, bastante complacente, bastante carinhoso, que podia ainda viver feliz em uma amizade muito doce empenhando-me nisso mais do que o fizera. Concebo os mais belos projetos do mundo, ardo por executá-los. Abandono tudo, renuncio a tudo; parto; voo, chego com todos os arrebatamentos de minha primeira juventude, e me encontro novamente a seus pés. Ah, teria morrido de alegria se houvesse encontrado em sua acolhida, em suas carícias, em seu coração, enfim, um quarto do que aí encontrava outrora, e que eu para ali levava ainda.

Terrível ilusão das coisas humanas! Ela me recebeu sempre com seu excelente coração que não podia morrer senão com ela: mas eu vinha procurar o passado que já não existia e que não podia renascer. Mal havia ficado meia hora com ela e senti minha antiga felicidade morta para sempre.[28]

Mesmo fracasso quando Rousseau quiser voltar a Genebra. Teria desejado ali encontrar o que buscava em cada uma de suas voltas para junto de mamãe: o enternecimento de uma "pequena festa". Isso não começa muito mal; mas ele logo descobre novamente que seu "lugar está ocupado". Como o cabeleireiro Vintzenried na cama da sra. de Warens, o "polichinelo Voltaire" está instalado em Genebra. Um outro roubou-lhe a festa. São os próprios termos que Rousseau emprega para se queixar: "Se J.-J. não fosse de Genebra, Voltaire ali teria sido menos *festejado*".[29] Ele o dirá diretamente a Voltaire: "Não vos amo absolutamente, senhor; fizestes-me os males que me podiam ser os mais sensíveis, a mim, vosso discípulo e vosso entusiasta. Perdestes Genebra à custa do refúgio que aí recebestes. Alienastes de mim meus concidadãos à custa dos aplausos que vos prodiguei entre eles: sois vós quem me tornais a estada em meu país insuportável; sois vós quem me fareis morrer em terra estranha, privado de todos os consolos dos agonizantes, e lançado, por toda honraria, a um monturo".[30] O retorno ou a morte! Mas na falta do retorno, e em vez da morte, há a literatura. O exílio é favorável ao livro. "Tomei o partido de escrever e de me ocultar." A *Carta a d'Alembert*, as *Cartas da Montanha* são retornos (ternos ou fulgurantes) à cidade natal. E Jean-Jacques se convencerá de que a distância é a própria condição da ação política mais eficaz: "Quando se quer consagrar livros ao verdadeiro bem da pátria é preciso absolutamente não os compor em seu seio".[31]

O mesmo acontece entre Jean-Jacques e seus amigos: desde que sobrevém o menor mal-entendido, ele se recolhe em si mesmo e se afasta. Mais ainda, trabalha ativamente em adensar o mal-entendido; acumula as queixas, as reprovações, as suspeitas; suas cartas são longos lamentos dirigidos ao amigo culpado. Jean-Jacques quer saber-se amado, e, para obter essa certeza, para obrigar o amigo a lhe desvelar o coração na efusão ardente do retorno, multiplica as denegações desiludidas. Não! vós não me amais, não me compreendeis, tomastes-vos estranho a mim. Espera impacientemente que o tranquilizem, que o repreendam, que o punam mesmo por ter duvidado. Jean-Jacques está pronto a pedir perdão. Sentirá uma alegria humilhada, que é da ordem do prazer que experimentou pela primeira vez por ocasião da sova nas nádegas administrada pela srta. Lambercier. "Estar nos joelhos de uma mestra imperiosa, obedecer às suas ordens, ter perdões a pedir-lhe eram para mim gozos muito suaves."[32] Esse é o tratamento que Jean-Jacques pede expressamente à sra. d'Épinay:

> Usais de demasiadas deferências comigo e me tratais muito suavemente. Muitas vezes tenho necessidade de ser mais admoestado que isso, um tom de repreensão me agrada muito quando o mereço; creio que seria homem de considerá-lo como uma espécie de adulação da amizade.

E Rousseau descreve a cena ideal com que sonha, em que carícias e punições se confundem:

> Eis o que desejo que meu amigo faça [...] Quero que me acarinhe muito, que me beije muito; compreendeis, senhora? Em uma palavra, que comece por me acalmar, o que

seguramente não será demorado: pois jamais houve incêndio no fundo de meu coração que uma lágrima não pudesse apagar. Então, quando estivesse enternecido, acalmado, envergonhado, confuso, que me repreenda bastante, que me diga as verdades, e certamente ele ficará contente comigo.[33]

Os exemplos desse comportamento se oferecem em quantidade na *Correspondência* de Rousseau. Muito frequentemente, a manobra é bem-sucedida; Jean-Jacques recebe a confirmação que esperava: é amado, estimado, não foi esquecido, suas queixas eram injustas. Assim, à morte do marechal de Luxemburgo, Rousseau escreve à viúva uma carta de condolências estranhamente egocêntrica, em que se compadece de si mesmo:

[...] A vosso exemplo, ele me esquecera. Ai! que fiz eu? Qual é o meu crime, senão o de vos ter amado a ambos em demasia, e de me ter predisposto, assim, aos pesares por que sou consumido?[34]

O injusto reproche provoca a resposta tranquilizadora: "Ele vos amava, vo-lo repito, sim, ele vos amava de todo o coração, e asseguro-vos que vosso afastamento de Paris é uma das coisas que lhe causaram mais desgosto e mais mal".[35] São as próprias palavras que Rousseau desejava ouvir, é a certeza de que precisava. Uma felicidade enternecida o invade, transformando o luto em um deleite narcísico:

Como meu estado era horrível e como vossa carta aliviou-me! Sim, senhora Marechala, a certeza de ter sido amado pelo sr. Marechal, sem me consolar de sua perda, abranda a amargura e faz suceder ao meu desespero lágrimas preciosas e doces.[36]

Quanto mais viva é a queixa, em Rousseau, mais precisa é a antecipação do momento delicioso do esclarecimento. Assim, a propósito de Diderot:

> Uma palavra, uma única palavra de doçura me fazia cair a pena da mão, as lágrimas dos olhos, e eu estava aos pés de meu amigo.[37]

E, na grande carta a Hume, tudo desemboca na evocação de uma cena perturbadora, em que Hume viria ao seu encontro, trazendo-lhe a prova de sua inocência, libertando-o "dessa dúvida funesta". Jean-Jacques teria experimentado uma suprema felicidade em implorar misericórdia:

> Sou o mais infeliz dos humanos se sois culpado; sou o mais vil deles, se sois inocente. Vós me fazeis desejar ser esse objeto desprezível. Sim, o estado em que me veria, prosternado, calcado aos vossos pés, suplicando misericórdia e fazendo tudo para obtê-la, clamando em voz alta minha indignidade, e prestando às vossas virtudes a mais notória homenagem, seria para o meu coração um estado de extravasamento e alegria depois do estado de sufocação e de morte em que me pusestes.[38]

De fato, Rousseau já representara essa grande cena, mas a representara sozinho, sem que Hume compreendesse, sem a menor resposta, sem o menor movimento de sensibilidade da parte do escocês; estranha cena, em que Rousseau estremece de terror ao encontrar o olhar de seu anfitrião, depois, antes mesmo de haver pronunciado uma única palavra, lança-se aos soluços nos braços do "bom David" (que nada entende):

> Logo um violento remorso me toma; indigno-me comigo mesmo; enfim, num arrebatamento de que me lembro ainda com delícias, lanço-me ao seu pescoço, aperto-o estreitamente; sufocado de soluços, inundado de lágrimas, clamo numa voz entrecortada: Não, não, David Hume não é um traidor; se não fosse o melhor dos homens, seria preciso que fosse o mais odioso [...][39]

Essa cena reproduz, com algumas diferenças de detalhe, aquela em que Saint-Preux implora o perdão de Milord Édouard. Rousseau se comporta segundo o modelo romanesco de que é o autor: "Precipitei-me a seus pés, e com o coração carregado de admiração, de remorso e de vergonha, estreitei seus joelhos com toda a minha força, sem poder proferir uma única palavra".[40] Mas Rousseau repete em vão a demonstração comovente: no máximo, será um simulacro de retorno, uma reconciliação imperfeita, em que o amigo é devolvido apenas por um breve instante, depois do que o véu e o mal-entendido se interpõem novamente. As tentativas inquietas, pelas quais Rousseau procurava provocar a certeza de ser amado, resultam em fim contrário. Ele agravava a separação, na esperança de precipitar a brusca reviravolta em que a distância é abolida e em que a confiança perfeita renasce. Queria que a ruptura se acentuasse até os limites do intolerável, para que daí resultasse a catástrofe deliciosamente humilhante em que o inimigo imaginado torna-se um amigo redescoberto: afastava-se dolorosamente até o extremo do mundo, até as mais negras profundezas da noite, para ver de súbito jorrar a luz da presença reparadora. Mas a espera permanece vã, é preciso contentar-se com repastos imaginários. (Tal é a ação que se desenvolve entre o primeiro e o terceiro *Diálogo*: é a história de um retorno. O Francês reconhece a inocência de Jean-Jacques, e seu retorno prefigura aquele, mais tardio, de todos os que a desconhecem ainda: "Tudo foi utilizado para prevenir e impedir esse retorno: mas, por mais que se faça, a ordem natural se restabelece cedo ou tarde".[41] Ora, precisamente, Jean-Jacques está reduzido a narrá-lo longamente a si mesmo: é uma bela quimera com a qual lhe agrada entreter-se.)

Rousseau é capaz dessas reviravoltas instantâneas, desses retornos deslumbrados. Mas os outros, voltam para ele sinceramente? Por muito tempo? Não será preciso provocá-los constantemente? Não será preciso afastar-se constantemente para fazê-los voltar? São tão rápidos em se afastar, em olhar para outra parte e em decepcionar a exigência absoluta de Jean-Jacques: "Fico indignado sobretudo quando o primeiro a chegar os compensa de mim".[42] Os outros interpretam sempre mal: veem um homem que se encerra na desconfiança, um misantropo perdido de amargura; não percebem (ou nem sempre) a chantagem de um coração que quer obter a "certeza de ser amado". Nenhum mal-entendido se apaga: os obstáculos, as suspeitas, as palavras cruéis terão sido acumulados; permanece apenas a ruptura, e, em vez de a distância esvaecer-se como resultado de seu excesso, assiste-se a um afastamento sem retorno. Os outros desconfiam desse louco. Ele se encerra numa separação e numa solidão irreparáveis. Aí encontra mesmo uma espécie de quietude, em que se sente liberto da preocupação com o futuro: seu destino está "*fixado sem retorno*", ele renunciou "ao erro de *contar com um retorno do público*, mesmo em uma outra época [...]".[43]

Não faltam exemplos, na obra de Rousseau, em que o tema do retorno se liga explicitamente ao mito da opacidade e da transparência. Afastar-se é desejar e padecer a noite, a opacidade. Depois a alegria do retorno restabelece miraculosamente uma nova transparência. Releiamos, no segundo livro do *Emílio*, o episódio da criança que quebra as janelas de seu quarto. Prestemos atenção ao valor simbólico da *vidraça*, e à significação não menos simbólica do castigo pela escuridão. Está claro que Rousseau participa da aventura; talvez até se identifique com a criança punida, para viver com ela a alegria do retorno à luz:

> Ele quebra as janelas de seu quarto: deixai o vento soprar sobre ele noite e dia [...] Afinal mandais consertar as vidraças; sempre sem dizer nada: ele as quebra novamente. Mudai então de método [...] Vós o encerrareis no escuro em um lugar sem janela. A esse procedimento tão novo ele começa por gritar, esbravejar; ninguém o escuta. Logo ele se cansa e muda de tom. Queixa-se, geme; um criado se apresenta, o rebelde lhe pede que o liberte. Sem procurar pretexto para não fazer nada, o criado responde: *Também tenho vidraças a conservar*, e se vai. Enfim, depois que a criança tiver permanecido ali várias horas, tempo bastante para ente-

diar-se e lembrar-se disso, alguém lhe sugerirá propor-vos um acordo por meio do qual vós lhe restituiríeis a liberdade, e ele não quebraria mais vidraças; ele não pedirá mais nada. Mandar-vos-á rogar que venhais vê-lo, vós vireis, ele vos fará sua proposta, e vós a aceitareis imediatamente, dizendo-lhe: é muito bem pensado, nós dois ganharemos com isso, como não tivestes mais cedo essa boa ideia! E depois, sem lhe pedir protesto nem confirmação de sua promessa, vós o abraçareis com alegria e o conduzireis imediatamente ao seu quarto.[44]

Variante pedagógica do retorno, mas onde não faltam nem o sadismo da ruptura, nem os abraços da reconciliação. A sucessão dos acontecimentos repete, de uma maneira espantosamente fiel, o mesmo esquema "psicodinâmico", a mesma dialética ternária: mal-entendido, separação voluntária, abraço reparador.

### "SEM PODER PROFERIR UMA ÚNICA PALAVRA"[45]

A alegria do retorno é intensa e silenciosa. A palavra cessa. Saint-Preux lança-se aos pés de Milord Édouard "sem poder proferir uma única palavra". Jean-Jacques espera receber o sinal ("uma palavra, uma única palavra de doçura") que o fará calar-se e lhe fará *cair a pena das mãos*. Em todas as cenas que acabamos de citar, o essencial é dito por outras vias que não a linguagem convencional: por ocasião da acolhida da sra. de Warens, tudo se decidiu "na primeira palavra, no primeiro olhar", antes de qualquer explicação verbal; Jean-Jacques fala com Hume somente depois de se ter convulsivamente lançado ao seu pescoço. A acolhida ideal, o retorno ideal se produzem aquém ou além da linguagem: ainda não se falou, ou já se disse tudo e não resta mais que estreitar o amigo redescoberto.

Jean-Jacques tomou o partido de escrever e de se ocultar; mas escreve apenas na espera do momento maravilhoso em que a palavra se torna inútil, e esconde-se apenas na esperança do instante em que lhe bastará mostrar-se. No espírito de Rousseau, o "circuito de palavras" é verdadeiramente um circuito, pois que deve levar a um ponto que se assemelha ao momento primeiro em que a palavra ainda não ocorreu. O retorno ideal apaga os mal-entendidos; apaga os próprios "esclarecimentos" que se acumularam na linguagem escrita: é um novo nascimento, uma "regeneração", um recomeço, um despertar. A linguagem, sob a pena de Rousseau, negava o mundo dos outros: eu não sou como vós, não reconheço vossos valores. Mas o momento do retorno nega essa linguagem negadora; a ausência, o exílio na literatura se convertem em uma presença silenciosa, em que Jean-Jacques se oferece tal como é, ou seja, tal como se construiu pela ausência e pela literatura. Todas as palavras se anulam; então subsiste, no estado *puro*, o que a linguagem queria provar: a inocência, a verdade, a unicidade de Jean-Jacques. Pelo discurso, ele se fez tal que possa ser reconhecido fora de todo discurso, em um "arrebatamento" em que o sentimento basta-se plenamente a si mesmo.

A genuflexão, o abraço, os soluços revelam tudo sem o auxílio de nenhuma palavra. Não que a palavra aí não intervenha jamais, mas ela aí intervém apenas por acréscimo, sem ter por função traduzir claramente o que irrompeu fora da linguagem. Tudo é dito pela própria emoção, e a palavra é apenas seu eco aleatório. Daí o caráter exclamativo, assintático, incoordenado dessa palavra desfeita, que já não precisa organizar-se em discurso, porque não desempenha mais o papel de intermediário e porque não é mais o *meio* indispensável da comunicação. (Lembremos, na terceira carta a Malesherbes, "a embriaguez atordoante" em que Jean-Jacques não pode senão clamar: "Ó grande Ser!". Lembremos também a prece da pobre velha que só sabia dizer: Ó!)[46]

Assiste-se a um ciclone afetivo: estremecimentos, gritos, tremores, sufocações, palpitações etc. Todos esses acontecimentos fisiológicos, que Rousseau experimenta comumente como obstáculos à expressão adequada, agora pode aceitá-los e a eles entregar-se como a um modo de expressão ideal. No "estado ordinário" a desordem emotiva é um embaraço, ela paralisa Rousseau, inibe seu pensamento. "O sentimento mais rápido que o raio vem preencher minha alma, mas, em vez de me iluminar, ele me incendeia e me ofusca. Sinto tudo e não vejo nada. Sou arrebatado mas estúpido [...]"[47] Mas, no instante ideal do retorno, a perturbação física da emoção carrega em si uma significação suficiente, transborda literalmente de significação. Tornando-se escritor para compensar aos olhos dos outros a impressão de estupidez pela qual sua emotividade é responsável, Jean-Jacques não descansa enquanto não cria situações em que a emoção expressiva suprime a necessidade de escrever e de falar: está então reconciliado com seu corpo, e pode vir oferecer-se em pessoa.

Nesses momentos privilegiados, o sentimento imediato é imediatamente expressão. Estar comovido e manifestar a emoção são uma e mesma coisa. Então já não é necessário alienar o sentimento em uma palavra que o trairá. Tudo permanece no plano do corpo, mas o corpo deixou de ser um obstáculo, não é mais uma opacidade interposta: por seu movimento, seu estremecimento, seu prazer, ele é inteiramente significação. A tempestade emotiva é simultaneamente paixão e ação: a expansão, a efusão se produzem; o mundo se abre para me acolher, eu faço abrirem-se os corações. O mundo era estreito quando era preciso recorrer ao intermédio da palavra; agora que a linguagem é uma e mesma coisa que o corpo e a emoção, o universo exibe todo o espaço exigido pelo "coração"; a unidade volta a ser possível. Talvez a palavra tenha preparado a reconciliação, mas a própria reconciliação é silenciosa.

À emoção nefasta que perturbava o mundo e fechava todas as vias de comunicação, opõe-se uma magia emotiva que liberta o espaço. Essa magia (como Sartre mostrou no *Esboço de uma teoria das emoções*) é uma maneira de viver o mundo através do corpo, que é o "vivido imediato da consciência".[48] Portanto, a emoção não é apenas a expressão mais imediata do eu, é também a forma mais imediata da ação sobre o mundo exterior: sua eficácia consiste em transformar o mundo sem superar o corpo e sem aplicar sobre o mundo nenhuma atividade instrumental.

Vontade de voltar a uma expressão que se encontra aquém da palavra discursiva, retorno ao corpo: os psicólogos falarão de narcisismo, de conversão histérica, de regressão... E sublinharão, além disso, o papel desempenhado pela doença no sistema expressivo de Jean-Jacques. Se a doença da bexiga é orgânica ou funcional (psicossomática, diríamos hoje), não é possível avaliar: retrospectivamente todas as hipóteses se equivalem. O certo é que a doença é investida de *significações* imediatas. A doença, em Jean-Jacques, tem sempre uma função expressiva. Não é apenas a ocasião ou o pretexto de certos sentimentos, manifesta-se como um sentimento: é recusa, reprovação, autopunição, afastamento. Mais ou menos confusamente, ela sempre diz alguma coisa. Quando Jean-Jacques acredita ter um "pólipo no coração" e deixa a sra. de Warens para se fazer tratar em Montpellier, sem dúvida ele se pune (como o supõe René Laforgue)[49] por ter reivindicado a herança dos trajes de Claude Anet, que desempenhava o papel do pai na relação a três. O que está claro, neste caso, é que, em vez de exteriorizar-se pelo "meio" da linguagem, o conflito se exprime no nível visceral. Os mal-estares que Jean-Jacques retraça são comportamentos somáticos em que se manifestam desejos e vontades que não podem ou não querem tornar-se ação objetiva, pensamento explícito. Os problemas que a consciência recusa objetivar completamente se "convertem" em perturbação orgânica, falam através do sintoma mórbido. O *sentido* da situação vivida permanece então inerente ao corpo e se torna passividade adoentada. Refugiando-se na doença, Jean-Jacques retorna ao modo de expressão mais imediato, (Mas notou-se que, a partir das *Confissões*, a correspondência de Rousseau comporta menos queixas sobre sua saúde e, sobretudo, utiliza com menos frequência a doença como argumento sentimental? Talvez o próprio fato da confissão terá tido um efeito liberador. Talvez também a obsessão da perseguição mobilize inteiramente a atividade hipocondríaca que se orientara para o corpo.)

Julie acaba de ter varíola; delirou, acreditou ver Saint-Preux em sonho (enquanto ele estava realmente presente à sua cabeceira). Ela arrisca uma hipótese, que é também um voto:

> Duas almas tao estreitamente unidas não poderiam ter entre si uma *comunicação imediata*, independente do corpo e dos sentidos?[50]

E, pouco antes de morrer, Julie formula novamente o mesmo desejo de uma comunicação imediata, "semelhante àquela pela qual Deus lê nossos pensamentos desde esta vida, e pela qual leremos reciprocamente os dele na outra". Comunicar-se sem passar pelo intermediário do corpo e do mundo sensível: esse é um privilégio que pertence de início apenas a Deus; na verdade, a alma que se tornasse capaz de comunicação imediata se tornaria divina e semelhante a Deus. Ora, aí está um fruto proibido, e, se Rousseau o cobiça, sabe, no entanto, que ao homem não é permitido dele apoderar-se. Aquele que quer dispensar-se de recorrer aos *meios* da ação e do discurso humano, aquele que almeja o conhecimento imediato, os "gozos imediatos", não se assemelha a Lúcifer, que se orgulhava de brilhar com a mesma luz que Deus? Rousseau aprendeu com santo Agostinho e com Malebranche que "o homem não é absolutamente para si mesmo sua própria luz".[51] É preciso resistir à tentação de nos acreditar fonte de uma luz que está em nós mas derivada, refratada, enfraquecida. Apenas Deus conhece intuitivamente o universal; o domínio do homem não é a intuição imediata, mas o discurso, a linguagem, a sucessão e o encadeamento dos meios. Aí está uma fraqueza que faz com que nosso saber seja sempre incompleto, que nosso pensamento se transmita sempre de maneira precária e adulterada, que nossos sentimentos permaneçam, no fundo, incompreensíveis àqueles mesmos que acreditam compartilhá-los. O homem está em exílio no mundo dos meios. Assim é a ordem das coisas, da qual seria vão querer sair. Sem dúvida, a fim de conjurar seu próprio desejo de comunicação imediata, Rousseau repete a lição dos teólogos que afasta infinitamente a criatura do criador:

> Deus é inteligente; mas como ele o é? O homem é inteligente quando raciocina, e a suprema inteligência não tem necessidade de raciocinar; para ela não há premissas, nem consequências, não há sequer proposição; ela é puramente intuitiva, vê igualmente tudo que é e tudo que pode ser, todas as verdades são para ela apenas uma única ideia, como todos os lugares, um único ponto, e todos os tempos, um só momento. O poder humano age através de meios, o poder divino age por si mesmo.[52]

Entre pessoas humanas, a comunicação imediata é impossível: daí resulta que devemos necessariamente recorrer a gestos e a sinais sensíveis. Em uma palavra, os homens têm necessidade de uma linguagem convencional, porque o pensamento não pode comunicar-se imediatamente: os "sinais de instituição" serão nosso último recurso. É preciso falar, é preciso escrever, é preciso passar pelo intermédio do ouvido e da visão. Essa teoria da linguagem se encontra em um número bastante grande de contemporâneos de Rousseau, que a extraíram de Locke. Lê-se, com efeito, no último capítulo do *Ensaio sobre o entendimento humano*:

> Porque a cena das ideias que constituem os pensamentos de um homem *não pode aparecer imediatamente à visão de um outro homem*, nem ser conservada em outra parte que não na memória, que não é um reservatório bastante seguro, *temos necessidade de sinais de nossas ideias* para poder comunicar mutuamente nossos pensamentos, assim como para registrá-los para nosso próprio uso. Os sinais que os homens consideraram mais cômodos e dos quais fizeram, consequentemente, um uso mais geral são os sons articulados.[53]

Segundo Locke, a própria ideia é já o sinal da "coisa considerada", de modo que a palavra, sinal da ideia, é o sinal de um sinal. Há, assim, uma sucessão de relações de exterioridade. Para Rousseau (que prossegue a demonstração), a palavra é o sinal analítico do pensamento, e a escrita é, por sua vez, o sinal analítico da palavra; reencontramos, finalmente, também um sinal de um sinal:

> A análise do pensamento se faz pela palavra, e a análise da palavra, pela escrita; a palavra representa o pensamento por *sinais convencionais*, e a escrita representa do mesmo modo a palavra. Assim, a arte de escrever não é mais que uma *representação mediata* do pensamento [...][54]

A arte de escrever será então uma representação *duplamente* mediata do pensamento. Eis-nos o mais longe possível do privilégio da comunicação imediata, do qual Julie esperava gozar no outro mundo. Eis-nos capturados na espessura da ação instrumental, ao passo que o ideal seria ser compreendido sem ter de se *fazer* compreender.

O maravilhoso escritor que é Rousseau ergue-se incessantemente contra a arte de escrever. Pois, mesmo reconhecendo que o "poder humano age através de meios", ele é infeliz no mundo dos meios. Aí se sente desterrado. Se persevera em sua vontade de escrever, é para provocar o momento em que a pena lhe cairá das mãos, e em que o essencial será dito no abraço *silencioso* da reconciliação e do retorno. Na falta de reconciliação com os amigos pérfidos, escrever só terá sentido para denunciar o contrassenso de toda tentativa de comunicação; o homem que escreve os *Devaneios* poderia não parar mais de escrever (só a morte o detém), pois doravante escrever traz a prova absoluta da não comunicação. Para quem não tem mais nada a transmitir, a palavra não é mais um exílio. Com efeito, quando já não há ninguém para quem se voltar, quando já não há espera da reconciliação, não há mais lugar, igualmente, para o sentimento da separação. O próprio exílio já não traz o nome de exílio; é o único lugar habitável. A palavra pode continuar calmamente, interminavelmente; está liberta da maldição que fazia dela um intermediário, um meio, um instrumento mediador. Mais exatamente, a mediação da escrita intervém, mas apenas no interior do eu. Apresenta Jean-Jacques a Jean-Jacques e lhe permite gozar de um redobramento de presença: a leitura de meus devaneios, diz ele, "me lembrará a doçura que experimento ao escrevê-los, e, fazendo assim renascer para mim o tempo passado, duplicará, por assim dizer, minha existência. A despeito dos homens, saberei provar ainda do encanto da sociedade e viverei decrépito comigo em uma outra idade, como viveria com um amigo menos velho".[55] O ato de escrever não se torna *feliz*, para Jean-Jacques, senão a partir do momento em que ele já não tem destinatário exterior.

O que levou Jean-Jacques a escrever foi (como vimos) a necessidade de se refazer da perturbação da timidez, a necessidade de provar de maneira diversa o seu valor. Escreve para afirmar que vale mais do que parece; mas escreve também para proclamar que vale mais do que aquilo que escreve. Não o tomemos literalmente, não o aprisionemos em suas palavras. O que conta é a intenção, que é independente de qualquer palavra: é a "disposição de alma"[56] em que o leitor se encontra *depois* da leitura, disposição que faz eco àquela que o autor experimentava *aquém* do ato de escrever. Rousseau toma então a pena tão somente para remeter o leitor ao *sentimento* que antecede idealmente o momento da escrita ou que se *desprende* do texto escrito. Como é reveladora esta carta à sra. de Verdelin, em que lhe suplica que não leve em conta as palavras que lhe dirigiu em uma carta anterior:

> Compreendo que havia em minha carta anterior expressões ambíguas e mal redigidas [...] Não aprendereis jamais que é preciso explicar os discursos de um homem por seu caráter, e não seu caráter por seus discursos? [...] Rogo-vos, aprendei a interpretar-me melhor doravante.[57]

E em outra parte ainda:

> Se algumas vezes minhas expressões têm um aspecto equívoco, procuro viver de maneira que minha conduta lhes determine o sentido [...][58]

Jean-Jacques pede agora que se interprete sua linguagem por sua vida. Uma estranha reviravolta se produziu: para impor seu valor aos outros, Rousseau fugira da sociedade, decidido a não mais oferecer sua imagem a não ser na palavra escrita: esperava superar assim o equívoco que o obrigava, em presença dos outros, a valer menos do que parecia, a não sustentar as promessas de seu olhar vivo, de sua fisionomia espiritual. Agora, assistimos a um movimento contrário: o equívoco se produz na linguagem (pela linguagem) e Jean-Jacques apela à verdade da vida contra os mal-entendidos da palavra escrita. Tomara a pena porque, aos olhos dos outros, não queria *ser* o balbucio confuso que apresentava como espetáculo. Agora que escreve, não quer ser igualmente reduzido ao que escreve. Não, essas frases orgulhosas, essas recusas brutais, essas suspeitas injustas escaparam-lhe; não são ele, são no máximo sua maneira de proteger sua independência e de garantir sua liberdade, sob cuja proteção abandona-se em silêncio a um sentimento de ternura e de benevolência universais. Pede aos amigos que tenham confiança nele, a despeito das cartas que escreve ou que não escreve. Ele, tão pronto a ler maus presságios no silêncio dos outros, é preciso que tenha o direito de calar-se se bem lhe parece. É preciso que não o considerem como responsável pelas palavras loucas que escreveu no "delírio da dor".[59] Que o julguem pelo que é, e não pelo que escreveu. Pede incessantemente em suas cartas: Julgai-me, avaliai-me. Mas, tão logo se sente atingido por um julgamento (e ainda que esse julgamento seja favorável), parece-lhe que aí existe engano, que o tomam por um outro, que o desfiguram, que o julgam à revelia, sem interrogar a ele próprio. Vai precisar restabelecer indefinidamente a verdade, reconstruir a imagem exata, declarar-se diferente das palavras que lhe escaparam, contestar a validade das peças que ele próprio forneceu aos seus juízes. Reclama, em definitivo, o privilégio de não ter de falar para ser compreendido e aceito. Mas só pode reclamar esse privilégio escrevendo e falando: tem necessidade da mediação da linguagem para dizer que não quer saber dessa mediação. Enquanto a felicidade silenciosa do imediato não está realizada, pode-se apenas deplorar a ausência do imediato, por *meio* de uma palavra que deseja a morte da palavra. Por mais intenso que seja o voto de comunhão imediata, é preciso ter paciência, por bem ou por mal, e aceitar os meios humanos do discurso. A imensa obra de Rousseau aparece como o testemunho dessa paciência apaixonada. "Alma de fortíssima paciência", *starkausdauernde Seele*, dirá Hölderlin falando de Rousseau.[60]

Paciência nostálgica, e que não negligencia nenhuma ocasião de exprimir sua nostalgia. Em tudo que Rousseau escreve a respeito da linguagem, encontra-se uma compreensão muito clara das condições que tornam inevitável o recurso aos sinais convencionais, e aí se encontra ao mesmo tempo a nostalgia muito viva das modalidades mais diretas da comunicação.

*Projeto referente a novos sinais para a música*, 1742.[61] Essa é a primeira entrada de Rousseau na cena pública. E é um fracasso, que será compensado, oito anos mais tarde, pelo prêmio da Academia de Dijon. Mas quão significativa, já, essa reforma proposta por Rousseau para simplificar a notação musical! Declara guerra contra os sinais convencionais:[62] há um excesso deles, são obstáculos interpostos inutilmente entre a ideia musical e o olho que decifra uma melodia:

> Essa quantidade de linhas, de claves, de transposições, de dieses, de bemóis, de bequadros, de compassos simples e compostos, de semibreves, de mínimas, de semínimas, de colcheias, de semicolcheias, de triplas colcheias, de pausas, de semipausas, de pausas de semínimas, de pausas de semicolcheias, de pausas de triplas colcheias etc., dá uma *multidão de sinais* e de combinações, de que resultam dois inconve-

> nientes principais, um de ocupar um volume demasiadamente grande, e o outro de sobrecarregar a memória dos aprendizes; de maneira que, estando formado o ouvido, e tendo as vozes adquirido toda a facilidade necessária muito tempo antes que se esteja em condição de se cantar à primeira vista, segue-se que a dificuldade está toda na observação das regras, e não na execução do canto.[63]

A tradição musical nos impõe uma "multidão de sinais inutilmente diversificados". Já que é inevitável recorrer a sinais, pelo menos reduzamo-los à sua mais simples expressão, e que seu "volume" se limite ao mínimo indispensável à leitura do discurso musical. Rousseau tenta, então, purificar e simplificar um meio de comunicação cujos elementos muito numerosos opõem aos nossos olhos uma opacidade desagradável. Que fazer? "Como dar mais evidência aos nossos sinais, sem aumentá-los em número?"[64] Suprimir sinais, contentar-se com um "número muito pequeno de caracteres", que serão todos de extrema clareza. Além disso, de arbitrários que são no antigo sistema, os sinais podem tornar-se mais *naturais*, isto é, mais semelhantes à coisa que designam. Assim, Rousseau substituirá a nota desenhada numa pauta pela cifra; pois a cifra, que parece mais abstrata, está na realidade mais naturalmente próxima do som:

> Sendo as cifras a expressão que se deu aos números, e sendo os próprios números os expoentes da geração dos sons, nada é tão natural quanto a expressão dos diversos sons pelas cifras da aritmética.[65]

O resultado? O ato intermediário da leitura é facilitado. O período intermediário da aprendizagem é abreviado. Jean-Jacques, a quem foram necessários longos rodeios para aprender música, acredita ter inventado o "meio curto" (do qual espera, além disso, sua fortuna). Graças ao seu sistema, conhecer-se-á perfeitamente a música "por caminhos mais curtos e mais fáceis".[66] Sem dúvida, de qualquer modo é preciso aprender, e não se verá ocorrer o milagre instantâneo que Rousseau desejara em Lausanne, na casa do sr. de Treytorrens. Mas o *trabalho* preparatório será, segundo o novo "método", reduzido ao mínimo estrito. Jean-Jacques promete formar "no espaço de um ano um músico de primeira ordem", que resolve facilmente todas as dificuldades e que já não tem de se colocar o problema dos meios. "Um aprendiz bem conduzido por esse método" torna-se, com uma surpreendente rapidez, um mestre "que pratica igualmente todas as claves, conhece os modos e todos os tons, todas as vozes que lhes são próprias, toda a sequência da modulação, e transpõe qualquer peça de música em todas as espécies de tons com a mais perfeita facilidade."[67] A partir daí, "a observação das regras" não é mais um obstáculo, e o espírito pode abandonar-se inteiramente ao sentimento, à "execução do canto".

Emílio cresce entre as coisas. É livre, e o único obstáculo que encontra é a necessidade física. O preceptor não lhe impõe sua vontade senão disfarçando-a em necessidade física, isto é, conferindo a cada uma de suas decisões a autoridade silenciosa e inapelável de uma coisa. Enquanto a razão de Emílio ainda não está formada, sua experiência nasce no contato direto com o mundo. O preceptor fala apenas para conduzir Emílio para junto das coisas; fala apenas, em suma, para melhor deixar falar as coisas:

> Não deis a vosso aluno nenhuma espécie de lição verbal, ele só as deve receber da experiência.[68]

Assim, Rousseau aconselha retardar pelo máximo de tempo possível o momento em que a criança passará das coisas aos sinais das coisas. Que a infância permaneça a idade do imediato! Que não se desencaminhe um jovem espírito no mundo dos sinais arbitrários, que são incapazes de revelar sua significação:

> Em qualquer estudo em que eu possa estar, sem a ideia das coisas representadas os sinais representantes não são nada.

No entanto, sempre se restringe a criança a esses sinais, sem jamais poder fazê-la compreender nenhuma das coisas que eles representam. Pensando ensinar-lhe a descrição da Terra, não só se lhe ensina a conhecer mapas: ensinam-se-lhe nomes de cidades, de países, de rios, que ela não concebe existirem em outra parte que não no papel em que lhe são mostrados.[69]

Em geral, não substituís jamais a coisa pelo sinal senão quando vos for impossível mostrá-la. Pois o sinal absorve a atenção da criança, e a faz esquecer a coisa representada.[70]

Por certo, o *Emílio* é abundante em discursos, mas estes sempre ocorrem junto das coisas, depois do encontro com os objetos reais; as lições verbais (ainda que seja a própria *Profissão de fé*) não fazem mais que interpretar e explicitar um saber que já se formou silenciosamente no contato com a *circunstância* educativa. Quando o Vigário saboiano fala a Jean-Jacques, tudo já foi revelado pela paisagem que contemplam do alto da colina. A *Profissão de fé*, também ela, é uma lição de coisas. Os sinais da palavra não estão separados da "coisa representada", o universo e Deus estão presentes de imediato:

Estava-se no verão; levantamo-nos ao nascer do dia. Ele me conduziu para fora da cidade, sobre uma alta colina abaixo da qual passava o Pó, cujo curso se via através das férteis margens que ele banha. Ao longe, a imensa cadeia dos Alpes coroava a paisagem. Os raios do sol nascente roçavam já as planícies, e, projetando sobre os campos, em longas sombras, as árvores, as encostas, as casas, enriqueciam de mil acidentes de luz o mais belo quadro com que o olho humano possa ser surpreendido. Dir-se-ia que a natureza exibia aos nossos olhos toda a sua magnificência para oferecer o texto às nossas palestras, Foi ali que, depois de haver por algum tempo contemplado esses objetos em silêncio, o homem de paz me falou assim.[71]

A paisagem falou em primeiro lugar: a palavra do homem de paz não *demonstrará* nada que já não se tenha *mostrado* na contemplação silenciosa que precede seu discurso.

As línguas modernas são feitas de sinais convencionais. Mas anteriormente, mais perto da origem, como se falava? Tinha-se mesmo necessidade de falar? Não houve uma época em que a linguagem teria sido menos convencional, mais expressiva, mais próxima da natureza? Tais são as perguntas que Rousseau se faz e vê-se que — a despeito de todo o aparato erudito com que envolve o segundo *Discurso* e o *Ensaio sobre a origem das línguas* — seu interesse pela linguística especulativa é estimulado por uma nostalgia que não é de ordem científica. Aí se percebe, uma vez mais, seu desejo de combater o mundo onde é obrigado a viver, isto é, o mundo da mediação e das operações mediatas, para opor-lhe um mundo possível em que as relações humanas se estabeleceriam através de meios menos numerosos, mais diretos, mais seguros. Uma necessidade sentimental se transforma, assim, em hipótese histórica: houve um tempo em que a comunicação se operava de uma maneira mais instantânea, menos discursiva; em que os sinais estavam mais próximos do próprio sentimento; em que talvez os sinais fossem inúteis, porque a emoção e o sentimento, por si mesmos, eram já suficientemente legíveis sem ter de traduzir-se em símbolos.

No estado de natureza, o homem vive no imediato; suas necessidades não encontram obstáculos e seu desejo não ultrapassa os objetos que lhe são imediatamente oferecidos. Ele jamais procura obter o que não tem. E como a palavra nasce apenas quando há uma falta a compensar, o homem natural não fala:

> Os machos e as fêmeas se uniam fortuitamente, segundo o acaso, a ocasião e o desejo, *sem que a palavra fosse um intérprete muito necessário das coisas que tinham a dizer-se*: abandonavam-se com a mesma facilidade.[72]

> Vê-se [...] *pelo pouco cuidado que tomou a natureza em aproximar os homens por meio de necessidades mútuas e em facilitar-lhes o uso da palavra*, quão pouco ela preparou sua sociabilidade, e quão pouco contribuiu em tudo que fizeram para estabelecer-lhe os elos.[73]

O homem da natureza atém-se a uma comunicação silenciosa, que nem sequer é uma comunicação, mas apenas um *contato*: não há troca de pensamento, não há discussão, porque não há obstáculos a superar.

Mas o homem desejará ser reconhecido pelo homem. A *perfectibilidade*, nele colocada pela natureza, por muito tempo reduzida a ser apenas uma potência virtual, encontrará bem tardiamente a oportunidade de desenvolver-se. Ela produzirá todas as invenções, e o instrumento verbal pelo qual as invenções se conservam e se comunicam. Se a linguagem toma seu impulso apenas no momento em que o homem se vê obrigado a lutar contra a natureza, tem, contudo, uma "causa natural".

Há, portanto, um *começo* da linguagem, precedido por uma época de perfeita imediação, em que os contatos eram fugidios e em que o próprio amor era silencioso. No início, há gestos e exclamações: entonações, queixas, "gritos da natureza", "vozes" arrancadas pelas paixões...[74] No início, a palavra não é ainda o sinal convencional do sentimento; é o próprio sentimento, transmite a paixão sem transcrevê-la. A palavra não é um parecer distinto do ser que designa: a linguagem original é aquela em que o sentimento *aparece* imediatamente tal como *é*, em que a essência do sentimento e o som proferido são uma e mesma coisa. Rousseau não esquece de mencionar o *Crátilo* de Platão, pois sua descrição da *primeira língua* não faz mais que retomar, aplicando-a à paixão e ao sentimento, a hipótese das "denominações naturais" e dos "nomes primitivos": "O nome contém por natureza uma certa retidão".[75] A língua primitiva, tal como Rousseau a imagina, possuía um poder quase infalível, apresentava aos sentidos, assim como ao entendimento, as impressões quase inevitáveis da paixão que busca comunicar-se:[76]

Ela persuadiria sem convencer, e descreveria sem raciocinar.[77]

Cantar-se-ia em vez de falar; a maior parte das palavras radicais seria de sons imitativos ou da entonação das paixões, ou do efeito dos objetos sensíveis: onomatopeia aí se faria sentir continuamente.[78]

Que queda, quando se passa às línguas modernas! Sua estrutura, dominada pelas convenções da escrita, já não exprime a viva presença do sentimento. Abandona-se a verdade particular (a autenticidade) para adquirir a clareza impessoal dos conceitos gerais. "Ao escrever, é-se forçado a tomar todas as palavras em sua acepção comum; mas aquele que fala varia as acepções pelos tons, determina-os como lhe agrada."[79] Enquanto a palavra viva e entoada constitui uma expressão direta da personalidade, a língua escrita exige longos rodeios e intermináveis circuitos de palavras para construir artificialmente o *equivalente* aproximativo da energia e da paixão exibidas pela língua oral. Problema que não deixa de ter importância para aquele que, como Jean-Jacques, esforça-se em descrever-se naquilo que tem de único. Como tudo seria mais bem expresso se se pudesse voltar à língua cantante das origens, à melodia imediatamente significante! Apenas, temos nós a possibilidade de renunciar aos sinais convencionais para voltar aos sinais naturais?

Aqui, mais uma vez, não se pode retroceder. É preciso tomar a língua francesa tal como é, com suas delongas discursivas e suas abstrações. Não se pode retornar a essa língua primitiva, que era toda "em imagens, em sentimentos, em figuras";[80] já não é possível dar "a cada palavra o sentido de uma proposição inteira".[81] Rousseau, no entanto, procura reaproximar sua palavra da língua primitiva ideal: sua escrita, ágil e musical, parece estar à escuta da "primeira língua". Entre os meios que poderiam restituir a energia da palavra entoada, ele sugere, em uma nota breve, mas importante, o aperfeiçoamento da pontuação.[82] Lamenta a ausência do ponto vocativo e do sinal de ironia. Não deixará então de buscar, na ordem da escrita, os equivalentes dos meios mais simples que precederam a escrita. Assim, em seu próprio estilo, na maleabilidade de suas frases, em seu corte, em sua melodia, Rousseau exprime sua nostalgia de uma outra linguagem mais imediata. Sua língua, maravilhosamente presente, deplora secretamente a ausência da "língua primitiva", de seu tom patético, de suas imagens contínuas. O "discurso" literário de Rousseau se desenvolve em uma perfeita beleza de escrita; mas seu *pathos* e sua tensão interna traem a nostalgia dos *sinais naturais* presentes na própria voz.

A distinção entre os "sinais naturais" e os "sinais artificiais" (ou sinais de instituição) é corrente no século XVIII. Encontramo-la, entre outros, em Condillac e na *Enciclopédia*. Os sinais naturais, lê-se na *Enciclopédia*, são os "gritos que a natureza estabeleceu para os sentimentos de alegria, de temor, de dor" (art. *Sinal*). Em uma acepção levemente diferente, são também gestos, é a "linguagem de ação"[83] que Condillac atribui ao casal primitivo antes que houvesse descoberto a palavra articulada... Se Jean-Jacques, o homem da natureza, recusa a servidão dos sinais convencionais, por que meio se exprimirá ele, senão por sinais naturais? Nós o veremos agora confiar-se aos sinais, com a condição de que sejam os da natureza e não os da instituição:

> As afeições para as quais ele tem mais inclinação se distinguem mesmo por *sinais físicos*. Por pouco que esteja comovido, seus olhos se molham imediatamente.[84]
>
> Suas emoções são prontas e vivas, mas rápidas e pouco duradouras, *e isso se vê* [...] O sangue inflamado por uma agitação súbita transmite ao olhar, à voz, ao rosto esses movimentos impetuosos que marcam a paixão [...] Tão logo o *sinal* da cólera se "paga no rosto, ela está extinta também no coração.[85]

Jean-Jacques se descreve como uma "alma sensível" em que todas as emoções são instantaneamente visíveis: o sinal natural e o sentimento são exatamente contemporâneos, pois esse sinal não é feito de uma outra substância que não o próprio sentimento. Pode-se dizer que o sinal natural é o sentimento que *se fala* no plano do corpo. O acontecimento afetivo, ao invadir o corpo, assinala-se imediatamente no exterior, e a mensagem expressiva não precisa ser "articulada" suplementarmente. A perturbação da emoção é e se pretende imediatamente expressiva: a cintilação do olhar é ao mesmo tempo a cólera e a linguagem que exprime a cólera. Essa linguagem é de uma fidelidade absoluta; diz o que é. Quer queira quer não, tudo o que se passa na alma de Jean-Jacques é instantaneamente significado; por isso ele é vulnerável, e está entregue sem defesa a todos os olhares. Existe então aí um perigo, já que ele assim se expõe aos seus perseguidores, que, ao contrário, tomam muito cuidado em deixar aparecer seus sentimentos. Mas aí há também uma maravilhosa felicidade, pois a língua dos sinais naturais exprime *automaticamente* a verdade do eu, antes de qualquer esforço refletido de veracidade e de sinceridade. Se esse automatismo fosse onipotente, Jean-Jacques se encontraria liberto da preocupação com a verdade; poderia confiar-se à sua passividade e ao simples "mecanismo" de sua natureza. Pois, se fosse possível fiar-se inteiramente nos sinais naturais, bastaria *ser* para manifestar a verdade. Então não haveria nada a *fazer*, a não ser consentir em ser ele mesmo; e o único meio próprio para desvelar o ser autêntico seria renunciar a todos os meios artificiais, incluindo-se aí a palavra.

Ei-lo, portanto, construindo a utopia de uma comunicação por sinais (entenda-se: sinais *naturais*), que permitiriam negligenciar qualquer outra linguagem. O *Emílio*, a *Dissertação sobre a música moderna* nos precaviam contra o malefício dos sinais. Tratava-se então dos signos de convenção, que, longe de ser condutores de significações, são obstáculos interpostos, interceptores. Muito diversos são os sinais a que Rousseau sonha confiar-se: gestos, movimentos, cujo sentido se impõe infalivelmente por si mesmo, sem a ajuda acrescentada dos signos convencionais da linguagem verbal.

No *Discurso sobre a origem das desigualdades*, Jean-Jacques entrincheira-se atrás da opinião de Isaac Vossius. Contente de ter encontrado um texto que exprime exatamente seu desejo, ele deixa falar o latim do douto teórico, que deplora a confusão das línguas:

> Evitarei aventurar-me nas reflexões filosóficas que haveria a fazer sobre as vantagens e os inconvenientes dessa instituição das línguas [...] Deixemos então falar os homens a quem não se incriminou por ousar tomar o partido da razão contra a opinião da multidão. *Nec quidquam felicitati humani generis decederet, si, pulsa tot linguarum peste et confusione, unam artem callerent mortales, et* signis, motibus, gestibusque, *licitum foret quidvis explicare* [...][86]

Rousseau sonha voltar a essa língua verídica; mas sonha com ela porque não a possui, obrigado que está a utilizar as palavras da linguagem convencional para dizer a felicidade de que provaria ao exprimir-se exclusivamente por meio de sinais naturais. Não experimenta ele, muitas vezes, a impressão de que o sentimento está destinado a uma obscuridade essencial? "O que se vê não é mais que a menor parte do que é; é o efeito aparente cuja causa interna está oculta e é frequentemente muito complicada [...] Ninguém pode escrever a vida de um homem a não ser ele próprio; sua maneira de ser interior, sua verdadeira vida é conhecida apenas por ele [...]"[87] Na linguagem dos sinais naturais, o efeito aparente e a causa interna não estariam separados; aí não se encontraria a ruptura entre o manifesto e o oculto, de que encontramos aqui a acusação. Ora, com essa cisão do ser e do parecer Jean-Jacques sofreu continuamente. Não vimos nós que ele tomou a pena porque sua timidez em sociedade o impedia de sustentar as promessas de seu rosto? Escreve para mostrar o que vale, precisamente porque não soube provar seu valor pelos "meios curtos", isto é, pela presença real e pela palavra viva. Mas escreve para exprimir seu ressentimento contra o "meio longo" da escrita, para dizer sua nostalgia da comunicação muda, da expressão sem meio de expressão.

Assim é quando Rousseau descreve os habitantes do "mundo encantado", no começo do primeiro *Diálogo*. Abandona-se deliciosamente a seu sonho: viver junto dos outros, em uma intimidade confiante e quase silenciosa, em que as almas falariam por sinais sem equívoco que suplantariam a palavra ou que agiriam a despeito das palavras. Porque "não buscam sua felicidade na aparência mas no sentimento íntimo", os "iniciados" não podem contentar-se com a linguagem ordinária, que traz em si o malefício da aparência. Apenas os sinais poderão ser condutores do sentimento íntimo:

> Seres tão singularmente constituídos devem necessariamente se exprimir de maneira diversa dos homens ordinários. É impossível que, com almas tão diferentemente modificadas, eles não tragam na expressão de seus sentimentos e de suas ideias a marca dessas modificações. Se essa marca escapa àqueles que não têm nenhuma noção dessa maneira de ser, não pode escapar àqueles que a conhecem e que são eles próprios afetados por ela. É um *sinal característico* pelo qual os iniciados se reconhecem entre si, e o que dá um grande valor a esse sinal, tão pouco conhecido e ainda menos empregado, é que ele não pode ser falsificado, que ele jamais age senão no nível de sua fonte, e que, quando não parte do coração daqueles que o imitam, não chega igualmente aos corações feitos para distingui-lo; mas desde que os atinge, não seria possível enganar-se com ele; é verdadeiro desde que é sentido. É antes em toda a conduta da vida que em algumas ações esparsas que ele se manifesta mais seguramente. Mas, em situações vivas em que a alma se exalta involuntariamente, o iniciado distingue logo seu irmão daquele que, sem sê-lo, quer apenas adotar-lhe o tom [...][88]

Jean-Jacques imagina uma língua mais segura, mais direta, quase infalível; mas essa língua não é universal: é um segredo, reservado a um pequeno número de *iniciados* que a natureza fez diferentes do comum dos homens. De um lado, vivem separados do resto da humanidade, e sua língua secreta atesta essa separação. Mas, de outro, são capazes entre si de uma comunicação mais profunda, e devem-no também ao poder desses sinais secretos. Entre si, os iniciados não veem ocorrer nenhum mal-entendido. Apenas, sua conversação não será um diálogo. Sobre o que haveria discussão, já que os "iniciados" se compreendem imediatamente? Não, esses homens que experimentam "gozos imediatos" não dialogam, não fazem mais que *simpatizar*, isto é, expandir seus sentimentos: os sinais e o silêncio são a linguagem da simpatia, graças ao que as consciências se encontram "no nível da fonte". Mas como é significativo encontrar aqui, em um texto intitulado *Diálogos*, a descrição de uma comunicação mais feliz e mais eficaz que o diálogo! Apreende-se aí, ao vivo, uma palavra que deseja o aniquilamento da palavra; pois tal é a impaciência das almas sensíveis:

> A pesada sucessão do discurso lhes é insuportável; agastam-se contra a lentidão de sua marcha; parece-lhes, na rapidez dos movimentos que experimentam, que aquilo que sentem deveria vir à luz e penetrar de um coração ao outro *sem a fria intervenção da palavra*.[89]

"Sem a fria intervenção da palavra": a fórmula é um eco quase literal de *A nova Heloísa*:

> Quantas coisas são ditas sem se abrir a boca! Quantos ardentes sentimentos são comunicados *sem a fria mediação da palavra*![90]

Mas seria preciso citar aqui quase toda a carta sobre a "manhã à inglesa" (parte V, carta III). É um dos momentos de transparência perfeita, e cuja importância simbólica não é menor que a da festa das vindimas. A manhã à inglesa exprime, em uma cena de interior, o que a festa das vindimas expõe a céu aberto: a confiança absoluta, a comunicação sem obstáculos. Nesses momentos "consagrados ao silêncio e recolhidos pela amizade", a alegria unânime de três seres circula de um ao outro através de sinais:

> Sentimento vivo e celeste, que discursos são dignos de ti? Que língua ousa ser teu intérprete? Alguma vez o que se diz ao amigo pode valer o que se sente ao seu lado? Meu Deus! como uma mão apertada, como um olhar animado, como um abraço contra o peito, como o suspiro que o acompanha dizem coisas! e como a primeira palavra que se pronuncia é fria depois de tudo isso![91]
>
> [...] A essa palavra, seu trabalho de agulha caiu de suas mãos; ela virou a cabeça e lançou a seu digno esposo um olhar tão comovente, tão terno que com ele eu próprio estremeci. Ela não disse nada: o que teria dito que valesse esse olhar? Nossos olhos se encontraram também. Senti, da maneira pela qual seu marido apertou-me a mão, que a emoção nos atingia aos três, e que a doce influência dessa alma expansiva agia ao redor dela, e triunfava mesmo da insensibilidade.[92]

Expansão, influência: são os atos essenciais da alma rousseauniana, em que o ser se comunica sem se alienar, sem abandonar a si mesmo. A manhã à inglesa fornece a imagem ideal do momento expansivo. Conduzidas por sinais e não por palavras, a expansão é mais vasta e a influência é mais pura. A cena que acabamos de ler é um êxtase a três. Assim a entendia Rousseau ao descrever a estampa que devia ilustrar essa passagem: "Um ar de contemplação sonhadora e doce nos três espectadores: a mãe, sobretudo, deve parecer em um êxtase delicioso".[93]

Mas eis aqui um outro testemunho do poder dos sinais. Bernardin de Saint-Pierre relata uma confidência de Rousseau:

> Ele me dizia: Oh! como a inocência acrescenta poder ao amor! Eu amei duas vezes apaixonadamente: uma, uma

pessoa *com quem jamais falara. Um único sinal foi a origem de mil cartas apaixonadas, das mais doces ilusões.* Eu entrava em um apartamento onde ela estava: percebo-a, de costas; à sua visão, a alegria, o desejo, o amor pintavam-se em meu rosto, em meus traços, em meus gestos; eu não me dava conta de que ela me via no espelho. Ela se volta ofendida com meus arrebatamentos, e com o dedo me mostra o chão; eu ia cair de joelhos quando alguém entrou.[94]

Trata-se de amores de Rousseau, ainda adolescente, e da sra. Basile, pouco depois que Jean-Jacques havia deixado o Asilo dos catecúmenos, em Turim. Vamos abrir agora as *Confissões*. Não encontraremos aí as "mil cartas apaixonadas". (São um embelezamento acrescentado por Bernardin? Mas, verídico ou não, o fato é plausível, está de acordo com a psicologia de Rousseau, as *Cartas a Sophie* fornecem-lhe a prova indireta.) Muitos detalhes, no relato do segundo livro das *Confissões*, são ressaltados diferentemente. As duas versões apresentam "variantes" importantes.[95] Seria preciso, para simplificar as coisas, rejeitar o testemunho de Bernardin? Certamente não. Entre uma e outra versão encontram-se "invariantes" mais importantes que as variantes. Isso nos incita a supor que a imaginação de Rousseau poetiza a lembrança a partir de certo número de referências fixas: detalhes inventados elaboram-se musicalmente, segundo a emoção do momento da escrita, mas em torno de elementos estáveis, que representam o material dado pela memória. Ora, quais são, na cena com a sra. Basile, esses elementos fixos? De um lado, o *silêncio*; sobre esse ponto, descobre-se uma concordância na própria diferença:

Versão Bernardin: "Uma pessoa com quem *jamais falara*".
*Confissões*: Jean-Jacques já falara com a sra. Basile, mas a cena capital é "viva e *silenciosa*".

De outro lado, algumas imagens permanecem idênticas: o reflexo de Jean-Jacques percebido no espelho; e, sobretudo, o *sinal de dedo*, único gesto da sra. Basile por intenção de seu adorador. Segundo as *Confissões*, a qualidade infinitamente preciosa dessa cena de amor reside no fato de que foi apenas um silêncio atravessado de sinais. Jean-Jacques exprimiu seu amor sem pronunciar uma única palavra, e a jovem mulher respondeu-lhe por um simples "movimento de dedo". Releia-se a passagem das *Confissões* em que a entrevista apaixonada nos é relatada: ver-se-á que esse "movimento de dedo" é o elemento central em torno do qual toda a cena se compõe e se cristaliza:

> Lancei-me de joelhos à entrada do quarto estendendo os braços para ela num movimento apaixonado, bem certo de que não podia me ouvir, e não pensando que pudesse me ver; mas havia na chaminé um espelho que me traiu. Não sei que efeito esse arrebatamento teve sobre ela; não me olhou de maneira nenhuma, não falou comigo: mas, virando um pouco a cabeça, *num simples movimento de dedo* mostrou-me o tapete a seus pés. Estremecer, lançar um grito, precipitar-me ao lugar que ela me indicara não foi para mim senão uma mesma coisa.[96] Mas o que se teria dificuldade em acreditar é que, nesse estado, não ousei tentar nada além, nem dizer uma única palavra, nem erguer os olhos para ela, nem tocá-la mesmo numa atitude tão constrangida, para apoiar-me um instante em seus joelhos. Eu estava mudo, imóvel, mas não tranquilo, seguramente [...] Ela não parecia nem mais tranquila, nem menos tímida que eu. Perturbada por me ver ali, aturdida de ali me ter atraído, e começando a sentir toda a consequência de um *sinal* partido sem dúvida antes da reflexão, ela não me acolhia nem me repelia; não tirava os olhos de cima de seu trabalho de agulha; empenhava-se em fazer como se não me houvesse visto a seus pés [...][97]

Na meditação que dá sequência à descrição do encontro silencioso, é ainda uma vez a esse simples *sinal de dedo* que o pensamento de Rousseau se reporta; a felicidade inesquecível desse *tête-à-tête* se deve ao fato de que a declaração de Jean-Jacques e a confissão da sra. Basile não recorreram à linguagem comum, mas se consumaram na pureza do sentimento convertido em sinal:

> Nada de tudo que a posse das mulheres me fez sentir vale os dois minutos que passei a seus pés sem sequer tocar em seu vestido [...] *Um pequeno sinal de dedo*, uma mão levemente pressionada contra a minha boca foram os únicos favores que jamais recebi, e a lembrança desses favores tão pequenos ainda me arrebata quando penso neles.[98]

A felicidade amorosa, para Jean-Jacques, não está na posse, mas na presença, na intensidade da presença: imóvel e mudo, Jean-Jacques está em estado de transe diante da sra. Basile, mas está sobretudo presente para seu próprio sentimento. A troca de sinais assegura assim ao sentimento uma plenitude de que a reminiscência ainda pode provar.

Ninguém melhor que Hölderlin apontou a importância do sinal para Rousseau. O poder de comunicação por sinais inspira-lhe um admirável comentário poético, em uma estrofe do poema inacabado à memória de Rousseau:

> *Vernommen hast du sie, verstanden die Sprache der Fremdlinge,*
> *Gedeutet ihre Seele! Dem Sehnenden war*
> *Der Wink genug, und Winke sind*
> *Von Alters her die Sprache der Götter.*
>
> [Escutaste-a, compreendeste a língua dos estrangeiros,
> Interpretaste sua alma! a teu desejo
> Bastava o sinal, e os sinais são
> Desde o começo das eras a língua dos deuses.][99]

Quem são esses estrangeiros? Os habitantes do "mundo encantado", sem dúvida; aqueles cuja vinda é prometida (*die Ver-*

*heissenen*). O sinal é aqui o que permite interpretar (*deuten*) a alma dos estrangeiros. Embora se trate de um conhecimento instantâneo (lemos, algumas linhas mais adiante: "Ele conhece já ao primeiro sinal todo o consumado", *Kennt er im ersten Zeichen Vollendetes schon*), esse conhecimento, aos olhos de Hölderlin, é *interpretativo*. Os deuses falam apenas aos raríssimos homens que compreendem sua língua: revelam-se somente às almas proféticas. É bem assim na descrição que Rousseau nos dá do mundo encantado: os "iniciados" constituem uma elite espiritual, e o privilégio que possuem de se compreender por sinais é um dom de interpretação, um poder augural.

O problema da interpretação do sinal deve deter-nos. Em uma comunicação realmente imediata, não há lugar para uma interpretação do sinal; uma *interpretação* é uma *interposição*, é um ato mediador. O ideal do imediato exige que o *sentido* do sinal seja exatamente idêntico no próprio objeto e em minha percepção do sinal; o sentido se imporá irresistivelmente, e eu o acolherei passivamente. Aí está o que Rousseau deseja: que o sinal seja apenas *sentido* e não tenha de ser lido (do contrário nada o distinguiria da língua convencional que requer a fadiga de uma leitura). Mas isso é reduzir a atividade da alma tão somente ao sentimento que *responde* ao sinal; a alma não terá nada a ver — segundo Rousseau — com a elaboração do sentido mesmo da significação. Terá apenas de se deixar iluminar. A evidência do sinal, então, é tão grande que torna qualquer interpretação inútil. A evidência se dá gratuitamente. Ora, parece que as coisas não se passam, na realidade, segundo o voto de Rousseau. Ainda que se renuncie aos sinais convencionais para voltar aos sinais naturais, ainda que se renuncie a dissociar o símbolo significante e a coisa significada, somos forçados a reconhecer que a percepção do *sentido do sinal* pressupõe uma atividade da consciência. Independentemente de qualquer opinião preconcebida idealista, é preciso dizer que o sentido dá-se apenas a uma consciência que espera (ou "visa") o aparecimento do sinal, e que solicita em torno dela significações. Essa solicitação é já espontaneamente, originalmente, uma *interpreta-*

*ção*; implica a escolha prévia de um sentido geral do mundo, sobre cujo fundo se destacarão as significações particulares. Em outros termos, o olhar que se dirige para fora aí desperta sinais que estão destinados apenas a ele, e que lhe anunciam o *seu* mundo: não, por certo, a pura e simples projeção da "realidade interior" do espectador, mas o mundo que escolheu encarar, o adversário-cúmplice que ele dá a si mesmo.

Ora, Rousseau recusa-se a admitir que a significação dependa dele e que seja em grande parte obra sua. Quer que ela pertença inteiramente à coisa percebida. Não reconhece como seu problema a resposta que o mundo lhe remete. Desapossa-se, assim, da parcela de liberdade que existe em cada uma de nossas percepções. Tendo feito uma escolha entre os sentidos *possíveis* anunciados pelo objeto exterior, põe essa escolha na conta do próprio objeto e vê no sinal uma intenção peremptória e sem equívoco. Chega a atribuir à coisa uma vontade decisiva, enquanto a decisão está em seu próprio olhar. No contato com o mundo, Rousseau interpreta instantaneamente, mas não quer saber que interpretou.

Rousseau sonhava com uma comunicação por sinais, mas os sinais vão voltar-se contra ele. Anunciam-lhe uma adversidade irremediável, fornecem-lhe a evidência da malevolência e da hostilidade universais. Seguramente, ele interpreta as aparências; mas, na maior parte do tempo, não sabe ou não quer saber que a adversidade se encontra já no olhar que dirige aos seres e às coisas. O delírio de interpretação de Rousseau não é mais que a inversão paródica de sua esperança em uma língua secreta graças à qual os corações se abririam e se mostrariam sem ambiguidade. Ele desejara um modo de comunicação que estivesse a salvo da traição das palavras, em que cada indício não precisasse ser interpretado, mas trouxesse instantaneamente a certeza infalível do coração de outrem, "no nível da fonte"; em suma, desejara uma linguagem mais imediata que a linguagem, em que os seres desvelariam sua alma tão somente por sua presença. Ei-lo agora rodeado de sinais peremptórios que falam mais persuasivamente que qualquer linguagem e qualquer razão discursiva, mas que lhe anunciam a opacidade dos corações, a obscuridade das almas, a impossibilidade de comunicar. A magia do sinal tornou-se uma magia nefasta, que impõe a presença definitiva da sombra e do véu. A inversão qualitativa é absoluta: ao invés de possuir um poder instantâneo de iluminação, o sinal exerce um poder instantâneo de obscurecimento. Vemos intervir aqui uma lei do "tudo ou nada". Não há meio-termo entre a transparência e a opacidade; não há meio-termo entre a sociedade íntima e o mundo da perseguição. "Em matéria de felicidade e de gozo, eu precisava de tudo ou nada."[100] E Jean-Jacques parece querer ativamente o nada, quando não obteve o tudo. É por isso que a mais leve turvação, a mais fina camada de vapor se tornam imediatamente o equivalente da opacidade completa. Todo obstáculo à comunicação ideal por sinais constitui o sinal irrecusável de uma hostilidade malévola. Assim, pelo próprio excesso de seu desejo de transparência, o olhar de Jean-Jacques se expõe a sofrer uma opacidade onipresente.

O sinal negativo, indício de hostilidade, não habita apenas os rostos, mas também as coisas. Do sinal expressivo (que é um comportamento humano) ao sinal augural ou sintomático (que emana misteriosamente dos objetos inanimados), não há diferença essencial; passamos de um ao outro por um resvalamento quase insensível. Basta que o olhar interrogue o mundo com certa insistência, e imediatamente *intenções* ocultas se descobrem para ele, augúrios se anunciam.

No mais das vezes Rousseau interpreta os sinais retrospectivamente, a distância. Nas *Confissões*, um Rousseau que se pretende vítima do destino procura ler nas imagens de seu passado as profecias de sua infelicidade atual. É apenas então, ao escrever sua vida, que descobre o valor augural de certas circunstâncias de sua juventude. No momento em que se erguia a ponte levadiça numa das portas de Genebra, Jean-Jacques viu um sinal? É um deles, em todo caso, em sua memória:

> A vinte passos da saliência, vejo erguer-se a primeira ponte. Estremeço ao ver no ar esses chifres terríveis, sinistro e

fatal *augúrio* da sorte inevitável que nesse momento começava para mim.[101]

Maravilhoso exemplo de sinal negativo: a separação, a expulsão se exprime, se enuncia por uma imagem. Mas é preciso que Jean-Jacques tenha feito a prova de seu destino para que essa imagem se torne, *a posteriori*, anunciadora do destino. Estamos aqui em presença de uma interpretação regressiva (ou retrospectiva) da qual o próprio Rousseau estabeleceu o princípio em uma outra passagem das *Confissões*:

> O *sinal* exterior é tudo que me atinge. Mas em seguida tudo isso me volta: lembro-me do lugar, do tempo, do tom, do olhar, do gesto, da circunstância, nada me escapa. Então, sobre o que se fez ou disse, descubro o que se pensou, e é raro que me engane.[102]

O sentido do sinal, que permanecia confuso no momento, só é descoberto "claramente" pela memória, que supre as falhas da percepção atual. Apenas o que é *revivido* é completamente significante. Rousseau acredita remontar a evidências: os sinais designam *atrás deles* uma realidade peremptória, e Rousseau, incapaz de penetrar algo no próprio momento, recompõe com segurança o pensamento secreto de outrem, ainda que a distância temporal, acrescentando-se à perturbação inicial, devesse fazer dele um pensamento duplamente oculto. Pode-se então perguntar se os sinais nefastos, nas *Confissões* ou na correspondência de Rousseau, não se constroem através de uma ruminação retrospectiva, que se detém em um gesto, em um olhar, em um objeto, a fim de lhes atribuir *a posteriori* um valor augural e fatal.

Contudo, não faltam exemplos em que o sinal hostil provoca um calafrio instantâneo. Aqui intervém uma interpretação sem recuo. É preciso admitir, sobre esse ponto, o testemunho escrito (portanto, elaborado pela memória, e, por conseguinte, construído) que Rousseau nos dá. É vão querer confrontar esse testemunho com o que poderia ter sido "a experiência real", que é definitivamente recomposta pela reconstrução autobiográfica.

A magia do sinal, tal como Rousseau a descreve, cria bruscamente monstros, ao contrário do que se passa nos contos de fadas, em que os animais se tornam príncipes encantadores. Um detalhe inesperado que turve a limpidez da comunicação esperada, uma surpresa que não seja reabsorvida imediatamente na transparência: eis aí o que transforma o interlocutor em monstro, como se o sinal ambíguo o houvesse infectado magicamente e o houvesse tornado completamente impuro. A comunicação é absoluta ou não é: a falha inexplicável que produz uma leve hesitação ou um fugidio problema destrói totalmente a simpatia, e a alma de Jean-Jacques se sente paralisada, se retrai, como fixada pelo olhar petrificante de uma cabeça de Medusa. Produz-se então uma inversão do a favor ao contra, da embriaguez expansiva à ruptura desconfiada. O *seio caolho* de Zulietta é o perfeito exemplo da magia negativa que metamorfoseia em monstro um ser que, no instante anterior, era soberanamente desejável:

> No momento em que eu estava prestes a desfalecer sobre um colo que me parecia sofrer pela primeira vez a boca e a mão de um homem, percebi que ela tinha um seio caolho. Inquieto-me, examino, creio ver que esse seio não é conformado como o outro. Eis-me buscando em minha cabeça como se pode ter um seio caolho e, convencido de que isso se devia a algum notável vício natural, à força de virar e revirar essa ideia, vi claro como o dia que, na mais encantadora pessoa de que pudesse conceber a imagem, tinha em meus braços uma espécie de *monstro*, o refugo da natureza, dos homens, e do amor.[103]

Mas como interveio o sinal? É o sinal de súbito descoberto que produz a inibição do ímpeto amoroso? É o sinal o verdadeiro obstáculo? Perguntar-se-á se a paralisia de Jean-Jacques diante de Zulietta não é a expressão de uma "conduta de malogro" que teme e quer a uma só vez a ruptura, a perda da energia erótica, o brusco recolhimento em uma solidão ferida. A automutilação que Rousseau se inflige simbolicamente escolhe como pretexto objetivo essa *insignificante* imperfeição do corpo de Zulietta, para fazer dela um sinal decisivo. Mas a inibição teria podido tomar como pretexto qualquer outro detalhe real. Trata-se talvez, para Rousseau, de imputar seu fracasso ou sua recusa a um obstáculo exterior: tudo, literalmente, pode constituir o sinal a partir do qual a inibição se justifica. Basta, por vezes, que Rousseau fixe sua atenção em um ponto particular da realidade — na ruga formada por um sorriso; ele não precisa insistir longamente: a magia nefasta opera, e um desvelamento negativo se produz; o outro, diante de Jean-Jacques, tornou-se hediondo, transformou-se em monstro, o sorriso tornou-se esgar diabólico.

Eis aqui um serão à inglesa, em companhia de David Hume. Olhares são trocados em silêncio: era o que constituía, na manhã à inglesa de *A nova Heloísa*, o delicioso gozo das "belas almas", que assim provavam da "união dos corações". É o que agora faz com que o rosto do amigo recue na noite, imobilize-se, torne-se para sempre estranho. O amigo é doravante um falso amigo, sem que uma palavra tenha sido trocada:

> Seu olhar seco, ardente, zombeteiro e prolongado tornou-se mais que inquietante. Para me livrar dele, tentei fixá-lo por minha vez; mas, ao deter meus olhos nos seus, sinto um estremecimento inexplicável, e logo sou forçado a baixá-los. A fisionomia e o tom do bom David são de um bom homem, mas de onde, santo Deus! esse bom homem tira os olhos com que fixa seus amigos?[104]

Metamorfose que faz de súbito cair uma máscara, mas para revelar um rosto mais tenebroso que a própria máscara. Não apenas a comunicação não é mais possível com Hume assim desmascarado, mas eis que ele agora aparece como aquele que trabalha ativamente em propagar a ruptura em torno de Jean-

-Jacques, em tornar-lhe qualquer outra comunicação impossível. "Parece que a intenção de meu perseguidor e de seus amigos é tirar-me toda comunicação com o continente, e fazer-me perecer aqui de dor e de miséria."[105]

Mencionemos ainda outros momentos exatamente semelhantes em que, sob o olhar de Jean-Jacques, os sinais do mal absoluto transformam subitamente o rosto de um amigo. Que estranha metamorfose desfigura Du Peyrou, enquanto cochila sob o efeito de um medicamento:

> Enquanto ele mantinha os olhos fechados, vi seus traços se alterarem, seu rosto adquirir uma figura disforme e quase hedionda; imaginei o que se passava nessa alma fraca, perturbada pelo pavor da morte. Então elevei a minha ao céu, resignei-me nas mãos da Providência e entreguei-lhe o cuidado de minha justificação.[106]

O "caro anfitrião", a partir daí, pertence ao reino da sombra, não haverá mais nenhum laço verdadeiro entre Rousseau e ele:

> Jamais pude tirar a menor abertura, a menor claridade, a menor efusão desse coração sombrio e oculto [...] o mais oculto que existe.[107]

E que sinal inquietante, o sorriso do padre Berthier:

> Ele me agradecia um dia, caçoando, de tê-lo considerado homem bom. Achei em seu sorriso não sei o que de sardônico que mudou totalmente a sua fisionomia aos meus olhos e que muitas vezes voltou-me desde então à memória.[108]

Rousseau se lembrará desse sorriso no dia em que suspeitará que os jesuítas tenham interceptado o manuscrito do *Emílio*. Esse sinal, por si só, permite edificar a ideia de um complô. A partir do momento em que Rousseau se confronta com o desconhecido, com o mistério, pretende que se trate de um "mistério de iniquidade". Não há outra hipótese: uma alma que não se abre à efusão amistosa torna-se imediatamente uma alma toda sombria e que fomenta ativamente o mal. O conhecimento de outrem, em Rousseau, exige poder decidir-se pelo sim ou pelo não, pelo preto ou pelo branco. O suspense, a hesitação, a incerteza lhe são mais intoleráveis que a decisão que encara as coisas pelo seu pior lado. Ao amigo duvidoso, ele prefere o maldoso que participa da coligação hostil; pelo menos pode-se romper sem remorso...

Uma estranha demarcação separa uma "zona" de consciência em que Rousseau é ainda capaz de reconhecer que sua imaginação interpreta os sinais de uma maneira delirante, e uma zona em que a angústia, deixando de ser consciente de seu trabalho interpretativo, aceita a ideia delirante como uma evidência densa e indiscutível. Leiamos, nas *Confissões*, o relato do desvario que se apoderou de Rousseau por ocasião do atraso de impressão do *Emílio*; a análise tão perspicaz que aplica ao seu comportamento nos faz acreditar na iminência do despertar; não está ele prestes a conjurar os malefícios? Não vai descobrir que tudo aquilo que o obseda é produto do mesmo processo mental?

> Jamais uma infelicidade, qualquer que seja, me perturba e me abate, desde que eu saiba em que consiste; mas minha inclinação natural é de ter medo das trevas; temo e odeio seu ar sombrio, o mistério me inquieta sempre, é por demais antipático ao meu natural aberto até a imprudência. O aspecto do mais hediondo monstro me assustaria pouco, parece-me, mas, se entrevejo à noite uma figura sob um lençol branco, terei medo. Eis então minha imaginação, excitada por esse longo silêncio, ocupada em me traçar fantasmas [...] Imediatamente minha imaginação parte como um raio e me desvela todo o mistério de iniquidade: vejo-lhe o andamento tão claramente, tão seguramente quanto se me houvesse sido revelado.[109]

Rousseau reconhece seu erro: visões, tudo isso, quimeras de um espírito tornado inquieto por uma solidão demasiadamente longa. Mas o alcance dessa "autocrítica" limita-se apenas ao incidente do *Emílio*. Parece que Rousseau não revoga sua interpretação delirante a não ser para dar mais peso a outras queixas (não menos delirantes) que formula sem nenhuma crítica. Coloca-se, assim, sob o benefício de uma aparência de objetividade imparcial; já que é capaz de reconhecer os males de sua imaginação, não nos obriga a confiar nele quando denuncia a malevolência encarniçada que vê organizar-se à sua volta? Ele se acusa de ter interpretado certos sinais, mas para melhor se abandonar, quanto ao resto, ao seu delírio de interpretação, para melhor entregar-se ao poder dos sinais nefastos, que não coloca em discussão.

Viver no mundo da perseguição, para Jean-Jacques, será sentir-se cativo no interior de uma rede de sinais concordantes, pelos quais se reforça um "mistério impenetrável". Esses sinais serão o ponto de partida de uma especulação[110] angustiada, e de uma interminável investigação com o fim de elucidar-lhe mais completamente o sentido, que de início é hostilidade *muda*, acusação dissimulada, condenação clandestina. A hostilidade do sinal estará no seu ápice quando ele não manifestar nem mesmo um sentido malévolo, mas a recusa de revelar qualquer sentido que seja. Aos olhos do Rousseau perseguido, os sinais são "claros", mas relacionam-se todos a uma obscuridade última, a uma "fonte" irrevogavelmente obscura e absurda:

> Alguns me procuram com empenho, choram de alegria e de enternecimento ao ver-me, abraçam-me, beijam-me com arrebatamento, com lágrimas, outros se animam, à minha visão, de um furor que vejo cintilar em seus olhos, outros cospem em mim ou bem perto de mim com tanta afetação que sua intenção me é clara. *Sinais tão diferentes* são todos inspirados pelo mesmo sentimento, isso não me é menos claro. Qual é esse sentimento que se manifesta por tantos

*sinais contrários*? É aquele, vejo-o, de todos os meus contemporâneos a meu respeito; de resto, ele me é desconhecido.[111]

Os sinais são infalíveis: mas o que neles transparece é a impossibilidade da transparência. O sinal é desvelamento, mas desvelamento do obstáculo intransponível. Assim, Rousseau não ganha nada em interrogar um sinal depois do outro. Ao invés de conseguir elucidar o mistério, encontra-se em presença de trevas mais espessas: as caretas das crianças, o preço das ervilhas no Mercado, as pequenas lojas da rua Plâtriére, tudo anuncia a mesma conspiração cujos móbeis são para sempre impenetráveis. Por mais que Rousseau organize os indícios que percebe, por mais que tente ligá-los em uma cadeia coerente, desemboca sempre nas mesmas trevas.

"O universo mórbido do interpretador, observa o dr. Hesnard, e um mundo de significações pessoais, um *universo significativo*."[112] E ele esclarece: "O doente percebe essa significação pessoal bem antes de pensar sobre ela". Esse é o caso de Rousseau, no fim de sua vida. A interpretação faz parte da própria percepção: perceber a realidade e interpretá-la como sinal de hostilidade são um só e mesmo ato. Daí a reação instantânea de Jean-Jacques à aparição do sinal. Em seguida intervém a longa ruminação em que se esforçará em estabelecer a concordância que une os sinais e que, por trás de sua multiplicidade, revela a existência de um plano, de um sistema, de uma coligação universal. Há sempre, a partir dos sinais instantâneos, uma longa sequência de raciocínios, pelos quais Rousseau se esforça em remontar a uma maquinação coerente e permanente. Mas a coloração hostil surge de imediato, desde o instante da percepção; esse dado inicial é ao mesmo tempo decisivo e incompleto: o sinal revela uma *intenção*, mas não lhe esclarece as causas nem as origens. O sinal desvela o mal, mas vela sua proveniência.

Sabe-se, pelos *Devaneios* e pelas testemunhas dos últimos anos de Rousseau, que ele é capaz de passar, imprevisivelmente, do humor mais sombrio a uma alegria quase infantil. Ao redor de Jean-Jacques, o mundo da perseguição existe apenas por intermitências, segundo as leis de uma curiosa alternância, Mas como se dá a brusca passagem de um estado ao outro? Deixemos Rousseau explicar-se:

> Sempre por demais afetado pelos objetos sensíveis e sobretudo por aqueles que trazem sinal de prazer ou de dor, de benevolência ou de aversão, deixo-me arrastar por essas impressões exteriores sem poder muitas vezes delas me esquivar a não ser pela fuga. Um sinal, um gesto, uma olhada de um desconhecido bastam para perturbar meus prazeres ou acalmar minhas penas: pertenço-me apenas quando estou só, fora disso sou o joguete de todos aqueles que me cercam.[113]

As bruscas reviravoltas de afetividade são, portanto, respostas a sinais; atestam uma obediência imediata e quase mecânica ao estímulo externo. Bastará um sinal e Jean-Jacques passa não apenas de um humor a um outro, mas de um mundo a um outro. Assim, tudo oscila em torno de um encontro silencioso. O sinal falou antes que o interlocutor se tenha explicado: a palavra e o discurso se esforçarão inutilmente em mudar a convicção de Jean-Jacques, os protestos de nada servirão. Ao passar diante da Escola Militar, ele não dirige a palavra aos inválidos mas se contenta em interpretar sinais: o cumprimento que lhe dirigem, o olhar com que o olham:

> Um de meus passeios favoritos era ao redor da Escola Militar e eu encontrava com prazer aqui e ali alguns inválidos que, tendo conservado a antiga correção militar, cumprimentavam-me ao passar. Esse *cumprimento* que meu coração lhes devolvia centuplicado me lisonjeava e aumentava o prazer que tinha em *vê-los*. Como não sei esconder nada do que me comove, eu falava com frequência dos inválidos e da maneira pela qual seu aspecto me afetava. Não foi preciso mais. Ao final de algum tempo me dei conta de que não era mais um desconhecido para eles, ou antes, de que o era bem

mais pois que me viam com o mesmo *olhar* que o público. Não mais correção, não mais cumprimentos. Um *ar* repulsivo, um *olhar* feroz haviam sucedido à sua urbanidade inicial. Não lhes deixando a antiga franqueza de seu ofício encobrir, como nos outros, sua animosidade com uma máscara zombeteira e traidora, eles me *mostram* abertamente o mais violento ódio [...][114]

Não é preciso mais a Jean-Jacques para concluir que *alguém* lhes deu instruções.

O desanuviar-se decide-se algumas vezes pelo encontro de um rosto contente, de uma expressão benévola. Mas, na maior parte do tempo, os sinais salutares não pertencem mais à categoria dos "sinais naturais"; Rousseau renuncia a procurar nos rostos os sinais que denotam a simpatia ou a afeição: em relação a isso, já não tem esperança e não quer esperar mais nada: "a coligação é universal, sem exceção, sem retorno, e estou certo de acabar meus dias nessa horrível proscrição sem jamais penetrar-lhe o mistério".[115] Rousseau se volta para outros sinais, dos quais ainda nada dissemos até aqui.

Resta, com efeito, uma última categoria de sinais, que não são nem sinais de instituição, nem sinais naturais. A *Enciclopédia* os chama de *sinais acidentais*: são "os objetos que algumas circunstâncias particulares ligaram a algumas de nossas ideias, de modo que sao apropriados para despertá-las" (*Enciclopédia*, art. *Sinal*). Graças ao sinal acidental, uma felicidade passada pode ressuscitar. Jean-Jacques pode refugiar-se em sua memória, experimentar a pura *presença* da lembrança ao se tornar *ausente* para o resto dos homens. Ele pede refúgio ao seu passado, do qual o "sinal acidental" será a chave mágica. O sinal acidental não anuncia uma realidade exterior, desperta imagens interiores.

De fato, Jean-Jacques não fala de "sinal acidental", porém fala, mais sugestivamente, de *sinal memorativo*, ou simplesmente de *memorativo*. A música age como memorativo: Rousseau menciona, no *Dicionário de música*, esse poder de reminiscência, a propósito do *ranz** *das vacas*:

> Esses efeitos, que não ocorrem sobre os estrangeiros, vêm apenas do hábito, das lembranças, de mil circunstâncias que, retraçadas por essa ária para aqueles que a ouvem, e recordando-lhes seu país, seus antigos prazeres, sua juventude e todas as suas maneiras de viver, despertam neles uma dor amarga de ter perdido tudo isso. A música, então, não age de maneira nenhuma precisamente como música, mas como sinal memorativo.[116]

Assim, Jean-Jacques cantará para si mesmo, "com uma voz já toda entrecortada e trêmula", as árias que aprendeu com sua tia, e que um semiesquecimento torna ainda mais preciosas. E o que é um herbário, senão um memorativo?

> Para bem reconhecer uma planta, é preciso começar por vê-la no pé. Os herbários servem de *memorativo* para aquelas que já se conheceu [...][117]
>
> Herboriza-se inutilmente em um herbário, e sobretudo em uma coleção de musgos, se não se começou por herborizar na terra. Essas espécies de coletâneas devem servir apenas de *memorativos* [...][118]

Ora, o herbário não é apenas o memorativo da planta real. A flor seca é o "sinal acidental" que desperta a paisagem, o dia, a luz, a venturosa solidão do passeio em que foi colhida. Ela é o sinal que permite à felicidade finda voltar a ser um sentimento imediato. Salvando do esquecimento esse fragmento do passado, estabelece por trás do momento presente uma perspectiva de transparência indestrutível. Na página do herbário, a planta não apenas afirma seu tipo *sub specie aeternitatis*, como

* Ária pastoril suíça. (N. T.)

é também a permanente repetição da hora, do dia, da circunstância em que Jean-Jacques a encontrou. Em um mundo obsessivo, ela é um dos raros sinais que não se transformam imediatamente em obstáculo, mas se tornam a chave de um *espaço aberto*, de um espaço interior onde revive o espaço acolhedor da natureza:

> Não verei novamente essas belas paisagens, essas florestas, esses lagos, esses bosques, esses rochedos, essas montanhas cujo aspecto sempre comoveu meu coração: mas, agora que não posso mais correr essas felizes regiões, só preciso abrir meu herbário e logo ele para ali me transporta. Os fragmentos das plantas que ali colhi bastam para me recordar todo esse magnífico espetáculo. Esse herbário é para mim um diário de herborizações, que me faz recomeçá-las com um novo encanto e produz o efeito de uma óptica que as figurasse outra vez aos meus olhos.[119]

Tudo se passa, então, como se, ao lado dos sinais que fazem de Rousseau um prisioneiro, houvesse outros que lhe abrem possibilidades de evasão. Para esse solitário que já não escuta os discursos dos homens, o universo se obscurece ou se aclara magicamente à passagem dos sinais, como uma paisagem sobre a qual as nuvens provocam sombras intermitentes. Assim, o mundo possui uma dupla estrutura; alternadamente, manifestam-se uma rede de sinais nefastos e uma rede de sinais benéficos.

Mas é no olhar de Jean-Jacques que passa a nuvem. Se há, no mundo, duas categorias de sinais, é que há, em Rousseau, duas atitudes interpretativas que, ao aplicar-se por vezes ao mesmo ser ou ao mesmo objeto, atribuem-lhes uma após outra significações diametralmente opostas. Sem que nada tenha mudado no próprio objeto, uma metamorfose se produz, alterando-lhe a mensagem. Porque a sombra passou no olhar de Jean-Jacques, um sinal fausto tornou-se nefasto.

Eis aqui uma surpreendente ilustração disso. Rousseau procura uma pessoa segura a quem entregar o manuscrito dos *Diá-*

*logos*. Por acaso, recebe a visita de um jovem inglês, que fora seu vizinho em Wootton:

> Fiz como todos os infelizes que acreditam ver em tudo o que lhes acontece uma expressa orientação da sorte. Disse a mim mesmo: aí está o depositário que a Providência escolheu para mim; é ela que mo-lo envia [...] Tudo isso me pareceu tão claro que, crendo ver o dedo de Deus nessa ocasião fortuita, apressei-me em agarrá-la.[120]

Mas, à reflexão, o sinal providencial se obscurece. Por trás da passagem de Brooke Boothby, Rousseau não vê mais o dedo de Deus, mas os sombrios complôs de seus inimigos. Tanto num caso como no outro, é preciso que o estrangeiro tenha sido conduzido por uma força *oculta*. Sua visita não tem nenhum sentido em si mesma: é sinal de *outra coisa*; anuncia uma intenção transcendente. E Rousseau toma partido pelo pior: "E podia eu ignorar que há muito tempo ninguém se aproxima de mim que não me seja expressamente enviado, e que me confiar às pessoas que me cercam é entregar-me aos meus inimigos?".[121] Evidência não menos clara do que o fora de início a missão providencial do visitante.

Rousseau acredita que o sinal fala; não sabe, não quer saber que foi ele próprio quem já decidiu da significação. Releia-se o episódio da sra. Basile. Qual é a *verdadeira* significação do "sinal de dedo" da jovem mulher? No relato contado por Bernardin, é o gesto de uma mulher ofendida; segundo as *Confissões*, é uma declaração silenciosa. Tanto num texto como no outro, o sinal tem um valor indubitável, e seu sentido é dado como certo. Mas é Jean-Jacques quem dele decide, no sentido favorável ou desfavorável. O valor absoluto do sinal não tem sua origem no próprio objeto, mas em um ato de fé de Jean-Jacques, que deseja viver no interior de um universo *fatídico*. Se reconhecesse que é livre para interpretar os sinais a seu modo, o mundo sob os seus olhos permaneceria ambíguo: nele não encontraria jamais nem o bem absoluto, nem o mal absoluto, mas a possibilidade do bem e a possibilidade do mal. Ora, Rousseau quer o sim ou o não, o tudo ou o nada. Quer que os sinais carreguem um sentido irrevogável, *inapelável*.

A autoridade que confere aos sinais, ele a subtrai à sua própria liberdade. Experimenta um soberano repouso ao entregar-se a uma decisão que provém inteiramente de uma vontade exterior, ainda que essa vontade fosse perseguidora. Se a Providência, se Deus fez conhecer seu decreto, só resta aceitá-lo humildemente, ou resistir imóvel; ele não replicará: "Sua força não está na ação, mas na resistência".[122] Rousseau se encontra, então, liberto do tormento da ação, da escolha a fazer entre os sentidos possíveis que o mundo lhe propõe. Vive sua interpretação dos sinais como se ela não fosse sua obra, mas lhe fosse imposta de fora; a partir daí, sua responsabilidade está desobrigada, já não precisa interrogar o mundo exterior, pode recolher-se no sentimento que *nele* provocam os sinais surgidos *em torno dele*. Como é revelador esse momento, nas Charmettes, em que Rousseau pergunta aos sinais se será condenado ou salvo:

> Eu me exercitava em lançar pedras contra os troncos das árvores, e isso com a minha habilidade costumeira, isto é, quase sem atingir nenhum deles. Bem no meio desse belo exercício, tive a ideia de fazer dele uma espécie de prognóstico para acalmar minha inquietude. Disse a mim mesmo, vou lançar esta pedra contra a árvore que está à minha frente. Se a atingir, *sinal de salvação*; se falhar, *sinal de danação*. Ao assim dizer, lanço minha pedra com mão trêmula e com um horrível batimento de coração; mas de maneira tão feliz que ela vai bater bem no meio da árvore; o que realmente não era difícil; pois tivera o cuidado de escolhê-la bem grossa e bem próxima. Desde então não duvidei mais de minha salvação. Não sei, ao lembrar-me desse feito, se devo rir ou lamentar-me.[123]

Como em relação a seu acesso de loucura diante do atraso da impressão do *Emílio*, Jean-Jacques critica aqui uma conduta que adotará mais tarde sem nenhuma crítica. Essa página é sintomática de sua atitude com respeito aos sinais: espera uma resposta que possa *acalmar sua inquietude*. E o que acalmará sua inquietude não é que a resposta seja favorável, é simplesmente que haja uma resposta decisiva. Está claro que Jean-Jacques, ao provocar o julgamento de Deus, procura transformar um ato de que tomou a iniciativa em um sinal que lhe anunciaria uma vontade transcendente. É seu próprio gesto, mas é imediatamente Deus quem fala, quem se apodera do gesto e dele desapossa Jean-Jacques. O seixo lançado de sua mão, ao tocar a árvore, é um sinal que *vem* para Jean-Jacques; a direção se inverteu, a mão esqueceu que lançou a pedra, e a partir daí foi Deus quem fez tudo. "Os sinais são, desde o começo das eras, a língua dos deuses", escreve Hölderlin em sua ode a Rousseau. Sim, Jean-Jacques quer escutar a linguagem dos deuses. E se os deuses se calam, ele está disposto a provocá-los, a exigir-lhes a resposta que tranquilizará sua inquietude: estás salvo, estás condenado. Mas quem fala? Não é Deus, é o eco de Jean-Jacques, erigido em absoluto.

Por ter desejado mais que a comunicação humana convencional, não se acha ele condenado a sofrer a ausência de comunicação? Não se torna ele o prisioneiro de uma rede de sinais que, em vez de anunciar-lhe o mundo, de revelar-lhe a alma dos outros, devolve-lhe sua própria angústia, ou o reconduz a seu próprio passado? Com efeito, tal parece ter sido, para Rousseau, o poder dos sinais: em vez de lhe dar acesso ao mundo, foram (como para Narciso a superfície do espelho) o instrumento pelo qual o eu se torna magicamente o escravo de seu próprio reflexo.

## A COMUNICAÇÃO AMOROSA

A experiência sexual, em Jean-Jacques, permaneceu por muito tempo aquém do problema da comunicação. Se se deve acreditar nas *Confissões*, o desejo manifestou-se inicialmente como uma inquietude sem objeto, incapaz de cobiçar uma realidade precisa e de buscar-lhe a posse. É uma efervescência, um ardor que a nada visa, ou que visa a coisas demais fora dele mesmo. O desejo nem sequer se conhece como desejo, mas como *perturbação*. É uma antecipação obscura. Tudo o exaspera e "o inflama", nada o satisfaz, pois o apelo de uma satisfação determinada não existe ainda. Durante um tempo bastante longo, parece, o objeto do desejo permaneceu confundido com a embriaguez do desejo. Enquanto pressente alegrias desconhecidas, Jean-Jacques contenta-se com o prazer inquieto de permanecer em estado de desejo, em uma emoção sensual perfeitamente *cega*, à qual nenhum objeto exterior responde ou corresponde.

Mas, muito cedo, ele dará a si mesmo "sociedades imaginárias", inventará seres segundo o seu coração, sonhará com situações enternecedoras: revê, assim, os romances sobre os quais passava as noites de sua infância... Está disposto a contentar-se com eles: pouco lhe importa que tenha de sustentar todas essas conversações imaginárias. A ilusão, nesse domínio, vale mais que a realidade; e como a presença de um ser desejável não é aqui mais que uma "causa ocasional", mais vale confiar esse papel a criaturas de imaginação que melhor sabem apagar-se no momento desejado e deixar Jean-Jacques experimentar em si mesmo enternecimentos muito preciosos. Há sempre, nas pessoas reais, muita opacidade, muita densidade, muito de inesperado, o que é preciso remediar e com o que Rousseau não sabe o que fazer. De resto, quando se encontra em presença de uma pessoa que o comove, é imediatamente submergido pelo sentimento, já não tem bastante lucidez e energia para empreender uma conquista amorosa; permanece desajeitado e trêmulo, e, a menos que encontre sua felicidade em uma entrevista silenciosa, a menos que se contente com a emoção "rápida como o raio" provocada pela simples presença do ser amado, a posse lhe escapa, e o amor das pessoas reais conduz menos longe que o amor das quimeras. Como são preferíveis as visões em que criaturas se oferecem a ele! A alegria que com elas experimenta não é tão real quanto em presença de um ser de carne? Se o mundo do devaneio é para Rousseau um mundo *ideal*, não é apenas em razão da beleza e da perfeição dos seres que ele aí faz viver, mas, em grande parte também, por causa da facilidade instantânea, da ausência de obstáculos: Jean-Jacques pode permanecer imóvel, tudo se oferece a ele, nada deve ser conquistado com muito empenho. Pois, sob sua forma imaginária, a conquista amorosa, as infelicidades, as separações não são nada além de imagens oferecidas, de dons miraculosos. De resto, as satisfações com que sonha nem sempre são posses; são também recusas e sacrifícios, pois nada é mais delicioso que a emoção de um coração que renuncia por virtude, e a frustração imaginária pode fazer correr suavíssimas lágrimas. Ocorrerá então, nesses sonhos diurnos, que Rousseau veja duas "encantadoras primas" (e com elas a imagem da srta. de Graffenried e da srta. Galley) lançarem-se em seus braços, mas ele saberá virtuosamente afastar-se de ambas...

O que torna o devaneio delicioso é que tudo aí se *dá*: todos os atos aí são a pantomima da imaginação, sobre fundo de ausência, sendo o único resíduo real o sentimento que perturba a alma de Jean-Jacques. Nenhuma ação efetiva; ele só precisa acolher seu devaneio, e se sonha acolhido por uma "sociedade íntima". Acolher, ser acolhido, uma equivalência e uma reversibilidade ligam essas duas situações: as coisas e os seres vêm a Jean-Jacques, sem que tenha de conquistá-los. (Como vimos, *ser acolhido* tem a preferência de Rousseau; ele se pensa e se sente originalmente como um ser excluído, privado de ternura materna, vagando fora dos muros; e espera que as princesas o recebam, oferecendo-lhe além disso sua intimidade, seu mundo, sua morada, seu leito. Na verdade, essa carência de um recolhimento em uma intimidade oferecida dá continuidade a um outro movimento em que a parte do imaginário não é menor, movimento pelo qual em primeiro lugar Jean-Jacques fez dele um excluído, um exilado, um errante. Veem-se alternar-se dois impulsos, um pelo qual Jean-Jacques se lança "no vasto espaço do mundo";[124] o outro, pelo qual queixosamente implora a acolhida, o calor consolador, a punição e o perdão por seus erros de filho pródigo.)

Jean-Jacques esperou, então, que a sra. de Warens ou a sra. de Larnage houvessem tomado a iniciativa e feito os avanços decisivos: ele se deixa conquistar, à maneira de uma mulher:

> Jamais [...] pude chegar a fazer uma proposta lasciva sem que aquela a quem eu a fazia não me tenha de algum modo obrigado por seus avanços.[125]

Mas não lhe era preciso tanto: ele já estava feliz, em presença de "mamãe", antes que ela houvesse pensado em se dar a ele. Aquém da posse sexual, Jean-Jacques experimentava uma plenitude perfeitamente suficiente:

> Eu não tinha arrebatamentos nem desejos junto dela: ficava numa calma encantadora, gozando sem saber o quê.[126]

Ele está disposto, aliás, a agarrar-se a satisfações simbólicas (algumas delas de tipo "oral"):

> Quantas vezes beijei minha cama ao pensar que ela ali se deitara, minhas cortinas, todos os móveis de meu quarto, ao pensar que lhe pertenciam, que sua bela mão os tocara, o próprio assoalho sobre o qual me prosternava ao pensar que ali caminhara. Algumas vezes, mesmo em sua presença, escapavam-me extravagâncias que apenas o mais violento amor parecia poder inspirar. Um dia, à mesa, no momento em que ela pusera um bocado em sua boca, exclamo que ali vejo um cabelo: ela lança o bocado em seu prato, eu me aposso dele avidamente e o engulo. Em uma palavra, de mim ao amante mais apaixonado havia apenas uma diferença única, mas essencial, e que torna meu estado quase inconcebível à razão.[127]

Mas uma vez que se tornou o amante da sra. de Warens, Jean-Jacques lança-se imediatamente para além do amor carnal.

O que conta, no amor deles, não é o comércio dos sentidos, mas alguma coisa de muito semelhante à felicidade que Rousseau experimentava antes: sua "posse mútua" não é de maneira nenhuma "a do amor, mas uma posse mais essencial que, sem se prender aos sentidos, ao sexo, à idade, à figura, ligava-se a tudo aquilo por que somos nós mesmos, e que não se pode perder senão deixando de ser".[128] Posse *imediata*, que une seres sem passar pelos sentidos e pelos corpos.

## O EXIBICIONISMO

Nada é mais revelador que certas formas extremas do comportamento de Rousseau. Aos olhos de uma crítica preocupada em alcançar a totalidade de uma obra e de um escritor, ou pelo menos os princípios que tornam o conjunto inteligível, as anomalias sexuais de Rousseau, consignadas na própria obra, contribuem para o *sentido* da totalidade, ao mesmo título que os esteios de pensamento teórico. Assim como não se trata de reduzir a ideologia de Rousseau às suas bases sentimentais, não é possível limitar a vida "íntima" à pura anedota: o vivido, explicitamente retomado na obra, não pode permanecer para nós um dado marginal. O exibicionismo foi uma fase aberrante do comportamento sexual de Jean-Jacques; mas, sob uma forma transposta, ele está no princípio mesmo de uma obra como as *Confissões*. Nada autoriza, por certo, uma interpretação regressiva (habitual na psicanálise corrente) que reduziria as *Confissões* a não ser mais que uma variante mais ou menos sublimada do exibicionismo juvenil de Jean-Jacques. A esse método regressivo, preferimos uma interpretação "prospectiva", que procura descobrir, no acontecimento ou na atitude cronologicamente anteriores, intenções, escolhas, desejos cujo sentido ultrapassa a circunstância que os tornou manifestos pela primeira vez. Mesmo sem saber antecipadamente que o exibicionismo de Jean-Jacques nas "alamedas escuras" e nos "redutos ocultos" de Turim prefigura já a leitura pública das *Confissões*, uma análise de seu comportamento sexual permaneceria incompleta se não desembocasse na revelação de um certo tipo de "relação com o mundo" que conduzirá à narrativa autobiográfica. O comportamento erótico não é um dado fragmentário; é uma manifestação do indivíduo total, e é assim que deve ser analisado.[129] Quer seja para negligenciá-lo ou para fazer dele um tema de estudo privilegiado, não se pode limitar o exibicionismo à "esfera" sexual: a personalidade inteira aí se revela, com algumas de suas "escolhas existenciais" fundamentais. Em vez, então, de reduzir a obra literária a *ser apenas* o disfarce de uma tendência infantil, a análise visará descobrir, nos fatos primeiros da vida afetiva, o que os obriga a ir *até* a forma literária, até o pensamento e à arte.

Sim, tudo parece realmente começar pela privação do amor materno. "Eu custei a vida de minha mãe, e meu nascimento foi o primeiro de meus infortúnios."[130] Disse-se tudo, ou quase, sobre esse nascimento que deu talvez a Jean-Jacques o sentimento do pecado de existir. A partir daí, pode-se construir uma série de explicações que se encadeiam bem (e até bem demais). O masoquismo? Uma necessidade de pagar pela culpa de ter nascido. A sra. de Warens? O evidente desejo do seio materno. As relações a três? A busca simbólica do perdão e da proteção paterna. A passividade, o narcisismo? Consequências de uma culpabilidade, que impede Jean-Jacques de buscar satisfações "normais", isto é, de se colocar como rival do pai ao lado das mulheres. O sentimento da existência, os êxtases, o apetite do imediato? Um retorno ao ventre original, em uma Natureza apaziguadora. E essa gula pelos laticínios?[131] Seu sentido é decididamente demasiado claro...

Mas explicar uma conduta por seus fins secretos ou por seus primeiros pretextos não é ainda compreender toda essa conduta. Também não basta mostrar que a consciência se orienta para fins simbólicos, que substituem o objeto primeiro de seu desejo. É preciso procurar o essencial ali onde o interior encontra-se com o exterior: na maneira pela qual uma consciência se relaciona com seus fins, na estrutura peculiar dessa relação. Apenas então nos aproximamos da realidade de um pensamento e de uma experiência vivida. Admitir a onipotência de um complexo (no caso, o complexo de Édipo) que orientaria todos os aspectos da personalidade é aceitar uma concepção bastante pobre da causalidade psicológica. O complexo é muitas vezes alegado como se fosse dotado de uma energia autônoma e distinta, ao passo que a vida psíquica real é, desde a origem, uma atividade da pessoa no contato com o "meio" circundante. O momento capital de um comportamento não está nem em seus móbeis inconscientes, nem em seus desígnios conscientes, mas no ponto em que uma *ação* mobiliza conjuntamente os móbeis e os desígnios, em outros termos, no ponto em que o homem se engaja em uma aventura em que deverá *inventar* as formas de seu desejo. Tal perspectiva, no caso de Rousseau, obriga-nos a levar em conta não apenas aquilo que ele cobiça (consciente ou simbolicamente), mas sobretudo a maneira pela qual se dirige para a satisfação desejada, o seu "estilo de abordagem"...

Rousseau dá mil exemplos de comoções instantâneas. Encontramos justapostos, nas *Confissões*, momentos tão contrários que parecem pertencer a personalidades diferentes. E o que impressiona sobretudo, em certas circunstâncias, é o aparente esquecimento do episódio imediatamente anterior, cuja importância parecia capital e que de súbito parece não contar mais para nada. A passagem do segundo ao terceiro livro das *Confissões* é disso um testemunho bastante notável. O segundo livro termina no caso da fita roubada e na denúncia mentirosa pela qual Jean-Jacques faz demitir a pobre Marion; e Rousseau nos assegura que esse "crime" deixou-lhe, pelo resto de sua vida, uma "impressão terrível". Mas o terceiro livro começa na página seguinte, em que Jean-Jacques descreve seus sentimentos nas semanas consecutivas ao "crime": aí não encontraremos o menor eco do episódio precedente, nada que a ele se ligue por um elo de consequência. Tudo se passa como se Jean-Jacques houvesse "bebido a água do esquecimento", recusando-se a pertencer a seu passado, para entregar-se inteiro ao seu desejo presente:

> Eu estava inquieto, distraído, sonhador: chorava, suspirava, desejava uma felicidade de que não tinha ideia, e da qual sentia, no entanto, a privação. Este estado não pode ser descrito; e poucos homens sequer o podem imaginar, porque a maioria evitou essa plenitude de vida, a uma só vez atormentadora e deliciosa que, na embriaguez do desejo, dá um antegosto do gozo. Meu sangue exaltado enchia continuamente meu cérebro de moças e de mulheres: mas, não lhes sentindo o verdadeiro uso, eu as empregava *curiosamente*, em ideia, nas minhas fantasias, sem com elas saber fazer nada mais [...][132]

Ora, essas fantasias lhe descrevem o tratamento infligido pela srta. Lambercier, agressão ambivalente que é ao mesmo tempo punição e satisfação erótica. Pode-se perguntar se a imaginação da punição não é, de certa maneira, uma resposta "inconsciente" à falta cometida em relação a Marion. Aliás, também a falta era um ato ambivalente: ao denunciar Marion, ele lhe provava o seu amor, fazia-lhe quase uma declaração: "Quando acusei essa infeliz moça, é *curioso*, mas é verdade que minha amizade por ela foi a causa disso. Ela estava presente em meu pensamento, escusei-me sobre o primeiro objeto que se ofereceu. Acusei-a de ter feito o que eu queria fazer e de ter-me dado a fita porque minha intenção era dá-la a ela".[133] Percebe-se aqui um elo secreto entre momentos que não estão unidos por nenhuma continuidade explícita. Por mais abrupta que tenha sido a ruptura entre a narração do "crime" e o relato da obsessão erótica, por mais que a única similitude aparente, entre as duas passagens, seja apenas a presença da palavra *curioso*, discerne-se, nos devaneios masoquistas de Jean-Jacques, tudo que reveste o sentido de uma *reação* à situação sádica que os precedeu. A efervescência da libido é uma reação à morte da sra. de Vercelli e, quanto às fantasias punitivas que põem em cena moças muito decididas a surrar Jean-Jacques, vale dizer que põem em cena uma Marion-Lambercier vingando-se voluptuosamente: reação ao mesmo tempo perversa e "moral", que compensa a culpa pelo castigo imaginário, e que completa a declaração de amor sádico pelo consentimento de um parceiro punidor.

Aqui começa o episódio do exibicionismo. Jean-Jacques desejaria passar do sonho à realidade e receber o tratamento que imaginou em suas fantasias. Mas não sabe nem quer transpor a distância que o separa das mulheres reais. Ele não ousa perguntar o que deseja. E como poderia perguntá-lo sem comprometer a possibilidade da satisfação? Pois o que deseja é precisamente que as mulheres tomem toda a *iniciativa* em relação a ele. O acontecimento mais desejável, para Jean-Jacques, é aquele em que poderia permanecer imóvel, e em que a mulher viria a ele para espancá-lo e remetê-lo à sensação deliciosamente humilhada de seu próprio corpo. Por vergonha, Jean-Jacques não pode nomear o que desejaria sofrer: tentará apenas provocar "o tratamento desejado", sem pronunciar uma única palavra, sem formular seu desejo. Contentar-se-á em "expor-se às pessoas do sexo no estado em que teria desejado poder estar junto delas".[134] A satisfação que Rousseau espera não consiste então, de modo algum, no ato de exibição, mas no voluptuoso castigo que deveria dar-lhe sequência. O exibicionismo consiste unicamente na forma silenciosa de um pedido que Jean-Jacques tem vergonha de enunciar em termos explícitos. É uma modalidade patológica do recurso aos sinais! Tudo o que Jean-Jacques sabe fazer para atingir o gozo cobiçado é oferecer-se em silêncio. Seu papel para aí, ele não sabe empreender nada além: o resto deve vir de fora. O único gesto de que Rousseau é capaz se detém nele mesmo:

> Não havia dali mais que um passo a dar para sentir o tratamento desejado.[135]

Mas esse passo, cabe a "alguma decidida" realizá-lo. Jean--Jacques, de sua parte, não se moverá e toda a sua coragem não ultrapassará "a audácia de esperar".[136] A figura grotesca da punição castradora aparecerá sob o aspecto do "homem grande, usando um grande bigode, um grande chapéu, um grande sabre".

A partir do relato zombeteiro das *Confissões*, tudo isso parece bastante derrisório. Entretanto, a confissão é aqui de um alcance singular. Torna manifesta uma tendência que, embora já a tenhamos encontrado anteriormente, jamais nos aparecera tão nitidamente: o apelo à eficácia *mágica* da presença. Jean-Jacques acredita que lhe basta "expor-se" para exercer uma fascinação à sua volta. E recorre, com esse objetivo, ao poder de fascínio da nudez "ridícula". Repitamo-lo, Rousseau visa a um fim inteiramente diverso do prazer de se mostrar. O exibicionismo não passa para ele de um meio: mais precisamente, é o único meio de que Rousseau é capaz, e ocorre que esse meio consiste em uma recusa de todos os meios "normais", em um recurso à *sedução imediata*. Sem dúvida, há em Rousseau uma vontade de agir sobre os outros, mas, em sua vontade de ação, ele é incapaz de sair de si mesmo: o exibicionismo representa o limite extremo de uma ação que se dirige para fora sem, contudo, consentir em engajar-se agressivamente entre os obstáculos do mundo exterior. Bem se trata de atingir os outros, mas sem abandonar a si mesmo, contentando-se em ser a si mesmo e em mostrar-se tal como se é. Então apenas uma potência mágica pode transpor a distância que não se aceita atravessar por meio de uma ação real sobre o mundo e sobre os outros.

Mas essa tentativa é um fracasso: não é tão fácil provocar "o tratamento desejado", nem mesmo atrair a atenção. O fracasso remete Jean-Jacques a si mesmo e à consciência de sua solidão. (Momento propício para as lições do Vigário saboiano ou do sr. Gaime.) Narciso descobre então sua própria imagem, e a prefere. Encerra-se novamente no devaneio, mas em um devaneio que doravante sabe que não pode passar *simplesmente* do imaginário ao real. Resta a possibilidade de aderir ao imaginário, de nele mergulhar sem reserva. "Tomei o partido de escrever e de me ocultar." Na ordem erótica, Jean-Jacques adota o mesmo partido:

Lembro-me de que uma vez a sra. de Luxemburgo me falava gracejando de um homem que abandonava sua amante para escrever-lhe. Disse-lhe que eu bem poderia ter sido esse homem, e teria podido acrescentar que o fora algumas vezes.[137]

Escrever-lhe. Isso significa separar-se da pessoa amada (ou cobiçada) a fim de entreter-se com sua imagem, e consigo mesmo; mas isso significa também: entreter-se consigo mesmo a fim de se oferecer ao amor em palavras, em frases, em imagens, que saberão talvez exercer um fascínio mais poderoso do que o fizera a simples presença física.

Reconheçamos, nesse recuo para o imaginário e para a intimidade do eu, algo de ambíguo. De um lado, para Rousseau, é um retorno à independência total, à suficiência perfeita do sentimento imediato. Mas, objetivamente, para nós, aí há um rodeio com a finalidade de captar os olhares por meios que a presença física, por si só, não possuía. Fazendo apelo à linguagem, a alma *única* de Jean-Jacques recorre à mediação do universal para melhor se manifestar em sua singularidade e em sua hostilidade com o resto do mundo. Jean-Jacques utiliza *de fato* a mediação, mesmo acreditando permanecer fiel ao imediato.

Tal parece ser o projeto de Jean-Jacques: tornar-se atraente por uma exaltação em que o eu não abandona seu sonho e suas ficções. Seduzir, mas sem se desprender de si mesmo, sem que o desejo tenha de sacrificar sua embriaguez imediata. Obter a atenção, a simpatia, a paixão dos outros, mas sem fazer nada que não se abandonar à sedução de seus caros devaneios. Assim, ele será um sedutor seduzido; sedutor porque é seduzido; fascinando o auditório porque seu olhar está desviado para o fascínio de um espetáculo interior.

O duplo jogo é evidente: quando Rousseau se expõe aos olhos dos outros, lemos claramente em seu gesto a intenção de provocar a resposta de que tem necessidade; mas ele provoca essa resposta como se nada houvesse feito para que ela se produzisse, como se não a houvesse desejado nem procurado, e como se ela ocorresse espontaneamente, por um estranho capricho do acaso. Algumas vezes, fingirá surpreender-se. Ele não fez mais que se exprimir em voz alta, para responder ao apelo interior do dever (ou da verdade, ou do prazer) e eis que se encarniçam em contradizê-lo ou em adulá-lo: não se preocupa com isso, não mereceu semelhante honra, quisera apenas ser ele mesmo... O imediato da vida interior é seu álibi, seu refúgio, mas é também o meio de eximir-se dos meios pelos quais normalmente é preciso passar para ir ao encontro dos outros. Jean-Jacques espera fazer-se amar sem fazer outra coisa que não ser ele mesmo; quer, mesmo permanecendo interior a si, atrair a solicitude afetuosa e o devotamento terno. Dir-se-á — e se disse — que aí existe hipocrisia e má-fé; Rousseau não assume os riscos e o esforço de superação exigidos por uma comunicação autêntica com o próximo: perde, assim, a verdade de seu contato com outrem. Mas perde também a verdade de seu sentimento, pois não tem de modo algum sentimento que não esteja, aberta ou secretamente, destinado a ser exprimido *diante de testemunhas*: ele é inocente, é sincero, é resignado, é atormentado *aos olhos da Europa inteira*. Por não ter desejado realizar os passos decisivos da ação mediadora, por não se ter engajado francamente no duro universo dos meios, Jean-Jacques perde a uma só vez a pureza do sentimento imediato e a possibilidade da comunicação concreta com os outros. Essa dupla perda o define como um *escritor*.

Ele compõe livros e óperas apenas para se consolar, para conversar com suas quimeras. Mas conta com que essa atividade que o encerra em si mesmo lhe valerá a admiração comovida de seus contemporâneos. Mergulhado em seus devaneios, e sem nada fazer aparentemente para atravessar a distância, obtém o que deseja: que os outros dirijam seus olhares para ele, venham a ele perturbados e confundidos. Não visou *puramente* à arte, pois pensou demais no efeito que exerceria sobre as almas sensíveis. Mas, por outro lado, não teve de transpor o verdadeiro caminho que leva aos corações, não teve de sofrer e de atravessar os mortais espaços intermediários, pois não se preocupou em estabelecer e em manter *laços* reais com outrem.

Assim se constitui uma magia da *representação*, cujo efeito será mais poderoso que a magia da presença, com a qual Jean-Jacques contara de início. Ele escreveu *Le devin* e *A nova Heloísa*, encantou-se com suas próprias visões, com sua própria música, e eis que se fixam nele, de maneira tão imprevista e tão desejada, os olhares carregados de "deliciosas lágrimas" que ele recolherá avidamente. Jean-Jacques se sente presente em uma imagem que o representa, e que fascina as ouvintes: o mais precioso de sua glória, no momento do sucesso do *Devin*, é uma satisfação amorosa cuja natureza não é muito diferente daquela que ele esperava, aos dezesseis anos ao exibir-se nas alamedas e nos "redutos" de Turim. Jean-Jacques se mostra; mas desta vez ele se mostra em sua obra (que é o sonho de sua alma inocente e terna); pode permanecer imóvel, basta-lhe ter "a audácia de esperar": a satisfação amorosa vem a ele. Em vez de receber uma punição voluptuosa, é ele quem faz nascer lágrimas e suspiros. O masoquismo da sova nas nádegas tornou-se o doce sadismo de uma ternura pastoral:

> Senti todo o espetáculo desfalecido em uma embriaguez à qual minha cabeça não se prendeu [...][138] Entreguei-me logo plenamente e sem distração ao prazer de saborear minha glória. Estou certo, no entanto, de que nesse momento a volúpia do sexo aí entrava muito mais que a vaidade de autor, e seguramente, se ali tivesse havido apenas homens, eu não teria sido devorado, como o estava incessantemente, pelo desejo de recolher com meus lábios as deliciosas lágrimas que fazia correr.[139]

É um retorno miraculoso. Jean-Jacques fracassara quando se *apresentara* pela primeira vez; agora tem êxito, no momento em que se *representa*.

Por certo, Rousseau bem sabe que uma ópera não imita os sentimentos senão da maneira menos imediata. Não deixará de dizê-lo no *Dicionário de música*:

Para agradar constantemente, e prevenir o tédio, a música deve elevar-se à condição das artes de imitação, mas sua imitação nem sempre é imediata como a da poesia e da pintura; a palavra é o meio pelo qual a música determina no mais das vezes o objeto de que nos oferece a imagem, e é pelos sons comoventes da voz humana que essa imagem desperta no fundo do coraçao os sentimentos que aí deve produzir.[140]

Mas o prazer que Rousseau experimenta no momento do sucesso do *Devin* não passa mais pelas palavras e pelos sons da obra que ele compôs. Um acontecimento erótico se produz, em que os próprios corpos não contam. A felicidade reside em uma comunicação a distância. Embora os olhares das espectadoras estejam voltados para a cena, Jean-Jacques sente-se o senhor dos corações. Essas mulheres que choram de enternecimento são dele; não queria possuir seus corpos, mas sua emoção, e sabe agora que suas lágrimas lhe pertencem. Esse gozo, obtido de maneira tão indireta, é no entanto um prazer imediato, que anula a pesada opacidade dos corpos: apenas as almas se tocam nesse contato. Rousseau é o Dioniso que dispensa uma embriaguez de amor virtuoso e de desregramento involuntário; tem suas mênades à sua volta. As pessoas se apaixonam por ele, e por meio dele. Seu poder coincide enfim com sua presença, porque soube fazer-se infinitamente ausente, em uma música que canta a sedução da ausência e a felicidade do retorno.

Mas a embriaguez lírica não é a única maneira, para Rousseau, de reconquistar a possibilidade de uma presença sedutora. Outros caminhos se oferecem a ele. Em particular, o recurso à superioridade reflexiva, a pretensão ao heroísmo virtuoso. Não vejamos aí apenas a superação — a sublimação — que faz triunfar a moral: essa conduta tem como resultado reforçar o prestígio da presença, tendo em vista satisfações amorosas bastante singulares.

## O PRECEPTOR

Pretendeu-se (é, em particular, a tese de René Laforgue) que o amor a três é, para Rousseau, uma oportunidade de reviver a situação do filho culpado, que procura redescobrir a intimidade perdida. Mas é preciso acrescentar que Rousseau se esforça quase instantaneamente em superar a dependência e a inferioridade impostas por sua condição de intruso: trabalha em conferir-se a função do preceptor, isto é, do Mestre, único possuidor da ciência da felicidade. Assim, Jean-Jacques se colocará como mentor protetor, desejoso de melhor unir Sophie d'Houdetot e Saint-Lambert. Escreverá a Sophie *Cartas morais*, para ensinar-lhe o amor-virtude, o amor-sabedoria. O que resta então a Jean-Jacques é o prazer de ser aquele por quem passa o impulso mútuo dos amantes. Ele é o mediador, não abandonando o sentimento imediato de sua própria benevolência. Aparentemente, já não quer possuir nada que seja exterior a si mesmo. Basta-lhe que os amantes tenham necessidade dele para unir-se. Ele não é nem o amante, nem o amado: é o encontro daqueles que se amam, o "meio" no qual suas almas entram em contato. Assim, no *Emílio*, o preceptor une as mãos dos recém-casados:

> Quantas vezes, contemplando neles minha obra, sinto-me tomado de um arrebatamento que faz palpitar meu coração! Quantas vezes junto suas mãos nas minhas abençoando a Providência e lançando ardentes suspiros! Quantos beijos aplico nessas duas mãos que se estreitam! Com quantas lágrimas de alegria eles me sentem molhá-las! Enternecem-se por sua vez ao partilhar meus transportes [...][141]

Gozo singular, que quer ser o reflexo da alegria dos amantes, mas que habita essa alegria como sua obra. O preceptor reivindica seu lugar ao mesmo tempo no centro do delírio amoroso e fora dele. Possui então, simultaneamente, a embriaguez do contato e a liberdade de um desimpedimento perfeito.

Goza e renuncia. Entrega-se à sensação, mas recua instantaneamente para a reflexão.

O amor a três implica sempre, em Rousseau, uma embriaguez e uma transposição reflexiva. O herói rousseauniano é a uma só vez mestre de sabedoria e sedutor. Ele conturba as almas e as eleva (conturba-as ao elevá-las). Atém-se menos a possuir os corpos que a fascinar as almas e a tornar-se o confidente das consciências.[142]

Assim, Rousseau manifesta uma magia sedutora que não se compromete no ato amoroso. Muitas vezes essa magia não é separável da exaltação virtuosa; elas se reforçam mutuamente, e criam uma ambiguidade que se compreende que tenha podido parecer impura. Milord Bomston, "amado por duas amantes", oscila, ele próprio, entre a loucura passional e a calma razão: torna "furiosa" uma ardente marquesa e, ao mesmo tempo, ensina o arrependimento e a virtude a uma pequena cortesã romana. Isso lhe basta: não possuirá nem uma nem outra. Pode, doravante, amar a si mesmo com um amor narcísico, admirar-se sem reserva:

> Sua virtude lhe dava em si mesmo um gozo mais suave que o da beleza, e que não se esgota como ela. Mais feliz com os prazeres a que se recusava do que o voluptuoso com aqueles de que prova, ele amou por mais tempo, permaneceu livre e gozou melhor da vida do que aqueles que a desgastam.[143]

Uma dupla influência amorosa tornou-se o pretexto de uma dupla recusa: Milord Édouard Bomston domina duas mulheres que o desejam ambas, mas ele se mantém fora de alcance. Essas mulheres desejáveis às quais renuncia devolvem-lhe sua própria imagem purificada pela recusa. Os amores de Milord Bomston se "refletem" finalmente nele mesmo, e a aventura amorosa desemboca numa reconquista da integridade do eu, depois da tempestade interior e do tumulto da paixão. Nem sequer se pode dizer que tudo retorna ao sentimento interior, porque nada jamais deixou o domínio do sentimento. Como na cena em que o preceptor une as mãos de Emílio e de Sophie, a sabedoria reflexiva pede a cumplicidade da embriaguez sensual, para dela gozar e para dela desprender-se imediatamente, em nome de uma liberdade superior. Conivência bastante suspeita, mas que, à sua maneira, representa uma reconciliação do mediato e do imediato, da reflexão e da sensação. Então, o homem da reflexão capta sua felicidade em um domínio ao qual aparentemente renunciou; afasta, para seu próprio proveito, o benefício da alegria ou da dor sensuais que provocou em outrem e do qual não quer depender. Enquanto acredita preservar a pureza da distância que tomou em relação à sensação, ele volta a ser por um instante uma alma sensível, a fim de subtrair furtivamente uma emoção de que gozará na solidão.

Enquanto Emílio e Sophie se comprometem reciprocamente, o preceptor se introduz literalmente em sua efusão; essa felicidade é obra sua; quer gozá-la de dentro. Mantém, entretanto, uma atitude de superioridade independente: os jovens lhe devem seu reconhecimento e sua afeição, mas ele não lhes deve nada em troca. Paga a si mesmo participando de sua emoção amorosa... Pois a responsabilidade do compromisso pesará inteiramente sobre Emílio e Sophie. Quanto ao preceptor, conserva toda a sua liberdade, mesmo quando se imiscui indiscretamente nesse duo conjugal de que conhecerá o mais íntimo, o mais puro, o mais suave (e também o mais açucarado) sem assumir-lhe as servidões materiais. Mas quanto tempo, quantos esforços terão sido necessários empregar primeiro, para gozar desse instante de superioridade enternecida! O preceptor terá precisado *fazer* a felicidade dos jovens para vir recolhê-la soberanamente. Quantas ações, quantos meios, quantas etapas intermediárias para chegar a esse momento de gozo independente, a essa pura exaltação do prestígio, a essa participação sem laços! Aqui ainda a magia da presença não se pode consumar a não ser à custa de um vasto rodeio e de um progresso que se manifesta com a ajuda da reflexão mediadora.[144] A sedução, aqui, já não é aquela exercida por Dioniso, mas a de um Sócrates que mostra às almas o caminho que devem seguir.[145]

E Thérèse? Ela permite a Jean-Jacques não se abandonar, não sair de si mesmo. Assegura-lhe "o *suplemento*" de que tinha necessidade.[146] Um suplemento. A palavra é reveladora; já fora encontrada, no terceiro livro das *Confissões*: "Aprendi esse perigoso *suplemento* que engana a natureza, e preserva os jovens ele humor como o meu de muitas desordens às custas de sua saúde, de seu vigor e, algumas vezes, de sua vida".[147] Essa singular similitude de termos nos mostra o que Rosseau encontrava em Thérèse: alguém que ele pudesse facilmente identificar à sua própria carne, e diante de quem não precisasse jamais se colocar o problema do *outro*. Thérèse não é a parceira de um diálogo, mas a auxiliar da existência física. Junto das outras mulheres, Rousseau busca o momento miraculoso em que a presença do corpo não é mais um obstáculo; mas, em Thérèse, encontra um corpo que nem sequer é um obstáculo.

# CAPÍTULO VII

## OS PROBLEMAS DA AUTOBIOGRAFIA

"Quem sou eu?" A resposta a essa pergunta é instantânea. "Sinto o meu coração."[1] Tal é o privilégio do conhecimento intuitivo, que é presença imediata para si mesmo, e que se constitui inteiramente em um ato único do sentimento. Para Jean-Jacques, o conhecimento de si não é um problema, é um dado: "Passando minha vida comigo, devo conhecer-me".[2]

Sem dúvida, o ato do sentimento que funda o conhecimento de si não tem jamais o mesmo conteúdo. Em cada nova circunstância, ele é irrefutável, é a própria evidência. A cada vez o conhecimento de si está em seu começo, a verdade vem à luz de maneira primordial. O ato do sentimento é indefinidamente renovável; mas no próprio momento sua autoridade é absoluta, e adquire um valor inaugural. O eu se descobre e se possui de uma só vez. Nesse instante em que toma posse de si mesmo, ele põe em dúvida tudo que sabia ou acreditava saber a seu próprio respeito: a imagem que tinha anteriormente de sua verdade era turva, incompleta, ingênua. Apenas agora a luz se faz, ou se vai fazer...

Daí a multiplicidade da obra autobiográfica de Rousseau. Ele empreende os *Diálogos* como se já não se houvesse pintado nas *Confissões*, em que pretendia ter "dito tudo". Depois vêm os *Devaneios*, em que tudo está por recomeçar: "O que eu próprio sou? Eis o que me resta buscar".[3] À medida que Jean-Jacques mergulhar em seu delírio e perder seus vínculos com os homens, o conhecimento de si lhe parecerá mais complexo e mais difícil: "O *conhece-te a ti mesmo* do templo de Delfos" não é "uma máxima tão fácil de seguir como eu acreditara em minhas *Confissões*".[4] O conhecimento é árduo, mas jamais a ponto de a verdade se esquivar, jamais a ponto de deixar a consciência sem recurso. A introspecção nunca deixa de ser possível, e, se a verdade não se impõe imediatamente, bastará um "exame de consciência" para triunfar de todas as obscuridades, no intervalo de um passeio solitário. Tudo se explicará; conseguirá ver-se por inteiro, e ser "para si" o que ele é "em si": Rousseau, que reconhece eventualmente a estranheza de alguns de seus atos, não os atribui jamais a trevas essenciais, e não vê neles a expressão de uma parte obscura de sua consciência ou de sua vontade. Seus atos insólitos não lhe pertencem senão parcialmente; bastar-lhe-á narrá-los, e declará-los estranhos, como se a confissão esgotasse seu mistério. Para Jean-Jacques, o espetáculo de sua própria consciência deve sempre ser um espetáculo sem sombra: está aí um postulado que não sofre exceção. Por certo, acontece de Rousseau confundir-se diante de si mesmo, e de constatar uma menor clareza: "Os verdadeiros e primeiros motivos da maior parte de minhas ações não são tão claros para mim mesmo quanto por muito tempo eu imaginara". Mas a continuação desse mesmo texto (*Devaneios*, sexto Passeio), longe de insistir na falta de clareza interior, apresentar-se-á, ao contrário, como uma elucidação perfeita daquilo que, de início, parecia carecer de evidência. Se vemos algumas vezes a meditação de Rousseau partir de uma confissão de ignorância de si, jamais o vemos *chegar* a semelhante confissão. As lacunas de sua memória não o inquietarão: jamais ele se dirá, como Proust, que o acontecimento esquecido esconde uma verdade essencial. Para Rousseau, o que escapa à sua memória não tem importância; só pode ser o acidental. Há nele, a esse respeito, um otimismo que não se desmente nunca, e que conta firmemente com a plena posse de uma evidência interior.

Além disso, a evidência interior tende a exteriorizar-se imediatamente: Jean-Jacques se diz incapaz de dissimular. O sentimento torna-se sinal e se manifesta abertamente a partir do instante em que é experimentado. Como vimos, Rousseau quer acreditar que todos os seus movimentos afetivos são legíveis em seu rosto. A vida subjetiva, para Rousseau, não é por si mesma uma vida "oculta" ou recolhida na "profundeza"; aflora espontaneamente à superfície, e a emoção é sempre demasiadamente poderosa para ser contida ou reprimida. Assim, Jean-Jacques proclama:

> [...] A impossibilidade em que estou, por meu natural, de manter oculta qualquer coisa do que sinto e do que penso.[5]
>
> Meu coração transparente como o cristal jamais soube ocultar durante um minuto inteiro um sentimento um pouco vivo que ali se houvesse refugiado.[6]

Mas essa transparência absoluta se produz em vão. Não basta oferecer-se a todos os olhares, é preciso ainda que os outros aceitem ver a verdade assim oferecida; é preciso que tenham o dom de ouvir essa linguagem. Ora, eles desconhecem sua verdadeira natureza, seus verdadeiros sentimentos, suas verdadeiras razões de agir ou de abster-se:

> Vejo, pela maneira pela qual aqueles que pensam me conhecer interpretam minhas ações e minha conduta, que delas nada conhecem. Ninguém no mundo me conhece a não ser eu mesmo.[7]
>
> Vejo que as pessoas que vivem mais intimamente comigo não me conhecem e que atribuem a maior parte de minhas ações, seja para o bem ou seja para o mal, a motivos muito diversos daqueles que as produziram.[8]

O erro está, portanto, no olhar dos outros. Jean-Jacques é inteiramente conhecível e é inteiramente desconhecido. Embora viva a descoberto, tudo se passa como se dissimulasse. Em presença dos outros, aos quais crê oferecer-se candidamente, percebe que sua verdade permanece oculta, como se ele se disfarçasse, como se usasse uma máscara. Assim, por culpa dos outros, parece dissimular segredos inconfessáveis, ele que avança na luz do dia... O que os escritos autobiográficos vão colocar em discussão não será o conhecimento de si propriamente dito, mas o reconhecimento de Jean-Jacques pelos outros. O que é problemático aos seus olhos, com efeito, não é a clara consciência de si, a coincidência do "em si" e do "para si", mas a tradução da consciência de si em um reconhecimento vindo de fora. As *Confissões* são essencialmente uma tentativa de retificação dos erros dos outros, e não a busca de um "tempo perdido". A preocupação de Rousseau começa, então, com esta pergunta: por que o sentimento interior, imediatamente evidente, não encontra seu eco em um reconhecimento imediatamente concedido? Por que é tão difícil fazer concordar o que se é para si e o que se é para os outros? A apologia pessoal e a autobiografia se tornam necessárias a Jean-Jacques porque a clareza da consciência de si lhe é insuficiente na medida em que não se propagou para fora e não se desdobrou em um claro reflexo nos olhos de suas testemunhas.

Não basta viver na graça da transparência, é preciso ainda dizer sua própria transparência, dela convencer os outros. Uma atividade torna-se necessária, para aquele que tem sede de ser reconhecido: essa atividade é linguagem, palavra infatigável; é preciso explicitar, nas "palavras da tribo", o que a ingenuidade dos sinais manifestara de maneira pura, mas inutilmente. Já que a evidência espontânea do coração não é suficiente, a missão será de conferir-lhe um acréscimo de evidência. Por mais que o coração já fosse transparente, é preciso ainda torná-lo transparente para os outros, desvelá-lo a todos os olhares, impor-lhes uma verdade que não souberam encontrar por si mesmos:

> Quero que todo o mundo leia no meu coração.[9]
>
> Eu desejaria poder de alguma maneira tornar minha alma transparente aos olhos do leitor, e por isso procuro mostrá-la a ele sob todos os pontos de vista, iluminá-la por todas as luzes, fazer de modo que nela não se passe nenhum movimento que ele não perceba, a fim de que possa julgar por si mesmo do princípio que os produz.[10]

Tornar minha alma transparente aos olhos do leitor... Tudo se passa então como se a transparência não fosse um dado preexistente, mas uma tarefa a realizar. Mais exatamente, tudo se passa como se a clareza interna da consciência não pudesse bastar-se a si mesma; enquanto permanece estritamente "interior", enquanto não é acolhida pelos outros, ela é paradoxalmente uma transparência velada e solitária; não é uma transparência em ato, mas "em potência"; experimenta-se a si mesma contraditoriamente como uma transparência encoberta, que não pode sair de si mesma, e que se choca com a impossibilidade provisória de transparecer. Será transparência em ato somente quando tiver uma testemunha a quem aparecer como transparência, isto é, segundo a expressão de Rousseau, quando for *transparente aos olhos do leitor*.

Provisoriamente — mas até quando? — a transparência interna de Jean-Jacques recebe de fora uma recusa: ele é uma transparência sem espectadores. Pior ainda, tomam-no por aquilo que não é; atribuem-lhe a alma de um orgulhoso ou de um mau. É a situação que encontrou pela primeira vez em Bossey, quando o acusaram de um "crime" que não cometera. Os outros se enganam a seu respeito; punem-no baseados em uma suspeita imaginária; infligem-lhe um castigo imerecido. Ele é inocente, mas "a opinião" desorienta seus juízes. E ele é fraco demais para se subtrair ao veredicto...

Se Jean-Jacques se põe a falar sobre si mesmo é porque está, desde o começo, na situação daquele que *já* foi julgado, e que apela desse julgamento. As quatro cartas a Malesherbes, primeiro grande texto autobiográfico de Rousseau, são escritas imediatamente depois do episódio delirante em que, diante do silêncio de seus impressores, ele se desfez em acusações injustificadas e em apelos desesperados. Voltando a si, reconhece seus erros e atribui seu desvario à sua extrema solidão. Mas, no intervalo, os amigos que alertou inutilmente o terão sem dúvida julgado com severidade. Jean-Jacques experimenta a necessidade de se explicar para recusar o julgamento que sente pesar sobre ele. Já que seu acesso de loucura era devido à sua solidão, vai agora revelar os verdadeiros motivos de sua solidão: foi por amor da justiça e da humanidade, foi por aversão à ação que preferiu viver no retiro. Não é misantropo, não odeia os homens, ama-os, ao contrário, de maneira por demais terna para não ser constantemente ferido em sua presença. Na origem de seu comportamento injusto, *primitivamente* há apenas intenções e sentimentos inocentes, paixões ternas, uma benevolência decepcionada, uma grande necessidade de amizade que se contentou com criaturas quiméricas etc. Ele fornece, assim, as peças justificativas tendo em vista uma revisão do processo. Contesta a validade do julgamento anterior. Até que tenha "dito tudo", quer gozar do benefício de uma dúvida provisória. "Leitor, suspendei vosso julgamento [...]" Apela a um julgamento final que será enfim justo, enfim verídico. Como vimos, Rousseau confunde mais ou menos voluntariamente o julgamento lógico, que decide do verdadeiro e do falso, e o julgamento ético, que decide do bem e do mal. Idealmente, o julgamento de fato é ao mesmo tempo um julgamento de valor. Rousseau invoca sobre ele o olhar do juiz íntegro para quem estabelecer a verdade e fazer justiça são um só e mesmo ato. "Justiça e verdade" — afirma ele falando de si mesmo — "são em seu espírito duas palavras sinônimas que toma uma pela outra indiferentemente."[11] A "luta pelo reconhecimento" (segundo a terminologia hegeliana) não será outra coisa que não o comparecimento diante de um tribunal. Ser reconhecido, para Rousseau, será essencialmente ser justificado, ser inocentado. (Mas o único tribunal do qual não recusará a competência será o de Deus, único em que residem a Justiça e a Verdade; e o único julgamento ao qual aceitará submeter-se será o Juízo Final.) Rousseau apela então a uma reabilitação que virá selar indissoluvelmente sua existência e sua inocência, seu ser autêntico e seu valor moral. Então, sob o olhar do Juiz para quem justiça e verdade são sinônimos, ele tomará posse do privilégio correlativo, que lhe dará, a ele, criatura *julgada*, a certeza doravante irrevogável de que existir e ser inocente são dois termos sinônimos.

Nos esboços e no preâmbulo da primeira versão das *Confis-*

*sões*, um outro problema preocupa Rousseau, que precisava abordar, ainda que fosse para dele não conservar nada na redação definitiva. Concebe o projeto de contar sua vida, mas não é nem bispo (como o era santo Agostinho), nem fidalgo (como Montaigne), e não teve participação nos acontecimentos da corte ou do exército: não tem, portanto, nenhum *título* para se expor aos olhos do público, pelo menos não tem nenhum dos títulos que, até ele, foram requeridos para justificar uma autobiografia. Além disso, é pobre, é obrigado a ganhar seu pão. Com que direito viria ele atrair a atenção sobre sua existência? Mas, justamente, por que não se apoderaria ele desse direito? Plebeu como é, por que não exigiria atenção, simplesmente porque é um homem, e porque os sentimentos que habitam o coração de um homem não dependem nem das condições, nem da riqueza:

> [...] Sou pobre e, quando o pão estiver prestes a me faltar, não sei de meio mais honesto de tê-lo do que viver de minha própria obra.
>
> Há muitos leitores que tão somente esta ideia impedirá de prosseguir. Não conceberão que um homem que tem necessidade de pão seja digno de que se o conheça. Não é para esses que escrevo.[12]
>
> E não se objete que, não sendo mais que um homem do povo, não tenho nada a dizer que mereça a atenção dos leitores. Isso pode ser verdade para os acontecimentos de minha vida: mas escrevo menos a história desses acontecimentos por si mesmos que a do *estado de minha alma*, à medida que aconteceram. Ora, as almas são mais ou menos ilustres na medida em que têm *sentimentos* mais ou menos grandes e nobres, *ideias* mais ou menos vivas e numerosas. Os fatos são aqui apenas causas ocasionais. Por mais que tenha podido viver na obscuridade, se *pensei* mais e melhor que os Reis, a história de minha alma é mais interessante que a da deles.[13]

A afirmação dos direitos do sentimento e a justificação do homem do povo andam juntas aqui. Porque o valor do homem reside inteiramente em seu sentimento, já não há privilégio ou prerrogativa social que conte. (Saint-Preux é a testemunha e Julie, a mártir dessa nova verdade.) *Sentimentos* maiores, *ideias* mais vivas: inútil acrescentar que o sentimentalismo, aqui, não se opõe de maneira nenhuma ao racionalismo do século das luzes. Bem ao contrário: a autoridade intelectual da razão e o primado moral do sentimento são a igual título as armas ideológicas da burguesia pré-revolucionária. Estado de alma, sentimento, pensamento são garantias equivalentes de superioridade.

A obra que Rousseau empreenderá não será então apenas a defesa de um perseguido que proclama sua inocência. Será também o manifesto de um homem do terceiro estado, que afirma que os acontecimentos de sua consciência e de sua vida pessoal têm uma importância absoluta e que, sem ser príncipe ou bispo ou arrematante de impostos, não tem menos o direito de reclamar a atenção universal. A significação social que se liga ao próprio empreendimento das *Confissões* não deve ser negligenciada. Jean-Jacques quer ser reconhecido: não apenas como uma alma excepcional, não apenas como uma vítima de coração puro, mas como um homem simples e um estrangeiro sem graus de nobreza, que por isso será apenas mais capaz de oferecer do homem uma imagem universalmente válida. Ele reivindica, para o viajante e para o aventureiro que foi, o privilégio de um melhor conhecimento da humanidade, a posse de um saber mais vasto, mais diverso e mais eficaz. Esse ex-lacaio proclama abertamente a superioridade do servidor sobre o senhor. Sua condição de estrangeiro e sua nulidade social lhe permitiram mover-se livremente e observar todos os estados da sociedade francesa, sem se fixar em nenhum deles. Ele pôde conhecer tudo, já que não tinha seu lugar em parte alguma:

> [...] Sem ter eu próprio nenhum estado, conheci todos os estados; vivi em todos, desde os mais baixos até os mais elevados, com exceção do trono. Os Grandes conhecem unicamente os Grandes, os pequenos conhecem unicamente os pequenos. Estes veem os primeiros apenas através da

admiração de sua posição e são vistos por eles apenas com um desdém injusto. Em relações por demais afastadas, o ser comum a uns e aos outros, o homem, escapa-lhes igualmente. Quanto a mim, empenhado em afastar sua máscara, reconheci-o em toda parte. Pesei, comparei seus gostos respectivos, seus prazeres, seus preconceitos, suas máximas. Admitido entre todos como um homem sem pretensão e sem consequência, examinava-os à vontade; quando deixavam de se disfarçar, eu podia comparar o homem ao homem e o estado ao estado. Não sendo nada, não querendo nada, não embaraçava e não importunava ninguém; entrava em toda parte sem depender de nada, almoçando algumas vezes pela manhã com os Príncipes e jantando à noite com os camponeses.[14]

Uma página como essa estabelece claramente a reivindicação do indivíduo Jean-Jacques Rousseau: sua experiência tem um teor universal, suas qualidades de homem do povo e de autodidata só lhe dão mais direitos de ser escutado, pois apenas ele detém a verdadeira ideia do homem tal como é. Porque ele próprio é um homem *de nada*, pôde adquirir, em compensação, o poder de *tudo* compreender. A imagem universal do humano, que pertencia até então ao aristocrata, ao homem de bem ou ao homem de qualidade, passa agora para as mãos de um "novo-rico" da cultura, de um burguês que, tirando partido da decomposição da sociedade aristocrática, soube tudo ver e tudo julgar.

## COMO SE PODE PINTAR A SI MESMO?

Pode-se dizer a verdade sobre si mesmo? Sim, afirma Rousseau. A autobiografia tem acesso à verdade infinitamente melhor que qualquer pintura que observe seu modelo do exterior. Os pintores se contentam com o verossímil; constroem a realidade muito mais do que a imitam, e permanecem para sempre afastados da alma de que deveriam ter feito o retrato; daí sua audácia na arbitrariedade:

> Apreendem-se os traços salientes de um caráter, ligam-se esses traços por meio de traços de invenção, e desde que o todo componha uma fisionomia, o que importa que ela se assemelhe? Ninguém pode julgar isso.[15]

Vista de fora, a imagem de um ser é sempre inverificável. O retratista, por mais atentamente que olhe o seu modelo, não alcançará o "modelo interior"; se desejar explicar os móbeis e as causas secretas do comportamento, não terá outros recursos que não as conjecturas e as ficções. A perspectiva da profundidade psicológica — perspectiva estreitamente dependente da dimensão temporal do passado — escapa por princípio ao observador externo, cujo olhar não pode ir mais longe que a superfície, nem remontar aquém do presente. Tal declaração de Rousseau, que parece estabelecer a existência de uma parte incognoscível da vida psicológica, refere-se na realidade apenas ao observador externo:

> Para bem conhecer um caráter, seria preciso distinguir o adquirido da natureza, ver como ele se formou, quais ocasiões o desenvolveram, qual encadeamento de afeições secretas o tornaram assim, e como ele se modifica, para produzir algumas vezes os efeitos mais contraditórios e mais inesperados. O que se vê não passa da menor parte daquilo que é; é o efeito aparente, cuja causa interna é oculta e frequentemente muito complicada. Cada um adivinha à sua maneira e pinta à sua fantasia; não teme que se confronte a imagem com o modelo, e como se nos faria conhecer esse modelo interior, que aquele que o pinta em um outro não saberia ver, e que aquele que o vê em si mesmo não quer mostrar?[16]

"Aquele que o vê em si mesmo." O *modelo interior* não é obscuro, portanto, para o próprio sujeito, que poderia até "mostrá-lo", se comumente não interviesse uma má vontade, uma recusa taciturna de se deixar conhecer. Assim, Rousseau concede à autobiografia as possibilidades que recusa ao olhar do pintor:

> Ninguém pode escrever a vida de um homem a não ser ele próprio. Sua maneira de ser interior, sua verdadeira vida é conhecida apenas por ele [...][17]

"Mas, ao escrevê-la, ele a dissimula", acrescenta imediatamente Rousseau. O autorretrato não seria tão arbitrário quanto o retrato? A imagem que um homem dá de si mesmo não é igualmente fictícia, igualmente construída? Mas essas objeções, Rousseau não as dirige a si mesmo; elas dizem respeito a seus predecessores, Montaigne em particular. Rousseau será o único, o primeiro, a oferecer de si um retrato completo. Pela primeira vez, um homem vai pintar-se tal como é... Rousseau se exclui. Não apenas sua pintura não será arbitrária, como são todos os retratos feitos de fora, como também não será hipócrita, à diferença de todas as outras autobiografias. Seu relato marcará o começo dos tempos, o advento mesmo da verdade. "Concebo um empreendimento que jamais teve exemplo."[18] Empreendimento único de um ser "à parte" com quem ninguém se parece. Entretanto, ele reivindica para essa empresa um alcance considerável: ela oferecerá aos outros homens uma "peça de comparação" e aos filósofos, um objeto de estudo.

Os outros não sabem julgar e não se conhecem a si mesmos, pois não conhecem ninguém fora deles. Para superar "a dupla ilusão do amor-próprio",[19] deveriam sujeitar-se a não julgar seu próximo segundo eles próprios; deveriam aceitar conhecer alguém diferente deles mesmos. É preciso então que Jean-Jacques venha fazer-lhes presente de sua verdade, para que os homens deixem de viver no erro. Eles têm necessidade dele, e ele lhes prova isso:

> Quero fazer de modo que, para aprender a se apreciar, possa-se ter ao menos uma peça de comparação; que cada um possa conhecer a si e a um outro, e esse outro, serei eu.
>
> Sim, eu, apenas eu [...][20]

Mais uma vez, Rousseau se exclui. Com efeito, se se sujeitasse à regra que impõe aos outros, deveria também se voltar para fora, em busca de alguma "peça de comparação". Mas, depois de ter afirmado que todo espírito que permanece encerrado nos limites do eu está ameaçado de erro, arroga-se autoritariamente o direito de falar apenas de si. Constata-se aqui a que ponto Rousseau é incapaz de se colocar em situação de reciprocidade, e de impor-se deveres idênticos aos que atribui aos outros. A verdade é para ele um privilégio unilateral: os outros deverão conhecê-lo a fim de melhor se conhecer; deverão julgá-lo e inocentá-lo para chegar a "apreciar-se" a si mesmos. Toda a atenção do mundo deve prender-se a ele — isso lhe é devido — sem que seu dever o obrigue a fazer outra coisa que não narrar a si mesmo.

## DIZER TUDO

Conhecer-se é um ato simples e instantâneo. Não há diferença entre conhecer-se e sentir-se e, em Rousseau, o sentimento decide imediatamente da inocência essencial do eu. Mas esse sentimento único e simples não pode contentar-se com sua própria certeza: é preciso comunicá-la, e ela não pode ser comunicada tal qual, em um ato expressivo que seria igualmente único e simples. Rousseau o teria desejado: que um sinal, que uma breve palavra pudessem dizer tudo de uma só vez, e impor aos outros a convicção de sua inocência. Algumas vezes mesmo, no auge de sua angústia, ele protesta com uma afirmação exclamativa: "Eu sou inocente.!".[21] Mas o que fazer se os outros não escutam esse grito ou não lhe reconhecem a sinceridade? Calar-se? Calar-se é intolerável, seria reconhecer a validade do veredicto infamante. Então lhe é necessário falar, buscar um *meio* de traduzir em linguagem eficaz uma evidência interior que ele não se resigna em considerar como incomunicável.

Como traduzir uma evidência que para nós reside em um ato intuitivo do sentimento? Como obter, da parte dos outros, o ato não menos intuitivo do julgamento e do reconhecimento? Todo um "circuito de palavras" vai precisar interpor-se entre o sentimento primeiro, em que Rousseau se atesta não culpado, e o julgamento final em que os outros reconhecerão sua inocência. O problema é de obrigar os outros a fazer uma imagem verídica do caráter e do coração de Jean-Jacques; essa imagem deverá ser, por princípio, tão simples, tão clara, tão *una* quanto o sentimento interior de Rousseau.

O que fazer então? Rousseau vai mostrar "todas as sinuosidades" de sua "alma";[22] vai exibir na duração biográfica uma verdade global que o sentimento possui de imediato. Sua unidade, sua simplicidade, ele vai deixá-las desfazer-se em uma multiplicidade de instantes vividos sucessivamente, para melhor mostrar a lei segundo a qual tudo é coeso e se liga em seu caráter; vai mostrar como se tornou o que é. Vai então enunciar discursivamente toda a história de sua vida, com a condição de exigir dos outros que façam eles próprios sua síntese. Já que Jean-Jacques não pode enunciar em uma só palavra sua natureza, seu caráter, o princípio de sua unidade, ele se coloca nas mãos de suas testemunhas: a elas caberá *construir* a imagem única e *julgá-la* simultaneamente, mas desta vez a partir de uma superabundância de documentos que as obrigarão a ver o verdadeiro Rousseau. Repitamo-lo: Rousseau não duvida por um instante de sua unidade, a despeito das contradições e das descontinuidades que ele próprio soube apontar; parece-lhe apenas que é impossível afirmar-se sem se narrar, e que a narração do detalhe de sua vida "passará" melhor que a afirmação global: *sou inocente*. Toda afirmação global corre o risco de chocar-se com uma recusa global: diante de uma síntese acabada, os homens desconfiam, suspeitam de impostura. Rousseau oferecerá a "matéria-prima" dos acontecimentos e das circunstâncias de sua vida, para que os outros os unam em uma síntese na qual poderão crer com tanto maior boa vontade quanto dela serão os autores. A narração detalhada terá como resultado não apenas forçar a atenção dos leitores, mas também forçar seu julgamento, obrigando-os a se *fazer* uma imagem verídica de Jean-Jacques:

> Tudo é coeso [...] tudo é uno em meu caráter [...] e esse curioso e singular conjunto tem necessidade de todas as circunstâncias de minha vida para ser bem desvelado.[23]
>
> Se eu me encarregasse do resultado e lhe dissesse (ao leitor): "Esse é o meu caráter", ele poderia acreditar, se não que o engano, ao menos que me engano. Mas detalhando-lhe com simplicidade tudo que me aconteceu, tudo que fiz, tudo que pensei, tudo que senti, não posso induzi-lo ao erro a menos que o queira, e, ainda mesmo o querendo, não o conseguiria facilmente dessa maneira. Cabe a ele reunir esses elementos e determinar o ser que eles compõem; o resultado deve ser obra sua, e, se ele então se engana, todo o erro será seu [...] Não cabe a mim julgar da importância dos fatos, devo dizê-los todos, e deixar-lhe o cuidado de escolher.[24]

Rousseau confia então ao leitor a tarefa de reduzir a multiplicidade à unidade. Tem confiança nele. E adivinhamos que essa é já uma maneira de pleitear não culpado: um homem tão confiante, que nada quer esconder e que deixa ao leitor o cuidado de julgar, como poderia ser mau? Mas adivinhamos também que, simultaneamente, Rousseau transfere para os outros a responsabilidade de todos os mal-entendidos que poderiam subsistir: se o leitor se engana, todo o erro será afirmação sua. A prova será decisiva: supondo-se que o leitor ou o ouvinte das *Confissões* não tirem as conclusões que se impõem, pois bem! Rousseau saberá de uma vez por todas que a culpa recai inteiramente sobre eles.

Nos retratos ordinários, constrói-se um rosto "sobre cinco pontos"; o resto é da invenção do pintor. Mas, pergunta Rousseau, se se dizem todos os acontecimentos, todos os pensamentos, todos os sentimentos, sem evitar os mais insignificantes detalhes, não se obriga o leitor a aceitar um todo, um *conjunto*, formado por um milhar de "pontos" que não deixarão a imaginação perder-se? Com a condição de multiplicar as confissões, serão fornecidos ao espectador os elementos de uma síntese infinitamente semelhante ao modelo original:

> Para que servia dizer isso? Para valorizar o resto, para harmonizar o todo; os traços do rosto apenas produzem seu efeito porque estão todos ali: se falta um, o rosto está desfigurado. Quando escrevo, não penso de maneira nenhuma nesse conjunto, penso apenas em dizer o que sei e é daí que resulta o conjunto e a semelhança do todo ao seu original.[25]

Mas como chegar a dizer tudo? Que ordem, que método seguir? Se, para bem desvelar seu caráter, Rousseau tem necessidade de todas as circunstâncias de sua vida, o desvelamento se torna uma tarefa interminável. O risco não é imenso, já que a menor omissão compromete a verdade de toda a empresa? O espírito antitético de Rousseau não vê mais que uma única alternativa: o êxito ou o fracasso absoluto de seu esforço. "Se calo alguma coisa, não me conhecerão sobre nada."[26] De um lado, tem a esperança de chegar a uma verdade infinitamente aproximada (que equivale a uma verdade total); e, de outro, há o perigo de não sair do mal-entendido, de agravá-lo ainda mais. Rousseau sente pesar sobre ele a ameaça de uma condenação, e se vê *coagido* a não calar nada:

> No empreendimento que concebi de me mostrar inteiro ao público, é preciso que nada de mim lhe permaneça obscuro ou oculto; é preciso que me mantenha incessantemente sob os seus olhos; que ele me siga em todos os descaminhos de meu coração, em todos os recantos de minha vida; que não me perca de vista um só instante, de modo que, encontrando em meu relato a menor lacuna, o menor vazio, e pergun-

tando-se: O que fez ele durante esse tempo? não me acuse de não ter querido dizer tudo. Dou bastante ensejo à malignidade dos homens com meus relatos, sem lho dar ainda mais com meu silêncio.[27]

Rousseau fala sob ameaça. A evidência disso se torna mais e mais penosa à medida que se progride na leitura das *Confissões*. Além disso, a partir do sétimo livro, as intenções que Rousseau atribui aos seus "contemporâneos" mudam radicalmente de natureza; enquanto no começo ele se sentia requisitado a falar, tem doravante a impressão de que seus adversários empregam todos os meios imagináveis para impedi-lo de escrever e de ser ouvido. Então já não será para satisfazer as exigências do leitor, mas para desafiar a hostilidade universal, que Rousseau perseverará em sua intenção de *dizer tudo*: "Os tetos sob os quais estou têm olhos, as paredes que me cercam têm ouvidos, cercado de espiões e de vigilantes malévolos e atentos, inquieto e distraído, lanço precipitadamente sobre o papel algumas palavras interrompidas que mal tenho o tempo de reler, ainda menos de corrigir"...[28] O olhar dos outros é agora um olhar que quer ver tudo, mas que não quer mais saber a verdade, que já não exige conhecê-la, e que antes se dedicará a fazê-la desaparecer. Torna-se tanto mais importante *dizer tudo* para outros homens, para outras gerações (se ao menos o manuscrito chegar a eles, se não houver sido destruído ou falsificado, no intervalo, pelos homens do complô).

Mas a linguagem comum permite dizer tudo? Rousseau, como vimos, prefere os sinais à "fria mediação da palavra". A linguagem ordinária é imprópria para exprimir os acontecimentos e os sentimentos cuja soma constitui uma existência única. É por isso que esse homem que se sente radicalmente diferente dos outros quer marcar sua diferença por uma *outra linguagem*, que seria o primeiro e o único a empregar, e da qual em seguida o molde seria destruído, como a natureza destruiu "o molde no qual lançou" Jean-Jacques:

> Seria preciso, para o que tenho a dizer, inventar uma linguagem tão nova quanto meu projeto: pois que tom, que estilo adotar para desenredar esse caos imenso de sentimentos tão diversos, tão contraditórios, frequentemente tão vis e algumas vezes tão sublimes pelos quais fui continuamente agitado? Quantos nadas, quantas misérias é preciso que exponha, em que detalhes revoltantes, indecentes, pueris e muitas vezes ridículos não devo entrar para seguir o fio de minhas disposições secretas, para mostrar como cada impressão que deixou marca em minha alma aí penetrou pela primeira vez?[29]

A dificuldade, tal como Rousseau a exprime aqui, consiste em encontrar uma linguagem que seja fiel ao sabor incomparável da experiência pessoal; inventar uma escrita bastante maleável e bastante variada para dizer a diversidade, as contradições, os detalhes ínfimos, os "nadas", o encadeamento das "pequenas percepções" cujo tecido constitui a existência única de Jean-Jacques. Ele vai então procurar um estilo apropriado a seu objeto, e esse objeto não é nada de exterior, nada "de objetivo": é o *eu* do escritor, sua existência pessoal, em sua infinita complexidade e em sua diferença absoluta. O homem, aqui, quer expressamente se confiar a uma linguagem que o representará e na qual poderá reconhecer sua própria substância. Mas a sua substância, se é preciso que a explicite, é a sua história; e a sua história, se é preciso que a decomponha em seus elementos constitutivos, é uma multidão infinita de pequenos acontecimentos sem nobreza e sem coerência aparente. Com todo o rigor, se fosse preciso assinalar "cada impressão que deixou marca", seria preciso narrar cada instante, pois cada instante é um começo, um ato inaugural. Lembremos *Os solitários*: "Jamais fazemos senão começar, e [...] não há absolutamente outra ligação em nossa existência que não uma sucessão de momentos presentes, da qual o primeiro é sempre aquele que está em ato. Morremos e nascemos a cada instante de nossa vida [...]"[30] Dizer todos os começos seria dizer todos os instantes: mas essa extrema fidelidade da linguagem à vida é dificilmente pensável. Supondo-se mesmo que a isso se chegasse, seria substituir a vida pela linguagem. Aquela se esvaeceria na palavra que a desdobra. Ora, para Rousseau, na ordem dos valores, a vida se coloca antes da "literatura", que não é mais que sua sombra. Em nome do prazer vivido, Rousseau renunciou a escrever seus mais inebriantes devaneios: "Por que me tirar o encanto atual do gozo, para dizer a outros que eu gozara?".[31] Ele sente uma necessidade de plenitude silenciosa, que contrabalança a necessidade de justificação total. As *Confissões* representam um meio-termo entre essas duas exigências; mas, em certo sentido, a obra autobiográfica está destinada a um duplo fracasso: de um lado, não será possível dizer tudo, e portanto a justificação não será total; de outro, o silêncio da felicidade perfeita está para sempre rompido. A palavra se manifesta em um espaço intermediário, entre a inocência primeira e o veredicto final encarregado de estabelecer a certeza da inocência redescoberta. A primeira felicidade não existe mais em sua plenitude, e a obra de justificação está ainda longe de ser consumada. Num mesmo alento, as *Confissões* exprimem a nostalgia da unidade perdida e a espera ansiosa de uma reconciliação final.

Pelo menos, um princípio se impõe a Rousseau sem discussão: seguir cronologicamente o desenvolvimento de sua consciência, recompor o traçado de seu progresso, percorrer a sequência natural das ideias e dos sentimentos, reviver pela memória o encadeamento das causas e dos efeitos que determinaram seu caráter e seu destino. Método "genético", que remonta às origens para nelas encontrar as fontes ocultas do momento presente; é o próprio método que Rousseau aplicava à história no *Discurso sobre a origem da desigualdade*. A tarefa é provar a continuidade de uma evolução ("o *fio* de minhas disposições secretas"); mas vai tratar-se também de assinalar o aparecimento sucessivo e descontínuo das "impressões" que tocaram a alma "pela primeira vez". É preciso então mostrar a uma só vez como "tudo é coeso" e como surgem, passo a passo, os *momentos primeiros* a partir dos quais a consciência se enriquece de uma nova "impressão", de uma nova determinação, de uma "marca" ou de uma ferida indeléveis. A continuidade do encadeamento e a descontinuidade dos momentos primeiros não têm, de fato, nada de inconciliável para Rousseau; ao contrário, há entre o contínuo e o descontínuo uma perfeita interdependência, que faz com que cada "traço" novo marque na sinfonia a entrada de uma voz que não se interromperá mais:

> [...] Os primeiros traços que se gravaram em minha cabeça aí permaneceram, e aqueles que aí se imprimiram na sequência antes se combinaram com eles do que os apagaram. Há uma certa sucessão de afeições e de ideias que modificam as que as seguem, e que é preciso conhecer para bem julgá-las. Eu me aplico em bem desenvolver por toda parte as primeiras causas para fazer sentir o encadeamento dos efeitos.[32]

Mas até onde remontar para encontrar essas "primeiras causas"? E com que direito decidir que um momento possui uma importância determinante em comparação com tal outro acontecimento, que não é mais que um simples efeito? Distinguir as causas e os efeitos é um ato de julgamento. Ora, isso não é abertamente retomar o privilégio de julgar, que em princípio se confiou inteiramente ao leitor? De direito, todos os instantes vividos são efeitos, e todos são igualmente causas. Apenas uma decisão arbitrária pode atribuir a alguns deles um valor absolutamente primeiro: "Aqui começa [...]". Rousseau, entretanto, não hesita; julga, ordena os acontecimentos segundo relações de causalidade, enquanto proclama que deixa aos outros o cuidado de julgar. Em parte alguma ele se anula para nos entregar o material bruto, como pretendeu fazer. Quando transcreve cartas, ele se dá ares de expor as peças de um dossiê; mas as cartas serão comentadas logo que transcritas. Como Rousseau poderia fazer de outra maneira? Poderia contar sua vida sem lhe atribuir um sentido? Estabelecer uma ordem de *sucessão de causa e efeito* é já estabelecer um sentido, não apenas porque se impõe uma ordem interpretativa que destaca tais momentos privilegiados, mas ainda porque a própria escolha desse tipo de interpretação indica de imediato a escolha de um certo sentido da existência. Por si só, a ideia do "encadeamento dos efeitos" implica uma lei do destino, uma servidão que liga o eu ao seu passado; Rousseau se coloca na situação da vítima, sofre contra sua vontade as consequências de um passado que já não domina. É interessante notar que, nesse fatalismo determinista, Rousseau atribui o papel preponderante aos acontecimentos mais distantes: "Há uma certa sucessão de afeições e de ideias *que modificam aquelas que as seguem*". Vê-se muito bem, em consequência, que o próprio método é já a expressão da "escolha fundamental" pela qual Rousseau se pretende a vítima inocente de uma hostilidade sobre a qual não tem, doravante, nenhum meio de agir em troca. Não tem poder sobre o passado longínquo que o condiciona, assim como não terá poder sobre a malevolência de seus perseguidores. Está só, desguarnecido, privado de toda liberdade de agir; mas não é sua culpa, jamais foi sua culpa. E se se lhe deixa uma última liberdade, a de escrever, dirá como foi levado a isso. Mas já lhe retiram seus papéis, já o impedem de escrever... Não sendo mais livre, não é mais responsável; não sendo mais responsável, não se lhe pode imputar nenhuma falta, ele é inocente. A prova está estabelecida. O álibi se sustenta.

Todas as perspectivas do passado parecem dominadas pela fatalidade e pela necessidade. Resta, no entanto, um refúgio para a liberdade: o sentimento interior, e o próprio ato de escrever. Se a liberdade não é o princípio que Rousseau vê em ação em sua vida, é aquele que lhe tornará possível a expressão literária. Rousseau, com efeito, considera a sua vida como um *destino* imposto por uma sorte temível; mas sua autobiografia será um ato de liberdade; dirá a verdade sobre si mesmo porque se afirmará livremente em seu sentimento, porque não aceitará nenhuma coerção, nenhum embaraço, nenhuma regra:

Se quero fazer uma obra escrita com cuidado como as outras, não me pintarei, eu me mascararei. Aqui é de meu retrato que se trata, e não de um livro. Vou trabalhar por assim dizer na câmara escura; aí não é preciso nenhuma outra arte que não a de seguir exatamente os traços que vejo acentuados. Tomo então meu partido sobre o estilo, assim como sobre as coisas. Não me empenharei absolutamente em torná-lo uniforme; terei sempre aquele que me vier, o mudarei segundo o meu humor, sem escrúpulo, direi cada coisa como a sinto, como a vejo, sem rebuscamento, sem embaraço, sem me tolher pela miscelânea. Entregando-me ao mesmo tempo à lembrança da impressão recebida e ao sentimento presente, pintarei duplamente o estado de minha alma, a saber, no momento em que o evento me aconteceu e no momento em que o descrevi; meu estilo desigual e natural, ora rápido e ora difuso, ora sensato e ora louco, ora grave e ora alegre fará ele próprio parte de minha história.[33]

A possibilidade de alcançar o verdadeiro reside nessa liberdade da palavra e no movimento espontâneo da linguagem. Entregar-se à lembrança, entregar-se ao sentimento: Rousseau define aqui uma passividade, mas uma passividade livre. Já não é o abandono resignado a uma força externa e estranha; é o abandono feliz a um poder interior, a um acaso íntimo. O passado não é mais esse elo e esse encadeamento que paralisam o instante presente, não é mais esse nó inextricável de determinações que nos condenam a sofrer nossa sorte. A perspectiva parte agora do instante presente: a "fonte" está aqui mesmo, e não na vida transcorrida. O presente governa o espaço retrospectivo em vez de ser esmagado por ele. Assim, em vez de se sentir produzido por seu passado, Rousseau descobre que o passado se produz e se move nele, no surgimento de uma emoção *atual*.

"Terei sempre" o estilo "*que me vier*": a fórmula é significativa. Indica a vontade de ceder a iniciativa à linguagem: Rousseau deixa falar sua emoção e aceita escrever sob ditado. Não terá o leme nas mãos, mas se deixará invadir pela lembrança e pelas palavras. Vê-se surgir aqui uma nova concepção da linguagem (cuja fortuna irá até o surrealismo).

Por certo, Rousseau está longe de renunciar à ideia tradicional que vê na linguagem um instrumento que o escritor se esforça por governar: a linguagem é simplesmente um meio, uma ferramenta que se utiliza como qualquer ferramenta material. E Rousseau restabelece bem depressa o princípio de uma dominação do escritor sobre o estilo, quando acrescenta: "Eu o mudarei segundo o meu humor [...]". Ele entende então dispor soberanamente de sua linguagem, enquanto se deixa conduzir por seu humor. Contudo, a página que acabamos de ler faz despontar a atitude nova: deixar agir a linguagem, não intervir. A partir daí a relação entre o sujeito falante e a linguagem deixa de ser uma relação instrumental, análoga à do trabalhador com sua ferramenta; agora o sujeito e a linguagem não são mais exteriores um ao outro. O sujeito é sua emoção, e a emoção é imediatamente linguagem. Sujeito, linguagem, emoção já não se deixam distinguir. A emoção é o sujeito que se desvela, e a linguagem é a emoção que se fala. Na inspiração narrativa, Jean-Jacques é imediatamente sua linguagem. A palavra é uma e mesma coisa com o sujeito, como Galateia *viva* é uma e mesma coisa com o "eu" de Pigmalião. Sem dúvida, a palavra tem sempre por função "midiatizar" a relação entre o eu e os outros. Mas já não é um instrumento distinto do eu que a utiliza; é o próprio eu. É preciso aqui citar Hegel, pois foi ele quem propôs a melhor análise da linguagem da "convicção interior", tal como aparece em Rousseau: "A linguagem é a consciência de si que é para os outros, que está presente imediatamente como tal [...] O conteúdo da linguagem da boa consciência é o Si que se sabe como essência. É isso apenas que a linguagem exprime".[34] Dizer-se é a ação essencial, mas é uma ação em que o eu não sai de si mesmo.

A tarefa de mostrar-se, que parecia infinita, vai agora parecer estranhamente fácil. Trata-se apenas de se abandonar docilmente ao sentimento, e de confiar-lhe a palavra. O que garantirá a verdade da autobiografia é essa não resistência ao sentimento e à lembrança. Não estamos mais diante da empresa árdua de inventar uma nova linguagem; ei-la toda inventada, tão logo não dirigimos mais nossa atenção para a *técnica* da palavra, tão logo renunciamos a *fazer* uma obra literária. O eu, unicamente atento a si mesmo, não pensará nem na obra, nem na linguagem-ferramenta. A obra se fará como puder, e é nisso precisamente que residirá sua verdade. Quando Rousseau falara da imensa dificuldade da expressão, considerava ainda o ato de escrever como um meio a ser empregado para "desenredar esse caos imenso de sentimentos tão diversos". Mas o problema da linguagem se dissipa desde o instante em que o ato de escrever não é mais encarado como um meio instrumental utilizado tendo em vista o desvelamento da verdade, mas como o próprio desvelamento. Isso não é nada mais que reivindicar, *hic et nunc*, as prerrogativas expressivas que o *Ensaio sobre a origem das línguas* atribuía à "língua primitiva". A linguagem é a emoção imediatamente expressa, e em vez de ser a ferramenta convencional que serve para a revelação de uma realidade oculta, é ela própria o segredo revelado, o oculto tornado instantaneamente manifesto. Além disso, essa fidelidade espontânea que liga a palavra à emoção serve de garantia a todo o resto: a verdade imediata da linguagem garante a verdade do passado tal como foi vivido. Ela propaga retrospectivamente sua própria pureza, sua inocência, sua evidência. Tudo aquilo que, na vida de Jean-Jacques, foi mentira ou vício é reabsorvido e se purifica na transparência atual da confissão.

*Pintarei duplamente o estado de minha alma.* Rousseau se concede a possibilidade de uma dupla verdade, ali onde se teria podido temer um duplo fracasso. Se se houvesse tratado de exumar do passado um fato exato, de localizá-lo com precisão e de descrevê-lo tal como se produziu, era grande o risco de conseguir apenas um resultado incerto e lacunar. Ao considerar o fato antigo como um objeto, tudo me prova a impossibilidade em que estou de reconstituí-lo tal e qual: minha memória de evocação não é infinita, é falível. Poucas cenas lhe permanecem realmente presentes. O resto se esvaece desde que ela pretende tocá-lo... Além disso, o estado de alma em que me encontro agora não oblitera meu olhar sobre o passado? Minha emoção presente não é como um prisma através do qual minha vida antiga muda de forma e de cor? Segundo as horas, não me parece ela mais sombria ou mais clara? Voltar-se para apreender o passado objetivo é Orfeu se voltando para ver Eurídice... Ao que Rousseau responde, como no mito da estátua de Glauco, que o essencial permaneceu intacto. Pois o essencial não é o fato objetivo, mas o sentimento; e o sentimento de outrora pode surgir novamente, irromper em sua alma, tornar-se emoção atual. Ainda que a "cadeia dos acontecimentos" não seja mais acessível à sua memória, resta-lhe a "cadeia dos sentimentos", em torno dos quais poderá reconstruir os fatos materiais esquecidos. O sentimento é, portanto, o coração indestrutível da memória, e é a partir do sentimento que, por uma espécie de indução, Jean-Jacques poderá redescobrir as circunstâncias exteriores, as "causas ocasionais":

> Todos os papéis que eu reunira para suprir minha memória e guiar-me nessa empresa, passados para outras mãos, não voltarão mais às minhas. Tenho apenas um guia fiel com o qual possa contar; é a cadeia dos sentimentos que marcaram a sucessão de meu ser, e, por meio deles, a dos acontecimentos que deles foram a causa ou o efeito. Esqueço facilmente minhas infelicidades, mas não posso esquecer minhas faltas, e esqueço ainda menos meus bons sentimentos. Sua lembrança me é demasiadamente cara para apagar-se algum dia de meu coração. Posso cometer omissões nos fatos, transposições, erros de datas; mas *não me posso enganar sobre o que senti*, nem sobre aquilo que meus sentimentos me fizeram fazer; e aí está do que principalmente se trata. O objeto próprio de minhas confissões é fazer conhecer exatamente o meu interior em todas as situações de minha vida. Foi a história de minha alma que prometi, e para escrevê-la fiel-

mente não tenho necessidade de outras memórias: basta--me, como fiz até aqui, penetrar dentro de mim.[35]

A memória afetiva parece, então, infalível. É por ela apenas, e não por uma reflexão severa, que uma verdadeira ressurreição do passado pode produzir-se: "Ao me dizer, gozei, gozo ainda".[36] Há mais, a lembrança se apresenta frequentemente como uma emoção mais intensa, possui uma acuidade muito mais perturbadora que a impressão original. É por isso que o passado, longe de esfumar-se na memória, aí se amplifica e adquire uma ressonância mais profunda: "Os objetos causam menos impressão sobre mim do que suas lembranças".[37] A emoção revelará sua verdadeira "dimensão" apenas quando for revivida... Por certo, há exceções nessas ressurreições infalíveis. Há felicidades que não podem mais se traduzir em palavras. Há momentos por demais deslumbrantes dos quais Jean-Jacques jamais redescobrirá o conteúdo. Assim ocorre com sua iluminação na estrada de Vincennes: "Oh, senhor", escreve Rousseau a Malesherbes, "se jamais houvesse podido escrever um quarto do que vi e senti sob aquela árvore"...[38]

De resto, pouco importa a exatidão da reminiscência. Que ressoe e se amplifique a lembrança, que se confunda com o sentimento atual até não mais dele distinguir-se. Rousseau quer pintar sua alma contando-nos a história de sua vida; o que importa acima de tudo não é a verdade histórica, é a emoção de uma consciência deixando o passado emergir e representar-se nela. Se a imagem é falsa, ao menos a emoção atual não o é. A verdade que Rousseau quer comunicar-nos não é a exata localização dos fatos biográficos, mas a relação que ele mantém com o seu passado. Ele se pintará duplamente, já que, em vez de reconstituir simplesmente sua história, conta-se a si mesmo tal como revive sua história ao escrevê-la. Pouco importa, então, se preenche pela imaginação as lacunas de sua memória; a qualidade de nossos sonhos não exprime a nossa natureza? Pouco importa a parca semelhança "anedótica" do autorretrato, pois que a alma do pintor manifestou-se pela maneira, pela pincelada, pelo estilo. Ao deformar sua imagem, ele revela uma realidade mais essencial, que é o olhar que dirige a si mesmo, a impossibilidade em que está de apreender-se de outra maneira que não se deformando. Já não pretende dominar seu objeto (que é ele mesmo) do modo imparcial e frio que seria o do historiador, possuidor de uma verdade *ne varietur*. Ele se expõe em sua busca e em seu erro, conjuntamente com o objeto incerto que crê apreender. Esse conjunto constitui uma verdade mais completa, mas que escapa às leis habituais da verificação. Não estamos mais no domínio da *verdade* (da *história* verídica), estamos agora no da *autenticidade* (do *discurso* autêntico).

Rousseau escreve a dom Deschamps: "Estou convencido de que se está sempre muito bem pintado quando se pintou a si mesmo, ainda quando o retrato não se parecesse nem um pouco".[39] Não há autorretrato não parecido, pois a semelhança não está de maneira nenhuma na imagem representada, mas na presença do eu no interior de sua palavra. O autorretrato não será, portanto, a cópia mais ou menos fiel de um eu-objeto, mas o rastro vivo dessa ação que é a busca de si. Eu *sou* a minha busca de mim mesmo. E, mesmo quando esqueço de mim e me perco em minha palavra, essa palavra me revela e me exprime ainda. (Nos *Diálogos*, Rousseau dirá que toda a sua obra não passa de um autorretrato.) A palavra autêntica é uma palavra que não se sujeita mais a imitar um dado preexistente: ela é livre para deformar e inventar, com a condição de permanecer fiel à sua própria lei. Ora, essa lei interna escapa a todo controle e a toda discussão. A lei da autenticidade não proíbe nada, mas jamais está satisfeita. Não exige que a palavra *reproduza* uma realidade prévia, mas que *produza* a sua verdade em um desenvolvimento livre e ininterrupto. Admite, ordena até que o escritor, renunciando a procurar seu "verdadeiro eu" em um passado cristalizado, o constitua ao escrever. Ela dá, assim, um valor de verdade ao ato que a moral rigorosa poderia condenar por ser uma ficção, uma invenção incontrolável.[40]

Nesse ponto, a sinceridade não implica uma reflexão sobre si mesmo. Ela não se debruça (como diz a fórmula consagrada) sobre um eu preexistente que se trataria de exprimir por completo, com uma fidelidade descritiva que manteria a distância necessária ao julgamento. Essa sinceridade refletida, que divide o ser e condena a consciência a uma irredutível separação, é suplantada por uma sinceridade irrefletida. Pois a autenticidade não é nada mais que uma sinceridade sem distância e sem reflexão, uma espontaneidade que já não está sujeita a um objeto que a precederia e ao qual deveria obediência. A palavra autêntica se consuma no abandono despreocupado ao impulso imediato. Então, a coincidência da palavra e do ser se dá de saída, no ímpeto mesmo da afirmação do eu "que se sabe como essência", segundo os termos de Hegel; a coincidência da palavra e do ser já não é um problema, mas um dado primeiro. Ao avanço prudente de uma reflexão que busca delimitar seu objeto sucede a livre criação de si. Já não é necessário que o eu remonte em busca de sua fonte; essa fonte está aqui mesmo, no instante presente em que a emoção surge. Tudo se passa, com efeito, num presente tão puro que o próprio passado é aí revivido como sentimento presente. A grande questão, em consequência, não é de se pensar nem de se julgar, mas de *ser-se*.

Em uma ética da autenticidade, a divisa de Rousseau, *vitam impendere vero*, torna-se sinônimo de *vitam impendere sibi*. Pois o verdadeiro a que deve consagrar sua vida é em primeiro lugar a *sua* verdade, o pacto com o verdadeiro é um pacto consigo mesmo. O imperativo de *ser-se* (que Rousseau repetia a Bernardin de Saint-Pierre) não o obriga a entregar sua vida a uma verdade abstrata previamente estabelecida,[41] obriga-o apenas a aceitar-se como fonte absoluta. Isso parece infinitamente fácil, já que, em todas as circunstâncias e fazendo o que quer que seja, todos os seus atos o exprimem. Corro o perigo de não ser eu? Sim, pensa Rousseau, corro o perigo de me escapar pois o homem possui o dom da reflexão, isto é, o perigoso privilégio de viver distanciado de si mesmo; em consequência, *ser-se* não é tão fácil como parece. Jamais acabamos de nos recuperar da reflexão que nos aliena. Senão, porque seria preciso *dizer-se* tão longamente a fim de ser-se? Isso significa que a unidade indivisa ainda não é possuída. Ter de continuar a escrever e a justificar-se prova que nunca se faz mais do que começar a ser-se, e que a tarefa está sempre diante de nós.

É aqui apenas que se avalia toda a novidade trazida pela obra de Rousseau. A linguagem tornou-se o lugar de uma experiência imediata, enquanto permanece o instrumento de uma mediação. Ela atesta ao mesmo tempo a inerência do escritor à sua "fonte" interior e a necessidade de fazer face a um julgamento, isto é, de ser justificado no universal. Essa linguagem não tem mais nada em comum com o "discurso" clássico. É infinitamente mais imperiosa, e infinitamente mais precária. A palavra *é* o eu autêntico, mas por outro lado revela que a perfeita autenticidade ainda falta, que a plenitude deve ainda ser conquistada, que nada está assegurado se a testemunha recusa o seu consentimento. A obra literária já não pede o assentimento do leitor sobre uma verdade interposta como "terceira pessoa" entre o escritor e seu público; o escritor se mostra por sua obra e pede o assentimento sobre a verdade de sua experiência pessoal. Rousseau descobriu esses problemas; verdadeiramente inventou a atitude nova que se tornará a da literatura moderna (para além do romantismo sentimental pelo qual se tornou Jean-Jacques responsável); pode-se dizer que ele foi o primeiro a viver de uma maneira exemplar o perigoso pacto do eu com a linguagem: a "nova aliança" na qual o homem se faz verbo.

# CAPÍTULO VIII

## A DOENÇA

A extrema singularidade torna-se anomalia quando rompe toda relação de reciprocidade. Mas onde começa a ruptura? E não se deve levar em conta aquilo que, em toda relação humana, mesmo em todo diálogo, recusa entrar em reciprocidade?

Para decidir do normal e do anormal, é preciso confiar-se à decisão prévia daqueles que estabeleceram normas, mas a norma é sempre uma exigência imperiosa (pessoal ou coletiva) elevada à condição de lei objetiva e científica. A história, que pretende julgar Rousseau, apela às suas próprias normas. Interrogai a crítica contemporânea. Alguns o consideram louco, outros falam apenas de desorientação, de sensibilidade ferida, outros ainda estão prontos a aprová-lo e a repelir a acusação sobre a sociedade... Semelhantes discordâncias revelam, em primeiro lugar, a pouca autoridade de nossas normas. Em segundo lugar, essas contradições nos previnem de que é provavelmente inútil procurar decidir o "caso Rousseau" por uma resposta clara e sem ambiguidade. Enquanto tantos psiquiatras, em nossos dias, esforçam-se em levar em conta a "personalidade" de seus doentes sem atribuir um valor excessivo ao diagnóstico (que classifica o doente em uma categoria e permite simplesmente uma orientação geral do prognóstico e do tratamento), parece inútil desejar que a última palavra sobre o "caso Rousseau" nos seja dada sob a forma de um diagnóstico retrospectivo. Ora, foi isso, no entanto, que não se cessou de fazer. Segundo as modas médicas, segundo as prevenções literárias ou moralizantes, lançaram-se sobre ele os mais variados veredictos: degenerescência, psicopatia, neurose, paranoia, loucura raciocinante, perturbações cerebrais de origem urêmica... Se se isolam certos sintomas, se se ressaltam certos documentos e certos testemunhos, não haverá muita hesitação para um psiquiatra de hoje: esses sintomas são típicos de um delírio sensitivo de relação, afecção vizinha da paranoia, e cuja base é o "caráter sensitivo".[1] Tão logo estabelecido esse diagnóstico, ocorrem perguntas antes embaraçosas. A obra e a vida inteiras de Rousseau trazem a marca da doença? Ao contrário, o distúrbio mental não seria apenas um fenômeno adicionado, surgido tardiamente, e manifestando-se por episódios intermitentes? Portanto, permanece aberta a discussão sobre a participação da doença na vida e na obra de Jean-Jacques, sobre o elo que poderia unir seu delírio e seu pensamento "razoável".

Sabemos que a "concernência sensitiva" se caracteriza pela intrusão de uma ideia delirante em um "contexto" psicológico que permanece, na aparência, absolutamente coerente: a figura prática do mundo não mudou aos olhos do doente; sua personalidade, longe de se dissolver, afirma-se mais irredutivelmente do que nunca; os referenciais familiares do tempo e do espaço são para ele os mesmos que para o homem "normal". A intensidade da doença depende da maneira pela qual a ideia delirante polariza as outras atividades da consciência e as subordina aos seus próprios fins. Ora, a questão é precisamente de saber em que medida a obra de Rousseau atesta a penetração da doença, em que medida inversa ela representa o esforço, mais ou menos deliberado, de uma resistência à angústia da perseguição. Não é muito fácil de discernir, no plano da expressão, a doença e a reação contra a doença. (O médico bem sabe que os sintomas que constituem uma doença são, em geral, as manifestações da resposta defensiva do organismo em relação ao agente nocivo.) As passagens mais delirantes dos *Diálogos* e dos *Devaneios* podem ser consideradas alternadamente como a própria marca do mal e como um mecanismo de defesa tendo em vista exorcizar o medo. A fuga na solidão, os ímpetos de imaginação idílica, o refúgio buscado nas ocupações maquinais, os grandes arrazoados patéticos, tudo isso pode passar por ser, ao mesmo tempo, a expressão do mal e uma terapêutica espontaneamente improvisada. Os refúgios encantados que Rousseau se proporciona no sonho não existiriam sem a desconfiança patológica (que o faz experimentar "a impossibilidade de alcançar os seres reais"),[2] mas esses encontros com os "seres segundo o seu coração" são momentos de repouso em que a angústia parece ter cessado, em que a perseguição não o atinge mais e já não lhe diz respeito. As alegrias de uma comunicação simulada, a felicidade fictícia experimentada entre personagens inventadas representam a respiração artificial de uma consciência que a obsessão da hostilidade universal teria provavelmente asfixiado e imobilizado no meio de um mundo morto.

Tanto é ingênuo afirmar que se trata de um ser destinado ao delírio por sua *constituição* "sensitiva" quanto seria inútil procurar o "verdadeiro Rousseau" aquém de seu mal. É demasiadamente cômodo decidir que tudo, em seu comportamento, é determinado por um "caráter" mórbido ou por um desequilíbrio inato do humor. E é não menos fácil minimizar o distúrbio mental, para celebrar um grande escritor cujo pensamento e cujo gênio literário souberam manifestar-se perante a inumeráveis inimigos, antes da doença, a despeito da doença. Por não ser um princípio explicativo suficiente, esta não se reduz, contudo, ao papel de um epifenômeno acidental. Os inimigos são bem reais, mas foram suscitados, e a imaginação os aumenta.

Na perspectiva de uma análise global, parecerá que certas condutas primeiras constituem a uma só vez a fonte do pensamento especulativo de Rousseau e a fonte de sua loucura. Mas essas condutas, na origem, não são mórbidas por si mesmas. É apenas porque chegam ao excesso e à ruptura que a doença se declara e se desenvolve. Há, por certo, um mistério da doença; esse mistério não reside na própria estrutura da experiência inicial, mas no descomedimento que rege o seu progresso. O desenvolvimento mórbido realizará o destaque caricatural de uma questão "existencial" básica que a consciência não foi capaz de dominar.

Rousseau não escapa a uma compreensão descritiva, por mais difícil que seja empreendê-la. Em seus momentos de delírio, ele nos aparece solitário, mas não impenetrável. Encerra-se em sua convicção, mas continuamos a compreendê-lo, podemos ir ao seu encontro por um esforço de simpatia. Nisto, a loucura de Rousseau nos é infinitamente menos misteriosa que a esquizofrenia, que nos impede qualquer acesso e se recolhe em um horizonte irredutivelmente *outro*. É possível, é necessário seguir Jean-Jacques nos caminhos da loucura.

O delírio de concernência não destrói a coerência da personalidade, mas a reorganiza sobre dados extremos. Sofrer esse tipo de loucura e tomar a pena para exprimir o valor *único* da personalidade: aí estão, parece, dois aspectos concordantes de uma mesma "vocação". A possibilidade da certeza irredutível se desenha em filigrana em toda a obra teórica de Rousseau. A convicção delirante não passa do limite extremo dessa tendência; é a contrapartida do privilégio exorbitante concedido à experiência individual. Tudo se passa como se Rousseau houvesse desejado afirmar a legitimidade da convicção interior até o ponto em que ela poderia passar por ilegítima aos olhos dos outros homens. No momento de sua reforma, Rousseau se singulariza por seu vestuário, por suas palavras: entende afirmar seu direito de viver segundo os princípios que sua consciência lhe dita; escuta apenas seu coração e sua razão, não se preocupa com a opinião dos outros. À medida que a perseguição o obsedar, sua singularidade se lhe tornará sensível sem que tenha de reivindicá-la e de manifestá-la por sinais exteriores. Renunciará ao traje de armênio: sua originalidade já não precisa ser exibida externamente, ele a sofre, quer queira quer não; já não precisa dar-se ao trabalho de afastar-se, a sociedade o baniu. O delírio de perseguição não faz mais que transformar, então, uma solidão desejada em solidão sofrida. De uma à outra, não se vê ruptura, nem solução de continuidade, e Jean-Jacques não parece sair do caminho que escolheu.

Toda reivindicação em favor de uma singularidade absoluta equivale a uma revolta contra as normas comumente aceitas.

Está na lógica dessa revolta que o indivíduo proclame seu direito de estabelecer-se no anormal e dele ter a experiência, se essa é a exigência que experimenta em si mesmo. Melhor ainda, ele se pretenderá o fundador e o inventor de uma nova norma, em comparação com a qual todos os outros homens lhe parecem cegos pelo erro.

Nos últimos escritos de Rousseau, ver-se-ão alternadamente um homem que se pretende repelido para fora de toda ordem e um homem que se afirma como o modelo único sobre o qual uma ordem humana legítima poderia construir-se. Certos textos nos dizem que Jean-Jacques se sente viver em um sonho mau cujo despertar não acontece jamais; outros textos, ao contrário, asseguram-nos que ele é o único, em um mundo corrompido, que soube preservar o arquétipo ideal do "homem da natureza". Ora, então, ele sente que sua vida transcorre para além de toda norma humana, e ora crê salvaguardar a norma essencial que todos os seus contemporâneos desconhecem.

Expulso de toda parte, no centro de tudo, ele está sempre só. É o único a ser lançado no absurdo e condenado a não saber mais nada sobre si mesmo; é o único a possuir o saber justo, a razão clara que julga do bem e do mal.

Não se terá dificuldade em mostrar, nos primeiros textos de Rousseau, nas Cartas que datam de antes de seus vinte anos, a presença da desconfiança e da inquietação: caluniaram-no, interpretaram mal sua conduta, corre-se o risco de tomá-lo por um espião. Desde o começo, Rousseau enfrenta a acusação (ou a simples possibilidade da acusação) e esforça-se em desculpar-se. É a situação fundamental em que se encontrara em Bossey, sofrendo o castigo injusto. O delírio dos últimos anos de Rousseau não inventa, portanto, nenhum dado novo: apenas exaspera até a obsessão um sentimento que jamais esteve ausente de sua consciência.

Mas não é menos importante mostrar que certos temas e

certas ideias-mestras do pensamento teórico de Rousseau evoluem de tal maneira que chegam a constituir o que se poderia chamar o correlativo ideológico do delírio da perseguição. Aqui ainda, veremos que Rousseau, nos *Diálogos* e nos *Devaneios*, não inventa nada que já não tenha pensado e exprimido. Mas o que muda é o sistema, as relações que as ideias mantêm ou deixam de manter entre si; o pensamento de Rousseau continua a trabalhar sobre elementos anteriormente adquiridos e há muito tempo familiares, mas modifica-lhes a função e a significação. Observou-se que certas expressões, que de início pertenciam ao vocabulário do amor, passam para o vocabulário da perseguição[2] A palavra *enlaçado*, que Rousseau repete nos *Diálogos* e nos *Devaneios* para caracterizar sua situação de vítima, possuía no quinto livro do *Emílio* uma significação amorosa, e definia a terna solicitude de Sophie: "Perdoemos a inquietação que ela dá àquele a quem ama pelo medo que tem de que ele não esteja jamais suficientemente enlaçado".[3] Eis aqui um outro exemplo da mesma mudança de significação: Rousseau, perseguido, sente-se nas mãos daqueles que "dispõem de seu destino"; mas Saint-Preux desejava essa situação de dependência absoluta e implorava a Julie: "Por piedade, não me abandoneis a mim mesmo; dignai-vos ao menos dispor de minha sorte".[4] Aqui ainda, o voto amoroso parece encontrar uma realização paródica e masoquista no universo cruel da perseguição... E aquela unanimidade que constituía o caráter exaltante do pacto social, ei-la que se realiza contra Rousseau, na inexplicável hostilidade de toda uma geração. "A coligação é universal, sem exceção, sem retorno."[5] O pronome *on*,* que no *Contrato social* representava a vontade geral, designa agora o anonimato coletivo de uma conjuração universal. (A partir do pequeno grupo "desses senhores", a malevolência se generaliza e ganha todos os homens: esses senhores se tornam eles, depois *on*.)

* Pronome pessoal indefinido que designa os homens em geral, as pessoas, a opinião. (N. T.)

## A REFLEXÃO CONDENÁVEL

Nos *Diálogos*, algumas das ideias fundamentais de Rousseau se estabilizam definitivamente e se oferecem a nós em seu estado final. Convém aqui examinar o papel reservado à noção de *reflexão* e à de *obstáculo*. Essas duas noções sofrem, com efeito, uma acentuação extremamente significativa, que nos permitirá compreender melhor a fase final a que chegou a experiência de Rousseau.[6]

O segundo *Discurso* atribuía à reflexão um papel ambíguo. Lembramo-nos, o poder da reflexão está ligado à perfectibilidade do homem. É simultaneamente pelo emprego das ferramentas e pelo desenvolvimento do juízo reflexivo que o homem emerge da animalidade. Tudo se põe então em movimento, mas esse movimento nos afasta da plenitude original: perverte-nos, isto é, desvia-nos de nossa primeira natureza. O homem que reflete é um animal depravado, o que não implica essencialmente uma condenação moral: um animal depravado é um animal que abandona a via simples a que o conduzia o seu instinto. A reflexão nos faz perder a presença imediata do mundo natural; por isso, na teoria, o desenvolvimento da reflexão é exatamente contemporâneo da invenção dos primeiros instrumentos, por *meio* dos quais o homem doravante vai se opor à natureza. A civilização se constrói pela conjunção do pensamento reflexivo e da ação instrumental, e não é possível retroceder. Por mais desastrosa que tenha sido a nossa ruptura com a clareza primitiva da experiência sensível, devemos considerá-la como irreversível e acomodar-nos ao nosso estado presente.[7] Embora haja motivo para condenar os malefícios da reflexão, é preciso dizer também que ela fornece a prova da espiritualidade do homem. No *Emílio*, entre os argumentos que Rousseau opõe ao materialismo, a reflexão figura em bom lugar: o homem possui um poder ativo de julgar e de comparar, portanto não é inteiramente o joguete das causas materiais, seu espírito não está inteiramente sujeito às leis da natureza inanimada. Por mais profunda que seja a nostalgia de Rousseau pelo imediato da vida sentida e do instinto, ele reconhece, no *Emílio*, que a sensação ainda supõe apenas um ser passivo. Para que o homem se realize, é preciso que manifeste o "princípio ativo" de sua alma, é preciso que julgue, raciocine, compare. (Locke e Condillac o haviam dito antes de Rousseau.) Superando a existência sensitiva, o homem adquire o poder de "dar um sentido a essa palavra *é*".[8]

Assim, a doutrina pedagógica de Rousseau aceitava fazer intervir a reflexão como uma etapa necessária da evolução da consciência. Por certo, é nefasto apelar muito precocemente ao julgamento da criança; Emílio, de início, é capaz apenas de sentir. Não se deve impor-lhe um esforço artificial que o separe da realidade imediatamente percebida. Mas chega um momento, por volta da puberdade, em que o espírito está maduro para a reflexão. Em uma educação segundo a natureza, a reflexão tem o direito de intervir, mas à sua hora, na idade que lhe convém. Rousseau constrói então um esquema dinâmico em que o desenvolvimento da atividade reflexiva constitui uma fase intermediária entre o estágio infantil da sensação imediata e a descoberta do *sentimento moral*, que constituirá uma síntese superior que une o imediato do instinto e a exigência espiritual despertada pela reflexão. Em uma frase que prefigura Kant, Rousseau atribui à razão reflexionante a tarefa de preparar o imperativo prático do sentimento moral: "Assim, minha regra de entregar-me ao sentimento mais do que à razão é confirmada pela própria razão".[9] A reflexão, fase intermediária, é, num sentido, uma infelicidade, porque destrói a unidade original da consciência e a separa do mundo natural. O ato de julgar me afasta da verdade:

> Sei apenas que *a verdade está nas coisas* e não em meu espírito que as julga, e que quanto menos me empenho nos julgamentos que a elas dirijo, mais estou certo de me aproximar da verdade.[10]

Mas, separada da "verdade das coisas", a consciência toma posse de si mesma; conhece-se doravante como consciência. É nela e não mais no mundo que se produz a revelação imediata. A reflexão, que rompeu a unidade original, nos faz ter acesso a uma nova unidade, tão absoluta quanto a primeira, mas iluminada pelo conhecimento. A consciência já não vive ingenuamente sua união com o mundo, experimenta em si mesma a fonte de sua unidade, funda-se em sua certeza:

> A consciência não nos diz de maneira nenhuma *a verdade das coisas*, mas a regra de nossos deveres.[11]

A reflexão, que velou a "verdade das coisas", permitiu ao sentimento moral desvelar-se em nós e impor-se categoricamente. Ela nos encaminha para a fase posterior em que podemos dispensar a reflexão para guiar-nos segundo o *dictamen* da consciência. Pela reflexão, uma interiorização se produziu: perdemos o contato sem falha com o mundo exterior, mas a luz se faz dentro de nós. O mundo pode doravante permanecer dissimulado sob o véu;[12] nós nos contentaremos com uma transparência que vem à luz em nós mesmos: era nesses termos que se formulava a experiência extática da terceira carta a Malesherbes, era igualmente assim que Julie tinha acesso ao gozo de uma "comunicação imediata", enquanto o véu da morte vinha recobrir seu rosto.

Tudo muda na acentuação que Rousseau impõe às suas ideias ao escrever os *Diálogos*. A reflexão já não é esse poder ambíguo que determina a corrupção das sociedades e que torna possível o progresso da consciência moral. Ela já não é uma etapa pela qual o espírito deve necessariamente passar no decorrer de seu crescimento. Já não há caminho que leve para além da reflexão. Ei-la que se tornou, sem ambiguidade e sem esperança de reconciliação, uma força inimiga: o fundamento do mal. O que de início era movimento e superação imobiliza-se agora numa oposição insuperável. Em vez de abrir-se para um progresso "dialético", a antítese se adensa e se imobiliza. Entre a "vida imediata" e a "vida refletida" o conflito é doravante sem saída. Desde o início dos *Diálogos*, Rousseau constrói um sistema em que a reflexão é representada, em termos de cinética, como uma *deflexão* da energia primitiva da alma:

> Todos os primeiros movimentos da natureza são bons e retos. Tendem o mais diretamente possível à nossa conservação e à nossa felicidade: mas logo carecendo de força para seguir através de tanta resistência a sua primeira direção, deixam-se defletir por mil obstáculos que, desviando-os do verdadeiro fim, fazem-nos tomar rotas oblíquas em que o homem esquece sua primeira destinação.[13]

A reflexão nos faz *desviar* de nosso verdadeiro fim. Encontramos aqui, na linguagem da mecânica, o equivalente daquilo que Rousseau afirmava quando definia o homem que reflete como um animal *depravado*.

Aqui, a reflexão aparece como uma forma *degradada* de energia espiritual. No *Emílio*, ao contrário, o pensamento refletido fornecia a prova do poder ativo que faz do homem um ser autônomo e livre: capazes de julgar e de comparar, opomo-nos ativamente ao mundo, ao invés de sofrê-lo passivamente. Mas agora refletir é uma "fraqueza da alma"; falta-nos a força para alcançar nosso fim primitivo pela via direta; no contato com o obstáculo nossas energias se amortecem, o ardor inicial diminui e se extingue. A reflexão é glacial, e tudo o que ela toca é imediatamente atingido por um frio mortal. Refletir é comparar. Ora, o amor-próprio consiste em comparar-se a outrem. A reflexão é, portanto, a fonte do amor-próprio e de todas as "paixões repulsivas".

> A ação positiva ou atrativa é a obra simples da natureza que busca estender e reforçar o sentimento de nosso ser; a negativa ou repelente, que comprime e estreita o de outrem, é uma combinação que a reflexão produz. Da primeira nascem todas as paixões ternas e doces, da segunda, todas as paixões rancorosas e cruéis.[14]

Aquém da reflexão, há o amor de si, pelo qual nossa existência se afirma inocentemente: o amor de si leva em conta apenas o eu, ignora a diferença do outro e, em consequência, não pode opor-se ativamente a outrem. Mas, desde que o próximo aparece no campo de nosso julgamento, somos presa do amor-próprio, comparamo-nos, e o mal se torna possível. Não podem mentir, não se podem disfarçar senão aqueles que, pela reflexão, se comparam aos outros homens. Os maus, os fomentadores do complô agem por "uma perfídia meditada e *refletida*".[15] É na reflexão que está o pecado fundamental e que introduz no mundo o malefício do parecer mentiroso:

> A primeira arte de todos os maus é a prudência, isto é, a dissimulação. Tendo tantos desígnios e sentimentos a ocultar, eles sabem compor seu exterior, governar seus olhares, seu ar, sua atitude, tornar-se mestres das aparências. Sabem tirar suas vantagens e cobrir de um verniz de moderação as sombrias paixões por que são corroídos [...] As dos corações ardentes e sensíveis, sendo obra da natureza, mostram-se a despeito daqueles que as têm; sua primeira explosão puramente maquinal é independente de sua vontade [...] Mas o amor-próprio e os movimentos que dele derivam, não sendo senão *paixões secundárias produzidas pela reflexão*, não agem tão sensivelmente sobre a máquina. Eis por que aqueles que são governados por essas espécies de paixões são mais senhores das aparências do que aqueles que se entregam aos impulsos diretos da natureza.[16]

Perder a espontaneidade, não mais obedecer ao *impulso direto* é, portanto, entrar no campo dos maus, é estabelecer-se no reino do mal. Aí está o pecado dos outros. Quanto a Rousseau, está indene: é o homem da espontaneidade impulsiva, sua natureza permanente tem aversão pela reflexão. Age apenas por arrebatamento, e os movimentos de sua sensibilidade, tão ardentes quanto efêmeros, jamais se inscrevem nas "vias oblíquas". Jean-Jacques é governado pela sensação imediata: é a prova absoluta de sua inocência. Não pode ser um mau, pois a reflexão não tem poder sobre ele. "Todos os seus primeiros movimentos serão vivos e puros; os segundos terão pouco poder sobre ele [...] Ele jamais fará voluntariamente o que é mau [...] Todas as suas faltas, mesmo as mais graves, não serão mais que pecados de omissão."[17] Por certo, traiu algumas vezes a sua natureza, cedeu à tentação da reflexão. Na realidade, não é responsável por isso, seduziram-no, arrastaram-no para o mal. Se se tornou um escritor, é porque foi vítima de uma espécie de enfeitiçamento:

> Pensei algumas vezes bem profundamente; mas raramente com prazer, quase sempre *contra a minha vontade e como à força*: o devaneio me descansa e me distrai, *a reflexão me fatiga e me entristece*; pensar foi sempre para mim uma ocupação penosa e sem encanto.[18]

Ele dirá ainda mais: se cometeu o mal em sua vida, foi por ter passageiramente seguido os conselhos do pensamento reflexivo: "Todo o mal que fiz em minha vida, eu o fiz por reflexão; e o pouco de bem que pude fazer, eu o fiz por impulso".[19] Os *desacertos* de Jean-Jacques não eram movimentos impulsivos, mas recursos desastrados aos conselhos da reflexão.

A imagem de Jean-Jacques, tal como os *Diálogos* a constroem, aceita todas as contradições, todas as fraquezas, com exceção da mácula da reflexão; em consequência, a inocência de Jean-Jacques está radicalmente assegurada, já que o fundamento do mal lhe é estranho. Rousseau se encerra em um mundo em que o *bem* lhe pertence infalivelmente, pelo simples fato de não estar contaminado pela reflexão. Pouco importa que ele fale alternadamente da energia de suas paixões e da fraqueza que o entrega sem defesa às suas sensações. Não há contradição entre o impulso ativo do sentimento espontâneo e a passividade dos automatismos sensitivos, na medida em que ambos manifestam uma submissão absoluta ao imediato. Atividade imediata e passividade imediata se equivalem, sua pureza é igual. A única fraqueza condenável é aquela que conduz à reflexão. Com certeza, Jean-Jacques é fraco, é "escravo de seus sentidos", mas essa fraqueza permanece sem consequência, ela não o desvia dos gozos imediatos. Ele não é virtuoso, é apenas bom, mas jamais será condenável.

O mundo não reflexivo em que Rousseau se entrincheira é um mundo que se pretende suficiente e completo. A teoria revisada já não faz começar a atividade da alma na fase da reflexão, como queria a doutrina psicológica de Locke e de Condillac. Nesse universo que pretende nada dever à reflexão, o homem quer mostrar-se plenamente ativo sem ter de exercer seu juízo. Vimos que Rousseau estabeleceu a possibilidade de uma memória que não seria reflexão sobre um objeto passado, mas surgimento atual do sentimento. A imaginação, também, se manifesta sem o auxílio da reflexão. Aí estão, de imediato, duas atividades salvas do contágio do mal e às quais Rousseau poderá entregar-se sem remorsos. Além disso, toda a moral se funda na piedade, que é anterior ao aparecimento do pensamento refletido: esse é um ponto sobre o qual Rousseau frequentemente insistiu. Ao escrever o segundo *Discurso*, vira já a fonte da moral na piedade natural, isto é, em um "puro movimento da natureza, anterior a toda reflexão".[20] Uma vida *reta* é então possível antes que a existência dos outros se torne um termo de comparação para o nosso amor-próprio. Aquém da reflexão, simpatizamos espontaneamente, identificamo-nos com o nosso próximo, em vez de nos opor a ele. A "sensibilidade positiva", derivada do amor de si, nos faz conhecer "paixões ternas e doces".[21] Nada nos faltará se nos encerrarmos em um mundo em que a luz primitiva das consciências não se desdobra no espelho sombrio da reflexão.

Assim, Rousseau abandona a ideia de uma síntese progressiva que incluiria e superaria a fase da reflexão. Já não se trata de seguir o plano de evolução proposto no *Emílio*, que pretendia que o homem adquirisse o domínio da reflexão para ter acesso a uma espontaneidade mais rica, para além da reflexão. Parecia que haveria um caminho ao termo do qual nos redescobriríamos a nós mesmos, depois de haver conhecido o tempo da separação. Agora, estamos em um lugar sem caminho; é um mundo fragmentado e mutilado. A vida imediata e o pensamento refletido se opõem sem esperança de reconciliação: nenhuma via conduz de um ao outro. Os maus se instalam na reflexão; os bons — isto é, Jean-Jacques — vivem uma sucessão de "primeiros movimentos" dos quais nenhum se "defletirá".

Refletir é julgar. Mas os *Diálogos* intitulam-se também: Rousseau *juiz* de Jean-Jacques.

Refletir é comparar. Mas, no início dos *Diálogos*, lê-se: "Era preciso necessariamente que dissesse com que olhar, *se fosse um outro*, eu veria um homem tal como sou".[22] Não apenas Rousseau realiza aqui um desdobramento reflexivo, mas em todo o decorrer de seu livro compara-se a seus inimigos para situar-se em seu verdadeiro lugar, na inocência da vida irrefletida. Rousseau fala de Jean-Jacques e demonstra que ele é "escravo de seus sentidos", mas para a sua demonstração jamais perde de vista os outros, os maus, aqueles que são dominados pela fria paixão da reflexão. Assim, pode-se dizer que os *Diálogos* são essencialmente uma reflexão dirigida contra a reflexão. É aí que reside o contrassenso, o erro capital dos *Diálogos*, tanto ou talvez mais ainda que no caráter delirante das ideias de perseguição. A conversação entre as duas personagens, Rousseau e o Francês, é uma interminável reflexão destinada a provar que Jean-Jacques, conduzido apenas por suas sensações e por seus impulsos, é incapaz de viver segundo o modo do pensamento refletido. Jean-Jacques se separa de si mesmo a fim de nos dizer que jamais se abandonou. A obra inteira é uma reflexão infeliz e envergonhada, fascinada pela nostalgia do irrefletido: ela se condena e renega a si mesma ao desenvolver-se, e ao mesmo passo agrava e prolonga a culpa de escrever e de refletir, da qual Rousseau se diz inocente. Daí as denegações infinitas: Jean-Jacques não nascera para tornar-se um escritor, foi arrastado para fora de si mesmo; de resto, jamais foi um pensador, não tomou a palavra senão para pintar sua alma, para exprimir os sentimentos mais espontâneos. Seu verdadeiro reino é o "mundo encantado", entre os iniciados que se compreendem sem recorrer à linguagem humana, graças a sinais infalíveis...

O Rousseau dos *Diálogos* tem certamente a intenção de revelar o verdadeiro Jean-Jacques de uma maneira tão direta quanto possível. Desejaria convencer seu interlocutor — o Francês — provocando nele uma iluminação instantânea: "Tentemos [...] se não haveria algum meio de vos fazer sentir de uma só vez, *por uma impressão simples e imediata*, aquilo de que, nas opiniões em que estais, eu não vos saberia persuadir procedendo gradualmente [...]".[23] Mas esse meio simples não existe; é preciso falar sem fim, discorrer a perder de vista. A demonstração exibirá todos os argumentos imagináveis, até os mais abstratos, para construir o mito de um Jean-Jacques inapto à reflexão e ao discurso. Assim, ele compromete e *perde* essa imagem mítica no próprio esforço que faz para traçá-la e representá-la: o mito está ameaçado de inautenticidade em sua própria fonte. O Rousseau dos *Diálogos* fala no mundo da reflexão; vive na infelicidade da divisão, busca a justificação; mas o Jean-Jacques de que ele fala habita um outro mundo e jamais transpôs o limiar da reflexão, não abandonou a unidade indivisa da natureza, não tem necessidade de justificação.

No primeiro *Discurso*, Rousseau estava consciente de seu paradoxo: sabia que era um homem de letras que pleiteava contra as letras. Aqui, o mesmo paradoxo está em seu auge, mas deixou de ser consciente. Rousseau não chega a reconhecer que é um homem de reflexão que pretende nada saber da reflexão. O Rousseau que julga e o Jean-Jacques inapto ao esforço do julgamento não podem ser o mesmo homem. Tal como se pensa, Rousseau não teria o direito de se pensar. A atividade refletida, pela qual Rousseau pretende demonstrar sua inocência, é atingida por interdição pelos próprios princípios sobre os quais funda as condições do bem e do mal. Se fosse consciente de si mesma, saber-se-ia culpada, já que o partido da reflexão coincide com o próprio mal. Saberia que pertence ao mundo sobre o qual lançou o anátema... Para escapar a essa contradição fundamental, haveria duas saídas possíveis: continuando a considerar a reflexão como o princípio do mal, não resta senão se calar; ou então, se se quer falar inocentemente, é preciso inocentar a reflexão. Mas Rousseau se obstina na contradição: continuará a falar da felicidade da comunicação silenciosa, continuará a prevalecer-se de um imediato que ele destrói por sua palavra.

O Rousseau que nos fala é absolutamente *estranho* à imagem que constrói de si mesmo. Aí reside a verdadeira alienação, no sentido psiquiátrico do termo. Pois o próprio Rousseau sofre a divisão que, cortando o mundo em dois, opõe irredutivelmente o mal da reflexão e a inocência do imediato; vemos essa divisão passar para o próprio Rousseau e erguer no interior de sua consciência a hostilidade de dois mundos que nenhum caminho reúne. Ele não aniquilou nem superou a reflexão; expulsou-a. E, ao mesmo tempo, condenou-se a só poder falar de si mesmo de fora, do ponto de vista da culpa. Bem longe de realizar a unidade do sentimento e da linguagem, sua palavra é definitivamente o *outro* em relação ao "verdadeiro eu" que pretende permanecer na plenitude indivisa. Rousseau é excluído de Jean-Jacques, e, no entanto, é a partir dessa estranha exclusão que se constrói o retrato de Jean-Jacques.

Um problema análogo já se apresentara, quando Rousseau concebera seu projeto de *moral sensitiva*. Uma coisa é sofrer a influência do meio circundante, uma outra é analisar o efeito moral de nossas experiências sensíveis e *ordenar* os objetos que nos cercam de tal modo que sua influência nos seja favorável. Rousseau desejaria entregar-se inteiramente à sensação, mas com a condição de que o meio sensível esteja disposto em seu benefício:

> As surpreendentes e numerosas observações que eu recolhera estavam acima de toda discussão, e, por seus princí-

pios físicos, elas me pareciam capazes de fornecer um regime exterior que, variado segundo as circunstâncias, podia pôr ou manter a alma no estado mais favorável à virtude.[24]

Uma iniciativa ativa, vigilante e refletida é então necessária para "variar o regime exterior" e para tornar possível, mais tarde, um abandono puramente passivo à impressão exterior. Para que tal projeto tenha êxito, é preciso que a sensação seja empregada como um *meio*; ela deve servir de instrumento eficaz a uma ação racional e refletida. Mas, para Rousseau, a moral sensitiva está destinada a libertar o espírito do esforço da reflexão; seu objetivo é montar automatismos que farão da vida imediata uma vida segundo a virtude. O sucesso perfeito seria poder entregar-se ingenuamente à sensação esquecendo que ela é um meio empregado pela reflexão. Semelhante êxito pressupõe um imenso trabalho especulativo; Rousseau se desencorajará no meio do caminho. Teriam sido necessárias demasiadas reflexões preliminares para chegar a prescindir definitivamente da reflexão. (Vale a pena empreender o esforço intelectual se ele assegura o repouso e dispensa qualquer novo esforço. Nos *Devaneios*, Rousseau declara que se impôs uma difícil reflexão a fim de fixar de uma vez por todas suas ideias em matéria de metafísica e de religião.[25] Pensou para não precisar mais pensar: deu os últimos retoques em seu *credo*, em sua profissão de fé, para não ter mais de voltar às suas dúvidas e para abandonar-se ao sentimento sem reservas. A filosofia retorna ao seu papel ancilar, não mais a serviço da teologia, mas do sentimento imediato.)

Rousseau não vê que a vida sensitiva com que sonha só pode existir sob a constante vigilância do pensamento refletido. Não vê que, se a reflexão pode ser superada, não pode contudo ser rejeitada como se jamais se houvesse pedido o seu conselho. É uma mistificação crer assim acabar com a reflexão, e Rousseau parece querer ser simultaneamente o mistificador e o mistificado, o feiticeiro e o enfeitiçado. Quer governar-se, mas deixando-se governar pelas coisas:

> Quantos desvios seriam poupados à razão, quantos vícios seriam impedidos de nascer se se soubesse *forçar* a economia animal a favorecer a ordem moral que ela perturba com tanta frequência![26]

Como ser ao mesmo tempo aquele que força e aquele que se deixa forçar? Como viver inocentemente no plano da sensação, enquanto nós mesmos empregamos o condicionamento sensível? Como assumir a responsabilidade da encenação, como trabalhar no arranjo do dispositivo exterior, enquanto se salvaguarda a irresponsabilidade dócil de um "animal" que deixa agir o mundo sensível e se deixa conduzir candidamente por suas sensações? Seria preciso poder ser, alternadamente, um demiurgo e um animal. Só uma obra-prima de artifício pode organizar o mundo de maneira que a vida virtuosa se realize ingenuamente e sem esforço, sob o impulso exclusivo dos sentidos.

A partir do instante em que aquilo que é original é assim manipulado tendo em vista um fim moral, a espontaneidade original não é destruída, ou ao menos profundamente alterada? Rousseau não pode consentir em sair da rede das influências sensíveis, que considera como responsáveis por nossos sentimentos morais, e não quer igualmente renunciar a ter poder sobre esse dispositivo determinante:

> Tudo nos oferece mil pontos de apoio quase seguros para governar em sua origem os sentimentos pelos quais nos deixamos dominar.[27]

Mas como preservar a pureza primitiva dos sentimentos ao governá-los? Em vez de chegar a uma síntese bem-sucedida, não corremos o risco de perder o frescor do original, sem nada conseguir dominar pela reflexão? Seremos exilados da origem sem ter tomado pé no domínio do pensamento rigoroso. Os direitos da sensação não terão sido restaurados e os da reflexão não terão sido instaurados. Permaneceremos vacilantes entre uma reflexão envergonhada, que não ousa afirmar-se, e uma sensibilidade desprovida de espontaneidade, perturbada pela reflexão e incompletamente controlada.

A utilização dos efeitos psicológicos do mundo sensível é um artifício que compromete a liberdade. Um mesmo homem não pode, sem má-fé, construir um cenário mágico e abandonar-se passivamente a essa magia. Não pode ignorar que foi o artesão voluntário daquilo que deseja sofrer como uma influência involuntária. Se se submeteu deliberadamente à influência das coisas exteriores — "os climas, as estações, os sons, as cores, a escuridão, a luz, os elementos, os alimentos, o ruído, o silêncio, o movimento, o repouso" —,[28] ele deve reconhecer que pode a ela subtrair-se com a mesma liberdade. O projeto de moral sensitiva revela que Rousseau decidiu entregar-se absolutamente às coisas, mas esquecendo imediatamente que sua decisão foi tomada com toda a liberdade. Ele se convence de que só tem de deixar as coisas agirem. O bem *ocorre*, a ordem moral *se realiza* automaticamente. O que Rousseau parece buscar é a segurança passiva, um estado de bem-aventurada obediência que não tenha de ser recolocado em discussão. É preciso, então, que finja ignorar que o ato livre, pelo qual se confia ao poder das coisas, pode também retirá-lo desse poder a qualquer instante. Na "moral sensitiva", o condicionamento vem de fora, as decisões são tomadas ou forçadas pelos objetos exteriores (uma vez convenientemente ordenados); Rousseau já não tem iniciativas a tomar, já que isso é problema do mundo sensível. O mal, a partir daí, desapareceu; Rousseau não age, e as coisas são inocentes. De onde viria a culpa? Mas a culpa está precisamente em repudiar a reflexão que instalou o cenário antes do subir do pano. A culpa é ter abdicado da liberdade da decisão para confiá-la às coisas, ao mundo imediato. O erro, como nos *Diálogos*, está em fazer de maneira que dois "momentos" da consciência — a reflexão e a sensação — se tornem tão estranhos um ao outro que não parecem mais pertencer ao mesmo ser.

De fato, antes que Rousseau houvesse lançado o anátema sobre a reflexão, já via aí uma faculdade que não pode coexistir facilmente com a espontaneidade da sensação. A reflexão e o império dos sentidos (ou do sentimento) não podem habitar uma mesma alma. Assim, Rousseau distinguia o homem da sensibilidade e o homem da reflexão; deles fazia duas personagens diferentes e complementares: Saint-Preux e Wolmar, Emílio e seu preceptor. Uma relação positiva existe entre os seres de reflexão e os seres de sensibilidade, e essa relação é pedagógica, educativa. O homem refletido conhece o meio de governar as almas sensíveis. Exerce sobre elas uma benéfica violência, em primeiro lugar para conduzi-las segundo a ordem e o bem, em seguida para despertá-las para o conhecimento esclarecido da ordem e do bem. Esse é o objetivo da educação; mais tarde, o homem da sensibilidade possuirá também os poderes da reflexão; mais tarde, a síntese ocorrerá. Mas, no começo, a distância é grande, o mestre e o discípulo pertencem a dois mundos diferentes.

Antes da época da perseguição, parece que Rousseau se tenha comprazido em viver *alternadamente* o papel do homem refletido e de alma sensível. Se Emílio é talvez um outro Jean-Jacques, o preceptor é um outro Rousseau. Do mesmo modo, Wolmar e Saint-Preux são duas identidades imaginárias que o sonhador do Ermitage adota alternativamente ao compor seu romance. Ele revive a idade de ouro da infância, proporciona-se as alegrias e as infelicidades de uma alma sensível; mas exalta-se também em possuir o poder demiúrgico de Wolmar e do preceptor.

A reflexão do mestre se atribui como tarefa favorecer a vida irrefletida da criança, até o momento em que esta puder ser iniciada na reflexão. Contudo, adivinhamos um logro na maneira pela qual os mestres ordenam os objetos destinados a causar impressão nas "almas sensíveis". (Esse logro já nos aparecera no momento em que analisávamos as relações de confiança que ligam Wolmar a seus servidores.) Saint-Preux é conduzido à virtude quase à sua revelia. Emílio é educado "segundo a natureza" graças aos artifícios do preceptor onipresente e onisciente: a "educação negativa" é o fruto de uma reflexão positiva. A liberdade de Emílio é mantida inativa enquanto se governa a criança apenas pela sensação. Sem dúvida, o preceptor tem a intenção de favorecer — à sua hora — o despertar de uma responsabilidade plena. Mas durante toda a duração dessa educação, o aluno é inteiramente manobrado pelo preceptor. Se essa é uma educação *para* a liberdade, não é certamente uma educação pelo apelo a uma liberdade autêntica.

Emílio se sente livre e não o é. Mil coerções invisíveis condicionam sua conduta: o mundo "natural" em que vive é na realidade obra do preceptor. Emílio é o cativo de uma armadilha refinada. Contudo, a maior parte dos leitores leu o *Emílio* como se Rousseau os convidasse a imitar a espontaneidade sensitiva da criança, e não a reflexão racional do preceptor que dirige a espontaneidade de seu aluno. Viu-se aí não a exposição de uma ciência pedagógica e de uma *técnica* refletida, mas um canto em louvor do sentimento irrefletido. Isso é não compreender bem Rousseau, mas ele próprio é parcialmente responsável por esse mal-entendido. Com efeito, nada, nas teorias do preceptor, confirma e legitima sua própria atitude; suas declarações vão quase todas contra o papel nefasto da reflexão. Ele parece não ser consciente de sua própria reflexão e constrói um sistema segundo o qual seu próprio discurso não teria o direito de existir. Rousseau atribuiu ao preceptor o papel do mediador, mas faz dele o profeta da vida imediata. Seu método consiste em manter a criança, ao menos até uma certa idade, "sempre em si mesma e atenta ao que a toca imediatamente".[29] Assim, Rousseau coloca a necessidade da mediação (pois lhe é necessário um preceptor) e a recusa ao mesmo tempo (pois o preceptor prega o evangelho da vida imediata).

Ora, a recusa da mediação se tornará cada vez mais categórica. No momento em que escreve os *Diálogos*, Rousseau vê na sensação e na reflexão termos irredutivelmente opostos. Apresenta-se a si mesmo como aquele que jamais abandonou o imediato da sensação. Está acabada a dialética que atribuía à reflexão uma função mediadora entre a unidade primeira do mundo natural e a unidade superior do mundo moral. A reflexão é agora o oposto absoluto da natureza, o inimigo irreconciliável; tudo se imobiliza em uma antinomia de tipo maniqueísta.

O papel do preceptor, com o qual Rousseau aceitava identificar-se, passa então para o campo do inimigo. O perigoso poder da reflexão pertence agora ao *outro*, ao mau que Rousseau não pode e não quer ser. Assim, a perseguição desenvolverá uma sombria paródia da relação de dependência feliz que unia Emílio a seu preceptor. Jean-Jacques nas mãos de seus perseguidores assemelha-se a Emílio nas mãos do mestre que dispõe de sua liberdade. Mas o logro benéfico transformou-se em complô diabólico. A reflexão não era senão envergonhada, ei-la que se tornou inteiramente condenável. Sua obra é o mal por excelência.

Lia-se no *Emílio*:

> Que ele acredite sempre ser o mestre e que seja sempre vós quem o sejais. Não há nenhuma sujeição tão perfeita quanto aquela que conserva a aparência da liberdade; cativa-se assim a própria vontade. A pobre criança que não sabe nada, que não pode nada, que não conhece nada, não está à vossa mercê? Não dispondes em relação a ela de tudo aquilo que a cerca? Não sois senhor de afetá-la como vos agrada? Seus trabalhos, suas brincadeiras, seus prazeres, seus pesares, tudo não está em vossas mãos sem que ela o saiba? Sem dúvida, ela só deve fazer o que quer; mas só deve querer o que quereis que faça; não deve dar um passo que não tenhais previsto, não deve abrir a boca sem que saibais o que vai dizer.[30]

O preceptor roubou a liberdade de seu aluno, a fim de prepará-lo para a sua felicidade e para a sua liberdade futura. Essa completa dominação seria terrível, supondo-se que a intenção do preceptor seja malévola. Ora, precisamente, Rousseau se sente visado por uma reflexão hostil a que atribui uma evidência absolutamente irrefutável. Repele a reflexão para as trevas exteriores, e permanece só, na situação de vítima. Ei-lo transformado em joguete dos desígnios dos sequazes da reflexão. E, para descrever a maneira pela qual é enredado, utilizará os próprios termos que lhe haviam servido para pintar a dócil passividade de Emílio: o projeto dos perseguidores se enuncia de uma maneira estranhamente idêntica aos conselhos pedagógicos que acabamos de ler:

> Eles tomaram precauções não menos eficazes ao vigiá-lo a tal ponto que não possa dizer uma palavra que não seja escrita, nem dar um passo que não seja assinalado, nem conceber um projeto que não seja penetrado no instante em que é concebido. Eles fizeram de modo que, aparentemente livre no meio dos homens, não tivesse com eles nenhuma sociedade real, que vivesse solitário na multidão, que não soubesse nada daquilo que se faz, nada daquilo que se diz à sua volta, nada sobretudo do que lhe diz respeito e mais o interessa, que se sentisse por toda parte carregado de correntes de que não pudesse mostrar nem ver o menor vestígio. Ergueram em torno dele muros de trevas impenetráveis aos seus olhares; enterraram-no vivo entre os vivos.[31]
>
> [Enlaçaram-no] de tantas maneiras que, em meio a essa liberdade simulada, não possa dizer uma palavra, nem dar um passo, nem mover um dedo sem que o saibam e sem que o queiram.[32]

A onisciência do olhar reflexivo não pertence a Rousseau, mas aos perseguidores, a "esses senhores". A consciência de si foi definitivamente expulsa. Ela já não é o olhar de Rousseau sobre Rousseau, já não é o poder benevolente que o preceptor exerce sobre Emílio: é a vigilância malévola que coloca Jean-Jacques em poder da "coligação". Seus atos já não lhe pertencem, são captados pelos olhares hostis; e tudo é disposto ao seu redor para que seus gestos não sejam mais seus verdadeiros gestos. Interiormente, ele sabe que permaneceu o mesmo, mas todo o resto — seus movimentos, seu próprio rosto — lhe é imposto pelos outros. Colaram-lhe ao rosto a máscara de um monstro. Assim, os homens de reflexão refletem sua malevolência sobre Rousseau, revestem-no de seus próprios sentimentos, fazem dele um mau à sua imagem. Não apenas lhe roubaram sua liberdade, mas lhe roubaram sua aparência: os retratos que se espalham dele são outras tantas calúnias. Encerraram-no em uma "tripla muralha de trevas", da qual não poderá forçar a opacidade impenetrável, pois as trevas começam na superfície de seu rosto. Apenas o ser interior permanece salvo, mas não pode ter doravante nenhuma testemunha, senão Deus.

## OS OBSTÁCULOS

O *Discurso sobre a origem da desigualdade* explica a invenção das armas e das ferramentas pela necessidade de "vencer os obstáculos da natureza". E lembramo-nos de que Rousseau daí deduzia imediatamente o aparecimento da reflexão na espécie humana. Era portanto no confronto com o obstáculo que o homem da natureza passava da vida imediata ao universo dos meios. Era no contato com o obstáculo que se rompia a unidade original do homem e nascia o seu poder sobre o mundo: sua técnica e seu pensamento. A perfectibilidade da espécie humana se manifesta então de uma só vez; ela passa da potência ao ato e põe em movimento a evolução da história. A partir do instante em que empreendem combater obstáculos, os homens são arrancados ao eterno presente que era sua primeira morada, eles devem julgar, comparar, empregar instrumentos; descobrem a esperança e o pesar, o tempo exibe suas dimensões de ausência; o futuro e a preocupação com o futuro começam a contar para eles, a opinião dos outros começa a inquietá-los... Quanto ao *Contrato social*, atribui ao obstáculo uma função que não é menos importante: por terem-se chocado com os obstáculos, os homens descobrem a necessidade do *pacto social*: "Presumo os homens chegados a esse ponto em que os obstáculos que prejudicam a sua conservação no estado de natureza prevalecem por sua resistência sobre as forças que cada indivíduo pode empregar para manter-se nesse estado".[33] Novo exemplo de uma mutação decisiva que se efetua em virtude de um esforço contra o obstáculo. A adversidade das coisas determina a invenção de uma forma de existência e de uma organização social inteiramente novas. Pode-se dizer, sem receio de deformar o pensamento de Rousseau tal como se exprime no segundo *Discurso* e no *Contrato*, que a humanidade cria a si mesma no contato com o obstáculo.

A reflexão nasce no contato com o obstáculo. Mas ela é condenável. O que fazer então do obstáculo? Já que Rousseau lança o anátema sobre a reflexão, é preciso esperar vê-lo desviar-se do obstáculo, recusá-lo com horror...

É bem essa atitude que encontraremos expressa nos *Diálogos*. Desde a primeira página, o habitante do "mundo encantado" é definido por sua ignorância deliberada do obstáculo. Mais exatamente, o que ele ignora é o confronto com o obstáculo, a luta material e os ardis que lhe seria preciso exibir. Esse homem transpõe os obstáculos como se não existissem, ou se detém diante deles como se fossem insuperáveis. Nenhum meio-termo. O iniciado do mundo encantado alcança instantaneamente o fim que deseja, ou então a ele renuncia absolutamente. Seus gozos são "imediatos", suas ações são "diretas". Nenhuma de suas energias, nenhum de seus pensamentos pode desviar-se de seu fim ideal para vencer as resistências interpostas. Ele não quer levar em conta a adversidade das coisas. Empenhar-se em vencer essa adversidade significaria que se aceita abandonar os "gozos imediatos" para sofrer a lei dos instrumentos, das técnicas e da mediação.

O obstáculo, doravante, não aparece mais como o lugar a partir do qual um movimento tem origem; é o ponto sobre o qual a energia primitiva do ser enfraquece, amortece-se, deflete-se. Segundo a curiosa analogia balística que já conhecemos, as paixões primitivas tomam um "caminho oblíquo" depois de haver tocado o obstáculo, e se tornam em seguida "paixões malévolas", "secundárias", cuja fria maldade é resultado de um movimento que se esgota. Longe de ser a ocasião de um surgimento de energia nova, o contato com o obstáculo perverte e desvia o ímpeto espontâneo da alma. Mas apenas as almas fracas transigem com a resistência que encontram "no choque com um obstáculo". Uma alma forte, ao contrário, não se deixa defletir, "não se desvia de maneira nenhuma, mas, como uma bala de canhão, força o obstáculo ou se amortece e cai ao seu encontro".[34] A via direta conhece, portanto, apenas a destruição instantânea da resistência ou a imobilização completa diante desta.

Assim, Rousseau traduz o problema em termos puramente mecânicos — é sua maneira de formular as leis da "psicodinâmica" —, mas o modelo mecânico convém perfeitamente à sua intenção de contar unicamente com a energia que se despende "no nível da fonte". Na partida do projétil, tudo está decidido por antecipação: o tiro atinge ou falha segundo a intensidade da deflagração inicial. Literalmente, o ato explode a distância do obstáculo. Nenhuma iniciativa nova poderá alcançar ou corrigir a trajetória da "bala de canhão", nenhum esforço calculado se aplicará ao próprio obstáculo, para avaliar-lhe a resistência e para vencê-la por uma ação que lhe esteja ajustada. Se ele não pulveriza o obstáculo, se não passa através deste sem desviar, não tem outro recurso a não ser imobilizar-se definitivamente. Ou o obstáculo não é nada, ou Jean-Jacques nada pode contra ele e se vê reduzido à "inação total". Uma lei curiosa, aqui, obriga o obstáculo a dissipar-se na expansão do eu, a menos que a energia inicial deva deter-se diante de um limite insuperável, diante de um *exterior* opaco sobre o qual não pode nem quer ter nenhum poder.

Resta então a estranha alternativa entre um espaço sem obstáculos e obstáculos que fecham todo o horizonte e atrás dos quais não se abre mais nenhum espaço. Essa alternativa define os dois mundos onde Rousseau se sente viver: habita de maneira alternada um mundo infinitamente aberto e uma prisão hermeticamente fechada. Sua imaginação é capaz de suprimir todos os obstáculos e de abrir-lhe por magia um espaço ilimitado (ele se confunde então com o "sistema dos seres"); depois, ei-lo que se tornou novamente *nulo* em um mundo em que todas as coisas se transformaram em obstáculos e constituem uma "tripla muralha de trevas", um "mistério impenetrável". Excluído de tudo — ou identificando-se ao universo inteiro; vítima inocente de um destino sem exemplo — ou gozando de si mesmo e de todas as coisas como um deus; à mercê do menor sinal exterior — ou capaz de uma expansão infinita; submetido passivamente às leis do choque —[35] ou tomando posse do "reino dos fins": nas duas eventualidades, quer o obstáculo seja inexistente, quer seja intransponível, a inocência de Jean-Jacques está salva. Com efeito, se o obstáculo é todo-poderoso, Rousseau renuncia a agir, recolhe-se em si mesmo, consola-se pelo sentimento de suas boas intenções que, por serem ineficazes, são mais puras. Se, ao contrário, o obstáculo se anula à sua passagem, é que Jean-Jacques terá podido ir de uma só vez ao encontro do objeto ideal de seu desejo, e não terá sido de maneira nenhuma necessário deter-se em vencer resistências, em um mundo de ferramentas em que o homem se torna culpado ao agir. Conhecemos a frequência, em Rousseau, do recurso ao comportamento mágico; esse é novamente o caso aqui: a supressão total do obstáculo só pode ocorrer como a consequência de um poder mágico. Segundo as leis ordinárias da natureza, há sempre amortecimentos e deflexões, a resistência do obstáculo jamais é nula, o campo jamais está livre.

Como sublinhamos, a abordagem do objeto, o contato com a circunstância real são sempre a ocasião de uma perturbação para Jean-Jacques. Esse vapor, esse véu que passa entre ele e as coisas dissipa-se somente se ele chega a redescobrir a pura *sensação*, ou ainda se o objeto real se torna *imagem* para a memória ou para o devaneio. Na sensação pura, o mundo se entrega sem que nos oponhamos a ele; no imaginário, criamos um horizonte em que tudo se oferece sem que tenhamos consciência do menor esforço de nossa parte: a imaginação *consuma* nossa ação antes que tenhamos entrado em contato com a realidade exterior:

> À força de ocupar-se do objeto que cobiça, à força de a ele tender por seus desejos, sua benéfica imaginação chega ao termo *saltando por cima dos obstáculos* que a detém ou a intimidam. Ela faz mais; afastando do objeto tudo o que ele tem de estranho à sua cobiça, não lho apresenta senão completamente apropriado ao seu desejo. Com isso suas ficções tornam-se-lhe mais doces que as próprias realidades; delas afastam os defeitos com as dificuldades, entregam-nas preparadas expressamente para ele, e fazem com que desejar e gozar sejam para ele tão somente uma mesma coisa.[36]

Nem na sensação pura, nem na imaginação, a consciência enfrenta um *objeto* distinto dela. O objeto a atrapalharia: o que ela busca não é a posse de um fragmento do mundo real, mas o estado de alma que corresponde a essa posse. Então, será "fazer mais" se se alcança esse gozo sem passar pelo desvio do mundo, sem afrontar a resistência dos obstáculos, mas dando a si mesmo simplesmente a *imagem* do objeto cobiçado. Graças a um simulacro que ela consente em considerar como legítimo, a consciência experimenta em si mesma, entre as suas próprias criaturas, as relações perfeitas que a inércia do mundo real lhe teria recusado. Não ignora que essas imagens são filhas de seu desejo, mas finge tomá-las por objetos do mundo, pelo tempo de aí encontrar razões para exaltar-se. É em si mesma que ela despende tesouros de simpatia, que expande sua ternura: a alegria da efusão imaginária não é por isso menos pura e, sobretudo, menos *real* para a alma. É preciso supor Pigmalião feliz, ainda que os deuses não deem vida à estátua; ele é feliz pela intensidade mesma de sua paixão, que não seria mais embriagadora se Galateia fosse viva: o ímpeto para o imaginário supera a felicidade obtida de uma mulher real. Se toda realidade anuncia um obstáculo possível, Rousseau a ela prefere *aquilo que não é*: "Não há nada de belo senão aquilo que não é".[37] O eu é um espaço sem obstáculos.

Para que o mundo encantado se abra, sem fronteiras e sem obstáculos, é preciso que o mundo "ordinário" tenha se fechado e se recusado inexoravelmente. Quando Rousseau não habita o espaço livre (do imaginário, da memória, da sensação pura), redescobre-se em um mundo em que tudo se tornou obstáculo e resistência. Tudo aquilo que impede as coisas e os seres de mostrar-se espontaneamente transparentes ao seu desejo adquire o valor de um sinal nefasto, que esconde uma intenção hostil, e que a revela ao ocultá-la. Tudo que não é o imediato torna-se esgar de máscara e se volta contra Jean-Jacques. Atrás dos rostos e dos muros, há a sombria malignidade de um tribunal que já deu o seu veredicto infamante, sem ter escutado a defesa do acusado. Tudo se passa como se agora se estivesse na execução da sentença. Sob as aparências de uma comiseração contristada, pune-se Jean-Jacques. A resistência das coisas, quando com ela se choca, parece-lhe expressamente postada em seu caminho para anunciar-lhe que é perseguido e para impedi-lo de saber quem o persegue. O mistério está por toda parte, as trevas não têm fim. Pois o obstáculo é tal que não pode ser reduzido por uma ação franca: como agir sobre um mundo trucado? As aparências são falaciosas, não porque sua percepção o engana, mas porque todos os objetos são armadilhas que lhe estão destinadas. A incerteza do parecer não é mais uma condição "normal" da experiência humana, mas um malefício arranjado pelo inimigo. Se as coisas são ambíguas, isso não provém do fato de que Jean-Jacques é incapaz de apreender o ser atrás das aparências: está claro que são os conjurados que lhe recusam a possibilidade de viver na clareza. Do mesmo modo que Rousseau projetava fora dele sua própria reflexão para fazer dela a arma perseguidora dirigida contra ele, atribui a ambiguidade de sua própria percepção à obra de trevas que se urdiu para perdê-lo:

> Certo de que não me deixam ver as coisas como elas são, abstenho-me de julgar sobre as aparências que lhes são dadas, e qualquer que seja o engodo com que se encubram os motivos de agir, basta que esses motivos sejam deixados

ao meu alcance para que esteja seguro de que são enganadores.[38]

Como já sublinhamos ao falar do poder dos sinais, Rousseau não quer saber que interpreta, que é livre para interpretar as aparências. Não quer saber que é ele quem dá a todas as coisas sua significação de obstáculos. Não. As coisas têm um sentido que se recusa a ele, pois todas essas coisas que o cercam só estão ali porque foram pensadas por "esses senhores". Estão ali porque suspensas ao pensamento dos maus, cuja intenção é insondavelmente tenebrosa. Em consequência, o único sentido que ele pode atribuir aos objetos que o cercam é o contrassenso, a estranheza hostil e invariável. Colocando as coisas no pior, ele se livra da escolha a fazer entre interpretações possíveis...

O fino véu que separava Rousseau dos outros adensou-se até se tornar "barreiras imensas" que ele não transporá jamais. Se por acidente uma dessas barreiras cede, se um temor se acalma, é para revelar que toda a profundeza que se oculta atrás do primeiro obstáculo é uma nova espessura, obscura e sem saída. Jean-Jacques avança em "um labirinto imenso onde não o deixam perceber nas trevas mais que falsos rumos que o desorientam cada vez mais".[39]

O obstáculo é tal, portanto, que uma ação destinada a vencê-lo seria derrisória. O que paralisa Jean-Jacques não é apenas que a resistência do obstáculo seja irredutível, aí se acrescenta ainda a impossibilidade de fazer um único gesto que não esteja imediatamente à mercê "desses senhores". Seu ato, sua palavra, a partir do instante em que lhe escapam, ele os vê caírem em poder dos inimigos e tornarem-se *meios* entre suas mãos, armas dirigidas contra ele. Tão logo escrita a página, Jean-Jacques está convencido de que será interceptada, alterada, remanejada à sua revelia, publicada em uma versão mutilada, ou, então, simplesmente destruída. Sua obra não lhe pertence mais: recusam-se a crer que seja o autor de suas obras, ou, então, são-lhe atribuídos livros de que não é o autor. Seus menores movimentos, desde que os realizou, são desviados de seu verdadeiro fim. Está-se ali para mudar-lhes o sentido, para lhes dar outras consequências. "Não podendo mais fazer nenhum bem que não se transforme em mal",[40] ele está reduzido ao silêncio e à inação. Se tenta falar, roubam-lhe sua palavra; se quer fazer o bem, roubam-lhe seu ato, para melhor acorrentá-lo a seu próprio erro:

> Tendo sido o maior cuidado daqueles que regulam o meu destino que tudo não fosse para mim senão falsa e enganadora aparência, um motivo de virtude é sempre um engodo que me apresentam para atrair-me à armadilha em que querem enlaçar-me. Eu sei disso; sei que o único bem que doravante está em meu poder é de abster-me de agir por medo de fazer mal sem querer e sem saber.[41]

Os inimigos não apenas lhe furtam as consequências de suas ações, mas ainda lhe impõem os seus motivos de agir. O domínio da ação está, portanto, inteiramente em poder da "coligação", já que Jean-Jacques não pode mais ter uma única vontade que não lhe seja sub-repticiamente inspirada por aqueles que lhe querem mal. Os inimigos têm domínio sobre tudo que Jean-Jacques empreende, desde que abandona o refúgio do sentimento imediato. Todos os meios a que poderia recorrer para alcançar um objeto exterior ou para comunicar-se com os outros, todos os instrumentos que desejaria utilizar para sua defesa, descobre que estão confiscados, que pertencem por antecipação (e talvez desde sempre) a "esses senhores". Todas as vias de saída fora do imediato são impraticáveis; toda ação dirigida para fora é instantaneamente presa da sombra hostil.

## O SILÊNCIO

O que ocorre, em particular, com este ato essencial: desvelar-se, manifestar-se em sua verdade? Esse ato, como vimos, adquirira uma importância privilegiada. Na palavra "autêntica" Rousseau esperava permanecer imediato a si mesmo, enquanto se comunicava com os outros: ser ele mesmo e agir pareciam constituir um só movimento, em que o eu se expõe e se inventa simultaneamente. Contar-se era a uma só vez afirmar o valor *único* da experiência pessoal e fazer dela o objeto de um espetáculo e de um julgamento *universais*. Rousseau escrevia as *Confissões* para dizer sua singularidade e para pedir o "reconhecimento" geral, isto é, para que sua inocência enfim recebesse confirmação pelo testemunho concordante de todos os homens... Mas é preciso ainda ser escutado, e que os homens consintam em enunciar seu julgamento.

Ora, ao fim da longa leitura pública das *Confissões*, Rousseau encontra o *silêncio*, que é o obstáculo final, o mistério de iniquidade. O muro de trevas, que enreda Jean-Jacques, reforça-se por um círculo de silêncio obstinado. Desvelara sua alma, mostrara-se às suas testemunhas tal como se sentia visto por Deus, *intus et in cute*, a fim de forçá-las a falar, a dizer seu perdão ou suas censuras. Ia saber enfim o que se lhe reprovava. No primeiro preâmbulo das *Confissões*, previa algum rumor hostil, e o provocava explicitamente:

> Conto com os discursos públicos, com a severidade dos julgamentos pronunciados bem alto, e a isso me submeto.[42]

Como teriam sido mais suportáveis os "frívolos clamores da calúnia", em comparação com "complôs tramados e combinados em um profundo *silêncio*"![43] Ora, eis aqui o que Rousseau relata na nota final das *Confissões*:

> Terminei, assim, minha leitura *e todo o mundo se calou*. A sra. d'Egmont foi a única que me pareceu comovida; estremeceu visivelmente; mas se refez bem depressa, e *guardou o silêncio* assim como toda a assembleia.[44]

As últimas linhas das *Confissões* — depois do imenso esforço para vencer o silêncio dos outros — enclausuram assim toda a obra no silêncio. À superfície do silêncio, apenas um frêmito passageiro, o estremecimento de uma mulher comovida, que desperta em Jean-Jacques uma esperança imediatamente dissipada.

Assim foi destruído o sonho venturoso que fazia de um silêncio atravessado de sinais a condição de uma felicidade que a linguagem humana jamais teria sabido realizar. Todo o encanto da "manhã à inglesa", em *A nova Heloísa*, consistia nesses estremecimentos, nesses suspiros, nesses olhares trocados em silêncio, pelos quais as almas sensíveis se comunicavam mais seguramente, mais rapidamente do que por qualquer outro meio. Agora, não apenas os sinais se tornaram nefastos, como também o silêncio já não é o "meio condutor" em que as consciências se encontram imediatamente: é o próprio obstáculo, é a separação absoluta.

As *Confissões* terminam com a constatação de um silêncio. Ora, o mesmo silêncio constitui o ponto de partida dos *Diálogos*. Releiamos seu preâmbulo:

> O *silêncio profundo*, universal, não menos inconcebível do que o mistério que encobre, mistério que há quinze anos ocultam-me com um cuidado que me abstenho de qualificar, e com um sucesso que tem algo do prodígio; *esse silêncio pavoroso e terrível* não me deixou apreender a menor ideia que me pudesse esclarecer sobre essas estranhas disposições.[45]

Por que o silêncio? Todas as explicações são boas: não se deixou Jean-Jacques falar; ele falou, mas sua palavra não foi acolhida, seus livros foram falsificados, não se soube ver seus verdadeiros motivos; o silêncio faz parte do castigo que lhe é imposto; julgaram-no sem escutar seu depoimento, e agora recusa-se o seu recurso, o seu pedido de perdão. (Jean Guéhenno, muito justamente, compara essa situação àquela que Kafka descreve em *O processo*.)[46] Tudo teria podido mudar se os perseguidores silenciosos não houvessem, em troca, condenado Jean-Jacques ao silêncio. Pois ele foi amordaçado, e não pôde pronunciar a palavra verídica que teria derrubado os sortilégios nefastos e dissipado o pesadelo:

> Com uma palavra, talvez, ele teria erguido véus impenetráveis aos olhos de qualquer outro, e teria lançado luz sobre manobras que nenhum mortal desenredaria jamais.[47]

Mas os *Diálogos*, que se anunciam como uma nova luta contra o silêncio, vão fracassar diante do obstáculo. A obra desemboca mesmo em um triplo silêncio, em uma tripla impossibilidade de conseguir que os outros falem enfim.

Quando termina o terceiro e último diálogo, o Francês corrigiu-se de seu erro: adquiriu a convicção de que Jean-Jacques não é o monstro que lhe fora descrito; ele confessa seu remorso por ter sido enganado por "esses senhores", mas *não poderá dizer nada* ao público em favor de Jean-Jacques e, além disso, ser-lhe-á impossível revelar ao pobre perseguido o horrível segredo da conspiração:

> Não me recuso então a vê-la algumas vezes, com prudência e precaução: caberá apenas a ele conhecer que partilho vossos sentimentos a seu respeito, e, se não posso revelar-lhe os mistérios de seus inimigos, ele verá ao menos que, *forçado a calar-me*, não procuro enganá-lo.[48]

No entanto, as últimas linhas do diálogo são consoladoras. O Francês não pode romper o silêncio, mas falará mais tarde, quando os homens terão mudado, em uma outra época. Aceitando em depósito os papéis de Jean-Jacques, compromete-se "a não poupar nenhum cuidado" para que esses papéis apareçam um dia aos olhos do público; trabalhará mesmo em recolher observações "tendentes a desvelar a verdade". Rousseau renunciou então a agir ele próprio, confia a ação decisiva a outros homens. Ao passo que a leitura das *Confissões* fora uma tentativa de desvelar *diretamente* a verdade, a única esperança que resta agora a Rousseau é de atingir *indiretamente* os homens de uma outra época. Esse trabalho, essa ação não serão mais os seus, mas a obra de um depositário fiel: melhor ainda, será a obra do tempo ou da providência. Rousseau não tem mais nenhuma esperança de ser ouvido durante a sua vida. A única coisa que ainda crê possível é colocar seus papéis em lugar seguro, protegê-los tendo em vista uma tardia epifania da verdade, para os tempos que se seguirão à sua morte. Então, trata-se apenas de um *depósito*, isto é, de uma espera no silêncio.

Entretanto, Rousseau não consegue resignar-se ao silêncio. Esse manuscrito, em que proclama que renuncia a qualquer tentativa de persuadir seus contemporâneos, por que não utilizá-lo desde agora como um meio de romper o silêncio? Ao confiar sua reabilitação aos homens "de uma geração melhor", não fornece ele a prova, desde agora, de que Jean-Jacques enfrenta a luz sem temor? Sua recusa de agir não é a garantia irrefutável de sua boa consciência? Esse é o supremo *meio*: um livro em que Jean-Jacques declara que não possui nenhum meio.

Ele desejaria que o silêncio fosse rompido por alguma grande palavra: que o Rei fale, que Deus fale. Jean-Jacques tem o sentimento de que seus perseguidores se interpõem entre o Juiz e ele. Vai tratar de ir ao encontro do Juiz contornando o obstáculo. Apenas, não dirigirá seu manuscrito diretamente ao Rei. Mais uma vez aqui, Jean-Jacques desencarrega-se do fardo da ação: deseja que o essencial de seu ato se realize fora dele, sem que se responsabilize por nada.

Releiamos a estranha *História do precedente Escrito* que dá sequência aos *Diálogos*. Rousseau concebe o projeto de depositar seu manuscrito sobre o altar-mor de Notre-Dame: ele o abandonará como um "depósito à Providência". Um sobrescrito acompanha o manuscrito, onde Rousseau declara que não tem o direito de esperar um milagre: deixa ao Céu a escolha da *hora* e dos *meios*. E, entretanto, embora pretenda confiar-se inteiramente ao Céu, deseja atrair a atenção dos homens. Desejaria que "o rumor de sua ação fizesse chegar seu manuscrito aos olhos do Rei". A manobra é estranha: é um gesto em direção ao

Céu, mas esse gesto só é empreendido para ser observado pelos homens e provocar indiretamente um choque que abalará as consciências íntegras (se restam na França consciências íntegras). Sabe-se que quase no mesmo momento, por uma iniciativa inteiramente análoga, Jean-Jacques começa todas as suas cartas por uma quadra — invariavelmente a mesma — que é uma invocação ao Céu:

*Pauvres aveugles que nous sommes!*
*Ciel, démasque les imposteurs*
*Et force leurs barbares cœurs*
*A s'ouvrir aux regards des hommes.*

[Pobres cegos que somos!
Céu, desmascara os impostores
E força seus bárbaros corações
A abrir-se aos olhares dos homens.]

Rousseau adjura o Céu a destruir a impostura e a restituir aos corações sua transparência, mas o apelo que dirige a Deus se realiza diante de testemunhas. A quadra, contudo, não é uma mensagem direta ao destinatário da carta (Rousseau se explica, se o interlocutor se surpreende ou se ofende). Ele suplica a sós, demonstrando ostensivamente que seu único recurso está *em outra parte*. Essa é também a significação do "depósito à Providência" do manuscrito dos *Diálogos*.

A manobra, no entanto, fracassa. Entrando por uma porta lateral, Rousseau encontra uma grade que lhe fecha o acesso ao coro. Descobre de súbito a presença *material* da imagem mítica que tão constantemente o obsedou: está diante do *véu* fatal, vai de encontro ao *obstáculo* intransponível. Tem a sua frente um *sinal*, e esse sinal lhe diz que o próprio Deus o recusa e permanecerá *silencioso*:

> No momento em que percebi aquela grade fui tomado por uma vertigem como um homem que cai em apoplexia, e

essa vertigem foi seguida de uma perturbação em todo o meu ser, tal que não me lembro de ter experimentado jamais uma semelhante. A igreja me pareceu ter mudado tanto de face que, duvidando de que estava mesmo em Notre-Dame, eu procurava com esforço reconhecer-me e discernir melhor o que via [...] Tanto mais impressionado com esse *obstáculo* imprevisto quanto não dissera meu projeto a ninguém, acreditei, em meu primeiro transporte, ver concorrer o próprio céu para a obra de iniquidade dos homens, e o murmúrio de indignação que me escapou não pode ser concebido senão por aquele que soubesse colocar-se em meu lugar, nem desculpado senão por aquele que sabe ler no fundo dos corações.

Saí rapidamente daquela igreja, decidido a não voltar ali enquanto vivesse, e, entregando-me a toda a minha agitação, corri todo o resto do dia, vagando por toda parte sem saber onde estava nem para onde ia, até que, não aguentando mais, a lassidão e a noite me forçaram a voltar para casa exausto de cansaço e quase embrutecido de dor.[49]

A grade fechada da igreja reforça a "tripla muralha de trevas" com que os homens cercam Jean-Jacques. O episódio confusional que então se apodera dele é profundamente revelador. Prova que a ordem das coisas e toda a coerência do mundo desaparecem para Jean-Jacques quando desaba a última possibilidade de viver *em relação*. Ora, a relação com a transcendência era a única que subsistia, depois do naufrágio de qualquer esperança de comunicação humana. Se Deus o recusa, Jean-Jacques já não pode conhecer senão a desorientação e a corrida desnorteada em uma exterioridade absoluta, através de um espaço que não pertence mais ao mundo. Quando a última testemunha falta ao apelo, a consciência perempta se precipita em um desnorteio cuja única saída é aniquilar-se nos limites da fadiga.

Rousseau vai agora de encontro a uma terceira recusa silenciosa. Vai ver Condillac para confiar-lhe o manuscrito dos *Diá-*

*logos*. O que espera de Condillac não é apenas que aceite o depósito, mas que leia a obra, que responda à questão que cada linha desse texto coloca, que fale, enfim, e rompa o insuportável círculo de silêncio em que Jean-Jacques está aprisionado. Talvez o véu vá dissipar-se afinal? Mas nada ocorre. Condillac fala de outra coisa, elude a questão. Sobre o essencial, cala-se. O silêncio se adensa:

> Quinze dias depois volto à casa dele, fortemente convencido de que chegara o momento em que o *véu de trevas* que é mantido há vinte anos sobre os meus olhos ia cair, e que, de uma maneira ou de outra, eu teria de meu depositário esclarecimentos que me pareciam necessariamente seguir-se da leitura de meu manuscrito. Nada do que previra aconteceu. Ele me falou desse escrito como me teria falado de uma obra de literatura [...] mas *não me disse nada* do efeito que produzira nele o meu escrito, nem do que pensava do autor.[50]

Um silêncio definitivo separa doravante Rousseau de seu antigo companheiro do Panier-Fleuri:

> Desde então deixei de ir à casa dele. Ele me fez duas ou três visitas que tivemos muita dificuldade em preencher com algumas palavras indiferentes, *não tendo eu mais nada a lhe dizer, e não querendo ele dizer-me absolutamente nada*.[51]

Depois desse triplo encontro com o silêncio, Rousseau tenta uma última ação, mas desta vez a mais direta possível: distribui na rua uma "circular" — *A todo francês que ainda ama a justiça e a verdade* —, mas os passantes foram prevenidos, recusam a folha que Rousseau lhes estende: "Experimentei *um obstáculo* que não previra, na recusa de recebê-la por aqueles a quem a apresentava".[52]

Não, não vale mais a pena esforçar-se em vencer o obstáculo, é inútil procurar ser mais bem conhecido pelos outros. A tarefa ultrapassa as suas possibilidades. Para Rousseau, não resta mais nada a fazer, a não ser retirar-se nessa inocência interior que os outros não querem reconhecer. Contudo, ele não perdeu toda a esperança; um desvelamento ocorrerá, mas já não será a ele, Jean-Jacques, que caberá a ação do desvelamento. De uma vez por todas, confia-se à obra do tempo, do Céu, da Providência. "O tempo pode erguer muitos véus."[53] Já não conta nem mesmo com seus papéis, tem confiança em outros poderes. A ele cabe viver na verdade, mas não comunicá-la, nem fazê-la conhecer exteriormente. Se a verdade deve manifestar-se um dia, já não será por obra dele, mas pela intervenção de um poder transcendente. E, quando esse silêncio for vencido, não será nem por sua voz, nem pela palavra inesperada daqueles que retornariam a ele. Da parte dos homens, não espera mais nenhum *retorno*; o único retorno em que pensa é aquele que o reconduzirá à sua "fonte", diante do Juiz que criou a ordem do mundo e que estabelecerá a harmonia que os maus perturbaram ao perseguir Jean-Jacques... Não, se o silêncio deve ser enfim rompido, será apenas pela trombeta do Juízo: "Que a trombeta do Juízo Final soe quando quiser; eu virei, com este livro na mão, apresentar-me diante do soberano Juiz".[54]

## INAÇÃO

Agir tornou-se inútil. O mundo da ação é impraticável. Esboce Jean-Jacques um gesto, este não lhe pertence mais: o movimento começado é retomado por uma força exterior, e dirigido para um fim misterioso que Jean-Jacques ignorará sempre. Nenhuma ação que empreenda pode ser terminada por ele e nem pode atingir desde agora o fim que deseja. Se a ação deve ser salvadora, só poderá ser realizada pela Providência. Mas, no mais das vezes, os perseguidores se apoderam do gesto de Jean-Jacques para virar suas consequências contra ele.

O homem nasceu para agir? Rousseau o afirmou,[55] mas sempre confessou que não amava a ação. Ah! se ao menos a intenção pudesse consumar-se por um movimento imediato! Esse é apenas o privilégio do devaneio, em que o pensamento de um ato é instantaneamente a imagem do ato realizado: mas não passa de um jogo de imagens, em que a consciência permanece interior a si mesma e se contenta com um simulacro do mundo exterior. É bem diferente quando a intenção procura realizar-se externamente. Aí, é preciso renunciar aos gozos imediatos: é preciso aceitar a lei da mediação, recorrer aos meios ou aos instrumentos, avaliar o risco das consequências que não dominaremos.

É preciso novas provas da desconfiança que Rousseau experimenta em relação às atividades mediatas? Quando, no *Emílio*, Rousseau desenvolve uma teoria utilitária do trabalho humano, relaciona a utilidade do trabalho à *independência* que ele assegura ao homem; o critério da utilidade é a autarcia, a total suficiência; havíamos encontrado um perfeito exemplo disso na comunidade de Clarens. Se o homem deve agir, que seja com o menos possível de instrumentos. Que se limite, se assim se pode dizer, a essa ferramenta imediata que é o seu corpo e a sua mão. A única ação legítima é aquela que se apoia não sobre uma cultura preestabelecida, nem sobre uma tradição que já criou seus instrumentos, mas sobre a natureza intacta, tal como Robinson a descobre em sua ilha deserta:

> Quantas reflexões importantes nosso Emílio não tirará de seu *Robinson*! O que pensará ele ao ver que as artes não se aperfeiçoam senão se subdividindo, multiplicando ao infinito os *instrumentos* de umas e de outras? Ele se dirá: todas essas pessoas são tolamente engenhosas. Acreditar-se-ia que têm medo de que seus braços e seus dedos lhes sirvam para alguma coisa, de tal maneira inventam instrumentos para deles prescindir. Para exercer uma única arte ficam escravizados a mil outras, é preciso uma cidade para cada operário. Quanto a meu camarada e a mim, pomos nosso gênio em nossa habilidade; fabricamos ferramentas que possamos carregar por toda parte conosco. Todas essas pessoas tão orgulhosas de seus talentos em Paris, não saberiam nada em nossa ilha [...][56]

A única ação justificada, aos olhos de Rousseau, é aquela em que seríamos semelhantes ao primeiro homem inventando a sua primeira ferramenta: seria um ato *ex nihilo*, uma obra que seria inteiramente minha e que não suporia nenhum passado humano. Meu ato deve pertencer-me integralmente, e por isso não devo utilizar nenhum instrumento que eu próprio não tenha podido construir por inteiro. Minhas ferramentas não me devem ser transmitidas, pois é preciso que minha ação não se ligue aos atos dos homens que me precederam. Assim, mesmo sendo um dos primeiros a insistir na dignidade do trabalho, mesmo estando preocupado em "democratizar" a imagem do homem ideal (pois Emílio se familiariza com o arado e com a plaina), Rousseau é também um dos primeiros a ter-se levantado contra a técnica. Inconsequência que não é única, e que se esclarece à luz do princípio da liberdade do indivíduo. O trabalho, sob a sua forma artesanal, assegura a nossa autonomia, ao passo que a técnica nos liga à tradição, à instituição, e sobretudo aos outros homens, que constroem nossos instrumentos ou completam nosso trabalho. À unidade da pessoa corresponde um trabalho que não se divide.

Mas se Rousseau deseja uma ação sem antecedentes, deseja que esta seja também sem consequências. Jamais gostou de se ver atado pelas consequências de seus atos. Antes mesmo que acuse seus inimigos de interceptar e de falsificar suas palavras e seus gestos, jamais pôde resignar-se a ver sua ação distanciar-se dele, produzir efeitos imprevistos e por vezes contrários ao fim fixado. As consequências que escapam à sua vontade são sempre *funestas*. Fazia ele o bem? Sua boa ação se tornava imediatamente uma servidão. Prestava ele um serviço? Daí nasciam "*cadeias de compromissos sucessivos* que eu não previra e das quais já não podia sacudir o jugo".[57] Não faltam os testemunhos a nos mostrar que, bem antes da época do delírio de perseguição, Rousseau experimenta uma estranha inquietação ao sentir sua ação desenvolver-se sem ele, segundo um encadeamento de que já não é senhor. Seu gesto, afastando-se, torna-se-lhe estranho: Jean-Jacques recusa continuar responsável por ele, senão a que risco não irá ele sujeitar-se? Jamais consentiu em reconhecer-se ali, nas distantes consequências de seus atos. Procurou apenas fins imediatos: não quis, portanto, todas as repercussões embaraçosas, todas as consequências desonrantes que o arrastavam para onde não queria ir. Por exemplo, se colocou seus filhos no orfanato, foi porque eram a consequência indesejada dos prazeres imediatos que experimentava em toda a inocência com Thérèse. Escolheu Thérèse para fazer dela a servidora da necessidade imediata; declarou-lhe que não queria abandoná-la, nem desposá-la:[58] significava dizer-lhe que desejava viver junto dela uma sucessão de instantes sem passado e sem futuro. Ora, a natureza aqui prega uma peça em Jean-Jacques, pois o prazer imediato do amor físico comporta um elo com o futuro, uma consequência, que é o filho. Contudo, Rousseau não aceita reconhecer-se na criatura que ele não tinha a intenção de procriar. Recusa essa alienação, esse *eu* diferente que no entanto é sua obra... A recusa da paternidade, em Rousseau, parece ser apenas a expressão, em uma circunstância particular, do temor mais geral de viver em um mundo em que os atos têm sequências involuntárias.

É preciso acrescentar que a recusa das consequências faz compreender melhor a coragem surpreendente que Rousseau soube mostrar em muitas circunstâncias. Ele diz o que pensa, exprime seu sentimento atual, sem pensar no que isso vai custar-lhe. Aconteça o que acontecer. As consequências não são de sua alçada; ele as aceitará como uma adversidade inteiramente estranha, como se aceita o granizo ou a tempestade. Então, em vez de paralisar totalmente a iniciativa de Jean-Jacques, a impotência em dominar as consequências lhe dá a audácia de realizar atos instantâneos de uma extraordinária estranheza. Ele quer acreditar que, tão logo consumado, seu ato não lhe pertencerá mais, e que o fio será rompido... Se as consequências de nossos atos nos escapam completamente, não se pode fazer mais nada, ou então se pode fazer tudo: nossa responsabilidade nos parece tão pesada que nos impede de empreender o que quer que seja; ou então, ao contrário, podemos daí deduzir que nossa responsabilidade não é jamais comprometida. Assim, vemos Jean-Jacques ora entregar-se aos impulsos mais irresponsáveis, ora abster-se de agir como se estivesse oprimido pela angústia de uma responsabilidade terrível. Comporta-se uma vez como se o menor gesto se arriscasse a acorrentá-lo, uma outra vez como se não estivesse sujeito a nenhum laço.

Jean-Jacques se diz indolente, preguiçoso, mas se declara também ativo e laborioso. É absolutamente contraditório? Bem depressa fica claro que as atividades que o atraem não são de mesma natureza que aquelas de que desconfia. Se deve haver uma ação, Rousseau a deseja sem antecedentes e sem posteridade; que ela não herde nada de uma ação começada antes dele, e que não seja continuada nem se propague sem ele no mundo exterior. A atividade para a qual se sente nascido é aquela em que poderia despender sua energia em uma sucessão de *primeiros movimentos*, sem pensar nos encadeamentos nem nas consequências. A unidade de sua natureza e de seu pensamento não exclui, a seus olhos, a descontinuidade temporal das ideias e dos sentimentos. Se sua unidade se funda no imediato, isto é, na recusa da reflexão e na recusa de antecipar as consequências, o primado do instante isolado torna-se a lei que rege toda atividade. Assim, não é surpreendente que Rousseau, escrevendo a dom Deschamps, o confesse muito claramente:

> Sois muito bom de me repreender por minhas inexatidões em matéria de raciocínio. Chegais a vos dar conta de que vejo muito bem certos objetos mas de que não sei de modo nenhum compará-los; de que sou bastante fértil em proposições sem jamais ver consequências; de que ordem e método, que são vossos deuses, são minhas fúrias; de que nada jamais se oferece a mim senão isolado e de que, em vez de ligar minhas ideias em meus escritos, sirvo-me de uma charlatanice de transições [...][59]

Mas se Rousseau se pretende incapaz de ver as consequências de suas proposições, é obrigado a sofrer as consequências de sua palavra — glória e perseguição — que o atingem de fora. O ato de falar é imprudente, para quem não quer prender-se à consequência involuntária. O melhor é calar, e, se se experimenta a necessidade de agir, então é preciso reconduzir seu ato para o mais perto possível de si, para o clarão efêmero do instante presente. Tais serão as atividades nas quais Rousseau se concentrará cada vez mais: atos em que o eu não sai de si mesmo, sem contudo refletir-se sobre si mesmo. Atividades irrefletidas e intransitivas. O passeio, a caminhada. O corpo aí despende sua energia sem que sua ação transforme o mundo ou exija uma volta consciente sobre si mesmo. O passeio, para Jean-Jacques, é, em primeiro lugar, simplesmente uma fuga para longe dos homens, um recurso à natureza e à contemplação. Basta, no entanto, reler certas passagens das *Confissões* ou dos *Diálogos*, ou ainda a terceira carta a Malesherbes, para se dar conta de que o automatismo da caminhada produz, com o tempo, um estado hipnótico; nele o corpo se esquece. Cria-se um "vazio inexplicável" em que o espírito, perdendo toda inserção no real, abandona-se ao seu impulso autônomo; o sonho se manifestará e se esgotará sem abandonar a si mesmo, e sem que a vontade se acredite comprometida. O corpo, inteiramente mobilizado pelo ritmo da caminhada, absorve-se em uma regularidade dinâmica em que a parte de consciência refletida se reduz a uma ausência venturosa. Sobre esse fundo de ausência, as imagens do devaneio parecerão produzir-se espontaneamente, apresentar-se gratuitamente e sem nenhum esforço:

> Jean-Jacques é indolente, preguiçoso, como todos os contemplativos: mas essa preguiça está apenas em sua cabeça. Ele só pensa com esforço, fatiga-se em pensar, assusta-se com tudo que o força a isso [...] Entretanto, é vivo, laborioso à sua maneira. Não pode suportar uma ociosidade absoluta: *é preciso que suas mãos, que seus pés, que seus dedos ajam*, que seu corpo esteja em exercício, e que sua cabeça permaneça em repouso. Aí está de onde vem sua paixão pelo passeio; aí ele está em movimento sem ser obrigado a pen-

> sar. No devaneio não se é de maneira nenhuma ativo. As imagens se traçam no cérebro, aí se combinam como no sono, sem o concurso da vontade: deixa-se tudo isso seguir seu andamento, e goza-se sem agir. Mas quando se quer deter, fixar os objetos, ordená-los, arranjá-los, é outra coisa; contribui-se com sua parte. Logo que o raciocínio e a *reflexão* a ela se misturam, a meditação não é mais um repouso; é uma *ação muito penosa*, e eis aí a dificuldade que constitui o horror de Jean-Jacques e cuja simples ideia o acabrunha e o torna preguiçoso. Encontrei-o assim somente em obras em que é preciso que o espírito aja, por pouco que possa ser. Ele não é avaro de seu tempo, nem de seu esforço, não pode permanecer ocioso sem sofrer; passaria de bom grado sua vida a cavar em um jardim para ali sonhar à vontade [...][60]

Os atos que Rousseau consente em realizar são aqueles de que a vontade não terá o encargo, aqueles que se organizarão por seu automatismo próprio, sem exigir nenhum esforço do espírito. Cavar a terra não é, também, um excelente exemplo de atividade estereotipada? E observemos que Rousseau aqui não leva em conta de maneira nenhuma a finalidade externa do ato: não cavará seu jardim porque se interessa pela colheita. Se a ação tem um fim, é apenas o de tornar possível e sustentar a passividade sonhadora. A ação repetitiva e automatizada é uma ação fechada, que não sai de seu circuito limitado. Sobre o fundo de um movimento monótono em que o corpo se abandona ao seu ritmo, o devaneio abandona-se às suas imagens: dupla ausência, dupla passividade... (O eu vive então suas atividades como uma passividade.)

O devaneio sobre fundo de automatismos "gestuais" nem sempre é um devaneio feliz. Corancez, uma das testemunhas dos últimos anos de Rousseau, reconhecia, por certo movimento rítmico de seu braço, os momentos em que Jean-Jacques encerrava-se em sua meditação delirante:

Nesse estado, seus olhares pareciam abarcar a totalidade do espaço, e seus olhos pareciam ver tudo ao mesmo tempo; mas, de fato, não viam nada. Ele se virava em sua cadeira e passava o braço por cima do encosto. Esse braço, assim suspenso, tinha um movimento acelerado como o do balancim de uma pêndula; e fiz essa observação mais de quatro anos antes de sua morte; de modo que tive todo o tempo de observá-lo. Quando o via tomar essa postura à minha chegada, ficava com o coração magoado, e esperava as palavras mais extravagantes; jamais fui decepcionado em minha expectativa [...][61]

No limite, o movimento não é mais que uma agitação maquinal, e o devaneio, sombrio ou delicioso, coexiste separadamente, ao lado de uma "vida quase automática"...

## AS AMIZADES VEGETAIS

Em Nápoles, a 17 de março de 1787, Goethe anota em seu diário de viagem:

> Às vezes penso em Rousseau e em sua aflição hipocondríaca; e, no entanto, concebo muito bem como uma tão bela organização pôde ser alterada. Eu mesmo me tomaria muitas vezes por louco, se não experimentasse tal interesse pelas coisas da natureza, e se não visse que, na confusão aparente, cem observações podem comparar-se e ordenar-se, à maneira do agrimensor que, ao traçar uma única linha, verifica um grande número de mensurações isoladas.[62]

O que protege Goethe é a participação no mundo exterior, é a ação, capaz de medir e de ordenar o caos das coisas. A natureza que o salva de seus demônios internos não é simplesmente um objeto de contemplação; o espírito aí deve introduzir-se ativamente, estabelecer "quadros", descobrir sistemas de relações onde de início percebia apenas confusão.

Mas Rousseau herboriza, escreve cartas sobre a botânica, empreende um dicionário de botânica. Não se pode admitir que espontaneamente recorreu à atividade salutar? Não existe aí uma espécie de terapêutica improvisada, que assegura um derivativo ao pensamento obsedado, e que o obriga a considerar objetos naturais, a observar-lhes a estrutura, a atribuir-lhes uma hierarquia? Com efeito, Rousseau encontra na botânica um apaziguamento, mas o alívio permanece intermitente e incompleto. Isso se explicará talvez pelo retorno periódico de seus acessos delirantes, que lhe podiam permitir apenas claros relativamente breves. Mas, supondo-se que o remédio ao qual Goethe deve sua salvação houvesse sido capaz de curar a aflição de Rousseau, é preciso reconhecer que a botânica jamais representou para Jean-Jacques essa aplicação ao real, essa busca do *sentido* dos fenômenos vitais, esse apelo à hipótese nova, que teriam realmente fixado seu espírito em uma tarefa concreta. Goethe escreve as *Metamorfoses das plantas*, ao passo que Rousseau cria "lindos herbários". Jean-Jacques herboriza como colecionador, e não como naturalista. Essa é para ele uma ocupação, um divertimento, de preferência a uma verdadeira ação. Mais uma vez, aqui, o ato não tem abertura para o mundo; encerra-se em si mesmo e esgota-se em si mesmo. Bem curiosamente, Rousseau (nos *Diálogos*)[63] coloca no mesmo plano seu trabalho de copista e seu gosto pela botânica. Jean-Jacques herborizando; Jean-Jacques copiando música. Consideradas lado a lado, as duas atividades se explicitam e se esclarecem mutuamente. Têm esse caráter singular de ser ambas tarefas limitadas à asserção do *idêntico*. Identificar plantas, reconhecer o tipo descrito por Lineu. Transcrever a mesma música sobre outras folhas de papel pautado. São tarefas salutares, mas nas quais o espírito não tem outro dever que não o de fazer-se o meio transparente pelo qual um fragmento de realidade se desdobra sem se alterar. São certamente atos, mas que não introduzem nada de novo no mundo. O devaneio pode, facultativamente, superpor-se a essas atividades, algumas vezes a ponto de perturbá-las. Porém, mais frequentemente ainda, essas atividades fazem as vezes de devaneio. No momento em que Jean-Jacques, envelhecendo, vê exaurir-se sua imaginação e não encontra mais suas antigas visões, precisa de alguma coisa para compensar-lhes a ausência: lembranças, ou atividades semimaquinais. Ocupações "ociosas", mas sem as quais o espírito encontraria apenas o seu próprio vazio:

> Quanto mais a solidão em que agora vivo é profunda, mais é preciso que algum objeto preencha-lhe o vazio, e aqueles que minha imaginação recusa ou que minha memória repele são supridos pelas produções espontâneas que a terra não forçada pelos homens oferece aos meus olhos por toda parte.[64]

É um último recurso. Rousseau pede à natureza o equivalente aproximativo daquilo que sua própria consciência lhe oferecia: imagens que parecem eclodir por si mesmas, e que basta acolher sem esforço. Através do vazio e da pureza de uma consciência profundamente ociosa, os objetos naturais podem inocentemente transparecer, tornar-se aparentes sem que nada os tenha desfigurado. E Rousseau, entre os objetos sensíveis, escolhe os mais inocentes de todos, os seres nos quais a vida não contradiz a inocência: as plantas. "Não procuro de maneira nenhuma instruir-me":[65] essa atividade não visa alcançar nenhum saber, nem nenhum poder prático. Rousseau não se interessa pelo uso das plantas, recusa-se a ver nelas meios que subordinaria a algum fim exterior. Isso é significativo. Aos olhos de Rousseau a planta é por si mesma seu fim imediato, e o único objetivo distante que ele consente em considerar é a totalidade bem fechada do herbário, a coleção que coincide com o sistema preestabelecido, e em que cada espécie é ilustrada por seu espécime. Jean-Jacques não quer saber nada das propriedades medicinais. Passa rapidamente sobre as plantas "que envenenam". (Aqueles senhores já não lhe imputam um excessivo conhecimento das ervas venenosas?) Junto dos vegetais, que atestam a pureza da natureza, o próprio Jean-Jacques se purifica: tudo se passa como se a inocência vegetal tivesse o poder mágico de inocentar o contemplador. E se a planta seca se torna o *sinal memorativo* que lembra a Jean-Jacques a luz de uma paisagem e de um belo dia, se faz surgir um estado de alma do passado na consciência atual, a planta terá *servido*, mas a um fim puramente interior: terá restituído Jean-Jacques a Jean-Jacques. O *sinal memorativo* é, portanto, uma mediação, mas que intervém para estabelecer a presença imediata da lembrança. Pode-se falar aqui de mediação regressiva, já que, longe de provocar uma superação da experiência sensível, consiste em despertá-la em sua integralidade; trata-se apenas de reviver um momento anterior, tal como foi vivido, sem aí acrescentar (como o fará Proust) um esforço de conhecimento que procuraria apreender a essência do tempo. A flor seca, mais eficaz que qualquer reflexão, provoca o surgimento espontâneo de uma imagem verdejante do passado em uma consciência que se pretende passiva. Redescoberta no herbário, remete Jean-Jacques a si mesmo e à sua felicidade distante, ao belo dia em que se pôs a caminho para descobrir o espécime raro que lhe faltava.

Jean-Jacques recorre à planta, a fim de poder recorrer mais tarde ao herbário, que lhe permitirá viver pela memória. Assim, ele se oferece o recurso de um *imediato memorizado*, infinitamente mais rico e mais caloroso que o imediato da sensação atual. Quando se esgota o ímpeto para as "criaturas" imaginárias, quando se exaurem as forças expansivas, quando Jean-Jacques se sente menos capaz de embriaguez e de intensidade, restam-lhe somente os objetos sensíveis que o cercam imediatamente. Vê-se coagido a limitar-se ao mínimo de existência. O que se revela, então, é a pobreza essencial do imediato, e Rousseau se queixa:

> Minhas ideias quase não são mais que sensações, e a esfera de meu entendimento não ultrapassa os objetos pelos quais estou imediatamente cercado.[66]

Pior ainda, o mundo imediatamente perceptível está já invadido pela perseguição, está contaminado pelo mal. Explorá-

-lo é imediatamente ir de encontro ao misterioso inimigo, ou, para dizer mais exatamente, à misteriosa ausência do inimigo:

> No abismo de males em que estou submerso, sinto os ataques dos golpes que me são dirigidos, percebo-lhes o instrumento imediato, mas não posso ver a mão que o dirige, nem os meios que emprega.[67]

Não apenas a qualidade sensível do mundo circundante está empobrecida ao extremo, mas cada objeto pode surgir de súbito como o sinal e o instrumento da perseguição. O apoio que Rousseau, ao envelhecer, encontra na realidade exterior é extremamente precário. O imediato da sensação atual é exangue e frágil, incapaz de suscitar a alegria e o reconforto. O vazio total ameaça: mas o que sustenta desde então a existência de Jean-Jacques é uma felicidade memorizada e uma justiça prefigurada: a memória dos dias límpidos e dos êxtases na natureza, ou a antecipação do dia do Juízo:

> Minha alma não se lança mais senão com dificuldade fora de seu caduco invólucro, e sem a esperança do estado ao qual aspiro porque a ele me sinto ter direito, eu já não existiria a não ser por lembranças.[68]

O presente parece minado por uma estranha fraqueza, da qual Rousseau só se libertará fazendo apelo ao passado e ao futuro. Assim, o herbário, por um artifício legítimo, constitui uma reserva de passado, e por isso mesmo uma reserva de plenitude feliz, que compensará o vazio deixado em Jean-Jacques pela nulidade da imaginação e da sensação. A herborização, no próprio momento, é uma ocupação ociosa, que permite à consciência distrair-se a uma só vez de seu próprio vazio e do horizonte da perseguição; mas, retomado pela memória, o passeio botânico é uma ilha de felicidade. E quando a planta seca reconstitui a presença da lembrança, a estrutura objetiva da planta se apaga e se esvaece para ceder lugar ao afluxo subjetivo da reminiscência feliz. Melhor ainda que a repetição de seu próprio tipo, a flor colecionada se torna o sinal graças ao qual um sentimento se arranca ao esquecimento e se repete, sem nada perder de sua vivacidade primeira.

Eis aí constituído um mundo em que tudo se redobra na transparência, sem que esse redobramento implique o esforço voluntário de uma reflexão; Rousseau se confina em um circuito de atos que geram indefinidamente seu próprio recomeço. Toda iniciativa, todo começo verdadeiro abriria riscos inesperados e desencadearia consequências que Jean-Jacques já não se sente com a força de enfrentar. Sua angústia se acalma somente quando pode abandonar-se a uma atividade que não é nem a interioridade má da reflexão, nem a exterioridade perigosa da ação que busca seu fim fora de si mesma. Resta apenas o círculo fechado da repetição, o ciclo que não tem outro sentido que não sua própria reiteração.

# CAPÍTULO IX

## A RECLUSÃO PERPÉTUA

A perseguição parece corresponder a um secreto desejo de Rousseau. Liberta-o dos atos e de suas consequências. Enredado por todos os lados, ele já não é senhor do espaço onde sua ação teria podido manifestar-se. Ei-lo, portanto, forçado a "abster-se de agir". Se tenta um gesto, e se o gesto malogra, não é mais *seu* malogro, é culpa *deles*. Ele já não é responsável: não existe aí um invencível motivo de alívio? "Querendo fazer bem, farei mal." Já que lhe roubam seus atos e que os desviam de seu verdadeiro fim, mais vale nada empreender, recolher-se na inação inocente. Desde então, Jean-Jacques está plenamente justificado se não faz nada além de herborizar e de sonhar. Ele teria apreciado mesmo uma justificação mais evidente, mais concreta: ser condenado a habitar uma ilha ou uma prisão pelo resto de sua vida. Pois atrás de quatro paredes bem espessas, não há nada mais a fazer senão *ser* e *sonhar*, não se é obrigado a fazer o bem, e não se pode mais ser acusado de fazer o mal: só se tem "de querer ser feliz por sê-lo".[1] Ao abandonar aos outros todo o espaço exterior, libertamo-nos de tudo aquilo que nos impedia de estar presentes para nós mesmos, mais nada pode chamar-nos para fora de nós. Nossa vontade, para a qual o mundo dos meios está doravante proibido, vê-se constrangida a permanecer no imediato. Seu próprio fim está nela mesma, sem que tenha de fazer nenhum desvio para o exterior: aí está porque basta então querer ser feliz para sê-lo instantaneamente.

Rousseau pede a reclusão por toda a vida às Suas Excelências de Berna; deseja que lhe imponham a tranquilidade, o repouso, a felicidade de já não esperar nada fora de si. "Ousei desejar e propor que se aceitasse antes dispor de mim em um cativeiro perpétuo a fazer-me vagar incessantemente sobre a terra expulsando-me sucessivamente de todos os refúgios que teria escolhido."[2] A fuga, a vida errante é um suplício pior que a prisão, onde ao menos a esperança é nula, onde o pensamento já não olha para outras partes, e onde o eu já não tem outro recurso que não ele mesmo.

Ora, Rousseau descreverá precisamente sua situação de perseguido como um aprisionamento; está sequestrado, está cercado de barreiras e de muralhas, impedem-no de ser visto. Ele se lamenta por isso: é a mais miserável das sortes. E, no entanto, é a própria realização, sob uma forma simbólica, de seu desejo de "prisão perpétua". O desejo de vida reclusa encontra satisfação, com a ressalva de que a tentação da fuga permanece sempre possível: esse "perseguido migrador" será obrigado a refugiar-se em si mesmo, nesse *abrigo* inviolável que é a sua própria consciência.

Falar-se-á de ambivalência. A perseguição representa a pior frustração, a mais dolorosa denegação, a recusa bárbara de um reconhecimento que, no entanto, é devido a Jean-Jacques. Mas, por outro lado, a perseguição é o que permite à consciência recolher-se em suas "delícias internas". Assim, Rousseau aparece alternadamente no papel daquele que luta contra o mal, e no papel daquele que se compraz em ver acontecer o pior, no qual descobre uma eleição misteriosa que o obriga a manter-se afastado do resto da humanidade.

## AS INTENÇÕES REALIZADAS

Levando-se em conta um fundo irredutível que constitui a estranheza essencial da loucura, não é impossível descobrir no "delírio de relação" de Rousseau condutas intencionais bastante precisas. Sabe-se que o delírio sensitivo é, em geral, perfeitamente estruturado: o próprio sujeito organiza um sistema de motivos e de justificações coerente, destinado a conferir a seu comportamento uma base lógica e de racionalidade. Esses motivos são sempre dignos de ser considerados, já que a consciência do doente os considera sólidos. A análise não deve procurar reduzi-los a erros, mas, ao contrário — ao reconhecer que têm uma validade subjetiva a toda prova —, deve interrogar as intenções implícitas que sustentam o sistema elaborado pelo sujeito. Para uma análise que se pretenderia fenomenológica, tratar-se-á menos de remontar a causas antecedentes, dissimuladas no inconsciente, que de destacar, no sistema a que Rousseau se refere conscientemente, significações e vontades das quais ele é incapaz de tomar um conhecimento refletido. De preferência a procurar reconstruir os mecanismos "profundos", que teriam obscuramente produzido o sistema interpretativo de Rousseau, permaneçamos o mais perto possível de suas confissões e de seu comportamento, a fim de interrogar as próprias palavras e os próprios gestos, até o ponto em que seu sentido se entrega a nós em uma coerência de intenção que não foi percebida por Jean-Jacques.

Discerne-se, nos últimos textos de Rousseau, toda uma rede de motivações que se completam e se reforçam reciprocamente. Não se pode fazer de outra maneira que não enumerá-las, sem as deduzir umas das outras. De fato, estão todas ligadas entre si, de modo que cada uma pode figurar alternadamente na primeira posição. Veremos também que cada intenção faz aparecer uma outra, que já não pode se isolar...

A intenção de *fechamento* e de *despojamento*, como acabamos de ver, é claramente evidente. Rousseau consente em não possuir nada, em cortar todos os laços com o resto do mundo: renuncia a seus bens, renuncia à comunicação com outrem, renuncia ao espaço em que seu próprio gesto poderia manifestar-se. No momento de sua reforma pessoal, esse desapossamento era inteiramente voluntário: tendo abandonado a espada e a roupa branca, tendo vendido seu relógio, entrincheirou-se no cinismo altivo da virtude, procurou um retiro solitário. No momento da perseguição, o desapontamento se torna uma fatalidade sofrida: tiram-lhe tudo, tomam-lhe seus amigos, condenam-no a esconder-se, erguem diante dele obstáculos tenebrosos. Ele não quis isso, é o destino que o atormenta, só lhe resta resignar-se. A ascese é a mesma, com a pequena diferença de que já não se realiza pela vontade consciente de Jean-Jacques, mas pela hostilidade dos maus. Na verdade, é preciso dizer que Jean-Jacques permanece fiel à sua primeira intenção, pois que chega a despojar-se de sua própria vontade. Empobreceu-se a ponto de não mais se acreditar livre para querer sua pobreza. Ela lhe é infligida de fora. Ele falará de seu despojamento no tom da queixa e da mágoa; e, para exprimir essa queixa, Rousseau recorrerá a um procedimento estilístico que repetirá à saciedade: uma espécie de litania, que começa em geral pelo adjetivo *só*, e que continua por uma sucessão de termos negativamente determinados pela preposição *sem*. Essa sequência obsedada, em que a vírgula intervém como um suspiro, dá concretamente a impressão da falta de apoio, da ausência de domínio positivo sobre as coisas, da condição irremediável do exílio e do abatimento. Escolhamos entre cem exemplos:

> Entregue só a mim, sem amigo, sem conselho, sem experiência, em país estrangeiro, servindo a uma nação estrangeira [...][3]
>
> Só, estrangeiro, isolado, sem apoio, sem família, atendo-me apenas aos meus princípios e aos meus deveres...[4]
>
> Só, sem apoio, sem amigo, sem defesa, abandonado à temeridade dos julgamentos públicos [...][5]
>
> Estrangeiro, sem parentes, sem apoio, só, abandonado por todos, traído pela maioria, Jean-Jacques está na pior posição em que se possa estar para ser julgado equitativamente.[6]

Graças a esse despojamento, contudo, Rousseau escapa a todo domínio e torna-se invulnerável. No momento em que o despojamento está consumado, no momento em que "de pior, mais nada é possível", Rousseau recebe a revelação de uma liberdade que nada pode destruir. A consciência permanece, e sente-se irredutível. Nesse ponto, o desapossamento torna-se posse absoluta, a impotência transforma-se em poder inalienável:

> Todo o poder humano está doravante sem força contra mim... Mestre e Rei sobre a terra, todos aqueles que me cercam estão à minha mercê, posso tudo sobre eles e eles não podem mais nada sobre mim.[7]

Assiste-se aqui a uma transposição do nada ao tudo, mas que só é possível uma vez alcançado o nada. A adversidade inapelável remete a alma a uma liberdade triunfante, que tem necessidade unicamente de si mesma para afirmar-se.

A vontade de despojamento nos faz então perceber agora uma *vontade de liberdade imediata*. Levada ao seu auge, a adversidade põe em evidência uma parte do ser que resiste a todo ataque exterior. Essa é uma liberdade que não tem nenhuma missão fora de si mesma: os caminhos do mundo lhe são recusados. Não luta contra o desapossamento e a alienação; deixa-os consumar-se. Ela será a parte inalienável que subsiste a despeito de todas as alienações, o resíduo do qual o homem não pode ser desapossado embora tudo lhe tenha sido tomado: é o centro mais secreto, cuja autonomia não pode jamais ser rompida. Ela escapa a todas as coerções, mas também a todos os deveres e a todas as responsabilidades. Todos os instrumentos, todos os meios lhe foram retirados: o que poderia ela então empreender? O poder infinito descoberto por Jean-Jacques é o poder de ser ele mesmo de uma maneira incondicionada, uma vez que todas as condições adversas se acumularam. Para isso, basta querer-se a si mesmo, sem procurar vencer o destino que nos esmaga. Rousseau o proclama em uma frase à maneira de Sêneca:

> Quem quer que queira ser livre o é de fato.[8]

Em presença do obstáculo insuperável, não há mais obstáculo entre mim e minha liberdade; ela se realiza instantaneamente, sem nenhum desvio, por uma magia a que nada se opõe. Seu fim é imediatamente atingido, já que não tem outro fim senão afirmar seu próprio surgimento. É preciso, parece, que o mundo exterior tenha se ensombrecido até a noite total, para forçar a revelação de uma perspectiva interior que será o refúgio no qual Jean-Jacques não poderá ser alcançado, a única pátria de onde o "cidadão" já não correrá o risco de ser expulso:

> Esses arrebatamentos, esses êxtases que eu experimentava algumas vezes ao passear assim a sós eram gozos que devia aos meus perseguidores: sem eles, jamais teria encontrado nem conhecido os tesouros que trazia em mim mesmo.[9]

Descobre-se então que a vontade de liberdade imediata pode igualmente se definir como uma *vontade de presença para si mesmo*. Presença em um presente imutável. Pois, levando as coisas para o pior, a perseguição não fecha apenas toda saída para um espaço exterior, barra também todo acesso a um futuro. Quando o mal está em seu auge, o tempo esgotou-se. Então, "liberto da inquietude da esperança",[10] Rousseau conhece a "calma plena". Não pode mais lançar-se em busca de um "tempo melhor"; só lhe resta o presente, que participa já da eternidade. Montaigne, no terceiro livro dos *Ensaios*, descrevera uma calma análoga que também ele possuía, para além de toda esperança e de toda preocupação de transformar sua vida. Quando tudo está terminado, quando a "comédia" inteira foi representada, "o céu está calmo", e Montaigne sente-se aliviado do fardo da espera: "Agora, está feito".[11] Rousseau diz exatamente a mesma coisa: "O que tenho ainda a temer, já que *tudo está feito*.[12] Tudo está acabado para mim sobre a terra".[13] Apenas o "está feito" de Montaigne designava a plenitude de sua própria vida, ao passo que, ao dizer "tudo está feito", Rousseau designa o mal que seus inimigos lhe infligiram, e que não pode mais aumentar. Tudo está feito, mas foram os outros que fizeram tudo, ao perpetrar todo o mal possível. O próprio Jean-Jacques jamais fez nada; quando evoca seu passado, quase não encontra atos: nada além de sentimentos, emoções, intenções contrariadas pelo destino... Mais nada ocorrerá; o tempo está estabilizado no presente da resignação infinita e da posse de si. Um limite extremo é atingido pela perseguição, *para além* da qual nada mais pode acontecer. Esse *para além* é precisamente o presente que Rousseau descobre como seu, o lugar de uma estada que não se lhe pode disputar. É um *fora* sem retorno, de onde os homens parecem nulos, e onde Jean-Jacques se torna reciprocamente nulo para eles. É a extrema estranheza, a obscuridade do limbo, a desorientação definitiva em um lugar que não pode mais se definir segundo as coordenadas habituais do espaço e do tempo:

> Arrancado não sei como da ordem das coisas, eu me vi precipitado em um caos incompreensível onde não percebo absolutamente nada, e quanto mais penso em minha situação presente, menos posso compreender onde estou.[14]

Rousseau é expulso, é repelido fora do tempo dos homens e de seu mundo, é sequestrado, enterrado vivo. Mas, do ponto mais descentrado, Rousseau se faz o centro de uma extensão sem obstáculo. O *fora* da expulsão torna-se o *dentro* de um mundo que nenhuma força estranha pode ameaçar. Encontra-se, no primeiro Passeio, uma frase que exprime surpreendentemente essa "coincidência dos opostos":

> Não me resta mais nada a esperar nem a temer neste mundo, e eis-me aqui tranquilo no fundo do abismo, pobre mortal desafortunado, mas impassível como o próprio Deus.[15]

Em um mesmo movimento, Rousseau se diz excluído de tudo (habita o abismo) e se faz centro do universo ao se comparar a Deus; a nulidade da vítima converte-se de súbito em posse da plenitude, o infortúnio torna-se felicidade, a infâmia, glória.

Se a perseguição chega ao extremo (e Rousseau quer esse extremo), então não se pode contar a não ser consigo mesmo, e conhece-se a felicidade amarga e divina da suficiência perfeita: reside-se em si mesmo, para daí não mais sair. Tendo-se tornado impossíveis todas as relações externas, resta a relação consigo mesmo, a plenitude da identidade.

Rousseau descreverá essa plenitude ora como a de uma *coisa* inerte e infinitamente dócil aos impulsos externos, ora como a de um *espírito* desencarnado sobre o qual nenhuma força material terá poder. Como quer que seja, será uma plenitude de inocência. Assim, para além daquilo que nos aparecera como uma vontade de liberdade imediata, percebemos uma *reivindicação de inocência*.

Só a pedra é inocente, dirá Hegel. Entre as mãos de seus perseguidores, Rousseau se faz pedra, petrifica-se. Sua inocência não é mais evidente, se ele não realiza nenhum ato de vontade, se é por inteiro o joguete de forças exteriores a ele? Onde está a culpa, ali onde já não há iniciativa? Despojando Rousseau de todos os seus atos e de todas as suas consequências, os perseguidores o libertam da própria possibilidade de tornar-se culpado. Paralisado na situação da vítima, ou movido de fora, como poderia ele fazer o mal? Mas para que sua inocência se torne uma certeza absoluta, é preciso que a transferência de responsabilidade seja definitiva e, por conseguinte, é preciso que os maus não deixem nenhuma saída a Jean-Jacques. Da mesma maneira que a liberdade da expansão imaginária tinha origem diante do obstáculo insuperável, a inocência não atinge toda a sua pureza senão face a uma hostilidade universal e sem exceção. Nada está seguro, enquanto o contraste não é absoluto, enquanto o branco puro não se recorta sobre o mais escuro dos fundos. Desse modo, Rousseau não pode querer sua inocência senão querendo a perseguição mais cruel. Pois apenas o abatimento exterior da perseguição o descarregará do peso interior da responsabilidade. Rousseau desculpa-se acusando: toda a culpa está fora, nessa conspiração que se encarniça, nessa fatalidade que governa a sua existência.[16]

Para melhor se proibir qualquer ato voluntário (e, portanto, qualquer risco de se tornar culpado), Rousseau não se contenta em incriminar "a coligação"; acusa a sorte, coloca em questão sua própria "natureza". A maldade desses senhores é tão somente uma forma extrema dessa causalidade externa a que, desde sempre, Rousseau se queixa de estar entregue. De fato, Rousseau invoca um sistema de coerções, que o cercam tanto de dentro quanto de fora. Ele se dirá escravo de sua "natureza" ou de seus sentidos, como se houvesse aí uma dependência que o sujeitasse a um poder estranho. As faltas recairão portanto, alternadamente, sobre seu "natural demasiadamente ardente" (ou por demais indolente) e sobre a sorte, que não lhe permite viver "a vida para a qual nascera". Ele é simultaneamente a vítima de uma espontaneidade irreprimível, que escapa ao seu controle, e o joguete de uma fatalidade que se abate sobre ele do exterior. Nos dois casos, quer esteja sujeito aos seus impulsos ou aos caprichos da sorte, seus atos não são seus: são forçados, foram-lhe ditados, e ninguém deveria guardar-lhe ressentimento por eles. Assim, quando escreve suas *Confissões*, parece que tem pressa em se desapossar o mais rapidamente possível da responsabilidade de sua existência. "Meu nascimento foi o primeiro de meus infortúnios."[17] E como para melhor assegurar-se de que é o joguete de uma fatalidade cruel, multiplica as circunstâncias que "fixam seu destino" ou que marcam o começo de um encadeamento de infelicidades sobre as quais já não terá domínio. Tudo se passa como se não lhe bastasse evocar uma única catástrofe fatal, precisa de uma sucessão, que o encerrará em uma rede inextricável. No entanto, Rousseau é muito capaz, aqui ou ali, de criticar sua própria atitude. Narrando, no segundo livro das *Confissões*, a história de sua conversão, escreve: "Lamentava-me da sorte que para ali me conduzira como se essa sorte não houvesse sido minha obra".[18] Rousseau sabe perfeitamente, portanto, que nessa acusação da sorte há uma transferência fraudulenta de responsabilidade; sabe que, em uma ocasião pelo menos, apressou-se em imputar ao destino uma situação na qual veio embaraçar-se por sua própria iniciativa. Ele se julga com uma severidade lúcida, à qual falta apenas aplicar-se às outras circunstâncias análogas, que são inúmeras. Mas esse é o único trecho em que Rousseau se dirige tão francamente essa crítica. O álibi do destino, que ele se reprova aqui, será invocado ao longo de todas as *Confissões*; à medida que avançar no relato de sua vida, ele se mostrará cada vez mais disposto a esquecer que tenha podido ser, ainda que parcialmente, o autor de seus infortúnios. Para assegurar-se de sua inocência, Rousseau parece disposto a sacrificar o próprio princípio da liberdade, do qual se fizera, na teoria psicológica e na vida social, o porta-voz apaixonado. O paradoxo eclode nos *Diálogos*: depois de ter lançado contra os filósofos materialistas a crítica de crer que "tudo [...] é obra de uma cega necessidade";[19] ele afirma a algumas páginas de distância que sua própria conduta é um "simples impulso do temperamento determinado pela necessidade". Refugia-se na inocência de uma "vida maquinal" e "quase autômata",[20] enquanto acaba de enfurecer-se contra o determinismo dos filósofos, que reduz a conduta humana a um automatismo e abole a distinção do bem e do mal.

Entretanto, essa passividade não é incompatível com a liberdade tal como Rousseau a reivindica. Sua liberdade é uma liberdade inoperante, paralisada, inativa, que quer haver-se apenas consigo mesma, e que abandona todo o resto às injustiças da sorte e às fatalidades estranhas. Sua liberdade não é uma liberdade para a ação, mas para a presença para si. É apenas um sentimento. Nada do que ocorre é de sua competência, e sua única maneira de desafiar os obstáculos é deixá-los triunfar por seu lado. A passividade absoluta não passa do avesso dessa liberdade cuja eficácia se detém nela mesma. A despeito da oposição aparente, nada se assemelha mais a uma consciência sem poder sobre o mundo exterior do que um objeto sem interioridade e submetido passivamente às forças que o movem. Assim, quando Rousseau define sua existência como a "cadeia de seus sentimentos", ou quando a define como a "cadeia de seus infortúnios", ele diz uma única e mesma coisa que é a sua própria inocência. As *Confissões* nos propõem uma dupla perspectiva: o passado aí se constitui seja como uma soma de bons sentimentos ineficazes, seja como uma soma de infortúnios, demasiado eficazes. O que estabelece o elo entre a série subjetiva dos sentimentos e a série mecânica dos infortúnios é que os fatos exteriores desempenham o papel de "causa ocasional" em relação aos estados de alma. Entre a exterioridade do destino e a interioridade inocente do sentimento, já não há lugar para o ato livre, e torna-se impossível que Jean-Jacques tenha algum dia cometido uma falta. Com efeito, o sentimento, tal como Rousseau o define, é ora o simples eco de um acidente exterior, ora uma intenção que, para preservar sua pureza subjetiva, recusará exteriorizar-se em uma ação concreta. Entre essa pureza inativa e essa hostilidade que se abate de fora, nada do que Rousseau fez lhe pertence realmente e nem pode servir contra ele como elemento de convicção. A casuística defensiva não terá nenhuma dificuldade em dissociar o ato da intenção. A decisão de agir é sempre extorquida por uma potência exterior. Se ele se instala no Ermitage, se dali sai, é *contra a sua vontade*;[21] se escreve as suas *Confissões*, é porque é "forçado a falar contra a sua vontade".[22] Seu amor por Sophie d'Houdetot é "criminoso, mas involuntário", é uma "fraqueza involuntária e passageira", que não se deve confundir "com um vício de caráter".[23] Esse é o princípio que Rousseau faz valer constantemente:

> Há momentos de uma espécie de delírio, em que não se deve de modo algum julgar homens por suas ações.[24]

A ação, nessas circunstâncias, não é mais voluntária que o estremecimento, o tremor, as reações "neurovegetativas". Se a essência do eu é preservada na profundeza do coração, se o ser está essencialmente presente em seus sentimentos, e apenas em seus sentimentos, nenhum ato comprometerá sua inocência. Ela permanece tão pura, tão intacta quanto a face do deus Glauco sob as algas. Mácula alguma pode atingi-la. (Assim, Rousseau atribui à sra. de Warens uma pureza inalterável, a despeito de muitos desvios de conduta: "Vossa conduta foi repreensível, mas vosso coração foi sempre puro".)[25]

No instante mesmo em que a intenção se transforma em decisão, já não é mais Jean-Jacques: ele sempre se sentiu "subjugado antes de ter tido o tempo de escolher".[26] Mas esse Jean-Jacques subjugado é o mesmo que se proclama infinitamente livre sob os golpes do destino. Tem necessidade de ser subjugado para sentir-se livre; e ele retoma sua liberdade apenas para entregar-se ainda mais às forças que o subjugam. Quanto ao mal que Rousseau pôde fazer, não tem realidade: é apenas uma aparência fantasmática, uma miragem ocorrida no espaço vazio que separa a implacável hostilidade do destino e a pureza intacta das boas intenções de Jean-Jacques. Assim, a inocência da pedra e a da "bela alma" parecem equivaler-se no final: uma liberdade sem uso e um objeto sem consciência não podem jamais ver neles surgir a culpa.

Mas se trata realmente de uma liberdade sem uso? Não se dedica ela incansavelmente a se fornecer a prova de que o mundo exterior é impraticável? Para garantir a ociosidade inocente e a pura presença para si, não é preciso que uma vontade muito ativa rejeite toda possibilidade de agir, e mantenha assim a distância a mácula da culpa? Perguntamo-nos, com efeito, por que Jean-Jacques experimenta a necessidade de repetir tão constantemente que vive na resignação, no abandono ao destino e aos impulsos involuntários. A cada passo, nos *Devaneios*, parece que Jean-Jacques toma pela primeira vez a resolução de resignar-se e de viver em si mesmo; a cada instante, acredita-se apreender ao vivo a decisão inicial pela qual ele se despoja do poder da decisão e confia-se à Providência. A calma e a inocência ainda não estavam, portanto, conquistadas, já que a todo momento ele tem necessidade de confirmá-las. Não para de se dizer indiferente à perseguição e, desse modo, não para de sentir-lhe a presença ou de evocar-lhe a representação: como poderia fazer de outra maneira, já que é apenas no espelho sombrio da perseguição que pode ler sua face de inocente? Diante da mais incompreensiva hostilidade, Rousseau retoma posse puramente de sua "essência". O olhar dos outros, que é o mal, pretende acusar o mal em Jean-Jacques: em consequência, o verdadeiro Jean-Jacques é essencialmente diferente:

> Se os outros querem me ver diferente do que sou, que me importa? A essência de meu ser está em seus olhares?[27]

Eles não têm poder sobre Jean-Jacques. É a um outro que se calunia sob o seu nome. Foi um outro que se julgou e que se assassina sorrateiramente. Mas, para estabelecer assim sua *diferença* (que significa sua inocência), é preciso que Jean-Jacques não cesse de pensar a presença dessas potências hostis que o obrigam a buscar refúgio em si mesmo.

Do mesmo modo que Rousseau já não sabe reconhecer sua própria reflexão, ele já não sabe reconhecer sua escolha, sua ação, sua culpa. Um Rousseau ansioso, obsedado pela culpa, atormentado pela reflexão, terrivelmente ativo, constrói, para tranquilizar-se, o mito de um Jean-Jacques ocioso, incapaz de reflexão e de ação, e que jamais se comprometeu voluntariamente nos caminhos do mal. Essa construção não lhe aparece como uma construção. Ele está fascinado por seu próprio mito a ponto de não mais poder dele distinguir-se e de não mais sentir sua própria duplicidade. Jean-Jacques é subjugado antes de ter tido o tempo de escolher; mas Rousseau não quer reconhecer que escolheu essa situação em que a escolha é impedida pelo destino, e em que a única coisa a fazer é deixar agir a adversidade. Rousseau proclama que se abandona às forças que o oprimem, mas proclama-o com uma energia que contradiz a passividade na qual busca refúgio: o simples fato de continuar a escrever já prova que falta alguma coisa nessa passividade. No momento mesmo em que Rousseau se declara completamente resignado, ele o diz com uma voz ainda inquieta, mas cuja inquietude lhe escapa. Jean-Jacques fala como se fosse incapaz de compreender que o próprio ato de falar desmente o sentido que atribui às suas palavras. Declara que jamais soube querer nada. Mas a quem pertence então a vontade que anima essa declaração sobre a preponderância do involuntário? Pertence a um Rousseau que já não sabe reconhecer-se a si mesmo, e que acredita não querer mais nada, ao passo que sua vontade quer a inocência, sem saber que a persegue pelo desvio da passividade, e que persegue a passividade pelo desvio da perseguição. A perseguição é o meio por intermédio do qual Rousseau toma posse de sua inocência. Mas ele não consente em confessar que pôde querer semelhante meio: deseja sentir sua inocência como algo de imediato e de original; deseja senti-la não como uma obra pela qual seria responsável, mas como um dom gratuito que lhe seria feito interiormente, como uma "essência" ou uma "substância" indestrutível, cuja posse não lhe pode ser retirada. A partir daí, a tarefa não é simplesmente de superar o mal ou de combater a possibilidade da culpa; isso significaria dizer que a culpa pôde maculá-lo, que sua inocência está à mercê de um erro ou de uma fraqueza. A tarefa é antes a de fazer de maneira que, por essência, a culpa jamais possa ser *sua*, que ela seja sempre uma realidade estranha: a culpa dos outros, o capricho da sorte, a mecânica involuntária da emoção, o malefício anônimo da aparência enganadora. O delírio de perseguição consuma o sucesso dessa manobra mágica, pela qual a iniciativa dos outros, as forças estranhas veem-se atribuir a parcela de culpabilidade que o sujeito recusa reconhecer e assumir. Não é mais por sua vontade que ele se abandona passivamente à adversidade, é pela vontade de uma conspiração tenebrosa que governa todos os seus atos e vigia todos os seus movimentos. Então, desapossa-se não apenas de sua responsabilidade, mas ao mesmo tempo põe na conta da adversidade estranha a culpa virtual que habita toda vontade e toda liberdade. Usurpando-lhe seus atos, os outros o libertam também da possibilidade do mal: ei-lo imutavelmente puro porque *eles* se tornaram imutavelmente maus.

Mas qual é a culpa que Rousseau projeta para fora e põe na conta dos outros? Trata-se do nascimento (que custou a vida de sua mãe)? Do abandono de seus filhos? De tudo isso e de nada disso. O sentido da culpa não é o que *resulta* da morte de sua mãe ou do abandono de seus filhos. É antes o que o incita a abandonar seus filhos, e a interpretar a morte de sua mãe como um crime que lhe seria imputável. Ao ver como Rousseau renega sua vontade, sua reflexão, sua liberdade de agir, seus laços com seus semelhantes, dir-se-ia que ele apreende uma culpabilidade difusa em todo ato em que o ser se coloca em relação com um *exterior* que ele não domina. A *liberdade* é uma abertura perigosa para os possíveis, e, entre os possíveis, há para mim o risco de minha própria culpa: esse risco se apresenta a mim com minha liberdade, e só posso conjurá-lo renunciando à minha liberdade de agir, isto é, buscando a inocência da pedra ou a da consciência ociosa. A *ação* comporta consequências que escapam ao nosso controle e que traem a intenção que esperaríamos realizar. Corre-se constantemente o risco de fazer o mal ao querer fazer o bem. Há sempre uma guinada que não está em nosso poder; cada um de nossos atos tem uma fecundidade imprevista. Como já observamos, é esse risco que Rousseau tem medo de enfrentar. Nossos atos deixam no exterior traços duradouros, que desfiguram nossas intenções, e que nos expõem a ser incompreendidos pelos outros. Somos então julgados por aparências que não correspondem à nossa realidade interior. Mas essas aparências, pelas quais somos apenas meio responsáveis, são, no entanto, as do mal e da culpa. Quanto à *reflexão*, vimos que constituía uma espécie de pecado original: pela reflexão, o mal entra no mundo, é o ato pelo qual uma consciência descobre-se diferente de uma *outra* consciência, com a qual se compara e se pretende superior. O homem se faz, assim, o escravo do parecer, da imagem que tem dos outros e que os outros têm dele. Mais uma vez, a culpa se apresenta como uma abertura para fora e para a diferença. Enfim, em toda *comunicação* com os outros, Rousseau pressente o risco do mal-entendido. Não lhes pode impor a convicção que experimenta no fundo de seu coração. Não pode eliminar por antecipação a possibilidade de ser considerado como um mau: em presença de outrem, há uma incerteza que jamais pode ser completamente conjurada. A cada instante ele pode achar-se culpado no olhar dos outros. A cada instante, a verdade da comunicação está ameaçada e a culpa por isso pode pesar sobre ele.

Portanto, antes que qualquer ato intervenha e constitua uma falta determinada, a virtualidade da culpa já está presente no coraçao de nossa existência, na exata medida mesmo em que não podemos viver sem nos expor àquilo que nos ultrapassa; e essa culpa é bem nossa, é inseparável de nossa abertura para o mundo. Não que se trate, no sentido teológico, de uma culpabilidade essencial ligada à nossa própria vida: trata-se apenas de um risco que, anunciando-se no centro de nossa consciência, necessita ser dominado e não pode jamais ser dominado inteiramente. Não somos senhores de um espaço onde, no entanto, estamos lançados...

Para reconquistar a plenitude da inocência eu deveria apagar esse risco "interior" que nasce de minha abertura para uma realidade "externa"; deveria poder aboli-lo ou expulsá-lo: repelir para fora de mim todos os poderes ambíguos que me fazem depender do mundo exterior. O processo fundamental da justificação, em Rousseau, consiste em interpretar sua própria incerteza diante da culpabilidade possível como um malefício *certo* exercido sobre ele do exterior. Desse modo, a culpa não é mais um risco impalpável que persegue a comunicação com o outro, é uma realidade esmagadora e imutável, mas que se abate de fora sobre Jean-Jacques: o mal que o cerca tem sua origem *alhures*. A culpa possível, que inquietava sua consciência, tornou-se essa hostilidade espessa, esse obstáculo estranho que tem o peso de uma coisa. As forças inimigas erguem-se então *do outro lado*, e remetem Jean-Jacques a uma inocência que terá, também, a solidez substancial de um objeto. A uma relação inquieta entre Rousseau e os outros sucede um antagonismo sem retorno. A certeza da perseguição *fixa* doravante todas as possibilidades oscilantes de culpabilidade cujo pensamento era intolerável a Jean-Jacques. Por certo, a culpa torna-se mais nítida e agrava-se ao tornar-se o mal absoluto de que Jean-Jacques é a vítima inocente: ao projetar sua culpabilidade nos outros, ele os inculpa de um crime muito mais negro; mas é para se sentir por sua vez, sob os golpes da injustiça, possuidor de uma justificação absoluta: oferece-se ao cutelo do sacrificador, para adquirir a pureza da vítima.

Rousseau se justifica, mas não deixa de se sentir acusado. A culpa é projetada no exterior, mas de tal maneira que a maldade dos homens se exprime ao atormentar Jean-Jacques com calúnias e ultrajes. Seus inimigos dirigem contra ele, a cada instante, um novo *Sentimento dos cidadãos* que o aponta ao ódio universal. Ao mesmo tempo que uma justificação, não se discerne uma autoacusação e uma autopunição? Não existe aí, como em tantos perseguidos, uma maneira de voltar sua agressividade contra si mesmo?[28] Rousseau não ignora que romper a comunicação com os outros constitui a falta maior, mesmo se essa ruptura tem como fim a inocência solitária. Há então, na própria justificação de Jean-Jacques, uma culpa que exige expiação: ele se torna culpado pela própria manobra que o deve libertar da culpabilidade. Assim, revela-se que, longe de abolir a má consciência, o narcisismo da inocência provoca o seu recomeço contínuo. Há um ciclo que não acaba jamais — uma espécie de *perpetuum mobile* —, que faz com que a culpa jamais seja expulsa de uma vez por todas; com que, em consequência, a perseguição jamais possa ter fim; com que a inocência jamais seja bastante segura, nem a purificação bastante completa.

## OS DOIS TRIBUNAIS

No limite, a consciência de Jean-Jacques espera bastar-se a si mesma. Mas chega ele a isso? Diderot faz a Rousseau uma pergunta capital:

> Bem sei que, o que quer que façais, tereis a vosso favor o testemunho de vossa consciência: mas só esse testemunho basta, e é permitido negligenciar até certo ponto o dos outros homens?[29]

Não há de modo nenhum inocência que possa assegurar-se de si mesma por sua própria afirmação. Para me apreender com certeza em minha qualidade de inocente, devo apelar a um julgamento exterior que me *fixe* nessa qualidade. Desde que se trata de afirmar um valor interior, o imediato interno da consciência deve recorrer a uma garantia exterior: em outros termos, é preciso aceitar a mediação do julgamento dos outros, e tenho necessidade de uma testemunha estranha para encontrar-me comigo mesmo.

O autor dos *Devaneios* não se dirige mais a ninguém, renuncia a ser mais bem conhecido e já não se preocupa em esconder nem em mostrar as folhas que continua a cobrir com sua escrita. Mas espera, contudo, ser julgado, antecipa o momento em que sua inocência lhe será confirmada pelo olhar de Deus. Tendo contestado "os insensatos julgamentos dos homens", tendo descoberto em seus rostos os sinais de uma condenação imerecida, Jean-Jacques se volta para um outro tribunal e interpõe recurso diante de Deus. A consciência de Jean-Jacques não pode contentar-se consigo mesma; quer ser uma transparência oferecida a um olhar. Assim, na invocação do começo das *Confissões*, Rousseau se proporciona antecipadamente um tribunal universal que o absolve:

> Mostrei-me tal como fui; desprezível e vil quando o tenho sido; bom, generoso, sublime quando o tenho sido; desvelei meu interior tal como tu mesmo o viste. Ser eterno reúne em torno de mim a inumerável multidão de meus semelhantes: que eles escutem minhas confissões...[30]

Por mais forte que seja, em outras circunstâncias, a tentação de se comparar a Deus, por mais intenso que seja o apelo de uma fusão mística (ou panteísta), Rousseau não pode prescindir de um Deus recompensador diante do qual é preciso comparecer. Diante do Deus de justiça, a existência pessoal não se esvaece (e não se humilha muito); imobiliza-se gloriosamente em sua verdade. Não é Deus que Jean-Jacques busca em Deus, mas o Olhar *absoluto* que lhe dará confirmação de sua própria identidade, o veredicto que o tornará possuidor de sua transparência. No momento da *absolvição*, o indivíduo ver-se-á investido da essência estável e da inocência que sempre reivindicara em vão e que a sombra hostil cingia por todo lado.

Nesse ponto, está perdido tudo aquilo que parecia anunciar, em Rousseau, a reivindicação da autonomia do eu. Sua liberdade, que se apoia no caráter inalienável da consciência, não pode mais prescindir de um recurso à transcendência. O eu não encontra em si mesmo um apoio suficiente.[31] Só, não pode escapar à vertigem de suas possibilidades, e, portanto, jamais escapa à angústia do mal. Em presença das outras consciências, sobre as quais não tem nenhum poder, é tomado pela mesma vertigem: como fazer para suprimir a possibilidade do mal-entendido, a quase probabilidade de um julgamento monstruoso que faz dele um monstro? Os outros *podem* ver nele o mau, e ele não tem nenhum privilégio que previna esse risco. Ao contrário, são os outros que possuem o privilégio permanente de reprová-lo se bem lhes parecer. O comércio habitual do mundo não exclui em nenhum momento o risco da ilusão e do desconhecimento. A "dupla relação", pela qual se define a consciência, não tem nada que a preserve de tornar-se uma "dupla ilusão". Posso encontrar por toda parte véus interpostos; posso tornar-me a vítima das máscaras.

Desde o instante em que os seres e as coisas não podem mais receber de mim todo o seu sentido, desde o instante em que reivindicam seu próprio sentido e reclamam o direito de me dar um sentido por sua vez, resta-me um único recurso para escapar à vertigem do possível: é o de precipitar o pior e decidir que o que me escapa me é para sempre hostil. A patologia da comunicação, em Jean-Jacques, procede da necessidade de apoiar-se em termos absolutos, ainda que sejam absolutamente negativos. Ele tem necessidade de um Deus imutável como tem necessidade de um mal "solidificado". Uma vez que a hostilidade dos homens se tornou um *limite fixo*, Rousseau vai poder relacionar-se com um outro termo fixo que será o julgamento de Deus, e que fixará a possibilidade contrária, isto é, a imagem de um Jean-Jacques essencialmente inocente. Dos dois lados, Rousseau encontra assim, fora dele, testemunhas absolutas, cujo veredicto é irrevogável, mas radicalmente oposto. Esses dois tribunais exprimem sob uma forma extrema a ambivalência que desde o começo se manifestara em Jean-Jacques: a necessidade de ser julgado, a angústia de ser julgado.[32]

Assim, de preferência a viver com os homens uma relação incerta, de preferência a aceitar as servidões da condição humana, em que a esperança da comunicação é sempre contrabalançada pelo risco do obstáculo e do mal-entendido, Rousseau separa os termos dessa ambivalência para deles fazer duas instâncias absolutas e imutavelmente opostas. Em vez de afrontar a incerteza do provável e os perigos de uma liberdade ativa, ele prefere apresentar-se diante de dois tribunais cuja sentença é conhecida por antecipação e que proferem, sob uma forma retumbante e irrevogável, o *sim* e o *não* que a experiência humana não encontra jamais no estado puro. Há, para Rousseau, um amargo repouso em saber que não deve esperar mais nada da parte dos homens, se possui a compensação que o autoriza a esperar tudo da parte de Deus.

# CAPÍTULO X

## A TRANSPARÊNCIA DO CRISTAL

Incansavelmente, Rousseau reafirma sua própria transparência. "Ele caminhava à luz do sol...[1] Em vão quiseram afastar o viveiro de água clara..."[2] A luz, a claridade translúcida, eis aí o quinhão de Jean-Jacques. Os outros pertencem ao reino das trevas. Ouçamos Rousseau comparar seu coração ao cristal:

> Seu coração, *transparente como o cristal*, não pode ocultar nada do que nele se passa; cada movimento que experimenta se transmite aos seus olhos e ao seu rosto.[3]
>
> Têm eles corações ternos, abertos, confiantes, fáceis de expandir-se? E onde semelhantes segredos se ocultariam por um momento no meu, *transparente como o cristal*, e que leva instantaneamente para os meus olhos e para o meu rosto cada movimento por que é afetado?[4]
>
> O obscuro labirinto de seus corações me é impenetrável, a mim cujo coração *transparente como o cristal* não pode ocultar nenhum de seus movimentos.[5]

Seu coração é transparente, mas os outros o veem diferente do que é. O que, então, o impede de manifestar sua verdade? Nada que dependa dele. Se apenas o quisessem, os outros o veriam perfeitamente. Mas falsificam sua aparência. É neles que ser e parecer se separam; é neles que triunfa o malefício do véu...

Jean-Jacques proclama apaixonadamente sua própria transparência; mas, *do outro lado*, o véu adensou-se em trevas e cobre todo o espaço visível. Havíamos visto, no fim de *A nova Heloísa*, esse mesmo triunfo simultâneo da transparência e do véu. Julie entrava no reino de Deus e da comunicação imediata; mas era preciso, para isso, que sacrificasse sua vida e que seu rosto desaparecesse para sempre atrás do véu da morte. Ora, a experiência pessoal de Rousseau desemboca no mesmo ponto, com a diferença de que a divisão entre o mundo da luz e o reino do véu se realiza durante a própria vida de Rousseau. Este vive uma situação que, no romance, é a da própria morte (assim, compreende-se por que Rousseau se define muitas vezes como um morto-vivo: é preciso morrer para *estar* definitivamente do lado da transparência).

No limite, a transparência é a invisibilidade perfeita. Os homens me veem diferente do que sou: portanto, não me veem, sou-lhes invisível, impõem-me uma opacidade que me é estranha, colam em meu rosto máscaras que não se parecem comigo. Se apenas eu pudesse subtrair-lhes toda a minha presença, impedi-los de conferir-me uma aparência! O devaneio se volta para os mitos mágicos:

> Se eu fosse invisível e onipotente como Deus, teria sido benevolente e bom como ele [...] Se fosse possuidor do anel de Giges,* ele me tiraria da dependência dos homens e os poria na minha. Muitas vezes me perguntei, em meus castelos no ar, que uso faria desse anel.[6]

Tornar-se invisível: esse é o ponto em que a extrema nulidade do ser se converteria em um poder sem limite. Armado do anel de Giges, Rousseau sairia de sua inação, passaria aos atos, faria o bem, possuiria mulheres. Liberto de sua aparência, estaria liberto do *obstáculo* que o paralisa. E descobre-se, ao ler o sexto *Devaneio*, que o obstáculo mais temível, mais imobilizante, não é outro senão essa falsa imagem de Jean-Jacques que se forma nas consciências estranhas e que lhe denega sua transparência. Tornar-se invisível é não mais ser (por um momento)

* Anel dotado do poder de tornar invisível quem o usasse voltado para a palma da mão. (N. T.)

uma transparência sitiada, mas tornar-se um olhar que não conhece impedimento; é realmente "se tornar um olhar vivo"; é retomar posse do espaço que se fechara.

*Transparente como o cristal*: pois, entre todas as pedras, apenas o cristal é inocente; possui a dureza da pedra, mas deixa passar a luz. O olhar o atravessa, mas ele próprio é um olhar muito puro que penetra e atravessa os corpos circundantes. O cristal é um olhar petrificado. É um corpo em estado puro ou, ao contrário, uma alma solidificada? Hesitar-se-ia... Não se ficará surpreso de que a *vitrificação* seja uma das operações a que Rousseau mais prestou atenção em suas *Instituições químicas*. Obter belos vidros ou belos cristais é muito frequentemente o objetivo em vista do qual toda uma "experiência" se organiza. E a especulação vai mais longe ainda: em uma ciência cujos conceitos fundamentais ainda estão sujeitos ao capricho da "imaginação material",[7] a técnica de vitrificação é inseparável de um sonho de inocência e de imortalidade substancial. Transformar um cadáver em vidro translúcido é uma vitória sobre a morte e sobre a decomposição dos corpos. É já uma passagem para a vida eterna:

> Não foi apenas no reino mineral que Becher[8] estabeleceu sua terra vitrificável; encontra uma muito semelhante nas cinzas dos vegetais [...] e uma terceira bem mais maravilhosa nos animais. Ele assegura que eles contêm uma terra fundível, vitrificável, e da qual se podem fazer vasos preferíveis à mais bela porcelana. Por procedimentos sobre os quais guarda um grande mistério, com ela fez experiências que o convenceram de que o *homem é vidro e de que pode retornar ao vidro do mesmo modo que todos os animais*. Isso o fez fazer as mais encantadoras reflexões sobre os trabalhos que tinham os antigos para queimar os mortos ou embalsamá-los e sobre a maneira pela qual se poderia conservar as cinzas de seus Ancestrais, substituindo em poucas horas cadáveres repulsivos e horrendos por vasos limpos e brilhantes, *de um belo vidro transparente*, marcado não por esse verdor que constitui o caráter do vidro vegetal, mas

> de uma brancura leitosa acentuada por uma leve cor de narciso [...][9]

De fato, qual é a causa física da transparência? Como ocorre que certos corpos deixem passar os raios luminosos? Rousseau terá resposta para essa pergunta. A propriedade comum a todos os corpos transparentes é a *fluidez*. No capítulo intitulado "Do princípio da coesão dos corpos e do de sua transparência", Rousseau começa por citar "a água e os licores entre as partes dos quais sua transparência mostra uma *união imediata*".[10] Assim, no mundo físico, a imediação e a transparência são noções correlativas; se a luz pode atravessar certos corpos, é que eles realizam a perfeição do imediato. Esse é um postulado "químico", mas no qual se exprime uma exigência de ordem psicológica... Quanto ao vidro e às pedras transparentes, sua solidez não contradiz sua fluidez: a transparência sólida é uma fluidez imobilizada, a substância em fusão está "capturada" em uma massa dura. Em sua natureza íntima, o cristal é fluido, não deixa de ser um "licor". E Rousseau chega a afirmar que "a fluidez é o princípio da solidez dos corpos". Ao ler as *Instituições químicas*, aprende-se a reconhecer o valor moral da fusão e da dissolução:

> Há grande aparência de que a fluidez é também o princípio da transparência e de que [...] nenhuns corpos seriam opacos se todas as suas partes houvessem sido igualmente submetidas à fluidez seja de fusão, seja de dissolução. Com efeito, a união das partículas de um fluido entre elas é, na verdade, muito fácil de romper, mas ela não é por isso menos perfeita, e é o que faz com que os raios de luz, não tendo tantas diferentes superfícies a penetrar pelas quais seriam obrigados a refratar-se e desviar-se de mil maneiras, passem através do licor depois de muito poucas alterações; ao contrário, o cristal e o vidro pulverizados tornam-se opacos porque a luz se perde no meio dessa infinidade de desvios que é obrigada a fazer à direita e à esquerda e sobre

as superfícies de todas essas partículas de diferentes grandezas e de diversas figuras. Assim, a experiência nos ensina que as substâncias dissolvidas se unem de tal maneira ao dissolvente que já não constituem com ele senão um só todo diáfano e transparente, até que a introdução de uma nova substância os separe outra vez; o que torna no mesmo instante o licor turvo e opaco; do mesmo modo, as pedras, os saibros e mesmo os metais, quando, ao calciná-los, se os privou de seu flogístico, adquirem pela vitrificação um tal arranjo de partes que, de opacos que eram anteriormente, tornam-se diáfanos.[11]

Se a fluidez é o princípio da transparência, as metáforas do "cristal" e do "viveiro de água clara" se aproximam ainda mais. É a mesma união interior que permite a passagem dos raios. Rousseau compara seu coração ao cristal que é uma fluidez congelada, uma fluidez que não se escoa e que, em consequência, estabilizou-se fora do tempo.

De fato, no estado final do pensamento de Rousseau, essa congelação cristalina tem sua contrapartida em uma pulverização opacificante que reduz o mundo humano a uma multidão obscura, indistinta e impenetrável. Não há mais intercâmbio possível entre os contrários: a transparência de Jean-Jacques se imobiliza, e a noite exterior se coagula. Pois também o véu se fixa: não é mais uma fina e flutuante separação, abateu-se sobre o mundo que ocultava, para encerrá-la doravante em uma rede de trevas.

Mas é apenas o mundo humano que se opacifica. A natureza permanece do lado de Jean-Jacques, do lado da transparência. Ele irá buscar aí a cumplicidade das substâncias fluidas. No clima ideal em que Rousseau quer viver, não haverá apenas a transparência do ar e o brilho das cores. Ele precisa sempre de água:

Belos sons, um belo céu, uma bela paisagem, um belo lago, flores, perfumes, belos olhos, um doce olhar; tudo isso não reage tão forte sobre seus sentidos senão depois de ter penetrado por algum lado até o seu coração. Eu o vi fazer duas léguas por dia durante quase toda uma primavera para ir escutar à vontade, em Bercy, o rouxinol; *era preciso a água*, o verdor, a solidão e os bosques para tornar o canto desse pássaro comovente ao seu ouvido.[12]

Será preciso água ainda, para que Jean-Jacques, em uma bem-aventurada nulidade, em uma vacuidade total de pensamento, tenha acesso "ao sentimento da existência", que é uma "felicidade suficiente, perfeita e plena":

> Assim era o estado em que me encontrei frequentemente na ilha de Saint-Pierre em meus devaneios solitários, seja deitado em meu barco que deixava derivar ao sabor da água, seja sentado às margens do lago agitado, seja alhures, à beira de um belo rio ou de um riacho murmurante sobre o cascalho.[13]

Para além dessa fluidez movediça, para além do "fluxo contínuo"[14] das coisas terrestres, o sentimento da existência desvela-se como uma fluidez imobilizada e arrancada ao tempo. Se há uma profunda afinidade entre a alma de Jean-Jacques e a transparência da paisagem, podemos falar de identificação? Não, já que a água está em movimento, ao passo que a alma se eleva a um presente que "dura sempre sem, no entanto, marcar sua duração e sem nenhum traço de sucessão".[15] A transparência imóvel e cristalina do sentimento da existência separa-se da limpidez instável e movimentada da água que se agita. Contudo, o marulho exterior é necessário para que Rousseau perceba a estabilidade de seu *estado* de plenitude. Ele só acolhe o "movimento contínuo", o embalo, para melhor sentir em si mesmo um repouso que dele se distingue. Da mesma maneira que a transparência tem necessidade de um mundo obscuro sobre cujo fundo se destaca, ela não pode imobilizar-se a não ser sobre o fundo de uma deriva contínua que ela esquece e domina:

"De vez em quando nascia uma fraca e breve reflexão sobre a instabilidade das coisas deste mundo de que a superfície das águas me oferecia a imagem [...]".[16] Essa reflexão, por fraca que seja, é um turvamento na perfeição da transparência. Mas nada revela melhor a transparência do que a turvação tênue que a atravessa "de vez em quando". Uma translucidez perfeita seria um perfeito nada: pois a transparência da consciência existe apenas para deixar transparecer alguma coisa. ("O pensamento se forma na alma como as nuvens se formam no ar",[17] dirá Joubert.) A consciência é transparência no surgimento das formas turvas, assim como a vidraça se anuncia a nós por seus reflexos ou por seu vapor úmido: assim, no ato mesmo de se revelar, a transparência já se compromete. O êxtase de Rousseau sobrevém no momento em que o vapor do mundo percebido se atenua e se empobrece até deixar despontar uma presença calma que é a existência em estado puro, o fundo primitivo que se descobre para além de todos os pensamentos e de todos os sentimentos: é ao mesmo tempo o estado mais vazio (já que sem conteúdo) e o mais pleno (pois a suficiência é total). Isso pode exprimir-se quase indiferentemente como o inteiro esquecimento de si, ou como um gozo cujo objeto não é "nada de exterior a si". No entanto, mesmo quando se realiza a plenitude perfeita e que apenas subsiste o sentimento da existência, Rousseau não pode prescindir das imagens do mundo exterior; tem necessidade de uma *paisagem* que se ofereça aos sentidos e que possa fixá-los até a hipnose. A existência está puramente presente para si mesma, mas precisa, ao seu redor, do murmúrio da água, da pulsação das vagas, do grande céu estrelado: do invólucro fluido anterior ao nascimento.

Voltar a si, depois do desmaio da queda de Ménilmontant, é voltar à infantil pureza da sensação, em que o ser não se distingue do mundo que o cerca. O mundo e a existência se dão simultaneamente, sem que o espírito tenha de fazer o menor esforço. Rousseau volta a si, a um eu do qual não tem ainda "nenhuma noção distinta";[18] e o que descobre com arrebatamento não é o seu "indivíduo", mas o espaço noturno em que se destaca um pouco de verdor. A felicidade estranha que Rousseau experimenta no momento de seu despertar confunde o eu e o mundo exterior em uma leveza comum (o eu aquém da consciência da identidade pessoal e o mundo exterior aquém do encontro de outrem). Jean-Jacques goza então de sua própria transparência pela presença de um universo transparecente.

Ao descrever os êxtases do lago de Bienne, parece que Jean-Jacques quer empobrecer o sensível, limitando-o a um movimento monótono e regular; a atividade própria da consciência decresce até deixar subsistir apenas a pura presença para si: uma estreita correspondência se estabelece entre a atenuação do pensamento e o murmúrio tranquilo da água. Mas nem a atividade mental, nem a presença do mundo são abolidas: são reduzidas a uma extrema tenuidade. O sentimento da existência emerge dessa dupla atenuação que é quase um duplo aniquilamento, mas que se detém, contudo, no limite do silêncio e do nada. O que permanece visível das coisas e do eu não é então de maneira nenhuma a sua essência secreta e profunda, mas a sua superfície — a calma inocente e precária de sua superfície. (A infelicidade recobrará poder logo que as "profundezas" forem agitadas.) As condições do êxtase são descritas como uma leve agitação superficial que transcorre paralelamente nas coisas e na alma. Mas a superfície anuncia um misterioso e simples poder que a *sustenta* e que assegura à alma o repouso na plenitude. Tudo se passa como se não se pudesse conhecer a presença — a existência — a não ser ao fazer-se infinitamente ausente.

Abramos novamente o texto do quinto *Devaneio*. Por um momento, Rousseau fala de *afastar* tudo o que não é o "sentimento da existência" em seu estado mais cristalino e mais nu: o pensamento, o mundo sensível são supérfluos. A própria sensação constituiria um obstáculo, e, longe de nos dar gozos imediatos, ela nos separaria de um imediato mais central e mais puro que é sem forma e sem figura. Pois a existência é um imediato *sentido* que se situa aquém da diversidade cintilante da experiência sensual. Como se escolhesse o caminho da ascese,

Rousseau recusa as imagens e esforça-se em encontrar alguma coisa de mais original e de mais frugal:

> O sentimento da existência *despojado de qualquer outra afeição* é por si mesmo um sentimento precioso de contentamento e de paz que sozinho bastaria para tornar essa existência cara e doce a quem soubesse *afastar de si todas as impressões sensuais e terrestres* que vêm constantemente dela nos distrair e perturbar-lhe neste mundo a doçura.[19]

Mas, algumas linhas mais adiante, Rousseau reintroduz o mundo sensível, cuja presença volta a ser necessária aos seus "doces êxtases". É preciso que nos submetamos à magia de uma sensibilidade de *superfície*, sem prestar atenção à plena realidade do mundo exterior, nem às profundezas de nossa alma:

> É preciso que o coração esteja em paz e que nenhuma paixão venha perturbar-lhe a calma. Para isso é preciso disposições da parte daquele que as experimenta, são elas necessárias *no concurso dos objetos circundantes*. Não é preciso aí nem um repouso absoluto, nem demasiada agitação, mas um movimento uniforme e moderado que não tenha abalos nem intervalos. Sem movimento a vida não passa de uma letargia. Se o movimento é desigual ou forte demais, ele desperta; *chamando-nos de volta aos objetos circundantes*, destrói o encanto do devaneio e nos arranca *de dentro de nós* para nos recolocar instantaneamente sob o jugo da fortuna e dos homens e devolver-nos ao sentimento de nossos infortúnios. Um silêncio absoluto leva à tristeza. Oferece uma imagem da morte. Então o auxílio de uma imaginação sorridente é necessário e se apresenta bem naturalmente àqueles que o Céu com ela gratificou. O movimento que não vem de fora se faz então dentro de nós. O repouso é menor, é verdade, mas é também mais agradável quando *leves e doces ideias, sem agitar o fundo da alma, não fazem senão, por assim dizer, roçar-lhe a superfície.*[20]

Eis aí reabilitados o imaginário e o sensível, dos quais Rousseau parecia querer despojar-se inteiramente, em nome do puro sentimento da existência. Ele parecia temer tudo que *distrai*, e agora desenvolve uma verdadeira teoria da distração, que pretende que soframos os "objetos circundantes" sem estar presentes neles (é preciso *o concurso dos objetos circundantes*, mas ai de nós se um movimento forte demais *nos chama de volta aos objetos circundantes*). Ele nos convida a permanecer *dentro de nós*, sem que nada, contudo, toque e agite *o fundo da alma*. Tudo se passa como se o sentimento da existência se oferecesse não como a recompensa de uma atenção profunda a si e ao mundo, mas, ao contrário, como o fruto miraculoso de um esquecimento de si e do mundo. A suprema volúpia e a mais alta sabedoria consistem em deixar-se fascinar pela *aparência* mais superficial, por meio do que a profundeza desvelará sua presença. Para conhecer a transparência do cristal ou a do lago é preciso confiar-se aos reflexos de sua superfície, mesmo sendo verdade que o reflexo trai uma falha da transparência.

## JULGAMENTOS

Nas *Cartas morais* (1758) e no *Emílio*, Rousseau definia a consciência: uma "dupla relação consigo mesmo e com seus semelhantes".[21] Mais ou menos no mesmo momento, formulava assim essa dupla relação: "Eu, que não sei disfarçar-me com ninguém, como me disfarçaria com os meus amigos? Não, devessem eles estimar-me menos por isso, quero que me vejam sempre tal como sou, a fim de que me ajudem a tornar-me tal como devo ser".[22] Mas não resta finalmente senão um duplo veredicto. De um lado, a relação de Rousseau com seus semelhantes deixou de ser uma verdadeira comunicação: é um confronto estéril, uma oposição imóvel. De outro lado, o sentimento da existência constitui uma felicidade plena e suficiente, um gozo cujo objeto não é "nada de exterior a si": Rousseau não espera mais nada dos outros, "nutre-se de sua própria substância". Desde então, a consciência deixa de viver harmoniosamente segundo a norma de uma dupla relação. Refugia-se inteira em um dos dois polos e não conhece mais que ela mesma. Por certo, a paisagem exterior não deixa de estar presente, mas é doravante um espaço circunscrito, sem figuras humanas, uma Natureza cúmplice. O eu se abandona a seus êxtases, nos quais se iguala à totalidade imaginária do mundo, salvo se, não menos voluptuosamente, ele se desinteresse de tudo, fixando-se num rumor e num reflexo superficiais. Mas essa plenitude feliz não reconcilia o mundo dividido; os êxtases não suprimem a perseguição, são-lhe apenas a compensação. O horizonte real está fechado pelos obstáculos insuperáveis. E é porque tudo se opõe a ele que Rousseau se projeta em um mundo em que nada se opõe ao eu. Entregue ao sentimento da existência, a consciência prova do sabor de sua própria unicidade, em que acredita encontrar a compensação da unidade que se recusa no horizonte real. O mesmo homem que se diz reprovado por "toda uma geração" perde-se com delícias no "sistema dos seres" (onde não figuram mais os seus perseguidores). A consciência de Rousseau se proporciona alternadamente dois mundos em que a relação ativa não tem nenhum sentido: um porque está irremediavelmente dividido, o outro porque é perfeito de imediato. Como quer que seja, não há nada a empreender, não há "dupla relação" a arriscar: ora a única possibilidade é se resignar diante da hostilidade opaca; ora há apenas que se perder na transparência do grande Ser, da presença, da existência. Mas a unidade verdadeira está comprometida, pelo simples fato da alternância desses estados contraditórios...

A experiência da unicidade interna — que se realiza em certos momentos privilegiados — compensa a impossibilidade da unidade real que me uniria aos outros ao mesmo tempo que a mim mesmo? Viver com embriaguez a imaginação do Todo é suficiente para reparar o malogro da dupla relação? O que vale a unidade *simbólica* que a consciência vive na separação? O símbolo é bastante forte para negar e superar a separação — ou é apenas uma ilusão derrisória, um consolo fútil? Conhece-se a severidade de Hegel em relação à "bela alma": o objeto que ela crê ter diante de si é ainda ela mesma. Quando pensa o todo, ela pensa a sua própria transparência, e finalmente seu próprio vazio, sua inanidade inconsistente. "Como consciência, ela está dividida na oposição do Si e do objeto que, para ela, é a essência, mas esse objeto é precisamente o perfeitamente *transparente*, é seu Si, e sua consciência é tão só o saber de si. Toda vida e toda essencial idade espiritual são anuladas nesse si."[23] A bela alma cria um mundo puro, que é sua palavra e seu eco que ela percebe imediatamente. Mas "nessa pureza *transparente*", ela vai "dissipar-se como um vapor sem forma que se dissolve no ar". Perde toda realidade e, esgotando-se em si mesma, volatiliza-se na extrema abstração. Para Hegel, que visa sem dúvida Novalis, mas também o Rousseau dos *Devaneios* via Novalis, a transparência é uma perda de si, uma estéril reasserção da identidade Eu = Eu.

A interpretação poética de Hölderlin é bem diferente. Rousseau, tal como aparece no centro do hino *O Reno*;[24] é um "filho da Terra", um semideus que fala numa loucura divina, como Dioniso. É um dos eleitos que podem sem esforço acolher o Todo, que carregam nos ombros o peso do céu e da alegria. Mais precisamente ainda, na ode sobre Rousseau,[25] Hölderlin aponta a miséria do perseguido que se tornou semelhante a *uma sombra*, mas para erguê-lo em seguida na luz de um distante *sol*. Rousseau é a "palavra solitária" que ainda aguarda os homens novos que saberão compreendê-la; é o "pobre homem", que vaga sem encontrar o repouso, no silêncio, semelhante "aos mortos que não receberam sepultura". Mas à imagem dessa fuga desorientada sucede a imagem da festa e do cortejo dionisíaco, depois a imagem da árvore que "surge do solo da pátria": imagem de estabilidade profunda, que faz contraste com a desorientação sem repouso. A metáfora orgânica da árvore é significativa, exprime uma intuição "vital" que faz pensar desta vez em Schelling. A árvore é uma expansão, mas uma expansão "fechada" e que logo voltará a cair (seus braços e seu cume se inclinam dolorosamente). A árvore está separada do infinito que a cerca; no entanto, o infinito é retomado interiormente pela árvore, e participa da maturação do fruto. É o que canta a sexta estrofe do poema: "A exuberância da vida, o infinito que desponta ao seu redor como uma aurora, ela não os apreende jamais. Mas isso vive nela, e presente, caloroso e eficaz, o fruto brota e lhe escapa". Agora, apesar da separação infeliz que podíamos considerar como um esquecimento do mundo real, o espaço inteiro é restaurado na interioridade orgânica, para aí se concentrar e daí desprender-se em seguida sob a forma do fruto. A árvore, incapaz de apreender *ao seu redor* a "exuberância da vida", a possui *nela*. Ela a atravessa para abandoná-la, transformada em fruto, palavra eficaz que retorna ao mundo.

Entre o julgamento de Hegel e o poema de Hölderlin, há uma profunda distância. Essa distância não marca apenas a diferença das perspectivas adotadas pelo filósofo do absoluto e pelo poeta do Retorno, um recusando e o outro aceitando legitimar a "mística natural" de Jean-Jacques. Essa dupla perspectiva deve ser compreendida também a partir da ambivalência dos últimos textos de Rousseau, que dão ensejo a uma e a outra interpretação. Há, de um lado, uma recusa do obstáculo e uma "recusa da ação no mundo, que desemboca na perda de si":[26] Rousseau se perde na afirmação imóvel de sua própria transparência. Mas, de outro lado, há uma posse na pobreza e, no infortúnio, uma felicidade sem nome e sem limite. Os *Devaneios* e as *Confissões* dizem que essa felicidade é injustificável, mas também que é justificável para além de toda regra de justiça humana. Nos êxtases do lago de Bienne, nesses devaneios "estúpidos" e "sem objeto", Rousseau percebe (segundo o quinto Passeio) o imediato de sua própria existência, isto é, o que há de tão primeiro e de tão central nele que nenhum véu poderia então deles separá-lo; nessa deriva sobre a água, o ser se apaga até a presença mais nua, até o limite extremo em que não vê e não escuta mais nada, a não ser o rumor tênue de sua própria *fonte* e o céu vazio na direção do qual seus olhos estão fixos. Ora, essa presença imediata para si é também presença para uma Natureza universal; nas *Confissões*, Rousseau descreve como êxtases panteístas os instantes venturosos que o quinto Passeio relaciona ao sentimento da existência: Jean-Jacques conhece um contato, sem obstáculo e sem intermediário, com uma força cósmica:

> Eu exclamava por vezes com enternecimento: "Ó natureza! ó minha mãe, eis-me aqui sob a tua exclusiva guarda; não há de nenhum modo aqui homem hábil e dissimulado que *se interponha* entre ti e mim".[27]

Se se admite que os dois textos descrevem o mesmo êxtase, tudo se passa então como se o eu, apreendido no "nível da fonte" (do sentimento da existência), e a natureza em sua onipotência materna se confundissem um com o outro, a ponto de cada um dos dois termos poder ser nomeado no lugar do outro. O extremo empobrecimento e a extrema riqueza se confundem em uma vertiginosa "coincidência dos opostos". A despersonalização *por excesso* e a despersonalização *por falta* deixam de ser discerníveis.[28] Aí está o que Hölderlin considera como uma *surpresa*, que "assusta o homem mortal" ao cumulá-lo de um favor divino.[29] Mas é precisamente essa identificação do eu e da natureza divinizada (ambos percebidos imediatamente) que Hegel contesta: Rousseau experimenta essa felicidade retirando-se do mundo, subtraindo-se à reflexão, recusando "confiar-se à diferença absoluta". Ora, o próprio Rousseau sabe que sua "contemplação" não é uma atitude que ultrapassa e supera a vida ativa, mas uma evasão que dela se afasta. E sente a necessidade de justificar-se por isso: a felicidade que lhe é dada na solidão não pode ser proposta como um exemplo universal. Essa felicidade é proibida aos homens que vivem segundo a ordem, e Jean-Jacques só tem o direito de usufruí-la porque foi lançado numa situação de exceção, porque seu destino é único e monstruoso. Essa felicidade é humanamente injustificável porque pode ser justificada apenas pela iniquidade (ela própria injustificável) que os homens fazem Jean-Jacques sofrer. É apenas porque tudo foi perturbado pela culpa que a compensação — o êxtase da transparência — se torna lícita:

> Não seria nem sequer bom, na presente constituição das coisas, que, ávidos desses doces êxtases, eles [os homens] se desgostassem da vida ativa de que suas necessidades sempre renascentes lhes prescrevem o dever. Mas um desafortunado que foi retirado da sociedade humana, e que não pode fazer mais nada neste mundo de útil e de bom para outrem nem para si, pode encontrar nesse estado, para todas as felicidades humanas, compensações que a fortuna e os homens não lhe poderiam tirar.[30]

Como se previsse o julgamento de Hegel, Rousseau apresenta a sua defesa alegando que não se retirou por sua própria vontade da "vida ativa". Foi repelido, suprimido, não lhe permitiram agir, interditaram-lhe qualquer saída fora de si mesmo. Ele ia seguir o caminho que conduz a si pelo desvio e pela mediação de outrem, mas perseguiram-no imediatamente, e refugiou-se no único abrigo inalienável que lhe restava: o gozo imediato, a presença para si e para a natureza, a unidade *imaginada* que faz as vezes da unidade *real* que desejava e da qual o repeliram. Rousseau sabe que seus "doces êxtases" são uma "compensação" por uma perda essencial. O que lhe aparece, sobre as margens do lago de Bienne, é *o melhor*, dirá Hölderlin. Mas Rousseau só se concede o direito ao "melhor" porque o pior lhe foi infligido. A culpa é inseparável dessa felicidade, culpa que pesa sobre o mundo mentiroso, sobre os homens "hábeis e dissimulados" (cuja existência Rousseau não pode esquecer, mesmo no momento em que se alegra com sua ausência para lançar-se na direção da natureza materna). O êxtase da unidade não implica, então, uma reconciliação real; ao contrário, uma discórdia fundamental e misteriosa se perpetua. Rousseau parece temer que a "vida imediata", que não tem justificação ética suficiente, seja condenável no que concerne aos deveres que se impõem ao homem social. A vida imediata só será plenamente inocente se os outros são maciçamente culpados. Rousseau lança a culpabilidade do gozo solitário sobre aqueles que o impedem de agir e de sair de seu eu. A "bela alma" tem má consciência, mas imputa todo o mal ao mundo mentiroso. Conhecer, no êxtase, a coincidência ideal do universal e do singular, não repara, portanto, nada. Bem ao contrário, é preciso ter perdido toda a esperança de unidade concreta para que a "compensação" extática se torne legítima. Esses "doces êxtases" seriam *o melhor* apenas na falta de coisa melhor, isto é, na falta da união das almas, da festa em que as consciências se encontram em plena luz, na falta de amizade humana? Tendo a sombra invadido todo o resto do mundo, resta remar sobre um belo lago. De fato, enquanto se abandona à universalidade ideal da natureza ou do sentimento da existência, Rousseau não pode esquecer o universal humano do qual se sente injustamente excluído. Se Jean-Jacques não fosse esse acusado que se levanta contra seus acusadores, não seria igualmente esse solitário que se basta a si mesmo "como Deus". Como havíamos observado ao comentar a reforma pessoal de Jean-Jacques, o recolhimento na vida interior está ligado à acusação de uma sociedade injusta: isso permanece verdade até nos últimos escritos de Rousseau, nos quais a imagem do mal social adquire uma forma cada vez mais mítica e delirante. Daí resulta que, até nos textos "místicos" de Rousseau em que se pode ler legitimamente uma opção fundamental por uma "experiência interior" de tipo romântico, se deve ler também uma recusa, uma resistência, um desafio oposto à sociedade corrompida. Uma dupla perspectiva se oferece, assim, aos comentadores e aos adoradores de Jean-Jacques: o culto que lhe será consagrado, por volta do final do século XVIII, dirigir-se-á confusamente a um herói político e a um herói sentimental; alguns verão nele o profeta de uma revelação puramente interior, ao passo que outros saudarão o homem novo, a vítima indomada do antigo regime, o adversário irredutível e finalmente triunfante de uma ordem injusta e insensata.

Não se pode separar nada; Rousseau é uma "bela alma" que se perde em sua própria transparência, mas cujo lamento e cujo canto se tornam uma ação no mundo; e o *poder* dessa ação não é nunca tão grande quanto nas páginas em que Rousseau parece renunciar a todo poder. Por ter, diante da perseguição, recusado agir, talvez tenha misteriosamente recebido o dom de agir ao cêntuplo. Para Hegel, a "bela alma" se esgota em si mesma, "como um vapor sem forma que se dissipa no ar". Mas Hölderlin compara Rousseau à águia que voa ao encontro da tempestade. E a imagem mais justa, aqui, é sem dúvida a pesada nuvem da tempestade, a Revolução, e os "deuses que chegam":

> *E ele levanta voo, o espírito audacioso, como as águias*
> *Ao encontro das tempestades, profetizando*
> *Seus deuses que chegam.*[31]

"EIS-ME ENTÃO SÓ SOBRE A TERRA..."

Lancemos um último olhar sobre o homem que escreve os *Devaneios*. Entre a sombra hostil do mundo humano e o Juízo por vir, o lugar que ele habita é o vazio, a nulidade, a ausência total de relação. O frio se apodera dele. É preciso, então, que escreva, é preciso que fale consigo mesmo, sem o que sua consciência não teria mais nenhum objeto diante de si. Pois não pode resignar-se a ceder inteiramente o lugar ao vazio, não pode ser ele próprio em silêncio. Se fala, conserva a certeza de que sua última liberdade não está aniquilada, e de que os maus são mantidos a distância. Esta última liberdade já não é uma fonte de atos e de iniciativas; não é mais que a reivindicação do repouso interior e do poder de falar apesar de tudo.

Nada é verdadeiro, nada é real em torno dele; tudo é sinal de perseguição. Mas é preciso que se apoie na plenitude do ser. E se o presente empobrecido não lhe oferece nenhum apoio, é preciso sem descanso suscitar a imagem de uma presença em outros tempos: no passado, no longe, depois da morte. Então, continuará a falar para não ser abandonado pelas imagens de seu passado, para não perder de vista o Juízo que o acolherá e o justificará. A palavra retém um reflexo das felicidades antigas, faz existir um Deus testemunha, ainda dissimulado, mas que descobrirá sua face.

Para deplorar o esgotamento interior, a aridez da vida reduzida aos automatismos, Rousseau encontra uma linguagem que atesta a presença de uma fonte inesgotável, e que lhe permite projetar os espaços imaginários que percorrerá livremente. Ele é nulo, mas tem recurso à plenitude de uma melodia pela qual diz a sua nulidade. Não é mais nada, mas, ao exprimir esse nada, faz dele a transparência que oferece ao olhar de Deus. Já não tem paixões ardentes, mas o resfriamento do coração deixa a palavra a um eu mais antigo que conta seus êxtases e sua embriaguez. É ocioso, mas se dá por escrito a explicação de sua ociosidade, e a pena enegrece páginas.

Esse recurso, que parece inesgotável, atesta uma força secreta, um poder quase infinito de recuperar-se do nada. Mas atesta também a atividade obsessiva pela qual Rousseau se proporciona o horizonte do mal e da condenação, diante do qual toma posse de sua inocência. A presença tenebrosa do mundo hostil é, ela também, um apoio de que Rousseau tem necessidade, para pertencer mais completamente à sua própria transparência.

A admirável perseverança de Rousseau e desse discurso sem ouvintes que busca salvar o ser ameaçado é a contrapartida de um delírio que persiste. Nos *Devaneios*, encontramos simultaneamente a repetição monótona de uma convicção louca e o canto melodioso de uma voz que defende a alma contra sua destruição. Essa voz está desorientada, mas resiste e responde também à desorientação, e nessa resposta se anuncia um poder interior que pôde atravessar o desnorteio. (Talvez seja apenas isso que tenha o direito de se chamar razão.)

O mundo, por um mistério que Rousseau não sabe elucidar, mudou de significação à sua volta: mas o eu sente-se intacto e reivindica obstinadamente a sua permanência. O delírio de interpretação encontra ao seu redor apenas trevas e figuras mascaradas. Tudo tem o sentido de uma ameaça, de um controle, de uma obscena calúnia; a partir daí, todos os gestos e todas as palavras de Jean-Jacques tornam-se inadequados e falsos: correspondem à ameaça imaginária. Mas, por mais profundo que seja o erro de Rousseau, por mais ingênuas que sejam as imagens que cria de sua "recompensa" final, por mais frágil que seja o edifício dos argumentos que opõe para sua defesa, escutamos uma linguagem que traz, em sua melodia, a remissão de seu erro. O véu, a impossibilidade de comunicar estão presentes nessa palavra mesma que proclama perdidamente a inocência, nessas páginas de cópia em que se estreitam as linhas de escrita regular, no retorno obsedante de certas palavras envenenadas. Pois essa mesma palavra que tece o véu enuncia também a transparência, e, sem que se saiba de onde lhe provém o poder, torna-se pulsação de vaga, movimento cristalino: a existência liberta do véu transparece, apenas pelo tempo de um claro — fora do tempo.

# SETE ENSAIOS SOBRE ROUSSEAU

# ROUSSEAU E A BUSCA DAS ORIGENS*

Com ele, não se termina nunca: é preciso sempre recomeçar de maneira nova, reorientar-se ou desorientar-se, esquecer as fórmulas e as imagens que no-lo tornavam familiar e nos davam a tranquilizadora convicção de tê-lo definido de uma vez por todas. Cada geração descobre um novo Rousseau, em quem encontra o exemplo do que ela quer ser, ou do que recusa apaixonadamente.

Essa abundância e essa renovação dos pontos de vista devem-se a certas características próprias da obra de Rousseau. Ela diz muito e muito pouco ao mesmo tempo. É uma obra que, da reflexão filosófica à autobiografia, da dialética mais cerrada à efusão lírica, da ficção à legislação, atua sobre um número considerável de registros e ocupa uma surpreendente diversidade de dimensões espirituais. É legítimo falar isoladamente do pensador ou do sonhador, do político ou do perseguido, do músico ou do romancista. Mas cada uma dessas perspectivas é fragmentária, e alcança apenas uma verdade incompleta: não só pelo vício inerente a toda abordagem parcial, mas porque Rousseau, em todas as ocasiões, e mesmo nos textos mais solidamente construídos, associa à sua palavra explícita a presença implícita de sua pessoa e de sua paixão; ele nos reconduz constantemente à pura intenção que, a uma só vez singular e desejosa de universalizar-se, certa de si mesma mas inapreensível, experimentada no fundo do coração mas indizível, serve simultaneamente de garantia e de álibi aos seus atos e às suas palavras. Ele não nos pede apenas para ler e amar o que escreve, mas para amá-lo no que escreve, para ter confiança naquele que ele foi e naquele que é, aquém ou além de seu livro.

* Texto publicado no fascículo nº 367 (1962) dos *Cahiers du Sud.*

Cada uma de suas frases remete à convicção tácita que a precede e sustenta: Eu tenho razão, pois, ao seguir o caminho do rigor racional, sempre fui aprovado secretamente pela voz interior do sentimento, que não pode falhar. E: Talvez esteja errado, mas minhas intenções jamais deixaram de ser puras, e nenhuma culpa me pode ser imputada pelo juiz íntegro, que remonta sempre dos acidentes exteriores ao ser verdadeiro. Por toda parte, e não unicamente nos escritos autobiográficos, esse complemento de subjetividade sugerida indica a presença de um fogo central: a "lei do coração" flameja atrás da sombra produzida pelas palavras...

Daí, para o leitor, um sentimento simultâneo de força e de falta de acabamento. A frase de Rousseau, em sua tensão moral ou em sua melodia "memorativa", oscila entre sua estrutura literal e um horizonte invocado pelas energias do desejo. A frase, por certo, transborda de sentido, mas designa, para além do estrito contorno dos vocábulos empregados, um sentido ampliado. Essa significação supersaturada resulta ao mesmo tempo do conteúdo próprio do texto e do halo de que se cerca: antes que à lógica (menos ausente do que se disse), é à presença contínua desses harmônicos que a escrita de Rousseau deve a sua continuidade. Ao teclado clássico, ela acrescenta o pedal e o jogo múltiplo das ressonâncias. Toda análise estilística, toda "crítica interna" do texto teriam aqui como tarefa mostrar como a palavra de Rousseau indica, para além do estrito *significado*, um poder confuso e caloroso que a ultrapassa e a subverte. Rousseau é sem dúvida o primeiro escritor a explorar dessa maneira o silêncio: pede-lhe que prolongue sua palavra, que propague seus ecos...

Uma leitura simpatizante nos orientará, então, para esse "algo mais" que, para além dos limites da página impressa, designa ao mesmo tempo o horizonte da perfeição e o do surgimento passional, a comoção primeira e a convicção definitiva, a fonte muda ou o ápice silencioso da linguagem.

A palavra expressa cerca-se de um inexprimível que é sua justificação e que nos faz entrever um âmago de consciência em que a certeza se possui a si mesma imediatamente. (É isso que entende Schopenhauer, quando define Rousseau como um autor "entimemático": seu raciocínio apoia-se em premissas tácitas.) Rousseau nos pede que confiemos nele em razão da intenção e da origem indizíveis de sua palavra. Mais ainda, ele nos diz várias vezes que o discurso desenvolvido é um comprometimento condenável, uma alienação do eu que se entrega à exterioridade enganadora; a linguagem articulada é uma mediação ineficaz que trai infalivelmente a pureza imediata da convicção. Rousseau se desculpará disso como de uma falta: ele era feito para o civismo obscuro, para a virtude silenciosa, para o sentimento que encontra seu prazer em si mesmo. Escrever foi uma queda fatal (por culpa dos falsos amigos, e de Diderot, sobretudo), que o expôs a todos os mal-entendidos. Como sua punição, ele não parará de dissipar, pela palavra autobiográfica, os mal-entendidos criados pela palavra "literária". A partir das *Cartas a Malesherbes*, ele quase não retomará a pena exceto para retificar a imagem anterior que deu ao mundo e da qual se apoderaram os seus inimigos: sua queda lhe será perdoada, se ao menos se consentir em ler esse *post-scriptum* em que mostra que homem ele foi antes de se tornar um homem de letras, que homem ele é, agora que resolveu calar-se e satisfazer-se com a felicidade sem frases do devaneio.

Mas falar para escapar à maldição de falar, escrever para dizer que se renuncia à linguagem é avivar a divisão e dar ensejo à ironia. Persiste uma tensão entre essa palavra acusadora da palavra e o silêncio no qual ela desejaria abolir-se para consumar sua verdade: um afastamento subsiste sempre, pelo qual a voz de Jean-Jacques permanece cativa da mentira e da literatura que denuncia. Ela demonstra o poder do malefício que a sujeita — tanto mais que, proclamando-se decidida a dele afastar-se, não consegue jamais realizar o sacrifício pelo qual se imporia o silêncio para deixar triunfar a pureza indivisa do sentimento. Ela proclama sua vontade de apaziguamento, mas não sai do conflito, que é seu clima.

A crítica tem algumas vezes a tentação de destacar e de enunciar às claras o que não era, em Rousseau, mais que alusão ou pressentimento; procura-se o acréscimo de nitidez e de ligação sistemática que daria a essa obra o polido, o liso, o brilhante das grandes teorias coerentes. Essa busca de um sentido unívoco segue uma direção a que o próprio Rousseau nos conduz: é difícil não ser tentado. Tudo está ligado, tudo está encadeado, nos diz ele; tudo decorre de alguns grandes princípios. E é verdade. Rousseau quis enunciar uma filosofia, formular um discurso contínuo sobre o homem, sobre suas origens, sua história, suas instituições; o *Emílio* é uma psicologia genética, sobre a qual se apoiam uma pedagogia, uma religião (ou uma "religiosidade") e uma política. Há, entre os diversos elementos desse discurso, menos contradições do que se lhe criticou. Mas esses elementos são separados por lacunas que parecem esperar ser preenchidas; faltam articulações, e o intérprete se sente autorizado a garanti-las por sua conta, para o bom renome de Jean-Jacques. Pouco a pouco, à custa de um certo número de extrapolações, tem-se a imagem de uma filosofia mais regular do que ela o é, e que detém sua posição entre as filosofias de seu século. Assim fazendo, esquece-se de que Rousseau concebeu seu sistema contra os sistemas; subestima-se aquilo que, nesse pensamento muito capaz de conduzir-se logicamente, é vergonha do pensamento reflexivo, recusa de se pensar até o fim como pensamento. É preciso, mais justamente, aceitar uma *pulsação* entre a descontinuidade do discurso teórico de Rousseau e a continuidade de um eu subjacente ao qual as próprias rupturas nos remetem. Bastante sistemático para que não se possa censurar-lhe uma falta grave de coerência, o pensamento de Rousseau apresenta-se sob um aspecto por demais eruptivo para nos permitir considerar o "sistema" como um fim em si. O caráter inacabado é o indício de um poder que não pôde ou não quis consumir-se inteiramente em sua explicitação. O eu e seus fins ideais transcendem a obra de todos os lados; ele se designa como origem e como fim, indefinidamente capaz de se retratar de sua palavra e de seu "sistema" para satisfazer-se com o exclusivo prazer de *ser ele mesmo*.

É importante, então, para respeitar a verdade de Jean-Jacques, não preencher as lacunas que ele pôde deixar em seu sistema. Não sem ter previamente levado longe o bastante a elaboração de sua teoria, ele se contentou em afirmar-lhe a unidade: é preciso dar-lhe crédito, mas dela não nos fornecerá a prova detalhada. O momento em que se entregará a um verdadeiro trabalho de demonstração, quando buscará "*bem desenvolver por toda parte as primeiras causas para fazer sentir o encadeamento dos efeitos*", será ao escrever as *Confissões*: demonstração que não se situa mais no plano da filosofia e que não nos explica por que Rousseau pensa o que pensa, mas por que é o que é. Há uma relação fundamental entre a descontinuidade da obra teórica e a obstinação patética da pintura do eu. Esse retorno a si, essa exploração do passado, essa colocação em sequência narrativa da experiência pessoal — exigidos e estimulados pela necessidade de fazer frente a uma perseguição que atinge Jean-Jacques em sua própria imagem — têm, em relação à obra filosófica, o valor de *esclarecimento pela origem*. A partir de 1762, Rousseau vai narrar-se para que se conheça enfim sua alma terna e benévola: aí se verá a fonte desses escritos que os hipócritas e os que são enganados por eles descrevem como a obra de um inimigo do gênero humano.

Desde o início, reconheçamo-lo, Rousseau sentira as críticas de suas teorias como se visassem difamar sua imagem: sentia-se exposto em pessoa em seus discursos de academia, que ao mesmo tempo exprimiam e comprometiam seu caráter. O momento da réplica será, então, o da apologética pessoal, e, para além da história de suas ideias (tal como se pode lê-la na *Carta a Christophe de Beaumont*), é à história de sua vida que ele apelará como último recurso. Não se trata de nada menos que fazer conhecer a *autoridade interior* na qual, desde o início, baseou tudo. É preciso então, por um movimento retrógrado, voltar à convicção-fonte, e remontar mais longe ainda: a uma personalidade primeira, a uma "natureza", mantida secreta por trás de todas as teorias, de todos os conceitos, de todos os desenvolvimentos literários. O autor cede a palavra ao homem. Rousseau constrói uma segunda obra para revelar o que foram os sentimentos, as paixões, os desejos que deram origem à obra primeira; ele nos pede para considerar sua *intenção* não apenas como a justificação de suas *ideias*, mas como uma realidade mais essencial do que estas. Rousseau, a partir daí, vai falar dos *Discursos* e do *Contrato* não como de um esforço destinado a transformar o mundo ao pensá-lo, mas como de uma efusão do sentimento em busca de seu ideal: ao recusar os costumes corrompidos da sociedade moderna, ao descrever a bondade natural, ele exprimia suas quimeras, e traçava um primeiro autorretrato. Talvez se tenha enganado em seu sistema, mas aí se pintou a si mesmo ao vivo; estivesse cem vezes errado em suas especulações, não abandonou por um instante a *sua* verdade; e, se se atém ainda a esse "triste e grande sistema", se não o renega, é porque a alma de Jean-Jacques nele está *autenticamente* presente. Seus primeiros livros eram *Confissões* antecipadas, reflexos do eu, que as *Confissões* ajudarão a interpretar em seu verdadeiro sentido. Assim, o sentimento reabsorve a obra (que jamais foi plenamente uma obra, isto é, uma atividade em que o eu se esquece naquilo que realiza) e a contabiliza em seu proveito. Retira-lhe seu estatuto de obra, isto é, sua exterioridade, sua transitividade. Rousseau, no sentido estrito, não quer ter obra assim como não quis ter filhos. Quer gozar de si, quer residir na unidade, provar da felicidade silenciosa da presença, no seio de uma natureza maternal.

A preocupação com a origem desempenha já um papel capital nas obras que constituem o "sistema". Rousseau aí descreve o *estado* primitivo do homem, sua solidão ociosa e feliz, seus desejos em harmonia com suas necessidades, seus apetites imediatamente satisfeitos pela natureza; está aí o equilíbrio primeiro, anterior a todo devir; é a interminável *moderação por nada* que precede o começo; o tempo não transcorre ainda, não há história, as águas estão imóveis. Daí a necessidade de imaginar o que pôde pôr fim a essa origem anterior à história; a conjectura filosófica deve reconstruir o acontecimento decisivo que, rompendo o equilíbrio primordial e a plenitude fechada do estado de natureza, com isso tornou-se o começo da história. O homem, desenvolvendo sucessivamente todos os recursos de sua perfectibilidade, entregou-se à servidão do tempo; à deriva nas grandes águas da história, tornou-se sociável e mau, douto e escravo das aparências enganosas, senhor da natureza à custa de sua própria desnaturação. Rousseau recompõe a origem da sociedade, interroga-se sobre a origem das línguas, remonta à experiência infantil do indivíduo. Busca, em tudo, a explicação genealógica, que exibe a partir de um termo inicial toda uma cadeia de efeitos e de consequências bem ligados. No que está de acordo com o espírito de seu século. Mas, enquanto essa busca especulativa, esse desdobramento de uma história retomada em sua fonte constituem o tema preponderante de obra filosófica, constatamos que a obra posterior — a autobiografia — tem por tarefa essencial desvelar a origem subjetiva da obra precedente. Há portanto, na sucessão dos escritos de Rousseau, um redobramento da busca das origens: às obras em que é o discursador que fala objetivamente das origens humanas sucedem obras em que ele próprio se mostra como a origem de seu precedente discurso, e como o modelo secreto do retrato do homem da natureza.

> "De onde o pintor e o apologista da natureza, hoje tão desfigurada e tão caluniada, pode ter tirado seu modelo, senão de seu próprio coração? Descreveu-a como ele próprio se sentia. Os preconceitos a que não estava subjugado, as paixões factícias de que não era presa não ofuscavam de modo algum aos seus olhos, como aos dos outros, esses primeiros traços tão geralmente esquecidos ou ignorados."[1]

A natureza não é o tema objetivo colocado e explorado por um pensamento discursivo; ela se confunde com a mais íntima subjetividade do sujeito falante. Ela é o eu, e a tarefa que Rousseau se atribui não é mais, doravante, de discutir com os filósofos, os juristas e os teólogos sobre a definição da natureza, mas de narrar-se a si mesmo. Atitude que é preciso chamar de *regressiva* (sem excluir o sentido que os psiquiatras dão a esse termo). Aí se verá alternadamente, segundo a luz ou a sombra que esses textos carregam consigo, a conquista de uma voz poética ainda desconhecida na literatura francesa; ou, ao contrário, uma conduta de fracasso em que o ser singular se entrincheira em um isolamento que se vai aprofundando, diante de um universo humano que o delírio interpretativo povoa de autômatos malévolos. Esse movimento em direção à origem é um movimento de retirada para as posições *centrais* do eu, mas em uma situação cada vez mais *excêntrica* e marginal em relação ao mundo dos vivos. Assim, segundo Hegel, o homem sujeito à lei do coração encaminha-se para o "delírio da presunção".

Se se aplicasse a Rousseau uma análise atenta em definir as modalidades da comunicação e se se acompanhasse a mudança que se manifesta na sucessão dos grandes textos, aí se veria decrescer progressivamente a função transitiva da palavra. Nos primeiros *Discursos*, na *Carta sobre os espetáculos*, no *Contrato* e no *Emílio*, o autor se dirige abertamente a um ouvinte (a Academia de Dijon, a República de Genebra, D'Alembert, o Público, o gênero humano). Observemos que se trata já de um destinatário muito mais imaginado do que percebido em sua personalidade concreta; ao tomar a pena, Rousseau liberta-se do embaraço em que o coloca, no face a face da conversação, a presença demasiado real do interlocutor. Mas não é menos verdade que, nas obras que constituem o corpo do sistema, a comunicação conserva um caráter plenamente transitivo. Rousseau, em face do mundo, expõe uma convicção pessoal que diz respeito ao interesse universal dos homens. Evidentemente, o eu (atrás do autor) destaca a sua singularidade, agrada-lhe ser o único a pensar o que pensa, e agrada-lhe fazê-lo saber ao público; o eu engaja-se apaixonadamente na exposição fundamentada de sua certeza: fala, no entanto, de *outra coisa* que não de si, e se dirige a *outrem*.

Talvez exista, desde essas primeiras obras, um elemento que anuncia já a evolução futura: na medida em que Rousseau deseja não apenas arrebatar o assentimento intelectual do ouvinte, mas provocar o amor e a admiração, é para si mesmo que, pelo desvio do olhar universal, orienta a mira final de sua palavra.

Não é no exterior, nos confins do mundo, que o discurso vai perder-se; a palavra eloquente, despertando a paixão do leitor, pedindo-lhe que tome Jean-Jacques como objeto de seu entusiasmo, oferece-nos a imagem de um trajeto circular, em que a fonte e o termo último coincidem. A palavra transitiva está a serviço de um desejo que se reflete sobre si mesmo.

Rousseau torna-se romancista precisamente no momento em que sua relação com os outros começa a tornar-se mais complicada. O gênero romanesco interpõe um mundo imaginário entre o autor e seu auditório. A transitividade da palavra aí não está de modo nenhum perdida, ela é *retardada* (daí uma forma de eficácia indireta que só é possível por esse atraso, e por intermédio do fantasma). *A nova Heloísa*, efusão musical e sonho acordado, é um modelo de comunicação oblíqua.

Desde 1762, desde as *Cartas a Malesherbes*, Rousseau sente-se obrigado a justificar-se; precisa dissipar os mal-entendidos e as calúnias que se acumulam ao seu redor: o homem que aqui toma a palavra escolhe a si mesmo como tema de sua palavra. O eu se faz objeto de seu discurso; vai tender, cada vez mais, a apreender a si próprio ao mesmo tempo como *aquele que fala* e como *aquilo de que se trata* no movimento da comunicação. Mas, simultaneamente, e como pela lei interna dessa evolução, a própria comunicação vai tornar-se cada vez mais problemática. Jean-Jacques já não pode ser ouvido por seus contemporâneos: é ao mesmo tempo a certeza íntima do delírio e o resultado muito objetivo das ordenações do sr. de Sartine, tenente de polícia. Das *Cartas a Malesherbes* às *Confissões*, das *Confissões* aos *Diálogos*, a relação com o destinatário se afrouxa cada vez mais. Enfim, nos *Devaneios*, em que Rousseau se diz curado de toda esperança e de toda inquietude, o arrazoado se tornou monólogo; o eu, "referente" exclusivo, é igualmente o único destinatário possível no imediato. Por certo, essas frases perfeitas, essa linguagem harmoniosa pedem uma testemunha virtual; Rousseau não desespera completamente: seu monólogo encontrará um dia leitores imparciais, que a coligação de seus perseguidores não terá podido prevenir contra ele. O afastamento e a demora temporal, contudo, parecem tão consideráveis que Rousseau prefere considerar nula a possibilidade de ser ouvido. Essa *possibilidade anulada* cria um grande vazio onde doravante pode manifestar-se o lirismo que desafia a ausência e que projeta sua certeza mesmo para além do desespero. Assiste-se, assim, ao movimento pelo qual a palavra — cuja função "normal" é de unir o eu e o outro no campo comum do sentido — se reflete (ou se perverte) para não ser mais que a representação do eu oferecida ao eu, em uma transparência que é também a suprema estranheza. Rousseau crê encontrar a *apropriação* perfeita que lhe restitui a tranquilidade perdida; dessa felicidade resignada podemos dizer também que é a *alienação* consumada:

> Afastemos então de meu espírito todos os penosos objetos de que me ocuparia tão dolorosa quanto inutilmente. Só pelo resto de minha vida, já que somente em mim encontro o consolo, a esperança e a paz, não devo nem quero mais me ocupar senão de mim. É nesse estado que retomo a sequência do exame severo e sincero que chamei outrora de minhas *Confissões*. Consagro meus últimos dias a estudar-me a mim mesmo e a preparar antecipadamente a conta que não tardarei a prestar de mim. Entreguemo-nos por inteiro à doçura de conversar com minha alma, já que é a única que os homens não me podem tirar [...] Faço a mesma empresa que Montaigne, mas com um fim completamente contrário ao seu: pois ele não escrevia senão para os outros, e eu não escrevo meus devaneios senão para mim. Se nos meus dias de velhice, nas proximidades da partida, eu permanecer, como espero, na mesma disposição em que estou, sua leitura me lembrará a doçura que experimento ao escrevê-los, e, fazendo renascer assim para mim o tempo passado, duplicará, por assim dizer, minha existência. A despeito dos homens, saberei provar ainda do encanto da sociedade e viverei decrépito comigo em uma outra idade, como viveria com um amigo menos velho.[2]

O deslocamento do tempo permite uma pseudorrelação de exterioridade entre vários momentos do eu; a página escrita hoje está destinada por antecedência a um eu futuro que buscará o seu vestígio. A exteriorização da palavra se justifica, assim, pela espera de um eu a vir, que o escritor dos *Devaneios* imagina enfraquecido, desprovido, reduzido a procurar apoio apenas no universo da lembrança, e para o qual prepara desde já um refúgio ao acumular os vestígios e as imagens de sua existência. O que é hoje presença de si para si, plenitude do sentimento, deve procurar forma na linguagem e fixar-se para o futuro como um horizonte de memória antecipado. É necessário escrever, se Jean-Jacques quer estar provido de retratos-lembranças nos tempos iminentes da grande secura...

Nessa reivindicação de absoluto em que a consciência busca interiorizar-se, reabsorver em si todas as transcendências, escrever torna-se também a conta antecipada que o eu presta ao seu criador. O preâmbulo das *Confissões* dá o tom: Rousseau imagina seu comparecimento ao tribunal supremo e representa — em seu *foro* interior — o ensaio geral do Juízo Final. Não é uma simples imagem; é uma atitude fundamental. Jean-Jacques quer pronunciar ele próprio a sentença, depois de ter iluminado o âmago de seu coração: tarefas que o simples fiel abandonava a Deus com toda a confiança, no "temor e no tremor". Rousseau, por certo, espera comparecer depois de sua morte, mas quer possuir desde agora o veredicto. Para ter acesso à paz que lhe é necessária, à certeza de sua absolvição, coloca-se antecipadamente no lugar do Juiz, e imagina, por si só, o Olhar justo que o assegura para sempre de sua inocência.

O Juízo *Final* é comparecimento diante do *Primeiro* Criador: o indivíduo deve aí prestar contas dos atos de sua vontade que transformaram sua natureza original. A exata pesagem do Juízo confronta o fim e o começo, compara o estado final da criatura com a imagem do que ela foi ao sair das mãos do Criador: será julgada segundo sua fidelidade (ou sua infidelidade) à origem, se é verdade que a origem é a inocência. Ora, toda a defesa pessoal de Rousseau consiste em reivindicar para ele (e apenas para ele) a mais constante permanência da bondade primeira. Todos os vícios que lhe poderiam ser imputados não passam, como obstina-se em demonstrar, de acidentes não essenciais: vieram-lhe de fora, por culpa do "destino", das "circunstâncias", da "sociedade" etc. Ele pôde fazer o mal, mas o mal sobreveio contra a sua vontade. A imutável natureza interior ficou salva, o fundo do coração permaneceu sempre puro.

Portanto, a palavra poética tem aqui como tarefa sustentar uma dupla ficção: deve recorrer aos poderes extremos da imaginação. De um lado, essa palavra intransitiva (que descobre a transitividade problemática da *poesia*) imita e interioriza o papel do Juiz supremo, cujo veredicto põe fim à história pessoal; essa palavra arroga-se o privilégio do conhecimento soberano pelo qual o simples crente sabia-se conhecido, mas segundo o qual não pretendia de modo algum se conhecer: o olhar autobiográfico é a transposição laicizada do Deus que sonda os instintos e os corações, e Jean-Jacques deseja que todo o seu destino se imobilize desde agora em uma clareza sem devir e sem resíduo. Em segundo lugar, essa clareza final pretende-se idêntica à do começo: o coração de Jean-Jacques não mudou, está sempre em consonância com sua harmonia primeira. A palavra encarrega-se do relato da existência inteira somente para anular o que, nessa história, teria podido ser alteração, queda, perdição. A história, quanto ao coração do coração, é nula e anulada. Sim, Jean-Jacques conhece de início o paraíso, para cair em seguida no infortúnio e na tribulação; mas nada fez para merecer essa sorte. Pode afirmar tranquilamente a perenidade da inocência, a fidelidade inalterável à luz da origem. Diante da justiça da derradeira hora, apresenta uma face que traz a pureza do começo. Em uma frase do preâmbulo das *Confissões*, Rousseau evoca o molde único no qual a natureza o lançou e, na frase seguinte, ele chama a trombeta do Juízo. Fiel à sua origem, fiel à sua originalidade: é a mesma coisa. Pois se o eu interioriza o último Juiz, interioriza também o Criador: o eu é por si mesmo sua origem, ou, melhor dizendo, conserva a memória de sua origem e, nessa lembrança, coincide com ela. E essa memória não é jamais tão perfeita quanto no devaneio que *esquece* todas as coisas. É preciso crer em Hegel: esse é o termo extremo de um erro. Mas é a grandeza de Rousseau em ter avançado a ponto de querer reunir em si o alfa e o ômega.

# O DISCURSO SOBRE A ORIGEM E OS FUNDAMENTOS DA DESIGUALDADE*

Quatro anos depois do *Discurso sobre as ciências e as artes*, uma nova questão da Academia de Dijon fornece a Rousseau oportunidade de desenvolver seus princípios. Admiremos, uma vez mais, o encontro do gênio e da coerção. Para a própria gênese da obra, a circunstância desempenha muito exatamente o papel que, no interior do sistema, Rousseau lhe atribui na evolução da humanidade: a perfectibilidade, potência latente, não manifesta seus efeitos a não ser com "a ajuda das circunstâncias", quando o obstáculo e a adversidade obrigam os homens, para sobreviver, a mostrar todas as suas forças e todas as suas faculdades.

Para Rousseau, o estímulo do novo concurso será o pretexto (ou a causa ocasional) de um progresso intelectual decisivo. Não se trata, desta vez, de lutar pelos sufrágios dos acadêmicos de Dijon — Rousseau já é conhecido, e pouco lhe importa agradar e ganhar o prêmio —, mas de se distinguir e de se distanciar de uma outra maneira: pela amplitude, pela coerência e, simultaneamente, pela intransigência da doutrina. Enquanto o primeiro *Discurso* comportava algumas coplas destinadas a atrair as boas graças dos juízes, o segundo *Discurso*, com o que tem de abrupto e de puro, parece desdenhar as precauções e as concessões que lhe poderiam valer os aplausos da Academia. Ele despreza todas as conveniências, e, em primeiro lugar, a da brevidade. Avança uma verdade difícil, afronta os preconceitos, mas desejaria, por esse desafio mesmo, comunicar a exaltação de um pensamento que retoma os grandes problemas a partir da ori-

* Texto de introdução ao *Discours sur l'inegalité*, no tomo III das *Œuvres complètes de Jean-Jacques Rousseau* (Paris, Pleiade, 1964).

gem. Do que semelhante texto, em sua data, podia ter de insustentável, somos informados pela nota do registro acadêmico de Dijon, relatando a sessão em que a peça de Rousseau foi examinada: "Não se terminou de lê-la em razão de sua extensão e de sua má tradição etc."[1]

Ocorrendo a estimulação do concurso no momento preciso, Rousseau ia poder enunciar às claras, apoiado em provas, uma doutrina que os adversários do primeiro *Discurso* taxavam de paradoxo e de sofisma. A nova obra fará ver que a crítica da corrupção social é o resultado rigoroso de uma averiguação conduzida segundo as regras estritas da discussão filosófica (ou científica, já que a época, nessas matérias, ainda distingue mal uma da outra). Jean-Jacques empreende dar à sua paixão a organização discursiva que lhe faltara até então: *demonstrará* a legitimidade histórica da intuição que se impusera a ele na estrada de Vincennes. Tudo que o primeiro *Discurso* só indicava em uma bruma calorosa, tudo que Rousseau descobrira ou entrevira no decorrer da polêmica sobre as artes e as ciências, tudo isso ia poder explicitar-se completamente, enunciar-se com o aparato completo dos fatos, dos testemunhos, dos argumentos que o leitor exigente podia desejar. Assim o "músico Rousseau" terá concluído sua muda, demonstrando que não é apenas capaz de elevar-se até as harmonias da eloquência moralizante, mas também de rivalizar, em seu próprio terreno, com Buffon e Condillac, com os "filósofos" e os "homens de letras".

*A primeira fonte do mal é a desigualdade*, escrevera ele em sua resposta a Estanislau.[2] Agora sente a necessidade de remontar mais longe, de "cavar até a raiz": essa desigualdade de que provém o mal, trata-se agora de ver de onde ela própria procede. Pode-se demonstrar a verdadeira origem do mal apenas examinando a origem da desigualdade.

Mais tarde, falando do desenvolvimento literário de seu destino, Rousseau lhe aplicará a interpretação que, no segundo *Discurso*, esclarece o progresso das faculdades humanas: houve aí uma evolução ao mesmo tempo inelutável e funesta, que um acaso mais favorável teria podido retardar, mas que é preciso doravante afrontar sem esperança de retorno. Obra de circunstância e simultaneamente realização necessária de uma virtualidade profunda, o *Discurso sobre a origem da desigualdade* expõe, na escala da história universal, o perigo e a fecundidade da defrontação das circunstâncias. O livro traz em si mesmo a imagem ampliada de seu próprio nascimento, e como uma ilustração do risco pelo qual ele existe.

Que antes de escrever sobre a desigualdade Jean-Jacques tenha começado por sofrê-lo em sua vida, é a própria evidência. Cidadão de Genebra, mas um pouco desclassificado, tornado "cidadão inferior", lançado na categoria preterida, tendo recebido de seu pai, com as lições de altivez romana, as do ressentimento e da reivindicação áspera; aprendiz maltratado, lacaio, preceptor, secretário, músico incerto perdido nos salões dos arrematantes de impostos: quantas situações subalternas, quantas humilhações sofridas, que experiência acumulada! Ao lado da sra. de Warens, ele viveu feliz, mas jamais conseguiu dissipar inteiramente o mal-estar da dependência material. Ele, que se defenderá contra os benfeitores (enquanto aceita, por vezes, as "pensões" que lhe são cortesmente oferecidas), não tem a consciência limpa à ideia de tudo dever à sua "benfeitora": seu ideal é certamente a dependência sentimental, mas na independência pecuniária. Assim, não é apenas por gosto que empreende, em Chambéry, nas Charmettes, seu aprendizado solitário de músico e de homem de letras; espera chegar um dia a ganhar honradamente a sua vida, para pagar sua dívida. Desejaria, uma vez em boa situação, provar a "mamãe" que ela não estivera errada em acolhê-lo e em prover à despesa. Consultemos os documentos de sua juventude: muito cedo, encontramo-lo preocupado em "viver sem a ajuda de outrem".[3] Ele não pode sentir sua inferioridade social sem experimentar a necessidade de uma resposta e de uma desforra compensatória; recusa de imediato os expedientes suspeitos com que muitos se satisfazem e que a classe privilegiada, ela própria parasitária, teria tolerado; ele se libertará pelo trabalho sério e pelo esforço independente. Tem o sentimento de seu valor (de um valor que reside precisamente no sentimento) e da disparidade entre o que é e o que a sorte fez dele. Teria merecido mais, mas, segundo uma lei de proporção quase matemática, a fortuna tem o cuidado de manter constante o produto da riqueza multiplicada pelo mérito. Jean-Jacques consola-se de ser pobre ao tomar consciência de sua sensibilidade:

> Por que, senhora, existem corações sensíveis ao grande, ao sublime, ao patético, enquanto outros parecem feitos unicamente para rastejar na baixeza de seus sentimentos? A fortuna parece ter para isso uma espécie de compensação; à força de elevar estes últimos, procura nivelá-los com a grandeza dos outros.[4]

Esse consolo, no entanto, é apenas verbal, e não conduz à aceitação resignada da ordem estabelecida. O tom do jovem Rousseau é mais frequentemente o da queixa, em que a parcela da revolta mal se distingue do desejo romanesco de tornar-se interessante pela desventura: "É duro para um homem de sentimentos, e que pensa como eu faço, ser obrigado, na falta de outro meio, a implorar assistência e auxílios".[5]

Reconciliar-se-ia ele com sua sorte, se passasse para o outro lado da barreira, para o lado dos abastados? Seu partido foi tomado bem depressa: sofreu demais com a desigualdade para reconciliar-se por ocasião de um golpe de sorte que resolvesse suas dificuldades. Essa pobreza de que se queixa com frequência em sua juventude o fará ter cada vez mais a convicção de que ela o coloca *do lado bom*, e ele se vangloriará disso. A desigualdade não é uma experiência que se tem sozinho e não se reduz ao sentimento de inferioridade: a desigualdade é uma sorte comum, experimentada solidariamente. Rousseau foi definitivamente "sensibilizado" pelo que viu da miséria camponesa e da pobreza das cidades. As páginas famosas do livro IV das *Confissões* encontram confirmação nas cartas que datam da própria juventude de Jean-Jacques. Em Montpellier, em 1737, ele viu o que muitos franceses, na mesma época, não sabiam ver, e espantou-se com o que não espantava a quase ninguém:

> Essas ruas são orladas alternadamente de soberbos palácios e de miseráveis choupanas cheias de lama e de estrume. Aí os habitantes são, metade, muito ricos e, a outra metade, miseráveis ao extremo; mas são todos igualmente indigentes por sua maneira de viver, a mais vil e a mais sórdida que se possa imaginar.[6]

Notemos que, ao denunciar essa *igual* indigência que engloba ricos e pobres, Rousseau parece ilustrar antecipadamente a conclusão do segundo *Discurso*: quando a desigualdade se torna extrema, os homens se acham todos confundidos, privilegiados e oprimidos desordenadamente, na igualdade do infortúnio e da violência.

Quando o sr. de Francueil lhe propõe tornar-se seu caixa e que uma carreira financeira se oferece a ele, Rousseau, hesitante por um momento, decide vigorosamente recusar: cai doente, e tudo se passa como se seu próprio corpo protestasse apenas à perspectiva de manipular dinheiro e de se tornar um beneficiário da desigualdade. Esse princípio, Rousseau o formulara aos dezenove anos, em uma carta a seu pai:

> Considero melhor uma obscura liberdade que uma escravidão brilhante.[7]

Aí está, sem dúvida, um lugar-comum livresco à maneira de Plutarco. Mas Rousseau terá a ingenuidade e o gênio de a ele amoldar-se muito seriamente: a originalidade não está no próprio princípio, mas na fidelidade ao princípio. Quanto a isso, ele jamais variará. No momento de sua reforma, Rousseau utiliza o sucesso literário para exibir ostensivamente sua independência e sua pobreza. Seu objetivo não é apenas atrair a atenção para a sua pessoa: essa demonstração de virtude à maneira estoica (ou cínica) reivindica uma significação e um alcance gerais. Ao singularizar-se à vista de todos, ao se revestir do papel do pobre, o moralista solitário procura dar uma lição universal. Desprezando todos os pudores e todas as hipocrisias, sua existência voluntariamente despojada acusa a desigualdade social e a ressalta de maneira a alertar as consciências. Muitos críticos, a partir das declarações das *Confissões*, mostraram o aspecto teatral e forçado dessa conduta. Mas essa não é uma simulação gratuita. É uma "manifestação". Se há desempenho teatral em tudo isso, é aquele que a psicologia pode descobrir em todo compromisso sério e deliberado: a consciência consagra-se a uma convicção, afasta-se das oscilações da existência irresoluta, e torna-se incapaz, doravante, de abandonar-se com simplicidade à insignificância atarefada da vida "corrente". Toda escolha é excessiva. Mas o caminho escolhido, aqui, corresponde a uma exigência profunda: a fidelidade de Jean-Jacques à sua origem e à sua categoria social. No momento em que sua condição poderia mudar, em que ele poderia tirar de sua glória o benefício de um avanço mundano, decide preservar sua pobreza, por desafio. Não se contenta em suportar sua vida de pequenos ganhos: ele a reivindica, para provar a seus leitores afortunados que, no estado presente da sociedade, uma existência digna e moralmente justificada só é possível nos confins da indigência. Porque Jean-Jacques oferece o exemplo da verdadeira norma, os grandes e os ricos ver-se-ão obrigados a conhecer a si mesmos sob uma luz acusadora: a opulência e o poder que dela decorrem são usurpação. Esse homem célebre que escolhe ser copista torna sensível o que a riqueza tem de abusivo e de infundado. Ele proclama a aliança permanente, o elo necessário da inferioridade social e da superioridade moral. A desigualdade é produzida pelo delírio vaidoso do parecer; quando nos libertamos desse encantamento e abrimos os olhos, percebemo-la tal como é: um malefício do irreal. Pela aberração dos homens que engana, a irrealidade vem corromper a realidade cotidiana. Em seus efeitos longínquos, a quimera abstrata da aparência se traduz em sofrimento e em crime. Na famosa carta cifrada à sra. Dupin de Francueil, em que Rousseau se explica sobre o abandono de seus filhos, a culpa é lançada sobre as instituições:

> É o estado dos ricos, é o vosso estado, que rouba ao meu o pão de meus filhos.[8]

Aqui Rousseau se desculpa acusando, não sem alguma má-fé: o mal que se lhe poderia imputar é o que uma sociedade má cometeu através dele, vítima duplamente humilhada, que deve suportar ao mesmo tempo o peso da desigualdade e a ofensa da reprovação moral. Assim, Rousseau quer permanecer vítima, para conservar o *justo direito* que se liga à situação de vítima; sua condição desfavorecida lhe é uma graça de estado. Mas quantos esforços para se manter aí! Quantas recusas desconfiadas, quantas desavenças para salvar sua liberdade. Rousseau recusa os presentes, as pensões, as gratificações, para não ser obrigado ao reconhecimento e não ver estabelecer-se, com seu benfeitor, uma dessas amizades suspeitas em que a desigualdade é hipocritamente negada, mas secretamente subentendida de um lado e do outro: receber é reconhecer-se inferior e ligar-se por obrigação àqueles cujas amabilidades têm por objetivo simultaneamente notificar a distância social e a ela proporcionar um simulacro de reparação. Jean-Jacques proclama-se ingrato: a igualdade que reivindica — a reciprocidade das consciências livres — exclui toda dependência, e em primeiro lugar aquela criada pela solicitude dos benfeitores. (Mas se observará que Emílio e o casal Wolmar praticam precisamente o gênero de assistência caritativa a que Rousseau se mostra refratário.) Ele tomou, então, o partido de nada receber para nada dever. Pobre, digno, exposto à curiosidade surpresa do público, torna *visível* a existência, até então despercebida, do artesão frugal, e chega mesmo a torná-la invejável. Quando Diógenes abandona até sua tigela, o rico já não pode olhar sem vergonha o luxo de que se cerca. Sente-se infeliz, embaraçado nas malhas douradas do tédio. Desejaria passar para o outro lado. É o momento em que está disposto a escutar o *Discurso sobre a origem da desigualdade*.

Desigualdade das fortunas e das condições, desigualdade política e jurídica: em boa lógica, seria preciso distinguir. Mas, de fato, tudo se liga. E Rosseau tem mais que outros o senso das correlações efetivas, que experimenta em sua simultaneidade, mesmo que tenha de fazer mais tarde o esforço analítico necessário.

O extraordinário trabalho de reflexão de que dá testemunho o segundo *Discurso* não vem apenas conferir a organização discursiva e sistemática a uma longa revolta apaixonada; ele utiliza a experiência pessoal para superá-la e levá-la ao plano do universal. Em uma data anterior, é fácil salientar, sob a pena de Rousseau, declarações já bastante significativas, mas cujo alcance permanece limitado, seja porque essas declarações isoladas não fazem parte de um *conjunto* teórico, seja porque se ligam demasiado estreitamente às desventuras pessoais de Jean-Jacques.

Mas o segundo *Discurso* é uma obra que, em todos os sentidos, ultrapassa as intenções conscientes ou inconscientes que o biógrafo poderia ser tentado a atribuir a Rousseau. Se seu projeto era conquistar os sufrágios da Academia, ele procedia bem mal. E se Rousseau só tinha por objetivo publicar uma profissão de fé ostensiva acompanhando seu retorno ao rebanho, a obra, mais uma vez, ia longe demais. Possuía algo de excessivo e, por seu excesso mesmo, comprometia a reconciliação desejada. Exercendo sua qualidade de cidadão e dirigindo-se à República, ele chamava sobre si o olhar do universo e o convidava a admirar esse diálogo do filho pródigo e de sua pátria redescoberta. A imensa repercussão dessa palavra, no tempo e no espaço, propagou-se bem além do que Rousseau pudera esperar. Havia, em todo caso, com o que ultrapassar perigosamente as condições de uma perfeita reconciliação com Genebra. Os genebrinos amam as maneiras tranquilas. Que Jean-Jacques, em plena agitação de glória literária, faça conhecer pomposamente seu retorno à cidadania é já muita imodéstia, aos olhos daqueles que se lembram do pequeno aprendiz gatuno. Há pior: essa dedicatória, que lhes apresenta uma imagem lisonjeira de suas instituições, trata também de lhes dar lição. E é endereçada à República inteira, ao passo que teria sido mais decente com ela homenagear os patrícios do Pequeno Conselho. São, da parte de Rousseau, inabilidades intencionais. Resolvera amar Genebra à sua maneira, com exagero, com o risco de desagradar e de se colocar em falta (ou, o que dá no mesmo, com o risco de condenar os outros, de fazê-los sentir, em comparação com seu patriotismo flamejante, sua tibieza e sua pouca virtude). Se publica a sua dedicatória sem tê-la submetido previamente a seus destinatários, como teria exigido a etiqueta, é que não está certo de que lhe deem uma acolhida sem reservas. Ele o pressentia com bastante clareza para adotar antecipadamente, com alguns de seus correspondentes genebrinos, o tom de justificação:

> Isolado pelos homens, não me atendo a nada na sociedade, despojado de toda espécie de pretensão, e não buscando minha própria felicidade senão na dos outros, creio ao menos estar isento desses preconceitos de estado que fazem curvar o julgamento dos mais sábios às máximas que lhes são vantajosas.[9]

Assim, algumas semanas depois da estada em Genebra em que se entregara a todo o seu "entusiasmo republicano", Rousseau retomou suas distâncias: doravante fala de fora. Se a página de título acrescenta orgulhosamente ao nome de Jean-Jacques Rousseau o título de cidadão de Genebra, a dedicatória está datada da cidade saboiana de Chambéry, precaução útil — dizem as *Confissões* — para "evitar todo ardil" na França ou em Genebra. Essa é a singular ausência de que Rousseau tem necessidade: dirigindo-se aos genebrinos, é de fora que lhes fala; mas, ouvido por toda a Europa, exprime-se como cidadão de Genebra. É, então, duplamente estrangeiro. Por toda parte ele é o homem que fala de alhures, e que nenhuma consideração de respeito detém ou intimida. Não faz causa comum com ninguém, a não ser com a verdade ignorada, com a virtude exilada. Pertence a um outro horizonte, a uma outra exigência, a uma outra pátria: uma pátria ideal que não é nem a França nem a Genebra reais. Rousseau teve claramente consciência da fraqueza (e da culpa) que constituía essa separação, esse afastamento no retiro solitário; mas sentiu também que a fraqueza se transformava em uma estranha força, e proclamou-a várias vezes, especialmente na quarta de suas cartas a Malesherbes:

> Em vão vossos homens de letras clamaram que um homem solitário é inútil a todo o mundo e não cumpre seus deveres na sociedade [...] É alguma coisa dar aos homens o exemplo da vida que deveriam todos levar. É alguma coisa, quando não se tem mais forças nem saúde para trabalhar com seus braços, ousar de seu retiro fazer ouvir a voz da verdade. É alguma coisa advertir os homens da loucura das opiniões que os tornam miseráveis [...] Se eu tivesse vivido em Genebra não teria podido publicar a epístola dedicatória do *Discurso sobre a desigualdade*, nem sequer falar do estabelecimento da comédia no tom com que o fiz. Seria muito mais inútil aos meus compatriotas, vivendo no meio deles, do que posso eventualmente não o ser, de meu retiro. Que importa em qual lugar habito se ajo como devo agir?[10]

Esse homem que se torna estrangeiro a todas as sociedades instituídas converte-se, no segundo *Discurso*, em porta-voz dos humilhados e dos ofendidos, o intérprete de todos aqueles que a ordem social, tanto em Genebra quanto na França, condena a viver em situação de estrangeiros. Do fundo da floresta de Saint-Germain, ele não apenas se dirige a todos os homens, mas está decidido a oferecer-lhes, por seus escritos e por seu exemplo, a imagem do homem integral. Ele separou-se e singularizou-se apenas para melhor designar o universal, apontando-o a uma só vez na ordem dos fatos e na ordem do *dever*. Ei-lo fora da comunidade instituída, rompendo todos os laços imediatos, mas para pensar as condições de existência de uma comunidade mais justa e de uma imediação mais feliz.

Rousseau descobriu sua grande maneira. Admiremos aqui a maestria definitivamente conquistada, e que exibe ostensivamente sua envergadura. O gênio sério de Rousseau encontrou o tom que lhe convém. Em uma eloquência altiva, que situa seu desafio no ponto mais alto, há lugar, alternadamente, para o ímpeto retórico, para o raciocínio cerrado, para a polêmica, para uma quantidade considerável de informação erudita, e para o livre impulso da imaginação. Tudo está animado por um fervor intelectual sem par. Pouco importa que Rousseau tenha tomado sua herança aos filósofos, aos jurisconsultos, aos naturalistas, aos viajantes: ao integrar à sua obra o material que lhe fornecem os seus predecessores, ele os faz desaparecer e nos dispensa de a eles recorrer. O *Discurso sobre a desigualdade* pode ter tantas fontes quanto agradar aos eruditos perceber; essa obra é ela própria uma obra-fonte, a partir da qual se pode fazer começar toda a reflexão moderna sobre a natureza da sociedade.

Com toda a evidência, Rousseau resolveu dar ao público o espetáculo de um pensamento armado; o segundo *Discurso* é uma obra fortificada. O leitor logo se terá dado conta: as baterias estão dispostas de todos os lados. Entre as notas finais, algumas são de longuíssimo alcance... Peremptório, cortante em suas afirmações e em suas negações, capaz também de exibir imagens dotadas de um estranho poder, o estilo de Rousseau apela aqui a todos os meios de persuasão. Não é mais apenas um requisitório como o primeiro *Discurso*: é uma *investigação* (a palavra é um neologismo que Rousseau acaba de impor). A paixão entrega-se às fórmulas extremas, que surpreendem e escandalizam; mas o leitor não deve estar desatento às restrições e às mudanças de direção que retificam o movimento do pensamento. Concedamos a Rousseau o direito de construir sua obra "dialeticamente", por grandes oposições, deslocando as inflexões. Os mal-entendidos tão numerosos a que o segundo *Discurso* deu lugar resultam de uma leitura fragmentária, apressada, em que se isolaram afirmações veementes que o próprio Rousseau anulava ou corrigia algumas páginas mais adiante. Atacaram-no, no mais das vezes, por um momento de sua demonstração, e não por sua verdadeira filosofia.

Rousseau preludia com solenidade. Dedicatória, prefácio, exórdio constituem um triplo pórtico por onde avançamos lentamente, como se Rousseau houvesse desejado exprimir simbolicamente a distância que nos separa do verdadeiro começo do homem. Algumas imagens nos guiam nessa progressão: da Genebra contemporânea, passa-se à evocação de Platão e do Liceu de Atenas, depois, enfim, aparece a floresta primitiva, o lugar originário a partir do qual toda a história humana se desenvolverá. Antes de evocar o homem silencioso dos primeiros tempos, Jean-Jacques se colocou em cena na atitude do orador, e dispôs à sua volta um auditório. Por um movimento de expansão, que vai do real a um universal imaginário, dirige-se sucessivamente aos cidadãos de Genebra, aos grandes atenienses, e afinal à humanidade inteira: "Ó homem, de qualquer região que sejas, quaisquer que sejam tuas opiniões, escuta, eis aqui a tua história". É o tom do mistagogo que revela os segredos.

Se é verdade que, de todos os escritos de Rousseau, este ocupa o menor lugar na exposição de suas convicções cristãs, não é apenas porque está marcado pelo espírito da *Enciclopédia* e pela influência de Diderot; é também porque, formulado como uma revelação do humano, esse *Discurso* é integralmente um ato religioso de uma espécie particular, que substitui a história santa. Rousseau recompõe um *Gênese* filosófico em que não faltam o jardim do Éden, nem a culpa, nem a confusão das línguas. Versão laicizada, "desmitificada" da história das origens, mas que, suplantando a Escritura, repete-a em uma outra linguagem. Essa linguagem é a da reflexão conjectural, e toda sobrenatureza dela está ausente. Estando anulada a teologia cristã, seus esquemas constituem, no entanto, os modelos estruturais segundo os quais o pensamento de Rousseau se organiza. O homem, em sua condição primeira, apenas emerge da animalidade; é feliz: essa condição primitiva é um *paraíso*; e ele não sairá da animalidade senão quando houver tido a oportunidade de exercer sua razão, mas com a reflexão nascente sobrevém o conhecimento do bem e do mal, a consciência inquieta descobre a infelicidade da existência separada: é, portanto, uma *queda*.

"Eis aqui a tua história!" Apenas, a história com que Rousseau vai entreter-nos não é aquela de que se ocupam os historiadores. Não falará dos impérios nem de seu destino. Ele toma distância; decidiu olhar as coisas de mais longe. Tendo a Academia de Dijon proposto "uma questão de direito político", Rousseau quis "conter-se nos limites de uma discussão geral e puramente filosófica, sem personalidades e sem aplicações".[11] De fato, essa discussão filosófica concerne menos aos acontecimentos da história do que ao processo pelo qual o homem, de início estranho à história, tornou-se progressivamente um ser histórico.

Quais são as causas que, modificando uma humanidade inteiramente animal, fizeram dela o sujeito e o agente da história? Na falta da experiência, essa transformação pode ser relatada somente de maneira conjectural: dela se pode apenas retraçar uma história hipotética. Todos os documentos de que dispomos referem-se aos fatos ocorridos em uma humanidade já evoluída, e arrastada pelo movimento da história. É preciso remontar mais longe. Se, de um lado, coloca-se entre parênteses o testemunho da Bíblia, e se, de outro, pretende-se tomar como ponto de partida a imagem teórica de um homem ainda próximo da estupidez dos animais, é preciso resolutamente "afastar todos os fatos". Pois os fatos são vestígios históricos do homem, eles nos retêm na história; a partir daí, prender-se aos fatos seria entravar-se em um domínio já afastado da origem. É preciso sair da história para ver nascer a história humana. Qual guia adotar? Os relatos dos viajantes que viram viver os selvagens. Por certo, nenhuma das sociedades que eles descrevem nos mostra o homem da natureza em sua integridade: aos olhos de Rousseau, os caraíbas e os hotentotes estão já "desnaturados", diferenciados pela cultura; mas estão tão longe atrás de nós que, ao nos voltar para eles, olhamos na direção da origem. Atrás desses homens enfeitados de plumas e de ocre, o olhar vê elevar-se a imagem de um homem nu e solitário. Sustentada e orientada pelos fatos etnográficos, a imaginação pode extrapolar ousadamente.

Jean-Jacques fia-se ainda em um outro guia: para pintar a constituição original do homem, e para o seu próprio coração que ele se volta. Não duvida, e ele próprio um "homem da natureza", ou, ao menos, um homem em quem a lembrança da natureza não se apagou. No que constitui exceção, por um desses privilégios exorbitantes que Rousseau não hesita em reivindicar: ele é o único "iniciado" (o termo aparece no primeiro *Diálogo*). Ao compor o *Discurso*, nos bosques de Saint-Germain, ele pode então livremente consultar sua imaginação: ainda que a imagem do homem primitivo pertença ao círculo sonhado das "criaturas segundo o seu coração", Rousseau, no entanto, não se terá extraviado, porque seu coração conserva a marca indelével da natureza. A quimera não mente. A origem, que é o ponto mais distante no passado, é também, por sorte, o ponto mais profundo na subjetividade de Jean-Jacques. Ali onde outros filósofos se contentariam com uma seca especulação, Rousseau apoia-se na intuição íntima e poética. O originário, para ele, não é o ponto de partida de um jogo intelectual, é uma imagem encontrada na própria fonte da existência consciente; e estado de natureza é em primeiro lugar uma experiência vivida, um fantasma de infância perpetuada, e Rousseau fala dele como se tivesse sua visão direta: "De onde o pintor e o apologista da natureza, hoje tão desfigurada e caluniada, pode ter tirado seu modelo, senão de seu próprio coração? Descreveu-a como ele próprio se sentia".[12] A conjectura fundamental coincide então, para Rousseau, com uma evidência interior. Uma vez afastados os preconceitos e as paixões, uma vez subtraídos todo o adquirido e todo o adventício, vê-se aclarar-se a profundeza do tempo, e percebe-se um ser quase puramente sensitivo que se distingue do autômato e do animal unicamente por faculdades virtuais e por uma liberdade ainda sem uso. Assim é a estátua de Glauco, quando se redescobriu sua forma verdadeira sob as algas e o sal que a desfiguravam.

Hipótese que se esforça em encontrar a origem por via de subtração e de negação. Locke, Condillac, Buffon também haviam efetuado esse desnudamento do espírito, para perceber uma consciência ainda vazia, no instante de seu primeiro despertar, desprovida das ideias mais simples, surpreendendo-se de perceber os sinais de que a reflexão fará sua coleta. Tudo começa no estupor, mas Locke e Condillac, apressados em reconstruir e em vestir seu manequim, colocam-no em ação para combinar ativamente os materiais sensíveis. Pouco se preocupam em projetar sua hipótese na profundeza temporal da história humana. Para Locke, as crianças, os imbecis e os selvagens são exemplos equivalentes de "tábula rasa". Tem-se a ideia de falar com eles e de instruí-los? Basta que sejam capazes de reflexão, e ei-los logo muito semelhantes a pequenos filósofos. Quanto a Rousseau, sem mudar nada no fundo da hipótese, aí acrescenta dois aspectos que seus predecessores não haviam considerado suficientemente. Em primeiro lugar, a dimensão coletiva: não basta remontar às origens hipotéticas de uma consciência singular, é preciso remontar à infância da humanidade. Por via de consequência, em segundo lugar, é impossível reconstruir a sequência natural dos acontecimentos em um tempo abstrato: só há explicação válida da humanidade contemporânea considerando a duração da história inteira. Levando em conta ao mesmo tempo os parâmetros temporais e coletivos, afastando decididamente as interpretações providencialistas, Rousseau cria com brilho o que mais tarde se chamará sociologia histórica: não se pode compreender o homem moderno se não se conhece a sociedade que o educou, e não se pode compreender a sociedade se se ignora a maneira pela qual se constituiu. Para Rousseau, o problema deve ser retomado no princípio, isto é, no ponto hipotético em que os grupos se formam pelo encontro dos indivíduos isolados. À custa dessa regressão ao mais distante passado, dominamos com o olhar a "multidão de séculos" em que progressivamente se modificaram as relações do homem com a natureza e com os seus semelhantes. Notemo-lo de passagem, há talvez mais que uma coincidência entre a lenta e aventurosa formação intelectual de Rousseau e o fato de que tenha julgado necessário insistir no imenso lapso de tempo indispensável à maturação da razão. Através das vicissitudes do devir histórico o homem atualiza suas faculdades virtuais: não é de imediato um animal racional; torna-se racional ao deixar de ser animal.

Mas, deixar de ser um animal é perder certo número de prerrogativas. O *físico* do homem da natureza se define pela saúde; o *moral* do homem da natureza é a "vida imediata", o impulso espontâneo da simpatia e do amor de si. No estado de dispersão em que Rousseau imagina a humanidade primitiva, nada une o indivíduo ao seu semelhante, mas nada igualmente o escraviza. Não experimentando nenhum desejo de comunicação, ele não se sente separado; nenhuma distância metafísica o afasta ainda do objeto exterior. Sua relação com o mundo circundante se estabelece no equilíbrio perfeito: o indivíduo faz parte do mundo, e o mundo faz parte do indivíduo. Há correlação, acordo harmonizado entre a necessidade, o desejo e o mundo. O desejo, circunscrito no limite estreito do instante, jamais ultrapassa a estrita medida da necessidade, e esta, inspirada apenas pela natureza, é muito rapidamente satisfeita para que surja a consciência de uma falta; a floresta original provê a tudo. Isso compõe a figura de uma felicidade. Só, ocioso, próximo do sono, desejando pouco, facilmente cumulado, o homem primitivo tem por reino a grande *moderação por nada* em que a história ainda não tem curso. Evocando esse paraíso à instigação de sua própria nostalgia, Rousseau redescobre os temas de uma fantasia milenar: por toda parte, em todas as épocas, sabendo que o tempo os condena à morte, os homens imaginaram um paraíso situado antes do tempo, e que foi ele próprio morto pelo tempo.

Se esse equilíbrio elementar é o único em que o homem pode ser feliz, tudo que transforma a constituição humana, ainda que seja aparentemente uma aquisição e um acréscimo de poder, deverá ser considerado como responsável pela irrupção da infelicidade. A menor brecha produzida na plenitude fechada do estado de natureza deixará escoar as grandes águas de uma história ainda *contida*. Uma enorme energia potencial será posta em ação por esse desequilíbrio. O progresso intelectual caminhará junto com uma dissimetria crescente entre o desejo e os objetos, pelo que o homem terá de padecer. Quando ele quiser impor sua ordem violentando a natureza, suscitará desordem e guerra. Assim, de maneira ambígua, a ascensão técnica e intelectual da humanidade poderá ser descrita como o equivalente da queda de que fala o Gênese. Nesse processo que se define literalmente como uma *desarticulação*, o homem, abandonando sua primeira e brutal amoralidade, não se torna moral senão para se crer bom e se tornar mau. A desigualdade começa logo que o repouso primitivo dá lugar ao devir. E cada etapa do progresso da sociabilidade corresponderá a uma depravação mais acentuada.

O progresso é ambíguo; mas o retorno ao estado de natureza é impossível para as sociedades que dele se afastaram. A transformação é irreversível; o caminho do retorno está aberto apenas aos sonhadores. Por veemente que seja o desejo desse retorno, não é permitido retroceder. Tudo o que está em nosso poder é despertar e manter viva a *memória* do estado de natureza. Pois sua imagem pode servir de "conceito regulador" (Éric Weil): ela constitui a referência fixa, a escala na qual se pode situar o *desvio* que representa cada estado de civilização diferenciado. A definição da humanidade mínima permite a medida exata de nossos excessos e de nossos aperfeiçoamentos.

Tudo o que difere da pobreza ideal do estado primitivo deve ser considerado como invenção humana, fato de cultura, modificação do homem por ele próprio. Desse modo, podemos saber onde cessa o homem da natureza e onde começa o *homem do homem*. Assim, por uma transferência de responsabilidade cuja importância talvez não tenha sido suficientemente sublinhada, Rousseau apresenta como *obra* humana o que a tradição definia como um dom original da natureza ou de Deus. Criação humana, o aperfeiçoamento da linguagem articulada; criação humana, a união duradoura do macho e da fêmea; criação humana, a sociedade, a propriedade, as regras formais do direito; criação humana, a moral, tão logo se fundamente em razão e ultrapasse, em suas prescrições, o simples instinto de conservação e o impulso obscuro da simpatia. Todos esses desenvolvimentos, por certo, supõem faculdades virtuais, mas não são a sua inevitável realização; não há nada de *necessário*, aos olhos de Rousseau, na passagem da perfectibilidade ao aperfeiçoamento; o homem é livre para querê-la ou para recusá-la, ou, no mínimo, para acelerá-la ou diminuir-lhe o ritmo.

O estado de natureza, nos diz Rousseau, talvez jamais tenha existido. Que seja. É preciso, contudo, colocá-lo por hipótese, pois só se pode medir as distâncias em história com a condição de ter previamente determinado um "grau zero". Além disso, como sabemos, para a fantasia de Rousseau "nada existe de belo senão o que não é", e a quimera adquire uma existência imperiosa pelo fato mesmo de sua impossibilidade. É preciso notar bem que o estado de natureza não é um imperativo moral; não é uma norma prática, à qual seríamos convidados a nos adequar: é um postulado teórico, mas que recebe uma evidência quase concreta, pela virtude de uma linguagem que sabe dar ao imaginário todas as características da presença. A descrição passional do estado de natureza pôde fazer crer que Rousseau optava decididamente pela existência selvagem. "Ele tem vontade de andar em quatro patas", escreverá Voltaire. Mas a opção é impossível, e Rousseau o sabe muito bem. Não confere tantos atrativos à imagem dos primeiros tempos senão para avivar nosso pesar de dela estar doravante afastados sem retorno. Rousseau, apesar de sua nostalgia, não é um "primitivista".[13] Se teria sido preferível, para o homem, jamais abandonar sua condição primitiva, doravante não temos mais escolha. Rousseau tomará o cuidado de repeti-lo várias vezes. No *Emílio*, leremos que *é preciso empregar muita arte para impedir o homem social de ser inteiramente artificial*.[14] É pelo aperfeiçoamento da cultura (portanto, por uma desnaturação mais aprofundada) que o acordo com a natureza pode ser redescoberto, e essa natureza segunda, fruto da arte, não se define mais como um equilíbrio obscuro e instintivo: é esclarecida pela razão, sustentada pelo sentimento moral, de que o bruto primitivo nada sabia. A antítese da natureza e da cultura *pode* resolver-se em um movimento progressivo: tal é a filosofia que Kant lerá em Rousseau e retomará por sua própria conta.

No segundo *Discurso*, que é o preâmbulo do "sistema", Rousseau quase não nos deixa entrever essas perspectivas tranquilizadoras. Seu propósito, ali, é mostrar como o homem excluiu-se da harmonia natural. Segundo o estilo extremista que é o seu, ele conduz a história humana até um termo catastrófico. A cortina desce sobre uma cena invadida pela anarquia e pelo caos: mas é apenas o fim do primeiro ato. Mesmo quando não subsistisse mais nenhuma possibilidade de construir a sociedade justa (tal como foram Esparta ou Genebra), é ainda possível educar um indivíduo que adquirirá suficiente razão para viver de acordo com as exigências da natureza. O pessimismo histórico do *Discurso* é contrabalançado pelo otimismo antropológico que é uma das constantes do pensamento de Rousseau. "O homem é naturalmente bom." A bondade natural está perdida para sempre? Sim, se se consideram as sociedades. Não, se se considera o homem singular. O mal não reside na natureza humana, mas nas estruturas sociais. "Se a diferenciação é contingente em relação à natureza original do homem, os males que ela gera não são irremediáveis" (René Hubert). Pode-se conceber uma educação que previna e contrarie a influência malévola de uma sociedade corrompida. Apenas, para que uma educação desse tipo seja possível, é preciso que o educador conheça a natureza, ou que ele próprio seja, como Rousseau, um "homem da natureza". Será então indispensável ter sob os olhos não apenas a imagem viva da natureza primitiva do homem, mas ainda as causas exatas de sua desnaturação. Aos médicos das almas e das sociedades, o *Discurso* fornece as definições prévias: aqui está a saúde, que perdemos, e aqui está o mecanismo do mal.

A desigualdade e o mal são mais ou menos sinônimos. O segundo *Discurso* é uma teodiceia. Deus (ou a Natureza) não pôde desejar que o mal existisse. O homem é culpado? Pecou? Se ele é naturalmente bom, de onde vem que se tenha tornado mau?

Tornou-se mau porque se entregou ao devir: é em um mesmo movimento que o homem se torna mau e que se torna um ser histórico. Como assim? Lutando ativamente contra a natureza, opondo seu trabalho à adversidade exterior. De fato, ele se tornou mau sem ter desejado o mal (do mesmo modo, segundo as *Confissões*, Rousseau fez o mal conservando um coração puro). Alguma coisa se viciou misteriosamente *entre* o homem e o mundo. Um desengate (um "clinâmen", escreve René Hubert) se produziu. O nível já não está imóvel entre a necessidade e sua satisfação; em consequência, o homem não pôde continuar a viver em relação imediata com o mundo natural. Essa disparidade, que se tornará um antagonismo, é ao mesmo tempo fonte de energia e de infelicidade.

A provocação veio de fora. Em certas regiões, ele encontrou "anos estéreis, invernos longos e rudes, verões ardentes"; vai precisar lutar contra os obstáculos que lhe são opostos por um meio no qual deixa de encontrar uma proteção segura. Lançado na insegurança, obrigado a mostrar toda a sua capacidade para salvaguardar sua existência, ele é expulso de sua felicidade ociosa: é frustrado, e agora depende do *de fora*. Recebia quase passivamente os dons da natureza; vai precisar conquistar tudo.

Descobre que é capaz de vencer a adversidade, à custa de um esforço constante.

O trabalho implica uma duração que se organiza no contato com o obstáculo, a reflexão é o agente dessa organização. Nesse encontro ativo em que afronta a inércia das coisas, o homem toma consciência de sua diferença. Compara-se com o outro, e essa comparação é o próprio despertar da razão. Mas o poder que adquire sobre o mundo, o homem o paga perdendo o contato direto que constituía a sua primeira felicidade. Todas as suas relações se tornam mediatas e instrumentais. A ferramenta se interpõe entre o homem e a natureza violentada; da mesma maneira, ao tomar posse de sua identidade distinta, o homem vê fender-se a esfera perfeita da vida imediata; perde a unidade fechada, a coesão sem dentro e sem fora do estado primordial. Não se pode mais pertencer integralmente ao sentimento de sua existência atual. Em uma mesma descoberta, ele se sabe agora diferente dos semelhantes que acaba de encontrar, diferente da natureza que ameaça sua existência e resiste a seus desejos; diferente do que ele foi e do que será. A separação, a diferença, o escoamento do tempo, a morte possível, aí está o que percebe, logo que o esforço bem-sucedido o faz conhecer seu poder sobre o mundo. Ele conquista a maestria para descobrir uma dependência. A mesma faculdade de comparar (de refletir), que constitui a superioridade consciente do homem sobre o mundo, faz também com que se preveja sofrendo ou morrendo. Em algumas páginas admiráveis, Rousseau nos mostra como, pelo trabalho, o homem sai da condição animal e descobre o conflito dos contrários: o fora e o dentro, o eu e o outro, o ser e o parecer, o bem e o mal, o poder e a servidão. Se recusamos a esse texto o mérito de ser *dialético*, que outra filosofia disso nos dará o exemplo? Pois vemos aqui os opostos chamarem-se uns aos outros, desenvolverem-se uns pelos outros; assistimos às transformações que afetam o homem interior à medida que ele modifica sua relação com o mundo exterior. No devir histórico, as modificações morais e as aquisições técnicas são interdependentes. Não existe de modo algum mudança nos métodos de subsistência e de produção (isto é, na economia) que não seja acompanhada, correlativamente, de uma transformação do instrumental mental e da disposição passional dos homens. Como distinguir o que é causa e o que é efeito nesse processo? Tudo aí é alternadamente determinante e determinado.

Desde a querela das artes e das ciências, Rousseau soube ver que a genealogia do mal é complexa, e que não se pode simplesmente incriminar o saber e as técnicas. O mal é a inquietude de espírito que os estoicos denunciavam, e é também o que os modernos chamam de alienação: não mais se pertencer, sair de si, viver para a opinião e para o olhar dos outros, exigir mais que o necessário *reconhecimento* do homem pelo homem. O mal, que veio de fora, é a paixão pelo de fora. Logo que o homem abandona a autarcia do estado natural, sente-se vulnerável em sua aparência, e deseja *parecer* para assegurar-se de sua própria existência. O desenvolvimento de certas estruturas econômicas, especialmente o luxo, pode ser interpretado a partir de causas psicológicas: o homem civilizado não deseja apenas a segurança e a satisfação de suas necessidades essenciais, cobiça o supérfluo, deseja o desejo de outrem, quer fascinar pela exibição de seu poder ou de sua beleza. A alienação do dinheiro e das relações monetárias não fará mais que arrematar a alienação primordial das consciências, ela própria tornada possível pela oposição instrumental do homem e do mundo...

Um intervalo imenso, nos diz Rousseau, separa a perda do estado primitivo e a passagem ao estado civil. Rigorosamente, o estado de natureza só terá fim no momento em que os homens estabelecerem comunidades políticas e se proporcionarem um governo. Ver-se-á então, segundo os próprios termos de Rousseau, um "segundo estado de natureza", em que o homem está já desnaturado sem estar ainda socializado. Terá atravessado uma história antes de ser homem "civil". Ora, essa história, por ser progressiva, não caminha sem crises. Ela se recorta em fases; é ritmada por grandes *revoluções*. Deixemo-nos guiar por Rousseau:

1. O homem ocioso da origem, sob a instigação das *circunstâncias* exteriores, descobre a necessidade e a eficácia do trabalho. Os homens ainda não renunciaram à dispersão primitiva. Entretanto, pressionados pela necessidade, acontece-lhes de associar-se para um esforço comum: colaboração ocasional, em que se constituem hordas anárquicas sem permanência.

2. Ocorre o que Rousseau chama uma primeira revolução. Ela resulta de um progresso técnico. O homem sabe edificar abrigos, e as famílias podem doravante permanecer agrupadas. A humanidade entra na era patriarcal. Constroem-se aldeias, mas o solo ainda não tem proprietário. A coleta e a caça são as principais atividades que provêm às necessidades do grupo. A descrição que dela faz Rousseau, inspirada pelos relatos dos viajantes e pela Bíblia, pode ser aproximada da imagem que fazemos da época paleolítica. Se existe uma idade de ouro que devíamos lamentar, é essa. Pois realmente existiu, e as nações selvagens são a prova de que teríamos podido permanecer nesse estágio. Essa "verdadeira juventude do mundo" é um lugar central na duração: para além é a decrepitude que começa. Enquanto o homem da natureza não era mais que uma hipótese necessária, um fantasma do desejo, as sociedades patriarcais e comunistas são uma imagem concreta da felicidade que deixamos escapar por bens ilusórios. Se a história houvesse sido detida na fase da "sociedade começada", nos teríamos poupado misérias sem número. Aqui, pela última vez antes da conclusão do *Discurso*, uma grande imagem elegíaca se eleva, ornada de todas as seduções que Rousseau sabe dar às coisas findas. O contraste será mais dilacerante com o sombrio destino que doravante nos está reservado.

3. Da mesma maneira que o homem perdeu a ociosidade paradisíaca para cair no trabalho e na reflexão, uma nova queda vai fazê-lo perder a felicidade patriarcal. Por um "funesto acaso", os homens descobrem as vantagens da divisão do trabalho, que lhes permite passar de uma economia de subsistência a uma

economia de produção. (Emprego intencionalmente os termos modernos que Rousseau não conhecia: mas se ele ignora a palavra, descreve perfeitamente a coisa.) Os homens estão agora destinados a tarefas distintas: uns são forjadores, os outros lavradores. O aparecimento da agricultura e da metalurgia constitui, nos diz Rousseau, uma grande *revolução*. Com exceção de alguns detalhes, é o que chamamos hoje a revolução neolítica. "Foram o ferro e o trigo que civilizaram os homens e perderam o gênero humano." Por que essa consequência nefasta? Porque os homens, produzindo além de suas necessidades reais, disputam a posse do supérfluo: não querem mais apenas usufruir, mas possuir; não querem mais apenas os bens atuais, mas os sinais abstratos dos bens possíveis ou das posses futuras. Há, para Rousseau, uma estreita correlação entre o fato de que o homem perde sua unidade ao se entregar a uma atividade parcial e a paixão com que procura compensar pelo ter a perda da integridade do ser. Apenas, essa compensação não restabelece o equilíbrio; compromete-o ainda mais. O homem pode possuir somente delimitando e defendendo a terra que ocupa. As cercas se erguem, pois a posse implica a exclusão dos não possuidores. Os menos hábeis ou os menos violentos serão então afastados e se tornarão pobres.

4. Se o primeiro ocupante pode proclamar-se proprietário do solo, ele o possui ainda sem direito. Daí a guerra. "A sociedade nascente deu lugar ao mais horrível estado de guerra." Aqui, Rousseau vai ao encontro de Hobbes. Não o combatera senão para definir um primeiro estado de natureza em que o homem leva uma existência por demais dispersa para ter necessidade de exercer a violência contra seus semelhantes. Rousseau contradissera Hobbes apenas para levar ao extremo o atomismo pelo qual o autor do *De cive* definia a existência pré-social do homem (Éric Weil). Ao levar assim o hobbismo ao limite, Rousseau se dava por hipótese um homem naturalmente bom (ou antes: amoral).

Eis-nos na situação insustentável em que a guerra de todos contra todos torna necessário o estabelecimento de uma ordem civil. O que põe fim ao segundo estado de natureza é a luta de morte a que se entregam homens já desnaturados. A honra do homem natural (e da natureza humana) está então salva, em uma situação que é exatamente aquela que Hobbes descreve como o conflito dos indivíduos naturais.

Antes a ordem que a violência; antes uma aparência de justiça que a anarquia: tal é o raciocínio que vai dar origem ao estado civil. Ameaçados em sua segurança, os homens vão acabar de socializar-se. Mas a partida começa mal. O *Discurso* nos faz assistir à conclusão de um contrato. É um contrato iníquo: em vez de fundar a sociedade justa, arremata a "má socialização" (Pierre Burgelin). Rousseau inventa personagens e as faz representarem uma cena simbólica. Surge um protagonista "refletido" (portanto, mau): é o rico. Este se dirige a uma multidão confusa de pessoas grosseiras e fáceis de enganar. A desigualdade, agravada pelo logro, torna-se manifesta nesse diálogo mistificador entre um só e todos. Estipulado na desigualdade, o contrato terá como resultado consolidar as vantagens do rico, e dar à desigualdade valor de instituição: com a aparência de direito e de paz, a usurpação econômica torna-se poder político; o rico garante sua propriedade por um direito que não existia antes, e será doravante o senhor. Esse contrato abusivo, caricatura do verdadeiro pacto social, não tem sua fonte na vontade espontânea do grupo em formação. Obra de astúcia e de sedução, ele está, contudo, na base de nossa sociedade, constitui uma etapa determinante de nossa história. Somos hoje os herdeiros desse mau negócio, em que a violência aberta da guerra de todos contra todos foi substituída pela violência hipócrita das convenções vantajosas para o rico. Constatemos, além disso, que os Estados se conduzem entre si como o faziam os indivíduos antes que fossem unidos pelo pacto social. Não suprimimos a guerra entre os indivíduos senão para reencontrá-la, agravada, entre as nações.

Nessas páginas veementes, Rousseau, seguindo uma inclinação da filosofia das luzes, explica pela *impostura* a origem das instituições abusivas. Enganadores e enganados; bem-falantes e simplórios: essa é a "cena primitiva" que a filosofia não cessa de reviver. Chegou o momento em que as vítimas da ordem social, despertando para a revolta, interpretam sua situação como a consequência de um complô deliberado, urdido no passado e perpetuado pela cumplicidade dos poderosos. A inteligência filosófica se atribui como tarefa fazer circular a senha de um contracomplô, de uma conjuração libertadora: é preciso desvelar pela análise racional a origem inteiramente humana de uma ordem que os impostores pretendem sagrada; é preciso "desmistificar" os espíritos, ressaltando a mistificação que deu o poder aos primeiros opressores. Nossa revolta será o despertar protelado de um movimento de cólera que deveria ter ocorrido desde o começo.

Mas para dar todo o seu peso à crítica dos *fatos* é preciso poder opor-lhe o exato teor do *direito*. Nesse ponto do *Discurso*, Rousseau sentiu a necessidade de abandonar o relato da sucessão verossímil dos acontecimentos para estabelecer rapidamente os princípios do direito político. É preciso definir rigorosamente as normas da justiça, se se quer poder denunciar o erro no qual se afundou o "curso do mundo". Rousseau vai tentar definir, então, abstratamente, as condições de uma vida civil legítima. Já não é o historiador que fala então, mas o autor das *Instituições políticas*. Deixando (durante algumas páginas) de reconstruir as *origens* e de explorar as profundezas do tempo, ele estabelece os *fundamentos* que toda sociedade sã deveria reconhecer. Está aí o que Rousseau chama de "cavar até a raiz". Contrariamente a muitos de seus predecessores, Rousseau sabe distinguir o que é começo na ordem cronológica e o que é princípio na ordem ideal.

Tudo no-lo prova, a razão que decreta os princípios ideais não é separável, em Rousseau, da atividade crítica que incrimina um estado de fato intolerável. Os princípios do direito político têm função de antítese. As imagens do homem primitivo e da sociedade patriarcal eram já, também elas, antíteses; mas Rousseau as apresentava simultaneamente como reais no passado e irrealizáveis para nós. A sociedade justa, ao contrário, é uma possibilidade extra-histórica, e, ainda que jamais houvesse sido realizada, é realizável por hipótese.

Na discussão das noções fundamentais, a polêmica desempenha um papel considerável: a autoridade paterna *não é* o fundamento do direito; a submissão dos vencidos *não é* um título legítimo para o vencedor; a união dos fracos *não é* uma hipótese mais aceitável. O que se pode admitir? Um contrato. De modo nenhum esse pacto de sujeição cujo espetáculo consternador acaba de nos ser oferecido. O pacto que Rousseau preconiza no *Discurso* aparece ainda sob a figura clássica do duplo contrato, mas ele aqui nos apresenta sua teoria como provisória: suas "pesquisas" estão inacabadas. Graças ao enunciado do pacto ideal, podemos melhor reconhecer o que o pacto histórico tinha de mistificador, e estamos doravante autorizados a "examinar os fatos pelo direito". Poder-se-á avaliar a distância entre as exigências da equidade e as servidões de um devir que começou mal. Há, portanto, dois termos de referência no *Discurso*: a ideia de *natureza*, que permite apreciar um desvio histórico; e a ideia de *direito*, que torna manifesta a amplitude de nossas infrações. Rousseau, como se vê, dissociou a noção clássica de *direito* natural. A lei natural não era um direito, mas era espontaneamente seguida pelo homem natural (que desapareceu); longe de ser contrário à lei natural, o direito civil ideal a restabelece sobre outras bases. Apenas, são precisamente outras bases: razão, reflexão, vontade esclarecida. Porque o homem é naturalmente bom, todo o edifício do direito pode ser construído tão somente sobre a vontade humana.

Essa parte do *Discurso* contém então, em germe, o *Contrato social*, e o anuncia expressamente. Ao ler de perto essas páginas, ao observar o lugar em que Rousseau as insere, compreendemos melhor a função do contrato *legítimo* no pensamento de Rousseau. Ele estabelece uma norma, cujas possibilidades de êxito são, talvez, limitadas (pois convém apenas às nações jovens e aos pequenos Estados), mas cuja validade normativa é, ao contrário, universal. Todo sistema concreto pode ser-lhe confrontado para ser julgado, e, eventualmente, condenado na proporção de sua discordância com o modelo ideal. Além disso, a atitude do escritor diante da sociedade de seu tempo terá encontrado sua justificação. Sendo os fatos manifestamente contrários ao direito, a revolta de Rousseau não poderá mais ser considerada como um movimento passional, já não se poderá ver aí apenas um acesso de misantropia: ela terá conquistado sua dupla legitimação, científica e moral. Sua recusa está doravante fundada em razão.

A narração da história hipotética, interrompida pelas considerações de "direito político", é retomada num ritmo precipitado. Rousseau multiplica as entradas de seus diversos temas, como o fazem os contrapontistas no *stretto* final de uma fuga. Essa história mal começada, à qual ele opunha o ideal de um verdadeiro contrato, é a nossa, e acaba mal. O devir histórico, de início lenta alteração, toma o rumo da catástrofe. Rousseau, inspirado sem dúvida por Maquiavel e por Montesquieu, descreve a sucessão dos diversos tipos de governo, a instituição da nobreza hereditária a arbitrariedade crescente do poder monárquico. Logo, em uma aceleração vertiginosa, Rousseau recorrerá à preterição: "Se fosse aqui o lugar de entrar nesses detalhes, eu explicaria como [...]". Ele tem pressa de concluir e dirá tão só uma pequena parte do que poderia dizer: evoca um livro possível. E todas as misérias de um mundo entregue aos poderes corruptores do dinheiro e da opinião desfilam sob os nossos olhos. O leitor tem a sensação do abismo: a história acaba no sangue e na anarquia. A luta universal restabelece, na abjeção, uma igualdade que faz pensar na "segunda barbárie" de que fala Vico; "um novo estado de natureza" reaparece, no qual reina, como em Hobbes, apenas a lei do mais forte. A rebelião e a revolta desfazem o laço social: não há mais que indivíduos ferozmente erguidos uns contra os outros. Eles não têm, infelizmente, nenhuma possibilidade de redescobrir a dispersão e a solidão do primeiro estado de natureza. Doravante o homem não pode mais prescindir do homem, ainda que fosse a título de inimigo mortal: os laços do ódio sobrevivem a todos os outros.

Uma eventualidade, no entanto, permanece aberta. Que nas convulsões desse período catastrófico, no nadir da história, uma dessas revoluções "reaproxime" o governo "da instituição legítima". É uma possibilidade, e não uma necessidade. Pois, segundo Rousseau, o homem jamais deixa de ser livre, tanto para o bem como para o mal. Em um mundo entregue à segunda barbárie, o retorno à instituição legítima (cuja ideia talvez tenha sido sugerida por Maquiavel) é uma possibilidade salvaguardada, ínfima, é verdade, e por demais aleatória para que tenhamos o direito de crer em um progresso automático e em uma graça que salvaria as sociedades sem que tenham feito nada para merecê-lo. A *negação da negação* de que fala Engels a propósito da conclusão do *Discurso* aí não aparece de maneira nenhuma como uma lei da história, mas como a recompensa daqueles que teriam tido virtude bastante para escapar à corrupção e força bastante para levar os homens para o caminho do recomeço. De fato, Rousseau não precisa muito as condições de uma salvação. A história, para ele, é essencialmente degradação. A salvação, portanto, não pode ocorrer na ou pela história, mas na oposição ao devir destruidor. Exaltando o exemplo de Genebra e dando-se a si mesmo como exemplo, Jean-Jacques nos convida a crer que, na corrupção geral, há uma exceção para as pequenas cidades fiéis a seus princípios e para os espíritos corajosos que fazem secessão. Só estão indenes aqueles que, como ele e como a Genebra de seu sonho, recusam-se à vertigem em que se perdem as grandes nações civilizadas. Não é, então, em uma teoria do progresso, mas pela consciência horrorizada do perigo e da fecundidade simultâneos da existência temporal, que Rousseau é em sua época o testemunho mais importante da descoberta da história e da temporalidade. Acrescentar-se-á apenas que a desconfiança de seu pensamento em relação à história não impediu que agisse sobre o movimento da história.

A conclusão do *Discurso* é notável por um duplo motivo. De um lado, Rousseau aí introduz (um pouco sub-repticiamente) sua doutrina da igualdade civil: ele não reclamará a igualação e o nivelamento das condições, deseja apenas que a desigualdade civil seja proporcional à desigualdade natural dos talentos. De outro lado, opondo antiteticamente a imagem do selvagem e a do homem corrompido, ele coloca o leitor diante de duas impossibilidades simétricas: a condição do selvagem não pode mais ser reconquistada, e a do "civilizado" é inaceitável. A felicidade está atrás de nós, mas não se pode retroceder; a sociedade atual só nos reserva males, e aquele que deles toma consciência já não pode jogar o jogo. A figura mítica do selvagem e a de uma sociedade fundada no verdadeiro Contrato servem de caução à negatividade crítica, que tem necessidade de opor a um mundo mau a figura verossímil de um mundo ou de um homem melhores. E se o retorno à natureza é impossível, se a sociedade não pode ser corrigida, a solidão torna-se completa para o espírito clarividente. A única atividade que ainda é possível, como vimos, é a educação de Emílio. Mas Emílio será ele próprio um estrangeiro entre os homens, um selvagem feito para habitar as cidades. Rousseau, significativamente, prolonga a história dessa educação até o momento em que Emílio se torna, por sua vez, um solitário como Jean-Jacques. Entre a lembrança da felicidade perdida da infância e a adversidade imerecida que se abate sobre ele, tentará experimentar, à imitação do selvagem, uma sucessão de instantes presentes. Ele terá, contudo, o poder de meditar sua resolução e de exprimir-lhe o projeto: ora, um projeto, ainda que fosse o de viver no imediato, é o contrário da instantaneidade de que a consciência primitiva tinha o privilégio. Nada de mais mediatizado que esse imediato redescoberto, do qual Rousseau tentará prevalecer-se no fim de sua vida. Não é a felicidade espontânea, é a compensação refletida da infelicidade. A existência natural é o modelo longínquo para o qual se volta o homem da reflexão infeliz. Rousseau não pode ignorar que, ao *dizer* a felicidade da existência natural, a palavra atenta contra o silêncio da existência natural e torna-se imediatamente o que dela nos separa. O positivo puro, a existência natural não estão mais ao nosso alcance: só foram evocados para nos ser imediatamente subtraídos. Resta a negatividade, a recusa do mundo contemporâneo: a recusa que a consciência revoltada opõe a uma sociedade que traiu conjuntamente a lei natural e o ideal civil.

# ROUSSEAU E A ORIGEM DAS LÍNGUAS*

A reflexão sobre a linguagem ocupa, em Rousseau, um lugar considerável. De um lado, a teoria da linguagem faz parte integrante dos escritos de doutrina, quer se trate das obras que dizem respeito à história da sociedade, quer daquelas que interessam à educação do homem moderno; de outro, o problema da comunicação, a escolha dos meios de expressão preocupa em Rousseau o músico, o artista, o romancista e, no supremo grau, o autobiógrafo. Rousseau foi o primeiro a conferir uma importância patética à teoria da relação entre pessoas humanas: não temos motivo, portanto, para nos surpreender diante da insistência com a qual ele faz da palavra o tema de seu próprio discurso. Sob muitos aspectos, estamos na posse, aqui, de um dos elementos que asseguram a coesão interna de uma obra muito frequentemente acusada de carecer de unidade. Prestemos, portanto, a maior atenção à teoria da linguagem, tal como Rousseau a elaborou, e, conhecendo a importância que ele atribui ao aspecto genético das instituições, tentemos mais precisamente ressaltar o que pensou da origem das línguas.

Deter-nos-emos em dois textos: o *Discurso sobre a origem da desigualdade* e o *Ensaio sobre a origem das línguas*. Textos complementares, por vezes levemente dissonantes, mas que propõem ao leitor uma mesma história sob uma dupla versão: o *Discurso sobre a desigualdade* insere uma história da linguagem no interior de uma história da sociedade; inversamente, o *Ensaio sobre a origem das línguas* introduz uma história da sociedade no interior de uma história da linguagem.

* Texto publicado em *Europaische Aufklärung*. Festschrift für Herbert Dieckmann (Munique, W. Fink, 1966).

Para Rousseau, o homem não é naturalmente sociável, ou, pelo menos, não o é desde a origem. *Tornou-se* sociável em virtude de sua perfectibilidade. Contudo, Rousseau considera a perfectibilidade como um apanágio inato, como um dom da natureza. A instituição social não deixa, então, de estar relacionada com a natureza: é a consequência *protelada* de uma disposição *primitiva*, cujos efeitos se manifestaram muito lentamente, a distância da origem, sob a influência de condições excepcionais que solicitaram o desenvolvimento das faculdades virtuais. Essas causas favorecedoras são obstáculos externos, diante dos quais o homem se encontrou detido acidentalmente. Rousseau incrimina "circunstâncias" físicas, que teriam podido igualmente não ocorrer, mas que, uma vez presentes, fazem a perfectibilidade adormecida passar da potência ao ato.

No *Discurso*, Rousseau supõe uma humanidade primitiva em lenta expansão; certos indivíduos, saídos do hábitat temperado, encontram climas difíceis que os obrigarão a lutar contra a natureza circundante. A inteligência, a técnica, a história têm origem no contato com o obstáculo, quando o homem deixa a tepidez constante da floresta primitiva e se encontra exposto a "verões ardentes" ou a "invernos longos e rudes".[1] No *Ensaio sobre a origem das línguas*, a mesma ideia se encontra exposta, mas de maneira mais enigmática, através do símbolo cosmológico da desigualdade das estações: "Aquele que quis que o homem fosse sociável tocou com o dedo o eixo do globo e o inclinou sobre o eixo do universo".[2] Linguagem e sociedade estão tão ligadas — conforme a tradição clássica e a doutrina de Hobbes — que, se se admite que o homem de não sociável tornou-se sociável, é preciso igualmente conjecturar que o homem, de não falante, tornou-se falante. Pois o homem não é originalmente dotado de palavra. A linguagem não é uma faculdade que o homem soube exercer de imediato: é uma aquisição, mas uma aquisição tornada possível por disposições presentes desde a origem e por muito tempo inexploradas. Entre todas as criaturas, o homem é o único que tem *por natureza* o poder de sair de seu estado primitivo. Ao mesmo título que a instituição social, a linguagem é um efeito tardio de uma faculdade primitiva: é o resultado de um desenvolvimento protelado. Natural em sua origem, ela constitui uma antinatureza em seus resultados. O perigoso privilégio do homem é ter em sua própria natureza a fonte dos poderes pelos quais se oporá à sua natureza e à Natureza.

"Sendo a palavra a primeira instituição social, não deve sua forma senão a causas naturais."[3] A longo prazo, a instituição social contradirá a "lei natural"; mas a instituição social é uma antinatureza saída da natureza.

## A VOZ DA NATUREZA

O prefácio do *Discurso sobre a desigualdade* levanta uma questão de definição: para saber se a desigualdade está em acordo com a lei natural, é preciso primeiro saber o que é a lei natural. A pergunta, de imediato, formula-se como um problema de linguagem: como *fala* a lei natural? Como é percebida?

Rousseau insiste de início em um caráter negativo. A lei natural não é um enunciado exposto na língua da reflexão filosófica. Para ser ouvida e seguida, ela não requer nenhum saber. Não supõe, portanto, nenhuma linguagem prévia. Não poderia ser uma regra convencionada, um discurso apoiado em argumentos. Rousseau recusa a ideia de uma convenção, de um contrato, de que dependeria o teor da lei natural. Isso é, no entanto, o que supõe, sem razão, a maioria dos filósofos, e Rousseau não deixa de zombar deles: "Começa-se por buscar as regras sobre as quais, para a utilidade comum, seria conveniente que os homens conviessem entre si...".[4] Rousseau descartará, então, as construções discursivas que os filósofos substituem à verdadeira lei natural sob pretexto de defini-la. Ele afasta as asserções demasiado doutas, demasiado cultivadas daqueles que desejariam que a lei natural falasse como fala a razão constituída. Rousseau nos convida a procurar aquém do reino humano da palavra. Por certo, ele nos dá a ler um "discurso", mas é para fazer surgir uma *voz* anterior a todo discurso.

Para que essa *lei* seja natural, "é preciso que fale imediatamente pela voz da natureza".[5] Por definição, a voz da natureza deve falar antes de toda palavra. Tácita e imperiosa, essa voz nos dita os movimentos espontâneos do amor de si e da piedade, "princípios anteriores à razão".[6] Não seria uma metáfora evocar aqui uma voz? Pouco falta para que esse ditado seja o equivalente de um automatismo, de um instinto, de uma "impressão" marcada de uma vez por todas. Rousseau aí vê, contudo, outra coisa: é uma injunção que interessa o ser moral, que desafia uma liberdade e uma faculdade de desobedecer. "A Natureza comanda todo animal, e o bruto obedece. O homem experimenta a mesma impressão, mas se reconhece livre para aquiescer ou para resistir."[7] Se o homem natural não desobedece é porque ainda não tomou inteira posse de sua vontade própria, e porque ainda não teve a oportunidade de exercer suficientemente sua liberdade. A lei natural tem então para o homem o caráter ambíguo de um instinto que perdesse seu caráter mecânico para tornar-se *intimação*; antes mesmo que o homem primitivo reflita e fale, a natureza deixa de ser para ele um simples condicionamento físico: ela já não é uma "impressão" irresistível, faz-se linguagem interna. Trata-se de uma palavra que o homem escuta porque ela *se fala* nele: o fato de percebê-la garante uma moralidade primeira que distingue já o homem do animal, mesmo quando o homem e o animal parecessem idênticos em sua conduta. O homem se define em primeiro lugar não porque fala, mas porque *escuta*. Para ele, a voz da natureza é uma informação que não se inscreve diretamente na forma do comportamento. Contudo, essa voz que não segue nenhum sinal convencional não tem necessidade de nenhuma "decodificação" para ser compreendida. A voz da natureza é de uma tal proximidade que parece confundir-se com a intimidade pessoal. Não se pode compará-la, portanto, com a transmissão de uma mensagem, em que um enunciado formulado por um "emissor" (ou destinador) dirigir-se-ia distintamente a um "receptor" (ou destinatário). Enquanto permanece o homem *da* natureza, é nele próprio que o homem percebe a voz da natureza. A Natureza fala *nele*, pois que ele próprio está *na* Natureza. A defasagem da liberdade é ainda virtual.

Para o homem civilizado, essa voz se tornará uma voz distante, uma voz negligenciada. Ela lhe será exterior. Pior ainda, ele já não saberá escutá-la e reconhecê-la (com exceção dos "iniciados" que Rousseau menciona em seus *Diálogos*,[8] entre os quais ele se inclui). Ao sair da natureza, ao trabalhar contra ela, ao interpor a linguagem de que é o inventor, o homem torna-se surdo à voz que lhe falava na origem. A existência moral não é mais regida pela lei natural: é preciso enunciar leis "positivas", convenções, contratos. Os discursos argumentativos tornam-se necessários, para redescobrir a voz da natureza através de uma espécie de arqueologia interpretativa: torna-se necessário suprir, por uma elaboração factícia, o desaparecimento desses "movimentos imediatos" que asseguravam o respeito pela vida de outrem e a salvaguarda da existência pessoal. Os *fins* da moral permanecem o que eram, mas doravante são regras explícitas que devem prescrevê-los. Assim, podemos dizer que, na história, a importância adquirida progressivamente pela linguagem discursiva aumenta em razão inversa da intensidade da voz da natureza: esta se apaga em nós na medida em que a linguagem articulada se aperfeiçoa. Então o filósofo, em sua qualidade de *intérprete* de uma voz que se tornou imperceptível aos outros homens, torna-se necessário à sociedade. Em seu sentimento atual, ele descobre aquilo de que os outros homens perderam a lembrança. O *Discurso* filosófico relembra o que foi a autoridade que reinava antes de todo discurso.

## O HOMEM SILENCIOSO

A primeira parte do *Discurso* descreve o homem natural. Desprovido de linguagem, esse homem mal se comunica com seus semelhantes.

No entanto, Rousseau insere nessa parte do *Discurso* um longo desenvolvimento sobre a palavra e sobre o progresso da linguagem — desenvolvimento que pertence logicamente à segunda parte, onde se encontrará exposto o movimento da história. Trata-se aqui de uma curiosa metátese. Rousseau antecipa, mas negativamente: longe de procurar fazer entrever o desenvolvimento futuro das faculdades humanas, aplica-se em enumerar todos os fatores que imobilizam a condição do homem natural. Se evoca a questão das línguas, é para expor tudo que retém o homem selvagem na situação do *infans*, tudo que contribui para privá-lo de palavra.

Rousseau recorre aqui deliberadamente ao paradoxo. É paradoxal, com efeito, descrever sob o aspecto da impossibilidade a gênese da linguagem, quando sabemos, no entanto, que ela ocorreu, já que hoje falamos.

Rousseau está consciente de seu procedimento. Para nos fazer entender que o homem falou tarde, acumula tão grandes dificuldades que parece sustentar que o homem jamais falou. A hipérbole é manifesta. Rousseau avança o máximo para provar o mínimo. Ao enumerar os inúmeros obstáculos que se opõem à invenção das línguas, obriga-nos a admitir pelo menos uma enorme distância, um imenso lapso de tempo entre o homem primitivo e o homem dotado de linguagem. A partir daí, poder-se-á conjecturar que o primeiro estado de natureza, longe de ser uma simples hipótese, durou muito tempo, e que o homem, antes de falar, viveu durante milhares de séculos em uma vagabundagem silenciosa. Rousseau pode assim evocar "o espaço imenso que se deveu encontrar entre o puro estado de natureza e a necessidade das línguas".[9] Pode impor-nos o sentimento do afastamento temporal: "Quanto mais se medita sobre esse assunto, mais a distância das puras sensações aos simples conhecimentos aumenta aos nossos olhos".[10]

Na primeira parte de seu *Discurso*, Rousseau dedica-se a formular uma *antropologia negativa*: o homem natural define-se pela ausência de tudo que pertence especificamente à condição do homem civilizado. O método de Rousseau consiste em despojar o homem de todos os atributos "artificiais" de que este pôde tomar posse no curso da história. É então por uma espécie de "via negativa" que ele procura traçar a imagem do homem da natureza. As negações, as fórmulas privativas são fortemente ressaltadas na frase que recapitula toda a primeira parte do *Discurso*: "Concluamos que, vagando nas florestas, *sem* indústria, *sem* palavra, *sem* domicílio, *sem* guerra e *sem* ligações [...]".[11] Toda a passagem sobre a origem das línguas toma lugar nesse movimento negativo: trata-se menos de retraçar o desenvolvimento da linguagem, as diversas etapas de sua formação, do que de mostrar suas dificuldades e seus "embaraços". A consideração desses embaraços serve para injetar duração — um tempo imenso — na história humana, para além das cronologias admitidas até então. Enquanto para Condillac a história da linguagem se desenvolve em algumas gerações, Rousseau alega as *dificuldades inconcebíveis* da invenção das línguas: torna plausível, assim, a dilatação da pré-história (o estado primitivo do homem não modificado pelo trabalho e pela cultura) através de um tempo indefinido. Escoam-se "*milhares de séculos*" em que o homem não conhece necessidades, nem paixões, em que não possui e não procura transmitir nenhuma técnica.[12] Necessidades, paixões, técnicas teriam podido tornar a linguagem necessária. Mas o homem natural não experimenta a *falta* que está no coração da necessidade e da paixão, e que o teria obrigado a exprimir-se; é ocioso, não *faz* nada, sem por isso correr o risco de perecer: não tem, portanto, a oportunidade de adquirir e de transmitir um *savoir-faire*... "*A primeira* [dificuldade] *que se apresenta*", escreve Rousseau, "*é de imaginar como as línguas puderam tornar-se necessárias.*" Rousseau, para ressaltar as dificuldades, insiste até o paradoxo nos problemas lógicos de antecedência causal (do gênero daquele da galinha e do ovo); multiplica os círculos viciosos para aumentar nosso embaraço. Uns tantos freios que atrasam a partida da "cultura" e que retêm o homem no seio da natureza.[13]

Assim é com a crítica que Rousseau dirige a Condillac. Este, no *Ensaio sobre a origem dos conhecimentos humanos*, supusera duas crianças que escaparam ao dilúvio, e que teriam sido os primeiros inventores da linguagem humana. Existe aí, objeta Rousseau, "uma espécie de sociedade já estabelecida".[14] A hipótese de Condillac é recusada por vício de forma: repousa sobre um *hysteron proteron*. Rousseau, por seu lado, esforça-se em nos encerrar no torniquete de duas negações que se refletem uma à outra: para o homem natural, não pode haver linguagem porque não há sociedade; e não há sociedade porque o homem é incapaz de falar. Supondo-se que houvesse idiomas improvisados pelas mães e seus filhos, durante o breve período de dependência, seriam, no máximo, apenas línguas individuais efêmeras.[15]

Contudo, suponhamos as línguas necessárias — postulado que Rousseau finge considerar como gratuito. Os problemas de antecedência aparecem novamente, e Rousseau os formula de maneira exagerada: "Se os homens tiveram necessidade da palavra para aprender a pensar, tiveram bem mais necessidade ainda de saber pensar para inventar a arte da palavra [...]". De onde resulta que "a palavra parece ter sido bastante necessária para estabelecer o uso da palavra". Rousseau "deixa a quem quiser empreendê-la a discussão desse difícil problema, qual foi o mais necessário, da sociedade já unida à instituição das línguas, ou das línguas já inventadas ao estabelecimento da sociedade".[16] Se Rousseau, nesse momento, deixa o campo livre para a hipótese tradicional de uma revelação divina da palavra, é menos por acreditar nessa ideia que para dar à impossibilidade uma profundidade suplementar.

Por certo, em muitos dos aspectos do problema, Rousseau retoma os pontos de vista de Condillac, que os havia ele próprio elaborado a partir de uma tradição que remonta a Platão. Como Condillac, Rousseau vê a linguagem nascer com o "grito da natureza", passar pelo gesto (linguagem de ação) e desembocar lentamente na linguagem de instituição. Como Condillac, como Maupertuis, Rousseau admite que as designações concretas e as onomatopeias precederam os sinais abstratos e os termos convencionais: a comunicação se efetuou em primeiro lugar pelos *sintomas* imediatos da emoção, antes de passar pelo intermédio de um sistema de sinais mediadores. A originalidade de

Rousseau aparece, de um lado, na maneira pela qual multiplica as oposições embaraçantes, ali onde Condillac arranja transições fáceis;[17] de outro lado, ela é notada nas correlações e nas implicações muito ricas que Rousseau coloca em evidência. Os sensualistas não cessam de evocar o papel da experiência; mas, tal como a entendem, a experiência é apenas uma sucessão de momentos abstratos: Rousseau, em compensação, temporaliza a experiência, estende-a através da duração e faz dela uma história em devir. Além disso, a linguagem, aos seus olhos, não se desenvolve isoladamente. Sua evolução induz e reflete simultaneamente as outras transformações do homem e da sociedade. Assim, damo-nos conta de que para Rousseau a evolução da linguagem não é separável da história do desejo e da sexualidade, ela se confunde com as etapas da socialização; mantém relações estreitas com os diversos modos de subsistência e de produção.

## A VÃ PALAVRA

Rousseau assinala com nitidez o ponto de partida e o ponto culminante da história da linguagem. De um lado, a origem silenciosa; de outro a função política: "persuadir homens reunidos",[18] solicitar seu comum consentimento, "influir sobre a sociedade".[19] A sociedade do *Contrato* requer a linguagem em sua força mais eloquente. Mas desde o momento em que coloca seus pontos de referência, Rousseau nos incita a considerar a *perversão* possível da palavra, que a impedirá de atingir seu apogeu eloquente, ou que, depois de um período de plenitude, a arrastará para o caminho da decadência. A linguagem degenera, corrompe-se, torna-se discurso abusivo, arma envenenada: o homem, simultaneamente desencaminha-se, comporta-se como enganador e mau. Da mesma maneira que o nascimento da sociedade corresponde à emergência da linguagem, o declínio social corresponde a uma depravação linguística. O risco de um abuso da palavra está constantemente presente no espírito de

Rousseau. A *linguagem enganadora* é um dos elementos principais do fundo obscuro que Rousseau crê perceber atrás de cada um dos abusos do momento presente. A "presente constituição das coisas" inscreve-se sobre um fundo tenebroso, e a tarefa da história é de nos dizer como este suplantou a luz do mundo natural.

Os procedimentos literários de Rousseau no *Discurso sobre a desigualdade* são particularmente reveladores. A segunda parte do *Discurso* — em que veremos o homem sair do estado de natureza, abandonar a ociosidade, perder a igualdade, elevar-se à linguagem, encaminhar-se para as vias funestas do amor-próprio etc. — começa pela irrupção de uma palavra que é reivindicação possessiva: "O primeiro que, tendo cercado um terreno, teve a ideia de dizer *isto é meu* [...]".[20] (Rousseau recorre então aos efeitos da prosopopeia; relata a palavra suposta de uma personagem fictícia.) O primeiro homem falante representado por Rousseau é aquele que profere uma *palavra nefasta*. Rousseau opõe a ele o discurso possível de um contraditor que, de fato, não ousou tomar a palavra. Uma réplica, uma resistência, um contradiscurso deveriam ter intervindo, mas não ocorreram.[21] A situação caracteriza-se pelo triunfo injusto do usurpador, que engana "homens simples o bastante para nele acreditar". O mesmo se dará com a proposta de contrato abusivo que Rousseau porá na boca do Rico: o enganador se dirige a "homens fáceis de seduzir".[22] A palavra ardilosa exerce uma violência dissimulada. Vemos aqui a palavra empregada em sua função social, mas para instituir a má socialização, a sociedade da desigualdade.

Além disso, ao observar de perto as passagens da segunda parte do *Discurso*, em que Rousseau põe em cena personagens que ele faz falar, constatamos que, em sua grande maioria, essas passagens fornecem o exemplo de um emprego pernicioso da linguagem: dissimulação, mentira, palavrório... A palavra é utilizada em vista de uma vantagem iníqua, em vista do mal ou em pura perda.[23] Com que ironia Rousseau evoca as palavras do Príncipe que se dirige "ao menor dos homens" para dizer-lhe:

"Sê grande, tu e toda a tua raça!". A palavra é aqui impostura; está colocada a serviço das aparências ilusórias. Pela virtude da palavra enobrecedora do Príncipe, aquele que ele designou parece imediatamente "grande a todo o mundo, assim como aos seus próprios olhos".[24] Entre os males da sociedade presente, Rousseau insistirá no fútil rumor dos homens preocupados em "fazer falar de si",[25] na vã palavra, sem contravalor de realidade, que é o veículo da opinião e que constitui a infelicidade do homem civilizado. Um mal inelutável perverte a sociedade e faz da linguagem cultivada o agente infectante de um logro universal. Ninguém, então (exceto, por milagre, Jean-Jacques Rousseau), pode permanecer indene. Mentira, ficção, ilusão formam o próprio meio em que evoluem as sociedades civilizadas. Brilhante como o ouro, a palavra, convertida ela também em moeda de troca, torna o homem estranho a si próprio.

## A LINGUAGEM ELEMENTAR E A LINGUAGEM APERFEIÇOADA

Assim é o "fundo" que Rousseau deixa pressentir: há, segundo ele, um fim da linguagem assim como há um fim da história, e ambos são desastrosos. As potências do devir são potências corruptoras. Voltaremos a isso, a história da linguagem, segundo Rousseau, parte de um *primeiro* silêncio para chegar a um vão rumor que equivale a um *último* silêncio.

No começo do que Rousseau chama de "*segundo estado de natureza*" (e que é o lapso imenso interposto entre o "*primeiro estado de natureza*" e a instituição da sociedade), os homens encontram os primeiros obstáculos, ajudam-se entre si ocasionalmente; chegam a constituir "*hordas*". A língua da horda é a da *necessidade* material: é a linguagem do pedido de socorro. Ela comporta um primeiro surgimento: o "grito da natureza", que é ainda inarticulado. É sobretudo *linguagem de ação*, composta de gestos indicativos ou imitativos; a linguagem vocal se desenvolve para fazer-se onomatopeia (que é a forma vocal da linguagem de ação); ao que se acrescentam raras "articulações" e raros elementos convencionais. Essa língua é evidentemente "grosseira e imperfeita". É, no entanto, uma língua *universal*.

Sua universalidade é o último eco da universalidade da "voz da Natureza". Com efeito, ditada por uma causa física, é falada da mesma maneira por todos os homens — pela universalidade dos homens. Mas essa língua é desprovida de meios lógicos; não contém funções gramaticais distintas; não se presta à abstração: "*Eles deram de início a cada palavra o sentido de uma proposição inteira*".[26] Rica em designações concretas, possuindo quase apenas nomes próprios e infinitivos, ela visa ao particular: o objeto nomeado aí não é evocado sob o aspecto de suas qualidades universalizáveis, mas, ao contrário, em sua individualidade fugaz, em sua "hecceidade". Assim, a universalidade da língua primitiva permanece aquém do conceito: ela concerne aos sujeitos falantes, não aos objetos significados. A língua primitiva, comum a todos os homens, é a possibilidade *universalmente difundida* de designar o particular por meios mais ou menos similares. É preciso então acrescentar que o benefício dessa universalidade escapa sem cessar, isso porque, nessa fase, os homens ainda não se reconheceram mutuamente e não contraíram senão formas muito frouxas de associação. Capazes, em princípio, de se compreender em todos os lugares pelos mesmos meios, os homens estão ainda muito próximos de seu estado de dispersão original.

Nessa fase, Rousseau o reconhece, a língua primitiva é apenas um "mau instrumento"; mas ele lhe atribui um alto valor expressivo. Na medida em que designa imperfeitamente as qualidades universalizáveis do *significado*, ela remete muito fielmente ao sujeito falante e às suas emoções. Ao instaurar a relação de uma consciência singular e de um objeto singular, ela fala pobremente do objeto, mas exprime fortemente a presença do indivíduo; se é lícito forjar um termo que falta no vocabulário da linguística (em que se trata de *significante* e de *significado*), diríamos que a língua primitiva é aquela em que predomina a existência do *significador* —[27] que ela é uma *fala* que antecipa a formação do sistema de convenções da *língua*. De uma maneira instantaneamente evidente, ela é capaz de indicar a aflição ou a necessidade experimentada pelo sujeito.

Uma mutação importante afetará a linguagem quando a humanidade passar da fase da horda para a da família — do nomadismo ao sedentarismo. Os esforços conjugados concorrem para melhor assegurar a subsistência; pequenos grupos sociais se constituem, em que as relações se tornam mais estreitas: o império da necessidade (que se exprimia por uma língua com predominância gestual) pode ceder o lugar ao do desejo e da paixão (que se manifestará pelas inflexões melodiosas da linguagem articulada). Uma vez reunidas as famílias (reunir-se é, no sentido latino, convir, participar de uma convenção), os elementos convencionais do discurso vão desenvolver-se, fixar-se e estabilizar-se. Assim vão se formar idiomas particulares. Rousseau, para apresentar as razões da multiplicidade das línguas,[28] alega causas físicas (catástrofes naturais, tremores de terra, inundações, climas áridos), que isolaram certos grupos humanos em ilhas, em vales, em torno de pontos de água. O que deve reter-nos, nas conjecturas de Rousseau, é a maneira pela qual a noção de *separação* aí se acha tratada. A humanidade primitiva é de início uma população esparsa, composta de indivíduos solitários, todos iguais: é caracterizada por uma perfeita homogeneidade na dispersão, e sabemos que a "voz da Natureza", depois o "grito da Natureza" e mesmo a linguagem de ação são ainda línguas universais. Abandonando a vida solitária dos primórdios, os homens se aproximam uns dos outros, mas para constituir grupos *diferentes*, para os quais o entendimento ampliado no plano *interno* se pagará pela perda da semelhança universal que caracterizava o estado de natureza. Tendo desenvolvido seus idiomas próprios, suas particularidades culturais, os grupos são mais estranhos uns aos outros do que o eram entre si os indivíduos solitários do começo. A maior coerência interna é contrabalançada pela separação e logo pela rivalidade belicosa entre tribos (ou nações). Tudo se passa como se, aos olhos de Rousseau, um certo *coeficiente de separação* tendesse a permanecer constante. A socialização, que reduz a separação em um sentido, não pode evitar produzi-la e aumentá-la em um outro sentido.

Voltando sua atenção para a sociedade "moderna", Rousseau aí já não vê o homem despojado do começo, aquele cuja linguagem era pedido de socorro: o homem despojado tornou-se o homem hábil que subjuga e que engana. A separação física dos primeiros tempos tornou-se separação moral, desigualdade, "alienação".

Os homens que uma mesma língua cultivada parece reunir em Paris são, de fato, estranhos uns aos outros; o poder espontâneo da simpatia e da piedade enfraqueceu-se ao extremo. O povo quase que não preserva disso qualquer traço. Por mais que os homens pratiquem e escrevam a mesma língua, não estão por isso mais próximos uns dos outros. No entanto, essa linguagem, incapaz de assegurar uma *comunhão* pela expressão, tornou-se um meio de *ação* notavelmente eficaz. Se não permite aos indivíduos encontrar-se na presença partilhada do sentimento, é uma ferramenta de uma temível precisão: designa mediatamente o universal abstrato. Por certo, restariam ainda progressos a ser realizados para satisfazer plenamente as exigências da lógica. Mas desde já ela permite formular um número considerável de ideias gerais. Vemos, assim, as qualidades instrumentais prevalecerem sobre os valores expressivos da linguagem. A palavra já não remete à verdade do sujeito; bem ao contrário, arrasta-o para fora de si mesmo de forma a consagrá-lo à impessoalidade do conceito. Na escrita,[29] que caracteriza as nossas sociedades, a palavra já não adere à pessoa: a linguagem tornou-se um produto estranho, desprendeu-se do ser vivo. Simultaneamente, os homens tornaram-se incapazes de experimentar verdadeiras paixões, e a linguagem perdeu o poder de exprimi-las.

O *Ensaio sobre a origem das línguas*, como o *Discurso sobre a desigualdade*, termina com a evocação de um desastre final: o mundo civilizado é invadido pela palavra vã, pela jactância, pelo palavrório. Os idiomas contemporâneos, tão finos e tão sutis, não servem mais para fazer passar nenhum conteúdo apaixonado e vivo. O francês é para Rousseau uma língua extenuada, desprovida de qualquer verdadeira inflexão, e tornada, por assim dizer, inaudível:

> [Nossas línguas] são feitas para o sussurro dos divãs. Nossos pregadores se atormentam, suam nos templos, sem que se saiba nada do que disseram.[30]

Um malefício invade a voz, sufoca e paralisa a relação vivida. Nas sociedades civilizadas, o sujeito é como que expulso da palavra; aí se vê circular, em compensação, um discurso impessoal, eficaz *in absentia*: é a expressão da autoridade tirânica, que comanda inapelavelmente:

> As sociedades adquiriram sua derradeira forma: nelas só se muda algo com canhão e escudos; e como não se tem mais nada a dizer ao povo, a não ser *dai dinheiro*, isso é dito com cartazes nas esquinas, ou com soldados nas casas. Não é preciso reunir ninguém para isso; ao contrário, é preciso manter os sujeitos esparsos.[31]

Assim, a comunicação humana é suplantada pelas intimações da violência arbitrária. Dinheiro, cartazes e canhões reduzem a alma ao silêncio. O que se troca, sob a coerção, não é mais que signo abstrato. Da mesma maneira que a história humana, tal como a retraça o *Discurso sobre a desigualdade*, desemboca na desordem de um "novo estado de natureza", "fruto de um excesso de corrupção".[32] ela termina, no *Ensaio sobre a origem das línguas*, com um novo silêncio. A dispersão primitiva da humanidade se repete: "É preciso manter os sujeitos esparsos [...]". O selvagem conhecia apenas instantes (que eram instantes ociosos); também os parisienses vivem em uma sucessão de instantes fugidios (que são, desta vez, instantes atarefados). O fim da história é a repetição paródica de seu começo. O ho mem selvagem "entrega-se ao exclusivo sentimento de sua existência atual";[33] os franceses que Rousseau encontra em Paris "têm o sentimento que vos testemunham; mas esse sentimento vai como veio. Ao falar-vos estão absorvidos por vós; não vos veem mais, esquecem-vos. Nada é permanente em seu coração: tudo neles é obra do momento".[34] Para a história da linguagem como para a da sociedade, há um "ponto extremo que fecha o círculo e toca o ponto de onde partimos".[35]

## A FELICIDADE A MEIO CAMINHO

Evocamos os termos extremos e antitéticos: a língua que privilegia o sujeito e aquela que privilegia os aspectos universais do objeto. Mas, entre a língua grosseira da horda e a língua extenuada dos civilizados, há a do começo da era sedentária, a que foi inventada pela sociedade patriarcal. Já evocamos brevemente essa fase: precisamos voltar a ela, pois representa, na história da linguagem assim como em todos os outros domínios, um ponto de equidistância, de equilíbrio e de felicidade. No *Discurso sobre a desigualdade*, essa época aparece como uma idade de ouro. É a "verdadeira juventude do mundo";[36] é uma ilha clara percebida atrás de nós no curso trágico da história. Em outros continentes, ou em ilhas encantadas, os exploradores europeus encontraram povos selvagens para quem essa felicidade foi preservada.

A descrição da era patriarcal, em Rousseau, é um dos mais belos exemplos da coordenação estreita que ele faz intervir entre a evolução da língua e o desenvolvimento da sociedade. Rousseau está convencido disso — cada momento da história social tem a linguagem que lhe convém: "As línguas se formam naturalmente sobre as necessidades dos homens, mudam e alteram-se segundo as mudanças dessas mesmas necessidades".[37]

Como lembrávamos há pouco, a sedentarização corresponde a uma primeira vitória sobre o império da necessidade material. O trabalho em comum, o labor partilhado permitem responder às exigências da necessidade. Mais bem assegurados de subsistir, os homens conhecem a alternância do trabalho e do lazer. Tornam-se disponíveis para o livre curso das paixões. Aproximados pela vida comum, comparam-se, preferem-se: os movimentos da vaidade têm mais oportunidades de nascer e de desenvolver-se. Em uma situação exatamente intermediária entre o estado de natureza e o estado civil, as grandes famílias patriarcais descobrem o universo ambíguo da relação afetiva. Cada um está presente para outrem no amor ou na rivalidade. Momento importante para a história da sexualidade: essa época se encontra, com efeito, a meia distância entre duas eras de *dispersão* amorosa. O homem primitivo não tinha senão uma sexualidade instintiva, errante, não passional; os civilizados não conhecerão senão a dissipação vaidosa, a frivolidade, a promiscuidade sem consequência. Mais uma vez, o fim da história parodia o seu começo: os amores volúveis dos homens "cultivados" são análogos aos contatos fugidios que aproximavam o macho e a fêmea na floresta primitiva. Da mesma maneira que a história, quanto à linguagem, vai de um primeiro a um último silêncio, ela vai, quanto à sexualidade, de uma primeira a uma última facilidade amorosa. No intervalo, entretanto, situa-se um momento de plenitude, que é a uma só vez plenitude da linguagem e plenitude do sentimento. O amor aí já não é livre: a proibição do incesto interveio.[38] Também a linguagem está doravante *atada* por convenções. Mas essas cadeias são ainda as da felicidade. E essas mesmas cadeias manifestam-se como o encadeamento pelo qual o homem, saindo da sucessão descontínua dos instantes que caracterizava a existência primitiva, toma posse da duração. A linguagem, levada por esse movimento, vai tornar-se modulação encadeada, *discurso*...

Para manifestar adequadamente as necessidades, o gesto bastava; agora que o sentimento se apodera da alma, é preciso fazer apelo às inflexões e às entonações da voz. A instantaneidade da gesticulação basta a quem quer indicar sua fome ou sua sede; mas, para captar o interesse amoroso, para "comover o coração e inflamar as paixões", é preciso encadear sons segundo o curso de um tempo que a palavra inventa.

> A impressão *sucessiva* do discurso, violenta e rápida, vos dá bem uma emoção diferente da presença do próprio objeto, em que com uma olhadela vistes tudo. Imaginai uma situação de dor perfeitamente conhecida; ao ver a pessoa afligida, dificilmente ficareis comovido a ponto de chorar: mas dai-lhe o *tempo* de vos dizer tudo que sente, e logo ides desfazer-vos em lágrimas. É somente assim que as cenas de tragédia produzem seu efeito. Apenas a pantomima sem discurso vos deixará quase tranquilo; o discurso sem gesto vos arrancará prantos. As paixões têm seus gestos, mas têm também suas entonações.[39]

Rousseau, como se vê, está longe de ignorar os poderes do gesto; chegará mesmo a preferir o gesto à palavra. Mas reconhece perfeitamente a diferença específica, de ordem temporal, que caracteriza a palavra. No que antecipa as observações de Ferdinand de Saussure: "Que os elementos que formam uma palavra se *seguem* é uma verdade que seria preferível não considerar, em linguística, como uma coisa sem interesse porque evidente, mas que fornece antecipadamente, ao contrário, o princípio central de toda reflexão útil sobre as palavras".[40]

Para o homem do primeiro estado de natureza, que vivia na imediação, a ausência de linguagem correspondia à ausência de uma consciência da duração. O homem da horda, apenas saído da selvageria primitiva, só efetiva esforços descontínuos; sua linguagem, onde predomina o gesto de pedido de socorro, ainda não toma posse do tempo. Assim, não é realmente uma língua... O despertar do homem para a consciência do tempo coincide com a eclosão da linguagem vocal (discurso que se desenvolve no curso de uma duração ligada), com a escolha de uma morada permanente (supondo o sedentarismo a escolha de um *lugar duradouro*), com o prolongamento das relações afetivas (o casal, de instantâneo que era, restringindo-se à fidelidade e tornando-se família), enfim com a continuidade do trabalho destinado a acumular a subsistência. O homem penetra na preocupação com a previdência. O futuro, que até então não lhe aparecera, o inquieta por seus riscos velados. Doravante incapaz de se conter no puro instante, o homem agora *se abastece.* Os símbolos da linguagem convencional apoderam-se do tempo e o organizam. Também eles são provisão. São os testemunhos de um trabalho transcorrido e os agentes de uma antecipação ativa.

As primeiras línguas são dominadas pelo ritmo e pela inflexão. Não são a obra da necessidade material, o produto da razão operosa; estão ligadas ao impulso do sentimento e ao ímpeto do desejo. Rousseau não as faz nascer no decurso da atividade produtiva, mas nos momentos de lazer e de dispêndio que interrompem a vida ativa. A originalidade de Rousseau, como bem sublinhou Édouard Claparède,[41] está em fazer surgir a linguagem de uma fonte toda afetiva. Na interrupção do trabalho (de um trabalho que não é ainda servidão), improvisam-se festas. O ritmo e a inflexão das primeiras línguas são inseparáveis de uma exaltação do corpo:

> Nessa era feliz em que nada marcava as horas, em que nada obrigava a contá-las, o tempo não tinha outra medida que não o divertimento e o tédio. Sob velhos carvalhos, vencedores dos anos, uma ardente juventude esquecia gradualmente sua ferocidade: amansavam-se pouco a pouco uns com os outros; esforçando-se em se fazer entender, aprenderam a se explicar. Aí se fizeram as primeiras festas; os pés saltavam de alegria, o gesto ágil já não bastava, a voz o acompanhava com entonações apaixonadas; o prazer e o desejo, confundidos, faziam-se sentir ao mesmo tempo: ali esteve, enfim, o verdadeiro berço dos povos; e do puro cristal das fontes saíram as primeiras chamas do amor.[42]

Nessa fase, a música não é "uma arte inteiramente separada da palavra". A linguagem associa estreitamente, em sua origem, entonação, melodia, poesia:

> Como os primeiros motivos que fizeram falar o homem foram paixões, suas primeiras expressões foram tropos. A

linguagem figurada foi a primeira a nascer; o sentido próprio foi encontrado por último.[43]

As primeiras línguas foram cantantes e apaixonadas antes de ser simples e metódicas.[44]

A fim de privilegiar as línguas primitivas e as línguas do sul, Rousseau vai esforçar-se em opor as articulações (consoantes) e as inflexões (que concernem aos sons vocálicos e aos ritmos). A riqueza de articulações faz parte, segundo ele, das línguas do norte, que são as línguas da necessidade e do raciocínio. A paixão, por sua vez, recorre à inflexão melódica e à entonação. "Cantar-se-ia em vez de falar."[45] A primeira palavra, então, não é *ajudai-me*, mas *amai-me*.[46]

Por certo, antes de Rousseau, outros haviam afirmado a natureza poética das primeiras línguas. Rousseau apoia-se expressamente na autoridade de Estrabão. Ele fora precedido por Vico, pelo abade Fleury, por Warburton, por Blackwell. Aqui, uma vez mais, a originalidade de Rousseau não consiste em uma afirmação isolada, mas na série de correlações que entrevê e que torna manifestas.

Embora a festa em que desabrocha a linguagem intervenha por ocasião de uma interrupção do trabalho, a palavra que aí se inventa corresponde estreitamente a uma situação tecnológica equilibrada. Antes do aparecimento da metalurgia e da agricultura, os homens possuem um equipamento sumário, que não exige ainda nenhuma divisão do trabalho. Certamente utilizam instrumentos, mas ainda não estão "alienados" pelas consequências da atividade instrumental: não são ainda escravos de seus *meios*. Se a desigualdade já se insinuou nessa sociedade esboçada, ela não é econômica (não há ricos nem pobres), nem, com mais forte razão, política (não há privilegiados nem oprimidos). A desigualdade é ainda apenas uma primeira manifestação da desigualdade natural: veem-se intervir preferências devidas à beleza. O homem começa a adquirir o funesto hábito de comparar-se, mas ainda permanece presente para si mesmo e para outrem.

A linguagem estabelece a relação entre as pessoas. Os instrumentos instauram uma relação entre o homem e a natureza. Não se ficará surpreso de que o *estilo* da relação seja o mesmo nos dois casos. O homem da sociedade patriarcal tomou distância da natureza, aproximou-se do homem, saiu de seu primeiro mutismo, já não se atém ao grito instantâneo. Mas a sua linguagem, musical e poética, não é ainda um agente de divisão. Ela permite a comunicação expressiva do sentimento e a plena compreensão recíproca. Ainda que tal linguagem autorize já a manifestação dos talentos (e a ampliação da desigualdade fundada nas disposições naturais), ainda que o desenvolvimento da linguagem torne possível já todo um jogo de ilusão e de prestígio, a palavra humana ainda não é geradora de ausência; permanece a serviço da presença. O sujeito ainda não é vítima dos meios (das "mediações") que desenvolveu, e que, deixando de servir de intermediários na comunicação, constituem anteparo, interpõem-se, lançam um véu entre os homens civilizados. Na dança e no canto da festa patriarcal, a linguagem permanece inerente ao próprio corpo do sujeito apaixonado; é não apenas um sinal que remete à pessoa (ao "significador"), mas é ainda um gesto que adere a ele, uma conduta concreta. Somos levados a esta constatação importante: a linguagem patriarcal preserva a lembrança e o poder das onomatopeias arcaicas, tem ainda o dom de persuasão imediata do *grito da natureza*. Mas já é outra coisa além disso: é capaz de designar, fora do sujeito falante, a existência independente de uma realidade pensada... Embora afastados pela história da imediação primeira, os homens dispõem de um instrumento (de uma mediação) capaz de restituir a imediação. Na palavra cantante, o sujeito se comunica sem se abandonar. Sai de si mesmo para oferecer-se a outrem na palavra; e retorna a si mesmo na presença afetiva constante que anima sua palavra. Sim, ultrapassamos o grito brutal das origens (sem articulação nem inflexão), mas estamos, em compensação, muito afastados da linguagem impessoal do homem civilizado, linguagem que se absorve na generalidade do significado, que deserta o sujeito falante, linguagem inteiramente levada por sua função instrumental e por seus fins exteriores, linguagem sem pessoa.

## A ELOQUÊNCIA E OS SINAIS

Tal é o ideal linguístico que corresponde à felicidade da "sociedade esboçada". Apenas, o homem não pode retroceder. A idade de ouro em que palavra, música, dança, poesia estavam confundidas não nos pode ser devolvida. Depois de ter evocado o surgimento da primeira palavra modulada, o *Ensaio sobre a origem das línguas* não é mais do que a história de uma progressiva e irreversível separação. A palavra irá perdendo sua força, sua entonação e suas inflexões, tornar-se-á lógica, fria e monótona; a música, por seu lado, fará seu caminho, e a melodia, expressão da alma, verá sua supremacia ameaçada pelas virtuosidades harmônicas dos músicos modernos. Quanto à poesia, confiada à escrita, perderá o poder soberano que a caracterizava em Homero e nas grandes obras da tradição oral. Toda a contribuição do progresso não é mais que o avesso de uma perda essencial.

Enquanto a língua musical e cantante corresponde à idade de ouro da sociedade esboçada, há uma outra língua que corresponde à sociedade do Contrato; é a *eloquência*, ato de presença do cidadão na deliberação comum. Mais uma vez aqui, vemos uma estrutura da palavra ajustar-se a um modelo social. O grande estilo oratório não se deixa dissociar do ideal cívico.

Mas a sociedade do Contrato não é uma sociedade finda, como o é para nós a da idade patriarcal. Ela não coloca um problema de origem histórica, mas um problema de fundamento ideal: é uma sociedade *possível*, cujo modelo intemporal paira, por assim dizer, acima das sociedades reais. Esse modelo ainda não encontrou em parte alguma sua perfeita aplicação: define uma norma, e não um estado de fato. A corrupção das sociedades reais pode avaliar-se, assim, pelo afastamento que as separa dessa norma. Os grandes Estados modernos, entregues ao despotismo, não oferecem nenhum termo de equivalência com a norma: são-lhe inteiramente infiéis. Em compensação, para a Genebra ancestral ou para a Roma republicana, o afastamento está em seu grau mais limitado, a coincidência com a norma quase foi realizada. Assim, Rousseau delas pode valer-se.[17]

Se existe uma eloquência ideal, na qual a norma da vida política é enunciada e vivida, existe também uma eloquência desesperada, uma eloquência denunciadora, na qual o pensamento deplora o esquecimento da norma e ressalta as causas e os efeitos desse esquecimento. Ao escrever o *Contrato*, Rousseau adota o tom da eloquência legisladora. Nos dois *Discursos*, no *Emílio*, Rousseau recorrerá ao *pathos* da indignação acusadora: lembrará a lei esquecida, exporá as consequências fatais dessa infidelidade.

Da mesma maneira que a língua patriarcal, mais evoluída que a língua arcaica, retomava e integrava em seu *discurso encadeado* os gestos e os gritos instantâneos da linguagem anterior, assim também a eloquência da sociedade ideal retoma e integra a uma só vez os gestos da língua primitiva e os valores melódicos da língua patriarcal. O gesto, o sinal espetacular fazem parte da verdadeira eloquência. No *Ensaio sobre a origem das línguas*, Rousseau nos dissera que a palavra (que se desenrola no tempo) desperta a emoção melhor do que "a presença do próprio objeto". No *Emílio*, bem ao contrário, Rousseau parece dar preferência ao objeto visível:

> Um dos erros de nossa era é empregar a razão demasiado nua, como se os homens fossem apenas espírito. Ao negligenciar a língua dos sinais que falam à imaginação perdeu-se a mais enérgica das linguagens. A impressão da palavra é sempre fraca e fala-se ao coração bem melhor pelos olhos que pelos ouvidos. Ao querer oferecer tudo ao raciocínio, reduzimos a palavras nossos preceitos, nada pusemos nas ações [...].
>
> Observo que nos séculos modernos os homens já não

> têm poder uns sobre os outros senão pela força e pelo interesse, ao passo que os antigos agiam muito mais pela persuasão, pelas afeições da alma, porque não negligenciavam a língua dos sinais [...].
>
> Quanta atenção, entre os romanos, à língua dos sinais! Trajes diversos segundo as idades, segundo as condições; togas, sagos, pretextas, bulas, laticlavos, cátedras, lictores, fasces, machados, coroas de ouro, de ervas, de folhas, ovações, triunfos; tudo neles era aparato, representação, cerimônia, e tudo causava impressão nos corações dos cidadãos [...]. Os guerreiros não gabavam suas façanhas, mostravam seus ferimentos. À morte de César, imagino um de nossos oradores, querendo comover o povo, esgotar todos os lugares-comuns da arte para fazer uma patética descrição de suas chagas, de seu sangue, de seu cadáver; Antônio, embora eloquente, não diz absolutamente tudo isso; manda trazer o corpo. Que retórica![48]

Rousseau, de fato, não se contradiz. No *Ensaio sobre a origem das línguas*, ele nos diz que o poder expressivo aumenta quando o gesto isolado *se supera* para tornar-se discurso encadeado; no texto que acabamos de citar, fala-nos de toda a eficácia do discurso que sabe *voltar* ao gesto e que se lembra do prestígio fascinante do objeto apresentado (ou representado). Nos dois casos, a intenção expressiva está em busca de uma energia suplementar. O homem do sinal deve inventar a palavra. O homem da palavra deve lembrar-se do poder dos sinais. Rousseau, em 1751, depõe a espada e vende seu relógio.

De um lado, o pensamento de Rousseau reinventa uma *gênese* e imagina aquisições sucessivas; de outro, girando sobre si mesmo, coloca-se na perspectiva da *perda*, e evoca poderes findos, energias dissipadas, virtudes traídas. O *não ainda* e o *nunca mais* são as categorias favoritas desse pensamento, quando evoca a história humana. O *Emílio* e o *Ensaio sobre a origem das línguas* concordam em suas conclusões: a verdadeira eloquência está perdida, o campo está livre para a violência, a astúcia e o interesse.

Jean-Jacques não renuncia, contudo, a falar. Fala em uma situação histórica que considera desesperada. "As línguas populares se nos tornaram tão perfeitamente inúteis quanto a eloquência."[49] Quanto a ele, vem a nós como aquele que tenta um último esforço; lança uma última advertência, no instante em que a palavra humana está ameaçada de soçobrar na insignificância. Ele é o último orador, e anuncia a morte da linguagem. Depois de mim, o silêncio.

Na *Dedicatória* do *Discurso sobre a desigualdade*, Rousseau coloca-se em cena dirigindo a palavra a seus concidadãos; no *Prefácio* que se segue, reúne ao seu redor um auditório de filósofos (o Liceu de Atenas) que logo se amplia para as dimensões do gênero humano inteiro. Um homem solitário dirige-se à humanidade, para refutar a palavra errônea dos filósofos que o precederam. Situação maravilhosamente heroica, demasiado bela para não ser, em Rousseau, um sonho acordado. Está aí uma de suas *quimeras*, uma das situações ideais para as quais sua imaginação o transportará ainda muitas vezes: exprimir-se a si mesmo, diante do mais vasto auditório possível, a fim de manifestar uma verdade desconhecida.

Insistirei nas implicações de cada um dos termos que acabo de formular.

1. *Exprimir-se a si mesmo*: a fala deve encarregar-se da singularidade do sujeito falante. Singularidade que a língua primitiva, segundo a teoria de Rousseau, garantia, e de que pretende conservar para si mesmo o privilégio, na espontaneidade de seu coração. Músico e poeta, ele não esqueceu a língua da *sociedade começada*, é um "habitante do mundo encantado":[50] é Jean-Jacques.

2. *Dirigir-se ao mais vasto auditório possível*. O Rousseau do segundo *Discurso* deseja ser ouvido por todos os homens. O *destinatário* de sua palavra é uma coletividade ilimitada. O Rousseau dos *Diálogos* crê estar encerrado por um muro de silêncio. É viver de duas maneiras o desejo do universal: como possibilidade e como impossibilidade. O ideal cívico da sociedade do contrato exige a presença de uma praça pública — de um *forum*

— no coração da cidade. Rousseau aí se posta em imaginação e reúne um auditório cuja adesão sua palavra conquista. Ele legisla; fala a língua da sociedade do Contrato; é cidadão: é Jean-Jacques Rousseau, cidadão de Genebra. Mas se Genebra o renega, se ninguém aceita escutar, resta-lhe converter-se, na solidão, no indivíduo paradoxal que fará de seu isolamento o avesso de uma comunidade perdida.

3. *Manifestar a verdade.* É formular sobre o homem, sobre a consciência, sobre a sociedade, as sentenças que correspondem à ciência *aperfeiçoada*. Rousseau argumenta; emprega todas as aquisições do saber moderno; entende poder recorrer, quando o julga necessário, a língua abstrata do raciocínio: quer manejar melhor que os outros esse instrumento que se absorve em seu objeto e o designa sob o aspecto do universal. Ainda que para denunciar a sociedade cultivada, ele fala a língua da sociedade cultivada. É um escritor francês.

Rousseau tem a convicção de ser o único a poder exprimir essa verdade universal, que diz respeito à origem perdida. A eloquência de Jean-Jacques Rousseau é a de um homem despojado, sem outro título que não o seu amor da verdade, e que se sente reduzido apenas aos recursos que poderá encontrar em sua palavra.

Desejaria ser escutado como aquele em quem — a despeito da corrupção geral — a voz da natureza, o ímpeto mudo do amor de si e da simpatia não se aboliram. Pode evocar a linguagem do começo porque nele essa linguagem inicial não se calou. É ao mesmo tempo o homem natural taciturno, o músico-poeta da idade de ouro, o orador republicano da sociedade virtuosa. Recapitula nele, dramaticamente, toda a história da linguagem. Mas, se salvaguarda e recolhe cada uma dessas línguas arcaicas, é para erguer-se como contraditor da sociedade presente, como acusador do discurso vão, do "sussurro" e do palavrório fútil de seus contemporâneos. Reúne em si todas as linguagens desaparecidas, conhece-lhes todas as funções, para dar origem à palavra nova do protesto.[51]

# ROUSSEAU E BUFFON*

Rousseau, no *Discurso sobre a desigualdade*, e sobretudo nas notas desse texto, recorreu muito abertamente à *História natural*. Sobre todas as questões de ciência, é a autoridade de Buffon que o *Discurso* alega constantemente, com uma admiração que não receia confessar-se: "Desde meu primeiro passo apoio-me com confiança em uma dessas autoridades respeitáveis para os filósofos, porque vêm de uma razão sólida e sublime que só eles sabem encontrar e sentir".[1]

Seguramente, nada é mais dessemelhante, à primeira vista, do que a intenção que anima a obra de Rousseau e a de Buffon, Rousseau é o espírito revoltado que se manifesta pela recusa, pela negatividade; quando fala da natureza, é para opô-la à sociedade civilizada de seu tempo: a noção de natureza é uma arma crítica contra os valores aceitos pela sociedade. Buffon, ao contrário, afirma a natureza sem a opor dramaticamente à cultura. Sabe que a arte humana altera a natureza, faz degenerar os animais, mas aí vê uma confirmação dos poderes soberanos da razão. Foi a natureza que fez o homem racional e que o incita a civilizar-se. Ele dirige seu olhar para um mundo infinitamente variado, cuja diversidade não será rebelde à paciência do observador. O universo oferece um espetáculo satisfatório: nada de falha nem de conflito. Por vasto que seja, o real se deixa descrever; a inteligência saberá discernir as nuances e as gradações através das quais a escala dos seres se desenvolve dos minerais até o homem; em torno da figura preponderante do homem racional, a linguagem exibirá na ordem e na clareza um inventário completo da riqueza do mundo visível. Os temperamentos,

* Exposição apresentada no Colóquio de Paris (outubro de 1962).

as obras são demasiadamente diferentes para que se tenha considerado oportuno confrontar, quanto ao fundo, o pensamento de Jean-Jacques e o de Buffon. A tarefa, entretanto, vale a pena,[2] pois Rousseau não apenas buscou na *História natural* todo um arsenal de fatos e de provas em apoio de suas próprias teorias (sobre a importância do tato, sobre a longevidade do cavalo, sobre a duração da vida, sobre a alimentação, sobre o enfaixamento etc.); aí encontrou uma imagem do homem ou, se se prefere, uma antropologia filosófica, que pôde aceitar em grande parte e que contradisse em alguns pontos importantes. O essencial está ali, e é em suas concepções sobre a condição humana que é preciso comparar Rousseau e Buffon, para destacar as semelhanças e as divergências.

É impossível enganar-se. Desde a primeira frase do prefácio, uma nota nos adverte de que Rousseau tem sob os olhos a *História natural do homem*. Lê-se em Rousseau:

> O mais útil e o menos avançado de todos os conhecimentos humanos me parece o do homem.[3]

A nota nos remete a uma passagem bastante longa de Buffon:

> Por mais interesse que tenhamos em nos conhecer a nós mesmos, não sei se não conhecemos melhor tudo aquilo que não somos nós.[4]

O cidadão de Genebra, no momento em que empreende "o estudo histórico da moral", está feliz de encontrar um fiador na pessoa do grande naturalista; ambos constatam que a ciência do homem ainda falta no sistema dos conhecimentos exatos. Embora Buffon se detenha no limiar dos problemas da vida social, a *História natural do homem* constitui para Rousseau um precedente particularmente precioso. Aí encontra, com efeito, um estudo "naturalista" da condição humana, do qual, por precaução de método, toda consideração teológica está excluída; além disso, o longo capítulo sobre as *Variedades na espécie humana* alarga singularmente o horizonte, e convida a interpretar historicamente a causa das diferenças físicas atualmente constatadas:

> Tudo concorre [...] para provar que o gênero humano não é composto de espécies essencialmente diferentes entre si, que, ao contrário, originariamente só houve uma única espécie de homens que, tendo se multiplicado e difundido sobre toda a superfície da terra, sofreu diferentes mudanças pela influência do clima, pela diferença da alimentação, pela diferença da maneira de viver, pelas doenças epidêmicas, e também pela mescla variada ao infinito dos indivíduos mais ou menos semelhantes.[5]

Eis aí o que não podia deixar de ser destacado por um espírito desejoso de provar que o sistema social dos europeus civilizados não é o único, nem o melhor, e que é o produto de uma história corruptora. Quando Rousseau fala da dificuldade que experimentamos em desemaranhar o originário e o factício, terá sido precedido e guiado por Buffon:

> O homem selvagem é [...] de todos os animais o mais singular, o menos conhecido e o mais difícil de descrever. Mas distinguimos tão pouco o que apenas a Natureza nos deu do que a educação, a arte e o exemplo nos comunicaram, ou o confundimos tão bem que não seria espantoso que nos desconhecêssemos totalmente no retrato de um selvagem, se ele nos fosse apresentado com as verdadeiras cores e apenas com os traços naturais que lhe devem constituir o caráter. Um selvagem absolutamente selvagem [...] [seria] um espetáculo curioso para o filósofo, ele poderia, observando seu selvagem, avaliar com justeza a força dos apetites da Natureza, aí veria a alma a descoberto, distinguir-lhe-ia todos os movimentos naturais, e talvez aí reconhecesse mais doçura, tranquilidade e calma do que na sua, talvez visse claramente que a virtude faz parte do homem selvagem mais que do homem civilizado, e que o vício só teve origem na sociedade.[6]

É, em resumo, a definição do homem na natureza segundo Rousseau (que substituiria, contudo, a ideia de virtude pela de bondade). Com tais precedentes e com semelhante caução, como não ir ousadamente adiante? Rousseau pôde encontrar no impudor científico de Buffon um encorajamento à audácia, da mesma maneira que as hipóteses da *Teoria da Terra* o encorajavam a recorrer, por sua vez, aos "raciocínios hipotéticos e condicionais [...] semelhantes àqueles que fazem todos os dias os nossos físicos sobre a formação do mundo".[7] Por mais respeitoso que Buffon se tenha pretendido diante da autoridade dos fatos, não se privou de elaborar conjecturas sobre a constituição do sistema solar e sobre a natureza da vida; não se deve ficar surpreso de que seu nome tenha sido associado ao de Rousseau, a título de homem de hipóteses. Lê-se, com efeito, em agosto de 1756, sob a pena de Formey:

> O sr. Rousseau é bem, em seu gênero, o que o sr. de Buffon é no seu; maneja os homens como esse filósofo maneja a Natureza e o Universo; faz hipóteses sobre a Sociedade como o Acadêmico as faz sobre os Globos do Universo e a origem dos Planetas.[8]

A analogia entre o método de Rousseau e o de Buffon reside sobretudo no partido que ambos tomam de começar por definir exaustivamente uma forma elementar de existência, a fim de melhor perceber, por contraste, o que depende de uma faculdade superior ou de um desenvolvimento posterior. No *Discurso sobre a natureza dos animais* (1753), segundo um dualismo herdado de Descartes e talvez mantido pela comodidade da exposição, Buffon se propõe descrever o mais justamente possível as operações de que é capaz a matéria organizada, apenas em virtude das leis mecânicas da natureza. Sabe-se que, tanto para Buffon como para Descartes, a vida não comporta nenhum privilégio particular: "O vivo e o animado, em vez de ser um grau metafísico dos seres, são uma propriedade física da matéria".[9] A grande fronteira metafísica intervém entre a mecânica material do corpo vivo e a atividade da alma racional. Essa fronteira passa em nós, já que somos simultaneamente corpo e espírito, matéria animada e substância pensante. Não conheceremos com certeza o que constitui a humanidade do homem a não ser com a condição de saber onde se detêm os poderes ligados à sua animalidade. Daí a utilidade de um estudo atento de tudo o que depende do "senso íntimo material":

> Vejamos o que esse senso interno material pode produzir: quando houvermos fixado a extensão da esfera de sua atividade, tudo que aí não estiver compreendido dependerá necessariamente do senso espiritual: a alma fará tudo que esse senso material não pode fazer. Se estabelecemos limites certos entre esses dois poderes, reconheceremos claramente o que pertence a cada um; distinguiremos facilmente o que os animais têm de comum conosco, e o que temos acima deles.[10]

O que observaremos? Que só o homem é capaz de julgar, isto é, de comparar; que só ele é capaz de prever e de lembrar-se. E, enquanto em suas atividades mais engenhosas os animais obedecem imutavelmente ao seu instinto, repetindo as mesmas ações sem ser capazes de modificá-las, o homem possui um poder de aperfeiçoamento e de progresso que pertence apenas a ele:

> Se [os animais] fossem dotados do poder de refletir, mesmo no mínimo grau, seriam capazes de alguma espécie de progresso, adquiririam mais indústria. Eles não inventam nada, não aperfeiçoam nada, não refletem, consequentemente, sobre nada, fazem sempre as mesmas coisas da mesma maneira.[11]

Não há nada em tudo isso que não se reencontre no segundo *Discurso* ou na *Profissão de fé*. Por certo, não que Rousseau tenha extraído tudo de Buffon, mas ali onde Rousseau não deve nada a Buffon constata-se que ambos bebem das mesmas fontes e se ligam ao mesmo cartesianismo modificado por Locke. Certas nuances, contudo, merecem ser destacadas, pois não deixam de ter consequências: para Buffon, a espiritualidade do homem reside em seu *entendimento*; para Rousseau, consiste essencialmente na *liberdade*. Como quer que seja, quando Rousseau afirma que a "perfectibilidade" é o apanágio do homem, encontra leitores que a leitura de Buffon advertiu suficientemente para que esse neologismo não os surpreenda.

Buffon não é transformista; se admite uma certa evolução, é sob a forma da degenerescência, e em um quadro restrito, no interior de algumas espécies que a domesticação modifica. No importante capítulo sobre o *Asno*, Buffon levantou a hipótese de uma grande família dos seres vivos em que as espécies surgiriam umas a partir das outras; mas essa hipótese é rejeitada, e Buffon (por prudência, talvez) atém-se a uma imagem fixista da natureza em que as espécies coexistem de toda antiguidade umas ao lado das outras. As gradações, as nuances que percebe por toda parte não decorrem então umas das outras segundo uma ordem causal e sucessiva; são todas simultâneas, e a imensa coletividade do mundo vivo não é acarretada pelo devir. Além disso, entre o mais aperfeiçoado dos animais e o homem, ele vê interromper-se a continuidade gradual e insensível que unia todas as espécies: não se passa do animal ao homem senão por um salto qualitativo brusco. Que exista aí uma satisfação dada às autoridades religiosas, é provável, e não é impossível que Buffon tenha desejado proteger-se contra o reinício dos ataques que sua *Teoria da Terra* provocara. Rousseau, mais sinceramente, sem dúvida, afirma também essa fronteira metafísica: o animal é apenas "uma máquina engenhosa";[12] ao passo que o homem é dotado de liberdade. No entanto, Rousseau situará essa fronteira mais abaixo na escala dos seres. Como adversário do materialismo, reconhece uma radical diferença de essência entre o macaco e o homem, no que se opõe às ideias ousadas de La Mettrie; no entanto, coloca-se para ele a questão de saber se o orangotango e o mandril são efetivamente macacos. Na dúvida, prefere decidir pela negativa: talvez não sejam animais, mas homens completamente primitivos, comparáveis aos sátiros dos antigos e aos "homens silvestres" dos sábios da Renascença. Rousseau, aliás, não é o único em seu tempo a ampliar assim os limites da humanidade. Também Lineu classificava na espécie humana certos antropoides, aos quais dava o nome de *Homo nocturnus*.

Acolhendo na espécie humana criaturas tão diferentes do homem civilizado, Rousseau faz intervir um afastamento considerável entre o homem primitivo e o europeu civilizado. Esse afastamento só pode ser explicado por uma história que altera e transforma, se não a própria natureza do homem, ao menos sua "constituição". O homem se torna então um exemplo particularmente eloquente do transformismo restrito, do qual Buffon tão bem descrevera as etapas para as espécies animais modificadas pela arte humana e que ele não hesitara em atribuir também à espécie humana. As frases iniciais do *Emílio* mostram-no: Rousseau coloca no mesmo plano as transformações que o homem impõe a si próprio e aquelas a que submete as espécies naturais tais como o cão e o cavalo. Buffon, em *As épocas da natureza*, insistirá por sua vez na simultaneidade das ações que o homem exerce sobre a natureza e sobre si mesmo; verá aí um desenvolvimento feliz; o conhecimento racional, as técnicas que dele decorrem, educam e corrigem a natureza para o bem da humanidade, permitindo assim ao homem aperfeiçoar-se. Estamos longe da exclamação de Rousseau: "Tudo degenera entre as mãos do homem".

A história, com efeito, não aparece para Buffon como uma aventura livre e arriscada; nela reconhece a sucessão das etapas através das quais o homem emprega cada vez melhor seus poderes nativos, até dispor soberanamente de todas as riquezas naturais. A civilização, para Buffon, é portanto a realização normal da humanidade do homem. Não sendo para ele o entendimento, a inteligência, a sociedade aquisições históricas, mas propriedades essenciais do homem, elas pertencem já ao selvagem. Não haverá então, em Buffon, oposição marcante entre o estado de natureza e o estado de civilização.

Em Rousseau, em compensação, o afastamento entre esses dois estados é quase tão considerável quanto entre o homem e o animal. É por isso que ele se autoriza a deslocar o ponto de aplicação da análise diferencial pela qual Buffon atribuía ao "senso espiritual" tudo que não podia ser explicado pelas operações do "senso interno material". O método de Rousseau no segundo *Discurso* consistirá em pintar minuciosamente o homem da natureza, no físico e no moral, de maneira a tornar mais nitidamente evidentes as aquisições históricas, as adjunções factícias, os poderes supranumerários que são os produtos de nossa própria atividade. O método de Rousseau é o mesmo de Buffon, salvo que a confrontação principal se estabelece entre o homem de hoje e o homem de um passado imemorial (entre dois momentos extremos da evolução humana) e não mais entre o homem e o animal. "É necessário ter noções justas" do estado originário do homem, "para bem julgar nosso estado presente."[13] Uma das diferenças mais importantes aparece aqui: Buffon esforça-se em distinguir, fora de toda consideração temporal, as operações que pertencem à esfera do corpo e as que são da alçada da alma. Rousseau, por sua parte, tomando como aceita a distinção do homem e do animal, já não faz intervir um afastamento metafísico, mas um afastamento histórico entre os termos que confronta: opõe ao homem moderno a imagem de um homem que pertence ao passado mais profundo. Assim, introduz-se uma tensão histórica que Buffon não pressentia de maneira nenhuma.

Toda a primeira parte do *Discurso sobre a desigualdade* aplica-se em evocar um ser que ainda não exerceu suas faculdades nem para vencer os obstáculos externos nem para transformar a si próprio. Constatado isso, estima Rousseau, se saberá melhor reconhecer o que em nós pertence à natureza e o que é "o homem do homem". Entre o que era o homem da natureza e o que nos tornamos, representa-se um drama de que Rousseau quer ser o historiador.

Vale a pena notá-lo: Rousseau, retomando o método de Buffon para dele se servir a seu modo, não esquece nada do que disse Buffon da condição animal. Apenas, Rousseau reporta ao homem da natureza a felicidade física que Buffon atribui ao animal. Não existe aí, à primeira vista, nenhuma contradição. Segundo Buffon, tudo que o animal possui, o homem o possui também; e, na primeira infância ou no estado de imbecilidade, ele quase não possui senão as faculdades animais. O homem selvagem, segundo Rousseau, experimenta a plenitude sem exercer os poderes do entendimento, dos quais Buffon fazia o caráter específico e distintivo da alma humana. O selvagem de Rousseau será completamente homem na ausência de toda atividade intelectual ou técnica. O único caráter que o distingue do animal é a sua liberdade: ainda que ela permaneça sem emprego, já que o homem não está empenhado em nenhuma atividade prática. Poder-se-á dizer então que Rousseau, para pintar o homem da natureza, animaliza e "desintelectualiza" o homem que Buffon descrevera; constatar-se-á, em compensação, que ele humaniza e idealiza um certo número de sentimentos que Buffon relegava ao domínio obscuro do "senso interior material".

Como o homem, segundo Buffon, toma consciência de sua existência? O homem se sente existir tanto mais vivamente quanto acrescenta pela memória a lembrança de sua existência passada ao sentimento de sua existência atual:

> A consciência de sua existência, esse sentimento interior que constitui o eu, é composta em nós da sensação de nossa existência atual e da lembrança de nossa existência passada. Essa lembrança é uma sensação tão presente quanto a primeira, ocupa-nos mesmo algumas vezes mais fortemente e nos afeta mais poderosamente que as sensações atuais, e como essas duas espécies de sensações são diferentes e que nossa alma tem a faculdade de compará-las e com elas formar ideias, nossa consciência de existência é tanto mais certa e tanto mais extensa quanto nos representamos com mais frequência e em maior número as coisas passadas [...] É evidente que quanto mais se têm ideias, mais se está se-

> guro de sua existência; que quanto mais se tem espírito, mais se existe; que, enfim, é pelo poder de refletir que tem a nossa alma, e apenas por esse poder, que estamos certos de nossas existências passadas e que vemos nossas existências futuras.[14]

Ao contrário do que afirma Buffon aqui, o homem da natureza e o próprio Jean-Jacques não têm necessidade de ideias para sentir sua existência; na verdade, sentem-na tanto melhor quanto ignoram ou quanto fazem calar a atividade da reflexão: "Sua alma, que nada agita, entrega-se apenas ao sentimento de sua existência atual, sem ideia do futuro, por mais próximo que ele possa estar".[15] A existência atual, tão somente a existência atual, é bem isso, para Buffon, que o animal percebe de si mesmo, e é ao mesmo tempo o que torna essa forma de consciência de si imperfeita e limitada, em comparação com o conhecimento mais completo que o homem toma de sua existência:

> [Os animais] têm [...] a consciência de sua existência atual, mas não têm a de sua existência passada [...] Tendo sido o poder de refletir recusado aos animais, é certo, portanto, que não podem formar ideias e que, em consequência, sua consciência de existência é menos certa e menos extensa que a nossa; pois não podem ter nenhuma ideia do tempo, nenhum conhecimento do passado, nenhuma noção do futuro; sua consciência de existência é simples; depende unicamente das sensações que os afetam atualmente e consiste no sentimento interior que essas sensações produzem [...] Eles não sabem absolutamente que existem, mas sentem-no.[16]

Por uma singular consequência, Buffon compara "essa consciência de existência nos animais" ao "estado em que nos encontramos quando estamos fortemente ocupados com um objeto, ou violentamente agitados por uma paixão que não nos permite fazer nenhuma reflexão sobre nós mesmos. Exprime-

-se a ideia desse estado dizendo que se está fora de si, e se está de fato fora de si desde que se está ocupado somente com sensações atuais".[17] A verdadeira interioridade, ou ao menos a posse de si, está ligada, para Buffon, à memória ativa e voluntária que nos reata ao passado; ela implica igualmente a previsão do futuro. Para Rousseau, bem ao contrário, é o retorno ativo ao passado e é sobretudo a preocupação com o futuro, a previdência, que nos afastam de nós mesmos e nos fazem viver fora de nós: a reflexão, que compara os objetos, que confronta os momentos diversos de nossa experiência, convida-nos também a nos opor aos outros e a nos buscar nos olhares dos outros. Ela nos aliena. Consequentemente, Rousseau afirma: "O selvagem vive em si mesmo; o homem sociável, sempre fora de si, sabe viver somente na opinião dos outros, e é, por assim dizer, apenas de seu julgamento que tira o sentimento de sua própria existência".[18] Se viver no sentimento da existência atual é também viver em si mesmo, o homem da natureza, segundo Rousseau, realiza espontaneamente um ideal de independência que o homem civilizado só pode atingir ao termo de um longo esforço filosófico: "[O homem da natureza] quer apenas viver e permanecer ocioso, e a própria ataraxia do estoico não se aproxima de sua profunda indiferença por qualquer outro objeto".[19] Os efeitos nefastos da paixão, a partir daí, não aparecem mais como a turbulência de nossa animalidade, mas como as consequências de uma reflexão infeliz que cobiça satisfações sem nenhuma relação com as necessidades naturais do indivíduo. Rousseau pode, dessa maneira, retomar por sua conta as famosas considerações de Buffon sobre o amor: "Só o físico dessa paixão é bom; [...] apesar do que dele podem dizer os homens apaixonados, nele o moral de nada vale. O que é, com efeito, o moral do amor? a vaidade [...]".[20] Rousseau pode sobretudo aplicar ao homem da natureza a descrição que Buffon propunha do equilíbrio feliz do desejo animal:

> Os animais não estão de modo algum sujeitos a todas essas misérias; não buscam prazeres onde não pode haver: guia-

dos apenas pelo sentimento, não se enganam jamais em suas escolhas; seus desejos são sempre proporcionais ao poder de gozar, sentem tanto quanto gozam, e não gozam senão tanto quanto sentem. O homem, ao contrário, querendo inventar prazeres, não fez mais que estragar a natureza; querendo forçar-se sobre o sentimento, não faz mais do que abusar de seu ser, e cavar em seu coração um vazio que nada, em seguida, é capaz de preencher.[21]

Constatemos que o sistema de Rousseau, neste caso, harmoniza-se melhor com estas linhas de Buffon do que o faz, em Buffon, o dualismo de fachada. Pois não há uma inconsequência em afirmar que apenas o físico do amor é bom e, a algumas páginas de distância, que o "princípio espiritual" em nós é uma luz pura acompanhada pela "calma e pela serenidade", ao passo que o princípio material "é um falso clarão que só brilha pela tempestade e na escuridão, uma torrente impetuosa que rola e arrasta atrás de si as paixões e os erros"?[22] Rousseau, fazendo da reflexão um poder ambíguo que aperfeiçoa o homem alienando-o, pode deixar à animalidade do selvagem toda a sua inocência; atribuirá a responsabilidade do mal ao "entendimento em delírio".[23] O quadro da infelicidade do homem civilizado que encontramos no *Discurso sobre a natureza dos animais* está pouco de acordo com a alegre satisfação que Buffon, no resto de sua obra, manifesta todas as vezes em que evoca a dominação do homem sobre a natureza; esse atestado de nossas misérias ilustra melhor o pessimismo histórico de Rousseau que o otimismo racionalista de Buffon. É mais coerente, com efeito, atribuir a infelicidade do homem às faculdades específicas da humanidade do que incriminar, sem lhe precisar a origem, "o desregramento de nosso senso interior material".[24] Deslocando apenas a causa do mal, Rousseau pode tudo retomar das páginas veementes de Buffon:

No homem, o prazer e a dor física são apenas a menor parte de suas penas e de seus prazeres: sua imaginação, que trabalha continuamente, faz tudo, ou, antes, não faz nada senão para a sua infelicidade; pois ela só apresenta à alma fantasmas vãos ou imagens exageradas [...]

Portanto, preparamos penas para nós mesmos todas as vezes em que buscamos prazeres. Somos infelizes desde que desejamos ser mais felizes.

No físico há infinitamente mais bem que mal: não é a realidade, é a quimera que precisamos temer; não são nem a dor do corpo, nem as doenças, nem a morte, mas a agitação da alma, as paixões e o tédio que são temíveis [...] Procuramos destruir-nos ao procurar forçar a natureza, não sabemos muito bem o que nos convém ou o que nos é nocivo; não distinguimos bem os efeitos de tal ou qual alimento; desdenhamos os alimentos simples, e a eles preferimos pratos compostos, porque corrompemos nosso gosto, e, de um sentido de prazer, fizemos um órgão de intemperança que só é agradado por aquilo que o irrita.[25]

O que Jean-Jacques não repetirá é a explicação dada por Buffon: "Nossa alma não nos foi dada senão para conhecer, não desejaríamos empregá-la senão para sentir".[26] Se há no físico, como o disse Buffon, infinitamente mais bem que mal, como o mal viria de nosso desejo de sentir, isto é, de nos confinar no físico? O projeto de uma *moral sensitiva* prova bem que Rousseau concebe a vida feliz como uma imersão e uma reintegração no universo sensível, previamente arranjado e ordenado por uma reflexão racional que terá sabido explorar o império do sensível. Buffon enuncia uma contradição que Rousseau tende a resolver dialeticamente ao fazer da reflexão, de início, uma desmancha-prazeres, e a instigadora do mal, mas, em um estágio posterior, quando o entendimento se torna razão esclarecida, um poder de reconciliação.

A ideia da unidade, que importa tanto a Rousseau, tem bem seu espaço em Buffon, que escreve: "O homem sábio é sem dúvida o ser mais feliz da natureza, junta aos prazeres do corpo, que lhe são comuns com os animais, as alegrias do espírito, que pertencem apenas a ele: tem dois meios de ser feliz que se ajudam e se fortalecem mutuamente".[27] Mas Rousseau que, também ele, vê o homem dividido, não se contenta em proclamar uma hegemonia da razão: a sabedoria, isto é, a unidade redescoberta, só é realizável ao termo de um devir, em que a razão se conquista e se transforma esforçando-se em conservar intacta (ou em salvar ao menos pela lembrança) a imagem de uma natureza e de uma quietude perdidas, que serão restauradas no plano superior da vida moral e da vida social.

Buffon respondeu a Rousseau antes de haver conhecido o *Emílio*. No preâmbulo que precede a *História natural dos carnívoros* (1758), refutará as hipóteses de Rousseau sobre o homem da natureza. No que será apenas fiel a si próprio: no *Discurso sobre a natureza dos animais*, já afirmara que "o homem só é homem porque soube reunir-se ao homem", e "que tudo concorreu para tornar o homem sociável".[28] Acrescentara os argumentos tradicionais sobre a necessidade de uma sociedade mínima (a família) para que o recém-nascido sobreviva até o momento da independência e para que possa adquirir a linguagem. Ora, Rousseau, desde o *Discurso*, aplicara-se em combater esses argumentos, extraindo por vezes de Buffon outros fatos ilustrativos para apoiar a hipótese de uma humanidade totalmente dispersa. É isso que Buffon recusa no preâmbulo dos *Animais carnívoros*: não pode aceitar o postulado da solidão do homem natural, nem também a visão evolutiva da história humana:

> Temos sob os olhos, não o estado ideal, mas o estado real de natureza. O selvagem que habita os desertos é um animal tranquilo? é um homem feliz? pois não suporemos com um filósofo, um dos mais altivos críticos de nossa humanidade, que há uma distância maior do homem em pura natureza ao selvagem, que do selvagem a nós; que as eras que transcorreram antes da invenção da arte da palavra foram

> bem mais longas que os séculos que foram precisos para aperfeiçoar os sinais e as línguas, porque me parece que, quando se quer raciocinar sobre fatos, é preciso afastar as suposições e considerar como um dever remontar a elas tão somente depois de haver esgotado tudo que a natureza nos oferece [...][29]

Buffon se restringe aos fatos atualmente constatáveis; ele, que não hesitara em remontar por hipótese ao passado físico do globo terrestre, não admite arriscar a mesma progressão conjectural para reconstruir o passado da espécie humana. A resistência de um Buffon, melhor que qualquer outro documento, dá perfeitamente a medida da audácia especulativa do *Discurso sobre a desigualdade*.

# O AFASTAMENTO ROMANESCO*

## O ESCRITOR ROMANDO. UM DESLOCAMENTO FECUNDO

Quem quer que empreenda definir uma "literatura da Suíça romanda" vê-se arrastado bem rapidamente para o labirinto das distinções. A Suíça romanda, parte distinta do domínio linguístico francês, é também uma parte distinta do país suíço. Eis aí, portanto, uma dupla vinculação e uma dupla diferença. Será preciso necessariamente recorrer à análise, e separar planos diversos: linguagem, cultura, instituições políticas, particularidades religiosas...

No plano da linguagem, nada separa a Suíça romanda da França — a não ser certos provincianismos de que se encontrarão os equivalentes por toda parte no interior do hexágono. O domínio linguístico francês desenhou-se muito tempo antes que as entidades nacionais tenham tomado consistência. Nos territórios situados entre o Jura e os Alpes, a língua francesa está como que naturalmente presente. Ela aí não é uma língua de empréstimo. Não se acompanha de nenhuma lembrança de conquista ou de expansão: constitui um meio imemorial. O que quer que tenha podido dizer Ramuz, que defendia seu estilo pessoal, os romandos não tiveram muita dificuldade em desfazer-se de uma primeira língua, próxima do franco-provençal, para curvar-se às regras do "bom francês". Eles estão situados, é verdade, em uma parte marginal do território linguístico francês; acontece-lhes de sentir-se espreitados pelos germanismos, e de reagir vigiando em

* Texto publicado para servir de prefácio para *La nouvelle Héloïse* (Lausanne, Rencontre, coleção "La Suisse et l'Europe", 1970).

excesso a pureza de sua dicção. O constrangimento, o purismo livresco dão então a essa linguagem por demais apurada um aspecto factício, contra o qual a reação inversa não tarda.

Mas é difícil definir com precisão o que deveria ser a fala natural desse país. Os escritores têm, a esse respeito, toda a liberdade: cabe a eles inventar inflexões que soem justas. Isso não ocorre talvez sem alguma incerteza, tendo o recurso à espontaneidade instintiva pouca possibilidade de ser eficaz.

Mas, por mais embaraçante que seja a busca de um estilo "autêntico", creio que nenhum escritor, mesmo entre aqueles que se pretendem mais fiéis ao seu lugar de origem, admitirá que sua obra seja considerada como exterior à comunidade literária francesa: a questão nem sequer se coloca. E vice-versa, os escritores franceses não são lidos em Genebra ou em Lausanne como autores estrangeiros. Se os romandos reivindicam o direito de ser eles próprios, não estão por isso desejosos de interpor fronteiras. No plano da linguagem, participam muito estreitamente da vida literária francesa para experimentar os sentimentos que têm curso entre pessoas estranhas: a gratidão, a inveja, a rivalidade. Logo que se renuncia às simplificações que reduzem uma literatura ao espírito de sua capital, consegue-se perceber as vozes de uma polifonia — em que a Suíça romanda sustenta muito dignamente a sua parte (talvez um pouco dignamente demais, mas essa é uma outra questão). É por isso que os romandos não ficam muito felizes quando abrem os manuais e as histórias literárias que os lançam, em apêndice, no domínio mal cadastrado da literatura de expressão francesa, na vizinhança daqueles para quem o francês continua a ser uma herança da época colonial. Mas não ficam mais felizes de ser muito perfeitamente absorvidos na realidade francesa, de ser anexados e tratados como escritores provincianos ou regionalistas. Reclamam o direito de ser incluídos de pleno direito, enquanto reservam o princípio de uma *diferença* essencial, que não é a de uma região entre outras.

É exigir demais? É reivindicar vantagens por demais contraditórias para que possam ser legitimamente conciliadas? À primeira vista, parecerá quase escandaloso que se recuse deixar-se anexar enquanto se deseja não ser excluído. Ao pedir demais (pensarão alguns), não se consegue nada. Mas é desse paradoxo que vive a literatura da Suíça romanda.

Um paradoxo? Uma análise apta a deslindar o que pertence a níveis distintos mostrará que nem tudo se atém apenas ao idioma: há ainda a história e as instituições. O romantismo nacionalista construíra belas teorias para identificar a alma de uma nação e o espírito de sua língua. É um truísmo, hoje, lembrar que a geografia política e a geografia linguística podem desenhar — sem o menor absurdo — traçados que não podem ser superpostos. Até o século XVIII, as fronteiras religiosas tiveram mais importância que as fronteiras linguísticas. No século XIX, no momento de sua incorporação, os habitantes de Genebra, os de Vaud, os de Neuchâtel jamais se sentiram em presença de uma alternativa: estavam muito presos às suas liberdades locais para não ver tudo o que ganhavam ao associar-se a uma Confederação cujos princípios, longamente provados, garantiam à comuna, ao cantão (à Universidade), uma autonomia que não teria sido tão respeitada em um grande Estado centralizado. Assim, os escritores romandos puderam atar vínculos diversos, fidelidades múltiplas, em que a parte da escolha pessoal contrabalança a das vinculações obrigatórias e dos "enraizamentos". Para quem sabe pensá-lo e vivê-lo com vigor, esse pluralismo não é um enfraquecimento nem uma fragmentação da personalidade: é, ao contrário, uma abertura oferecida ao exercício da liberdade. Que, no domínio cívico, um homem sinta-se ligado à sua comuna (à sua cidade); no domínio político, à Suíça, mas, além disso, a tal corrente de ideias de alcance universal; no domínio literário, à língua francesa; no domínio religioso, a uma comunidade necessariamente supranacional: aí não há de modo algum inconsequências, com a condição de que se saiba libertar-se do preconceito das vocações indivisas e das fidelidades absolutas.

* * *

A interposição de uma fronteira política não deixa, contudo, de ter consequências na ordem literária. Aos escritores da França, dos quais acabo de afirmar que não são estrangeiros em terra romanda, aconteceu-lhes, em sua vida e em suas obras, de responder a acontecimentos que interessavam essencialmente à coletividade política francesa; intervieram nos momentos de provação de seu país; tomaram posição nas "questões" que diziam respeito principalmente à vida interna de sua nação; em suma, escreveram em circunstâncias políticas e sociais que não eram diretamente as da Suíça romanda. Não lhes faltaram a atenção nem a imitação da parte dos suíços: estes não hesitaram, bem frequentemente, em tomar partido e em prolongar entre eles o debate. No século XX, Barrès e Maurras encontraram admiradores e discípulos. Mas também Breton e Sartre... Isso não impede que, por mais vivas que sejam as paixões repercutidas, elas careçam de verdadeira substância, são ecos. É difícil para os romandos sentirem-se inteiramente "por dentro": assistimos ao espetáculo. Por certo, ninguém tem a ingenuidade de crer que vivemos em um outro mundo, fora de alcance, preservados dos respingos da história; os acontecimentos internos franceses estão, com frequência, por demais carregados de valor exemplar para que nos recusemos a deles tirar lições para nós mesmos. Situamo-nos, no entanto, *em retaguarda*: percorremos a história num outro passo; não atravessamos nem esses dias de glória, nem essas agonias. Vivemos pacificamente e ordenhamos nossa vaca. Nossa prudência nos manteve fora das catástrofes e das vitórias. Alguns, entre nós, experimentaram-no como uma frustração; lamentam o risco que lhes foi poupado, os conflitos onde teriam podido despender mais heroicamente suas energias e melhor mostrar seu valor. Alguns, cansados de uma prudência que os mantivera à parte como preço da segurança, precipitaram-se fora das fronteiras, em busca de vida intensa, de aventura e, por vezes, de glória.

Um afastamento, apesar de tudo, persiste. Creio-o fecundo,

como todo afastamento. Pois toda diferença pede uma reação: é preciso aboli-la, ou exaltá-la, e em ambos os casos é preciso pôr-se em ação. Experimentamos, em relação à França, um deslocamento "moral", ao passo que a comunidade linguística mantém uma continuidade sem falha. Deslocamento a uma só vez evidente e inapreensível, pelo qual o escritor romando pode alternadamente se felicitar ou se lastimar, pois é simultaneamente — segundo o uso que dele se faz — um privilégio e uma desvantagem. O deslocamento, sob certos pontos de vista, pôde adquirir o aspecto de um atraso histórico; um exemplo bastará: não temos cidades muito grandes, e os fenômenos sociais, literários, artísticos ligados ao desenvolvimento urbano levaram tempo para nos atingir. Mas o deslocamento não é apenas cronológico: pode revestir, de alguma maneira, um valor epistemológico. A exterioridade, a independência, o relativo "desinteresse" são condições favoráveis à atividade do julgamento, à compreensão, à *teoria*. Jakob Burckhardt via com justa razão, no pequeno país, o lugar favorável de uma *experiência* da prática e da reflexão política. Diante das potências que "fazem a história", essa é a sua justificação. Estamos situados em posição de observadores, e temos visão simultaneamente sobre várias culturas. Assim, escapamos ao que se pôde chamar o "narcisismo monoglota" dos franceses, e muitas vezes ocorreu que nos tenhamos dado conta mais cedo daquilo que aparecia nos domínios italianos, alemães ou mesmo ingleses.

De fato, o deslocamento que evoco pode receber, segundo a escolha ou o temperamento, um sentido e uma função bastante variáveis. Podemos, por assim dizer, brincar com essa situação. Nossos grandes escritores, se se observa de perto, não apenas tomaram seu partido, mas dele tiraram partido. E não se surpreenderá de que sua escolha possa descrever-se, esquematicamente, como as variantes reflexivas ou poéticas de uma mobilização da diferença. Duas tentações extremas estiveram muito constantemente presentes: a vigilância crítica, o recolhimento lírico na experiência íntima.

## JEAN-JACQUES ROUSSEAU, O ANUNCIADOR

Rousseau foi o primeiro a viver plenamente a condição do escritor "romando" em sua relação com a França e, pela primeira vez, levou o problema à sua dimensão inteira e às suas consequências mais importantes: a vocação crítica não se desenha com uma nitidez exemplar, a solidão lírica não vai até os limites? Jean-Jacques Rousseau, escritor completo, parece propor-nos, em sua vida e em sua obra, uma prefiguração global das possibilidades oferecidas e dos constrangimentos impostos aos escritores da Suíça romanda. Ao mesmo tempo (e está aí o seu verdadeiro mérito) ele faz ver que essas atitudes, longe de permanecer ligadas a uma situação particular e provinciana, podem revestir um alcance universal, um valor simbólico, e contribuir para manifestar o sentido de uma época inteira. Para dizê-lo mais claramente, o gênio de Rousseau soube elevar à altura do emblema o conflito entre o indivíduo revoltado e a lei coletiva, lei imposta sob o aspecto de um estilo social, de uma cultura: no caso, a monarquia francesa e a sociedade de Antigo Regime.

Por certo, em Rousseau, o deslocamento nacional foi providencialmente engrandecido e multiplicado pela singularidade do temperamento. Mas não é menos verdade que a oposição, nele, apoia-se na diferença nacional. Cidadão de Genebra, e o fazendo saber na folha de rosto de seus livros, Rousseau altivamente arvorou sua qualidade de estrangeiro, e sem dúvida o fez menos por verdadeira fidelidade à sua pequena "pátria" do que para justificar o desafio que lançava às grandes nações corrompidas. Sua qualidade de republicano era-lhe preciosa: permitia-lhe fazer-se juiz e acusador, falar como testemunha de um mundo político mais puro. Quer que se saiba que ele é de um outro *estado*, que seus vínculos, seus deveres, seus prazeres estão em outra parte. A partir do momento em que se valia de Genebra, sua vocação de oponente podia autorizar-se de uma identidade política claramente definida. Ao menos esse é o caso quanto às obras que marcam o começo da carreira literária de

Rousseau, quanto àquelas em que se inscreve a crítica "sociocultural". Pois no final, levado pela paixão da recusa e pela lógica da oposição, ele se terá tornado um estrangeiro para o seu próprio país. O homem de Môtiers, o sonhador do lago de Bienne mergulha no exílio nos próprios lugares em que esperava encontrar um "asilo". Depois da publicação do *Emílio* (1762), sob decreto de prisão pelos genebrinos que consideraram bom imitar Paris, Rousseau chegará a renunciar à nacionalidade de que por muito tempo se prevalecera: doravante só quer pertencer à verdade. Sua divisa o proclamava há vários anos: *Vitam impendere vero*. Verdade que não é de nenhum lugar, de nenhuma cidade terrestre; verdade que vive no coração do homem sensível, e da qual nenhum poder pode desapossá-lo. Estrangeiro em seu próprio país, mas buscando nas profundezas de sua consciência uma pátria ao mesmo tempo mais estreita e mais vasta, Rousseau estabelece-se poeticamente, sonhadoramente em sítios em que a perseguição já não pode atingi-lo: em seu passado, ou no espaço infinito do grande Todo.

O período em que Rousseau se vale abertamente de sua pátria genebrina inscreve-se, de fato, entre duas rupturas: a ruptura inaugural, em que o adolescente lançou-se na vida errante e na apostasia; a ruptura sem retorno, em que o escritor, envelhecendo, afastou-se dos homens para buscar refúgio no espaço interior. Da ruptura inicial que lhe abre o mundo à ruptura final que o consagra à solidão, não se pode dizer que Rousseau tenha vivido em paz com sua pátria. Opositor da sociedade parisiense, quase imediatamente formulou exigências absolutas, que a Genebra real não estava em condição de satisfazer. Viu-se, então, duplamente oponente: o mito genebrino que ele opunha à França tornava-se um motivo de insatisfação diante do estado de coisas que prevalecia em Genebra. A revolta de Rousseau não tardou em cortar-lhe toda saída — com exceção do recurso interno do sentimento e da linguagem, com exceção da literatura. No que, mais uma vez, ele prefigura um aspecto importante do destino dos escritores romandos.

## O APELO DO ROMANCE

Sabe-se que houve, na infância de Rousseau, dois grandes momentos dominados pelas leituras romanescas. Um primeiro despertar para o universo da ficção coincide com o próprio despertar da consciência:

> Ignoro o que fui até cinco ou seis anos; não sei como aprendi a ler; lembro-me apenas de minhas primeiras leituras e de seu efeito sobre mim: é o tempo de que dato sem interrupção a consciência de mim mesmo. Minha mãe deixara romances. Pusemo-nos a lê-los depois do jantar, meu pai e eu.[1]

É assim que, por um "perigoso método", Jean-Jacques faz o aprendizado não do mundo, não das coisas, mas dos recursos infinitos do sentimento, do espaço fictício em que se movem livremente os impulsos do coração. O recurso ao possível, ao imaginário, define um território ideal que Rousseau se empenhará em manter intacto e sempre disponível. Aí se refugiará novamente quando pesar sobre ele a servidão da aprendizagem. Desta vez, ao contrário das leituras noturnas autorizadas pela cumplicidade do pai, ler torna-se uma atividade clandestina, um divertimento vergonhoso e reprovado. Aos olhos do empregador de Rousseau, a leitura é tempo perdido, tempo roubado. Pois Rousseau, demasiado apaixonado para reservar à leitura apenas o momento do lazer autorizado, lê em vez de trabalhar. O mundo imaginário adquire aqui todo o seu valor subversivo, todo o seu valor de oposição ao universo do trabalho e da honorabilidade social:

> Eu me entediava com os divertimentos de meus camaradas e, quando a enorme opressão me havia também desencorajado do trabalho, entediava-me com tudo. Isso me devolveu o gosto pela leitura que perdera há muito tempo. Essas leituras, roubadas ao meu trabalho, tornaram-se um novo crime, que atraiu para mim novos castigos. Esse gosto, avivado pelo

constrangimento, tornou-se paixão, logo furor. A Tribu, famosa alugadora de livros, mos fornecia de toda espécie.[2]

Novamente, a leitura substitui o mundo real: Rousseau recusa-lhe simultaneamente as sujeições e as tentações. Em vez de ir ao encontro das moças, em vez de amar seres de carne, Jean-Jacques despenderá sua exaltação entre as quimeras saídas das páginas de seus livros. A proibição violenta que pesa sobre a satisfação do desejo favorece a sublimação do ímpeto passional em um universo de imagens mentais:

> Meus sentidos comovidos há muito tempo me pediam um gozo de que não sabia nem mesmo imaginar o objeto. Estava tão longe do verdadeiro como se não tivesse de modo algum sexo, e, já púbere e sensível, pensava algumas vezes em minhas loucuras, mas não via nada além. Nessa estranha situação, minha inquieta imaginação tomou um partido que me salvou de mim mesmo e acalmou minha nascente sensualidade. Foi o de me alimentar das situações que me haviam interessado em minhas leituras, de lembrá-las, de variá-las, de combiná-las, de me apropriar delas de tal maneira que me tornasse uma das personagens que imaginava, que me visse sempre nas posições mais agradáveis segundo o meu gosto, a fim de que o estado fictício em que conseguia colocar-me me fizesse esquecer meu estado real com que estava tão descontente. Esse amor dos objetos imaginários e essa facilidade de com eles me ocupar acabaram por me desgostar de tudo que me cercava, e determinaram esse gosto pela solidão, que me ficou sempre desde esse tempo.[3]

Singular voo do sonho acordado, em que Rousseau perde sua identidade, mas experimenta plenamente (ele no-lo diz em outra parte) a felicidade de ser ele mesmo! Longe de ser condenável, esse desgosto pelo real nos é apresentado aqui como um caminho de salvação: Rousseau vê aí um método legítimo (ele o preconizará mesmo expressamente no *Emílio*) para prevenir os perigos de uma descoberta demasiado precoce dos prazeres da "sensualidade". Rousseau parece aqui considerar a sexualidade como uma perigosa servidão, e a imaginação intervém no momento preciso como um mecanismo de libertação. Hoje se pode julgar isso de outra maneira. Nos termos da psicologia do século XX, podemos dizer que a imaginação romanesca, que liberta o aprendiz de uma situação de opressão social intolerável, está ao mesmo tempo a serviço de um recalque repressivo que fere a livre satisfação amorosa. O mundo romanesco aparece, portanto, como a expressão de uma revolta incompleta, como uma formação de compromisso entre a *recusa* das sujeições da aprendizagem e a *aceitação*, se não mesmo o reforço, de uma censura moral que proíbe o amor carnal. Se os romances desviam o adolescente de sua bancada, desviam-no também da impureza. Assim, o mundo romanesco é simultaneamente um mundo *culpado* (considerada como um "crime", a leitura desafia a lei do trabalho regrado e substitui o princípio de realidade pelo livre jogo do desejo) e um mundo inocente (já que, ao buscar satisfações fictícias, o sonhador se subtrai à mácula do contato feminino). O romance, tal como Rousseau o vive, é essencialmente ambíguo: corresponde a um voo ilícito do desejo, mas implica uma derivação, uma suspensão, uma retenção indefinidas desse mesmo desejo na região das imagens. A moral do trabalho e do esforço disciplinado é desafiada, mas a moral sexual pode daí tirar partido, não sem conceder no imaginário o que não teria autorizado na realidade, não sem pagar um largo tributo ao autoerotismo.

No relato das *Confissões*, a fuga de Genebra nos é narrada no tom irônico do *Quixote* e do romance picaresco: aí se vê um adolescente, intoxicado de leituras romanescas, de pastorais galantes, avançar em uma região desconhecida, com a esperança de aí encontrar castelos, donzelas, aventuras. Seu futuro, ele só pode concebê-lo através das imagens saídas de suas leituras. Sua expectativa se enuncia na língua do romance: ela constrói quimeras inesgotáveis. Ora, o privilégio inaudito de Rousseau é ter encontrado na sra. de Warens o ser que seu desejo romanesco esperava. Isso compensa largamente as desilusões de Turim. De resto, em todas as circunstâncias, a esperança, no jovem Rousseau, está pronta a renascer de suas decepções — a esperança, com seu cortejo de ficções encantadoras, suas sociedades de elite, suas alegrias inexauríveis. O sonho diurno é para ele a nebulosa primitiva, o meio original, onde se esboçam as constelações da existência futura. Pois a incerteza deliciosa do devaneio juvenil, para Rousseau, tolera todas as confusões entre o que *se dá* em um presente fictício e o que *se anuncia* como a prefiguração de um futuro realizável. A aventura imaginária é ao mesmo tempo uma satisfação atual e um destino possível, um projeto a cumprir: a ficção, deliciosa já em sua exclusiva qualidade de ficção, propõe-se à repetição, ao redobramento em um futuro que a veria "passar aos fatos". O ímpeto desejante, que fomenta o sonho romanesco, aí não encontra ainda o repouso: exige a realização do sonho, aspira a "mudar a vida". O que, na fantasia, não era de início mais que simples compensação — substituto ou "suplemento" de uma realidade insatisfatória — torna-se uma esperança ativa e suscita uma nova realidade. A quimera, que apenas queria "enganar", faz-se, por acréscimo de energia, o agente de uma mudança mais profunda. Todo o episódio das Charmettes, com seu fim tão contristador, mas também com seus distantes prolongamentos na glória parisiense, é a prova da fecundidade do romanesco, de sua aptidão para encontrar um desfecho na "vida real", ainda que seja à custa de uma conversão e de uma mutação disciplinada do alvo do desejo.

No auge da glória perigosa a que o terá conduzido a efervescência do imaginário, escrevendo as *Confissões*, Rousseau se volta sobre suas pegadas: sonha com o que teria sido o seu destino se houvesse permanecido em Genebra, se seus sonhos não o houvessem arrastado para fora da cidade, se se tivesse tornado um tranquilo artesão. No fim do primeiro livro das *Confissões*, ele recompõe, em um impulso de imaginação retrospectiva, o quadro de uma vida modesta dividida entre o trabalho regular e os caprichos inocentes do devaneio:

> Nada era mais conveniente ao meu humor, nem mais capaz de me tornar feliz do que o estado tranquilo e obscuro de um bom artesão, em certas classes sobretudo, tal como é em Genebra a dos gravadores. Esse estado, bastante lucrativo para proporcionar uma subsistência folgada, e não o bastante para levar à fortuna, teria limitado minha ambição pelo resto de meus dias, e, deixando-me um lazer honesto para cultivar gostos moderados, me teria contido em minha esfera sem me oferecer nenhum meio de sair dela. Tendo uma imaginação bastante rica para ornar com suas quimeras todos os estados, bastante poderosa para me transportar, por assim dizer, ao meu capricho, de um ao outro, pouco me importava em qual estivesse de fato. Não podia haver tanta diferença do lugar em que estava para o primeiro castelo no ar, que não me fosse fácil ali me estabelecer [...][4]

Não é reconciliar quimericamente os inconciliáveis? Os sonhos romanescos da juventude de Jean-Jacques eram incompatíveis com os limites exíguos de uma pequena cidade, de um ofício, de uma família: houvesse ele caído, como o deseja, "nas mãos de um melhor mestre", a impetuosidade de seu desejo dele não o teria arrancado menos. Sua imaginação comandava a recusa, a fuga, a aventura, as esperanças exorbitantes. O devaneio desejante não pôde, por assim dizer, subtrair-se ao seu próprio poder de ímpeto e de excesso. Mais tarde, com o recuo dos anos, a imagem da vida estável e limitada torna-se atraente por sua própria impossibilidade. O retorno ao país natal converte-se, desse modo, em uma direção nova da fantasia romanesca. Assim, surge um horizonte de nostalgia maravilhada, que oferece a imagem da felicidade em uma vida que não foi vivida. A perspectiva da nostalgia, com os anos, acentuar-se-á cada vez mais. O sonho se reportará ao tempo perdido, às possibilidades desaparecidas, aos rostos do passado. A memória tende a suplantar a esperança. Mas durante os anos da maturidade, em Rousseau, uma espécie de equilíbrio reserva direitos iguais à antecipação exaltada e à retrospecção enternecida. Momentos em que a existência, rica da coleta de toda uma vida já vivida, projeta sempre sua esperança na direção de um futuro aberto.

*A nova Heloísa* tem origem, parece-me, no ponto em que o devaneio esperançoso e o devaneio nostálgico se equilibram; tem origem no ponto em que os apelos da antecipação quimérica possuem ainda o poder de prolongar as imagens da memória.

As *Confissões* nos ajudam a identificar os diversos momentos e as motivações múltiplas que presidiram à construção do romance. Importa — já que o próprio Rousseau marca-lhe nitidamente a cronologia — seguir as fases dessa gênese, não por simples curiosidade erudita, mas porque está aí um meio de reconhecer as potências de desejo que foram mobilizadas.

Tudo começa pela dolorosa percepção da falta, do vazio sentimental, da insuficiência, da defecção ou da indignidade dos seres mais próximos.

É preciso que esse vazio seja preenchido: é preciso uma compensação, um "suplemento". A imaginação, protegida pela solidão e pela folhagem da floresta de Montmorency, vai prover a isso. É a nostalgia que dá o impulso inicial:

> [...] Em meio aos bens que mais cobiçara, não encontrando de modo nenhum puro gozo, eu voltava por ímpetos aos dias serenos de minha juventude, e clamava algumas vezes, suspirando: Ah! ainda não são aqui as Charmettes.[5]

A insatisfação, o sentimento de jamais ter encontrado um "objeto determinado" digno de seu coração, a ideia de ter de abandonar o mundo "sem ter vivido", tudo o incita a buscar consolo em um devaneio nigromântico, que desperta a lembrança das ocasiões perdidas, dos amores inacabados, dos breves encontros. Essas figuras femininas, na vida de Rousseau, haviam se apresentado outrora ao apelo do desejo romanesco; haviam sido aureoladas de expectativa e de sonho; Jean-Jacques lançara-se para elas acreditando reconhecer as heroínas da ficção; "projetara" nelas sentimentos extraídos da *Astreia* e do romance pastoral. Eis que essas imagens reaparecem novamente, inscritas em seu próprio passado, e ornadas do encanto pungente daquilo que foi quase possuído, e que permanece para sempre inatingível. Essas criaturas reais, que ele soube tocar apenas de leve, não são mais que imagens, tão livres quanto vãs, tão disponíveis quanto as de um romance: Rousseau se deixa reconduzir por elas ao estado fluido do devaneio; elas, em quem por um instante o ideal romanesco parecera tornar-se realidade, ei-las aí, fantasmas obsedantes, sedutoras insistentes, que ajudam Jean-Jacques a fugir da realidade decepcionante na direção de um país de ilusão. Elas o reconduzem ao estado de efervescência confusa: ele volta a ser "pastor extravagante" (o termo que utiliza pertence ao universo do romance da época barroca). E, inventando seres perfeitos, pode lançar-se impetuosamente num paraíso exaltante.

> A impossibilidade de chegar aos seres reais lançou-me no país das quimeras, e, não vendo nada de existente que fosse digno de meu delírio, eu o nutri em um mundo ideal que minha imaginação criadora cedo havia povoado de seres segundo o meu coração. Jamais esse recurso veio mais a propósito e mostrou-se mais fecundo. Em meus contínuos êxtases, inebriava-me impetuosamente dos mais deliciosos sentimentos que alguma vez tenham penetrado num coração humano. Esquecendo inteiramente a raça humana, criei sociedades de criaturas perfeitas, tão celestes por suas virtudes quanto por suas belezas, de amigos certos, ternos, fiéis, tais como jamais encontrei neste mundo.[6]

Uma fabulação desenfreada, que agora não tem mais nada de retrospectivo, arrasta Jean-Jacques para um "empíreo" situado fora dos limites da condição humana. Mas essas deslumbrantes visões não são transcritas; sem dúvida, não o podem ser; não são mais que um pretexto para efusões internas, que permanecem tão confusas quanto inebriantes. Em uma fase posterior, Rousseau descerá novamente à terra e aclimatará seu sonho às condições do mundo social contemporâneo. Um episódio "literário" se interpôs, cujo tema não é sem importância: Rousseau, experimentando a necessidade de responder ao poema de Voltaire *Sobre o desastre de Lisboa*, meditou sobre o mal físico e moral. Voltaire declarara que o homem não é feliz: Rousseau respondia que a culpa era do homem, não de Deus. A questão da infelicidade sem dúvida contribuiu para dar lastro ao devaneio de Rousseau, para circunscrevê-lo em limites mais estreitos, para nele introduzir a falta e o sofrimento que, de início, queria ser apenas a negação apaixonada:

> [...] Minhas ideias um pouco menos exaltadas desta vez permaneceram na terra, mas com uma escolha tão delicada de tudo o que aí se podia encontrar de amável em qualquer gênero que essa elite não era muito menos quimérica que o mundo imaginário que abandonara.[7]

Imagens mais nítidas se desenham — e, em primeiro lugar, a das "duas encantadoras amigas" —, embora o plano ainda permaneça "vago". Um local se torna mais preciso:

> Para situar minhas personagens em uma morada que lhes conviesse, passei sucessivamente em revista os mais belos lugares que houvesse visto em minhas viagens, mas não encontrei de modo algum bosquezinho bastante fresco, nenhuma paisagem bastante comovente para o meu gosto. Os vales da Tessália ter-me-iam podido contentar se os houvesse visto; mas minha imaginação fatigada de inventar queria algum lugar real que lhe pudesse servir de ponto de apoio, e criar-me a ilusão da realidade dos habitantes que ali queria colocar. Pensei muito tempo nas ilhas Borromeu, cujo aspecto delicioso me arrebatara, mas ali achei demasiado ornamento e arte para minhas personagens. Precisava, entretanto, de um lago, e acabei por escolher aquele em torno do qual meu coração jamais deixou de vagar. Fixei-me na parte das margens desse lago na qual há muito tem-

po meus votos situaram minha residência na felicidade imaginária a que a sorte limitou-me. O lugar natal de minha pobre mamãe tinha ainda para mim um atrativo de predileção. O contraste das posições, a riqueza e a variedade dos sítios, a magnificência, a majestade do conjunto que arrebata os sentidos, comove o coração, eleva a alma, acabaram por me determinar, e estabeleci em Vevey minhas jovens pupilas.[8]

É assim que, no refluxo de um voo que de início se dirigira para lugares irreais, a ficção ganha consistência ao buscar no mundo real um "apoio" que não tardará a revestir uma importância considerável. Apenas então a escrita se torna possível. Cartas são esboçadas, efusões inscrevem-se na página, ditadas pelo sentimento, de modo que Rousseau possa não ser inteiramente de má-fé quando fingir lhes ser somente o transcritor, o editor. O romance encontra a incitação de seu progresso, parece, desde o instante em que o autor consente em afastar-se das regiões mentais onde reina uma perfeição por demais contínua de natureza ou de arte: terá sido preciso que se estabelecesse em um lugar mais determinado, mais ligado à memória das vagueações do passado, menos protegido dos ataques do mal, mas em um lugar que no entanto carregasse consigo como que um reflexo persistente do paraíso que substituiu. Deve-se atribuir uma grande significação a essa escolha da imaginação que, aparentemente por "fadiga", renuncia a transportar-se a uma Tessália de pura ficção onde não teria podido elevar-se senão um eco envelhecido do romance pastoral da época anterior. Optando por Vevey e Clarens, pedindo a ajuda da memória, Rousseau volta assim à "raça humana" de que seu primeiro impulso o desviara. Mas por ser mais próxima e mais real, Vevey não deixa de exigir uma intensa projeção sonhadora. Para o habitante do Ermitage, Vevey não apenas exerce a sedução dos lugares afastados no tempo e no espaço, mas, "lugar natal de minha pobre mamãe", essa localidade convida a imaginar a adolescência daquela que mais tarde se tornou a sra. de Warens, as primeiras emoções, o despertar inocente de um coração que ele não pôde conhecer senão alterado pelas tristes lições do mundo. A ficção em Vevey permite a Jean-Jacques substituir em imaginação aquele que foi o primeiro amante de Louise-Eleonor de la Tour... Além disso, essa fantasia retrospectiva se implanta em um cenário capaz de satisfazer a exigência de realidade cotidiana, pela qual o público, instruído por Richardson, doravante tomou gosto. Uma conciliação é possível entre o que persiste do sonho paradisíaco e a ilusão realista... O encontro com a sra. de Warens, suscitado outrora pelo sonho romanesco, torna-se o pretexto, depois de muitos anos, de uma requisição do real pelo desejo nostálgico. A paixão, a decepção, a memória, a escrita são os relés complexos que se interpõem entre o mundo romanesco em que se banhara a infância de Jean-Jacques e o romance que empreende compor. A continuidade não é rompida, mas vê-se aqui como a repercussão prolongada do romance de uma época anterior leva Rousseau a inventar um tipo de romance inteiramente novo. É o exemplo de uma mutação decisiva saída de uma fidelidade apaixonada; sua juventude, toda inebriada de *antigos romances*, torna-se o material de um *novo romance*. A invenção é inseparável do desejo da repetição. Um exemplo bastará: adolescente, Rousseau buscava nos encontros da vida real a confirmação das aventuras que o livro e o sonho lhe haviam oferecido em imagem; romancista, desejará encontrar os fiadores reais de suas próprias ficções, e acreditará reconhecer em Sophie d'Houdetot as perfeições com que ornara a figura de Julie. Tendo conquistado os poderes da escrita, Rousseau tenta, com trinta anos de distância, ressuscitar por sua própria obra a embriaguez que outrora extraíra dos livros dos outros; quer, porque lhe descobriu o poder, tornar-se seu próprio leitor, ler a si mesmo, e viver em sua paixão por Sophie o redobramento real de suas emoções imaginárias. O amor de Rousseau por Sophie d'Houdetot teria tido aos nossos olhos apenas um medíocre interesse anedótico, se não revelasse o apetite irredutível de abolir a diferença do romanesco e do real, de fazer de maneira que a idealidade do romance se torne o fermento da vida. Como esse movimento é ainda possível em 1757? O *Dom Quixote* de Cervantes não denunciou, de uma vez por todas, a quimera de todas as tentativas que, num momento novo da história, pretendem reviver a ficção de uma época anterior? O próprio Rousseau, em sua adolescência agitada, não conheceu o fracasso em quase todas as suas esperanças romanescas? Não viu ele o Lignon, em vez de irrigar as campinas da *Astreia*, atravessar uma triste região de forjas? Rousseau não perdeu a lembrança de tudo isso, e essa é a razão pela qual, ao compor *A nova Heloísa*, ele ordena o mundo romanesco eliminando tudo aquilo que, no antigo romance, aumentava o *afastamento* entre o mundo imaginário e a realidade cotidiana: as aventuras extraordinárias, o local legendário, os cultos fabulosos etc. O mundo de *A nova Heloísa* foi concebido — segundo a própria confissão de Rousseau — de maneira a conservar do romance tradicional apenas sua quintessência emotiva, seu impulso sentimental. O despojamento vai mais longe ainda, já que, no universo do sentimento, Rousseau se proíbe de dar a palavra às paixões rancorosas, à voz da maldade. Nada é mais revelador que a maneira pela qual Rousseau reduz a distância entre o lugar do romance e o lugar da vida: trata-se de poupar as vias de comunicação do romance com a vida, e, em primeiro lugar, com a vida pessoal. Mas nada é mais revelador, ao mesmo tempo, que a maneira pela qual Rousseau persiste em manter um certo afastamento entre o domínio do imaginário e a vida real. Vevey não é a Tessália, mas também não é a França, nem sobretudo Paris; é de alguma maneira um meio-termo entre um *alhures* de pura fantasia e um *aqui* decepcionante. A distância foi medida com um instinto muito seguro: o sítio das ilhas Borromeu, no qual Rousseau pensou por um instante, teria revestido um aspecto por demais ornado e muito exótico; além disso, teria tornado pouco verossímeis cartas escritas em francês. Era preferível, como o fez finalmente Rousseau, escolher um cenário situado na extrema periferia do domínio linguístico francês: era, para ele, não apenas reencontrar em imaginação um lar interior e um dos santuários de seu próprio passado, mas oferecer ao leitor parisiense o quadro de uma vida ao mesmo tempo "extraordinária" e realizável à custa de um desterro relativamente limitado. O sítio da existência admirável fica a algumas paradas de Paris! Poder-se-ia descobrir sua luz, se para isso se consentisse em fazer o esforço! Do mesmo modo, enquanto se cercam de mistério, as personagens parecem ao alcance de identificação, à custa de uma espécie de revolução interior para o leitor: não apenas Rousseau prolongou em sua existência o papel de Saint-Preux para vivê-lo em relação à sra. d'Houdetot, mas um número considerável de leitores sentiu-se atraído pelo destino das personagens do romance; duas nobres leitoras quiseram imitar as "duas encantadoras amigas" e atrair Rousseau para o seu jogo. E muitas viagens à Suíça tomarão o sentido de uma peregrinação à terra em que Julie amou, foi amada e morreu. Reconhece-se aqui o sucesso de uma operação de sedução. Mas como toda operação de sedução, esta só aproxima um rosto atraente tornando-o inatingível, oferece-se insinuando uma recusa. Em relação a isso, não é indiferente que todas as citações poéticas de que se ornamenta a prosa de *A nova Heloísa* sejam italianas (Petrarca, Metastásio, Tasso) e que, assim, os momentos de exaltação lírica recorram ao prestígio do canto de uma *língua estrangeira*. O afastamento de Vevey se duplica de um segundo afastamento que nos remete aos longes da palavra e da música italianas: elas estendem um fundo de ternura azulada, de plenitude melodiosa e de pureza platônica. Por mais próximo que esteja, o mundo de *A nova Heloísa* é ainda um mundo ausente: assim se encontra preservada a dualidade da ficção e da realidade empírica — do romanesco e da vida cotidiana.

## A EXPLORAÇÃO DA DIFERENÇA

Ao conferir o mais possível de verossimilhança realista à "pequena cidade ao pé dos Alpes" e a seus habitantes, Rousseau escreve um romance contemporâneo, um romance burguês; e ao montar esse cenário valdense, ele pensa nos homens do mundo, nos parisienses que lerão seu livro, e os faz entrever a beleza perturbadora de um mundo que não é o deles. Sim, o "mundo diferente" requerido pelo impulso da ficção permanece preservado, mas já não aparece como uma cena fabulosa: não contradiz a realidade nem por perfeições sobre-humanas, nem por aventuras prodigiosas. Ele adquire o valor de uma demonstração da verdade do coração, do ardor da paixão, da virtude autêntica, tais como podem ser encontrados a distância das grandes cidades. A partir daí, é preciso acrescentar, o afastamento entre Vevey e Paris não mede apenas um certo grau de ficção mas, antes de tudo, um certo grau de crítica implícita (que os prefácios e as cartas sobre Paris, na segunda parte do romance, se encarregarão de explicitar). O contraste tradicional da ficção e da realidade é então empregado de maneira a inverter-se: são os homens do mundo, os parisienses, que vivem na ilusão, na mentira, na vã aparência. A ficção romanesca, ao contrário, pretende figurar um universo da verdade: uma sociedade mais estreita, regida por virtudes sinceras, e capaz de conhecer as grandes evidências do sentimento... A função da paisagem valdense se conjuga aqui com a qualidade decididamente *estrangeira* da palavra de Rousseau, e assim permite manifestar, nos termos mais fortes no plano simbólico, uma oposição radical, um contraste essencial. Essas jovens pessoas que — se se crê em Rousseau — escrevem mal e sentem justo são o exato contrário das pessoas do mundo que se exprimem elegantemente e não experimentam mais que sentimentos factícios. A carta, elemento constitutivo do romance, torna-se o indício de uma subjetividade apaixonada que sofre com as distâncias e com os obstáculos interpostos, e que trabalha em aboli-los; mas ela adquire ao mesmo tempo um valor polêmico implícito: representa uma profundidade moral, uma seriedade ética, cuja posse é impedida às pessoas do "grand monde"; revela faculdades que se estiolaram na sociedade dos ricos. Porque é o ato de uma consciência que não teme expor-se a si mesma, a carta pode opor o testemunho das "belas almas" à vaidade de um mundo composto de círculos brilhantes em que se esquece sua alma, onde "nenhum homem pode mais ser ele próprio" e em que as "marionetes" mundanas já não atribuem ao sentimento senão um valor de pretexto para "máximas" quintessenciadas. Assim, o afastamento entre o mundo de Vevey e o de Paris equivale a um desafio; a ideia de uma "contestação" nos é significada através da diferença que separa a eloquência por vezes incorreta dos dois amantes, e o "jargão", o "vão formulário" imputados por Saint-Preux e por Rousseau às conversações parisienses.

De resto, é preciso atribuir a maior importância ao projeto de um conhecimento e de uma crítica das sociedades a partir de suas características diferenciais, tal como é formulado na carta XVI da segunda parte:

> O caráter das nações não pode determinar-se senão por suas diferenças [...] Se eu quisesse estudar um povo, seria nas províncias afastadas em que os habitantes têm ainda suas inclinações naturais que iria observá-los. Percorreria lentamente e com cuidado várias dessas províncias, as mais afastadas umas das outras; todas as diferenças que observaria entre elas me dariam o gênio particular de cada uma; tudo o que teriam de comum, e que os outros povos não teriam, formaria o gênio nacional, e o que se encontrasse por toda parte pertenceria em geral ao homem [...] Meu objeto é de conhecer o homem, e meu método é de estudá-lo em suas diversas relações. Não o vi até aqui senão em pequenas sociedades, esparsas e quase isoladas na terra. Vou agora considerá-lo amontoado em multidões nos mesmos lugares, e começarei a julgar por aí os verdadeiros efeitos da sociedade; pois, se é constante que ela torna os homens melhores, quanto mais for numerosa, e próxima, mais eles devem valer, e os costumes, por exemplo, serão muito mais puros em Paris que no Valais; se se achasse o contrário, seria preciso tirar uma consequência oposta.
>
> Esse método poderia, reconheço, levar-me ainda ao conhecimento dos povos, mas por um caminho tão longo e

tão desviado que eu não estaria talvez, durante minha vida, em condição de pronunciar-me sobre nenhum deles. É preciso que comece por observar tudo no primeiro em que me encontre; que determine em seguida as diferenças, à medida que percorrerei os outros países; que compare a França a cada um deles, como se descreve a oliveira em relação a um salgueiro ou a palmeira em relação a um abeto, e que espere, para julgar do primeiro povo observado, que tenha observado todos os outros.

Esse método comparativo, que é o da taxionomia das ciências naturais contemporâneas de Rousseau, prefigura o princípio do estruturalismo do século XX, Saint-Preux fará a volta ao mundo, e tudo nos faz crer que ele soube levar bastante longe a sua investigação. No entanto, o essencial continua a ser a relação diferencial do meio de Vevey e de Paris, de que as cartas sobre Paris nos mostram que ela revela um contraste múltiplo: diferença na organização econômica, nas fontes do poder, nas maneiras, nos divertimentos; contraste na maneira de amar e, resumindo todas as oposições, antítese das linguagens. Assim, a originalidade ardente da palavra amorosa, antes mesmo que aí se acrescentem os elementos de uma filosofia admitida, comporta uma significação cultural e social: assinala uma aptidão *para sentir*, da qual o homem da grande cidade deve saber reconhecer que perdeu o segredo. O afastamento estilístico, com seu lirismo, seu *pathos*, seus ritmos musicais, sua "dicção", é aqui não apenas o indício de uma experiência psicológica de uma intensidade pouco comum, mas ainda o revelador de uma superioridade social e moral, ora tácita, ora abertamente afirmada.

Ora, Rousseau esforçou-se em tornar legível essa oposição a Paris para os próprios parisienses. O atrativo do sítio estrangeiro, para ser eficaz, deve atingir aqueles mesmos aos quais manifesta a reprovação e a contradição. É preciso, portanto, manter uma conivência secreta com aqueles que vivem na mentira: é preciso continuar, de certa maneira, a falar sua língua.

Saint-Preux, em Paris, percebe isso muito lucidamente: alarma-se à ideia de ter sido, quase à sua revelia, contaminado pelo espírito da capital. Sua crítica de Paris, receia ele, encontrar-se-ia por isso curiosamente deformada: "Eu próprio não sou agora um habitante de Paris? Talvez sem o saber tenha já contribuído de minha parte com a desordem que aí observo [...] Insensivelmente, julgo e raciocino como ouço julgar e raciocinar todo mundo". Uma cumplicidade singular permanece subentendida entre Rousseau e o mundo a que se opõe. Se a "verdadeira vida" está em Vevey, é sempre aos parisienses que ele o declara, e na linguagem que pode comovê-los. Em vão disse Rousseau, no prefácio de seu romance, que a obra só será apreciada por provincianos: seu sucesso foi sobretudo parisiense, e é impossível acreditar que esse não tenha sido o alvo do autor. As *Confissões* nos fazem conhecer a acolhida reservada à obra, e se atribui, de maneira penetrante, ao sentimento da falta, à representação eloquente dos bens de que o coração do leitor se sentia frustrado:

> Bem ao contrário de minha expectativa, seu menor sucesso foi na Suíça e seu maior, em Paris. A amizade, o amor, a virtude reinam então em Paris mais que em outras partes? Não, sem dúvida; mas ali reina ainda esse senso delicioso que transporta o coração à sua imagem, e que nos faz venerar nos outros os sentimentos puros, ternos, honestos que não temos mais.[9]

A observação que Rousseau faz aqui é particularmente importante: seu livro foi recebido como a expressão de uma virtude e de uma felicidade ausentes. E que ele tenha podido ser assim compreendido, eis o que prova que soube exasperar a falta, torná-la sensível, dar-lhe uma voz, desenvolver-lhe uma imagem "comovente" e atingir profundamente mesmo aqueles cuja existência lhe parece estar cativa das piores ilusões. Ao escrever um romance, não consentiu ele em jogar o jogo das potências maléficas, não se entregou ele aos artifícios do parecer? Rousseau o reconhece sem hesitar. Comprometeu-se; pactuou com o mal, mas foi coagido a isso, porque é preciso curar o mal pelo mal, porque é preciso falar a sua língua com aqueles que se deixaram extraviar no universo alienado da representação. Se *A nova Heloísa* tenta seduzir os parisienses, não é para lhes proporcionar o prazer pernicioso da ficção, mas para curá-los daquilo que são, para insinuar no prazer da leitura uma espécie de remédio heroico, de terapêutica desesperada:

> Os romances são talvez a última instrução a dar a um povo bastante corrompido para que qualquer outra lhe seja inútil.[10]

Essa afirmação de Saint-Preux é diretamente aplicável ao romance de que é o herói: disso reteremos que o romance não quer apenas incluir um ato de conhecimento polêmico, reivindica além disso um valor de ação moral. À primeira vista, isso não é nada mais que um recurso ao princípio clássico do útil (do edificante): nenhuma obra nesse século, e entre as mais gratuitas ou as mais perversas, que não se justifique pela instrução que proporciona... Em Rousseau a ambição é mais sincera. Não recusamos acreditar nele, quando declara que pretendeu, com seu romance, servir "*um objeto de costumes e de honestidade conjugal, que depende radicalmente de toda a ordem social*", e quando assegura que se propôs um objetivo "*mais secreto de concórdia e de paz pública*":[11] assim, o romance, de sua função crítica, eleva-se a um papel conciliador, e pretende soberbamente intervir na história da época. Que uma moça condenável e fraca possa tornar-se uma esposa irrepreensível, que um ateu virtuoso possa ter seu lugar à frente de uma sociedade de almas sensíveis e de crentes — tudo isso, levado pela duração romanesca, realiza-se em Clarens, e propõe em Paris um modelo intenso e fascinante: é a miragem de uma possibilidade de salvação, a promessa de uma regeneração. Assim, esse grande romance da transformação dos corações persegue, através de sua dimensão crítica, um objetivo *utópico* de transformação do mundo. Ao ler tantas páginas que, para o nosso gosto, pecam por um excesso de moralismo, é preciso saber discernir um esforço generoso para denunciar as contradições do mundo contemporâneo, e finalmente para resolvê-las em imagem, na concórdia em que conseguem viver personagens que representam todas uma tendência ou uma tentação de seu autor.

## O PERCURSO DO ROMANCE

*A nova Heloísa* descreve, na duração, uma admirável trajetória, cujas forças diretrizes são o desejo, a recusa, e a reunião daquilo que a recusa separou.

O livro, desde as suas primeiras páginas, é animado pelo ímpeto do desejo. Mas, logo que o desejo encontra sua satisfação carnal, vem tropeçar no impedimento social, no preconceito nobiliário, que lhe recusa a possibilidade de persistir legalmente e de inscrever-se em uma *ordem real*. Essa paixão, tão legítima em sua essência, é de fato considerada como uma desordem pela sociedade, é criminosa no tribunal desse juiz absoluto que é o "pai de família", o barão d'Étanges. O obstáculo social, se foi desafiado por um momento, não será rompido: a causa da ordem recebe satisfação, Julie consente em desposar o homem que seu pai lhe destinou, e será uma esposa fiel. Existe aí, contudo, um triunfo da moralidade convencional, uma consagração da sociedade existente? De maneira nenhuma. Ao interiorizar a recusa, ao sacrificar voluntariamente sua felicidade imediata, os amantes não deixam de amar-se; intensificam sua paixão. A recusa, de início imposta pela ordem social, é assumida pela própria paixão, e se torna, assim, a garantia de um retorno, o preço de uma reunião. Uma vida nova — nascida do recalque, diríamos hoje — é possível para o amor: uma sociedade nova, uma ordem superior então têm origem. Se a sociedade convencional havia se mostrado mais forte que a paixão livre, eis que a paixão regenerada se torna, por sua vez, mais forte que a sociedade convencional, e que chega a fundar, no solo de Clarens, uma espécie de república privilegiada, superior, por suas instituições, ao mundo que a precedia e que a cerca. Essa república não passa da expansão "política" das *belas almas* que decidiram colocar seu destino em comum. A nova ordem de Clarens (a bem dizer, mais paternalista que democrática, e de maneira nenhuma igualitária) não contradiz absolutamente o desejo: ele é seu fruto tardio, depois de poda e sublimação. De modo análogo, a "falsa sabedoria" do mundo, que a paixão negara, dá lugar a uma sabedoria superior, saída da própria paixão e purificada pela disciplina "repressiva" dificilmente consentida. Julie amorosa e virtuosa é tanto uma nova Diotima quanto uma nova Heloísa (ou uma nova Laura). Assim nascem uma filosofia, uma teologia, uma pedagogia que já não querem ser a vã ciência dos livros, mas que, depois de ter combatido a moral convencional, a restauram sobre uma nova base: pensamento que, por haver passado pela prova do sentimento, leva a chancela da autenticidade; filosofia que não é mais o estéril murmúrio da escola, mas que tem sua fonte em consciências de elite; teologia cujas certezas nascem de um impulso de amor.

Contudo, a felicidade de Clarens, síntese e cura imaginária dos conflitos do mundo, carrega ainda consigo demasiado ímpeto passional, demasiada insatisfação para não romper as instituições formais em que corre o risco de imobilizar-se. Permanece por demais ameaçada pelo retorno desastroso do desejo carnal para não buscar um refúgio que seja simultaneamente a mais irrevogável separação e a possibilidade da suprema união: esse refúgio é a morte, e esta pode tanto significar a perfeita consumação da paixão quanto o malogro de toda tentativa de ordenamento político de uma ordem terrestre. A trajetória do romance termina tendo em vista um termo último que se esquiva à nossa razão: saído das profundezas turvas da cobiça (que Rousseau não nos deixa ignorar, aquém da expressão depurada da retórica amorosa), o ímpeto ascensional se dirige, de sacrifício em sacrifício, para o além. Um romance religioso? Sim, mas apenas na medida em que a fé e a adoração são avatares da energia desejante, em que são metamorfoses do eros do qual todas as fases e todas as faces tiveram sucessivamente seu momento de extravasamento na lenta duração do livro. Por certo, através de todo o romance, a linguagem religiosa é constantemente *explorada* para dar à efervescência do sentimento sua expressão enobrecida. Não se deixou de denunciar, nesse recurso aos vocábulos da língua sacra, um disfarce hipócrita dos interesses mais egoístas da paixão. Mas Rousseau tem razão de nos convidar a considerar seu romance como um todo, e a não separar a "fraqueza" de Julie de sua remissão. Assim, pode-se dizer que a linguagem religiosa, no momento da cobiça carnal mais ardente, longe de dar aos apetites uma legitimação fraudulenta, anuncia de imediato sua transfiguração possível. É por haver falado a linguagem do sagrado no próprio seio das volúpias que Julie e Saint-Preux se orientam para a esperança religiosa, quando a separação tiver intervindo: eles podem mudar de conduta sem mudar de linguagem. O vocabulário sacralizado da paixão continha previamente todos os elementos (de inflexão muitas vezes masoquista) do sacrifício virtuoso: arrebata os corações e dita suas revoluções. O mesmo ocorre com o valor simbólico de alguns locais: é pela reminiscência do mito da plenitude e da transparência paradisíaca que a paisagem do Valais, o Bosque, o Chalé, o Eliseu de Julie, a festa das Vindimas carregam-se de todo o seu poder de sedução. São reflexos da Unidade, lugares onde estão miraculosamente reunidos todos os contrários que a dura história dos homens separa: o amor e a inocência; a arte e a natureza; a solidão e a comunidade... Imodestamente, obedecendo às exigências de seu desejo, Rousseau projetou nas paisagens da Suíça romanda uma prefiguração do céu, uma lembrança da origem. Ele enxerta, nos lugares que atravessou, uma significação escatológica: utiliza o símbolo religioso para edificar seu mito pessoal. Quem se espantará com isso? Tudo predispõe um mito pessoal, assim elaborado, a transformar-se em mito coletivo para a geração seguinte.

# DEVANEIO E TRANSMUTAÇÃO*

> *Os* Devaneios de um caminhante solitário *contêm poucos devaneios propriamente ditos; não são um diário íntimo, um "diário informe". Não se rompe tão facilmente com séculos de discurso retórico.*
> Marcel Raymond[1]

Para quem Rousseau escreve seus *Devaneios*? Para si próprio, apenas para ele. Com o que se entretém ele nessa obra final? Com seu destino. O autor, que se tomou por destinatário, toma também a si mesmo por tema de seu discurso. A palavra não persegue mais nenhum fim externo, declina de toda referência a um auditório possível. Rousseau convenceu-se de que doravante o mundo está surdo à sua voz, e resigna-se. Em desespero de causa, a palavra percorrerá um circuito interno; ela se refletirá e se absorverá em seu autor; a consciência pessoal, desdobrada em uma consciência discursante e em uma consciência receptora, se alimentará de sua própria substância. Atitude singular, cuja solidão radical encontra em Montaigne e nos solilóquios dos místicos apenas uma prefiguração longínqua e incompleta. Desse modo, Rousseau experimenta a necessidade de legitimar o que sua empresa tem de novo e de monstruoso: a situação que se lhe criou, cuja história não conhece nenhum precedente, obriga-o a um recurso ele próprio sem precedente. Ao longo dos *Devaneios*, o desenvolvimento da relação interna acompanha-se de uma justificação refletida da relação exclusiva de si para si, justificação que chega até a suplantar a conversação íntima de que anuncia o advento. (Muitas páginas dos *Devaneios* não passam, de fato, de declarações de intenção, longos preparativos referentes à empresa de sonhar. Esse é o caso do primeiro Passeio, que tem

* Texto publicado em: *De Ronsard à Breton. Hommages a Marcel Raymond* (Paris, Corti, 1967).

função de preâmbulo. Mas longas passagens do segundo e do sétimo Passeio poderiam igualmente ter como subtítulo: Por que tomei a resolução de escrever meus devaneios.)

Isso é sonhar? Duvidar-se-ia. O puro devaneio é interno e mudo, absorvido em uma fascinação fugidia. Exteriorizar-se, para a consciência sonhadora, é já sair do devaneio. O semiarrependimento que mais de uma vez Rousseau manifesta por não haver anotado as ideias e as imagens surgidas ao longo do caminho prova precisamente que o devaneio era bastante absorvente para não deixar atrás dele nenhum rastro verbal.[2] (Assim ocorre com nossos sonhos, dos quais os mais maravilhosos são sempre perdidos pela linguagem: é preciso resignar-se a formar-lhes, ao despertar, um equivalente aproximativo.) Concedamos, no entanto, que existe uma linguagem sonhadora, palavras aparentemente desenroladas ao sabor de um sonho e como proferidas em devaneio. É o que ocorre nos *Devaneios*? Aí se encontra uma consciência em estado de vigília. O leitor está autorizado a se perguntar se está em presença de um devaneio ou de um discurso livre sobre a felicidade de sonhar. Ele se surpreenderá mesmo de que esse discurso livre exista na forma da escrita, já que é considerado como representação do próprio ato no qual a consciência assegura-se de sua inerência a si: a relação de si para si deveria ter permanecido tácita, deveria ter se limitado à evidência inefável do sentimento. Escrever, ainda que para se dirigir apenas a si, é condenar-se à exterioridade, é remeter-se à leitura possível de um terceiro, e é, sobretudo, confiar-se a esses sinais de convenção que Rousseau (no *Ensaio sobre a origem das línguas*) considera como irremediavelmente estranhos à verdade viva do sentimento: quem quer que recorra à escrita cai no mundo infeliz dos objetos e dos meios opacos.

A prova dos *Devaneios* parece condenada, à primeira vista, a uma paradoxal exterioridade. Exterioridade, em primeiro lugar, em relação ao *momento* do devaneio; uma distância fatal a afasta do instante favorecido de que fala: o êxtase do segundo Passeio é lembrado com algumas semanas de intervalo; a felicidade da ilha Saint-Pierre é retraçada depois de um lapso de doze anos; e, com mais frequência ainda, Rousseau deplora o esgotamento atual da faculdade de sonhar. Exterioridade, mais uma vez, em relação à certeza interna e à convicção silenciosa. O discurso de Rousseau parece destinado a manifestar-se a distância daquilo que ele designa como o estado mais precioso. Para justificar o devaneio, deve aceitar não ser mais ou não ser ainda o devaneio; para proclamar a inviolabilidade da certeza interna, transcorre fora da interioridade. Em todos os casos, a palavra do escritor, por sua inadequação inevitável, remete-nos a um termo que se esquiva, a uma espécie de transcendência íntima constituída pelo afastamento temporal ou pela diferença qualitativa: quer se trate da felicidade passada ou do sentimento atual, a palavra cai em uma região que lhe é estranha. O devaneio desaparecido, a emoção profunda estão fora de alcance. E é deles, no entanto, que Rousseau se vale. Rousseau não estaria condenado à inautenticidade, por ter desejado designar o que não se deixa designar?

Esse é o julgamento que um leitor severo seria tentado a fazer sobre os *Devaneios*. Mas é precisamente esse julgamento que a meditação de Rousseau esforça-se em tornar inoperante. Ela sustenta que escrever não é apenas um ato de reflexão, uma rememoração a distância, mas uma revivescência. Escrever é reviver. E se é verdade, de início, que escrever não é sonhar, todo o esforço de Rousseau visa suprimir a *diferença* entre a palavra e o que ela exprime. Esforço de natureza poética, ainda que adquira o aspecto da prosa poética apenas rara e intermitentemente. Uma espécie de ativação mágica se produz, com o objetivo de uma reconquista da essência evasiva do passado e do inefável. Rousseau tudo mobiliza para que a transcendência íntima e a "distância interior" se anulem e se reabsorvam no seio de uma imanência redescoberta.

Rousseau diz que "escreve seus devaneios". Acreditemos nele. Diz que pretende "fixá-los pela escrita", que está decidido a manter-lhes o "diário" ou o "registro". A palavra não será o devaneio original, mas seu eco retardado. Ela será seu duplo: o sonho de um sonho. De maneira nenhuma, como Rousseau o assegura por vezes, sua réplica fiel, mas uma voz que, comovida pela lembrança de um devaneio primeiro (pela impossibilidade de reencontrar a inspiração do devaneio primeiro), deixa-se levar e derivar, ao sabor de sua reflexão descritiva, em um devaneio segundo. A memória do devaneio torna-se, assim, um devaneio duplicado, destinado ainda a infinitos redobramentos por ocasião das leituras posteriores que deles Rousseau projeta fazer. "Sua leitura me recordará a doçura que experimento ao escrevê-los, e, fazendo assim renascer para mim o passado, duplicará por assim dizer minha existência." O redobramento pela escrita terá, desse modo, precedido e condicionado o redobramento pela leitura...

"Aplicarei o barômetro à minha alma."[3] Isso significa, como bem o mostrou Marcel Raymond, deixar entender que as variações da alma sonhadora são ao mesmo tempo tão imprevisíveis e tão estritamente submetidas às leis físicas do universo quanto o são as variações atmosféricas: escapam à vontade humana. É igualmente deixar entender que a descrição do devaneio terá a exata fidelidade de uma medida cujos resultados — uma vez dada a graduação do instrumento — assinalam-se por si mesmos, de maneira automática, sem que intervenham a mão ou o cálculo. Se a alma sofre passivamente suas modificações, o barômetro, por sua vez, é um registrador passivo. Mas os movimentos do barômetro não *são* as variações da pressão atmosférica: são-lhe simbolicamente proporcionais. De resto, Rousseau não permanecerá fiel a seu ideal barométrico: como manter uma relação constante entre o devaneio primeiro e o devaneio segundo? No curso do devaneio segundo, as flutuações do devaneio primeiro não são apenas transcritas: são interpretadas e modificadas. O quarto Devaneio, que reivindica o direito à ficção (que é inocente, e não pode ser assimilada à mentira enquanto não cause nenhum dano ao nosso próximo), tem valor de início e de confissão. Rousseau aí reclama, para a memória repetidora, o privilégio sem dúvida exorbitante de ser criadora sem deixar de ser verídica. Aplicar-se-á sem dificuldade aos próprios *Devaneios* o que Rousseau nos diz de suas *Confissões*:

"Eu as escrevia de memória; essa memória me falhava com frequência ou não me fornecia mais que lembranças imperfeitas e eu preenchia-lhe as lacunas com detalhes que imaginava como suplemento dessas lembranças, mas que jamais lhes eram contrários [...]".[4] Assim, em vez de reconhecer, na distância entre o sentimento atual e o sentimento passado, o sinal de sua irrevogável diferença, em vez de ver anunciar-se o malogro na heterogeneidade da escrita e de seu objeto elusivo, Rousseau se prevalece de um duplo êxito: o passado (explorado a partir do presente) não será traído, e o presente (vivificado pela lembrança) será expresso em sua verdade. "Ao entregar-me ao mesmo tempo à lembrança da impressão recebida e ao sentimento presente, pintarei duplamente o estado de minha alma, a saber, no momento em que o acontecimento ocorreu e no momento em que o descrevi."[5] Pelo privilégio singular que ele lhe confere (privilégio que, aos nossos olhos, é o da "literatura", ou melhor, da poesia), a palavra escrita, ao invés de ser condenada a permanecer inadequada, vai mostrar-se duplamente adequada. A consciência arroga-se, assim, o direito de inventar-se, sem jamais sair de sua verdade. Rousseau está convencido de que a imaginação pode exaltar-se até o delírio sem jamais se tornar expressamente culpada de mentira. Ela antes se coloca, segundo ele, em benefício de uma veracidade multiplicada.

Ler os devaneios é, portanto, penetrar na corrente quase contínua de um devaneio *segundo*. Este nos remete a uma sucessão de acontecimentos bastante díspares, diversamente situados na paisagem do passado: constituem seu material, seu apoio objetivo. Ora o devaneio segundo se desenvolve como a superfície perfeitamente lisa onde se vem refletir a imagem de um devaneio primeiro cujo impulso atingiu os últimos limites (quinto Passeio); ora descreve no tom da ironia um devaneio muito rapidamente interrompido (herborização na Robaila e descoberta inesperada de uma fábrica de meias); ora enumera as atividades substitutivas que suprem o esgotamento do devaneio fabulador e da fantasia afetiva; ora, ao evocar um acontecimento que teve como consequência retardar a redação dos *Devaneios*, Rousseau retraça inesquecivelmente um êxtase acidental, sofrido na passividade enfraquecida de um despertar (segundo Passeio); e, sem descanso, o devaneio segundo volta às circunstâncias que o obrigam a buscar fora do mundo humano um ar que lhe seja respirável: retraça, para conjurá-las, as maquinações da coligação universal, o grande complô que tem por desígnio enredar Jean-Jacques. Como se vê, o trabalho do devaneio segundo consiste em recuperar e em dominar elementos tão pouco comensuráveis, tão pouco homogêneos quanto possível, para retomá-los, dissolvê-los e levá-los em seu próprio fluxo, no ritmo igual de um pensamento que se desprende dos malefícios e que se assegura de sua invulnerabilidade. A função do devaneio segundo consiste, então, em reabsorver a multiplicidade e a descontinuidade da experiência vivida, inventando um discurso unificador no seio do qual tudo viria compensar-se e igualar-se. A unidade assim reconquistada pode desde então projetar-se retrospectivamente sobre a existência inteira, a ponto de, para a memória criadora, o passado reestruturar-se de maneira a assemelhar-se à obra empreendida, e dela receber o ritmo constante, a continuidade tranquila, marcada pela alternância regular dos passeios: "Minha vida inteira não passou de um longo devaneio dividido em capítulos por meus passeios de cada dia".

Essa simplificação, essa passagem à unidade não são possíveis a não ser à custa de um esforço de transmutação. É preciso que a consciência transforme suas cercanias e seu horizonte ao transformar-se. Na verdade, se o devaneio, sob sua forma de fantasia fabuladora:, é uma transmutação de *imagens* dirigidas pelas exigências do desejo, ele pode também, em uma espécie de ascese ou de empobrecimento, prescindir de imagens e manifestar-se como uma pura transmutação do *sentimento*; sob uma forma mais abstrata ainda, no tom da reflexão ou da meditação, ele partirá da *ideia* da situação sofrida (ela própria obra da imaginação) para não fazer nada mais que transmutar progressivamente o sentido e o valor dessa situação. Em todos os casos, a transmutação permanece o móbil essencial que arrasta a consciência sonhadora.

Mas não basta falar de transmutação: o gosto pela metamorfose é o quinhão comum de todos os sonhadores. É necessário definir mais precisamente o caráter específico do devaneio segundo Rousseau: é uma transmutação purificante. Tanto ao tomar por objeto figuras imaginárias, quanto sentimentos ou ideias, o *eu* aí é sempre protagonista, e o trabalho psíquico do devaneio consiste sempre em passar de um estado de perturbação e de conflito a um estado de simplicidade límpida. Temos aqui o elemento invariável, o denominador comum das formas mais diversas do devaneio. Sob esse aspecto, o devaneio segundo equivale ao devaneio primeiro; não lhe é inferior, com a diferença de que o devaneio primeiro opera em plena crise, no instante *presente*, enquanto o segundo opera a frio, no universo das "segundas intenções", isto é, na lembrança ou na nostalgia das imagens amadas, na representação diferida dos sentimentos. Aliás, essa distinção não é absoluta, pois o devaneio primeiro, em seus transportes mais intensos, recorre constantemente à reflexão para tomar recuo em relação às etapas inferiores da aventura mental; é preciso abolir e reprimir no passado as imagens e os sentimentos acima dos quais o pensamento se eleva para ter acesso à transparência: então, é preciso continuar a pensar o que foi, para melhor provar, por contraste, do êxtase presente. Em compensação, o devaneio segundo não se desenvolveria se não tivesse em sua origem um sentimento *atual* (de inquietação, de angústia, de incerteza etc.) que o incite a buscar socorro em uma realidade distante: o passado fora de alcance, os êxtases findos, as delícias impossíveis, o fantasma das emoções, o antigo projeto de escrever. Ele não se desenvolveria se não tivesse por objetivo criar *aqui mesmo*, nas palavras que encadeia, a convicção doce-amarga da serenidade reconquistada.

Uma longa alínea do primeiro Passeio — em que Rousseau procura definir a intenção que o anima — nos fornecerá ao mesmo tempo um exemplo cabal de devaneio segundo e de transmutação purificante.

> Tudo o que me é exterior me é estranho doravante. Já não tenho neste mundo nem próximo, nem semelhantes, nem irmãos. Estou na Terra como em um planeta estrangeiro no qual teria caído daquele que habitava. Se reconheço ao meu redor alguma coisa, não são mais que objetos aflitivos e dilacerantes para o meu coração, e não posso lançar os olhos sobre o que me toca e me cerca sem aí encontrar sempre algum motivo de desdém que me indigne ou de dor que me aflija. Afastemos, portanto, de meu espírito todos os penosos objetos dos quais me ocuparia tão dolorosa quanto inutilmente. Só pelo resto de minha vida, pois como encontro apenas em mim o consolo, a esperança e a paz, não devo nem quero mais me ocupar senão de mim. É neste estado que retomo a sequência do exame severo e sincero que outrora chamei de minhas *Confissões*. Consagro meus últimos dias a estudar a mim mesmo e a preparar antecipadamente a conta que de mim não tardarei a prestar. Entreguemo-nos inteiramente à doçura de conversar com minha alma porque ela é a única que os homens não me podem tirar. Se, à força de refletir sobre minhas disposições interiores, conseguir colocá-las em melhor ordem e corrigir o mal que pode aí restar, minhas meditações não serão inteiramente inúteis, e embora eu já não sirva para nada na terra, não terei perdido completamente meus últimos dias. Os lazeres de meus passeios diários foram frequentemente preenchidos por contemplações encantadoras cuja lembrança lamento ter perdido. Fixarei pela escrita aquelas que me poderão vir ainda; cada vez que as reler me devolverá seu gozo. Esquecerei meus infortúnios, meus perseguidores, meus opróbrios, ao pensar no prêmio que meu coração merecera.[6]

Essa alínea reproduz resumidamente o movimento geral do primeiro Passeio: este, lembremos, começa por: *Eis-me então só sobre a terra...* e acaba na esperança "*de gozar de minha inocência e de terminar meus dias em paz apesar deles*". Outras alíneas, aliás, desenvolvem-se entre uma mesma constatação originária e um mesmo ponto de chegada, partindo da evocação da solidão e da denegação de justiça para chegar à promessa da paz interior. O fluxo do devaneio se compõe de vagas sucessivas, que se dirigem todas para o mesmo sentido, e que repetem quase todas o ato mágico da transmutação purificante. A parte, aqui, é a imagem resumida do todo.

Sob muitos aspectos, no primeiro Passeio, os preceitos tradicionais da retórica clássica permanecem válidos. Esta prescreve examinar o estado (*status, stasis*) de uma questão definida; recomenda considerar a pessoa do orador, depois a pessoa *em causa* e, enfim, a pessoa do ouvinte (juiz, povo, público em geral). Quem sou eu para falar de tal assunto a tal auditório? Essa é a questão de princípio sobre a qual Rousseau fizera o preâmbulo do *Discurso da desigualdade*. A questão é agora retomada, mas no plano da audiência interna que é a do devaneio. Rousseau define sua situação, depois expõe os motivos pelos quais será simultaneamente o autor, a pessoa em causa e o destinatário de sua palavra. Mas uma gradação particular se desenha ao longo do caminho: da exterioridade à interioridade, da estranheza à intimidade, da opacidade à transparência, da inquietação à euforia. Esse longo monólogo deliberativo não anuncia um discurso orientado para o mundo, mas uma palavra refletida sobre o eu, e, no próprio ato de anunciar essa palavra sem auditório externo, ele a realiza diante de nós, que constituímos a audiência recusada.

A primeira frase da alínea estabelece calmamente a diferença hiperbólica do eu e do mundo exterior. Ela retoma, infletindo-o pateticamente, o grande tema estoico da *adiaforia*. O ser se circunscreve; ele não menciona a totalidade dos objetos exteriores senão para anulá-la por decreto. Pois a expressão *me é estranho* não exprime a pura constatação: a sucessão dos atributos ("[...] me é *exterior* me é *estranho*") nos faz assistir a uma transmutação negativa. É a consciência que, no ato predicativo, decide essa passagem do sentido espacial (exterioridade) ao sentido moral (ausência de relação). Do sujeito (*tudo o que me é exterior*) ao predicado (*estranho*), o atributo adquiriu um sentido agravado, mas sustentado pelo mesmo verbo *é* e pelo mesmo pronome pessoal no dativo (*me* é), em que se indica a subjetividade *concernida* e a persistência do poder de reflexão interpretativa. O advérbio *doravante* acaba de dar à frase sua dimensão subjetiva, mas sem dissipar a ambiguidade do objetivo e do subjetivo que obseda a frase inteira. Aparentemente, trata-se apenas de tomar nota de uma situação irrevogável. Por um valor de conotação que lhe vem de um de seus empregos mais frequentes, *doravante* implica um ato de vontade, uma decisão que se apoia no presente para dele fazer a linha de demarcação entre uma conduta passada e uma nova época da existência. A decisão não aparece no verbo, dissimula-se em sua modificação adverbial. Assim, a constatação prolonga-se em previsão vaga e em vontade surda, de modo que o valor objetivo da constatação encontra-se minado e parece menos corresponder a um verdadeiro estado de fato do que a uma operação decretada pela consciência. Rousseau não *é* só, ele se isola, cria sua solidão; a resignação abatida suscita a situação de estranheza. O sentimento dispõe secretamente dos fatos. No entanto, Rousseau não se reconhece responsável, e por isso dá preferência às formas objetivas, nas quais a situação se enuncia como situação *sofrida*, e não desejada.

As frases seguintes explicitam essa situação de fato. Aí se observam expressões como *neste mundo e sobre a terra*, manifestamente extraídas da linguagem da espiritualidade e que, por sua significação de exílio, reforçam a ideia de separação, especificando-a. Assim definido segundo as normas da topologia religiosa, o espaço circundante parece despovoarse progressivamente para não comportar mais que presenças inumanas carregadas de hostilidade. Passa-se da evocação (negativa) do *próximo* à dos *objetos aflitivos*. A imagem do *planeta estrangeiro*, no decorrer do percurso, propõe-nos uma expressão hiperbólica do "deslocamento" espacial. Os arredores concretos — o horizonte terrestre — são objeto de estupor. A ideia da queda

("[...] *no qual eu teria caído*") suscita uma impressão de instantaneidade e de irreversibilidade. Em um planeta estrangeiro, os objetos já não têm o sentido familiar e tranquilizador que lhes vem de um passado vivido em comum. Uma ruptura súbita se produziu. Doravante, tudo o que sobrevém de fora ("*o que me toca e me cerca*") não é apenas estranho, mas desperta uma dor.

Da primeira à quarta frase, passou-se do tom da resignação ao do lamento. Simultaneamente, cada frase adquiriu mais amplitude que a anterior. Um sofrimento cada vez mais veemente invade a alma, um crescendo se desenvolve, e a quarta frase culmina nas vogais agudas que explodem em "affl*i*geants" e "déch*i*rants" [aflitivos e dilacerantes], para recair, em uma espécie de suspiro, nas relativas breves ("de dédain qui m'ind*i*gne ou de douleur qui m'affl*i*ge", de desdém que me indigne ou de dor que me aflija) que retomam e prolongam em eco não apenas um dos vocábulos (*affligeants*, *afflige*), mas também os *i* agudos do ápice do período. A alma comovida deixou-se levar por um impulso de humor sombrio. O sentimento de pesar despertou, cresceu, como induzido pela palavra resignada e pela constatação de solidão: Rousseau enterneceu-se ao som de seu próprio lamento.

Mas atingido esse ponto de desespero, o trabalho verbal do devaneio purificante vai poder intervir em sentido inverso. Entre a quarta e a quinta frase, produz-se uma reviravolta. O devaneio melancólico cede lugar a um movimento psíquico que visa restaurar a integridade ameaçada da existência pessoal. O primeiro gesto nesse sentido consiste em rejeitar ativamente o mundo hostil. "Afastemos, portanto, de meu espírito todos os penosos objetos [...]" O imperativo indica aqui o caráter quase mágico do decreto da vontade. O mundo não contará para nada. Mais exatamente, a consciência exerce soberanamente um de seus poderes fundamentais: a faculdade do afastamento... Dos dois termos em conflito — o mundo e o eu — um (o mundo) vai aniquilar-se sob a ação do outro (o eu), que permanecerá sozinho em cena. O conflito não é mais que uma lembrança. Mas como o conflito constitui a condição necessária do devaneio reparador, como é o ponto de partida obscuro de que tem necessidade a transmutação purificante, permanece evidente que a perturbação conflituosa persiste surdamente no segundo plano. De fato, mesmo quando Rousseau se promete "esquecer seus infortúnios", continua a mencioná-los. O projeto de esquecer não é o verdadeiro esquecimento. E quando, na frase final do primeiro Passeio, Rousseau falar da paz na qual terminará sua vida, não poderá impedir-se de contrastar essa beatitude com os esforços impotentes de seus inimigos: "em paz apesar deles". Os "penosos objetos" não desaparecem, portanto: o esforço que os afasta os suprime menos do que os denega. Estes não perdem sua carga de hostilidade, mas esgotam-na a distância. Rousseau desarma sua ponta agressiva ao decretar que doravante se coloca fora de seu alcance. A consciência descobre que escapa ao mundo hostil desde que deixe de *ocupar-se* dele. Com efeito, é pela repetição do verbo *ocupar-se* [a) "os penosos objetos dos quais *me ocuparia* tão dolorosa quanto inutilmente"; b) "não devo nem quero mais *me ocupar* senão de mim"] que se assinala a conversão decisiva em que o pensamento gira da extroversão dolorosa à introversão feliz.

Da mesma maneira que a topologia religiosa contribuía para constituir o sentido do espaço exterior (definido como o cá embaixo da "Terra", "deste mundo"), as noções religiosas do "consolo", da "esperança" e da "paz" intervêm agora para legitimar a atenção a si. É preciso insistir no desvio que Rousseau opera em seu favor, quando reporta a seu próprio eu uma fonte de graças que o crente encontra apenas em Deus? É igualmente preciso sublinhar o efeito de moderação operado por esses três substantivos justapostos no mesmo plano sintático? Eles conferem à frase de Rousseau sua calma abundância (que não é redundância); fazem contraste, por sua significação de beatitude, com as outras tríades que aparecem na segunda e na última frase da alínea: a) "já não tenho neste mundo *nem próximo, nem semelhantes, nem irmãos*"; b) "Esquecerei *meus infortúnios, meus perseguidores, meus opróbrios*". É ainda mais importante observar que a tríade do *consolo*, da *esperança* e da *paz* indica a conciliação da alma com as três dimensões do tempo: o passado (pelo consolo), o futuro (pela esperança) e o presente (na paz) voltam a ser habitáveis.

Se o devaneio se desenvolve aqui no estreitamento espacial, se o eu se subtrai ao mundo, ele se outorga, em compensação, um livre poder de expansão temporal. Reata com seu passado, antecipa seu futuro. Em duas frases sucessivas, Rousseau anota em primeiro lugar o desejo de dar uma continuação à empresa *anterior* de autobiografia, depois a *espera* do comparecimento próximo diante do tribunal de Deus. Ocupar-se de si será, essencialmente, restabelecer a continuidade interna. Um dos deslocamentos capitais operados pela transmutação purificante consiste em afastar-se do espaço hostil, em que o ser é atacado de todos os lados, para buscar refúgio em uma temporalidade pessoal cujo curso poderá ser alternadamente subido ou descido sem obstáculo pelo pensamento. A partir desse momento, um *novo espaço* poderá expandir-se: um espaço temporalizado, centrado pelo eu, animado e povoado pela expansão do sentimento. Esse é o espaço do passeio... Por ora, no momento em que Rousseau escreve a página que lemos, a continuidade interna ainda não está efetivamente restabelecida: é apenas um projeto que se desenha no seio do devaneio, e que tende a ganhar força de realidade, da mesma maneira que pouco antes a imagem da alienação total ganhara força de realidade pela convicção íntima.

Ocupar-se de si. O devaneio apodera-se dessa ideia para desenvolvê-la e esclarecê-la de diversas maneiras. Ele vai, por assim dizer, examinar-lhe as diversas acepções. O pensamento sonhador, na segunda parte da alínea, vai considerar as múltiplas finalidades que a conversação consigo mesmo pode atribuir-se. Em primeiro lugar, o conhecimento de si: examinar-se, estudar-se. Mas o conhecimento de si é imediatamente subordinado a uma escatologia pessoal: vai permitir estabelecer mais fielmente a conta exigida pelo juiz supremo. O devaneio vai se deter aqui? Rousseau vai esboçar outras intenções. Uma finalidade moral mais próxima: emendar-se, corrigir suas disposições internas. Contudo, a ideia de "já não servir para nada na terra" interrompe quase imediatamente a finalidade moral. Tudo se passa como se, em seu percurso, o devaneio abandonasse sucessivamente os fins que acaba de atribuir à sua atividade futura. Evoca-os cada um por sua vez para ir mais longe. É que ele quer ter acesso a um ponto que se situe além do reino dos fins, e esquivar-se daquilo que, em todo fim, subordina o ser a uma instância externa. Oferecer-se ao olhar de Deus, ou emendar-se, é ainda permanecer submetido à exigência de um Outro, ou à exigência moral, que rege a ação entre os outros; o próprio conhecimento de si, quando se elabora como um *saber*, supõe a diferença interna que separa a consciência conhecente e o ser conhecido. O devaneio de Rousseau trabalha para apagar essa exterioridade, para reabsorver essa diferença. Conversar consigo mesmo não será um meio tendo em vista um fim posterior e distante: será o fim supremo, o objetivo insuperável. E a escrita que *fixa* o devaneio será o suporte desse encontro do mesmo com o mesmo. O termo final alcançado pela transmutação purificante consiste na perspectiva de um *gozo* indefinidamente repetido pela leitura. Ter-se-á observado, ao longo do percurso, a gradação dos termos que marcam a progressiva iluminação da alma no decurso dessa série de pensamentos: "*doçura* de conversar"; "*contemplações encantadoras*"; "me devolverá *seu gozo*"... Manifestamente, a vaga feliz atinge seu ápice no momento em que a consciência espera voltar-se para a sua imagem fixada para nela reconhecer-se. O redobramento, a repetição indefinida que ele espera dessa releitura abrem para a consciência a possibilidade de uma pura posse de si, subtraída simultaneamente à alteração da mudança e à agressão do mundo hostil. O trabalho psíquico do devaneio anuncia a uma só vez o reino da lembrança avivada e do esquecimento fácil; profetiza utopicamente o fim de todo trabalho, um retorno da idade de ouro pessoal, feita de abandono absoluto, de passividade, de abrandamento das energias interiores. Sem esforço, Jean-Jacques provará da presença perpetuada das contemplações passadas; sem esforço, ausentar-se-á de seus infortúnios, escapará à malícia de seus perseguidores. Essa interrupção do tempo, esse presente salvaguardado para além de toda duração é a *paz* de que Rousseau falava algumas linhas acima, depois de haver nomeado a esperança (orientada para o futuro) e o consolo (de rosto voltado para o passado). Plenitude da presença interna, distância intransponível ao olhar do mal exterior: esses privilégios, Rousseau os promete a si mesmo. Não os possui ainda, e essa é a razão pela qual o devaneio trabalha para conquistá-los no impulso desejante em que se os anuncia.

De fato, nenhum dos nove *Devaneios* seguintes nos oferecerá a pura imagem, fixada ao vivo, de uma "contemplação encantadora" sobrevinda no decorrer de um passeio recente. Nenhuma delas se estende de um extremo ao outro em um clima de felicidade contínua. Os instantes felizes, como raios de luz, destacam-se sempre sobre fundo escuro, segundo o exemplo que o primeiro Passeio acaba de nos dar. Tudo se passa como se, em seu primeiro tempo, o devaneio tivesse sempre necessidade de um confronto com o mundo hostil e com os "penosos objetos". Rousseau o diz muito claramente no preâmbulo do oitavo Passeio:

> Os diversos intervalos de minhas breves prosperidades não me deixaram quase nenhuma lembrança da maneira íntima e permanente pela qual me afetaram, e, ao contrário, em todas as misérias de minha vida eu me sentia constantemente pleno de sentimentos ternos, comoventes, deliciosos que, derramando um bálsamo salutar nas feridas de meu coração afligido, pareciam converter-lhe a dor em volúpia [...][7]

*Converter a dor em volúpia*: essa é seguramente a fórmula mais exata que possa definir essa alquimia do desejo a que demos o nome de transmutação purificante. A sombra e a dor são sua *materia prima*. O devaneio não se exalta, não se acentua e não se torna memorável senão em seu contraste com um dado opressivo do qual esforça-se em libertar-se. A instabilidade "atmosférica", que faz suceder na alma de Jean-Jacques as trevas e os claros, não se deve apenas à labilidade do sentimento e à fragilidade de uma felicidade que sua própria acuidade torna efêmera: ela provém também do fato de que essa felicidade encontra seu alimento e mergulha suas raízes no âmago de um sentimento de infortúnio. Rousseau tem necessidade de mergulhar novamente na dor para elaborar ativamente, voluptuosamente sua libertação da dor.

Nenhum dos dez Passeios fornece o testemunho de um pleno esquecimento do mal e de um apaziguamento total; ao relê-los, Rousseau sem dúvida jamais terá experimentado o gozo perfeito que se prometera. O mal ali irrompe por toda parte, na função ambígua de uma perturbação que vem ofuscar a felicidade e de um pretexto necessário à operação de exorcismo do devaneio purificante. De resto, notar-se-á que os *Devaneios*, que são talvez "passeios" pelo próprio trajeto de sua escrita, no entanto não são em nada um depoimento tomado ao vivo, um "diário"[8] (ainda que "informe") que presta contas imediatamente do acontecimento do dia. Se a interpretação e a emoção da interpretação ocupam atualmente a alma de Jean-Jacques no momento da redação, o acontecimento ou a sensação interpretados são raramente os das horas precedentes. Pertencem a um passado mais afastado. O pensamento interpretativo de Rousseau tem necessidade de um certo recuo em relação aos fatos dos quais resgata o sentido. Ele o repetiu muitas vezes: é na reminiscência que o acontecimento reveste sua significação (significação retocada, ou mesmo livremente criada por Jean-Jacques). O acontecimento mais recente que Rousseau menciona expressamente em um de seus *Devaneios* é a leitura do *Éloge de Mme Geoffrin*, ocorrida três dias antes da redação do nono Passeio. Rousseau, no intervalo, pôs em ordem todos os detalhes da circunstância, submeteu-os à sua exegese... A única vez em que Rousseau diz com precisão *hoje* é no começo do décimo Devaneio, para situar exatamente a data de sua redação em relação ao acontecimento capital ocorrido cinquenta anos antes: o encontro com a sra. de Warens. O último Devaneio se alimenta da lembrança da entrevista miraculosa que encerrou a fuga de Genebra, passeio inaugural da existência de Jean-Jacques. A defasagem é extrema entre o fato vivido e seu eco meditativo.

A página que acabamos de ler anuncia, portanto, um projeto que será apenas imperfeitamente realizado. A suspensão do tempo, a existência duplicada em seu reflexo intemporal, a felicidade fixada na imagem escrita da felicidade: são os postulados do desejo, os desígnios que o devaneio projeta para além da perturbação e da imperfeição do momento presente, e com os quais jamais deixa de querer reencontrar-se. É significativo que o estado supremo "em que o tempo não seja nada" para a alma seja evocado no quinto Devaneio por um homem situado em um tempo opressivo e que se volta nostalgicamente para o seu passado. Ele utiliza o imperfeito, o passado composto: "Esse é o estado em que *me tenho encontrado* [...]". No momento em que escreve essa frase, o autor dos *Devaneios* encontra-se, com referência ao contemplador extático da ilha Saint-Pierre, na mesma relação de desejo e de separação que Orfeu, olhando para trás para avistar Eurídice que o segue e que se afasta para sempre.

Estas observações terão contribuído talvez para definir o trajeto da transmutação purificante. De um fundo obscuro, feito de angústia e de agressividade infeliz, o devaneio produz e desenvolve simultaneamente a cadeia dos raciocínios, das imagens e dos sentimentos, mas para esgotar e anular todos os raciocínios, todas as imagens, todos os sentimentos, com exceção de um só: o sentimento de uma presença inalterável e límpida.

Sentimento da existência, grande Ser, perfeita suficiência do eu... Essas noções, por certo, não se equivalem em sua significação rigorosa: mas se Rousseau pode fazer delas termos intercambiáveis, é porque todas designam o ponto em que cessa o movimento da transmutação. Todos eles designam o *intransmutável*: o que doravante não pode modificar-se no curso do devir e no trabalho do pensamento; o que, na profundeza da consciência ou no âmago do mundo, é ao mesmo tempo a fonte de todo poder e o que subsiste depois da abdicação de todo poder.

Da mesma maneira que a reflexão, em Rousseau, trabalha em superar o desdobramento reflexivo, para alcançar um lugar último em que a consciência se possui e se abandona no seio da imediação irrefletida, a transmutação purificante desenvolve suas metamorfoses em vista do imutável cujo desejo a orienta e a anima. Mas "tudo está em um fluxo contínuo sobre a terra". Exigir tão intensamente a paz, a transparência, o repouso é destinar o ser ao esforço infinito da pacificação, ao movimento infatigável para o impossível não movimento: a paixão do imutável exige o perpétuo recomeço do devaneio.

# SOBRE A DOENÇA DE ROUSSEAU*

> Eu nascera quase agonizante; pouco se esperava conservar-me. Trazia o germe de um incômodo que os anos reforçaram, e que agora não me dá alguns descansos senão para me deixar sofrer mais cruelmente de uma outra maneira. Uma irmã de meu pai, moça amável e sensata, teve tão grande cuidado comigo que me salvou.[1]

Mas o autor do *Emílio* mostra menor solicitude em relação às crianças fracas:

> Aquele que se encarrega de um aluno enfermo e valetudinário transforma sua função de preceptor na de enfermeiro; perde, em cuidar de uma vida inútil, o tempo que destinava a aumentar-lhe o valor [...] Eu não me encarregaria de uma criança enfermiça e doentia, ainda que ela devesse viver oitenta anos.[2]

No segundo *Discurso*, a rudeza em relação aos fracos é a mesma: ao enunciar as grandes normas do estado de natureza, Rousseau nos diz, sem sombra de remorso, que "a natureza se comporta" com as crianças "como a lei de Esparta com os filhos dos cidadãos; torna fortes e robustos aqueles que são bem constituídos, e faz perecer todos os outros".[3]

A oposição entre esses textos é impressionante. Rousseau nos fala alternadamente como um valetudinário-nato e como o apóstolo de uma implacável seleção natural. Ali, está vivo apenas por milagre, e toda a sua existência não é mais que um

* Texto publicado no nº 28 (1962) de *Yale French Studies*.

adiamento da morte. Aqui, aceita com uma tranquila indiferença (ou antes com uma espécie de admiração aprobativa) ver sacrificar os enfermos, como se ignorasse que ele próprio teria estado entre as vítimas.

Mas, à força de simetria, esses dois aspectos antitéticos de Rousseau acabam por ordenar-se no campo de um único e mesmo problema vivido: é a dupla expressão de um único tormento. Recorrendo, por comodidade, à linguagem da psicanálise, falaríamos de estrutura sadomasoquista: a queixa dolorida do doente se inverte, segundo uma perfeita complementaridade, para tornar-se fria e cruel severidade em relação aos menos aptos. O desprezo pela debilidade torna-se um motivo suplementar para deplorar uma existência marcada pela doença desde a sua origem. Mas se há em Rousseau uma complacência evidente em se sentir e em se proclamar sofredor, ele não é menos sincero quando se faz o anunciador de uma saúde absoluta (à custa da supressão dos fracos). Mesmo afora o obscuro gozo que Rousseau podia experimentar em ser ofendido ou ofensivo, podemos admitir que sua fragilidade física o incitava a sonhar com um ideal de saúde que estivesse na mesma medida da falta sentida. Aí está um homem que, vivendo no temor perpétuo da *recaída*, por muito tempo não pôde prescindir de sondas; sua governante lhe era no mais das vezes uma enfermeira; feita a experiência, ele acabou por dispensar todos os médicos, mas sua recusa definitiva da medicina é apenas a imagem invertida do empenho ansioso com que antes procurava o socorro dos homens da arte (que se pense na viagem de Montpellier): como não teria ele formulado, em seu íntimo, o voto de uma plenitude intacta? Como não teria sonhado com um estado simples em que as forças espontâneas do homem e as da natureza circundante, cúmplices e miraculosamente harmônicas, houvessem bastado para manter o corpo disposto, sem que o gozo da saúde fosse alterado pela preocupação em conservá-la e pela consciência de sua precariedade? Que por si só, sem nenhum corretivo extraído da arte, o organismo proviesse à sua conservação era, para Rousseau, coisa suficientemente rara para que figurasse entre os privilégios irrecuperáveis do estado da natureza: um aspecto desse rude mas verdejante paraíso perdido, em que o ser ignora o temor da morte porque não se entregou ainda à vertigem da reflexão. Desde que o homem superou essa felicidade animal e renegou essa despreocupação estúpida, ele soube prever, previu-se agonizante, e a morte incorporou-se à sua consciência para não mais deixá-la. Ao mesmo tempo, aprendemos a imaginar, mas, ao querer satisfazer nossas necessidades imaginárias, perdemos o equilíbrio primitivo: todas as necessidades factícias são fonte de doença. E é assim que o imaginário, que poderia ser apenas uma inocente antecipação da vida, torna-se de fato uma antecipação da morte...

Viver como o animal, no instante e na descontinuidade dos instantes sucessivos, é habitar a saúde essencial, é ignorar, em bloco, a preocupação do amor-próprio, a preocupação do olhar de outrem, a preocupação do trabalho e da acumulação para o amanhã, em suma, todo o *supérfluo* de que se compõe, com o tempo, a consciência de nosso destino mortal. Não se observou suficientemente que é em nome de uma exigência de saúde que Rousseau pronuncia a famosa condenação da reflexão:

> Se a natureza nos destinou a ser sãos, ouso quase afirmar que o estado de reflexão é um estado contra a natureza, e que o homem que medita é um animal depravado.

O que pretende ele demonstrar? Creio que faz menos questão de lançar uma condenação inapelável contra a reflexão (poder ambíguo, do qual fez, em outra parte, uma das garantias da espiritualidade da alma) do que de fazer valer as possibilidades vitais do homem natural, ainda incapaz de exercer sua razão. Já que, ao mesmo tempo que seus benefícios, a reflexão e a imaginação nos fazem experimentar suas propriedades tóxicas, não se tem motivo para temer sua ausência. O homem da natureza não carece de nada. Por mais desprovido que seja de técnica e de instrumentos, pode subsistir displicentemente, em um justo equilíbrio em que a consciência só se afasta da volúpia do sono pelo tempo de desejar e de coletar imediatamente os frutos oferecidos em abundância pela floresta primitiva. A esse desejo que não conhece o excesso corresponde um bem-estar que nada altera. Nenhum poder moral, nenhuma vergonha refreia a espontaneidade do desejo; mas, em compensação, o desejo não excede os limites compatíveis com a permanência de uma felicidade sempre renovada. Felicidade limitada, e que teria podido ser eterna se o homem não houvesse ultrapassado os limites. Da mesma maneira que a saúde primitiva tem de si apenas uma consciência obscura e confusa, ela não tem história. O homem da natureza permaneceu o mesmo durante milhares de anos, até que as "circunstâncias" tenham vindo solicitar a perfectibilidade adormecida. Então começa a aventura da reflexão, da imaginação e do trabalho humanos: a história é um estado de doença. Mas como curar-se da história? Em todo caso, não recusando a história. A resposta encontra-se no *Emílio* e no *Contrato social*, obras em que o homem (indivíduo ou comunidade) está destinado a um devir regido pela *arte*.

No mito que se construiu em torno da pessoa de Rousseau, os elementos que acabamos de evocar intervieram muito seguramente de maneira determinante. A consciência coletiva, no Ocidente, e além, cerca de um respeito singular a figura do *curandeiro sofredor*. A imagem de Cristo, da qual o livro de P. M. Masson nos lembra que foi muitas vezes evocada a propósito de Rousseau (leitor da *Imitação*),[4] é, a esse respeito, apenas uma das múltiplas expressões de um arquétipo universal. Uma humanidade atormentada pela angústia e pela doença deseja que a palavra salutar e a mensagem libertadora lhe sejam dirigidas por um homem que a dor estigmatizou e separou. Um poderoso carisma prende-se à extrema separação, e a profundidade do sofrimento favorece essa consagração. Esse é um dos aspectos de Dioniso; e talvez esteja aí o que, em Rousseau, seduziu Hölderlin, poeta de Dioniso. No fundo do mito do curandeiro sofredor, há a convicção de que a mais dolorosa separação é o preço pago para conquistar a mais forte presença, a proximidade eficaz. Sabe-se que os xamãs não se tornam curandeiros a não ser depois de ter atravessado na solidão, a doença-iniciação que por vezes dura anos. O surpreendente prestígio conquistado por Mary Baker Eddy deve-se em grande parte à provação prévia da paralisia. Mas os exemplos são inúmeros... Que Rousseau tenha conscientemente procurado impor essa imagem de si mesmo, ninguém poderia pretendê-lo sem presunção. Essa forma de prestígio não se calcula; ele se constrói em uma espécie de cega conivência com a expectativa do público. Uma vaga esperança anônima, vivida no tecido denso da experiência coletiva, experimentada como a esperança dos outros e simultaneamente como um apelo pessoal, obseda previamente aquele que pouco a pouco lhe dará resposta ao encarnar de maneira cada vez mais visível e mais nítida o modelo ideal do salvador estigmatizado.[5] Em todo caso, é certo que Rousseau foi considerado e amado como um homem de sofrimentos por uma imensa parte de seus admiradores. Do fundo de sua fraqueza e de seus desfalecimentos, ele é aquele que anuncia ao mesmo tempo a punição de uma sociedade culpada e a "cura das doenças"; tudo que vem atingir sua carne se transforma em uma estranha e radiante soberania; e, inversamente, como no êxtase da estrada de Vincennes, as intuições intelectuais mais brilhantes impõem ao corpo uma sombria derrota, nas lágrimas, na perturbação e no atordoamento.

Mas o historiador quer saber mais sobre a doença de Rousseau. Empresa arriscada, que só tem sentido caso se resigne antecipadamente à possibilidade do malogro ou do suspense. Se se pretende que os documentos nos respondam sim ou não, nós os faremos dizer o que quisermos e não teremos avançado muito.

Confesso não gostar muito da curiosidade que se demonstra tão frequentemente pelas doenças dos homens ilustres. Eles eram homens, tinham um corpo, estão mortos: pelo que são comuns. Talvez tenham desejado não ser senão arte e palavra, dissimular-se na obra perfeita. Vã pretensão: a morte os alcançou. É-nos sempre permitido considerá-los do ponto de vista da morte, e é o que fazemos ao escrutar seus males: seus dentes cariavam, eles digeriam mal, tossiam, a espiroqueta os corrompia. A posteridade, sorrateiramente, tira sua desforra, redescobre a obscena presença da víscera, e se debruça sobre essas misérias. Suficientemente admirado, suficientemente incensado, é preciso compreender, dizem homens sérios, protegidos por seus aventais. E vos empurram esses cadáveres na mesa de autópsia, como se se preparassem para descobrir em algum parênquima lesado a causa secreta das obras que um dia foram realizadas por homens vivos e livres. Certos "patógrafos" tiveram essa ingenuidade: Baudelaire, para eles, explica-se pela sífilis, Chopin pela tuberculose, Greco pelo astigmatismo. Belo nivelamento. Uma pergunta vem muito naturalmente ao espírito: por que nem todos os doentes têm gênio? O artista deixa sempre despojos; mas jamais alcançaremos sua arte em seus despojos.

Quantas controvérsias em torno da doença de Rousseau! É que não se trata apenas do ponto de honra que se coloca em fazer um diagnóstico retrospectivo. Num golpe de sorte, segundo o alcance que se dá a esse diagnóstico, modifica-se uma peça capital no dossiê do processo permanente que a história intenta a Jean-Jacques. Se é verdade, como repetiram à saciedade os autores bem-pensantes do fim do século XIX, que Rousseau é um "degenerado", que traz consigo o estigma congênito da "constituição neuropática", e mesmo da insanidade moral, então o caso está decidido: toda a sua pessoa é desconsiderada, é um "gênio mórbido", sua obra é viciada do princípio ao fim, corrompida em sua própria fonte. Admite-se que seja interessante a título de sintoma, mas é indigna de ser escutada e seguida. Isso confere um ar ridículo a Robespierre, que se valeu de Rousseau... Eis aqui o outro arrazoado: a doença, nele, não ocupa essa posição central e primeira — é uma chaga acrescentada, uma sombra acidental, uma calamidade vinda de fora. Somos convidados, então, a separar os papéis respectivos do Rousseau autêntico e de um outro homem que a uremia progressiva perturba e entristece. O admirável escritor, o reformador social e o pedagogo são o verdadeiro Rousseau; o perseguido, o obsedado são o infectado urinário que a nefrite ascendente intoxica; as loucuras de sua juventude sao apenas as consequências psicológicas de uma má-formação uretral; por certo, há delírio em alguns momentos da vida de Rousseau, mas ele não é responsável por esse delírio. Diagnóstico: delírio tóxico com forma interpretativa. Para a doutora S. Elosu,[6] essa é uma certeza absoluta. A hipótese foi acolhida com presteza por todos aqueles que desejavam desculpar Rousseau.

A preocupação de pleitear falseia decididamente as coisas. É preciso que, depois de exame médico, se deva necessariamente decidir: culpado? inocente? Certamente, o próprio Rousseau tentou impor-nos essa alternativa. Foi ele quem apelou ao veredicto de um tribunal póstumo. E os médicos de boa vontade sentem-se tomados de uma alegria grave à ideia de desempenhar o papel de perito junto ao tribunal. Se há paixão nesse caso, o próprio réu lhe deu o tom. Com o risco de ser infiel a Rousseau, mais vale escapar dessa armadilha.

Os diagnósticos opostos que acabamos de evocar pecam ambos por um erro fundamental: conferem à doença uma essência maciça, fazem dela um ser independente. Estão em desacordo apenas sobre o lugar a ser-lhe atribuído. Uns a veem no coração da personalidade, como uma alteração central, os outros a consideram como algo de radicalmente estranho, que se teria acrescentado à maneira de um parasita que o organismo deve suportar por bem ou por mal. É esquecer que o *nome* da doença não é senão um ser de razão, e que a única realidade concreta é o comportamento do homem doente. Acredita-se formular um veredicto científico, e não se faz mais que aplicar um conceito nosológico "moderno" sobre uma realidade obscura que elude toda definição desse gênero. O "moderno", no caso, é o que há de mais instável. Basta ver a lista, bem engraçada, dos diagnósticos que pretenderam pronunciar o veredicto inapelável sobre o caso Rousseau, tanto no que se refere às suas perturbações urinárias quanto ao seu "estado mental": mesmo durante sua vida, Rousseau se defendia contra a imputação de melancolia, no sentido médico do termo;[7] acreditou-se dizer melhor ao falar de lipemania, ou de monomania triste;[8] logo que os termos neurose e degenerescência ficaram na moda, foram aplicados a Rousseau;[9] depois vieram as noções de delírio de interpretação e de paranoia;[10] Pierre Janet vê em Rousseau um psicastênico exemplar;[11] quando a clínica se comprazer em matizar seus diagnósticos, ouvir-se-á falar de "neurastenia espasmódica obsedante, arteriosclerose e atrofia cerebral progressiva com base de neuroartritismo";[12] o conceito de esquizofrenia era bastante vago e bastante acolhedor para que se pretendesse aí incluir os sintomas de Jean-Jacques;[13] para o psicanalista René Laforgue, Rousseau se caracteriza pela homossexualidade latente, com obsessões e reações histeriformes;[14] incriminar-se-á a intoxicação urêmica, e sra. Elosu, como vimos, decidir-se-á pelo diagnóstico de delírio tóxico com forma interpretativa;[15] peritos mais recentes inclinam-se para o "delírio sensitivo de relação", tal como foi definido por E. Kretschmer.[16] E a doença urinária? Inúmeros são aqueles que acreditam na realidade orgânica do estreitamento, causa da retenção. É preciso saber ainda onde situar a má-formação. Trata-se de uma fimose apertada? De um estreitamento da uretra prostática? De uma má-formação valvular no nível do orifício vesical da uretra? Para Poncet e Leriche, cuja comunicação[17] serve de base ao livro de S. Elosu, "o estreitamento devia encontrar-se no nível da região bulbomembranosa, que é um dos locais de eleição desse vício de conformação". Várias possibilidades, que os textos deixam entrever, mas que escapam a toda verificação. Comentadores mais ousados chegam a afirmar que Rousseau era hipospado:[18] nenhum dos cinco filhos que fez deixar na assistência pública era dele, e Thérèse talvez tenha simulado suas gestações para melhor prender-se a Jean-Jacques... Mas a tese do espasmo funcional não deixa de ter defensores; desde o século

XVIII, suspeitou-se de que as perturbações da micção, em Rousseau, eram puramente "nervosas": neuropatia urinária, dirá Régis; quanto aos psiquiatras que adotam a tese da paranoia, as queixas de Rousseau lhes revelam, no essencial, a fase de hipocondria que precede geralmente a eclosão do delírio de perseguição: desde o instante, com efeito, em que as ideias delirantes levam vantagem, em que a convicção do complô se torna obsedante, ouve-se falar menos de micções difíceis e de sondagens repetidas.[19]

Tantas opiniões e diagnósticos diversos poderiam muito bem instruir-nos sobre a evolução das ideias médicas de 1800 a 1970; em compensação, nossa compreensão de Rousseau não se encontra com isso muito mais avançada. Vê-se, como era de esperar, os partidários da somatogênese opor-se aos defensores da psicogênese: vêmo-los mesmo, para prevenir as objeções inevitáveis, multiplicar as concessões e aproximar seus pontos de vista. As perturbações urinárias são de origem malformativa, dizem uns, mas não excluamos uma forte "sobrecarga cortical"; são de origem psíquica, replicam os outros, mas um homem que utiliza sonda cotidianamente, ainda que não tivesse nenhuma lesão orgânica, acaba por infectar suas vias urinárias...

Voltemos aos textos. Mas não para tentar formular um diagnóstico mais feliz. Não faremos melhor do que tantos excedentes médicos. O que é preciso começar por admitir é que o dossiê médico de Rousseau, por mais rico que seja, contém quase que somente as declarações do paciente. Toda verificação nos é vedada. O melhor "faro clínico" de nada vale quando o recurso aos fatos é impossível: sobre as contumácias, podem-se construir apenas hipóteses.

Mas o que podemos fazer? Em primeiro lugar, perguntar-nos o que a doença foi para a própria consciência de Rousseau. Não é suficiente conhecer com precisão as doenças de que um homem sofreu. O importante é saber como as suportou, se se entendeu bem ou mal com o sofrimento, se com ele se comprazeu ou se pretendeu ignorá-lo. Na falta de um diagnóstico exato, sempre se pode perguntar como Rousseau viveu sua doença, como esta mudou o rumo de sua existência, de sua escrita.

Eis aqui uma primeira constatação: no que se refere ao seu estado mental, nós o encontramos praticamente anosognóstico: dificilmente o vemos, uma vez ou outra, no começo de sua evolução "perseguida", voltar a algumas de suas ideias delirantes e acusar sua imaginação perturbada. No essencial, o Rousseau dos últimos anos manifesta as convicções mais aberrantes sem desconfiar por um só instante de sua natureza patológica. O caso é bem diferente quanto à sua doença urinária: é um mal minuciosamente observado, muitas vezes descrito, exibido ao primeiro que aparecer, quase acarinhado. De onde vem tanta atenção ao mal, e sobretudo tanto empenho em nos fazer conhecê-lo? Outros, afinal, sofreram os mesmos tormentos dissimulando-os: a uretra de Boileau foi certamente mais lesada que a de Rousseau; um testemunho indireto nos informa disso: mas nenhuma palavra na própria obra. Mas Rousseau se expõe. Por quê? Por fantasia exibicionista? Para imitar Montaigne, que nada nos escondeu de seus cálculos renais? O precedente literário talvez não seja sem importância. É, no entanto, apenas um motivo bastante superficial. Eis o que parece mais bem fundado: ao confessar imediatamente suas misérias mais íntimas, Jean-Jacques dá garantias de sua sinceridade. Se tem a coragem cínica de descobrir assim suas chagas, se narra cruamente suas loucuras e suas más ações (a fita roubada, seus gostos masoquistas, os filhos abandonados), então não temos nenhuma razão para suspeitar dele sobre os detalhes menos comprometedores: podemos tanto mais confiar nele quando nos fala de suas intenções sempre puras, de seus sentimentos benévolos e ternos. As confissões difíceis dão a medida da veracidade de todo o resto. Se tivesse tido outros "crimes" ou outras vergonhas na consciência, que pudor ou que hipocrisia o teria contido? Ele vai tão longe na indecência que se pode estar seguro de que se pintou inteiro, *intus et in cure*. Ora, é disso que ele quer persuadir-nos: as *Confissões* são a defesa de um homem acossado que sente, com *e* sem razão, terríveis acusações pesarem sobre ele. A obra deve restabelecer, para a posteridade, a imagem do verdadeiro Jean-Jacques, momentaneamente suplantada pela imagem monstruosa que os homens do complô procuram impor ao universo inteiro.

O que dizem os acusadores? Reportemo-nos ao libelo anônimo que Voltaire fez circular contra Rousseau, no *Sentimento dos cidadãos*:

> Confessamos com pesar e enrubescendo que é um homem que carrega ainda as marcas funestas de suas libertinagens, e que, disfarçado de saltimbanco, arrasta com ele de aldeia em aldeia, e de montanha em montanha, a infeliz de quem fez morrer a mãe, e da qual expôs os filhos à porta de um asilo [...]

Como se vê, a calúnia e a denúncia são bem reais; contudo, a imaginação de Rousseau as ampliará até fazer delas um clamor universal dirigido contra ele. Para isso, uma única resposta: revelar, em seus menores detalhes, a natureza exata de sua doença, a razão pela qual carrega por toda parte sua provisão de sondas, os motivos pelos quais precisou revestir o traje armênio. Rousseau faz publicar por seu editor, em Paris, o panfleto injurioso (que atribui erradamente ao pastor Jacob Vernes, de Genebra), acrescentando-lhe notas retificativas:

> Quero fazer com simplicidade a declaração que parece exigir de mim este artigo. Jamais nenhuma doença daquelas de que fala aqui o Autor, nem pequena nem grande, maculou meu corpo. Aquela por que sou afligido não tem com elas a menor relação; nasceu comigo, como o sabem as pessoas ainda vivas que cuidaram de minha infância. Essa doença é conhecida pelos senhores Malouin, Morand, Thyerri Daran, pelo irmão Côme; se aí se encontra a menor marca de libertinagem, rogo-lhes que me desmascarem [...][20]

Já em seu testamento de 1763, escrito antes do *Sentimento dos cidadãos*, Rousseau tivera o cuidado de repelir, com muitos detalhes, a imputação de doença venérea. Vale a pena citar amplos fragmentos desse singular documento:

> A estranha doença que me consome há trinta anos e que, segundo toda a aparência, terminará os meus dias, é tão diferente de todas as outras doenças do mesmo gênero e com as quais os médicos e cirurgiões sempre a confundiram que creio ser importante à utilidade pública que seja examinada depois de minha morte em seu próprio foco. Por isso desejo que meu corpo seja aberto por homens hábeis, se possível, e que se observe com cuidado o estado do foco da doença, de que junto aqui a anotação para a instrução dos cirurgiões. As partes doentes devem estar afetadas de uma maneira bem extraordinária, já que há vinte anos tudo que foi feito pelos mais hábeis e entendidos artistas para aliviar meus males constantemente não fez senão irritá-los. Declaro, além disso, jamais ter tido nenhuma das doenças que frequentemente dão lugar àquelas dessa espécie, no que confesso não ter de gabar-me senão de minha felicidade; o que digo aí é certo e insisto nessa afirmação porque médicos e cirurgiões recusaram, sobre esse ponto, acreditar em mim e estavam errados. Importa que eles não procurem a causa do mal onde ela não está de modo algum. [...] Há vinte anos sou atormentado por uma retenção de urina de que até tive ataques desde a minha infância e que por muito tempo atribuí à pedra. Não tendo o sr. Morand, nem os mais hábeis cirurgiões, jamais podido sondar-me, permaneci incerto sobre essa causa até que enfim o irmão Côme conseguiu introduzir uma algália muito pequena com a qual certificou-se de que não havia pedra de maneira nenhuma.

(Interrompamos nossa leitura por um instante: o leitor notará que, se a maior parte dos médicos não consegue levar a sonda até a bexiga, as autossondagens de Rousseau, igualmente, jamais devem ter sido completas.)

Minhas retenções não são de modo algum por acessos, como as daqueles que têm a pedra, que ora urinam a pleno canal e ora não urinam absolutamente. Meu mal é um estado habitual. Jamais urino a pleno canal e jamais também a urina é totalmente suprimida, mas seu curso é apenas mais ou menos embaraçado sem ser jamais inteiramente livre, de modo que experimento uma inquietude, uma necessidade quase contínua que não posso nunca satisfazer bem. No entanto, observo nessas desigualdades um progresso constante pelo qual o fio da urina diminui de ano em ano, o que me faz julgar que cedo ou tarde acabará por ser completamente interrompido.

Pareceu-me que o obstáculo [...] penetrava cada vez mais na bexiga, de modo que foi preciso, de ano em ano, empregar sondas mais longas e nos últimos tempos, não as encontrando que o fossem bastante, tive a ideia de alongá-las.

Os banhos, os diuréticos, tudo aquilo que comumente traz alívio a essas espécies de males jamais fez senão aumentar os meus, e nunca a sangria me proporcionou o menor alívio. Os médicos e cirurgiões jamais fizeram sobre meu mal senão raciocínios vagos, pelos quais procuravam bem mais me consolar do que me instruir; na falta de saber curar o corpo, quiseram ocupar-se de curar o espírito. Seus cuidados não foram mais proveitosos a um do que ao outro; vivi muito mais tranquilo depois que os dispensei.

O irmão Côme diz ter encontrado a próstata bastante grossa e bastante dura e como cirrosa; portanto, é para ali que é preciso dirigir suas observações. O foco do mal está certamente na próstata ou no colo da bexiga, ou no canal da uretra e provavelmente em todos os três. É ali que, examinando o estado das partes, poder-se-á encontrar a causa do mal.

Não é preciso de modo algum buscar essa causa no efeito de alguma doença venérea. Pois declaro jamais ter tido doença dessa espécie. Disse-o aos artistas que cuidaram de mim. Julguei que vários deles não me acreditavam. Estavam errados.[21]

Em tudo, Rousseau quer ser uma exceção. Sua doença não tem exemplo, como seu caráter, como seu destino. A natureza quebrou o molde. Mas, sobretudo, que não se vá insinuar que ele é um libertino: a essa acusação, que visivelmente o obseda, responderá fazendo nas *Confissões* o relatório minucioso de seus amores e de suas aventuras: ver-se-á que não pode gabar-se muito de suas conquistas. Enquanto outros memorialistas gabam suas vitórias, Rousseau antes trabalha na defesa e na ilustração de sua timidez. Ao contar sem pudor suas práticas autoeróticas e seus fracassos com as mulheres (seu comportamento estranho, em Veneza, com a encantadora Zulietta), ele prova que pouco correu o risco da mácula. Se se aproximou, uma única vez, de uma outra cortesã com mais sucesso, acredita-se imediatamente contaminado e corre consultar o cirurgião, que o tranquiliza declarando-lhe que ele é "conformado de uma maneira particular, a não poder ser facilmente infectado".[22] O defeito congênito que o singulariza e que o condena aos longos sofrimentos ajuda-o a repelir as acusações infamantes. Contra aqueles que o declaram "corrompido pela sífilis", Rousseau faz de sua doença um aliado. O desmentido que opõe aos seus inimigos chega até um secreto consentimento na impotência e na fraqueza.

Mas há mais. Não é acusado apenas de ser sifilítico; ele tem a convicção (ver os *Diálogos*) de que o descrevem por toda parte como um sátiro que violenta as mulheres que caem em seu poder; está convencido de que lhe reprovam uma virilidade agressiva e brutal. Por mais violenta que tenha sido a animosidade dos adversários de Rousseau, essa queixa jamais foi levantada contra ele: ele a forja de alto a baixo, para refutá-la longa e conscienciosamente. Penso que ele trai desse modo a angústia que se prende, para ele, a todas as manifestações da satisfação sexual direta. De onde lhe vem essa angústia? Data, sem dúvida, de sua infância genebrina: ensinaram-lhe, antes de todas as coisas, que o amor físico é uma coisa repugnante:

> Não apenas não tive até minha adolescência nenhuma ideia distinta da união dos sexos, mas jamais essa ideia confusa ofereceu-se a mim senão sob uma imagem odiosa e repugnante. Tinha pelas mulheres públicas um horror que jamais se apagou; não podia ver um libertino sem desprezo, sem horror mesmo: pois minha aversão pela libertinagem chegava até aí desde que, indo um dia ao pequeno Sacconex por um caminho cavado, vi dos dois lados cavidades na terra onde me disseram que essas pessoas faziam seus acasalamentos. O que eu vira dos das cadelas me voltava também sempre ao espírito, e eu tinha náuseas apenas a essa lembrança.[23]

Uma proibição severa condena antecipadamente o desejo e sua realização carnal: toda satisfação dos sentidos é ilegítima e condenável. O que fazer? Entre a obediência casta à lei rigorosa e o cinismo da transgressão, há soluções intermediárias, mais ou menos conscientes de ser dos males o menor: os amores imaginários, as condutas perversas, as satisfações "parciais", a conversão do desejo, a agressividade voltada contra si mesmo. Daí a passividade, o onanismo, as fugas, o exibicionismo; daí também esses traços "femininos" que fizeram concluir por uma "homossexualidade latente". A alma sensível, que sonha e que sofre mais do que age, encontra na doença uma excelente desculpa para o seu isolamento e para a sua introversão. Chegou-se até a dizer que as sondagens repetidas revelavam um "erotismo uretral receptivo": hipótese que não é preciso apressar-se em considerar ridícula.[24] Pelo menos, Rousseau exibe uma enfermidade — tanto física quanto psicológica — que lhe assegura um álibi em relação aos atos condenáveis que teria podido cometer. De preferência a ser suspeito de ter feito o mal, ele prefere mutilar-se simbolicamente, ou fazer-se passar por um amante medíocre. Oferece-se antecipadamente — cadáver consenciente

— ao escalpelo que revelará seu vício de conformação. Ele quer sofrer a agressão, a abertura.

Como se vê, ainda que a doença urinária houvesse tido, de início, uma causa orgânica, Rousseau a utiliza para exprimir sua recusa e sua angústia. Deseja bater em retirada diante da sexualidade "normal", e a doença, providencialmente, o obriga a isso. Como se observou: é no "mundo", e sobretudo em presença das mulheres que sua poliúria o faz sofrer mais.

> Essa enfermidade era a principal causa que me mantinha afastado dos círculos, e que me impedia de ir encerrar-me na casa das mulheres. Apenas a ideia do estado em que essa necessidade podia colocar-me era capaz de o provocar em mim, a ponto de eu desfalecer mesmo sem um escândalo a que teria preferido a morte.[25]

A doença aparece decididamente como a expressão somática de uma negação altiva e angustiada. Observar-se-á, além disso, que os acessos agudos, em Rousseau, sobrevêm quase sempre quando ele entra ou corre o risco de entrar em uma situação de dependência social: no começo de sua estada em Veneza, onde deve obedecer às ordens de um embaixador caprichoso e tirânico; quando o sr. de Francueil, cobrador geral, lhe propõe tornar-se seu caixa; quando se trata de ser apresentado ao rei para dele receber uma pensão: a cada vez, Rousseau, que não aceita nenhum compromisso, nenhuma servidão, diz não com todo o seu corpo. Percebe-se aqui que a doença é muito mais que um pretexto: é uma conduta. A micção imperiosa e a recusa de uma dependência intolerável são uma e mesma coisa. Quase sempre, em Rousseau, o corpo fala em primeiro lugar. Leiamos novamente estas linhas extraordinárias, que Rousseau projetava enviar ao marquês de Mirabeau:

> Estremeço ainda ao imaginar-me em um círculo de mulheres, forçado a esperar que um bem-falante tenha terminado sua frase, não ousando sair sem que perguntem se vou

embora, encontrando em uma escada bem iluminada outras belas damas que me retardam, um pátio cheio de carruagens sempre em movimento, prestes a esmagar-me, camareiras que me olham, os senhores lacaios que rodeiam os muros e zombam de mim; não encontrando uma parede, uma abóbada, um infeliz cantinho que me convenha; não podendo, em uma palavra, urinar senão em grande espetáculo e sobre alguma nobre perna de meias brancas.[26]

O uso que um homem fez de sua doença não nos pode ser informado por nenhuma peça anatômica. A autópsia de Rousseau, em sua decepcionante insuficiência, é uma das mais instrutivas que existem. Em Ermenonville, a 3 de julho de 1778, no dia seguinte à morte de Rousseau, os médicos procedem à abertura do cadáver. O que encontram eles?

Uma quantidade muito considerável (mais de oito onças) de serosidade infiltrada entre a substância do cérebro e as membranas que a recobrem.

Rousseau, eles não duvidam disso, morreu de uma "apoplexia serosa": esse diagnóstico, há muito tempo, desapareceu de nossos manuais. E o eixo urinário? Eis aqui o protocolo:

Não pudemos encontrar nos rins, nem na bexiga, nos ureteres e na uretra, assim como nos órgãos e canais seminíferos, nenhuma parte, nenhum ponto que fosse doentio ou contra a natureza; o volume, a capacidade, a consistência de todas as partes internas do baixo-ventre eram perfeitamente sãos [...] Assim, há motivo para crer que as dores na região da bexiga e as dificuldades de urinar que o sr. Rousseau experimentara, sobretudo nos primeiros anos de sua vida, vinham de um estado espasmódico das partes vizinhas do colo da bexiga e do próprio colo, ou de um aumento de volume da próstata, que se dissiparam ao mesmo tempo em que o corpo se terá enfraquecido e emagrecido ao envelhecer.[27]

Por certo, a técnica empregada deve ter sido rudimentar. "Toda a história patológica de Rousseau protesta contra um protocolo necrópsico tão negativo", clamam Poncet e Leriche. Mas toda a história afetiva e moral de Jean-Jacques admite essa incerteza. Um ser único constitui sempre um morto banal.[28]

# NOTAS

## JEAN-JACQUES ROUSSEAU: A TRANSPARÊNCIA E O OBSTÁCULO

### CAPÍTULO I [pp. 12-36]

1. *Discours sur les sciences et les arts. Œuvres complètes* (abreviatura *OC*) (Paris, Bibliothèque de la Pléiade, 1959; quatro volumes publicados em cinco), III, p. 7. Modernizamos a ortografia de Rousseau.
2. *Ib.*
3. Jean-Baptiste Rousseau. "Ode à la Fortune". *Odes*, II, 6, estrofe 12.
4. *Confessions*, liv. VIII. *OC*, I, p. 352.
5. *Discours sur les sciences et les arts. OC*, III, p. 14.
6. Horácio. *De arte poetica*, verso 25.
7. *Discours sur les sciences et les arts. OC*, III, pp. 8-9.
8. *Lettre à Christophe de Beaumont. OC*, IV, p. 966.
9. *Phrases écrites sur des cartes à jouer*, apêndice às *Rêveries du promeneur solitaire*. Edição crítica de Marcel Raymond. (Genebra, Droz, 1948), 167. *OC*, I, p. 1165.
10. *Confessions*, liv. I. *OC*, I, p. 5.
11. *Confessions*, primeira redação. *Annales Jean-Jacques Rousseau*, IV (Genebra, 1908), 3; *OC*, I, p. 1149.
12. *Confessions*, liv. I. *OC*, I, p. 8.
13. *Ib.*, p. 9.
14. *Ib.*, p. 8.
15. *Ib.*, p. 5.
16. *Ib.*, p. 20.
17. *Ib.*, pp. 18-20.
18. *Ib.*
19. *Ib.* Sobre o tema da transparência em Rousseau, ver P. Burgelin, *La philosophie de l'existence de J.-J. Rousseau* (Paris, 1952, pp. 293-5 e *passim*).
20. *Ib.*
21. *Émile*, liv. III. *OC*, IV, p. 431.
22. *Confessions*, liv. I. *OC*, I, p. 21.
23. *Lettres morales. OC*, IV, p. 1092.

24. Dir-se-á, talvez, que é preciso evitar recorrer às *Confissões* se se procuram documentos referentes à experiência *inicial* de Rousseau; a ideia diretriz das *Confissões é* de responder a uma incriminação caluniosa, e se poderia objetar que o tema da acusação injustificada, longe de pertencer autenticamente à infância de Rousseau, é a projeção retrospectiva da obsessão de um perseguido. Mas ocorre que o primeiro texto que dele possuímos – uma carta a um primo, escrita antes da idade de vinte anos – é precisamente um ato de justificação: "Por tudo isso podes conhecer o caráter maldito daquele que te incitou a me fazer censuras... Por este retrato, reconhece a indignidade de seu procedimento e corrige-te dos falsos preconceitos em que caíste a meu respeito". *Correspondance générale de Jean-Jacques Rousseau* (Paris, Armand Colin, 1924-34, 20 vols. e índices), editada por T. Dufour e P.-P. Plan, I, p. 1; *Correspondance complète de Jean-Jacques Rousseau* (Genebra, Institut et Musée Voltaire, 12 vols. publicados), edição crítica de R. A. Leigh, I, pp. 1-2. A carta começa pela constatação de uma distância e de um mal-entendido, contra os quais Rousseau luta para restabelecer uma amizade comprometida. Queixa-se de ter-se tornado um estranho para seu primo: "Embora me escrevas da maneira pela qual escreverias a um estranho, não deixo de te responder da nossa maneira habitual, e é portanto nesse tom que tratarei de esclarecer-te sobre as reprovações que me fazes em tua carta"... Singular começo, em que se exprime de modo rudimentar, mas claro, a experiência da separação das consciências e a queixa de desconhecimento que Rousseau acabará por dirigir a todos os seus contemporâneos.

25. *Discours sur les sciences et les arts. OC*, III, p. 22.

26. *Ib.*, p. 8.

27. *Discours sur l'origine de l'inégalité. OC*, III, p. 133.

28. *Ib.*

29. *Préface de Narcisse. OC*, II, pp. 971-2.

30. *Dialogues*, II. *OC*, I, p. 829.

31. Friedrich Hölderlin. "Rousseau". *Sämtliche Werke* (Stuttgart, Kohlhammer, 1953), II, pp. 12-3.

32. *Discours sur l'origine de l'inégalité*, prefácio. *OC*, III, p. 122. Cf. Platão, *República*, X, p. 611.

33. *Ib.*, p. 123.

34. Certos aspectos, à primeira vista surpreendentes, do conservadorismo político de Rousseau explicam-se pelo fato de que a mudança, na estrutura de um Estado, equivale quase infalivelmente a uma decadência: "Que se avalie o perigo de um dia causar comoção às massas enormes que compõem a monarquia francesa! Quem poderá conter o abalo provocado, ou prever todos os efeitos que pode produzir?... Quer o governo atual seja ainda o de outrora, quer durante tantos séculos tenha mudado de natureza insensivelmente, é igualmente imprudente nele tocar. Se é o mesmo, é preciso respeitá-lo; se degenerou, foi pela força do tempo e das coisas, e a sabedoria humana não pode fazer mais nada". (*Jugement sur la Polysynodie. OC*, III, p. 638). O pensamento de Rousseau

se aproxima, nesse ponto, do de Montesquieu. Mesma prudência, mesma alternativa entre a conservação da instituição primitiva e sua degenerescência, mesma hesitação em passar à ação em nome de um progresso...

35. *La nouvelle Héloïse*, parte X, carta III. *OC*, II, p. 564. E já, na *Épître à Parisot*:

> *Não existe nada que o tempo não corrompa afinal*
> *Tudo, até a sabedoria, está sujeito ao declínio.*
> (*OC*, II, p. 1138)

36. *La nouvelle Héloïse*, parte III, carta XVI. *OC*, II, p. 336.

37. *Confessions*, liv. I. *OC*, I, pp. 30-1.

38. *Rêveries*, sexto passeio. *OC*, I, p. 1055.

39. *Ib.*, p. 1054.

40. *Rêveries*, primeiro passeio. *OC*, I, p. 996.

41. *La nouvelle Héloïse*, parte III, carta XXII. *OC*, II, p. 389.

42. *Dialogues*, III. *OC*, I, p. 936.

43. Cf. H. Gouhier. "Nature et histoire chez Rousseau". *Annales J.-J. Rousseau*, XXXIII, 1953-5; retomado em: *Les méditations métaphysiques de Jean-Jacques Rousseau* (Paris, Vrin, 1970), cap. I, pp. 11-34.

44. *Discours sur l'origine de l'inégalité. OC*, III, pp. 132-3.

45. Ernest Cassirer. "Das Problem Jean-Jacques Rousseau". *Arch. für Geschichte der Philosophie*, 1932.

46. *Lettre à Christophe de Beaumont*, *OC*, IV, p. 967.

47. *Préface de Narcisse*. *OC*, II, p. 969.

48. Ver, no livro IV do *Émile*, a posição tomada por Rousseau sobre a ideia de progresso. *OC*, IV, p. 676.

CAPÍTULO II [pp. 37-50]

1. *Lettre à Christophe de Beaumont*. *OC*, IV, pp. 966-7.

2. *Préface de Narcisse*. *OC*, II, p. 968.

3. *Contrat social*, liv. I, cap. II. *OC*, III, p. 353.

4. *Discours sur l'*origine de l'inégalité. *OC*, III, pp. 143-4.

5. *Emile*, liv. II. *OC*, IV, p. 370. Essa aproximação entre Emílio e o selvagem do segundo *Discurso* é sugerida por Georges Poulet nos *Études sur le temps humain*. Observar-se-á que o Jean-Jacques dos *Diálogos* — "indolente", "bom", mas incapaz do esforço que constitui a "virtude" — tem mais de um traço comum com o "selvagem".

6. Condillac. *Essai sur l'origine des connaissances humaines*, I, I, II, § 11.

7. Rousseau nem sempre proclamou a "verdade das sensações". Nos mo-

mentos em que "platoniza", desacredita os sentidos como potências de erro: "São, se se quiser, cinco janelas pelas quais nossa alma desejaria iluminar-se; mas as janelas são pequenas, a vidraça é embaciada, a parede espessa, e a casa bem mal iluminada" (*Lettres morales*. *OC*, IV, p. 1092).

8. *Discours sur l'origine de l'inégalité*. *OC*, III, pp. 164-5.

9. *Ib.*, p. 165.

10. *Ib.*, pp. 165-6.

11. *Ib.*, p. 138.

12. *Ib.*, p. 169.

13. *Ib.*, p. 174.

14. Rousseau coloca em paralelo o "repouso e a liberdade" do homem selvagem e "a ataraxia do estoico" (*ib.*, p. 192).

15. *Ib.*, pp. 174-5.

16. *Ib.*, p. 191.

17. Friedrich Engels. *Anti-Dühring* (Zurique, 1886), p. 131.

18. *Discours sur l'origine de l'inégalité*. *OC*, III, p. 191.

19. Notemos, contudo, uma indicação rápida, mas clara, de uma eventualidade mais favorável: essas "novas revoluções dissolvem inteiramente o governo *ou o aproximam da instituição legítima*" (*OC*, III, p. 187).

20. Cf. *Émile*, liv. V. *OC*, IV, p. 837. Rousseau é certamente sincero quando se defende de ter desejado perturbar a ordem estabelecida e derrubar as instituições da França monárquica. Nas *Lettres de la Montagne* (parte I, carta VI) ele assegura que o *Contrato social*, longe de propor a imagem de uma cidade que deveria suplantar a sociedade existente, limita-se a descrever o que foi a República de Genebra antes das rebeliões que a corromperam. Nas *Confissões*, em compensação, o *Contrato* nos é apresentado como uma obra de reflexão abstrata, para a qual Rousseau não quis "procurar aplicação". Apenas fez uso pleno do "direito de pensar", que os homens possuem universalmente... Porém, não esqueçamos que as *Confissões*, os *Diálogos*, os *Devaneios* recompõem o passado para lhe dar a cor de um inocente devaneio. Um Rousseau inocente somente escreveu obras inocentes. Nessa perspectiva, os escritos políticos parecem perder seu alcance: nada mais são além do testemunho dos ímpetos de uma bela alma. O que fora teoria política é doravante interpretado como uma expressão do eu: "Seu sistema pode ser falso; mas ao desenvolvê-lo ele pintou-se a si mesmo verdadeiramente" (*Dialogues*, III. *OC*, I, p. 934). Tudo é reabsorvido na poesia da confissão pessoal. Rousseau já não quer que sua obra indique uma ação possível; ela designa exclusivamente o seu autor, é retrato indireto, pinta uma efervescência generosa, mas que não se deveria julgar como se fosse consequente no domínio político.

21. Em um ensaio de 1786: *Muthmasslicher Anfang der Menschengeschichte* [Conjecturas sobre os primórdios da história humana], *Gesammelte Schriften* (Berlim, Reimer, 1912), VIII, pp. 107 e seg.

22. E. Cassirer, *op. cit.*, p. 498.

23. Éric Weil sublinha a mesma ideia: "O homem pode viver na indepen-

dência natural, pode viver na dependência total da lei, que é liberdade porque é dependência imediata da necessidade da razão, da mesma maneira que a dependência do homem natural era imediata à natureza" ("J.-J. Rousseau et sa politique", in *Critique*, nº 56, janeiro de 1952, p. 9).

24. *Discours sur les sciences et les arts*. *OC*, III, p. 30. Mas é na primeira versão do *Contrato social* que o ideal de síntese é formulado mais claramente. Rousseau nos convida a buscar "na arte aperfeiçoada a reparação dos males que a arte começada fez à natureza" (*OC*, III, p. 288).

CAPÍTULO III [pp. 51-91]

1. Mais exatamente: da desigualdade abusiva, pois Rousseau é partidário de uma desigualdade "proporcionada", ou, se se preferir, de uma "meritocracia", em que as vantagens seriam conferidas em função dos méritos e dos serviços prestados à "pátria".

2. *Dialogues*, III. *OC*, I, p. 936.

3. *Discours sur les sciences et les arts*. *OC*, III, p. 19.

4. *Confessions*, liv. VIII. *OC*, I, p. 351.

5. Pouco tempo depois de ter escrito a carta na qual renuncia à cidadania genebrina, Rousseau pede a Du Peyrou que o chame de cidadão.

6. *Confessions*, liv. VIII. *OC*, I, p. 362. Kierkegaard dirá, por sua vez: "A transparência da existência exige ser o que se ensina". *Journal*, trad. K. Ferlov e J.-G. Gateau (Paris, Gallimard, 1957), vol. IV, p. 149.

7. *Ib.*, pp. 364-5.

8. Ver em particular, no liv. IX das *Confissões*, a maneira pela qual Rousseau critica os "sofismas" pelos quais se desculpava de seu amor pela sra. d'Houdetot.

9. Lembremos esta observação de Joubert: "Nos escritos de J.-J. Rousseau, por exemplo, a alma está sempre unida ao corpo e dele não se separa jamais" (*Carnets*, ed. A. Beaunier, vol. II, p. 496). Mas também, e com uma nuança de derrisão: "Rousseau deu entranhas e coração às palavras" (*ib.*, p. 729).

10. Sobre o papel atribuído à razão, ver a obra de Robert Derathé, *Le rationalisme de J.-J. Rousseau* (Paris, 1948).

11. *Correspondance générale*, DP, vol. XVI, p. 239.

12. *Rêveries*, terceiro passeio. *OC*, I, p. 1015.

13. *Ib.*

14. *Confessions*, liv. IX. *OC*, I, p. 455.

15. Sobre a distinção entre o imediato sensível e o imediato racional, cf. Jean Wahl, *Traité de métaphysique* (Paris, Payot, 1953), pp. 498 e seg.

16. *Rêveries*, terceiro passeio. *OC*, I, p. 1015.

17. *Ib.*, oitavo passeio. *OC*, I, p. 1083.

18. Terceira carta ao senhor de Malesherbes. *OC*, I, pp. 1139-40.

19. *Confessions*, liv. VIII. *OC*, I, p. 388.

20. Kierkegaard. *Journal* (1849), trad. Ferlov e Gateau (Paris, Gallimard, 1955), vol. III, p. 15.

21. Manter um discurso público quando se renunciou ao mundo: esse paradoxo se atenua quando esse discurso é o de um agonizante. Ora, Rousseau acredita-se agonizante: sua palavra é a de um homem a quem a morte concedeu um breve *sursis*: "Não comecei a viver senão quando me vi como um homem morto!" (*Confessions*, liv. VI. *OC*, I, p. 228). Todas as vezes em que toma a pena, sua hipocondria o põe muito sinceramente no estado daquele que pronuncia suas últimas palavras. Tem, portanto, o direito de falar: um canto do cisne não é um ato de vaidade social. Preste-se atenção às suas *ultima verba*... Não há aí apenas um ato de sedução patética; é uma desculpa em relação a si mesmo. A iminência da morte torna fatal a ruptura com o mundo.

22. Ao sr. de Saint-Germain, 26 de fevereiro de 1770. *Correspondance générale*, DP, XIX, p. 261.

23. Kierkegaard, *op. cit.* Mas o sofrimento de Rousseau não lhe parecia bastante profundo: "Falta-lhe o ideal, o ideal cristão que, ao humilhá-lo, podia ensinar-lhe quão pouco ele sofre, afinal, ao lado dos santos; e o ideal que o poderia manter no esforço impedindo-o de soçobrar em devaneio e preguiça de poeta. É um exemplo que nos mostra toda a dureza que há para o homem em morrer para o mundo". *Journal*, trad. K. Ferlov e J.-G. Gateau (Paris, Gallimard, 1957), vol. IV, pp. 252-3. Sobre Kierkegaard e Rousseau, ver Ronald Grimsley, *Sören Kierkegaard and French literature* (University of Wales Press, 1966).

24. *Rêveries*, terceiro passeio. *OC*, I, p. 1016. Rousseau acrescenta: "E sejamos pelo resto de minha vida o que terei julgado dever ser depois de nisso ter pensado bem".

25. A expressão encontra-se na segunda carta a Malesherbes. *OC*, I, p. 1136.

26. *Annales J.-J. Rousseau*, IV (1908), p. 244; ver *OC*, I, p. 1164.

27. Epiteto. *Manual*, XVII.

28. *Confessions*, liv. VIII. *OC*, I, p. 363.

29. *Ib.*, p. 378.

30. *Ib.*, p. 351.

31. *Ib.*

32. *Confessions*, liv. IX. *OC*, I, p. 416.

33. *Le persifleur*. *OC*, I, pp. 1108-9.

34. *Ib.*, pp. 1109-10.

35. *Dialogues*, II. *OC*, I, pp. 817-8.

36. *Ib.*, p. 865.

37. A importância dessas "comparações atmosféricas" foi sublinhada por Marcel Raymond, "J.-J. Rousseau. Deux aspects de sa vie intérieure". *Annales J.-J. Rousseau*, XXIX, 1941-2; retomado em: *Jean-Jacques Rousseau. La quête de soi et la rêverie* (Paris, Corti, 1962), pp. 31 e seg.

38. *Dialogues*, II. *OC*, I, p. 795.

39. *Ib.*, p. 865.

40. *Confessions*, liv. IX. *OC*, I, p. 417.

41. *Ib.* Ver o comentário de B. Munteano, em "La solitude de J.-J. Rousseau", *Annales J.-J. Rousseau*, XXXI, 1946-9.

42. *Confessions*, liv. IX. *OC*, I, p. 416.

43. Marcel Raymond, *op. cit.*, p. 21.

44. Observar-se-á que Vaussore é o anagrama de Rousseau, enquanto que de Villeneuve é o "título nobiliário" (provavelmente fantasista) do músico Venture, que exercia o mais intenso prestígio sobre Rousseau. A identidade fictícia que Rousseau alega em Lausanne é um híbrido: é o enxerto de um nome remanejado sobre o nome do *outro* admirado.

45. Marcel Raymond, *op. cit.*, p. 22.

46. À sra. de Luxemburgo, 17 de junho de 1762. *Correspondance générale*, DP, VII, p. 304.

47. *Confessions*, liv. VIII. *OC*, I, p. 351.

48. *Annales J.-J. Rousseau*, IV (1908), p. 244; ver *OC*, I, p. 1164.

49. *Confessions*, liv. VIII. *OC*, I, pp. 368-9.

50. *Correspondance générale*, DP, III, p. 101; L (ed. Leigh), V, p. 2.

## CAPÍTULO IV [pp. 92-112]

1. *Œuvres et correspondance inédites de J.-J. Rousseau*, publicadas por G. Streckeisen-Moultou (Paris, 1861), pp. 171 e seg.; ver *OC*, IV, pp. 1044-54.

2. *Émile*, liv. IV. *OC*, IV, p. 626.

3. *Ib.*

4. Pierre Burgelin. *La philosophie de l'existence de J.-J. Rousseau* (Paris, PUF, 1952), p. 434.

5. *Émile*, liv. IV. *OC*, IV, p. 600. Rousseau hesitou em sua redação: em primeiro lugar escreveu *sentimento interior*, depois *princípio ativo*, *interior* e, enfim, *princípio imediato de consciência*. Cf. P.-M. Masson, *La profession de foi du vicaire savoyard* (Friburgo, 1914).

6. *Lettre à Christophe de Beaumont*. *OC*, IV, p. 994.

7. *Pygmalion*. *OC*, II, pp. 1224-31.

8. Goethe, *Wahrheit und Dichtung*. *Werke* (Stuttgart, Cotta, 1863), IV, p. 180.

9. *Dialogues*, III. *OC*, I, p. 934.

10. *Dialogues*, I. *OC*, I, p. 688.

11. Schiller, *Ueber naive und sentimenlalische Dichtung*. *Werke*, XIII, p. 206 (Stuttgart, Cotta, 1838).

12. *Émile*, liv. IV. *OC*, IV, p. 560.

13. *Dialogues*, III. *OC*, I, p. 971.

14. *Correspondance générale*, DP, XVIII, p. 295.

15. *Émile*, liv. IV. *OC*, IV, p. 525.

16. *Pygmalion*. *OC*, II, p. 1230.

17. *Discours sur les sciences et les arts*. *OC*, III, p. 15.

18. Ao sr. de Franquières. *Correspondance générale*, DP, XIX, p. 52; ver *OC*, IV, p. 1137.

19. *Rêveries*, terceiro passeio. *OC*, I, p. 1023.

20. Ao sr. de Franquières. *Correspondance générale*, DP, XIX, p. 51 ; ver também *OC*, IV, pp. 1136-7.

21. Terceira carta ao sr. de Malesherbes. *OC*, I, p. 1141.

22. *Correspondance générale*, DP, XI, pp. 56-9.

23. *Confessions*, liv. I. *OC*, I, p. 21.

24. Primeira redação das *Confessions*. *Annales J.-J. Rousseau*, IV (1908), p. 2, ver *OC*, I, p. 1149.

25. *Lettre à l'abbé Raynal*. *OC*, III, p. 33.

26. *Émile*, liv. IV. *OC*, IV, pp. 604-5.

CAPÍTULO V [pp. 113-67]

1. *La nouvelle Héloïse*, parte I, carta XXIII. *OC*, II, p. 79.

2. *Dialogues*, I. *OC*, I, p. 668.

3. *La nouvelle Héloïse*, parte I, carta XXIII. *OC*, II, p. 78.

4. A Mirabeau, 31 de janeiro de 1767. *Correspondance générale*, DP, XVI, p. 248.

5. *La nouvelle Héloïse*, parte I, carta XXIII. *OC*, III, p. 78.

6. *Ib.*, parte I, carta XXXVIII. *OC*, II, p. 116.

7. À sra. de la Tour, 29 de maio de 1762. *Correspondance générale*, DP, VII, p. 253; L, X, p. 310.

8. *Confessions*, liv. IX. *OC*, I, p. 431.

9. *La nouvelle Héloïse*, parte I, carta XLIX. *OC*, II, p. 136.

10. *Ib.*, parte IV, carta XIII. *OC*, II, p. 496.

11. *Ib.*, parte IV, carta XII. *OC*, II, p. 491.

12. *Ib.*, parte V, carta III. *OC*, II, p. 584.

13. *Ib.*, parte I, carta LIII. *OC*, II, p. 145.

14. *Ib.*, parte I, carta LIV. *OC*, II, p. 146.

15. *Ib.*, parte III, carta I. *OC*, II, p. 309.

16. *Ib.*, parte VI, carta VIII. *OC*, II, p. 689.

17. *Ib.*

18. *La nouvelle Héloïse*, segundo prefácio. *OC*, II, p. 28.

19. Sobre a importância da *influência* em Rousseau, ver Pierre Burgelin, *La philosophie de l'existence de J.-J. Rousseau* (Paris, PUF, 1952), pp. 162-8. Ele cita a seguinte passagem: "As almas de uma certa têmpera... transformam as outras, por assim dizer, nelas mesmas; têm uma esfera de atividade na qual nada lhes resiste: não se pode conhecê-las sem querer imitá-las, e por sua sublime elevação atraem

para si tudo que as cerca" (*La nouvelle Héloïse*, parte II, carta V. *OC*, II, p. 204). Burgelin vê aí, muito justamente, a prova do "caráter mediador" de Julie. Acrescentemos que a mediação de Julie tem por objetivo instaurar (ou restaurar) o reino da comunicação imediata. Quando Julie morrer, sua morte será a intercessão que devolverá a fé ao sr. de Wolmar; mas, por outro lado, Julie tem acesso à felicidade da comunicação imediata com Deus. Parece que Rousseau só pode aceitar o ato mediador se estiver acompanhado de uma conquista de imediato.

20. *La nouvelle Héloïse*, parte VI, carta VIII. *OC*, II, p. 689.

21. *Ib.*, parte III, carta XVIII. *OC*, II, p. 344.

22. *Dictionnaire de musique*, Uníssono. *OC* (Paris, Furne, 4 vols.), III, p. 851.

23. *Ib.*, Romança. *OC* (Paris, Furne, 1835), III, p. 795.

24. *Ib.*, Unidade de melodia. *OC* (Paris, Furne, 1835), III, p. 852.

25. *La nouvelle Héloïse*, parte I, carta XLVIII. *OC*, II, p. 132.

26. *Ib.*, p. 131.

27. *Dictionnaire de musique*, Melodia. *OC* (Paris, Furne, 1835), III, p. 724.

28. Os escritos de Rousseau sobre a música opõem a calma e os sentidos (o sentimento e a sensação) muito mais fortemente do que ele o faz em qualquer outra parte. Entretanto, Rousseau propõe uma noção sintética que permite resolver a oposição do sentimento e da sensação. Da mesma maneira que o *Contrato social* reconcilia o homem da natureza e "o homem do homem", da mesma maneira que *A nova Heloísa* reconcilia a paixão e a virtude, Rousseau sugere uma reconciliação da melodia-sentimento e da harmonia-sensação: a antítese é superada na *unidade de melodia*, noção a que consagra um artigo de seu *Dicionário de música*: "A harmonia, que deveria sufocar a melodia, anima-a, reforça-a, determina-a: as diversas partes, sem se confundir, concorrem para o mesmo efeito; e embora cada uma delas pareça ter seu canto próprio, de todas essas partes ouve-se sair um único e mesmo canto". Unidade comparável à da sociedade unânime que cerca a melodiosa Julie. Uma perfeita fusão reconciliou os prazeres dos sentidos e as alegrias do sentimento: a unidade de melodia concede à harmonia sensual e ao artifício contrapontístico um valor que eles não possuem por si mesmos e que somente adquirem por sua reconciliação com a melodia.

29. *Dictionnaire de musique*, Música. *OC* (Paris, Furne, 1835), III, p. 744.

30. *La nouvelle Héloïse*, parte V, carta VII. *OC*, II, p. 609.

31. Schiller. *Sämtliche Werke* (Stuttgart, Cotta, 1838), XIII, p. 167: *Ueber naive und sentimentalische Dichtung*.

32. *La nouvelle Héloïse*, parte V, carta VII. *OC*, II, p. 609.

33. *Ib.*, p. 604.

34. Cf. A. Aulard, *Les orateurs de la Révolution* (Paris, Cornély, 1906-7).

35. *Lettre à d'Alembert* (Paris, Garnier-Flammarion, 1967), p. 248. A festa de Genebra, evocada em uma longa nota, reproduz, no espírito de Rousseau, a "laboriosa ociosidade" das festas de Esparta, cuja função de modelo se inscreve no corpo do texto.

36. *Ib.*, pp. 233-4.

37. *Ib.*, p. 66.

38. *Ib.*, pp. 79-80.

39. *Ib.*, p. 249.

40. *Rêveries*, nono passeio. *OC*, I, p. 1085.

41. *Contrat social*, liv. I, cap. VI. *OC*, III, p. 361.

42. *Le devir du village*, cena VIII. *OC*, II, p. 1113.

43. *La nouvelle Héloïse*, parte V, carta VII. *OC*, II, p. 607.

44. *Ib.*, parte IV, carta X. *OC*, II, pp. 458-9. Não constituindo os servidores uma "classe" antagonista, Rousseau consegue manter "graus" sociais, evitando ao mesmo tempo o perigo das "sociedades parciais" que comprometeriam a *plenitude* da comunidade.

45. *Ib.*, p. 468.

46. *Ib.*, parte V, carta VII. *OC*, II, p. 611.

47. *Considérations sur le gouvernement de Pologne*, cap. III. *OC*, III, p. 963

48. *La nouvelle Héloïse*, parte V, carta VII. *OC*, II, p. 608.

49. *Ib.*

50. No momento em que Rousseau esboça suas *Instituições políticas*, parece querer precaver-se contra o testemunho do sentimento em matéria política: "Não é... pelo sentimento que os cidadãos têm de sua felicidade, nem, consequentemente, por sua própria felicidade, que se deve julgar da prosperidade do Estado". G. Streckeisen-Moultou, *Œuvres et correspondance inédites de J.-J. Rousseau*, 1861 p. 227; ver também *OC*, III, p. 513.

51. *La nouvelle Héloïse*, parte IV, carta X. *OC*, II, p.453. Ver o comentário de Éric Weil: "Os domésticos existem apenas para o seu senhor e nele; não tendo razão, não têm liberdade, não podem ser educados na liberdade, são *escravos natos*, para empregar a expressão de Aristóteles" ("J.-J. Rousseau et sa politique", *Critique*, nº 56, janeiro de 1952).

52. *Émile*, liv. IV. *OC*, IV, p. 509.

53. *La nouvelle Héloïse*, parte V, carta VII. *OC*, II, p. 604.

54. H. F. Amiel, in: *J.-J Rousseau jugé par les genevois d'aujourd'hui* (Genebra, 1879). p. 37.

55. *Exclusivo*, no vocabulário de Rousseau, é um termo pejorativo apenas quando designa o que separa os homens no interior de uma comunidade: torna-se, em compensação, um termo laudativo quando exprime o que funda a personalidade do grupo social diante do resto do mundo. Rousseau, ao propor espetáculos (festas) aos poloneses, não deseja "nada, se possível, de exclusivo para os grandes e os ricos", mas, na mesma obra, louva os legisladores antigos por terem instituído "cerimônias religiosas que, por sua natureza, eram sempre exclusivas e nacionais" (*Considerações sobre o governo da Polônia*). Ver igualmente o começo do *Emílio*: "Toda sociedade parcial, quando é estreita e bem unida, aliena-se da grande".

56. Terceira carta a Malesherbes. *OC*, I, p. 1141.

57. *Lettre à d'Alembert* (Paris, Garnier-Flammarion, 1967), pp. 238 e seg.

58. *Rêveries*, nono passeio. *OC*, I, p. 1091.

59. *Ib.*, p. 1092.

60. *Ib.*, p. 1093.

61. *La nouvelle Héloïse*, parte V, carta VII. *OC*, II, p. 608.

62. *Ib.*, p. 603.

63. *Ib.*, parte V, carta II. *OC*, II, p. 548. Um mesmo ideal de economia fechada, autárquica, essencialmente agrícola, será formulado no *Emílio*: "Esse pão escuro que achais tão bom vem do trigo colhido por esse camponês; seu vinho escuro e grosseiro, mas aplacador da sede e são, é produto de sua vinha; o pano vem de seu cânhamo, fiado no inverno por sua mulher, por suas filhas, por sua criada: nenhuma outra mão que não as de sua família fez as preparações de sua mesa; o moinho mais próximo e o mercado vizinho são os limites do universo para ele" (*Émile*, liv. III. *OC*, IV, p. 464). Comprar é imoral: apenas a troca é lícita.

64. *Confessions*, liv. I. *OC*, I, pp. 36-7.

65. *Ib.*, p. 38.

66. *La nouvelle Héloïse*, parte V, carta II. *OC*, II, pp. 547-8.

67. *Ib.*, parte IV, carta XI. *OC*, II, p. 470.

68. *Confessions*, liv. VIII. *OC*, p. 363.

69. *La nouvelle Héloïse*, parte V, carta II. *OC*, II, p. 550.

70. *Ib.*, parte V, carta VII. *OC*, II, p. 606.

71. *Ib.*, parte IV. carta XI. *OC*, II, p. 471.

72. *Ib.*, parte IV, carta X. *OC*, II, pp. 466-7.

73. Yvon Belaval. "La crise de la géométrisation de l'univers dans la philosophie des lumières". *Revue Internationale de Philosophie*, 21 (1952): 3, p. 354.

74. *Rêveries*, quinto passeio. *OC*, I, p. 1047. Sobre a comparação com Deus, cf. Marcel Raymond, introdução às *Rêveries* (Genebra, Droz, 1948), pp. XXXIII-XXXVI; ver também *Jean-Jacques Rousseau. La quête de soi et la rêverie* (Paris, Corti, 1962), p. 150.

75. Denis de Rougemont. *L'amour et l'Occident* (Paris, Plon, 1939), pp. 205-9.

76. *La nouvelle Héloïse*, parte V, carta IX. *OC*, II, p. 615.

77. *Ib.*, parte VI, carta XII. *OC*, II, p. 743.

78. Éric Weil, *op. cit.*, p. 11.

79. *La nouvelle Héloïse*, parte V, carta V. *OC*, II, p. 592.

80. *Ib.*, parte IV, carta XIV. *OC*, II, p. 509.

81. *Ib.*, parte V, carta V. *OC*, II, p. 594.

82. *Ib.*, p. 592.

83. *Ib.*, p. 595.

84. *Ib.*, p. 594.

85. *Ib.*, parte VI, carta VIII. *OC*, II, p. 699.

86. *Ib.*, parte V, carta V. *OC*, II, p. 590.

87. *Ib.* Mas, por outro lado, Julie desconfia do misticismo: "Condenei os êxtases dos místicos. Condeno-os ainda quando nos afastam de nossos deveres, e quando, desinteressando-nos da vida ativa pelos encantos da contemplação, le-

vam-nos a esse quietismo de que me acreditais tão próxima, e do qual creio estar tão longe quanto vós" (parte VI, carta VIII. *OC*, II, p. 695).

88. *Ib*., parte VI, carta XI. *OC*, II, p. 728.

89. *Ib*., parte VI, carta XIII. *OC*, II, p. 744.

90. *Ib*., parte V, carta IX. *OC*, II, p. 616.

91. Robert Osmont. "Remarques sur la genèse et la composition de *La nouvelle Héloïse*". *Annales J.-J. Rousseau*, XXXIII (1953-5), p. 126.

92. *La nouvelle Héloïse*, parte V, carta IX. *OC*, II, p. 618.

93. *Ib*., parte VI, carta XI. *OC*, II, p. 737.

## CAPÍTULO VI [pp. 168-245]

1. *Confessions*, liv. II. *OC*, I, p. 85.

2. *Ib*., liv. IX. *OC*, I, p. 417.

3. *Ib*., liv. III. *OC*, I, p. 115.

4. *Ib*.

5. "Mon portrait", *Annales J.-J. Rousseau*, IV (1908), p. 265; ver *OC*, I, p. 1123.

6. *Ib*.

7. *Confessions*, liv. II. *OC*, I, p. 48.

8. *Ib*., liv. III. *OC*, I, p. 116.

9. *Ib*.

10. *La nouvelle Héloïse*, parte VI, carta VIII. *OC*, II, p. 693.

11. O retorno do marido de Fanchon é no tom e na tradição do idílio pastoral. É a repetição do retorno de Colin, que constituía o próprio tema do *Devin du village*. Mas não é impossível que Rousseau tenha pensado em um outro retorno, o de seu pai Isaac Rousseau, por muito tempo afastado de sua mulher, em sua qualidade de relojoeiro do serralho em Constantinopla. "Fui o triste fruto desse retorno", acrescenta Rousseau.

12. *Émile*, liv. V. *OC*, IV, p. 859.

13. *Émile et Sophie*. *OC*, IV, p. 887.

14. *Ib*., p. 912.

15. *Ib*., p. 905. Recolher-se em si mesmo, forma narcísica do retorno.

16. *Ib*., p. 887. Sobre a conclusão projetada de *Émile et Sophie*, ver o artigo de Charles Wirz: nota sobre "Émile et Sophie ou les Solitaires", *Annales J.-J. Rousseau*, XXXVI, pp. 291-303.

17. Quarta carta a Malesherbes. *OC*, I, p. 1146.

18. *Confessions*, liv. II. *OC*, I, p. 49.

19. *Ib*., liv. III. *OC*, I, p. 107.

20. *Ib*., p. 103. Sobre a semelhança do retorno de Jean-Jacques com o de Saint-Preux, ver algumas linhas mais adiante: "Vi levar meu pequeno pacote para o quarto que me estava destinado, mais ou menos como Saint-Preux viu recolocar sua cadeira na casa da sra. de Wolmar".

21. *Ib.*, liv. I. *OC*, I, p. 191.

22. *Rêveries*, décimo passeio. *OC*, I, pp. 1098-9.

23. *Confessions*, liv. III. *OC*, I, p. 106.

24. *Rêveries*, décimo passeio. *OC*, I, p. 1098.

25. *Confessions*, livs. III-IV. *OC*, I, pp. 130-2. Observemo-lo, a cesura abrupta entre os livros III e IV assinala a decepção do retorno frustrado.

26. *Ib.*, liv. VI. *OC*, I, p. 261.

27. *Ib.*, p. 263.

28. *Ib.*, p. 270.

29. A Moultou, 25 de abril de 1762. *Correspondance générale*, DP, VII, p. 191; L, X, p. 210.

30. A Voltaire, 17 de junho de 1760. *Correspondance générale*, DP, V, p. 135; L, VII, p. 136.

31. *Confessions*, liv. IX. *OC*, I, p. 406.

32. *Ib.*, liv. I. *OC*, I, p. 17.

33. À sra. d'Épinay. *Correspondance générale*, DP, III, p. 43; L, IV, pp. 197 e seg.

34. À sra. de Luxemburgo, 5 de junho de 1764. *Correspondance générale*, DP, XI, p. 112.

35. Sra. de Luxemburgo a Rousseau, 10 de junho de 1764. *Correspondance générale*, DP, XI, p. 123.

36. À sra. de Luxemburgo, 17 de junho de 1764. *Correspondance générale*, DP, XI, p. 141.

37. À sra. d'Épinay. *Correspondance générale*, DP, III, p. 32; L, IV, p. 183.

38. A Hume, 10 de julho de 1766. *Correspondance générale*, DP, XV, p. 324.

39. *Ib.*, p. 308.

40. *La nouvelle Héloïse*, parte II, carta X. *OC*, II, p. 219.

41. *Dialogues*, III. *OC*, I, p. 973.

42. À sra. d'Épinay. *Correspondance générale*, DP, III, p. 45; L, IV, p. 198.

43. Cf. *Rêveries*, primeiro passeio: "Logo que comecei a entrever a trama em toda a sua extensão perdi para sempre a ideia de *trazer o público de volta*, enquanto vivesse, no que me concerne, e mesmo, não podendo já esse retorno ser recíproco, ser-me-ia doravante bem inútil. Em vão os homens teriam retornado a mim, não me reencontrariam mais" (*OC*, I, pp. 997-8).

44. *Émile*, liv. II. *OC*, IV, pp. 333-4.

45. *La nouvelle Héloïse*, parte II, carta X. *OC*, II, p. 219.

46. *Confessions*, liv. XII. *OC*, I, p. 642.

47. *Ib.*, liv. III. *OC*, I, p. 113.

48. Jean-Paul Sartre. *Esquisse d'une théorie des émotions* (Paris, Hermann, 1939).

49. René Laforgue. "Étude sur Jean-Jacques Rousseau". *Revue Française de Psychanalyse*, nov. 1927.

50. *La nouvelle Héloïse*, parte III, carta XIII. *OC*, II, p. 330.

51. Malebranche. *Entretiens sur la métaphysique*, III, p. 3.

52. *Émile*, liv. IV. *OC*, IV, p. 593.

53. Locke. *Essai philosophique concernant l'entendement humain*, trad. Pierre Coste (Amsterdam, P. Mortier, 1742), p. 602.

54. G. Streckeisen-Moultou. *Œuvres et correspondance inédites de J.-J. Rousseau* (Paris, 1861), p. 299; ver *OC*, II, p. 1249.

55. *Rêveries*, primeiro passeio. *OC*, I, p. 1001.

56. "Para julgar do verdadeiro fim desses livros, eu não me empenhava em esquadrinhar aqui e ali algumas frases esparsas e separadas, mas, consultando a mim mesmo durante essas leituras e, ao acabá-las, examinava... em quais disposições de alma me punham e me deixavam, considerando... que era o melhor meio de penetrar naquela em que estava o autor ao escrevê-las, e no efeito que ele se propusera produzir" (Dialogues, III. *OC*, I, p. 930).

57. À sra. de Verdelin, 4 de fevereiro de 1760. *Correspondance générale*, DP, V, pp. 42-3; L, VII, p. 32.

58. À mesma, 5 de novembro de 1760. *Correspondance générale*, DP, V, p. 243; L, VII, p. 293.

59. *Correspondance générale*, DP, VII, p. 3; L, IX, p. 341.

60. No hino *Der Rhein*. *Sämtliche Werke* (Stuttgart, Kohlhammer, 1953), t. II, p. 153.

61. *OC* (Paris, Furne, 1835), III, p. 448.

62. Não retomaremos a critica de Rousseau em relação ao dinheiro. Ele aí vê igualmente um sinal convencional, a que damos mais importância do que à coisa representada, isto é, à riqueza real, produzida pelo trabalho.

63. *Projet concernant de nouveaux signes*. *OC* (Paris, Furne, 1835), III, p. 448.

64. *Dissertation sur la musique moderne*. *OC* (Paris, Furne, 1835), III, p. 460.

65. *Ib.*, p. 458.

66. *Ib.*, p. 459.

67. *Ib.*, p. 475.

68. *Émile*, liv. II. *OC*, IV, p. 321.

69. *Ib.*, p. 347.

70. *Ib.*, liv. III. *OC*, IV, p. 434.

71. *Ib.*, liv. IV. *OC*, IV, p. 565.

72. *Discours sur l'origine de l'inégalité*. *OC*, III p. 147.

73. *Ib.*, p. 151.

74. *Essai sur l'origine des langues*, cap. II. *OC* (Paris, Furne, 1835), III, p. 498.

75. Platon. *Œuvres complètes* (Bibliothèque de la Pléiade, Paris, Gallimard, 1950), I, p. 623 (Crátilo, 391*a*).

76. *Essai sur l'origine des langues*, cap. IV, *OC* (Paris, Furne, 1835), III, p. 499.

77. *Ib.*

78. *Ibid.* Cf. Pierre Burgelin, *op. cit.*, p. 246. Ernst Cassirer confronta a teoria da linguagem de Rousseau e a de Vico (*Philosophie der symbolischen Formen*, Oxford, Bruno Cassirer, 1954, I, pp. 90-5).

79. *Essai sur l'origine des langues*, cap. V, *OC* (ed. citada), p. 501.

80. *Ib.*, cap. IV, *OC* (ed. citada), p. 498.

81. *Discours sur l'origine de l'inégalité. OC*, III, p. 149. A linguagem discursiva não sabe exprimir a emoção instantânea, estende-a na duração do enunciado analítico. Essa ideia reencontra-se em Diderot: "O estado da alma em um instante indivisível foi representado por uma multidão de termos que a precisão da linguagem exigiu, e que distribuíram uma impressão total em partes [...]" (*Lettre sur les sourds et les muets*, *Œuvres complètes*, Paris, 1969, t. II, p. 543).

82. *Essai sur l'origine des langues*, cap. V. *OC* (Paris, Furne, 1835), III, pp. 501-2. *Sobre a importância da pontuação em Rousseau, cf. Marcel Raymond, introdução às Rêveries* (Genebra, Droz, 1948), pp. LVIII-LIX.

83. Condillac. *Essai sur l'origine des connaissances humaines*, parte II, *Du langage et de la méthode*, cap. I, § 1.

84. *Dialogues*, II. *OC*, I, p. 825.

85. *Ib.*, pp. 860-1.

86. *Discours sur l'origine de l'inégalité*, II. 13. *OC*, III, p. 218.

87. Primeira redação das *Confessions. Annales J.-J. Rousseau*, IV (1908), p. 3; ver *OC*, I, p. 1149.

88. *Dialogues*, I. *OC*, I, p. 672.

89. *Ib.*, II. *OC*, I, p. 862.

90. *La nouvelle Héloïse*, parte V, carta III. *OC*, II, p. 560.

91. *Ib.*, p. 558.

92. *Ib.*, p. 559.

93. *Sujets d'estampes pour la nouvelle Héloïse. OC*, II, p. 769. Sobre a expansão e a influência, cf. Pierre Burgelin, *op. cit.*, pp. 149-90.

94. Bernardin de Saint-Pierre. *La Vie et les ouvrages de J.-J. Rousseau*, ed. M. Souriau (Paris, 1907), p. 94.

95. Segundo Bernardin de Saint-Pierre, Jean-Jacques é interrompido por um intruso quando se prepara para cair aos joelhos da sra. Basile. Segundo as *Confissões*, permanece ajoelhado durante dez minutos. — Outra discordância de detalhe: segundo a versão definitiva das *Confissões*, Jean-Jacques não ousa tocar a sra. Basile. Mas, em um primeiro esboço, um gesto mais audacioso aparece: "... se algumas vezes eu tinha a temeridade de repousar minha mão sobre seu joelho, era tão suavemente que, em minha simplicidade, acreditava que ela não o sentia" (*Annales J.-J. Rousseau*, IV [1908], pp. 236-7).

96. Notemos aqui a simultaneidade da reação física (estremecer), do "sinal natural" (lançar um grito) e do gesto (precipitar-me). Constata-se uma sobrecarga expressiva — uma "superexpressividade" — que se manifesta de *todas* as maneiras possíveis, com exclusão da palavra.

97. *Confessions*, liv. II. *OC*, I, pp. 75-6.

98. *Ib.*, pp. 76-7.

99. Hölderlin, *Sämtliche Werke* (Stuttgart, Kohlhammer, 1953), t. II, p. 13.

100. *Confessions*, liv. IX. *OC*, I, p. 422.

101. *Ib.*, liv. I. *OC*, I, p. 42.

102. *Ib.*, liv. III. *OC*, I, p. 115.

103. *Ib.*, liv. VII. *OC*, I, pp. 321-2.

104. *Correspondance générale*, DP, XV, p. 308.

105. *Ib.*, DP, XVI, p. 56.

106. *Ib.*, DP, XVII, p. 341.

107. *Ib.*, DP, XVIII, p. 292.

108. *Confessions*, liv. X. *OC*, I, p. 505.

109. *Ib.*, liv. XI. *OC*, I, p. 566. Cf. *Rêveries*, segundo passeio: "Sempre odiei as trevas, inspiram-me naturalmente um horror que aquelas com que me cercam há tantos anos não devem diminuir" (*OC*, I, p. 1007).

110. Uma "teia de aranha especulativa" (*speculative cobweb*) dirá Coleridge a propósito de Rousseau (*The philosophical lectures of Samuel Taylor Coleridge*, ed. Kathleen Coburn. Londres, Routledge and Kegan Paul, 1949, p. 308).

111. Frases escritas em cartas de jogar. *Rêveries*, ed. Marcel Raymond (Genebra, Droz), p. 173; ver *OC*, I, p. 1170.

112. Dr. A. Hesnard. *L'univers morbide de la faute* (Paris, PUF, 1949), pp. 95-6.

113. *Rêveries*, nono passeio. *OC*, I, p. 1094.

114. *Ib.*, pp. 1095-6.

115. *Ib.*, oitavo passeio. *OC*, I, p. 1077.

116. *Dictionnaire de musique*, Música. *OC* (Paris, Furne, 1835), III, p. 744. Sobre a memória e os "sinais memorativos", é preciso reportar-se ao ensaio que Georges Poulet consagra a Rousseau nos *Études sur le temps humain* (Paris, Plon, 1950).

117. *Lettres élémentaires sur la botanique*. *OC*, IV, p. 1191.

118. *Lettres sur la botanique*. *OC* (Paris, Furne, 1835), III, pp. 395-6.

119. *Rêveries*, sétimo passeio. *OC*, I, p. 1073.

120. *Dialogues, histoire du précédent écrit*. *OC*, I, p. 983.

121. *Ib.*, p. 984.

122. *Dialogues*, II. *OC*, I, p. 818.

123. *Confessions*, liv. VI. *OC*, I, p. 243.

124. *Ib.*, liv. II. *OC*, I, p. 45.

125. *Ib.*, liv. III. *OC*, I, p. 88.

126. *Ib.*, p. 107.

127. *Ib.*, p. 108.

128. *Ib.*, liv. V. *OC*, I, p. 222.

129. Cf. Maurice Merleau-Ponty, *Phénoménologie de la perception* (Paris, Gallimard, 1945), parte II, cap. V: "Le corps comme être sexué".

130. *Confessions*, liv. I. *OC*, I, p. 7.

131. O laticínio é um tema favorito do devaneio erótico de Jean-Jacques. Na estrada de Turim, ele imagina "nas árvores, frutos deliciosos; sob sua sombra, voluptuosos *tête-à-tête*; sobre as montanhas, *tinas de leite e de creme*". E não esqueçamos aquela curiosa cena do *Petit savoyard*, no gosto das antigas pastorelas,

em que a linda camponesa defende sua honra esvaziando um vaso de leite sobre o jovem senhor por demais ousado. Este, "inundado e mesmo ferido, com isso apenas ficou mais animado". Que oportunidade para o amante de símbolos!

132. *Confessions*, liv. III. *OC*, I, p. 88.

133. *Ib.*, liv. II. *OC*, I, p. 86.

134. *Ib.*, liv. III. *OC*, I, p. 89.

135. *Ib.*

136. *Ib.*

137. *Ib.*, liv. V. *OC*, I, p. 181.

138. *Annales J.-J. Rousseau*, IV (1908), p. 228; ver *OC*, I, p. 1164.

139. *Confessions*, liv. VIII. *OC*, I, p. 379.

140. *Dictionnaire de musique*. *OC* (Paris, Furne, 1835), III, pp. 810-1,

141. *Émile*, liv. V. *OC*, IV, p. 867.

142. Remeter-se-á também à tentativa pedagógica de educar Vintzenried (*Confessions*, liv. VI. *OC*, I, pp. 264-5).

143. *Les amours de Milord Édouard Bomston*. *OC*, II, p. 760.

144. "Eis-me então o confidente de minhas duas boas pessoas e o mediador de seus amores" (*Émile*, liv. V. *OC*, IV, p. 788). Ele dirá, a propósito de Sophie e de Saint-Lambert: "Considerava tão doce ser o confidente quanto o objeto de seus amores" (*Confessions*, liv. IX. *OC*, I, p. 462).

145. Sobre Rousseau e Sócrates, cf. Pierre Burgelin, *op. cit.*, pp. 61-70. Hölderlin compara Rousseau a Dioniso no hino *Der Rhein*.

146. *Confessions*, liv. VII. *OC*, I, p. 332.

147. *Ib.*, liv. III. *OC*, I, p. 109. Para a psicanálise, o autoerotismo revela a fraqueza das "relações de objeto". É o eu (no mais das vezes disfarçado) que é o objeto verdadeiro da energia amorosa de Jean-Jacques, em detrimento do objeto exterior para o qual se orienta a sexualidade normal. Na perspectiva psicanalítica, está-se autorizado a atribuir a uma "fixação infantil" — ou mesmo a uma fixação "pré-genital" nas fases anal e oral — toda a estrutura da vida amorosa de Rousseau, e toda a culpabilidade que daí decorre. A partir disso, não seria difícil reduzir a uma origem comum os múltiplos aspectos patológicos do comportamento de Jean-Jacques, sem dela excluir as perturbações urinárias, as sondagens repetidas (erotismo uretral receptivo), o manto de armênio (homossexualidade latente), e mesmo o delírio sistemático dos últimos anos.

O que é singularmente instrutivo é ver aqui o encontro possível de dois métodos críticos, de dois tipos de interpretação: ali onde, em termos freudianos, dizemos que a "escolha do objeto" se fixa no eu, podemos dizer também, em termos hegelianos, que a subjetividade recusa "alienar-se" em uma atividade exterior. O narcisismo, a fixação infantil são as fórmulas psicanalíticas que correspondem ao *parti pris* do imediato.

Mas não podemos falar do narcisismo de Jean-Jacques sem fornecer imediatamente uma explicação: Narciso tem necessidade de imagens. Seu desejo não se fixa nem no eu diretamente, nem nos outros, mas em figuras imaginárias, em reflexos, em fantasmas aos quais atribui uma ilusória independência. Na comédia escrita por Jean-Jacques, Valério torna-se realmente Narciso apenas no momento em que encontra seu retrato em travesti feminino, no qual é incapaz de reconhecer-se a si mesmo. Apaixona-se por uma imagem que é bem a sua, mas que manifesta uma secreta feminilidade de que não tem consciência. Esse desconhecimento de si é a própria condição que torna possível o surgimento da paixão narcísica: "Valério é, por sua delicadeza e pela afetação de sua aparência, uma espécie de mulher oculta sob trajes masculinos; e o retrato, assim dissimulado, parece menos disfarçá-lo do que devolvê-lo a seu estado natural" (*OC*, II, p. 977). A importância do retrato é capital aqui. Pois, se revela em primeiro lugar a feminilidade oculta de Valério, se é o estratagema graças ao qual o autoerotismo do jovem se atualiza freneticamente e se manifesta a descoberto, provoca afinal a crise decisiva graças à qual Narciso é libertado de seu narcisismo e volta a ser Valério para retornar (ainda um retorno!) à terna noiva que repelira. Angélica acaba por vencer o retrato: Narciso encontrou seu "objeto".

Em *A nova Heloísa*, o desvelamento da imagem — o retrato enviado por Julie a Saint-Preex em seu exílio parisiense — acompanha-se de um "delírio" emotivo tão intenso quanto a própria posse física: "Senti palpitar meu coração a cada papel que retirava, e logo me encontrei tão sufocado que fui forçado a respirar um momento sobre o último invólucro... Julie!... ó minha Julie!... o véu está rasgado... eu te vejo... vejo teus divinos atrativos!" (parte II, carta XXII). O retrato de Julie é um *memorativo*, e cada papel arrancado abole uma espessura de tempo. Saint-Preux mergulha no êxtase de uma posse *no passado*: mas é o objeto, Julie, que está a distância e no passado; a emoção do amante está bem no presente. Transparência atual de uma felicidade desaparecida, mas repetida graças à imagem; gozo doce-amargo que tem necessidade apenas da presença *figurada* do objeto amado. O retrato é, com efeito, como um *sinal* total que se teria desprendido de Julie, e que permitiria um contato mágico entre os amantes ausentes; o retrato restabelece puramente o *sentimento* da presença, sem passar pela presença real dos corpos: "Ó Julie! se fosse verdade que ele pudesse transmitir aos teus sentidos o delírio e a ilusão dos meus!... Mas por que não o faria ele? por que as impressões que a alma carrega com tanta atividade não iriam tão longe quanto ela?".

Mas o retrato exige um artista. O que distingue Jean-Jacques de um neurótico banal é que o fantasma, longe de esgotar-se em si mesmo, exige ser desenvolvido em um trabalho *real*, provoca o desejo de escrever, quer seduzir o público etc. O *parti pris* do imediato torna-se obra literária, e se trai ao manifestar-se. De modo que tudo se anima pela contradição interna: o repouso desejado torna-se movimento, o gozo de si torna-se reflexão inquieta. Rousseau é projetado, involuntariamente, no mundo dos meios, e somos obrigados a admitir que, ao menos no caso desse homem excepcional, a *regressão* patológica do instinto não é incompatível com o *progresso* de um pensamento.

CAPÍTULO VII [pp. 246-73]

1. *Confessions*, liv. I. *OC*, I, p. 5.
2. Primeira carta a Malesherbes. *OC*, I, p. 1133.
3. *Rêveries*, primeiro passeio. *OC*, I, p. 995.
4. *Ib.*, quarto passeio. *OC*, I, p. 1024.
5. *Confessions*, liv. XII. *OC*, I, p. 622.
6. *Ib.*, liv. IX. *OC*, I, p. 446.
7. Primeira carta a Malesherbes. *OC*, I, p. 1133.
8. *Annales J.-J. Rousseau*, IV (1908), p. 263; ver também *OC*, I, p. 1121.
9. *Correspondance générale*, DP, XX, p. 46.
10. *Confessions*, liv. IV. *OC*, I, p. 175.
11. *Rêveries*, quarto passeio. *OC*, I, p. 1032.
12. "Mon portrait". *Annales J.-J. Rousseau*, IV (1908), pp. 262-3; ver *OC*, I, p. 1120.
13. *Annales J.-J. Rousseau*, IV (1908), pp. 4-5; ver *OC*, I, p. 1150.
14. *Ib.*, pp. 1150-1.
15. *Ib.*, p. 1149.
16. *Ib.*
17. *Ib.*
18. *Confessions*, liv. I. *OC*, I, p. 6.
19. *Annales J.-J. Rousseau*, IV (1908), p. 2; ver *OC*, I, p. 1148.
20. *Ib.*; ver *OC*, I, p. 1149.
21. *Correspondance générale*, DP, XIX, p. 310.
22. *Annales J.-J. Rousseau*, IV (1908), p. 9; ver *OC*, I, p. 1153.
23. *Ib.*, p. 10; *OC*, I, p. 1153.
24. *Confessions*, liv. IV. *OC*, I, p. 175.
25. *Annales J.-J. Rousseau*, IV (1908), pp. 264-5; ver *OC*, I, p. 1122.
26. *Ib.*, p. 10. *OC*, I, p. 1153.
27. *Confessions*, liv. II. *OC*, I, pp. 59-60.
28. *Ib.*, liv. VII. *OC*, I, p. 279.
29. *Annales J.-J. Rousseau*, IV (1908), pp. 9-10; ver *OC*, I, p. 1153.
30. *Émile et Sophie*, carta I. *OC*, IV, p. 905.
31. *Confessions*, liv. IV. *OC*, I, p. 162.
32. *Ib.*, pp. 174-5.
33. *Annales J.-J. Rousseau*, IV (1908), pp. 10-1; ver *OC*, I, p. 1154.
34. Jean Hyppolite. *Genèse et structure de la Phénoménologie de l'esprit de Hegel* (Paris, Aubier, 1946), pp. 494-5.
35. *Confessions*, liv. VII. *OC*, I, p. 278.
36. *Annales J.-J. Rousseau*, IV (1908), p. 229; ver *OC*, I, p. 1174.
37. *Confessions*, liv. IV. *OC*, I, p. 174.
38. Segunda carta ao sr. de Malesherbes. *OC*, I, p. 1135.
39. A dom Deschamps, 12 de setembro de 1761. *Correspondance générale*, DP, VI, p. 209; L, IX, p. 120.

40. No quarto *Devaneio*, Rousseau se esforçará em distinguir ficção e mentira. A ficção é inocente; não causa prejuízo a ninguém; é invenção pura.

41. Não se deve subestimar, certamente, o esforço empreendido por Rousseau para estabelecer uma doutrina e a ela ater-se. Importava-lhe *fixar* suas ideias: ideias que devem suas provas ao *dictamen* da consciência, e que, em troca, autorizam Rousseau a entregar-se à verdade do sentimento.

CAPÍTULO VIII [pp. 274-324]

1. Ver sobretudo: Ernst Kretschmer, *Der sensitive Beziehungswahn* (Berlim-Tübingen, Springer, 1918). Ver acima, pp. 375 e seg.

2. *Confessions*, liv. IX. *OC*, I, p. 427.

3. *Émile*, liv. V. *OC*, IV, p. 796. Em uma curiosa passagem de *A nova Heloísa* (parte VI, carta VI), Julie utiliza essa palavra para anunciar a Saint-Preux os perigos que ele correria instalando-se em Clarens. *Enlaçado* é, então, um termo ambíguo que caracteriza ao mesmo tempo uma situação de vítima: Saint-Preux vai expor-se "a tudo que pode despertar nele as paixões mal extintas; vai enlaçar-se nas armadilhas que mais deveria temer".

4. *La nouvelle Héloïse*, parte I, carta II. *OC*, II, p. 35.

5. *Rêveries*, oitavo passeio. *OC*, I, p. 1077.

6. Retomamos o problema em um dos capítulos de *L'œil vivant* (Paris, Gallimard, 2ª ed., 1968): "Jean-Jacques Rousseau et le péril de la réflexion", pp. 94-188.

7. Para mais amplos detalhes, remetemos o leitor às notas que consagramos a esse problema na edição da Pléiade (*OC*, III, pp. 1310 e seg.).

8. *Émile*, parte IV. *OC*, IV, p. 571.

9. *Ib.*, p. 573.

10. *Ib.*

11. *La nouvelle Héloïse*, parte VI, carta VIII. *OC*, II, p. 698.

12. Vide supra: cap. IV, p. 102, "Teoria do desvelamento". É preciso lembrar igualmente a carta de Rousseau a dom Deschamps (25 de junho de 1761, *Correspondance générale*, DP, VI, p. 160; L, IX, p. 28): "A verdade que eu amo não é tão metafísica quanto moral".

13. *Dialogues*, I. *OC*, I, pp. 668-9.

14. *Ib.*, II. *OC*, I, p. 805.

15. *Ib.*, III. *OC*, I, p. 927.

16. *Ib.*, II. *OC*, I, p. 861.

17. *Ib.*, pp. 824-5.

18. *Rêveries*, sétimo passeio. *OC*, I, pp. 1061-2.

19. *Correspondance générale*, DP, XVII, pp. 2-3.

20. *Discours sur l'origine de l'inégalité*. *OC*, III, p. 155.

21. *Dialogues*, II. *OC*, IV, p. 805.

22. "Du sujet et de la forme de cet écrit". *Dialogues*. *OC*, I, p. 665.

23. *Dialogues*, II. *OC*, I, p. 799.

24. *Confessions*, liv. IX. *OC*, I, p. 409.

25. Vide supra, cap. III, p. 67.

26. *Confessions*, liv. IX. *OC*, I, p. 409.

27. *Ib.*

28. *Ib.*

29. *Émile*, liv. II. *OC*, IV, p. 359.

30. *Ib.*, pp. 362-3.

31. *Dialogues*, I. *OC*, I, p. 706.

32. *Ib.*, p. 710. Cf. Pierre Burgelin: "A educação de Emílio repousa no Artifício: o homem da natureza só pode desenvolver-se em um mundo sabiamente maquinado, sua virtude resulta de conspirações" (*op. cit.*, p. 300).

33. *Contrat social*, liv. I, cap. VI. *OC*, III, p. 360. O conselho do educador, no *Emílio*, é: "Sempre ofereçais às suas vontades inconsideradas obstáculos físicos" (liv. II. *OC*, IV, p. 311).

34. *Dialogues*, I. *OC*, I, p. 669.

35. "Todo choque me provoca um movimento vivo e breve; logo que o choque deixa de existir o movimento cessa, nada de comunicado pode prolongar-se em mim." *Rêveries*, oitavo passeio. *OC*, I, p. 1084.

36. *Dialogues*, II. *OC*, I, p. 857.

37. *La nouvelle Héloïse*, parte VI, carta VIII. *OC*, II, p. 693.

38. *Rêveries*, sexto passeio. *OC*, I, p. 1056.

39. *Dialogues*, primeiro diálogo. *OC*, I, p. 713.

40. *Rêveries*, primeiro passeio. *OC*, I, p. 1000.

41. *Ib.*, sexto passeio. *OC*, I, p. 1051.

42. *Annales J.-J. Rousseau*, IV (1908), p. 12; ver *OC*, I, p. 1155.

43. *Correspondance générale*, DP, XIX, p. 292.

44. *Confessions*, liv. XII. *OC*, I, p. 656.

45. "Du sujet et de la forme de cet écrit". *Dialogues*. *OC*, I, p. 662.

46. Jean Guéhenno. *Jean-Jacques. Grandeur et misère d'un esprit* (Paris, Gallimard, 1952).

47. *Dialogues*, I. *OC*, I, p. 734.

48. *Ib.*, III. *OC*, I, p. 975.

49. Histoire du précédent écrit. *Dialogues*. *OC*, I, p. 980.

50. *Ib.*, p. 982.

51. *Ib.*

52. *Ib.*, p. 984.

53. *Confessions*, liv. VI. *OC*, I, p. 272.

54. *Ib.*, liv. I. *OC*, I, p. 5.

55. O homem "nasceu para agir e pensar, e não para refletir" (*Préface de Narcisse*. *OC*, II, p. 970).

56. *Émile*, liv. III. *OC*, IV, p. 460.

57. *Rêveries*, sexto passeio. *OC*, I, p. 1051. Um pouco mais adiante, lê-se:

"Depois de tantas tristes experiências aprendi a prever de longe *as consequências* de meus primeiros movimentos contínuos, e muitas vezes abstive-me de uma boa ação que tinha o desejo e o poder de fazer, amedrontado com a sujeição a que, na sequência, ia submeter-me se a ela me entregasse inconsideradamente" (p. 1054).

58. *Confessions*, liv. VII. *OC*, I, p. 331.

59. A dom Deschamps, 12 de setembro de 1761. *Correspondance générale*, DP, VI, p. 209; L, IX, pp. 120-1.

60. *Dialogues*, II. *OC*, IV, p. 845.

61. *Rêveries*, ed. Marcel Raymond (Genebra, Droz, 1948), p. 191.

62. Goethe, *Werke* (Stuttgart, Cotta, 1863), IV, p. 336.

63. *Dialogues*, II. *OC*, I, pp. 793-4.

64. *Rêveries*, sétimo passeio. *OC*, I, p. 1070.

65. *Ib.*, p. 1068.

66. *Ib.*, p. 1066.

67. *Confessions*, liv. XII. *OC*, I, p. 589.

68. *Rêveries*, segundo passeio. *OC*, I, p. 1002.

## CAPÍTULO IX [pp. 325-44]

1. *Confessions*, liv. XIII. *OC*, I, p. 646.

2. *Ib.*, p. 647.

3. *Ib.*, liv. VII. *OC*, I, p. 301.

4. *Ib.*, liv. X. *OC*, I, p. 492.

5. *Correspondance générale*, DP, XV, p. 171.

6. *Dialogues*, I. *OC*, I, p. 734. A frequência da palavra *só* foi assinalada por Basil Munteano, em seu estudo "La solitude de Rousseau", *Annales J.-J. Rousseau*, XXXI, p. 132. No começo das *Confissões*, reencontra-se a mesma fórmula estilística, mas para exprimir o exato contrário da queixa psicastênica: um sentimento "estênico" de expansão e de plenitude: "Jovem, vigoroso, pleno de saúde, de segurança, de confiança em mim e nos outros, eu era nesse breve mas precioso momento da vida em que sua plenitude expansiva estende, por assim dizer, nosso ser por meio de todas as nossas sensações..." (liv. II. *OC*, I, pp. 57-8).

7. Frases escritas em cartas de jogar. *Rêveries*, ed. Marcel Raymond, pp. 173-4; ver *OC*, I, p. 1171.

8. *Correspondance générale*, DP, XVI, p. 77.

9. *Rêveries*, segundo passeio. *OC*, I, p. 1003.

10. *Ib.*, primeiro passeio. *OC*, I, p. 997.

11. Montaigne. *Essais*, liv. III, cap. II.

12. *Rêveries*, primeiro passeio. *OC*, I, p. 997.

13. *Ib.*, p. 999.

14. *Ib.*, p. 995.

15. *Ib.*, p. 999.

16. É preciso notar também que Rousseau jamais contestou violentamente aqueles que considera como seus agressores. Envia sua contribuição para a estátua de Voltaire. Toda a sua agressividade é dirigida contra si próprio, sob o aspecto da projeção.

17. *Confessions*, liv. I. *OC*, I, p. 7.

18. *Ib.*, liv. II. *OC*, I, p. 63. Rousseau relata sua conversão.

19. *Dialogues*, II. *OC*, I, p. 842.

20. *Ib.*, p. 849.

21. "Meu destino era de ali entrar contra a vontade e de sair dali da mesma maneira." *Confessions*, liv. IX. *OC*, I, p. 488.

22. *Confessions*, liv. VII. *OC*, I, p. 279.

23. *Ib.*, liv. IX. *OC*, I, pp. 448 e 462.

24. *Ib.*, liv. I. *OC*, I, p. 39.

25. *Ib.*, liv. VI. *OC*, I, p. 262.

26. *Dialogues*, II. *OC*, I, p. 847.

27. "Histoire du précédent écrit". *Dialogues*. *OC*, I, p. 985. Cf. *Rêveries*, oitavo passeio: "Qualquer que seja a maneira como os homens queiram ver-me, eles não poderiam mudar meu ser, e apesar de seu poder e apesar de todas as suas surdas intrigas, continuarei, o que quer que façam, a ser a despeito deles o que sou". *OC*, I, p. 1080.

28. Sobre o papel da autoacusação, cf. A. Hesnard, *L'univers morbide de la faute* (Paris, PUF, 1949). Ver igualmente a tese de Jacques Lacan, *De la psychose paranoïaque dans ses rapports avec la personnalité* (Paris, Le François, 1932).

29. *Correspondance générale*, DP, III, p. 133; L, IV, p. 192.

30. *Confessions*, liv. I. *OC*, I, p. 5.

31. A crítica de Joubert apoia-se precisamente nesse ponto: "Rousseau coloca a regra de nossos deveres no fundo de nossa consciência. É tomar como medida o que há no mundo de mais diverso, de mais móvel e de mais desigual" (*Les carnets de Joseph Joubert*, ed. André Beaunier, Paris, Gallimard, 1938, I, p. 216).

32. E a situação permanece secretamente sexualizada: Jean-Jacques suporta o duplo veredicto como suportava da srta. Lambercier a sova nas nádegas, e como esperava a acolhida da sra. de Warens.

## CAPÍTULO X [pp. 345-63]

1. *Correspondance générale*, DP, XIX, p. 258.

2. *Ib.*, DP, XIX, p. 82.

3. *Dialogues*, II. *OC*, I, p. 860.

4. *Correspondance générale*, DP, XIX, p. 237.

5. *Ib.*, DP, XX, pp. 43-4.

6. *Rêveries*, sexto passeio. *OC*, I, p. 1057.

7. Gaston Bachelard. *La formation de l'esprit scientifique* (Paris, 1938), pp. 44-5. Becher aí é citado e comentado.

8. Johann Joachim Becher (1635-95), físico e aventureiro alemão. Autor de uma *Physica subterranea* (1669), em que afirmava poder efetuar a transmutação dos metais.

9. *Annales J.-J. Rousseau*, XII (1918-9), pp. 16-7.

10. *Ib.*, p. 34.

11. *Ib.*, p. 36.

12. *Dialogues*, I. *OC*, I, p. 807. Sobre a atração que a água exerce sobre Jean-Jacques, cf. Marcel Raymond, introdução às *Rêveries* (Genebra, Droz, 1948), p. XXIX; texto retomado em *Jean-Jacques Rousseau. La quête de soi et la rêverie* (Paris, Corti, 1962). Ver também Michel Butor, *Répertoire III* (Paris, Éditions de Minuit, 1968, pp. 59-101).

13. *Rêveries*, quinto passeio. *OC*, I, pp. 1046-7.

14. *Ib.*, p. 1046.

15. *Ib.*

16. *Ib.*, p. 1045.

17. *Les carnets de Joseph Joubert*, ed. André Beaunier (Paris, Gallimard, 1938), I, p. 64.

18. *Rêveries*, segundo passeio. *OC*, I, p. 1005.

19. *Ib.*, quinto passeio. *OC*, I, p. 1047.

20. *Ib.*, pp. 1047-8.

21. *OC*, IV, pp. 600 e 1109.

22. À sra. d'Houdetot, 15 de janeiro de 1758. *Correspondance générale*, DP, III, p. 266; L, V, p. 19.

23. Hegel. *Phänomenologie des Geistes* (Philosophische Bibliothek, Leipzig, Meiner, 1911), pp. 422-5. Citamos a tradução de Jean Hyppolite: cf. *Genèse et structure de la phénoménologie de l'esprit de Hegel* (Paris, Aubier, 1946), pp. 495-500.

24. Hölderlin. *Sämtliche Werke* (Stuttgart, Kohlhammer, 1953), t. II, pp. 149-56. Ver o comentário que lhe foi consagrado por Bernhard Böschenstein, *Hölderlins Rheinhymne* (Zurique, Atlantis, 1959).

25. *Ib.*, pp. 12-3.

26. Hegel, *op. cit.*

27. *Confessions*, liv. XII. *OC*, I, p. 644.

28. Ver Marcel Raymond, *Jean-Jacques Rousseau. La quête de soi et la rêverie* (Paris, Corti, 1962), p. 179.

29. Hölderlin, no hino *O Reno*. A expressão de Hölderlin: *die Last der Freude* (o fardo da alegria) corresponde muito exatamente ao emprego que Rousseau faz do termo: *oprimido*. Ver a terceira carta a Malesherbes: "Eu me sentia com uma espécie de volúpia, *oprimido* pelo peso do universo". E, no *Emílio*, a invocação a Deus: "É meu arrebatamento de espírito, é o encanto de minha fraqueza, sentir-me oprimido por tua grandeza" (liv. IV. *OC*, IV, p. 594).

30. *Rêveries*, quinto passeio. *OC*, I, p. 1047.

31. Hölderlin, "Rousseau", estrofe final. *Sämtliche Werke* (Stuttgart, Kohlhammer, 1953), t. II, p. 13.

## SETE ENSAIOS SOBRE ROUSSEAU

### ROUSSEAU E A BUSCA DAS ORIGENS [pp. 366-77]

1. *Dialogues*, III. *OC*, I, p. 936.

2. *Rêveries*, primeiro passeio. *OC*, I, pp. 999-1001. Texto analisado à página 366 e seg.

### O DISCURSO SOBRE A ORIGEM E OS FUNDAMENTOS DA DESIGUALDADE [pp. 378-408]

1. Roger Tisserand. *Les concurrents de Rousseau à l'Académie de Dijon* (Paris, 1936).

2. *OC*, III. p. 49.

3. A seu pai, 1731. *Correspondance générale*, DP, I, p. 13; L, I, p. 13.

4. À sra. de Warens, 13 de setembro de 1737. *Correspondance générale*, DP, I, p. 58; L, I, p. 49.

5. *Mémoire au gouverneur de Savoie*, março de 1739. *OC*, I, p. 1217.

6. A J.-A Charbonnel, 1737. *Correspondance générale*, DP, I, p. 70; L, I, p. 61.

7. A seu pai, 1731. *Correspondance générale*, DP, I, p. 13; L, I, p. 13.

8. *Correspondance générale*, DP, I, p. 308; L, II, p. 143.

9. A J. Perdriau, 28 de novembro de 1754. *Correspondance générale*, DP, II, p. 132; L, III, p. 57.

10. *OC*, I, p. 1143.

11. À sra. de Créqui, 8 de setembro de 1755. *Correspondance générale*, DP, II, p. 213; L, III, p. 170.

12. *Dialogues*, III. *OC*, I, p. 936.

13. Ver A. O. Lovejoy, *The supposed primitivism of Rousseau*, incluído em: *Essays in the history of ideas* (Baltimore, Johns Hopkins, 1918).

14. Livro IV. *OC*, IV, p. 640.

### ROUSSEAU E A ORIGEM DAS LÍNGUAS [pp. 409-34]

1. *OC*, III, p. 165.

2. *Essai sur l'origine des langues*, (*EOL*), cap. IX. *OC*, III (Paris, Furne, 1835), p. 508.

3. *Ib. OC*, III, p. 495.

4. *OC*, III, p. 125.

5. *Ib.*

6. *Ib.*, p. 126.

7. *Ib.*, pp. 141-2.

8. *Ib.*, I, pp. 668 e seg.

9. *Ib.*, III, p. 147.

10. *Ib.*, p. 144.

11. *Ib.*, p. 160.

12. O longo desenvolvimento consagrado ao problema da linguagem apoia-se em uma expressão negativa, destacada em fim de alínea: *sem se falar* (*OC*, III, p. 146).

13. *OC*, III, p. 146.

14. *Ib.*

15. *Ib.*, p. 147: "[...] o que multiplica tanto as línguas quanto há indivíduos para falá-las".

16. *Ib.*, p. 151.

17. Para Condillac, por exemplo, o problema do pensamento e da linguagem não coloca uma embaraçosa questão de prioridade; Condillac insiste, ao contrário, nas influências recíprocas: "O uso dos sinais estendeu pouco a pouco o exercício das operações da alma; e estas, por sua vez, tendo mais exercício, aperfeiçoaram os sinais e tomaram-lhe o uso mais familiar" (*Essai sur l'origine des connaissances humaines*, parte II, seção I, cap. I, § 4). Da mesma maneira, de etapa em etapa, Condillac sugere transições progressivas por via de associação, entre o silêncio e o grito da natureza, entre o grito da natureza e a linguagem de ação, entre a linguagem de ação e os sinais instituídos. Patamares, dos quais Rousseau fará intervalos insuperáveis. Para melhor nos convencer, ele opõe abruptamente a condição muda do homem que não tem nenhuma necessidade da linguagem e o estado evoluído que parece resultar de uma *convenção linguística* em que certos sons da voz correspondem arbitrariamente a certas ideias. O estabelecimento de semelhante "contrato" linguístico supõe uma linguagem prévia, e essa linguagem, para estabelecer-se, exige uma outra linguagem etc.

Toda "convenção" exata implica uma língua antecedente que define a ideia e a relação do sinal com a ideia. Eis-nos no círculo vicioso. Mas — já que *falamos* e que a linguagem é um *fato* — será preciso que Rousseau conceda, em um outro momento, o que começa por recusar para dar mais peso à sua argumentação.

18. *OC*, III, p. 148.

19. *Ib.*, p. 151.

20. *Ib.*, p. 164.

21. "Quantos crimes, guerras, assassínios, quantas misérias e horrores não teria poupado ao gênero humano aquele que, arrancando as estacas ou entulhando o fosso, houvesse gritado aos seus semelhantes: Resguardai-vos de escutar esse impostor..." (*Ib.*)

22. *Ib.*, p. 177.

23. Únicas exceções, as duas fortes palavras de Plínio e de Brasidas (*OC*, III, p. 181). Mas são sentenças, *auctoritates* extraídas de fora.

24. *OC*, III, p. 188.

25. *Ib.*, p. 189.

26. *Ib.*, p. 149.

27. Termo que preferimos aqui a *emissor*, *locutor* ou *destinador*.

28. Problema bastante antigo, cuja história de conjunto foi retraçada por Arno Borst em *Der Turmbau von Babel* (Stuttgart, 1957-62, 6 vols.).

29. *EOL*, cap. V.

30. *Ib.*, cap. XX.

31. *Ib.*

32. *OC*, III, p. 191.

33. *Ib.*, p. 144.

34. *Confessions*, liv. IV. *OC*, I, p. 160.

35. *OC*, III, p. 191.

36. *Ib.*, p. 171.

37. *EOL*, cap. XX.

38. *Ib.*, cap. IX. *Diferir* a satisfação do desejo é entrar no reino da *diferença* e da desigualdade. A ordem social quer que o homem *difira*, ao mesmo tempo pela renúncia ao imediato e pela aceitação do papel *diferenciado* que a lei atribui a cada um.

39. *Ib.*, cap. I.

40. Cf. Jean Starobinski, "Les anagrammes de Ferdinand de Saussure", *Mercure de France*, fevereiro de 1964, p. 254.

41. Édouard Claparède. "Rousseau et l'origine du langage", *Annales de la Société Jean-Jacques Rousseau*, XXIV, pp. 95-119.

42. *EOL*, cap. IX.

43. *Ib.*, cap. III.

44. *Ib.*, cap. II. Ver igualmente, no *Dicionário de música*, os artigos "Música", "Entonação", "Melodia".

45. *Ib.*, cap. IV.

46. *Ib.*, cap. X.

47. É no livro V do *Emílio* que Rousseau se explica mais claramente sobre a relação entre o ideal do *Contrato* e as sociedades reais.

48. *Émile*, liv. IV. *OC*, IV, pp. 645-8.

49. *EOL*, cap. XX.

50. *Dialogues*, I. *OC*, I, p. 672.

51. Depois da publicação desse estudo, o pensamento linguístico de Rousseau suscitou novas pesquisas. Ler-se-ão especialmente: Jacques Derrida, *De la grammatologie* (Paris, Éditions de Minuit, 1967); e: "La linguistique de Rousseau", na *Revue Internationale de Philosophie*, nº 82, 1967, fasc. 4. Nesse mesmo fascículo encontrar-se-ão estudos de Geneviève Rodis-Lewis (sobre Rousseau e

Bernard Lamy), de Michèle Duchet e Michel Launay (sobre o *Ensaio sobre a origem das línguas* e o *Segundo Discurso*).

Possuímos uma boa edição crítica do *Essai sur l'origine des langues*, proporcionada por Charles Porset (Bordeaux, 1968).

## ROUSSEAU E BUFFON [pp. 435-49]

1. *OC*, III, p. 195.
2. É preciso ser grato a Jean Morel ("Recherches sur les sources du *Discours sur l'inégalité*", *Annales J.-J. Rousseau*, V, 1909, pp. 119-98) e sobretudo a Otis Fellows ("Buffon and Rousseau: aspects of relationship", *PMLA*, junho de 1960, pp. 184-96) por ter indicado os pontos de encontro mais importantes.
3. *OC*, III, p. 123.
4. *Ib.*; cf. Buffon, *Œuvres complètes*, ed. Flourens, Paris, Garnier, s. d., II, p. 1.
5. Buffon. *Œuvres complètes*, ed. Flourens, Paris, Garnier, s. d., II, p. 221. (Todas as citações de Buffon remetem à mesma edição.)
6. Buffon, II, pp. 200-1.
7. *OC*, III, p. 133.
8. *Bibliothèque impartiale, pour les mois de juillet et août 1756*, XIV, parte I, Göttingen e Leyden, 1756, p. 62.
9. Buffon, I, p. 434.
10. *Id.*, *ib.*, pp. 327-8.
11. *Id.*, *ib.*, p. 7; ver também II, pp. 355 e seg.
12. *OC*, III, p. 141.
13. *Ib*, p. 123.
14. Buffon, II, pp. 336-7.
15. *OC*, III, p. 144.
16. Buffon, II, pp. 336-8.
17. *Id.*, *ib.*, p. 338.
18. *OC*, III, p. 193.
19. *Ib.*, p. 192.
20. Buffon, II, p. 352.
21. *Id.*, *ib.*
22. *Id.*, *ib.*, p. 346.
23. *OC*, III, p. 122.
24. Buffon, II, p. 335.
25. *Id.*, *ib.*, pp. 332-5.
26. *Id.*, *ib.*, p. 333.
27. *Id.*, *ib.*, p. 334.
28. *Id.*, *ib.*, p. 359.
29. *Id.*, *ib.*, pp. 566 e seg. Sobre o pensamento de Buffon, ver a obra de Jacques Roger, *Les sciences de la vie dans la pensée française du XVIIIe siècle*. Paris, 1963.

## O AFASTAMENTO ROMANESCO [pp. 450-76]

1. *Confessions*, liv. I. *OC*, I, p. 8.
2. *Ib.*, p. 39.
3. *Ib.*, p. 41.
4. *Ib.*, p. 43.
5. *Ib.*, liv. IX. *OC*, I, p. 425.
6. *Ib.*, pp. 427-8.
7. *Ib.*, p. 430.
8. *Ib.*, pp. 430-1.
9. *Ib.*, liv. XI. *OC*, I, pp. 545-6.
10. *La nouvelle Héloïse*, parte II, carta XXI. *OC*, II, p. 277.
11. *Confessions*, liv. IX. *OC*, I, p. 435.

## DEVANEIO E TRANSMUTAÇÃO [pp. 477-94]

1. Marcel Raymond. *Jean-Jacques Rousseau. La quête de soi et la rêverie* (Paris, Corti, 1962), p. 197.
2. "Querendo lembrar-me de tantos doces devaneios, em vez de descrevê-los neles recaía" (*Rêveries*, segundo passeio. *OC*, I, p. 1003).
3. *Rêveries*, primeiro passeio. *OC*, I, pp. 1000-1.
4. *Ib.*, quarto passeio. *OC*, I, p. 1035.
5. *Ébauches des Confessions*. *OC*, I, p. 1154.
6. *OC*, I, p. 999.
7. *Ib.*, p. 1074.
8. Primeiro passeio. *OC*, I, p. 1000.

## SOBRE A DOENÇA DE ROUSSEAU [pp. 495-512]

1. *Confessions*, liv. I. *OC*, I, pp. 7-8.
2. *Émile*, I. *OC*, IV, p. 268.
3. *Discours sur l'origine de l'inégalité*. *OC*, III, p. 135.
4. P. M. Masson. *La religion de J.-J. Rousseau* (Paris, Hachette, 1913, 3 vols.).
5. A atitude encontra-se já nitidamente traçada na carta ao pastor Jean Perdriau, de 28 de novembro de 1754: "Se o desprendimento de um coração que não se liga nem à glória nem à fortuna, nem mesmo à vida, pode torná-lo digno de anunciar a verdade, ouso crer-me chamado para essa vocação sublime". *Correspondance générale*, DP, II, p. 135; L, III, p. 59.
6. S. Elosu. *La maladie de Rousseau* (Paris, Fischbacher, 1929).
7. "Supondes-me infeliz e consumido de melancolia. Oh! senhor, como vos enganais! Era em Paris que eu o estava; era em Paris que uma bile negra

corroía meu coração [...]" Primeira carta ao sr. de Malesherbes. *OC*, I, p. 1131.

8. E. Esquirol. *Des maladies mentales* (Bruxelas, 1838, 2 vols., t. I), p. 212. O diagnóstico de melancolia aplica-se conjuntamente a Maomé, Lutero, Tasso, Catão, Pascal, Chatterton, Alfieri, Gilbert. Pascal encontra-se já na galeria dos melancólicos de Pinel.

9. C. Lombroso. *L'homme de génie*. Trad. franc., Paris, 1889.

10. P. J. Möbius. *Rousseaus Krankheitsgeschichte* (Leipzig, 1889). O autor especifica: trata-se da forma combinatória do delírio de interpretação. É igualmente a opinião do doutor Chatelain: *La folie de J.-J. Rousseau* (Neuchâtel, 1890). Rousseau ilustrará a variedade resignada do delírio de interpretação", no livro de P. Sérieux e J. Capgras, *Les folies raisonnantes. Le délire d'interpretation* (Paris, 1909). Nós mesmos havíamos recorrido à noção de paranoia na edição anterior deste livro.

11. Pierre Janet. *De l'angoisse à l'extase* (Paris, 1928, 2 vols., *passim*).

12. E. Régis. "Étude médicale sur J.-J. Rousseau". *Chronique médicale*, 1900, n[os] 1, 2, 3, 5, 7, 12, 13. "La phase de présénilité chez J.-J. Rousseau". *L'encéphale*, agosto de 1907.

13. V. Demole. "Analyse psychiatrique des Confessions de J.-J. Rousseau". *Schweizer Archiv für Neurologie und Psychiatrie* (Zurique, 1918, II, 2), pp. 270-304.

14. R. Laforgue. "Étude sur J.-J. Rousseau". *Revue Française de Psychanalyse*, novembro de 1927; retomado em: *Psychopathologie de l'echec* (Paris, 1944).

15. S. Elosu. *La maladie de Rousseau* (Paris, 1929).

16. E. Kretschmer. *Der sensitive Beziehungswahn* (Berlim, 1918).

17. A. Poncet e R. Leriche. "La maladie de Jean-Jacques Rousseau". *Bulletin de l'Académie de Médecine* (sessão de 31 de dezembro de 1907).

18. F. MacDonald. *La légende de J.-J. Rousseau* (Paris, 1909).

19. O balanceio psicossomático desemboca, em última instância, no delírio.

20. *Correspondance générale*, DP, XII, pp. 366 e seg.

21. *OC*, I, pp. 1223-5.

22. *Confessions*, liv. VII. *OC*, I, p. 317.

23. *Ib.*, liv. I. *OC*, I, p. 16.

24. Sobre as perturbações urinárias de Rousseau, o leitor desejoso de conhecer o ponto de vista psicanalítico dirigir-se-á à obra de Hans Christoffel, *Trieb und Kultur* (Basileia, Benno Schwabe, 1944).

25. *Confessions*, liv. VIII. *OC*, I, p. 379.

26. *Correspondance générale*, DP, XVII, pp. 3-4.

27. Le Bègue de Presle. *Relation ou notice des derniers jours de monsieur Jean-Jacques Rousseau* (Londres, 1778), pp. 18-9.

28. As circunstâncias da morte de Rousseau suscitaram todo um delírio de interpretação; a tese do suicídio e a do assassinato (por Thérèse) tiveram seus defensores obstinados. Um homem como Rousseau não pode morrer sem chamar sobre si as *projeções* mais contraditórias: era difícil de admitir que "o homem da natureza" pudesse morrer de morte natural.

# BIBLIOGRAFIA

## OBRAS DE ROUSSEAU

*Œuvres completes*. Edição publicada sob a direção de Bernard Gagnebin e Marcel Raymond. Paris, Bibliothèque de la Pléiade, 1959-. Quatro volumes publicados (em cinco).

As obras que ainda não figuram na edição da Pléiade são citadas segundo:

*Œuvres complètes*. Paris, Furne, 1835, 4 vols.

"Première rédaction des *Confessions*", publicada por Théophile Dufour. *Annales J.-J. Rousseau*, IV, 1908.

"Institutions chimiques", publicadas e anotadas por Maurice Gautier. *Annales J.-J. Rousseau*, XII (1918-9) e XIII (1920-1).

*Essai sur l'origine des langues*. Texto estabelecido e anotado por Charles Porset. Bordeaux, 1968.

*Lettre à M. d'Alembert sur les spectacles*, edição crítica de M. Fuchs. Genebra, 1948.

*Correspondance générale de J.-J. Rousseau*, anotada e comentada por Théophile Dufour, editada por Pierre-Paul Plan (DP). Paris, 1924-34, 20 vols.

Pierre-Paul Plan. *Table de la correspondance générale de J.-J. Rousseau*, com uma introdução e cartas inéditas publicadas por Bernard Gagnebin. Genebra, 1953.

*Correspondance complète de Jean-Jacques Rousseau*, edição crítica estabelecida e anotada por R. A. Leigh (L.). Genebra, Institut et Musée Voltaire, 1965- (12 vols. publicados).

## AUTORES CONSULTADOS

AMIEL, H.-F. *Fragments d'un journal intime*, editado por B. Bouvier. Genebra, 1922, 3 vols.

_____. "Caractéristique générale de J.-J. Rousseau", in: *J.-J. Rousseau jugé par les Genevois d'aujourd'hui*. Genebra, 1879.

*The philosophical lectures of Samuel Taylor Coleridge*, editado por K. Coburn. Londres, 1949.

CONDILLAC, E. de. *Œuvres*. Corpus de Philosophes Français. Paris, 1947, 3 vols.

DIDEROT, D. *Œuvres complètes*, editadas por J. Assézat e M. Tourneux. Paris, 1875-7, 20 vols.

ENGELS, F. *Anti-Dühring*. Zurique, 1886.
GOETHE, J. W. *Werke*. Stuttgart, 1863, 6 vols.
HEGEL, G.-W.-F. *Phänomenologie des Geistes*, editado por G. Lasson. Leipzig, 1911.
———. *La phénoménologie de l'esprit*. Tradução de J. Hyppolite. Paris, 1949, 2 vols.
HÖLDERLIN, F. *Sämtliche Werke*, editadas por F. Beissner. Stuttgart, 1944-59, 6 vols.
JOUBERT, J. *Carnets*, editados por A. Beaunier. Paris, 1938, 2 vols.
KANT , I. *Gesammelte Schriften*. Berlim, 1902-55, 23 vols.
KIERKEGAARD, S. *Journal (extraits)*. Tradução de K. Ferlov e J.-G. Gateau. Paris, 1941-61, 6 vols.
LOCKE, J. *Essai philosophique concernant l'entendement humain*, tradução de Pierre Coste. Amsterdam, 1700.
MALEBRANCHE, N. *Œuvres complètes*, editadas por A. Robinet. Paris, 1958-70, 19 vols.
PLATÃO. *Œuvres complètes*. Paris, Les Belles-Lettres, 1920-56.
———. *Œuvres complètes*. Tradução e notas de L. Robin e J. Moreau. Paris, 1940-2, 2 vols.
SAINT-PIERRE, B. de. *La vie et les ouvrages de J.-J Rousseau*, editado por M. Souriau. Paris, 1907.
SCHILLER, F. *Sämtliche Werke*. Munique, 1962-9, 5 vols.
STAËL, Mme. de. *Lettres sur les ouvrages et le caractère de Jean-Jacques Rousseau*, s. 1., 1788.

## ESTUDOS CONSULTADOS

*Bibliografia de "A transparência e o obstáculo"* (1957)

*Annales de la société Jean-Jacques Rousseau*. Genebra, 1905- continua.
AULARD, A. *Les orateurs de la Révolution*. Paris, 1906-7, 2 vols.
BACHELARD, G. *L'eau et les rêves*. Paris, 1942.
BASCH, V. *La poétique de Schiller*. Paris, 1902.
BELAVAL, Y. *Le souci de sincérité*. Paris, 1944.
———. "La crise de la géométrisation des l'univers dans la philosophie des lumières". *Rev. Int. Philos.*, XXI, fasc. 3, 1952.
BELLENOT, J.-L. "L'amour dans *La nouvelle Héloïse*". *Annales J.-J. Rousseau*, XXXIII, 1953-5.
BÉNICHOU, P. "J.-J. Rousseau, de la personne à la doctrine". *Rev. de Métaph. et de Mor.*, julho-setembro de 1954.
BENRUBI, I. *L'idéal moral chez Rousseau, Mme de Staël et Amiel*. Genebra, 1940.
BOUCHARDY, F. "Une définition de la conscience par J.-J. Rousseau". *Annales J.-J. Rousseau*, XXXII, 1950-2.

BOUTROUX, E. "Remarques sur la philosophiede Rousseau". *Rev. de Métaph. et de Mor.*, 1912.
BOUVIER, B. *J.-J. Rousseau*. Genebra, 1912
BRÉDIF, L. *Du caractère intellectuel et moral de J.-J Rousseau*. Paris, 1906.
BRÉHIER, E. *Histoire de la philosophie*, II, 2. Paris, 1930.
BRUNSCHVICG, L. *Le progrès de la conscience dans la philosophie occidentale*. Paris, 1927, 2 vols.
BURGELIN, P. *La philosophie de l'existence de J.-J. Rousseau*. Paris, 1952.
BURY, J.-B. *The idea of progress*. Nova York, 1955.
CASSIRER, E. *Die Philosophie der Aufklärung*. Tübingen, 1932.
______. *Die Philosophie der symbolischen Formen*. Oxford, 1954.
______. "Das Problem J.-J. Rousseau". *Arch, für Gesch. der Philosophie*, 1932.
COURTOIS, J.-J. "Chronologie critique de la vie et des œuvres de J.-J. Rousseau". *Annales J.-J. Rousseau*, XV, 1923.
DAVY, G. *Thomas Hobbes et J.-J. Rousseau*. Oxford, 1953.
DELBOS, V. "Rousseau et Kant". *Rev. de Métaph. et de Mor.*, 1912.
DERATHÉ, R. *Le rationalisme de J.-J. Rousseau*. Paris, 1948.
______. *Rousseau et la science politique de son temps*. Paris, 1950.
ELLIS, M.-B. *Julie or "La Nouvelle Heloise", a Synthesis of Rousseau's thought, 1749-1759*. Toronto, 1949.
FAGUET, E. *Rousseau artiste*. Paris, 1912.
______. *Rousseau penseur*. Paris, 1912.
FRANÇOIS, A. "Rousseau, les Dupin, Montesquieu". *Annales J.-J. Rousseau*, XXX, 1943-5.
GILLIARD, E. *De Rousseau à Jean-Jacques*. Lausanne, 1950.
GILSON, E. *Les idées et les lettres*. Paris, 1932.
GOUHIER, H. "Nature et histoire chez Rousseau". *Annales J.-J. Rousseau*, XXIII, 1953-5.
GREEN, F.-C. *J.-J. Rousseau*. Cambridge, 1955.
GROETHUYSEN, B. *J.-J. Rousseau*. Paris, 1949.
______. *Philosophie de la Révolution française*. Paris, 1956
GUÉHENNO, J. *Jean-Jacques*. Paris, 1948-52, 3 vols.
______. "La dernière confession de Jean-Jacques". NRF, novembro de 1955.
GUILLEMIN, H. *Cette affaire infernale*. Paris, Plon, 1942.
______. *Un homme, deux ombres*. Genebra, 1943.
______. "L'homme selon Rousseau". *Annales J.-J. Rousseau*, XXX, 1943-5.
HAVENS, G.-R. "La théorie de la bonté naturelle de l'homme chez Rousseau". *Rev. Hist Litt.*, 1924-5.
HAZARD, P. *La pensée européenne au XVIIIe siècle, de Montesquieu à Lessing*. Paris, 1946, 3 vols.
HENDEL, G.-W. *J.-J. Rousseau moralist*. Londres, 1934, 2 vols., reed. em 1 vol., Nova York, 1962.
HESNARD, A. *L'univers morbide de la faute*. Paris, 1949.

HÖFFDING, H. *J.-J. Rousseau et sa philosophie*. Trad. J. de Coussange. Paris, 1912.

HUBERT, R. *Rousseau et l'Encyclopédie*. Paris, 1928.

______. "L'amour, la nature et la société chez J.-J. Rousseau". *Rev. d'Hist. de la Philosophie*. Paris, 1939.

HYPPOLITE, J. *Genèse et structure de la Phénoménologie de l'esprit de Hegel*. Paris, 1946.

KRETSCHMER, E. *Der sensitive Beziehungswahn*. Berlim, 1918.

LACAN, J. *De la psychose paranoïaque dans ses rapports avec la personalité*. Paris, 1932.

LAFORGUE, R. "Étude sur J.-J. Rousseau". *Rev. Fr. Psychan.*, novembro de 1927.

LANSON, G. "L'unité de la pensée de Rousseau". *Annales J.-J. Rousseau*, VIII, 1912.

LAPASSADE, G. "L'œuvre de J.-J. Rousseau". *Rev. de Métaph. et de Mor.*, julho/dezembro de 1956.

LEMAÎTRE, J. *J.-J. Rousseau*. Paris, 1907.

LEROY, M. *Histoire des idées sociales en France*, I. Paris, 1946.

LÖWITH, K. *Von Hegel zu Nietzsche*. Zurique, 1950.

LOVEJOY, A.-O. *Essays in the history of ideas*. Baltimore, 1948.

MASSON, P.-M. *La religion de J.-J. Rousseau*. Paris, 1916, 3 vols.

MERLEAU-PONTY, M. *Phénoménologie de la perception*. Paris, 1945.

MONGLOND, A. *Histoire intérieure du préromantisme français*. Grenoble, 1929, 2 vols.

______. *Vies préromantiques*. Paris, 1925.

MOREL, J. "Recherches sur les sources du Discours de J.-J. Rousseau sur l'origine et les fondements de l'inégalité parmi les hommes". *Annales J.-J. Rousseau*, V, 1909.

MORNET, D. *Le sentiment de la nature en France de J.-J. Rousseau à Bernardin de Saint-Pierre*. Paris, 1907.

MUNTEANO, B. "La solitude de J.-J. Rousseau". *Annales J.-J. Rousseau*, XXXI, 1946-9.

OSMONT, R. "Contribution à l'étude psychologique des Rêveries". *Annales J.-J. Rousseau*, XXIII, 1934.

______. "Remarques sur la genèse et la composition de *La nouvelle Héloise*". *Annales J.-J. Rousseau*, XXXIII, 1953-5.

PIRE, G. "L'influence de Sénèque sur Rousseau". *Annales J.-J. Rousseau*, XXXIII, 1953-5.

POULET, G. *Études sur le temps humain* (I). Paris, 1950.

RAVIER, A. *L'éducation de l'homme moderne*. Issoudun, 1941, 2 vols.

RAYMOND, M. "J.-J. Rousseau. Deux aspects de sa vie intérieure". *Annales J.-J. Rousseau*, XXIX, 1941-2.

______. "Rousseau et la figure de l'amour". *Lettres*. Genebra, 2, 1943.

______. *Introduction aux "Rêveries du promeneur solitaire"*. Genebra, 1948.

ROUGEMONT, D. de. *L'amour et l'occident*. Paris, 1939.
SARTRE, J.-P. *Esquisse d'une théorie des émotions*. Paris, 1939.
SCHINZ, A. *La pensée de J.-J. Rousseau*. Paris, 1929.
______. *État présent des travaux sur J.-J. Rousseau*. Paris, 1948.
STRAUSS, L. *Natural right and history*. Chicago, 1953.
______. *Droit naturel et histoire*, trad. de M. Nathan e E. de Dampierre. Paris, 1954.
______. "On the intention of Rousseau". *Social Research*, XIV, 1947.
TRAHARD, P. *Les maîtres de la sensibilité française au XVIII$^e$ siècle*. Paris, 1931-3, 4 vols.
VERMEIL, E. "Goethe et Rousseau". *Annales J.-J. Rousseau*, XXXI, 1946-9.
WAHL, J. *Tableau de la philosophie française*. Paris, 1946.
______. *Traité de métaphysique*. Paris, 1953.
______. "La bipolarité de Rousseau". *Annales J.-J. Rousseau*, XXXIII, 1953-5.
WEIL, E. *Logique de la philosophie*. Paris, 1950.
______. "J.-J. Rousseau et sa politique". *Critique*, 56, Paris, janeiro de 1952.

*Bibliografia sucinta das obras publicadas depois de 1956*

## COLÓQUIOS, NÚMEROS ESPECIAIS, COLETÂNEAS DE ESTUDOS

*Europe*, número especial sobre Jean-Jacques Rousseau. Paris, novembro-dezembro de 1961.
*Le Contrat Social*, números especiais. Paris, maio-junho de 1962 e novembro-dezembro de 1962.
"Rêver avec Jean-Jacques". *Cahiers du Sud*, ano 49, nº 367. Marselha, julho-agosto de 1962.
"Jean-Jacques Rousseau". *La Table Ronde*. Paris, setembro de 1962.
"Jean-Jacques Rousseau", *Yale French Studies*, nº 28. New Haven, 1962.
*Jean-Jacques Rousseau*. Conferências publicadas pela Universidade Operária e pela Faculdade de Letras da Universidade de Genebra. Neuchâtel, 1962.
"Entretiens sur Jean-Jacques Rousseau, Genève, 1962". *Annales J.-J. Rousseau*, t. XXXV, 1959-62. Genebra, Jullien, 1963.
*Jean-Jacques Rousseau. Pour le 250$^e$ anniversaire de sa naissance*. Paris-Gap, Société des Études Robespierristes, 1963.
*Jean-Jacques Rousseau et son œuvre. Problèmes et recherches*. Comemoração e colóquio de Paris (16-20 de outubro de 1962). Paris, 1964.
*Études sur le "Contrat Social" de Jean-Jacques Rousseau*. Atas das jornadas de estudo organizadas em Dijon para a comemoração do 200º aniversário do "Contrato Social". Paris, 1964.

*Jean-Jacques Rousseau et l'homme moderne*. Comissão da República Francesa para a UNESCO. Colóquio de 28 de junho a 3 de julho de 1962. Paris, 1965.

"Rousseau et la philosophie politique". *Annales de Philosophie Politique*, nº 5, redigidos pelo Institut International de Philosophie Politique. Paris, 1965.

"Lévi-Strauss dans le XVIIIe siècle". *Cahiers pour l'Analyse*. Trabalhos do círculo de epistemologia da École Normale Supérieure. Nº 4.

"L'impensée de Jean-Jacques Rousseau". *Cahiers pour l'Analyse*, terceiro trimestre de 1967.

*Equality*. Nomos IX. Yearbook of the American Society for Political and Legal Philosophy. Ed. by Roland Pennock and John W. Chapman. Nova York, 1967.

"La philosophie du langage. Les précurseurs au XVIIIe siècle". *Revue Internationale de Philosophie*, nº 82, 1967, fascículo 4, Bruxelas.

LIVROS

BACZKO, B. *Rousseau: Samotność wspólnota*. Varsóvia, 1964.

BLANCHARD, W. H. *Rousseau and the spirit of revolt*. Ann Arbor, 1967.

BLANCHOT, M. *Le livre à venir*. Paris, 1959.

BÖSCHENSTEIN, B. *Hölderlins Rheinhymne*. Zurique, 1959.

BROOME, J.-H. *Rousseau, a study of his thought*. Londres, 1963.

BURGELIN, P. *Jean-Jacques Rousseau et la religion de Genève*. Genebra, 1962.

BUTOR, M. *Répertoire* III. Paris, 1968.

CORBAN, A. *Rousseau and the modern state*. Londres, 1964.

COULET, H. *Le roman jusqu'à la révolution*, t. I: *Histoire du roman en France*. Paris, 1967.

CROCKER, L.-G. *Jean-Jacques Rousseau*, t. I: *1712-1758*. Nova York, 1968.

______. *Rousseau's "Social Contract". An interpretative essay*. Cleveland, 1968.

DERRIDA, J. *De la grammatologie*. Paris, 1967.

EHRARD, J. *L'idée de nature en France dans la première moitié du XVIIIe siècle*. Paris, 1963.

EIGELDINGER, M. *Jean-Jacques Rousseau et la réalité de* l'imaginaire. Neuchâtel, 1962.

EINAUDI, M. *The early Rousseau*. Ithaca, N. Y., 1967.

FABRE, J. *Lumières et Romantisme. Énergie et nostalgie de Rousseau à Mickiewicz*. Paris, 1963.

FETSCHER, I. *Rousseaus politische Philosophie*. Neuwied, 1960.

FOUCAULT, M. Apresentação de: *Rousseau juge de Jean-Jacques*. Paris, 1962.

GAGNEBIN, B. *A la rencontre de Jean-Jacques*. Textos e documentos, fig. Genebra, 1962.

GAY, P. *The Enlightenment: an interpretation. The rise of modern paganism*. Londres, 1967.

GAY, P. *The party of humanity. Studies in the French Enlightenment*. Nova York, 1964.

GLUM, F. *Jean-Jacques Rousseau. Religion und Staat*. Stuttgart, 1956.

GOUHIER, H. *Les méditations métaphysiques de Jean-Jacques Rousseau*. Paris, 1970.

GRIMSLEY, R. *Jean-Jacques Rousseau. A study in self-awareness*. Cardiff, 1961.

______. *Sören Kierkegaard and French literature*. Cardiff, 1966.

______. *Rousseau and the religious quest*. Oxford, 1968.

GROSCLAUDE, P. *J.-J. Rousseau et Malesherbes*. Documentos inéditos. Paris, 1960.

GUYOT, C. *Plaidoyer pour Thérèse Levasseur*. Neuchâtel, 1962.

______. *De Rousseau à Marcel Proust*. Neuchâtel, 1968.

HAEGI, K.-D. *Die politische Freiheit im Werk von Jean-Jacques Rousseau*. Winterthur, 1963.

JIMACK, P.-D. *La genèse el la rédaction de l'Émile de J.-J. Rousseau. Étude sur l'histoire de l'ouvrage jusqu'à sa parution*. Genebra, 1960.

KEMPF, R. *Sur le corps romanesque*. Paris, 1968.

KRAFFT, C. *La politique de Jean-Jacques Rousseau: aspects méconnus*. Paris, 1958.

LACHARRIÈRE, R. de. *Études sur la théorie démocratique: Spinoza, Rousseau, Hegel, Marx*. Paris, 1963.

LAERE, F. van. *Rousseau: du phantasme à l'écriture. Les révélations du "Lévite d'Éphraïm"*. Paris, 1967.

______. *Une lecture du temps dans "La nouvelle Héloïse"*. Neuchâtel, 1968.

LAUNAY, M. *Rousseau*. Paris, 1968.

______. *et alii. Jean-Jacques Rousseau et son temps*. Paris, 1969.

______. Índice geral das obras de Rousseau (em curso).

LECERCLE, J.-L. *Rousseau et l'art du roman*. Paris, 1969.

MACDONALD, J. *Rousseau and the French Revolution: 1762-1791*. Londres, 1965.

MASTERS, R.-D. *The political philosophy of Rousseau*. Princeton, 1968.

MAUZI, R. *L'idée du bonheur dans la littérature et la pensée française au XVIIIe siècle*. Paris, 1960.

MAY, G. *Rousseau par lui-même*. Paris, 1961.

MILLET, L. *La pensée de Jean-Jacques Rousseau*. Paris, 1966.

POULET, G. *Les métamorphoses du cercle*. Paris, 1961.

PROUST, J. *Diderot et l'Encyclopédie*. Paris, 1962.

RANG, M. *Rousseaus Lehre von Menschen*. Göttingen, 1959.

RAYMOND, M. *Jean-Jacques Rousseau. La quête de soi et la rêverie*. Paris, 1962.

RICATTE, R. *Réflexions sur les "Rêveries"*. Paris, 1960.

ROGER, J. *Les sciences de la vie dans la pensée française du XVIIIe siècle*. Paris, 1963.

RÖHRS, H. *Jean-Jacques Rousseau: Vision und Wirklichkeit*. Heidelberg, 1957.

SALOMON-BAYET, C. *J.-J. Rousseau ou l'impossible unité*. Paris, 1968.

SCHLÜTER, H. *Das Pygmalion-Symbol bei Rousseau, Hamann, Schiller*. Zurique, 1968.

SHKLAR, J.-N. *Men and Citizens. A study of Rousseau's social theory*. Londres, Cambridge, 1969.

SOZZI, L. "Interprétations de Rousseau pendant la Révolution". *Studies on Voltaire and the eighteenth Century*, LXIV, 1968, pp. 187-223.
TALMON, J.-L. *The origins of totalitarian democracy*. Nova York, 1960.
THOMAS, J.-F. *Le pélagianisme de J.-J. Rousseau*. Paris, 1956.
VOISINE, J. *J.-J. Rousseau en Angleterre à l'époque romantique: les écrits autobiographiques et la légende*. Paris, 1956.
VOSSLER, O. *Rousseaus Freiheitslehre*. Göttingen, 1963.
WEIL, E. *Essais et conférences*. Paris, 1970, 2 vols.

# ÍNDICE DE NOMES E DE OBRAS DE ROUSSEAU


Agostinho, santo, 32, 191, 252
Alembert, Jean le Rond d', 373
Alfieri (conde Victor), 542 *n* 8
Amiel, Henri-Frédéric, 141, 522 *n* 54
Antônio, 432
Aulard, A., 521 *n* 34

Bachelard, Gaston, 536 *n* 7
Barrès, Maurice, 453
Basile, sra., 209-11, 226, 527 *n* 95
Baudelaire, Charles, 500
Becher, Johann Joachim, 347, 536 *n* 7
Belaval, Yvon, 156
Bernardin de Saint-Pierre, Jacques--Henri, 208-9, 272, 527 *n* 95
Berthier, Guillaume-François (padre), 218
Blackwell, Thomas, 428
Boileau, Nicolas, 73, 504
Borst, Arno, 539 *n* 28
Böschenstein, Bernhard, 536 *n* 24
Breton, André, 453
Buffon, Georges-Louis L. de, 379, 392, 435-49
Burckhardt, Jakob, 454
Burgelin, Pierre, 98, 140, 402, 513 *n* 19, 520 *n* 19, 526 *n* 78, 527 *n* 93, 529 *n* 145, 533 *n* 32
Butor, Michel, 536 *n* 12

Calas, Jean, 37
Capgras, J., 542 *n* 10
*Carta a Christophe de Beaumont*, 370
*Carta a d'Alembert*, 130, 132, 143, 181, 373
*Carta a Malesherbes*, 142, 188, 368, 374, 536 *n* 29
*Cartas a Sophie*, 209
*Cartas da Montanha*, 181, 516 *n* 20
*Cartas morais*, 242, 354
Cassirer, Ernst, 34, 48-9, 526 *n* 78
Catão, 542 *n* 8
Cervantes, Miguel de, 467
César, 30, 432
Chatelain (doutor), 542 *n* 10
Chatterton, Thomas, 542 *n* 8
Choiseul, Étienne-François (duque de), 53
Chopin, Frédéric, 500
Christoffel, Hans, 542 *n* 24
Cipião, 92
Claparède, Édouard, 427
Cochin, Charles Nicolas, 93
Coleridge, Samuel Taylor, 528 *n* 110
Côme, irmão (Jean Baseilhac), 505
Condillac, Étienne Bonnot de, 42, 101, 203, 281, 286, 310-1, 379, 392, 415-7
*Confissões*, 16, 22, 58, 67, 71-2, 77, 80, 83, 88, 120, 147-8, 171, 180, 190, 209-10, 214-5, 219, 226, 228, 232, 234, 237, 245-6, 249, 251, 253, 259, 261, 263, 305-7, 317, 333-5, 342, 357, 370-1, 374-7, 382-3, 386, 397, 459-60, 462, 472, 480, 504, 508, 517 *nn* 4 e 6, 14 e 19, 527 *n* 95, 534 *n* 6
*Considerações sobre o governo da Polônia*, 139, 522 *n* 55

*Contrato social*, 24, 47, 51, 65, 134, 136, 138, 279, 297, 404, 498, 515 *n* 5, 517 *n* 24, 521 *n* 28
Corancez, 318

Daran, Jacques, 505
Demole, V., 542 *n* 13
Derathé, Robert, 517 *n* 10
Derrida, Jacques, 539 *n* 51
Descartes, René, 61, 438
Deschamps, Jean (dom), 271, 316, 532 *n* 12
*Devaneios de um caminhante solitário*, 16, 66, 107, 112, 193, 221, 246-7, 275, 279, 290, 336, 342, 356-7, 361-2, 374, 376, 477-80, 482, 491-3, 516 *n* 20, 525 *n* 43, 532 *n* 18, 533 *n* 35, 535 *n* 27
*Devin, Le*, 86, 240-1
*Diálogos*, 246, 271, 275, 279-80, 282-3, 285, 287, 292, 294, 298, 306-9, 317, 320, 334, 374, 413, 433, 508, 515 *n* 5, 526 *n* 56
*Dicionário de música*, 124-5, 224, 240, 521 *n* 28, 539 *n* 44
Diderot, Denis, 60, 71, 75, 183, 341, 368, 389, 527 *n* 81
*Discurso sobre a origem da desigualdade*, 26, 33, 35, 38-9, 46-9, 52, 86, 103, 148, 200, 205, 263, 280, 286, 297, 371, 373, 378-408, 409-11, 413-15, 418, 422-3, 431, 433, 435, 439, 442, 449, 485, 495, 539 *n* 51
*Discurso sobre as ciências e as artes*, 12-5, 18-20, 22, 38, 86, 92, 103, 128, 288, 371, 373, 378-9, 431
*Dissertação sobre a música moderna*, 204
Duchet, Michèle, 539 *n* 51
Du Peyrou, 218, 517 *n* 5

*Economia política*, 24
Eddy, Mary Baker, 499
Egmont, sra. d', 305
*Éloge de Mme. Geoffrin*, 492
Elosu, S., 501-2
*Emílio*, 24, 38, 42, 49, 112, 117, 140-1, 174-5, 186, 198-9, 204, 218-20, 228, 242-4, 279-81, 283, 286, 293-6, 313-4, 354, 369, 373, 384, 396, 407, 431-2, 441, 448, 456, 458, 495, 498, 515 *n* 48, 516 *n* 20, 522 *n* 55, 523 *n* 63, 533 *n* 33, 536 *n* 29, 539 *n* 47
*Enciclopédia*/enciclopedistas, 53-4, 93, 203, 223, 389
Engels, Friedrich, 46, 48-9, 406
*Ensaio sobre a origem das línguas*, 200, 268, 409-10, 422-3, 430-2, 478, 539 *n* 51
Épinay, sra. d', 182
Epíteto, 70
Esquirol, Jean-Étienne, 542 *n* 8
Estanislau, rei da Polônia, 379
Estrabão, 428

Fellows, Otis, 540 *n* 2
Fleury, Claude (abade), 428
Formey, Samuel, 438
*Fragmento alegórico sobre a Revelação*, 92, 99, 102-3, 110, 133
Francisco de Assis, são, 163
Francueil, sra. Dupin de, 384
Francueil, sr. de, 382, 510
Franquières, sr. de, 107
Freud, Sigmund, 159

Galley, srta., 230
Gilbert, Nicolas Joseph Laurent, 542 *n* 8
Goethe, Johann Wolfgang von, 35, 101, 319-20
Gouhier, Henri, 515 *n* 43
Graffenried, srta., 230
Greco, Joachim, 500

Grimsley, Ronald, 518 *n* 23
Grotius, Hugo, 40
Guéhenno, Jean, 306

Hegel, Georg Friedrich, 39, 45, 52, 129, 267, 272, 332, 356-9, 361, 373, 377
Henriette, 111
Herder, Jean Godofrei von, 123
Hesnard, A., 221, 535 *n* 28
*História do precedente Escrito*, 308
Hobbes, Thomas, 401-2, 405, 410
Holbach, P. H. Dietrich d', 104
Hölderlin, Friedrich, 196, 211-2, 228, 356-9, 361, 498, 529 *n* 145
Homero, 430
Horácio, 513 *n* 6
Houdetot, Sophie d', 89, 242, 335, 466, 468, 517 *n* 8, 536 *n* 22
Hubert, René, 396-7
Hume, David, 184, 217
Hyppolite, Jean, 531 *n* 34, 536 *n* 23

*Imitação*, 498
*Instituições políticas*, 25, 66, 403, 522 *n* 50
*Instituições químicas*, 347-8

Janet, Pierre, 502
Joubert, Joseph, 351, 517 *n* 9, 535 *n* 31

Kafka, Franz, 306
Kant, Emmanuel, 45, 48-9, 61, 108, 154, 159, 281, 396
Kierkegaard, Sören, 52, 64-5, 517 *n* 6
Kretschmer, Ernst, 502, 532 *n* 1

Lacan, Jacques, 535 *n* 28
Laforgue, René, 190, 242, 502
Lambercier, sr., 18, 20, 168
Lambercier, srta., 18, 20, 168, 182, 235, 535 *n* 32
La Mettrie, Julien Offroy de, 440
Larnage, sra. de, 179, 231
Launay, Michel, 539 *n* 51
Le Bègue de Presle, 542 *n* 27
Le Maître, sr., 178 *n* 27
Leriche, R., 502, 512
Lineu, Carl von, 320
Locke, John, 192-3, 281, 286, 392, 440
Lombroso, Cesare, 542 *n* 9
Lovejoy, Arthur O., 537 *n* 13
Lutero, Martim, 542 *n* 8
Luxemburgo, marechal de, 176, 183
Luxemburgo, sra. de, 238, 519 *n* 46

MacDonald, Frederika, 542 *n* 18
Malebranche, Nicolas de, 61, 105, 191
Malesherbes, Chrétien Guillaume Lamoignon de, 109, 142, 188, 250, 270, 282, 317, 368, 374, 387, 517 *n* 18, 518 *n* 25
Malouin, 505
Maomé, 542 *n* 8
Maquiavel (Niccolò Machiavelli), 405-6
Marion (criada dos Vercelli), 168, 234-6
Marx, Karl, 39, 47
Masson, Pierre Maurice, 498, 519 *n* 5
Maupertuis, Pierre-Louis Moreau, 416
Maurras, Charles, 453
Merleau-Ponty, Maurice, 528 *n* 129
Metastásio, 468
Mirabeau, marquês de, 59, 510
Möbius, P. J., 542 *n* 10
Montaigne, Michel de, 33, 56, 75, 83, 252, 256, 330, 375, 477, 504
Montesquieu, Charles de Secondat, 405, 514 *n* 34
*Moral sensitiva*, 81
Morand, 505
Morel, Jean, 540 *n* 2
Munteano, Basil, 519 *n* 41, 534 *n* 6

*Narciso*, 35, 529 *n* 147
Newton, Isaac, 155
*Nova Heloísa*, A, 113, 116, 119-22, 128, 148, 157-8, 160, 173, 207, 217, 240, 306, 345, 374, 462, 467-8,

473-5, 520 *n* 19, 521 *n* 28, 530 *n* 147, 532 *n* 3

Novalis, Friedrich von Hardenberg, 356

Osmont, Robert, 165

Pascal, Blaise, 542 *n* 8
Perdriau, Jean, 541 *n* 5
Petrarca, 468
*Pigmalião*, 102
Pinel, Philippe, 542 *n* 8
Platão, 201, 389, 416, 514 *n* 32
Plutarco, 84, 382
Polifilo, 92
Poncet, A., 502, 512
Porset, Charles, 539 *n* 51
Poulet, Georges, 515 *n* 5, 528 *n* 116
*Profissão de fé*, 199, 439
*Projeto referente a novos sinais para a música*, 196
Proust, Marcel, 247, 322
Pseudo-Dionísio, o Aeropagita, 163

Ramuz, Charles-Ferdinand, 450
Raymond, Marcel, 85-6, 480, 518 *n* 37, 523 *n* 74, 527 *n* 82, 536 *nn* 12 e 28
Régis, E., 503, 542 *n* 12
Richardson, Samuel, 466
Robespierre, Maximilian-Marie-Isidore de, 500
Rodis-Lewis, Geneviève, 539 *n* 51
Roger, Jacques, 540 *n* 29
Rougemont, Denis de, 158
Rousseau, Isaac, 524 *n* 11
Rousseau, Jean-Baptiste, 13
Rousseau, Thérèse, 52, 245, 315, 502, 542 *n* 28

Saint-Lambert, 242, 529 *n* 144
Sartine, sr. de, 374
Sartre, Jean-Paul, 189, 453
Saussure, Ferdinand de, 426
Schelling, friedrich Wihelm Joseph von, 356
Schiller, Friedrich, 103, 126, 128, 154
Schopenhauer, Arthur, 367
Sêneca, 56, 329
Sérieux, P., 542 *n* 10
Sócrates, 95, 98, 103-4, 244
*Solitários, Os*, 174, 262
Starobinski, Jean, 539 *n* 40

Tasso, Torquato, 84, 468, 542 *n* 8
Thyerri, 505
Tisserand, Roger, 537 *n* 1
*Todo francês que ainda ama a justiça e a verdade, A*, 311
Treytorrens, sr. de, 198

Venture, 519 *n* 44
Vercelli, sr. de, 168
Vercelli, sra. de, 235
Verdelin, Madeleine de Brémond d'Ars, marquesa de, 194
Vernes, Jacob, 505
Vico, Giambattista, 405, 428, 526 *n* 78
Vintzenried, 179-181, 529 *n* 142
Voltaire, François-Marie Arouet de, 37, 55, 181, 395, 464, 505, 535 *n* 16
Vossius, Isaac, 205

Wahl, Jean, 517 *n* 15
Warburton, William, 428
Warens, Louise-Eléonore de la Tour du Pil, baronesa de, 176-8, 180-1, 187, 190, 231, 233, 335, 380, 459, 465-6, 492, 535 *n* 32
Weil, Éric, 159, 394, 401, 516 *n* 23, 522 *n* 51
Wirz, Charles, 524 *n* 16

*Zombador, O*, 73, 75-7

**Jean Starobinski** nasceu em 1920, em Genebra, na Suíça. Doutorou-se em medicina (psiquiatria) e letras. Linguista, filósofo, crítico literário e de artes plásticas, foi professor da Universidade Johns Hopkins e da Universidade de Genebra, onde lecionou literatura francesa e história da medicina, aposentando-se em 1985. De sua vasta obra, a Companhia das Letras publicou *1789: os emblemas da razão*, *As máscaras da civilização*, *Montaigne em movimento* e *Montesquieu*.

## COMPANHIA DE BOLSO

Jorge AMADO
*Capitães da Areia*

Hannah ARENDT
*Homens em tempos sombrios*

Philippe ARIÈS, Roger CHARTIER (Orgs.)
*História da vida privada 3 — Da Renascença ao Século das Luzes*

Karen ARMSTRONG
*Em nome de Deus*
*Uma história de Deus*
*Jerusalém*

Paul AUSTER
*O caderno vermelho*

Marshall BERMAN
*Tudo que é sólido desmancha no ar*

Jean-Claude BERNARDET
*Cinema brasileiro: propostas para uma história*

David Eliot BRODY, Arnold R. BRODY
*As sete maiores descobertas científicas da história*

Bill BUFORD
*Entre os vândalos*

Jacob BURCKHARDT
*A cultura do Renascimento na Itália*

Peter BURKE
*Cultura popular na Idade Moderna*

Italo CALVINO
*O barão nas árvores*
*O cavaleiro inexistente*
*Fábulas italianas*
*Um general na biblioteca*
*Por que ler os clássicos*
*O visconde partido ao meio*

Elias CANETTI
*O jogo dos olhos*
*A língua absolvida*
*Uma luz em meu ouvido*

Bernardo CARVALHO
*Nove noites*

Jorge G. CASTAÑEDA
*Che Guevara: a vida em vermelho*

Ruy CASTRO
*Chega de saudade*
*Mau humor*

Louis-Ferdinand CÉLINE
*Viagem ao fim da noite*

Jung CHANG
*Cisnes selvagens*

Catherine CLÉMENT
*A viagem de Théo*

J. M. COETZEE
*Infância*

Joseph CONRAD
*Coração das trevas*
*Nostromo*

Robert DARNTON
*O beijo de Lamourette*

Charles DARWIN
*A expressão das emoções no homem e nos animais*

Jean DELUMEAU
*História do medo no Ocidente*

Georges DUBY (Org.)
*História da vida privada 2 — Da Europa feudal à Renascença*

Mário FAUSTINO
*O homem e sua hora*

Rubem FONSECA
*Agosto*
*A grande arte*

Meyer FRIEDMAN,
Gerald W. FRIEDLAND
*As dez maiores descobertas da medicina*

Jostein GAARDER
*O dia do Curinga*
*Vita brevis*

Jostein GAARDER, Victor HELLERN,
Henry NOTAKER
*O livro das religiões*

Fernando GABEIRA
*O que é isso, companheiro?*

Luiz Alfredo GARCIA-ROZA
*O silêncio da chuva*

Eduardo GIANNETTI
*Autoengano*
*Vícios privados, benefícios públicos?*

Edward GIBBON
*Declínio e queda do Império Romano*

Carlo GINZBURG
*Os andarilhos do bem*
*O queijo e os vermes*

Marcelo GLEISER
*A dança do Universo*

Tomás Antônio GONZAGA
*Cartas chilenas*

Philip GOUREVITCH
*Gostaríamos de informá-lo de que amanhã seremos mortos com nossas famílias*

Milton HATOUM
*Cinzas do Norte*
*Dois irmãos*
*Relato de um certo Oriente*

Eric HOBSBAWM
*O novo século*

Albert HOURANI
*Uma história dos povos árabes*

Henry JAMES
*Os espólios de Poynton*
*Retrato de uma senhora*

Ismail KADARÉ
*Abril despedaçado*

Franz KAFKA
*O castelo*
*O processo*

John KEEGAN
*Uma história da guerra*

Amyr KLINK
*Cem dias entre céu e mar*

Jon KRAKAUER
*No ar rarefeito*

Milan KUNDERA
*A arte do romance*
*A identidade*
*A insustentável leveza do ser*
*O livro do riso e do esquecimento*
*A valsa dos adeuses*

Danuza LEÃO
*Na sala com Danuza*

Primo LEVI
*A trégua*

Paulo LINS
*Cidade de Deus*

Gilles LIPOVETSKY
*O império do efêmero*

Claudio MAGRIS
*Danúbio*

Naghib MAHFOUZ
*Noites das mil e uma noites*

Janet MALCOLM (JORNALISMO LITERÁRIO)
*O jornalista e o assassino*

Javier MARÍAS
*Coração tão branco*

Ian MCEWAN
*O jardim de cimento*

Heitor MEGALE (Org.)
*A demanda do Santo Graal*

Evaldo Cabral de MELLO
*O negócio do Brasil*
*O nome e o sangue*

Patrícia MELO
*O matador*

Luiz Alberto MENDES
*Memórias de um sobrevivente*

Jack MILES
*Deus: uma biografia*

Ana MIRANDA
*Boca do Inferno*

Vinicius de MORAES
*Livro de sonetos*
*Antologia poética*

Fernando MORAIS
*Olga*

Toni MORRISON
*Jazz*

Vladimir NABOKOV
*Lolita*

V. S. NAIPAUL
*Uma casa para o sr. Biswas*

Friedrich NIETZSCHE
*Além do bem e do mal*
*Ecce homo*
*Genealogia da moral*
*Humano, demasiado humano*
*O nascimento da tragédia*

Adauto NOVAES (Org.)
*Ética*
*Os sentidos da paixão*

Michael ONDAATJE
*O paciente inglês*

Malika OUFKIR, Michèle FITOUSSI
*Eu, Malika Oufkir, prisioneira do rei*

Amós OZ
*A caixa-preta*
José Paulo PAES (Org.)
*Poesia erótica em tradução*
Georges PEREC
*A vida: modo de usar*
Michelle PERROT (Org.)
*História da vida privada 4 — Da Revolução Francesa à Primeira Guerra*
Fernando PESSOA
*Livro do desassossego*
*Poesia completa de Alberto Caeiro*
*Poesia completa de Álvaro de Campos*
*Poesia completa de Ricardo Reis*
Ricardo PIGLIA
*Respiração artificial*
Décio PIGNATARI (Org.)
*Retrato do amor quando jovem*
Edgar Allan POE
*Histórias extraordinárias*
Antoine PROST, Gérard VINCENT (Orgs.)
*História da vida privada 5 — Da Primeira Guerra a nossos dias*
Darcy RIBEIRO
*O povo brasileiro*
Edward RICE
*Sir Richard Francis Burton*
João do RIO
*A alma encantadora das ruas*
Philip ROTH
*Adeus, Columbus*
*O avesso da vida*
Elizabeth ROUDINESCO
*Jacques Lacan*
Arundhati ROY
*O deus das pequenas coisas*
Murilo RUBIÃO
*Murilo Rubião — Obra completa*
Salman RUSHDIE
*Haroun e o Mar de Histórias*
*Oriente, Ocidente*
*Os versos satânicos*
Oliver SACKS
*Um antropólogo em Marte*
*Vendo vozes*

Carl SAGAN
*Bilhões e bilhões*
*Contato*
*O mundo assombrado pelos demônios*
Edward W. SAID
*Orientalismo*
José SARAMAGO
*O Evangelho segundo Jesus Cristo*
*O homem duplicado*
*A jangada de pedra*
Arthur SCHNITZLER
*Breve romance de sonho*
Moacyr SCLIAR
*A majestade do Xingu*
*A mulher que escreveu a Bíblia*
Amartya SEN
*Desenvolvimento como liberdade*
Dava SOBEL
*Longitude*
Susan SONTAG
*Doença como metáfora / AIDS e suas metáforas*
Jean STAROBINSKI
*Jean-Jacques Rousseau*
I. F. STONE
*O julgamento de Sócrates*
Keith THOMAS
*O homem e o mundo natural*
Drauzio VARELLA
*Estação Carandiru*
John UPDIKE
*As bruxas de Eastwick*
Caetano VELOSO
*Verdade tropical*
Erico VERISSIMO
*Clarissa*
*Incidente em Antares*
Paul VEYNE (Org.)
*História da vida privada 1 — Do Império Romano ao ano mil*
XINRAN
*As boas mulheres da China*
Ian WATT
*A ascensão do romance*
Raymond WILLIAMS
*O campo e a cidade*
Edmund WILSON
*Os manuscritos do mar Morto*
*Rumo à estação Finlândia*
Simon WINCHESTER
*O professor e o louco*

1ª edição Companhia das Letras [1991]
1ª edição Companhia de Bolso [2011]

Esta obra foi composta pela Verba Editorial em Janson Text
e impressa pela Prol Editora Gráfica em ofsete
sobre papel Pólen Soft da Suzano Papel e Celulose